高等院校经济学管理学系列教材

管理学通论

创新、成长、价值、幸福

陈洪安 江若尘 等编著

General Management

北京大学出版社
PEKING UNIVERSITY PRESS

图书在版编目(CIP)数据

管理学通论:创新、成长、价值、幸福/陈洪安等编著. —北京:北京大学出版社,2018.10
(高等院校经济学管理学系列教材)
ISBN 978-7-301-29883-1

Ⅰ.①管… Ⅱ.①陈… Ⅲ.①管理学—高等学校—教材 Ⅳ.①C93

中国版本图书馆 CIP 数据核字(2018)第 207043 号

书　　名	管理学通论——创新、成长、价值、幸福
	GUANLIXUE TONGLUN
著作责任者	陈洪安　江若尘　等编著
责 任 编 辑	杨丽明
标 准 书 号	ISBN 978-7-301-29883-1
出 版 发 行	北京大学出版社
地　　　址	北京市海淀区成府路 205 号　100871
网　　　址	http://www.pup.cn　新浪微博　@北京大学出版社
电 子 信 箱	sdyy_2005@126.com
电　　　话	邮购部 010-62752015　发行部 010-62750672　编辑部 021-62071998
印 刷 者	北京富生印刷厂
经 销 者	新华书店
	787 毫米×1092 毫米　16 开本　28.5 印张　641 千字
	2018 年 10 月第 1 版　2018 年 10 月第 1 次印刷
定　　　价	69.00 元

未经许可,不得以任何方式复制或抄袭本书之部分或全部内容。
版权所有,侵权必究
举报电话:010-62752024　电子信箱:fd@pup.pku.edu.cn
图书如有印装质量问题,请与出版部联系,电话:010-62756370

交易成本越来越低,互联网使人人都是经济学家,经济学家的时代已经过去了。创新成本越来越高,人们不知所措之时,管理学家的时代已然来临。

管理学通论:打开管理学知识大门的正确方式。

前言

《管理学通论——创新、成长、价值、幸福》给我们带来了什么？

管理学理论的学术之美，管理学理论的应用之真，管理学理论的追求之善。

管理，是一个异常真实、普通但又理性、神秘的话题，它不动声色地创造了我们的财富，不知不觉地成就了经济的繁荣，潜移默化地改变了我们存在的方式，耳濡目染地影响了我们的思维。尽管管理如此重要，现实世界中人人对管理均可以谈上几句，但是深入思考管理的本质到底是什么，我们并没有达成共识。

回顾历史，在中华人民共和国成立之后，中国管理学家与学子成为我国管理学起步阶段的重要力量，对中国的管理学发展贡献巨大。在这一批中国管理学家与学子的艰苦创业历程中，学习国外管理学知识的重点从苏联转向美、日、欧等发达国家，中国企业管理学在学科建设、学术研究、教育培训等方面都有了明显的发展。这些对于充实和丰富我们的管理学知识，普及管理学理论，加速中国管理学学科建设都具有很大裨益。

首先，阅读当下流行的管理学书籍，我们可以发现大部分都是在介绍西方的管理哲学、理论和案例，这些观点新颖独到、系统完善，并且在西方的管理实践中已经得到了良好的验证、推广和应用，但是有的理论与经验却很难在中国管理实践中运用得当。

其次，正视现实，中国的经济模式强调经济增长和社会稳定。自1978年改革开放以来，中国GDP以每年9.5%的速度增长，2017年达到82.71万亿元，成为世界第二大经济体。相信我们都会为中国取得的经济成就感到无比骄傲。从宏观视角观察，中国的经济发展是一个奇迹，中国的经济实践已经找到了一条成功的秘诀，中国经济注定会有一个美好的未来。而从微观视角观察，企业作为要素管理的直接主体，其发展则是实现中国经济奇迹的根本动力，但今天，面对中国企业取得的巨大成功，如何用管理学理论去解释？有哪些可复制的理论、工具、方法和最佳实践？令人惊讶和值得注意的是，现在绝大多数的中国研究都不约而同地采用西方已有的理论来解释中国现象。中国式管理理论是根本不存在还是没有被管理学家们总结出来？本书致力于在经济发展奇迹中找到更加鲜活的典型的企业案例，发掘演绎出基于中国特色企业管理实践的世界公认的企业管理理论。

最后，走向未来，自从有了人类，就有了管理活动；而管理思想，则是伴随社会的发展进步而逐渐产生的。事实上,无论是在东方还是在西方,我们都可以找到古代哲人在管理思想方面的精彩论述。管理学的现状是,学科还处于科学成熟度低的阶段,甚至每一个管理者都可能有自己的管理学定义,这种情况对于任何一门科学都是不可思议的。一个学科的基本名词定义不清晰,足以说明这个学科的发展还处于萌芽状态。美国著名管理学家哈罗德·孔茨对此深感困惑,他描述管理理论是一个丛林,管理学是一个知识分类框架,经过分类的知识总比不分类的知识好一点。在理论上,问题的根源在于:管理是合作的产物,管理的本质是合作;经济学研究交换,经济的本质是交易。管理学在沿着经济学的路往前行进,如交易成本,目前,管理学没有自己特有的核心基本概念。在现实中,在后管理时代,管理与组织创新常常落后于技术创新。有的企业拥有着21世纪互联网、人工智能技术驱动的业务流程,但却仍然使用20世纪中期的管理流程并信奉19世纪的管理理论与线性原则。如果我们不改变管理哲学与管理要素基因,用人的价值、技术规律、合作逻辑来驱动管理工作、管理理论创新,技术创新的力量将无法发挥。我们需要21世纪全新的管理学。21世纪是创新的一个关键时期?21世纪管理学应该回答这个问题,作为中国社会经济支柱的企业也应有自己的答案。企业首要的是生存,有效率地生存,然后才能有创新,有效能地进化。21世纪,企业应以什么方式发展,才能与可持续发展的命题相一致,这应该是未来管理学研究的首要问题。

基于整个管理学的历史,要构建能够迎接未来挑战的企业,唯一的方法就是建立适合人类自身发展规律的企业。建立一个能真正尊重、激发与展现员工与领导的创造性与合法性、激情与纪律、自由与勇气的21世纪新型管理学与实践模式。只有这样,中国才能构建一个足够人性化、组织化且能抓住未来每一个独特机会的效率与创新并重的基业长青的企业!

我们写作此书的目的并不在于对管理的未来进行预测,而是帮助你进行管理创新。作为一位大学教授,从事管理学教学已经三十多年,如何提高管理学的科学化程度是我一直思考和困扰的问题,无论是在课堂的讲授上、日夜不休的研究上、无数的业界演讲上、夜以继日的皓首穷经上、废寝忘食的企业调研上、持续不断的企业咨询上,还是在参与的一些社会公益活动中,我都试图进行一种初步的尝试:根据中国的文化与环境,针对众多的管理理论与思想进行挑选,以便去芜存菁,同时加入自己一些关于如何提高管理学的科学化程度的观点与心得。管理学教学中最不容忽略的管理学载体就是教科书。虽然当前已有不少管理学同行和前辈撰写了颇有见地和启发性的教科书,但相对于中国经济的迅速发展,我们在撰写有特色的管理学教科书方面的努力显然不够,市场上仍以外文原版教科书和翻译类教科书为主体,有特色的中国本土教科书的数量与影响力则不成比例,成为中国管理学术界不得不反思的问题。中国的管理学术何时才能取材于中国的管理实践,并为世界管理学术做出贡献?这需要一切从事管理学研究的学者们,群策群力,努力拼搏,促进具有中国特色的现代管理学更早问世。幸运的是,我和许多管理学者一样已经在探讨中国管理学术的问题和出路。这样的本土管理学教科书,一方面可以更密切地迎合中国本土企业实务上的理论需求,以填补目前西方管理理论可能产生的空隙与不适;另一方面可以回馈至欧美以进行管理学理论的交流。因此，管理学教科书一方面不能忽略管理学理论中的一般性，即应该包含所有重要的管理学理论；另一方面也要展现其独特性，亦即传达作者的独特观点，而这种独特性往往反映在作者的选材与呈现方式上。本书的撰写便试图做到以上几点。

本书具有以下几个特点：

1. 理论性

倡导"美"的代表学者马奇认为："学问应该始终具有美学元素，因为学者除了有义务追求真理、正义之外，还有义务追求美。"本书以人性假设和管理学三大定律来构建管理学理论。如果说经济学的学科成熟度高于管理学的话，那么学科成熟度低于管理学的学科现状如何也是值得关注的。理论美是学科成熟度的一种体现，管理学理论中看似无解的问题根源于此。一本教科书应该将该领域的重要理论都涵盖在内，而本书在理论深度上已达此标准。本书介绍了管理职能论，保留主流管理学内容，但从理论结构与内容安排上吸收了当代管理学的一些新成果，突破了以往借鉴西方管理学教科书以管理职能为框架的模式，努力使管理学理论内容达到系统全面，理论深度上做到适度。本书包含主流管理学教科书的重要理论观点，有利于学子日后进修与学习，并将一些已逐渐稳定并被接纳的最新管理学理论也包括在内，以使理论的最新发展与教科书的内容相结合，让读者一方面学习管理学的经典理论，另一方面也能对管理学理论的最新发展有所了解。

2. 应用性

从管理学发展历史可知，实践是管理知识的源头和归宿，本书从管理学追求"有用性"的视角撰写，以自我、纵向和横向管理来构建管理学内容，致力于解释现实情境中的动态管理行为，更符合管理实践的逻辑。德鲁克说："管理就是实践"，自然，管理研究就是实践研究。但是在管理学研究历史中，相关学科学者如心理学家、经济学家、社会学家、计算机科学家、物理学家，都基于自身学科的优势对管理学做出了值得尊重的理论贡献，于是形成了"学院派"的管理学理论；西方分解式的思维更加剧了管理学理论的丛林化、局部化、碎片化。但现实中的管理问题的思维与"学院派"的管理学理论相脱节。管理学是一门应用科学，理论性是一个很重要的特征，另一个特征是获取有益于提高实践水平的知识，这也是管理学应该达到的理论与实践、知识与操作的标准。本书试图从实践视角整合出系统的、完整的知识体系，笔者深知这很困难，但读者通过本书似乎能够看到一点整合的希望。为了让读者能将理论与实践相联系，本书所举的案例也以现实中的本土化案例与生活化的小引例为主。通过熟悉的组织或生活经验案例，本书将帮助读者以更贴近生活、更有趣、更容易的方式来学习管理学。

3. 目的性

管理的目的使组织内的员工与领导幸福。本书认为，管理从科学管理到幸福管理，组织与管理是员工与领导幸福的载体与措施。21世纪的管理学拥有全新的管理价值观、行为方式。现在开始探讨未来的管理伦理也许会给从今天走入未来的管理者以莫大的帮助。从结构上看，管理知识可分为三种：一般规律、特殊知识、操作艺术。如何学习系统的管理知识并不是最重要的。最重要的是，在学习系统的管理知识下，构建起自己的管理思想以及方法论。管理理论是科学的，管理应用是真实的，管理操作是人性的。管理首先是自我管理。其次，作为员工，在任何一个组织都会有自己的观察和思考，即使没有管理经验，起码也有被管理的经验，这些都可以作为学习管理学的"管理实践"。最后，作为管理者与领导干部或领袖，第一个层次的学习，管理的本质不仅于知，更在于行，验证管理的有效性也不在于其逻辑，而在于行为结果的效率与创新价值；在于通过日复一日的刻意学习体悟与微小管理行为改进将知识框架与企业现实无缝对接，做到行知合一，已是完整的管理学系统学习了。第二层次的学习，组织将在更大的范围内谋求整体而不是局部的利益，在此意义上，人类是一个整体，没有国界，人类的经济行为将从全球的长远角度来考察。人类只拥有一个地球，21世纪的人们将更多地超越自己的国界来思考问题，解决问题。

4. 灵活性

上述管理学发展的这些基本问题是相互关联的，它们的相互影响不仅最终决定了管理学的形态、特征与发展方向，而且决定了管理学教学的目标、方法与内容。为使本书成为不同背景初学管理学人士的一本好用又易懂的入门级教材，我们努力以描述性的语言，循序渐进地介绍管理学原理和方法。在管理学理论内容的取舍与安排上，力争做到系统完整而又突出重点，并注重用小引例由浅入深地引起思索，用案例反映当代现实管理工作，用逻辑顺序来阐述管理过程的有关知识与应用。本书共分十八章，如果以一学期的时间来看，有两套教学方式可供选择：一是课时较多的情况下，大约每周以一章为授课内容。一般而言，如果学生能在课前稍加预习，这样的进度对于老师和学生并不会造成困难。二是课时较少的情况下，第十二章"协调"、第十五章学习、第十六章"监督"这三章内容可以不讲授，在以后相关课程中再学习。

5. 多样性

本书配套教学媒体有：

第一，《管理学通论》教材配套教学PPT。需要者可与本书作者联系，电子邮箱：chen1989@ecust.edu.cn 或 chenha19@163.com。

第二，《管理学通论》课外阅读书籍：《微管理——你所不知道的管理世界》（清华大学出版社2014年版）；《微权力——小员工发挥大力量》（北京大学出版社2016年版）

本书由陈洪安（博士，教授）、江若尘（博士，教授）、陈万思（博士，副教授）、朱姝（博士，副教授）合作编写，同时在写作过程中得到了学术界和企业界的大力支持，他们为本书提出了宝贵的建议和意见，他们是：于业军（上海掌上世博公司总经理）、周小虎（南京理工大学经济管理学院教授）、谢亚洪（上海军民融合研究会会长)、徐知今(华东理工大学出版社高级编辑)、骆守俭(复旦大学博士)、陆春生(人力资源和社会保障部社会保险系统处处长)、郝保华(国泰君安证券股份有限公司风险管理总部总监)、刘俊红、张欣、张霞、臧文佩、朱砚秋、黄一帆、陈仁昌、金海、季昌悟、李世磊、范顺厚、姚明文、马慧、王科洁、肖敬华、尹建成、郑永佳、吴海涛、蔡卫东、郭亚华、王梓臻、张莉、赵灿、朱琴琴、佐平、郑玥、焦姣、杨文佳、丁啸、吴荣锋、陈叶、陈波、田黎、刘承欢、胡佳、邱继婷、李乐、范顺厚、邓亚楠、诸志强、鲁露、史国强、崔光永、郭光、蔡东升、梁景林、王新建、李威、王玉超、陆洋、黄翔、陈邦道、张家莲、何伟民、许苏安、宋家轩、赵亮、邱义鸿、王玖平、李儒雄、王美灵、陶云霞、徐坚强、李鑫、王洁华、潘娟、李晓蓓、王婷婷、杨浩、侍景强、贾贵全、蒋佶等研究生也为本书的出版提供了大力的支持；另外，家人也给予了无私的帮助和鼓励，在此一并表示感谢！

在本书写作过程中，参阅了大量的相关著作和案例资料，在此向这些作者、译者表示由衷的感谢。

我虽然长期从事管理学教学和研究，但是写作中颇感力不从心。由于时间有限，加之作者水平有限，本书一定存在不少不足之处，欢迎来自各方面的争鸣与批评，敬请读者批评指正。

最后，我特别感谢北京大学出版社，没有北京大学出版社领导的慧眼识"金"，我的心愿很难实现。尤其是北京大学出版社杨丽明女士为本书的编辑出版做了大量积极的工作，在此表示衷心感谢！

陈洪安

2018年6月8日于上海

目录 CONTENTS

引言 ·· 001

―――――――― 第一篇　导论篇 ――――――――

第一章　什么是管理? ·· 019
　第一节　管理的定义与特性 ·· 019
　第二节　管理中的人性假设 ·· 022
　第三节　管理者 ·· 030
　第四节　管理层次 ··· 036
　　本章小结 ··· 039
　　关键术语 ··· 039
　　复习题 ·· 040
　　自我评估——领导角色准备程度 ··· 040
　【案例】灵活应变与快速响应,华为就是这么活下来的 ······························· 041

第二章　管理学研究内容 ··· 046
　第一节　管理学研究框架 ··· 046
　第二节　管理学三大定律 ··· 049
　第三节　管理学及其特点 ··· 052
　　本章小结 ··· 058
　　关键术语 ··· 059
　　复习题 ·· 059
　　自我评估——管理的核心价值观 ··· 060
　【案例】3M:一场效率与创新之间的斗争 ··· 060

第二篇 自我管理篇

第三章 自我管理 ... 065
  第一节 自我管理理论的起源与发展 ... 065
  第二节 自我管理的定义与特征 ... 067
  第三节 自我管理的内容 ... 070
    本章小结 ... 097
    关键术语 ... 098
    复习题 ... 098
    自我评估——你是一个擅长自我管理的人吗？（大学生版） ... 098
  【案例】李嘉诚的自我管理之道 ... 102

第四章 决策 ... 104
  第一节 决策概述 ... 104
  第二节 决策模型 ... 110
  第三节 决策类型 ... 112
  第四节 决策方法 ... 118
    本章小结 ... 127
    关键术语 ... 129
    复习题 ... 129
    自我评估——测一测：你的决策能力如何？ ... 129
  【案例】巨人的困境 ... 131

第三篇 纵向管理篇

第五章 韦伯和官僚制下的组织 ... 135
  第一节 官僚制的理论概念 ... 135
  第二节 韦伯及其官僚制内涵 ... 138
  第三节 韦伯官僚制下的权威基础 ... 141
  第四节 官僚制的优缺点 ... 143
    本章小结 ... 145
    关键术语 ... 145
    复习题 ... 145
    自我评估——管理一个组织 ... 146
  【案例】高标准的麦当劳 ... 147

第六章 计划 ... 149
第一节 计划概述 ... 149
第二节 计划类型 ... 152
第三节 计划的制订 ... 157
本章小结 ... 163
关键术语 ... 164
复习题 ... 164
自我评估——开发你撰写业务计划书的技能 ... 165
【案例】任正非的目标管理观 ... 166

第七章 组织 ... 170
第一节 组织概述 ... 170
第二节 纵向管理与层级结构 ... 174
第三节 层级结构的几种形式 ... 184
本章小结 ... 188
关键术语 ... 189
复习题 ... 189
自我评估——你的组织是什么类型的结构设计？ ... 190
【案例】海尔的授权与控制之道 ... 191

第八章 领导理论 ... 195
第一节 领导概述 ... 195
第二节 领导理论 ... 199
第三节 创业型领导 ... 213
本章小结 ... 215
关键术语 ... 216
复习题 ... 216
自我评估——T-P领导风格问卷：领导风格评估 ... 217
【案例】铿锵玫瑰的别样美丽人生 ... 218

第九章 控制 ... 222
第一节 控制内涵 ... 222
第二节 控制过程 ... 223
第三节 控制类型 ... 226
第四节 控制方法 ... 231
第五节 作业控制 ... 236
本章小结 ... 241
关键术语 ... 241

复习题 …… 242
　　自我评估——你能否控制好自己的预算？ …… 242
【案例】联邦快递的技术创新 …… 243

第四篇　横向管理篇

第十章　横向管理 …… 247
　第一节　横向管理的概念与理论基础 …… 247
　第二节　横向结构 …… 256
　第三节　横向型结构的理论渊源与几种形式 …… 260
　　本章小结 …… 270
　　关键术语 …… 271
　　复习题 …… 271
　　自我评估——你是"以人为本"的领导者吗？ …… 272
【案例】扎克伯格的王国——"云"端领导与"云"力量 …… 273

第十一章　创业 …… 276
　第一节　创业与创业者 …… 276
　第二节　创业精神 …… 281
　第三节　创业过程 …… 283
　第四节　影响创业成败的重要因素 …… 290
　　本章小结 …… 294
　　关键术语 …… 294
　　复习题 …… 295
　　自我评估——创业心理测试 …… 295
【案例】苏宁张近东——"我一直将自己定位为创业者" …… 297

第十二章　协调 …… 299
　第一节　协调概念的发展 …… 299
　第二节　协调产生的根源及基本的协调战略 …… 300
　第三节　协调的原则 …… 302
　第四节　领导协调过程 …… 306
　第五节　冲突管理 …… 318
　　本章小结 …… 324
　　关键术语 …… 324
　　复习题 …… 324
　　自我评估——授权型领导评估 …… 324
【案例】如何管理特立独行却聪明绝顶的员工？ …… 326

第十三章 激励 ... 328
第一节 激励的概念 ... 328
第二节 激励过程 ... 329
第三节 激励理论 ... 331
第四节 激励实务 ... 346
本章小结 ... 351
关键术语 ... 352
复习题 ... 352
自我评估——激励能力测试 ... 352
【案例】华为为什么让员工持股？ ... 353

第十四章 创新 ... 355
第一节 创新的含义 ... 355
第二节 创新的类型 ... 356
第三节 创新的特征 ... 358
第四节 创新的作用 ... 360
第五节 创新管理 ... 361
本章小结 ... 377
关键术语 ... 378
复习题 ... 378
自我评估——管理者创新能力测试 ... 378
【案例】商业巨头的创新魔方 ... 379

第十五章 学习 ... 383
第一节 学习层面 ... 383
第二节 个体学习能力 ... 385
第三节 合作学习能力 ... 387
第四节 学习的技能 ... 389
第五节 知识管理 ... 391
第六节 个体学习方法 ... 397
本章小结 ... 399
关键术语 ... 399
复习题 ... 399
自我评估——学习能力感测试 ... 400
【案例】微软——鼓励员工学习 ... 401

第十六章 监督 ... 403
第一节 监督的概念 ... 403

第二节　员工监督的表现 …………………………………………… 404
第三节　促进员工执行监督职能的方式 …………………………… 409
　　本章小结 ……………………………………………………………… 412
　　关键术语 ……………………………………………………………… 412
　　复习题 ………………………………………………………………… 412
　　自我评估——你的主动性有多强？ ………………………………… 413
【案例】通用电气的沟通——解放员工"话语权" …………………… 414

------- 第五篇　幸福管理篇 -------

第十七章　幸福 ………………………………………………………… 419
　第一节　幸福 ……………………………………………………………… 419
　第二节　幸福感测量 ……………………………………………………… 423
　第三节　幸福管理 ………………………………………………………… 425
　　本章小结 ……………………………………………………………… 437
　　关键术语 ……………………………………………………………… 437
　　复习题 ………………………………………………………………… 438
　　自我评估——你，幸福么？ ………………………………………… 438
【案例】NBS的"幸福优势" …………………………………………… 440

引言

一、手机与管理学

1997年的中国，手机还是一个稀罕物。手机不仅提高了通信自由，还是一种地位的象征。20年后的2017年，手机几乎人手一部，如果没有手机，则不仅仅是通信不便这么简单了。对于背井离乡在远方工作或学习的人们来说，手机是用来联络感情的重要工具，即使在千里之外，也能天天与亲朋好友聊下家常。对于忙碌的人们来说，手机是个填补时间碎片的"宝贝"，可以在坐车的时候上网看新闻，可以在去餐厅的路上网上取号甚至直接点单。对于"心怀不轨"的人们来说，手机是一个很便利的诈骗平台，通过一个电话，一个短信，就有可能窃取别人的信息甚至财务信息。而对于手机装配线上的工人来说，手机可能只不过是被组合起来的一堆零件和一份工作。

2017年，来自"一带一路"国家的青年留学生评选出了中国的新"四大发明"，即"高铁、网购、移动支付和共享单车"，如果离开手机，尤其是智能手机，移动支付无从谈起，共享单车无法定位，网购不再便捷，高铁票也得到火车站排长队购买。手机给我们带来了巨大的便捷，手机的地位也暂时无可替代。

手机无疑是现今最先进，同时也是最重要的通信工具之一，对我们人类的生活有着巨大的作用与影响。

对于管理学来说，一部手机可以解释管理学的几乎全部内容。我们可以从管理学角度来分析这个众所周知的主题，用管理学的方式来思考问题。

重点问题

1. 管理学是什么？它要解决的基本问题是什么？
2. 管理学研究的对象是什么？管理学的本质是什么？
3. 创新是什么？谁来创新？为什么创新？创新有什么价值？
4. 管理学为什么被称为一门科学？
5. 如果管理学是一门科学，为什么管理学家的意见千差万别？

二、手机发展简史

手机，又称为移动电话，起源于第二次世界大战时期的贝尔实验室。早期的"手机"从体积上来说，确实名不副实。后经科学家不懈探索，移动电话逐渐向小型、轻型且方便携带的方向发展。1973年，摩托罗拉公司发明了世界上第一台真正意义上的手机。手机行业的发展只有几十年的历史，但它的发展速度却是惊人的。我们不仅看到了技术的日益创新，更看到了手机市场激烈的竞争。手机行业是一个年轻的行业，它用了短短二十几年就完成了普及。在手机行业中，近十年涌现出不少优秀的手机厂商，它们在手机行业中不断竞争、不断发展，进而促使整个手机行业在科技发展上实现了大迈进。

手机自被发明以来，可以分为以下几个发展阶段，如表0-1所示：

表0-1　手机发展阶段

阶段	时间	国内外典型代表	特点	用户
第一阶段	1973年至1991年	摩托罗拉	满足通话需求	较少
第二阶段	1992年至2006年	诺基亚、摩托罗拉、夏普、三星、索尼爱立信、LG、波导、夏新、首信、熊猫、科健	功能手机	逐渐普及
第三阶段	2007年至今	苹果、摩托罗拉、三星、华为、小米、OPPO、VIVO等	智能手机	普及

纵观手机发展历程，从诞生至今也才仅仅四五十年的时间，从昂贵的奢侈品发展为普通大众离不开的生活必需品，在这期间，手机的外形、功能都发生了巨大的变化。众多手机生产厂商参与其中，曾经风光的手机品牌逐渐消亡，新的品牌不断涌现，是什么力量在左右着这其中的更替变化？我们可以通过分析几个著名手机公司的案例，找到其中的答案。

 案例

世界著名手机公司案例分析

（一）摩托罗拉公司

摩托罗拉公司1928年成立于美国芝加哥市郊。摩托罗拉公司不仅发明了手机，而且在手机发展历程中一直占有一席之地。摩托罗拉公司创造了众多世界第一，最深层次的原因是其在通信领域有着极强的创新意识和创新实践。

摩托罗拉公司在手机领域的发展历程如表0-2所示：

表0-2　摩托罗拉公司手机发展历程

时间	技术创新	历史意义	备注
20世纪70年代	发明了第一款手机DynaTAC蜂窝无线电话系统	人类开始使用更为便捷的通信方式	
20世纪80年代	1. DynaTAC投入商用 2. 提出铱星计划，致力于使人类在地球上任何"能见到天空的地方"都可以进行永不中断的通信联络	1. 开发的GSM标准成为全球化的标准 2. 打造"真正意义上的全球通"	提出了六西格玛的概念，后来经过推广，被广泛应用在质量管理的各个行业和领域

(续表)

时间	技术创新	历史意义	备注
20世纪90年代	在手机通信的模拟技术时代（1G时代），摩托罗拉几乎是世界上唯一的手机制造商	稳居世界手机产销的头把交椅	1990年，净销售额约为108.85亿美元；在国际手机市场上的占有率一度超过50%
21世纪初	技术研发迟滞，错过3G时代，铱星计划破产	被苹果、三星等品牌超越，失去领头羊地位	背负40多亿美元债务

摩托罗拉公司和诺基亚公司在2007年以前交替引领群雄，但当苹果公司在2007年开始推出智能手机iPhone后，手机市场的竞争格局开始悄然变化。摩托罗拉公司也毕现"廉颇老矣"的疲态。摩托罗拉手机界面及软件不友好、功能和易用性差导致了市场份额和美誉度的下跌。2008年底，摩托罗拉手机的市场份额不足7%，之后的两年虽曾有起色但也已无力回天。手机业务的持续低迷最直接的后果就是摩托罗拉公司于2011年1月一分为二，被拆分成摩托罗拉移动公司和摩托罗拉解决方案公司，前者主攻智能手机业务，当时市值约为90亿美元；后者专注于与企业、政府合作，以公共安全无线电业务为主，当时市值约为128亿美元。拆分后的摩托罗拉移动颓势难改，至2011年第二季度，其手机的市场份额仅为2.9%。2011年8月15日，摩托罗拉宣布，已与谷歌移动签署最终协议，后者将以每股40美元的现金将其收购，总价值约125亿美元。2014年10月，联想宣布以29亿美元收购摩托罗拉智能手机业务。到今天，摩托罗拉的手机业务已经在手机领域出局，结局令人扼腕。

摩托罗拉的没落，并不是一朝一夕造成的，导致其在手机市场中败亡的主要原因如下表所示：

表0-3 摩托罗拉败亡主要原因

原因	分析	结果
主营方向迷失	摩托罗拉的铱星计划是一个大胆的计划，但是由于其与时代脱节，导致创新成本太高，社会公众不认可	巨额的研发支出拖累了财务业绩，公司主营方向失误，导致在与其他公司的竞争中处于劣势
新产品研发迟滞	在3G时代之前，摩托罗拉惯常使用的"机海战术"对狙击其他品牌的推广有着较好的效果，但是也阻碍了自身的发展	新产品研发不足导致市场份额萎缩
错过3G时代	摩托罗拉在通信升级换代的关键时刻，误判了手机行业发展的趋势	以"技术为中心"而忽视消费者的体验
营销手段单一	单靠一两款明星手机支撑其发货量。明星手机在短时间内大幅跳水，使得消费者大呼上当	消费者对其品牌美誉度和忠诚度都产生了怀疑

综上，我们可以得出一些启示：技术创新启动了摩托罗拉，管理创新维护了摩托罗拉的品牌，管理创新与技术创新的不匹配导致了其最终的失败。

（二）诺基亚公司

诺基亚创建于1865年，创始人弗雷德里克·艾德斯坦（Fredrik Idestam）在芬兰的"诺基亚河"沿岸创建了一家木材纸浆厂，取名诺基亚。1960年，在原来的电缆生产部基础上成立了电缆电子部。1990年是诺基亚公司的一个重要转折点，由于公司业务领域过宽，诺基亚公司濒于破产。1992年，奥利拉执掌诺基亚公司，开始进行战略转型，转变为经营计算机、电子消费品和电信产品的高科技集团公司。到1999年，诺基亚已经是全球市场份额最高的手机厂商。短短17年，奥利拉使诺基亚成为全球著名企业，年销售额超过300多亿欧元。诺基亚成功的原因主要有以下几个方面：

1. 强大的开发团队

在大哥大时代，诺基亚公司就致力于手机的便携化与操作的人性化，并因此开发出世界上第一款直板机型，通过其轻巧便携的外形和较好的通话性能迅速占领了市场，开发出了简单明了、功能强大，并极其人性化的塞班操作系统，集成了网络、无线文字、PIM、网页浏览、电子邮件等功能，支持JAVA语言系统，同时能够运行小型第三方软件。

2. 集中化的竞争性策略

诺基亚设有专门的移动电话售后市场服务部，设置了人性化的导航网站、手机软件自主更新、诺基亚客户服务热线等。在产品的设计研发阶段，诺基亚积极使用环境友好的原材料；在手机的使用阶段，诺基亚把节能作为重点，不断提高产品能效。经过不懈的努力，诺基亚手机充电器空载耗电比原来减少了90%，并于2007年发布了首款电池充满后予以提示的手机，提醒消费者及时切断充电器电源。此外，诺基亚积极开展电子废弃品的回收和利用，不仅为诺基亚节约了大量的成本，同时还为诺基亚在市场上赢取了良好的口碑，这也是诺基亚发展迅速的一个重要原因。

可见，诺基亚正是通过不断的技术革新，功能开发和设计行为上体现"以人为本"的精神，保持与竞争对手的技术领先优势，成为手机行业的引领者，从而占据大量市场。然而，诺基亚虽然在2G时代成为手机行业的老大，但却在3G时代倒下了。

是什么原因，使诺基亚由极盛走向衰落？诺基亚的日渐没落，其实最大的责任不在于别人，而在于自己。

1. 管理层对市场认识不足，反应迟钝

诺基亚高层基本都是硬件部门背景，软件不受重视，导致近几年来诺基亚的研发跟不上市场的脚步。在手机普及的今天，消费者越来越重视手机的功能和应用感受，而诺基亚的新产品在技术上的革新没有什么大变化，长期拘泥于经典设计，加上重复使用被消费者排斥的"换壳"模式，无法给用户全新的感受，消费者不买账自然在情理之中。

2. 固守塞班系统抱残守缺

这一操作系统对硬件配置要求过高，程序响应速度过慢，经常因程序打开过多而死机；程序安装过程烦琐，版本过多、过于混乱，也令开发者大伤脑筋。随着 2007 年苹果 iPhone 产品的横空出世，到 2018 年谷歌推出安卓系统，全球业界对智能手机有了全新的理解和定义。智能操作系统的风行，也让塞班系统的弊病逐渐显现，可以说不再适用于当时的市场。然而直至 2011 年，诺基亚还拿不出一款能勉强和 iOS 或者安卓抗衡的操作系统，仍旧固执地坚守着塞班阵地，直接导致产品不受欢迎。

3. 技术创新滞后，押宝 Windows Phone 错失安卓良机

诺基亚将全部希望寄托在微软的 Windows Phone 操作系统上，希望构筑谷歌安卓和苹果 iOS 之外的第三个生态系统，但 iOS 和安卓的规模优势已经具备，再加上用户没有耐心再从头学习一种新的系统，Windows Phone 要想超越甚至和上述两者相抗衡已绝非易事。此外，WP 手机难产，大好的市场拱手让人，不得不说诺基亚的市场营销战略让人迷惑。一边是三星 HTC 的 Windows Phone 产品上市开卖，一边是诺基亚背靠大树却迟迟拿不出一款像样的 WP 产品。

从这家曾经叱咤风云的通信巨头企业的兴衰历程不难看出，诺基亚最终由于缺乏创新、反应迟钝、没有抓住革新机会等原因而走向没落。我们在唏嘘兴叹的同时，从中得到一些启示：创新运作模式应该更接近于自由市场，应该敏捷灵活，能快速适应市场变化；领导者自身要有强烈的市场敏感度，要看准并把握住革新机会；对于通信行业来说，通信设备的外在设计与内在操作要更加注重新颖、便捷、人性化。

(三) 苹果公司

苹果公司是由史蒂夫·乔布斯、斯蒂夫·沃兹尼亚克和罗·韦恩等人于 1976 年 4 月 1 日创立，当时命名为"苹果电脑公司"，2007 年 1 月 9 日更名为"苹果公司"，总部位于加利福尼亚州的库比蒂诺。苹果公司创立之初，主要开发和销售个人电脑，截至 2014 年一直致力于设计、开发和销售消费电子、计算机软件、在线服务和个人计算机。2018 年 3 月 12 日，苹果公司股价和市值创造了历史新纪录，达到 9250 亿美元，市值距离一万亿美元只差 750 亿美元。苹果公司成为当今世界上最有价值的公司。但是，苹果公司从创立之初到如今的鼎盛，也并非一帆风顺，其间甚至因为巨额亏损，曾于 20 世纪八九十年代，一度走向关门的边缘。苹果公司经历了以下几个发展阶段，如表 0-4 所示：

表 0-4 苹果公司发展历程

阶段	时间	事件	机遇 & 挑战	成果
第一阶段：创业成长阶段	1976—1985 年	苹果电脑公司在 1967 年 4 月成立以后，先后推出 Apple I、Apple II、Apple III。Apple II 被看作是第一台个人计算机	1980 年 12 月，苹果计算机公司公开招股，当日以每股 29 美元收市，吸收了比当时其他企业 IPO 都多的资金	苹果电脑公司的市场份额不断上升，很快加入世界 500 强的行列

(续表)

阶段	时间	事件	机遇&挑战	成果
第二阶段：发展滞胀阶段	1985—1997年	乔布斯离开苹果电脑公司	随着windows 95系统的诞生，苹果计算机的市场份额受到严重的冲击。另外，CEO更换频繁	苹果电脑公司的发展面临着严峻的挑战
第三阶段：战略转型阶段	1997年至今	1997年，乔布斯创办的NeXTComputer公司被苹果电脑公司收购，乔布斯再次回到苹果电脑公司担任董事长。推出的苹果手机在具备超强的功能和扩展性的同时使它用起来更加简单、更加人性化。它是一个移动通信的工具，更是给用户提供丰富、精彩体验的高科技电子产品。它是一款手机，但已远远超越了"手机"两个字的最初内涵	苹果公司在乔布斯的带领下扭亏为盈，成功推出了iPod数码音乐播放器，开始进军音乐领域。同时，推出了iPhone、iPad等受热捧的产品，不断探索移动通信、平板计算机等新的领域。乔布斯逝世后，库克并未作出大范围的改变，大体上仍然坚持着乔布斯时代的经营方向	苹果就做一只手机——iPhone，但却不断地用最新的技术将它升级、完善

我们想象一下苹果公司取得成功的秘籍是什么？

2007年至2017年的10年间，苹果发布的手机产品不少于10款，平均每年一款。每一款手机相对于上一款来说，在设计的理念、技术、材料、性能等方面都有着较大的提升，这也是我们所说的创新。正是因为创新，苹果公司才能够立于市场竞争的不败之地。

下表整理了苹果公司在技术创新方面所取得的成果：

表0-5 苹果公司在技术创新方面的成果

年份	机型	创新点
2007	iPhone	1. 200万像素后置摄像头 2. 多点触控的屏幕
2008	iPhone 3G	1. 支持3G网络，并兼容HSDPA网络 2. 支持A-GPS（Assisted GPS）定位 3. 可以手写输入汉字 4. 提高电池容量，理论待机时间可达300小时，连续通话时间达10小时 5. 机身圆滑设计，使得手机更加轻薄 6. 耳机插孔齐平于机身侧面
2009	iPhone 3GS	1. 摄像头像素增加到300万，追加自动对焦和视频编辑功能 2. 将运行内存由128MB提升到256MB 3. 将主频由440MHz提升到600MHz 4. 加快3G和3.5G网络载入速度 5. 支持电子罗盘功能 6. 由普通屏幕升级为抗油污、抗指纹的屏幕

(续表)

年份	机型	创新点
2010	iPhone 4	1. 全新的工业设计，全新的触感 2. Retina 显示屏 3. 多任务处理 4. 高清摄像拍照和剪辑 500 万后置摄像头
2011	iPhone 4S	1. 全新 siri 智能语音助手和 iCloud 云端服务 2. 后镜头像素提升至 800 万 3. 天线设计创新
2012	iPhone 5	1. 采用高清晰度视网膜屏，尺寸扩大到 4 英寸 2. 全新 ID
2013	iPhone 5S/5C	Home 健结合指纹扫描
2014	iPhone 6/6 plus	1. 性能提升非常明显 2. 全新的外观
2015	IPhone 6S/Iphone 6S Plus	1. CPU 性能提升 70% 2. 3D Touch 功能
2016	IPhone 7/IPhone 7 Plus	1. 增加第二代 Tapic Engine 震动反馈 2. 防水、防尘 3. Plus 拥有双 1200 万像素摄像头，虚化效果自然，亮度提升 25%，色彩更佳
2017	IPhone 8/IPhone 8 Plus	1. 支持 AR 2. 支持无线充电

与摩托罗拉公司相似，不断进行的技术创新确实在一段时间内为苹果公司创造了辉煌的成绩，然而在没有针对市场需求的情况下一味追求封闭渐进的技术创新及高端产品反而使其经历了十几年的衰落期，因为这种纯技术创新产品不是大众消费者的产品，因此单纯的技术创新并不是其成功的突破点。

苹果公司与摩托罗拉、诺基亚等公司的相同点是都注重技术研发，注重技术创新，然而，苹果公司为何能够胜出？这要从苹果公司的管理创新说起。管理创新具体从服务和商业模式两个方面说明：

1. 服务

从苹果电脑到苹果手机，苹果的产品更加注重软件和硬件的融合。苹果的智能手机区别于传统的功能手机，最主要的就是其开发的操作系统和诸多应用软件，使不同类别产品之间实现信息互通共享。苹果公司不仅仅是在产品的外观和性能上进行了创新，还创造性地推出了产品加内容的服务模式。如将 iTunes 与 iPod 进行无缝连接，形成了 iTunes 音乐商店＋iPod 的服务模式，而且苹果公司开发了 iPhone 和 iPad 的移动应用系统平台 iOS，该平台绑定了 App Store 应用下载在线商店，在满足用户的个性化需求的同时也满足了苹果公司和应用开发商的利益追求。苹果公司始终以超前的眼光为消费者提供具有较高使用价值的产品，它将硬件产品和软件服务结合起来进行的产品和服务的创新使其逐渐占据市场，拥有越来越多的"果粉"。苹果不再是一个纯粹的 PC 等硬件制造商，而是逐渐变成了一个高端消费电子与服务公司。

2. 商业模式

苹果手机诞生之前，手机生产商的主要销售对象是手机本身，苹果公司除销售手机等各类硬件之外，还创新了商业模式。例如，苹果公司既销售 iPod，又经营音乐销售平台。苹果的 App 商店提供数以百万的应用软件，可以为苹果手机和 iPad 提供软件支持，各应用软件制作者可以将自己制作的软件放在这个商店中销售，苹果公司可以从销售中获益，也可以为广大的应用程序产品提供展示的平台。更多更有特色的应用程序和软件，能更有效地吸引顾客，增加消费和认知的联动效应，也对品牌知名度的提高和销售量的增长有着较大的促进作用。

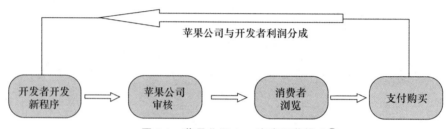

图 0-1　苹果公司 App 商店运营模式①

三、中国手机工业的崛起

随着中国经济持续稳定的增长和科技水平的不断提高，手机成为继报纸、广播、电视和网络之后的第五媒体，不断吸引着大量的手机制造商介入手机市场，使得手机市场的竞争日趋激烈。尤其是在 2009 年中国正式进入 3G 时代以后，手机市场的发展及挑战更是日益迅速、严峻，手机的更新周期逐渐变短、价格持续走低、产品设计难度不断提升等相关负面因素也给各大手机品牌带来了巨大的压力。在这样的市场环境中，如何生存并发展自己，是摆在每一个手机厂商面前的一个具体而又紧迫的问题。

（一）华为公司（创新使其朝气蓬勃）

华为技术有限公司是一家生产销售通信设备的民营通信科技公司，于 1987 年正式注册成立，总部位于中国深圳市。初创时期的华为是一家生产用户交换机的中国香港公司的销售代理。1989 年，华为开始自主研发交换机，走"农村包围城市"的营销模式。1996 年，华为与李嘉诚旗下的和记黄埔开展合作，华为的大型交换机进入国际市场。在这一年里，华为抓住中国与俄罗斯达成战略伙伴关系这一契机，承揽了俄罗斯的电信建设基础工程以及向欧美和亚非拉地区供应 GSM 设备。1997 年，华为推出无线 GSM 解决方案，于 1998 年将市场拓展到中国主要城市。后与 Texas Instruments、Motorola、IBM、Intel、Agere Systems、Sun Microsystems、Altera、Qualcomm、Infineon 和 Microsoft 成立了联合研发实验室。1998 年，一部起草 3 年的《华为基本法》正式实施，这是中国第一部总结企业战略、价值观和经营管理原则的"企业宪法"

---

① 参见任慧：《苹果公司商业模式创新案例研究》，华中科技大学 2015 年硕士学位论文。

和制度体系。

2007年至2017年的10年间，华为在研究开发领域的累计投入达到380亿美元；2017年，华为在研发领域的资金投入规模位列全球第九。华为依据不同国家或地区的能力优势，在美国、欧洲、日本、印度、新加坡等地区构建了16个研究所，28个创新中心，45个产品服务中心。华为有7万多人的全球最大规模的研发团队，每年销售额的10%投入研发领域。

华为的手机业务始于2003年，2004年推出第一款WCDMA手机，2009年推出第一款基于安卓系统的智能手机，2012年开始发布P系列手机，2015年开始发布Mate系列手机。2017年，华为手机在全球出货量位居世界第三，仅次于三星和苹果，年增长率达到10%。

与摩托罗拉与苹果公司走过弯路不同的是，华为自从创立以来，就一直在信息通信领域深耕。《华为基本法》第1条就明确华为的目标领域是电子信息领域，对自身的定位是"成为世界一流的设备供应商"，在这样的思想指导下，华为少走了许多弯路，从一家从事电信交换机的商贸公司逐渐发展为自主研发和生产电信设备的公司。在没有掌握核心专利技术的条件下，华为采取的是追随型的发展模式，这种模式下，华为更多地将发展方向放在商业模式的选择上，逐步获得订单，渐渐将体量做大。在做大体量之后，华为持续改进，对技术的追求也更加严苛，每年不少于营业收入10%的研发投入，使得华为在后续发展中攒足了劲头。总结华为的成功，除了技术创新还有以下几项管理创新：

1. 制度

华为的"管理大纲"，也被称为《华为基本法》，明确了华为的宗旨、经营政策、组织政策、人力资源政策、控制政策。《华为基本法》被认为是华为公司内部的"宪法"，为华为公司的发展提供了制度保障。

2. 激励机制

华为施行的是员工持股计划，长久以来都被称为"最神秘的公司"，原因是华为不把资本化作为自己的目标，员工持股计划可以让员工感觉到自己是企业的所有者，"普惠认同华为的模范员工，结成公司与员工的利益与命运共同体"。作为一家高科技公司，华为认可知识的价值，将知识资本化，"使劳动、知识以及企业家的管理和风险的累积贡献得到体现和报偿"，在分配形式上"实行按劳分配与按资分配相结合的分配方式"。华为按劳分配的依据是按照能力、责任、贡献和工作态度施行价值分配，价值分配是否合理的标准是"公司的竞争力和成就，以及全体员工的士气和对公司的归属意识"。激励的创新，其实是重视一线普通员工，作为一个员工数量达到18万人的国际企业，将18万人的聪明才智通过激励的形式激发出来，由此产生的创造力可想而知。

3. 决策体制

华为施行在董事会领导下的轮值CEO制度，在轮值期间，轮值CEO是公司最高的行政首长。他们更多的是着眼公司战略，着眼制度建设。同时将日常经营决策的权力进一步下放，以推动扩张的合理进行。轮值CEO制度避免了由于控制者自身的缺陷所作出的决策将企业引进死胡同，使企业的决策更加民主。

华为的创新是开放的创新,而不是关起门来的创新,华为是站在巨人的肩膀上发展。①

(二)小米公司

小米公司正式成立于 2010 年 4 月,是一家专注于高端智能手机自主研发的移动互联网公司。小米手机、"MIUI"系统、"米聊"软件是小米公司旗下三大核心业务,"为发烧而生"是小米的产品理念。小米手机自 2011 年 8 月 16 日正式发布以来,销量一路高歌猛进,2012 年共售出 720 万台智能手机,售价仅为苹果和三星核心机型的一半左右,小米公司成为中国销量增长最快的智能手机商之一。小米手机试图在几乎被苹果和三星垄断的智能手机市场站稳一席之地。根据市场调查公司 Gartner 的数据,小米已经成为一颗耀眼的明星。在小米公司发展的过程中,其营销战略、策略与战术一直被广泛关注。事实上,小米公司的营销模式也为其创造了一个个"秒杀""售罄"的神话,并造就了大量具有高忠诚度的"米粉"。

小米公司自创立以来,一直被行业内认为是"搅局者",其低廉的售价、出色的性能,吸引了大批忠实用户,尤其是年轻消费者的信赖,这和小米公司企业发展的管理创新是密不可分的。小米公司在管理方面的创新主要聚焦在社会化营销,这可以从以下几个方面了解:

一是小米手机在营销前由于知名度不高,几乎没有多少人知道小米手机,因此对小米手机进行社会化营销时的营销目标就是宣传自己,让越来越多的人知道小米手机。小米手机用官网、论坛、微博等网络营销取代传统营销,在降低营销成本的情况下,极大地提升了营销效果,宣传了产品,对产品进行了市场定位。在混合网络营销中,重点突出小米的特色、优点以及企业的优质服务,进一步提升了企业的形象。

二是随着移动互联网的快速发展,社会化媒体对公众的影响力越来越大,社会化营销成为一种必然趋势。小米手机正是抓住互联网的发展趋势,利用社会化媒体进行营销,使各种网络媒体成为其营销的主渠道。小米手机是纯网络销售的品牌,只能在网上订购,订购的时候还不一定有现货,这与其他品牌手机的营销方式截然不同,其他品牌手机在线下各类手机门店或电器店均可以买到。小米手机彻底改变了传统的营销模式,不做传统媒体的广告,仅仅依靠互联网和口碑进行营销。由于小米手机选择了成本低的网络营销渠道,为其节省了大量的广告和渠道成本,使小米手机的高性价比优势立显。小米手机一上市,便赢得众多消费者的信赖与支持。

三是小米手机定位于发烧友手机,它的第一批用户应至少有两部手机,一贵一廉,小米作为那部廉价手机。首先,对终端来说,小米手机的研发过程采用与发烧友互动的模式,这样能极大地调动用户的参与感与对产品的需求。其次,小米手机定价合理。1999 元,无论从成本角度还是对苹果的膜拜角度,这个价格都是非常合理的,没有再降的可能。再次,厂商对自己的产品有足够的信心和较成熟的市场分析。小米采用苹果的习惯套路进行推广,在两周的时间内,小米手机在互联网中迅速传播。关于小米

---

① 参见侯丽华:《华为研发投入剑指全球第一》,载《深圳商报》2017 年 1 月 7 日 B02 版;田涛:《华为创新你学不来?》,载《企业研究》2016 年第 2 期。

手机的新闻、评测、拆机等报道层出不穷。最后，小米手机高调发布。小米凭借雷军自身的号召力和一场酷似苹果的小米手机发布会，取得了众媒体与手机发烧友的关注。

小米手机营销方案带来的影响随着小米手机社会化营销的效果日益显现：

首先，对于各手机品牌而言，以前将营销的重点放在传统营销渠道上，经过对小米手机营销策略的分析，会将一部分精力放在网络时代的社会化营销上。可以说，小米手机率先实行的社会化营销方式将会带动手机行业的社会化营销水平，推动行业的社会化营销进程。如小米手机通过微博、论坛、官网进行手机营销，通过官网进行手机销售，通过口碑与病毒营销增强用户对信息的传播，极大地提升了小米手机的社会知名度与影响力，这些都是其他企业需要学习的。

其次，社会化营销方式要不断创新，综合运用多种营销方式，这样才能产生强大的影响力。小米手机运用微博、官网、论坛等平台进行营销，综合运用饥饿营销、口碑营销、病毒营销、事件营销进行宣传，极大地提升了小米手机对用户的影响力。但小米手机的社会化营销方式也进一步说明，对于手机来说，仅仅依靠单一的网络营销渠道难以满足消费者对服务的需求，在未来的发展中需要将传统营销与网络营销相结合，更好地宣传产品。

小米手机从一个不知名的手机，在不到两周的时间内做到在互联网上如雷贯耳。在小米手机随后的每次销售中，都在短短的几小时就将十几万部甚至几十万部的手机销售一空，这是任何传统营销都不可能达到的效果。小米手机关注与消费者的互动，在购买小米手机时，需要在论坛上拥有一定的积分，这样使小米需求者更近距离走进小米的营销网络。随着小米手机社会化营销方式的开展，不论在论坛，还是在微博，小米手机对消费者的影响都是巨大的，使人们在关注中进一步认清小米手机的好处，提升购买小米手机的欲望。

在对购买小米手机的动机调查中，15%的人认为小米手机时尚美观；25%的人认为小米手机是身份的象征；32%的人认为小米手机具有强大的信息收集、处理功能；28%的人是受广告或其他促销手段的影响。从以上调查可以看出社会化营销对消费者购买意愿和行为的影响。

小米几乎没有传统意义的促销手段如广告、人员推销等，但在与消费者的交流方面却做得异常出色，成功做到了与用户的双向沟通，而不是单向的信息传递。①

四、创新——管理学的研究对象

纵观近 20 年间手机的发展历程，手机经历了从功能手机到智能手机的转变，在这一过程中，众多国内外知名手机厂商犹如大浪淘沙般被淘汰和替换，是什么力量左右着这其中的变更兴替？从上文中，我们不难总结出一个道理：是创新的力量，导致了这个结果。

（一）什么是创新？

对于手机业务来说，苹果公司直到 2007 年才有了属于自己的产品，但是一问世便

---

① 参见邓璐楠：《社会化媒体发展背景下的小米手机营销策略研究》，华东理工大学 2013 年硕士学位论文。

取得了巨大的成功。对此，我们可以理解为，苹果公司通过把以往已经存在的生产要素（手机硬件、软件等技术）和生产条件（研发设计、生产）等进行新的组合，加上苹果公司对手机的理解，建立起新的设计、研发、生产、销售等模式，创造出比以往手机更加智能、更加适合人们使用的手机。

再以小米公司为例，小米公司的崛起，并非是因为掌握了多少尖端的技术，其销售模式灵活，注重手机的性价比，被认为是智能手机的"价格屠夫"和手机市场的"搅局者"。小米的成功，更多应该归功于其独特的管理创新。[①]

（二）谁来创新？

即创新的主体是谁？从企业管理的角度出发，创新的主体可以分为两类：领导（企业家）和员工。类似于历史是由领袖创造的还是由人民创造的命题，领袖和人民的作用都非常重要，对于推动社会（企业）的巨大变革，领袖（领导）和人民（员工）缺一不可。

1. 创新主体之领导

苹果公司的发展历程中，其创始人史蒂夫·乔布斯的地位至关重要，作为企业家的乔布斯意识到科技发明的未来潜力，敢于在新技术上投资。因此，企业家在创新中居于主体地位，既是创新活动的倡导者，又是创新活动的推动者和实践者。"活着就是为了改变世界"是乔布斯从事所有创新活动的内在动力。

成功的企业家不论其动机如何，都设法创造价值，做出贡献。富有企业家精神的企业把企业家精神看作是一种职责，它们接受企业家精神的训练，致力于企业家精神并把这种精神付诸实践，促进企业技术创新活动的开展。因此，企业家是技术创新的主体，有企业家的企业方能依靠技术创新活动求得企业的生存。

2. 创新主体之员工

日本学者平肖第三在考察3M公司、杜邦公司等企业的成功创新时发现，这些企业都有许多富有想象力的行为者组成的独立小组，积极进取的目的就是促成新事物的出现。这种非企业家的创新，即员工创新。

如果说乔布斯的iPhone改变了世界，那么，可以说微信改变了中国人的沟通交流方式。

2011年，腾讯公司推出了一种快速的即时通信软件，即微信。到2018年，微信的月活跃用户高达9.8亿，日登录用户超过9亿。那么，微信是怎么诞生的呢？这不得不提到被称为"微信之父"的张小龙。张小龙本是腾讯公司的一名研发人员，主要研究电子邮件，在进入腾讯公司之前，就独立研发了广受好评的Foxmail邮件系统。早期的微信研发团队不足10人，在确立了微信研发方向之后，腾讯公司的创始人马化腾尽可能不干预张小龙的想法，让其自主发挥，最终研发出了微信。微信是员工创新的较好例证。同样，在互联网等高科技领域的创新成果，更多是诸多程序员或者科研人员创新的结果。

《微权力》一书认为，员工的创造力是企业创新的基础。按照全面创新管理理论，

[①] 参见张凤、何传启：《创新的内涵、外延和经济学意义》，载《世界科技研究与发展》2002年第3期。

创新是全体员工的共同行为，从基层员工到高层领导者，每一个人都有可能成为出色的创新者。为了保证全员创新的整体性和连续性，提高创新绩效，从企业的角度看，必须同时对企业的战略、组织、文化、制度等各个方面进行创新；从个人的角度看，不断提升自身的素质能力也是必要的。进一步来说，全面创新管理的提出也有其背景：首先，在过去的几十年中，创新研究表明，在创新过程中，科学知识和科学方法的作用正在逐渐衰退，创新概念进一步宽泛化；其次，个人仍然具有创造力，而且其领域和表达方式各有不同。这两个理由也为全面创新管理提供了支持。总而言之，全员创新，具有广泛的理论渊源，由此，员工力的创新与每一位员工的创新能力也是可以实现的。

研究表明，国外在创新主体研究上更加偏向于认为创新更多是管理者、企业家、领导的事情，因为他们享受更多的创新成果。在中国，公有制占据国民经济的主导位置，生产资料和生产要素大部分归国家和人民所共有，创新成果不单单是由企业家、管理者、领导所有，更多的是由人民共有。如何发挥人民群众的创新精神是中国管理者们一直在探讨和研究的。[1]

（三）为什么创新？

创新动因，是指促使创新主体产生创新欲望和要求，并进行技术创新活动的一系列因素和条件。根据马克思主义关于事物的内因和外因辩证关系，我们可以将创新动因分为创新的内部动因和外部动因。

1. 内部动因

内部动因包括：

（1）领导、企业家的创新精神。领导、企业家为了使组织、企业在残酷的竞争中立于不败之地，需要主动对企业进行创新，以适应竞争。企业家的气魄和预见能力对企业发展具有重要的影响。技术创新是企业家所具有的一种带有较高风险的超前的创造活动，是企业家创新精神的一种实践，在这种实践活动中对生产要素进行重新组合。企业家作为企业技术创新主体，其对技术创新活动的推动不可忽视。从前文可知，员工也是企业创新的推动力。马斯洛的需要层次理论告诉我们，员工在满足生理、安全、社交等需要之后，更加需要社会的认同，以及自我价值的实现。员工进行创新活动的过程，也是实现自我价值的过程。

（2）利益驱动。企业发展的直接表现是实现扩大再生产，而扩大再生产需采用高技术以缩短社会必要劳动时间，达到企业获取更高利润的目的。

（3）企业成长需要。对利润的追求是推动企业自身发展的动力，也是企业技术创新的源泉。同时，企业的发展和技术创新活动都离不开人的实践活动，企业技术创新的主体是企业，而企业家是一个企业的灵魂。

2. 外部动因

外部动因包括：

（1）技术发展推动。技术作为一个完整的系统，其发展受内在惯性机制的自发作用

---

[1] 参见李兆友：《技术创新主体研究综述》，载《哲学动态》1997年第11期。

影响。技术在落后的情况下，与当时的生产力产生了一定的差距，因此技术相对于生产力处于一种滞后的状态。出于科学水平和外界环境的限制，技术在短期内无法实现创新。技术系统的内在惯性机制会自发产生一种动力，科技进步的内在惯性机制推动着技术研究、技术开发和技术应用的进程。这种动力也会通过外因的形式表现出来，比如利润下降、市场和客户不满等，种种表现会使技术创新主体认识到技术的滞后状况，以实现新技术取代旧技术。

（2）市场竞争。市场经济的核心是建立竞争机制，企业作为市场的主体，其技术创新需要遵循市场经济的规律，适应市场的需求。市场的需求可以细化为用户的需求，然而目前的市场竞争日益激烈，用户拥有更大的选择空间，而且用户需求也呈现出个性化、多样性的特征。

（3）政府的诱导和牵引。政府所颁布实施的一系列科技政策，为企业技术创新指引方向，便于企业确立技术创新的发展目标。国家的科技政策能够协调政府与企业、科研机构与企业、企业与个人等多方的关系，保证各方利益均衡合理。同时，科技政策的实行，对科技活动中人们的行为和企业技术创新进程起到制约或者促进作用。科技政策在一定程度上影响企业在技术创新方面的投入和热情，因此科技政策是企业技术创新的外在重要动因。科技政策对企业和国家都是一种方向上的指引，使企业朝着实现更大盈利的方向发展，使国家朝着国家战略目标的方向运行。

（4）需求拉动。企业需要形成以市场需求为导向的有利于自主创新的企业技术进步机制，建立以客户实际需求驱动的产品开发流程，缩短产品开发周期，降低开发成本，集中研发资源，提高产品竞争能力。

从根源上来讲，创新之所以存在，是因为竞争的存在。一种制度、一种方法、一项技术相对于其他制度、方法和技术，有着绝对优势的话，这种制度、方法和技术就丧失了需要创新的基础。以通信行业为例，从第二次世界大战诞生可移动通信设备，到20世纪70年代中期摩托罗拉公司发明第一台民用手机，历经约30年的时间。在这30年中，有线电话则占据民用通信的主导地位。第一台民用手机发明以来，移动通信因为其便利性得到了日新月异的发展，而有线通信则在与无线通信的竞争中逐渐失利，最终丧失绝大部分市场份额。创新赋予无线通信在竞争中的优势地位，竞争也给创新带来了丰厚的回报。所以说竞争是创新的土壤，创新则使竞争更加激烈。[1]

（四）创新的价值

创新有哪些价值呢？它能使科技突飞猛进地发展，使社会生产力迅猛提高，使经济繁荣和快速增长，使国家民族强盛，使利益群体获得更大的利益，使个人发财致富，一句话，使社会以加速度向前发展。创新的巨大价值，不仅表现在物质文明方面，同时也表现在精神文明方面。比如，它能使人们的聪明才智得到发挥，使创新的潜能得以释放，使人们的精神欲望得到满足；可以创造出形形色色、丰富多彩的精神文化产

---

[1] 参见孙冰：《技术创新动因研究综述》，载《华东经济管理》2010年第4期；李天慧：《企业技术创新动因分析》，载《东方企业文化》2010年第5期。

品，以适应人们日益增加的精神文明需求；使人们追求幸福生活有了期盼和依托，等等。创新给社会带来的价值是非常可观的，而且是多种多样的。一切都可以通过创新来获得，创新成为人们奋斗的动力和源泉。

2007年至2017年，苹果公司累计发布的新手机产品有十余款之多，每款产品都有其创新点；苹果公司的市值也历经波折，从2007年的1700多亿美元发展到2017年的8300多亿美元，增长了3倍还多。

我们所理解的创新体现的是正向的价值，那么是否有负向的价值呢？事物都是有两面性的，创新的价值同样具有两面性。例如，二战期间，美国使用核武器攻击日本本土，加速了二战结束的进程，这对全人类来说都是有正向价值的。但是，核武器的使用，造成了大量的人员伤亡，使得人类拥有了彻底毁灭自己的能力，这不能不说是核武器的负向价值。①

随着知识经济的发展，知识创新和技术创新速度日益提高，新知识和新产品更新周期变短，新产品知识含量增加，知识商品和新产品的稀缺性对经济的影响也就日益扩大。由稀缺性决定其价格的商品在全部商品总额中的比重，不再像李嘉图所讲的那样，只占极少数，而是占越来越大的比例。这就必然改变经济的基本规则。创新带来的利润将成为经济增长的源泉，成为企业追求的目标。

五、智能手机引发的社会问题

作为全球第一大智能手机制造商三星电子的故乡，韩国一直以超高的网速和先进的移动技术引以为豪。各种新型数码设备诞生后，韩国人经常是最先使用的。

韩国手机渗透率超过100%，所以很多人都不止拥有一部手机，其中有将近2/3为智能手机。而韩国政府已经制定了各种措施来应对由此产生的种种问题。作为对比，根据国际电信联盟（ITU）的数据，美国截至2012年6月的智能手机渗透率只有50%。由于高速上网服务的普及，韩国青少年多年前就面临网瘾问题。现在，智能手机在青少年和儿童中的普及速度超过其他群体，而智能手机上瘾问题也逐渐呈现出低龄化趋势。

据韩国通信委员会的统计，韩国6至19岁青少年智能手机渗透率2013年增长两倍，达到65%。与此同时，青少年群体的智能手机上瘾率也达到18%，成人仅为这一数字的一半，约为9.1%。据美国智库皮尤研究中心的统计，2012年，美国有37%的青少年拥有智能手机。韩国性别平等与家庭部官员Hwang Tae-hee说："情况已经十分严重。"日本和中国台湾等其他科技普及率较高的地方，同样出现了类似的问题。在韩国的学校里，老师在上学期间收走学生的移动设备已成惯例，但却收效甚微。在仁川担任高中老师的Lee Kyoung-shin说："有些学生会把手机藏起来，然后在课间休息时用。有的甚至在上课时偷偷用。"智能手机通常是年轻人最重要的领地。东京成德大学教授Setsuko Tamura说："这代表了他们与朋友之间的联系。如果不参与进去，就会

---

① 参见陈中立：《论创新价值、创新边界和创新观》，载《马克思主义哲学论丛》2012年第1期。

被朋友圈排挤在外。所以，我们经常会看到孩子们十分焦急地回复信息。"专家认为，过度使用智能手机不仅会影响学业，还会破坏青少年的人际交往能力。"当今的学生都不太会看他人的表情。"东京成德大学应用心理学教授 Setsuko Tamura 说："如果你花在发短信上的时间比跟人说话的时间长，那肯定就很难读懂非文字性语言。"

手机作为一种重要的通信工具，是我们工作生活中不可缺少的一部分。手机的发展给人们的生活带来舒适快捷的同时也引发部分社会问题。手机的管理反映出现代管理学亟待重视和解决的问题。本书后续将对管理学知识进行详细介绍。

第一篇

导论篇

DI YI PIAN

在人类历史上，自从有了组织，就有了管理活动。管理作为人类最重要的思想与活动之一，其本质在于在实践活动中不断提升组织的价值、实现人的价值。管理学就是研究管理活动规律的科学，其实质是通过管理实践活动揭示管理要素以及要素与要素之间相互作用的客观规律。

第一章 什么是管理？

> 有效的管理总是一种随机制宜的或因情况而异的管理。
>
> ——哈罗德·孔茨

第一节 管理的定义与特性

一、管理的定义

管理是什么？有时很神秘，因为是领导办公室内部的事，管理被神秘化；有时很普通，因为是员工的日常生活与工作琐事，生活中处处有管理，工作中人人从事管理。揭开管理神秘面纱后的真相或揭示管理普通面纱后的道理，人与管理真相或道理，总是相逢甚早，相知太晚。管理只不过是在生活或工作中相互合作的一群人的活动而已。

"管理"（management），古已有之。管理是人类社会活动和生产活动中普遍存在的社会现象。凡是有人群的地方，就有管理问题，就会产生管理实践。早在原始社会氏族内部，男女之间便有了明确的分工，即谁狩猎，谁分配，人们推选出酋长或首领来处理氏族内部的管理工作，这些具体的生活问题已经体现出管理的雏形。从古代埃及的金字塔、中国的万里长城，到微软视窗软件、神舟系列飞船、火星探测行动，都是伟大管理实践的产物。人类社会是不断发展的，反映社会发展不同阶段管理水平的管理概念也必然随之变化，所以，管理是一个动态的、发展的概念。随着社会的进步与发展，管理日益受到重视，逐渐形成了系统的科学知识体系。

管理对象不同、内外部环境不同、分析问题角度不同，导致管理实践的差异，进一步导致人们对管理产生了不同的理解和认识，即使在理论界也是如此。

科学管理之父泰勒（Frederick Winslow Taylor）认为，"管理就是确切地知道你要别人去干什么，并使他用最好的方法去干"。在泰勒看来，管理就是指挥他人用最好的工作方法去工作，他在其名著《科学管理原理》中就讨论和研究了两个管理问题：第一，员工如何寻找和掌握最好的工作方法以提高效率；第二，管理者如何激励员工努力工作以获得最大的工作业绩。[①] 诺贝尔经济学奖获得者赫伯特·西蒙（Herbert A.

---

① 参见〔美〕泰罗：《科学管理原理》，冯风才译，中国社会科学出版社1980年版，第104页。

Simon)教授认为,"管理就是决策"。在西蒙看来,管理者所做的一切工作归根结底是在面对现实与未来、面对环境与员工时不断作出各种决策,直到获取满意的结果,实现令人满意的目标。① 哈罗德·孔茨(Harold Koontz)认为:"管理就是设计并保持一种良好环境,使人在群体里高效率地完成既定目标的过程。"② 小詹姆斯·唐纳利(James H. Donnely)等认为:"管理是由一个或更多的人来协调他人活动,以便收到个人单独活动所不能收到的效果而进行的各种活动。"③ 彼得·德鲁克(Peter F. Drucker)认为:"管理是一种工作,它有自己的技巧、工具和方法;管理是一种器官,是赋予组织生命的、能动的、动态的器官;管理是一门学科,一种系统化的并到处适用的知识;同时,管理也是一种文化。"④

尽管这些管理学家从不同角度对管理进行了定义,但真正对管理的定义有重大影响的是法国人亨利·法约尔(Henri Fayol),他在其名著《工业管理和一般管理》中认为:"管理是所有的人类组织(不管是家庭、企业或政府)都有的一种活动,这种活动由5项要素组成:计划、组织、指挥、协调和控制。"⑤ 这一定义受到了很多管理学家的推崇与肯定,同时也受到了挑战,日本著名管理学家占部都美认为,法约尔关于管理的定义仅说出了管理由计划、组织、指挥、协调、控制五项要素构成,而并未对管理作出确定统一的定义。⑥ 值得肯定的是,法约尔对管理的定义,确认了管理是一种活动,但却并没有给定是何种活动;法约尔把管理理解为由计划、组织、指挥、协调、控制构成的活动,但这种理解只是简单地将管理活动进行了具体化,失去了其统一的实质。管理的内涵和本质应该更深刻和复杂。

今天,许多学者主张以系统的观点来理解"管理"。系统理论认为,从管理的组织环境中输入并利用资源是任何组织的共性,这些资源(有形资源和无形资源)包括人力、财力、物力和信息资源,而管理就是通过组织和协调这些资源以达成组织目标的过程和活动。⑦

基于系统理论,管理可以被定义为"为达到一个组织的目标,组织他人转化资源为成果,从而为组织增值的活动"⑧。管理活动就是组织中的个体通过一系列的活动,将可以利用的一切资源组合,在与外部环境进行交换的过程中,实现为组织价值增值的动态过程,也就是说,管理依托于组织,研究组织中的价值增值活动。计划、组织、指挥、协调、控制这些管理职能只是管理活动的手段和方法,并不能等同于管理,管理的核心在于实现资源的价值增值。

---

① 参见〔美〕赫伯特·西蒙:《管理决策新科学》,李柱流、汤俊澄译,中国社会科学出版社1985年版,第33页。
② 〔美〕海因茨·韦里克:《管理学》,马春光译,经济科学出版社2004年版,第4页。
③ 〔美〕小詹姆斯·H. 唐纳利等:《管理学基础》,李注流等译,中国社会科学出版社1982年版,第18页。
④ 〔美〕彼得·F. 德鲁克:《管理——任务、责任、实践》,孙耀君译,中国社会科学出版社1987年版,第2—5页。
⑤ 〔法〕亨利·法约尔:《工业管理与一般管理》,周安华等译,中国社会科学出版社1980年版,第10页。
⑥ 参见〔日〕占部都美:《现代管理论》,蒋道鼎译,新华出版社1984年版,第78页。
⑦ 参见席酉民:《经济管理基础》,高等教育出版社1998年版,第141页。
⑧ 〔英〕迈克·史密斯:《管理学原理》,刘杰、徐峰、代锐等译,清华大学出版社2015年版,第4页。

图 1-1 管理价值增值过程

这一定义强调以下几点:

首先,管理是一种活动。组织处在一定的社会环境中。从时间上看,管理是一个动态的过程,随着时间和社会环境的变化而变化。

其次,管理需要一定的资源投入。组织中的资源是有限的,管理活动就是将组织中的有限资源通过转化实现最大的输出。

最后,管理是有目的的活动,管理的目的是实现组织目标。通常情况下,组织目标的实现与否最终是通过货币形式表现的,管理者的有效性常常通过资本的回报率来衡量。[①] 然而,很多情况下,财务指标能反映的非常有限,而且并不是所有价值都能用金钱来衡量,员工的幸福感知等主观感受的增强也是组织目标的体现。

二、管理的特性

(一) 科学性

管理的特性之一,它是一种人类的理性活动,管理具有科学性。管理活动可以分为两大类:一是程序性活动,二是非程序性活动。程序性活动就是指有章可循,照章运作便可取得预想效果的管理活动;非程序性活动就是指无章可循,需要边运作边探讨的管理活动。从客观上讲,无论是程序性活动还是非程序性活动都是具有客观规律的,程序性活动从非程序性活动转化而来,这种转化过程就是对客观规律的总结,体现了管理的科学性。这些管理规律都是由大量的学者和实业家通过长期大量的实践经验进行概括和总结而得到的,是理论与实践高度凝结的产物,所包含的知识内容之间有着紧密的联系,形成了一个合乎逻辑的系统,这也体现了管理的科学性。

(二) 艺术性

管理的另外一个特性,它是一种人类的非理性活动,管理具有艺术性。由于管理对象处于不同环境、不同行业、不同的产出要求、不同的资源供给条件等状况下,导致对每一具体管理对象的管理没有一个唯一的完全有章可循的模式,特别对那些非程序性的、全新的管理对象,更是如此。这就要求,管理者能够熟练地运用管理知识并且通过巧妙的技巧来达到某种效果,这正体现了管理活动的艺术性。另外,由于社会活动的复杂性,人们在管理过程中不可能生搬硬套各种管理理论和模式,只有根据实际情况,权衡利弊,灵活运用管理理论,选择合适的管理方式、手段,具体问题具体分析,才能成功,这种强调灵活性和应变性的管理思想体现了管理工作的艺术性特点。

(三) 自然性

管理的自然属性由一定的生产力状况所决定,管理与生产力、社会化大生产相联

---

① 参见〔英〕迈克·史密斯:《管理学原理》,刘杰、徐峰、代锐译,清华大学出版社 2015 年版,第 5 页。

系，具有组织技术属性（自然属性）。管理的自然属性体现在两个方面：

一是管理是社会劳动过程的一般要求。管理是社会化生产得以顺利进行的必要条件，它与生产关系、社会制度没有直接联系。

二是管理在社会劳动过程中具有特殊的作用。只有管理才能把生产过程中的各种要素组合并使之发挥作用，这与生产关系、社会制度没有直接联系。

（四）社会性

管理的社会属性是由一定的生产关系所决定的另一方面，管理与生产关系、企业制度相联系，具有社会经济属性（社会属性）。管理的社会属性体现为管理作为一种社会活动，只能在一定的社会历史条件下和一定的社会关系中进行。管理具有维护和巩固生产关系，实现特定生产目的的功能，管理的社会属性与生产关系、社会制度紧密相连。

（五）组织性

组织性是指生态、组织、个人都是一个有机的价值系统，个体必然存在于组织中，只要有组织就会有管理，生态、组织、个人三者其实代表组织与个体之间的关系。一个组织至少由两个个体组成，单一的个体只能属于自我管理。对于一个完全封闭的组织而言，管理研究的重心在于组织与内部个体的关系；对于一个完全开放的组织而言，管理研究的重心转移到组织与生态的关系，研究组织形态管理需要首先明确组织性的含义。

（六）创造性

管理的艺术性特征实际上已经与管理的另一个特征相关，这就是创造性。既然管理是一种动态活动，对每一个具体的管理对象没有一种唯一的完全有章可循的模式可以参照，那么，欲达到既定的组织目标与责任，就需要有一定的创造性。管理活动是一类创造性的活动，正因为它的创造性，才会有成功与失败的存在。试想，如果按照程序便可管好的话，如果有某种统一模式可参照的话，那么，岂非人人都可成功，成为有效的管理者？管理的创造性与科学性和艺术性相关，正是由于这种特性的存在，使得管理创新成为必需。

第二节　管理中的人性假设

在经济学的教科书里，人被抽象为劳动力，并被作为与资本、土地地位同等的生产要素，毫无活力可言。在组织中，人力是所有资源中最重要的资源，人具有管理的出发者和管理的接受者双重身份，管理与人有极为密切的关系。作为一个具体的人，他的思想、心理、行为受到当时社会环境的制约与影响，但人具有在当时条件下的创造性。判断组织中人的价值，决定对人进行管理的方法，对如何进行有效的资源配置十分重要。实际上，在管理中对人性的不同假定，不同的管理出发点、管理方式和手段，形成了不同的组织资源配置模式。

一、经济人

（一）经济人的概念

"经济人"的意思是理性经济人，也可称"实利人"。这是古典管理理论对人的看法，即把人当作经济动物来看待，人是经济的产物，认为人的一切行为都是为了最大限度满足自己的私利，工作只是为了获得经济报酬和物质生活的满足。

（二）经济人假设的依据

"经济人"假设，起源于亚当·斯密（Adam Smith）关于劳动交换的经济理论。亚当·斯密认为，人的本性是懒惰的，干工作都只是为了获取经济报酬，满足自己的私利，必须加以鞭策；人的行为动机源于经济和权力维持员工的效力和服从。

美国工业心理学家麦格雷戈（Douglas Mcgregor）在《企业中的人性方面》一书中，提出了两种对立的管理理论：X 理论和 Y 理论。麦氏主张 Y 理论，反对 X 理论。而 X 理论就是对经济人假设的概括。X 理论的基本观点如下：（1）多数人天生是懒惰的，他们都尽可能逃避工作。（2）多数人都没有雄心大志，不愿负任何责任，而心甘情愿受别人的指导。（3）多数人的个人目标都是与组织目标相矛盾的，必须用强制、惩罚的办法，才能使他们为达到组织的目标而工作。（4）多数人干工作都是为满足基本的生理需要和安全需要，因此，只有金钱和地位才能鼓励他们努力工作。（5）人大致可分为两类，多数人都是符合于上述设想的人，另一类是能够自己鼓励自己、能够克制感情冲动的人，这些人应负起管理的责任。

在经济人假设中还包含着人是理性的假设。所谓理性，是指每个人都能通过成本收益或趋利避害的原则来对其所面临的一切机会和目标及实现目标的手段进行优化选择。正如西蒙所说：理性指的是经济人具有关于他所处环境的完备知识，有稳定的和条理清楚的偏好，有很强的计算能力，从而使其选中的方案自然达到其偏好尺度的最高点。而路斯和莱法（Luce and Raiffa）却从博弈论的角度给理性下了一个定义：在两种可供选择的方法中，博弈者将选择能产生较合乎自己偏好的结果的方法，或者用效用函数的术语来说，他将试图使自己的预期效用最大化。

西蒙认为，组织成员（包括管理者和职工）都是为了实现一定目的而合理地选择手段的有限理性的人。在古典经济理论中，经济人被设想为是完全理性的，换句话说，经济人掌握完善的信息并具备完备的知识，能够作出使自己利益最大化的最优选择。然而，实践证明，这种假设是不现实的。因此，西蒙提出了"有限理性说"和因此而引申出的"寻求满意的人"的假设。

这里所说的有限理性是指受到较多限制的理性，正如西蒙所说：人的理性受到三种限制，即：每一备选方案所导致的后果的不确定性；不完全了解备选方案；必要计算无法进行的复杂性。

有限理性的人的假设的主要内容有：有限理性的人的理性总是有限的。由于环境的约束和人自身能力的限制，有限理性的人不可能知道关于未来的全部备选方案和有关外生事件的不确定性以及所有备选方案实施的后果。因此，有限理性的人的正确决策能力是有限的,其执行任务的能力更有限。有限理性的人总在寻找满意解决方案。由于个人的欲望会随着体验的变化而变化,一般在良性环境下,人的欲望会提高;反之,在恶劣的环境下,人的欲望会降低。所以,有限理性的人对于备选方案的决策在很大程度上取决于是否符合其欲望水平,如果符合则结束搜索,选定该方案。

(三)经济人假设内含的管理策略

根据经济人假设而采取相应的管理策略,可以归纳为以下三点:

(1)管理工作重点在于提高生产率、完成生产任务,而对于人的感情和道义上应负的责任,则是无关紧要的。简单地说,就是重视完成任务,而不考虑人的情感、需要、动机、人际交往等社会心理因素。从这种观点来看,管理就是计划、组织、经营、指导、监督。这种管理方式叫做任务管理。

(2)管理工作只是少数人的事,与广大工人群众无关。工人的主要任务是听从管理者的指挥,拼命干活。

(3)在奖励制度方面,主要是用金钱来刺激工人的生产积极性,同时对消极怠工者采用严厉的惩罚措施,即"胡萝卜加大棒"政策。

泰勒是经济人假设观点的典型代表。泰勒主张把管理者与生产工人严格分开,反对工人参加企业管理。他写道:"一切计划工作,在旧制度下都是由劳动者来做的,它是凭个人经验办事的结果;在新制度下则绝对必须由管理部门按照科学规律来做,这是因为,即使劳动者熟悉工作进展情况并善于利用科学资料,要一个人在机器旁劳动,同时又在办公桌上工作,事实上是不可能的。显然,在多数情况下,需要有一类人先去制订计划,另一类完全不同的人去实施计划。"泰勒所提倡的时间—动作分析,虽然有其科学性的一面,但其基本出发点是考虑如何提高生产率,而不考虑工人的思想感情。他认为,如果工人能按照他所设计的标准动作开展工作,工作效率就会提高。

(四)对经济人假设的评价

经济人假设及其相应的 X 理论曾风行于 20 世纪初到 30 年代的欧美企业管理界。这种理论改变了当时放任自流的管理状态,加强了社会对消除浪费和提高效率的关心,促进了科学管理体制的建立,对我国目前的管理实践有一定借鉴作用。但经济人假设及 X 理论,也有很大的局限性。经济人假设把人完全看成是自私自利的,不论人们作出何种选择,均存在自觉或不自觉的成本收益核算,进而作出使自己预期效用最大化的决策。因此,这种假设完全是从实用主义角度进行分析的,其立论基础是一般人在大多数场合下是怎样做的,而不是应该怎样做。所以,该假设仅仅是对普遍存在的人类行为进行的一种原则抽象,不存在价值取向的判断问题。因此,它具有比较强的客观性,被许多人所推崇。正是因为经济人假设是一种客观存在,所以,在实践中,必须承认人的"自私、自利"行为,在强调国家和集体利益的同时,不应忽视个人的利益。否则,会影响个人积极性,进而会影响单位的利益和经济的发展。这已被中外许多实践所证明。

(1)经济人假设以享乐主义哲学为基础,它把人看成是非理性的,天生懒惰而不喜欢工作的"自然人"。这是 20 世纪初个人主义价值观的反映,泰勒从企业家与工人都有的盈利心来寻求提高效率的根源,把人看成机器。

（2）经济人假设的管理是以金钱为主的机械的管理模式，否认了人的主人翁精神，否认了人的自觉性、主动性、创造性与责任心。它认为由于人是天性懒惰的，因此必须用强迫、控制、奖励与惩罚等措施，以便促使他们达到组织目标。

（3）经济人假设认为大多数人缺少雄心壮志，只有少数人起统治作用，因而把管理者与被管理者绝对对立起来，反对工人参与管理，否认工人在生产中的地位与作用。其人性观是完全错误的。

我们应该正确认识经济人假设的客观存在性及其缺陷。在现代企业管理中，应在承认经济人假设的前提下，通过建立一种恰当的机制，使得经济人在追求自身利益的行为基础上，客观地有利于社会整体目标的实现。

二、社会人

（一）社会人假设的依据

社会人假设的理论基础是人际关系学说，这一学说是由霍桑实验的主持者梅奥（Mayo）提出来的，之后又经英国塔维斯托克学院煤矿研究所再度验证。后者发现，在煤矿采用长壁开采法这一先进技术后，生产力理应提高，但由于破坏了原来的工人之间的社会组合生产，生产力反而下降了。后吸收社会科学知识，重新调整生产组织，生产力就告上升。这两项研究的共同结论是，人除了物质需要外，还有社会需要，人要从社会关系中寻找乐趣。

1933年，梅奥总结了霍桑实验以及其他实验的结果，概括起来，包括以下几个方面：

（1）传统管理认为，生产效率主要决定于工作方法和工作条件；霍桑实验认为，生产效率的提高或降低主要取决于职工的"士气"，而士气取决于家庭和社会生活，以及企业中人与人之间的关系。

（2）传统管理只重视"正式群体"问题，诸如组织结构、职权划分、规章制度等；霍桑实验还注意到存在着某种"非正式群体"，这种无形的组织有其特殊的规范，影响着群体成员的行为。

（3）霍桑实验还提出新型领导的必要性。领导者在了解人们合乎逻辑的行为的同时，还需了解不合乎逻辑的行为，要善于倾听和沟通职工的意见，使正式组织的经济需要与非正式组织的社会需要取得平衡。

（二）社会人假设内含的管理策略

从社会人的假设出发，采取不同于"经济人"假设的管理措施，主要有以下几点：

（1）管理人员不应只注意完成生产任务，而应把注意的重点放在关心人和满足人的需要上。

（2）管理人员不能只注意指挥、监督、计划、控制和组织等，更应重视职工之间的关系，培养和形成职工的归属感和整体感。

（3）在采取实际奖励措施时，提倡集体奖励制度，而不主张个人奖励制度。

（4）管理人员的职能也应有所改变，他们不应只限于制订计划、组织工序、检验产品，而应在职工与上级之间起联络人的作用。一方面要倾听职工的意见和了解职工的思想感情，另一方面要向上级呼吁、反映。

（5）提出"参与管理"的新型管理方式，即让职工和下级不同程度地参与企业决策的研究和讨论。

（三）对社会人假设的评价

（1）随着社会生产力的发展，企业之间竞争的加剧和企业劳资关系的紧张，使得管理者开始重新认识"人性"问题。从经济人假设到社会人假设；从以工作任务为中心的管理到以职工为中心的管理无疑在管理思想与管理方法上进了一步。资本家实行参与管理，满足工人的一些需要，在企业中确实起到了缓和劳资矛盾的效果。尽管如此，社会人假设也存在不可摆脱的局限性。

（2）社会人假设认为，人与人之间的关系对于激发动机、调动职工积极性是比物质奖励更为重要的，因此，这一点对于企业制定奖励制度有一定参考意义。但它过于偏重非正式组织的作用，对正式组织有放松研究的趋向。这是一种依赖性的人性假设，对人的积极主动性及其动机研究还缺乏深度。

（3）这种假设认为，人的社会性需求的满足往往比经济报酬更能激励人。所以，组织应注意雇员的需求，重视发展与雇员之间的关系，培养和形成雇员的归属感，提倡集体奖励制度。

三、自我实现人

（一）自我实现人的概念

自我实现人（self-actualizing man）这一概念由马斯洛（Maslow）提出。马斯洛认为，人类需要的最高层次就是自我实现，每个人都必须成为自己所希望的那种人，能力要求被运用，只有潜力发挥出来，人才会感到最大的满足。这种自我实现的需要就是人希望越变越为完美的欲望，人要实现他所能实现的一切欲望。具有这种强烈的自我实现需要的人，就称为自我实现人，或者说最理想的人就是自我实现人。

（二）自我实现人假设的依据

自我实现人假设是20世纪50年代末，由马斯洛、阿基里斯、麦格雷戈等人提出。这种假设认为，人有好逸恶劳的天性，人的潜力要充分挖掘，才能得以发挥，人才能感受到最大程度的满足。

马斯洛通过对社会知名人士和一些大学生的调查，指出自我实现的人具有15种特征，包括敏锐的观察力、思想高度集中、有创造性、不受环境偶然因素的影响、只跟少数志趣相投的人来往、喜欢独居等。但马斯洛也承认，在现实中，这种人极少，多数人不能达到自我实现人的水平，原因是社会环境束缚，没有为人们的自我实现创造适当的条件。

麦格雷戈总结并归纳了马斯洛等人的观点，结合管理问题，提出了Y理论，基本内容如下：

（1）工作中体力和脑力的消耗就像游戏中的休息一样自然。厌恶工作并不是普通人的本性。工作可能是一种满足（因而自愿去执行），也可能是一种处罚（因而只要可能就想逃避），要视可控制的条件而定。

（2）外来的控制和处罚威胁是促使人们努力达到组织目标的唯一手段。人们愿意实行自我管理和自我控制完成应当完成的目标任务。

（3）致力于实现目标是与实现目标联系在一起的报酬在起作用。报酬是各种各样的，其中最大的报酬是通过实现组织目标而获得个人自我满足、自我实现的需求。

（4）普通人在适当条件下，不仅学会了接受职责，而且还学会了谋求职责。逃避责任，缺乏抱负以及强调安全感，通常是经验的结果，而不是人的本性。

（5）大多数人，而不是少数人，在解决组织的困难问题时都能发挥较高的想象力、聪明才智和创造性。

（6）在现代工业化社会条件下，普通人的智能潜力只得到了部分发挥。

（三）自我实现人假设内含的管理策略

（1）管理重点的改变。经济人假设只重视物质因素，重视工作任务，轻视人的作用和人际关系。社会人假设正相反，重视人的作用和人与人的关系，而把物质因素放在次要地位。自我实现人假设把注意的重点从人的身上转移到工作环境上，但重视环境因素与"经济人"假设不同，重点不是放在计划、组织、指导、监督、控制上，而是要创造一种适宜的工作环境、工作条件，使人们能在这种环境下充分挖掘自己的潜力，充分发挥自己的才能，也就是说能够充分地自我实现。

（2）管理人员职能的改变。从自我实现人假设出发，管理者的主要职能既不是生产的指导者，也不是人际关系的调节者，而只是一个采访者。他们的主要任务在于如何为发挥人的智力创造适宜的条件，减少和消除员工自我实现过程中所遇到的障碍。

（3）奖励方式的改变。经济人假设依靠物质刺激调动员工的积极性，社会人假设依靠搞好人际关系来调动员工的积极性，这些都是从外部来满足人的需要，而且主要满足人的生理、安全和归属（交往）需要。麦格雷戈等人认为，对人的奖励可划分为两大类，一类是外在奖励，如工资、提升、良好的人际关系；另一类是内在奖励，是指人们在工作中能获得知识，增长才干，充分发挥自己的潜力等。只有内在奖励才能满足人们的自尊和自我实现的需要，从而极大地调动员工的积极性。正如麦格雷戈所说："管理的任务只是在于创造一个适当的工作环境——一个可以允许和鼓励每一位员工都能从工作中得到内在奖励的环境"。

（4）管理制度的改变。从自我实现人假设来看，管理制度也要作相应的改变。总的来说，管理制度应保证员工能充分地表露自己的才能，达到自己所希望的成就。阿基理斯在一个厂里进行了这一制度改革的实验。该厂的一个班组从事收音机装配工作。改革之前，组内的 12 名女工按照工业工程师的设计，有明确的分工，如领班、包装、检验等。实验开始时让这些女工按照她们自己的想法组织生产，产量下降就扣工资，产量提高则增加工资。实验后第 1 个月，产量下降 70%，6 个星期时情况更糟，但 8 个星期后产量开始回升，15 个星期后超过实验前的产量，而且成本下降，质量提高，用户对质量的批评信件比实验前减少 96%。

应当指出，阿基里斯的实验结果是否有普遍意义是值得怀疑的。这里举出这个例子，只是为了说明从自我实现人假设出发实行制度改革的趋向。

（四）自我实现人假设的评价

（1）自我实现人假设是资本主义高度发展的产物。机械化生产条件下，工人的工作日益专业化，特别是传送带工艺的普遍运用，把工人束缚在狭窄的工作范围内。工人只是重复简单、单调的动作，看不到自己的工作与整个组织任务的联系，工人的士气很低，影响产量和质量的提高。正是在这种情况下，才提出了自我实现人假设和 Y 理论，并采取了相应的管理措施，如工作扩大化、工作丰富化等。

（2）从理论上看，自我实现人假设认为，人不是天生懒惰的，也不是天生勤奋的，此外，人的发展也不是自然成熟的过程。自我实现人假设认为，人的自我实现是一个自然发展的过程，人之所以不能充分地自我实现（马斯洛自己也承认，现实社会中真正达到自我实现的人是极少数），是由于受到环境的束缚和限制。实际上，人的发展主要是社会影响，特别是社会关系影响的结果。

（3）当然，我们在批判其错误观点的同时，也绝不能忽视借鉴其中有益的成分。例如，如何在不违反集体利益的原则下为员工创造较适当的客观条件，以利于充分发挥个人的才能。又如，把奖励划分为外在奖励和内在奖励，与我们所说的物质奖励和精神奖励有一定的类似之处，可以吸取其中对我们有用的奖励形式。再如，这种假设中包含着企业领导人要相信员工的独立性、创造性的含义，对我们也不无启发。

（4）这种假设认为，人们除了物质和社会需求之外，还有一种充分运用自己的各种能力，发挥自身潜力，实现自我价值的欲望。因此，组织应创造条件，在让人们满足这种欲望的同时实现组织目标。

四、复杂人

（一）复杂人的概念

复杂人的含义有以下两个方面：

其一，就个体的人而言，其需要和潜力会随着年龄的增长、知识的增加、地位的改变、环境的改变以及人与人之间关系的改变而各不相同。

其二，就群体中的人而言，人与人是有差异的。因此，无论是经济人、社会人，还是自我实现人的假设，虽然各有其合理的一面，但并不适用于一切人。

"复杂人"即权变人，它是假设随着人的发展与生活条件的变化，人们会因人、因事、因时、因地而不断产生多种多样的需要，各种需要互相结合，形成动机和行为的多样性，掺杂着善与恶的混合的一种人性理论。

复杂人假设的主要观点是：

（1）人的需要是多种多样的，这些需要随着人的发展和生活条件的变化而发生变化。每个人的需要都各不相同，需要的层次也因人而异。

（2）人在同一时间内有各种需要和动机，它们会发生相互作用并结合为统一的整体，形成错综复杂的动机模式。例如，两个人都想得到高额奖金，但他们的动机可能不同，可能是要改善家庭的生活条件，也可能把高额奖金看成是达到技术熟练的标志。

（3）人在组织中的工作和生活条件是不断变化的，因此会不断产生新的需要和动机。这就是说，在人生活的某一特定时期，动机模式是内部需要与外界环境相互作用的结果。

（4）一个人在不同单位或同一单位的不同部门工作，会产生不同的需要。每个人在不同组织或同一组织的不同部门中可以有不同的动机。例如，一个人在工作单位可能落落寡合，但在业余活动或非正式群体中却可使交往的需要得以满足。

（5）由于人的需要不同，能力各异，对于不同的管理方式会有不同的反应，人们可能受到不同动机的共同激励。

（二）复杂人假设的依据

复杂人假设是20世纪60年代末至70年代初由沙因提出的。根据这一假设，提出了一种新的管理理论，与之相应的是超Y理论。超Y理论具有权变理论的性质，是由摩尔斯（J. J. Morseh）、洛斯奇（J. W. Lorsch）分别对X、Y理论的真实性进行实验研究后提出来的。他们认为，X理论并非一无用处，Y理论也不是普遍适用，应该针对不同的情况，选择或交替使用X、Y理论，这就是超Y理论。

超Y理论要求工作、组织、个人三者作最佳的配合，其基本观点可概述如下：

（1）人怀着各种不同的需要和动机加入工作组织，但最主要的需要乃是实现其胜任感。

（2）胜任感人人都有，它可能被不同的人用不同的方法去满足。

（3）当工作性质和组织形态适当配合时，胜任感是能被满足的（工作、组织和人员间的最佳配合能引发个人强烈的胜任动机）。

（4）当一个目标达到时，胜任感可以继续被激励起来，新的更高的目标就又产生。

（三）复杂人假设内含的管理策略

一个现实的人，其心理与行为很复杂，人是有个体差异的。人不但有各种不同的需要和潜能，而且就个人而言，其需要与潜能，也随年龄的增长、知识能力的提高、角色与人际关系的变化而发生改变。不能把人视为某种单纯的人，实际上存在的是一种具体的"复杂人"。

（四）对复杂人假设的评价

（1）复杂人假设的基本思想是：由于人有着复杂的行为动机，不能简单地归纳为同一类人。人性之所以复杂，不仅是因为人们的需要与潜在欲望是多种多样的，而且这些需要的模式也随着年龄与发展阶段的变迁，所扮演的角色的变化，所处境遇及人际关系的演变而不断变化。因此，人的需要可以分成多种，并且随着人的发展阶段和整个生活处境而变化；由于需要与动机彼此作用并组合成复杂的动机模式、价值观与目标，人们必须决定自己要在什么样的层次上去理解人的激励；一个人在某一特定的事业生涯中或生活阶段上的总的动机模式和目标，是他原始需要与他的组织经历之间一连串复杂交往作用的结果；人们可以在许多不同类型动机的基础上，成为组织中生产率很高的一员，并且全身心地参加到组织中去；在一切时间内对所有人均起作用的唯一正确的管理策略是不存在的。复杂人假设深入分析了个人需要在组织中的变化特点，体现了人性的动态观和辩证观点，比前面几种人性假设向前迈进了一大步。

（2）这种假设认为，以上任何一种假设并不适用于一切人。人是复杂的、非均质的、多样化的，而且是变化的，管理者必须根据不同的人采取不同的激励措施。

第三节 管 理 者

一、管理者角色

（一）明茨伯格的管理者角色

"角色"这一概念来自于行为科学，是指某一特定职务应有的一整套行为。按照管理职能（或过程）论，管理者的管理活动是有序的、连续的。20世纪60年代末，加拿大学者亨利·明茨伯格（Henry Mintzberg）对总经理的工作进行了仔细的观察和研究。他的发现对长期以来人们关于管理者的看法提出了挑战。例如，当时普遍认为管理者是深思熟虑的，在决策时总是仔细、系统地处理有关信息。而研究发现，[①]与多数非经理人员所做的工作相比，经理的活动具有简短、多样和琐屑等特点，大事和小事交叉在一起，干扰是极其寻常的。他们倾向于工作中更为活跃的组成部分即现行的、具体的、明确规定的、非例行的活动。处理文件被视为一种负担，他们所重视的是那些需要采取行动的文件。非常新的信息如闲谈、传闻和推测受到欢迎，例行报告则不然。工作的紧张和压力不鼓励他们成为计划者，而是促使他们成为具有适应性的信息处理者。他们在刺激—反应的环境里工作，并优先处理具有现实意义的工作。在大量观察的基础上，亨利·明茨伯格提出了一个管理者究竟在做什么的分类纲要（1973年），结论是管理者扮演着10种不同的但却高度相关的角色。这10种角色可以从总体上分为三大类型：[②]

（1）人际关系角色（interpersonal roles），指作为正式负责或管辖一个具体的组织单位并具有特别职务地位的人，所有管理者都要履行礼仪性和象征性的义务。

① 挂名首脑（figurehead）。这是最简单的一种角色。管理者负有在所有礼仪事务方面代表其组织的责任。

② 联络者（liaison）。管理者同组织以外的管理者或其他各种类型的人交往，以便从外部获得支持和信息。

③ 领导者（leader）。涉及管理者与其下属的关系，如激励、调配等。

（2）信息传递角色，指所有的管理者在某种程度上都从外部的组织和机构中获取和收集信息。在信息角色中，管理者负责确保与其一起工作的人具备充分的信息，整个组织都依赖于管理机构和管理者以获取或传递必要的信息，从而顺利完成任务。

① 监督者。作为监督者，管理者需要关注组织内外环境的变化并获取最新的信息，为组织发展和决策提供依据。管理者通过接触下属和个人关系网来获取信息，并据此识别组织中存在的机会和威胁。

---

① 参见〔加拿大〕H. 明茨伯格：《经理工作的性质》，孙耀君译，团结出版社1999年版，第79—82页。
② 同上书，第86—87页。

②传播者。作为传播者，把所获取的信息及时有效地传递给组织成员，从而保证他们具有必要的信息来完成工作。

③发言人。管理者必须把信息传递给组织以外的人，从而作为组织的代表向外传播组织的状况，如财务状况、经营状况或者发展战略等，从而满足不同的利益相关者对信息的需求。

(3) 决策制定角色（decisional roles）。管理者掌握信息的独特地位和特别的权力使他在重大决策（战略性决策）方面处于中心地位。

①企业家（entrepreneur）。企业家角色企图发动并掌控足以改变组织绩效的变革。

②故障排除者（混乱驾驭者，disturbance handler）。管理者扮演裁判、问题解决者与调停者的角色。在组织受到威胁时，管理者要处理紧急情况。

③资源分配者（resource allocator）。管理者负责分配人力、物力以及金钱方面的资源。这一角色决定组织向哪一方向发展。

④谈判者（negotiator）。管理者在他感到有必要时代表组织同外界打交道。

表 1-1 管理者角色

角色	描述	举例
人际关系方面		
1. 挂名首脑	象征性的首脑，必须履行许多法律性或社会性的例行义务	迎接来访者，签署法律文件（如大学校长签署毕业文凭）
2. 领导者	负责激励和动员下属，负责人员配备、培训等	有下属参与的所有活动
3. 联络者	与外界关系网保持联系，以获取信息和好处	通过电话、信件、会议等与外部保持联系
信息传递方面		
4. 监听者	寻求和接受各种有关信息（其中许多是即时的），以便彻底了解组织环境；作为组织内部和外部信息的神经中枢	通过阅读期刊和报告、谈话等形式，了解顾客需求变化、竞争者的计划等
5. 传播者	将从外部和内部人员那里获得的信息传递给内部其他成员	举行信息交流会，或通过正式的报告、备忘录或电话，与内部其他管理人员交换意见
6. 发言人	向外界发布有关组织的计划、政策、行动、结果等信息	
决策制定方面		
7. 企业家	寻求组织和环境中的机会，发现新的想法，制定"改进方案"以发起变革，监督某些方案的策划	与供应商和顾客交谈，向媒体发布信息
8. 故障排除者	当组织面临重大的、意外的危机时，负责采取补救措施	制定战略，检查会议决议执行情况，开发新产品、新项目
9. 资源分配者	负责分配组织中的人、财、物资源	解决内部的冲突和纠纷，采取措施应付环境危机

（续表）

角色	描述	举例
10. 谈判者	作为组织的代表从事重要的谈判	调度、询问、授权，从事涉及预算的各种活动和安排下属的工作；与工会谈判，与供应商、客户谈判

（二）管理四阶段论

根据领导生命周期理论，成熟度包括工作成熟度和心理成熟度：工作成熟度指个体拥有的知识和技能。当一个人的工作成熟度高时，他拥有足够的知识、能力和经验来完成工作任务而不需要他人指导。心理成熟度指一个人做某事的意愿和动机。当一个人的心理成熟度高时，他做事就不需要太多的外部激励，而主要靠内部动机激励。成熟度在表现形式上可以分为高工作成熟度、低工作成熟度，高心理成熟度、低心理成熟度，因此最终表现为四种典型类型的成熟度组合，对应组织中个人成长经历的四个阶段，构成了人的成熟四分图理论（如图1-2所示）：(1) 低工作成熟度—低心理成熟度者，员工；(2) 高工作成熟度—低心理成熟度者，管理者；(3) 低工作成熟度—高心理成熟度者，领导者；(4) 高工作成熟度—高心理成熟度者，领袖。

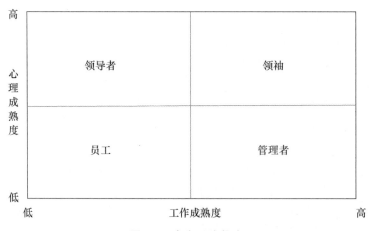

图1-2　人生四阶段论

1. 员工

个体在刚进入组织时，无论是工作成熟度还是心理成熟度都处于低水平，属于不成熟阶段。个体工作能力欠缺，缺乏丰富的专业知识以及足够的工作技能，且心理成熟度不够，承担工作责任的意愿不够强。个体在进入组织后，面临新的工作环境和新的工作内容，在外在表现上渴望通过自身的学习能力快速熟悉和精通工作。此阶段，个体更希望企业能够提供给他们更多的指导性行为，以便使其更好地适应新环境和新工作。

2. 管理者

个体进入组织的第二个发展阶段是成长为管理者。相对于员工来说，管理者的工作成熟度和心理成熟度都有了一定的提升。管理者是指在各类组织中对别人的工作负有责任的人，或者是指挥别人活动的人。管理者具备丰富的专业知识和足够的工作技能、工作能力，能够独立承担全部工作职责。管理者制定工作目标，并指导下属去实施行动，完成工作任务，达成工作目标。管理者负责管理强化物，使下属在其工作情境中对刺激作出适当的反应，然后得到想要的结果或避免不愉快的结果（从管理者那里）。互惠关系也包含于其中，下属向管理者作出反应，而管理者反过来根据下属的反应调整强化。

3. 领导者

个体进入组织的第三个发展阶段是成长为领导者。相对于管理者而言，领导者的工作成熟度和心理成熟度更高，但两者比较而言，领导者的心理成熟度更高。领导者是指在组织中承担一定的领导职务，拥有一定的权力，肩负一定的领导责任，率领、影响和组织被领导者实现一定领导目标的人。[①] 成为领导者的一个至关重要的要素在于清晰阐明未来的愿景，亦或是一个发展方向，从而使组织中的每一个人都能聚精会神、集中注意力。对于组织而言，成功的要素不仅仅要有一个明确的使命或者目标，还要有一个广泛共享的发展愿景，两者缺一不可，而领导者必须具备形成全新愿景的能力，并且能够动员整个组织向着这个新的愿景迈进。[②] 沃伦·本尼斯（Warren G. Bennis）通过对美国90位杰出的领导者进行研究，归纳出他们共同拥有的四种能力：远见和目标意识、向下属清晰地传递目标、全身心投入目标、了解并以自己的实力作为资本。

4. 领袖

个体在组织中的第四个发展阶段是成为卓越的领导——领袖。领袖是指组织中既能把人调动起来，把追随者转变成领导者，又能把领导者转变成变革者的卓越的领导者。领袖的工作成熟度和心理成熟度都很高。他们一般具有能动性强、独立性高、办事方法多、兴趣浓厚、目光远大、有自主性、有自知之明、能自我控制的特点。本尼斯在1978年所著的《领导者》一书中提出了变革型领导的概念，变革型领导是组织改革过程中，领导者通过提升理想及价值，企图唤起组织成员自觉的过程，是领导者与员工相互提升道德及动机至较高层次的过程，能够使下属全身心投入工作，并使下属转变成领导者，使领导者成为推动改变的动因。

首先，领袖具有投身于成功而有价值的事业的需要。他们清楚地知道自己的价值和未来的定位，能够让自己投身于有价值、有意义、有作为的事业中，他们能够将自身的价值发挥到极致。其次，成功的领袖也是创业者，能够看到市场、行业中的空白点并冒适当的风险去开创新的业务。他们具有预见性和全局性，能很好地判断出愿景与组织所处环境的匹配度；不会被动地忍受事物的现状，而是参与其中，促成事物的改变。再次，领袖具有终身学习能力，而且是创新性学习，创新性学习是领袖必要的能量和高涨热情的来源，通过创新性学习能够维持一种不断产生新认识、新想法、新挑战的态势。最后，领袖具有坚持到底的毅力，卓越的领导要勇于创新、挑战，承担

[①] 参见梁仲明：《领导学通论——理论与实践》，北京大学出版社2007年版，第2页。
[②] 参见〔美〕沃伦·本尼斯、伯特·纳努斯：《领导者》，方海萍等译，浙江人民出版社2016年版，第2、14、166页。

风险,创新意味着反复的失败、尝试,实践中这就意味着"坚持、坚持、再坚持"。

本书根据卡茨和凯恩(Karz & Kahn)提出的层级功能观,① 结合相关资料整理得到下表:

表 1-2 个体在组织中的发展阶段

	员工	管理者	领导者	领袖
工作成熟度	低	较高	较低	很高
心理成熟度	低	较低	较高	很高
对待下属	——	控制下属	向下属清晰地传递目标	激励下属自我实现,成为领导者
对待自己	提升技能	提升技能,完成目标	了解并以自己的实力作为资本	自我进化
对待上属	执行上级命令	理解并执行上级指示	充实高层战略	——
管理功能	执行	运用现有结构进行行政管理	填补高层战略,完善组织愿景	组织战略愿景,组织变革
认知(以知识为基础)	技术知识,按规则执行	技术知识,理解政策与规则	子系统视角:上传下达	整个组织/外部和系统控制
情感(以态度为基础)	关注个人技能的提升	关注奖惩的公平	整合正式角色的要求与个人关系:人际关系技巧	超凡魅力:光环笼罩的天赋

(三) 几点说明

1. 管理者与领导者的区别

首先,管理者在影响力方面不如领导者,管理者更多的是利用职权来解决问题、作出决策和实施行动,而领导者通过计划、组织、控制来提高效率,完成任务和达成目标,通过指导、协调和激励使追随者自觉朝着领导者所指引的方向前进;管理者更多的是在群众后面鞭策,而领导者则更多的是在群众前面带领;管理者更多关注于正确地做事,领导者则更多地关注于做正确的事。

其次,领导者和管理者之间最明显的区别之一是管理者致力于在现有的组织和体系内部增强稳定性、加强秩序和解决问题的能力;领导者更致力于促进组织的愿景、创造力和变革。领导者把人们的专注力集中在愿景上,从而把组织的情绪与精神资源、价值观、工作热情以及雄心壮志利用起来,而管理者所利用的是组织的物力资源,包括人的技能、原材料以及技术。任何一个合格的管理者都能让组织中的成员勉强度日,优秀的管理者则可以保证工作高效而及时完成,满足进度计划,而且质量水准也很高。但是要帮助组织中的人们从工作中得到自尊和满足感,那就非得有一位有效的领导者不可了。

领导者能够有效地激发和调动群体积极性、增强群体内聚力,并使追随者自觉地

---

① See Daniel Katz and Robert Kahn. *The Social Psychology of Organization* (2nd ed.). New York:John Wiley, 1978, p.539.

服从指挥，因此，组织中的管理者应该成为领导者，以有效提高管理的效率和效益。虽然管理者通过周密的计划、严密的组织、严格的控制，也能取得一定的成效，但若管理者在他们的工作中加上有效领导的成分，则收效会更好。

2. 领导者与领袖的区别

领导者与领袖的区别首先在于，通常情况下，领导者都会特别强调自己的优点，而面对自己的缺点则轻描淡写，小而化之，而领袖能够认识到自己的长处，设法弥补自己的短处，具有一种"自我进化"的能力；领袖不遮掩人性中的瑕疵，而惯于思考自己的潜能，或许这就是一种营造追求卓越与伟大气氛的方法。其次，卓越的领导者经常能够让追随者看到他们工作的意义，从而激励员工拿出高水平的成绩，这是一种针对人类最基本的需要的诉求：让自己有价值、有意义、有作为，投身于成功而有价值的事业的需要。再次，领导者能够很好地掌握维持性学习，这种学习能够很好地维系现存的组织体系；而领袖则是进行能够带来变革、更新、重组以及问题重构的创新性学习，创新性学习着眼于使组织做好在新环境中运作的准备，这种学习需要预测未来会出现而当前又尚未出现的情形。最后，领导者与领袖的最大区别在于，领袖同时也可以是创业者，甚至能够改变环境、开辟新的行业。①

二、管理技能

管理者的工作极为复杂，往往需要兼顾许多方面，通过本书的学习，我们将了解具体需要哪些技能。尽管有些管理理论家曾经为所需技能列出各种长长的单子，但无论是管理一个部门，还是管理一个组织，这些技能都可以分为三大类：概念技能、人际技能和技术技能。如图1-2所示，随着管理者在组织中位置的升迁，其所需要的技能组合也在发生变化。尽管不同的管理级别对每种技能需要的程度是不同的，但所有的管理者都必须具有每种重要的技能。只有如此，他们才能进行有效的管理。

（一）概念技能

概念技能，也称思辨技能，是将整个组织看作一个整体，并以此来考虑各个组成部分之间关系的能力，它包括管理者的思维、信息处理和计划等方面的能力。也包括对某个具体部门如何适应整个组织，以及组织如何去适应所在的行业、社区和更广泛的经营及社会环境的认知能力。它体现了用宽广和长远的眼光来进行战略思维的能力。

所有的管理者都需要概念技能，对于高层经理尤其重要。他们必须能感知环境和开阔的思维方式中那些关系重大的因素，还需要具备理解问题、分析问题的能力，并且能够找到合适的和长期解决问题的方案。

当一个经理沿着机构的层次步步高升时，他必须培养自己的概念技能，否则其升迁的可能性就会大打折扣。一个在技术问题上备受尊敬，但缺乏战略思维的工程经理，无法在高层管理岗位上表现出色。高层经理的许多责任，如决策、资源分配和创新等，都需要开阔的眼光。

---

① 参见〔美〕沃伦·本尼斯、伯特·纳努斯：《领导者》，方海萍等译，浙江人民出版社2016年版，第60—67、170页。

(二) 人际技能

人际技能是指与他人共事，以及作为团队的一员而有效工作的能力。它具体表现为管理者如何处理与其他人的关系，包括激励、帮助、协调、领导、沟通和解决纠纷等能力。一个具有良好人际技能的经理，能让下属畅所欲言而不必担心遭到嘲笑，并且鼓励下属积极地参与各项工作。一个具有人际技能的管理者会构建合适的关系，巩固所拥有的位置。

随着全球化、工作环境的多样化、不确定性和社会动荡的不断加剧，人际技能显得越发重要。当今，最好的管理者会真切地关心员工的情感需求，而不仅仅关心他们与工作有关的身体状况。对于所有级别的管理者而言，人际技能都是同样重要的，对于那些成天与员工直接打交道的经理们尤其如此。正因为一线管理人员没有表现出对员工的尊敬和关心，才导致许多好员工甩袖而去。

(三) 技术技能

技术技能是指对如何完成特定任务的了解程度，以及完成该任务的精通熟练程度。技术技能包括掌握方法、技术和设备来完成具体工作，如设计、制造和财务管理等能力。技术技能包括专业知识、分析能力，以及熟练使用工具和方法来解决特定领域内问题的能力。组织内层次越低，技术技能就越加重要。许多经理因为具有优异的技术技能而得到第一个管理职务。但是，当他们沿着等级继续升职时，与思辨和人际技能相比，技术技能就不那么重要了。

图 1-3　不同管理层中概念技能、人际技能、技术技能之间的关系

第四节　管理层次

在所有组织中，无论是大机构还是小机构，制造型企业还是服务型企业，营利性组织还是非营利性组织，传统型公司还是以因特网为基础的公司，它们的管理者都必须通过使用思辨、人际和技术技能来实施计划、组织、领导和控制这四项职能。但并非所有管理者都承担同样的角色。经理们要负责不同的部门，在组织内不同的级别上工作，为了实现高业绩水平的工作而满足不同的要求。图 1-4 展示了管理中的不同层次。

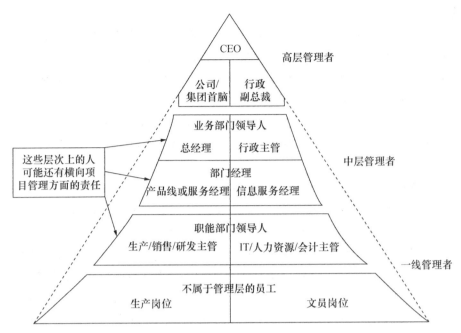

图 1-4 组织等级体系中的管理层次

资料来源：Thomas V. Bonoma and Joseph C. Lawler. Chutes and Ladders: Growing the General Manager. *Sloan Management Review*, Spring 1989, pp. 27—37。

一、管理层次

管理者的一个重要决策就是确定管理层次问题。图 1-4 给出了三个管理层级。高层管理者位于组织等级的最高层。他们通常具有以下头衔：总裁、董事长、执行董事、首席执行官（CEO）和执行副总裁等。高层管理者的任务是确定本组织的发展目标，制定实现这些目标的战略，观察和分析外部环境，以及就影响到整个组织的大事进行决策等。他们考虑的是未来的长远发展；关注的是总的环境趋势和组织总体的成功。高层管理者最重要的责任之一，就是向整个组织宣传共同的愿景，塑造公司文化，培育公司与时俱进的开拓精神。与以往任何时候相比，今天的高层管理者必须更加主张运用每个员工所具有的独特知识、技能和能力。

中层管理者位于组织内的中间层次，负责业务单位和重要部门的工作，如部门主管、分部经理、质量控制经理，以及研究实验室主任等。在中层管理者的下面通常还有 2—3 个管理层次。中层管理者主要负责贯彻高层管理者所制定的总体战略和政策。他们一般关心比较切近的问题，需要与组织中的同事建立良好的关系，并且鼓励团队合作和解决各类纠纷。

在过去 20 年间，中层管理者的工作已经发生了极大的变化。许多组织通过精简中间管理层次和取消中层管理岗位来提高工作效率。传统的金字塔式结构形式日益变得扁平化，以便使信息从高层更快地传达到底层，从而加快决策速度。图 1-4 给出的是精简后的中层管理模式。此外，目前由于使用了许多新技术和工作程序，因此对生产和文员岗位也进行了压缩。

虽然中间管理层次被压缩，但是在许多组织里，中层管理者的工作却变得更加重要。最近的研究表明，在促进机构改革和让机构适应变动不安的环境方面，中层管理者发挥着十分关键的作用。他们不仅仅处理信息在组织内上下流动的问题，而且还创建横向的工作网络，从而使得组织反应更加灵敏。在如今的条件下，那些在中层管理岗位上十分成功的经理，是那些对现状进行建设性批判的人，他们在组织内与左邻右舍关系良好，因而具有很高的个人威信，同时还具有很高的情感智商（emotional intelligence）。

由于更多地使用了团队和项目管理方式，因此中层管理者的重要性也日益增加。在整个企业界，能干的项目经理炙手可热。项目经理是临时工作项目的领导人，这些项目需要机构内各个部门和层次的人参与，有时还邀请外面的公司参与进来。现在的中层管理者可能要同时参与不同的项目和团队的工作，其中一些项目或团队甚至跨越不同的地区和文化以及职能领域。项目管理使得中层经理们的工作更加具有挑战性，也更加令人激动兴奋。另外一个日益增长的趋势是使用临时经理（interim manager），这是一些临时雇用的专业人员，他们为特定的项目工作，或者就某个专门领域提供他们的专业知识。这个方法使得公司得以使用专家，而又不必长期雇用他们。这也为那些喜欢挑战、多样性，以及通过在不同的机构中工作而得以广闻博学的管理者提供了灵活性。虽然临时经理可以在机构内各个层次上工作，但是他们特别适合承担中层管理工作。

一线管理者是那些直接对产品的生产和服务负责的领导人。他们处于管理的第一或第二层次上，多半具有主管、工段长、业务长和办公室主任等头衔，负责管理一组非管理人员。他们主要关心的是运用规章制度来实现高效率的生产，提供技术支持和激励下属工作。这个层次上的管理者注重短时间内的绩效，关注的是每天工作目标完成得如何。

二、横向协调

管理的协调工作还在机构的横向管理中表现出来。职能经理是指那些对实施单一职能的部门负责的管理者，这些部门的员工大多具有类似的技能。职能部门包括广告、销售、财务、人力资源、制造，以及会计等部门。主管经理（line manager）负责制造或销售产品以及生产和销售服务的部门，而业务经理（staff manager）则掌管那些向主管经理部门提供支持的财务和人力资源等部门。

总经理主要负责管理几个行使不同职能的部门，即几个独立的分部。项目经理也具有一些总经理的责任，因为他们需要协调来自于不同部门的人员，以完成具体的项目。①

---

① 参见〔美〕理查德·L.达夫特：《管理学原理》，高增安、马永红译，清华大学出版社2009年版，第13—16页。

本 章 小 结

管理是为达到一个组织的目标，组织他人转化资源为成果，从而为组织增值的活动。管理具有科学性、艺术性、自然性、社会性、组织性和创造性六个特性。

人力资源是组织中最重要的资源，管理中对人性进行了不同的假设，形成了不同的管理出发点、管理方式和手段，不同的组织资源配置模式。古典管理理论假设人是经济人，认为人的一切行为都是为了最大限度满足自己的私利，工作只是为了获得经济报酬和物质生活的满足。人际关系学派假设人是社会人，认为人除了物质需要外，还有社会需要，人们要从社会关系中寻找乐趣。20世纪50年代，马斯洛、阿基里斯、麦格雷戈等人提出自我实现人假设，认为人有好逸恶劳的天性，人的潜力要充分挖掘，才能得以发挥，人才能感受到最大的满足。60年代末，沙因提出复杂人假设，认为随着人的发展与生活条件的变化，人们会因人、因事、因时、因地而不断产生多种多样的需要；各种需要互相结合，形成了动机和行为的多样性，掺杂着善与恶。

管理者的一个重要决策就是如何确定管理层次问题。高层管理者位于组织等级的最高层，负责组织的整体发展战略；中层管理者位于组织内的中间层次，负责业务单位和重要部门的工作，在促进机构改革和让机构适应变动不安的环境方面，中层管理者发挥着十分关键的作用；一线管理者是那些直接对产品的生产和服务负责的领导人，他们处于管理的第一或第二层次上，运用规章制度来实现高效率的生产；提供技术支持和激励下属工作。管理工作的主要差异还在机构的横向管理中表现出来。

明茨伯格通过长期的观察和研究，认为管理者在组织中扮演三大类10种不同但却高度相关的角色，分别是人际关系角色（挂名首脑、联络者、领导者），信息传递角色（监听者、传播者、发言人），决策制定角色（企业家、故障排除者、资源分配者、谈判者）。

本书根据领导生命周期理论，认为个体在组织中的发展将经历员工、管理者、领导者、领袖四个阶段。

管理者在组织中的工作极为复杂，需要兼顾方方面面，故管理者需要具备三大技能：概念技能、人际技能和技术技能。不同的管理层级对每种技能的需求程度不同。

关键术语

管理（management）
经济人（economic man）
社会人（social man）
自我实现人（self-actualizing man）
复杂人（complex man）
人际关系角色（interpersonal roles）
挂名首脑（figurehead）
联络者（liaison）

领导者（leader）
信息角色（informational roles）
监听者（monitor）
传播者（disseminator）
发言人（spokesperson）
决策制定角色（decisional roles）
企业家（entrepreneur）
故障排除者（disturbance handler）

资源分配者（resource allocator）	领袖（super leader）
谈判者角色（negotiator）	变革型领导（transformational leadership）
员工（employee）	概念技能（conceptual skills）
管理者（manager）	人际技能（interpersonal skills）
领导者（leader）	技术技能（technical skills）

复习题

1. 怎么定义管理，它有哪些特性？
2. 如何理解和评价经济人假设、社会人假设、自我实现人假设、复杂人假设？
3. 管理分为哪几个层次，每个层次的管理者的工作内容有哪些？
4. 管理角色有哪10种？他们对于管理工作的重要性是什么？
5. 个体进入组织中会经历哪四个发展阶段？
6. 管理技能主要有哪三种？他们的重要性是怎么随着管理工作的类型和层次变化的？

自我评估 ▶ 领导角色准备程度

请标明你在多大程度上同意下列每一个陈述，请使用下列评定方法：1＝非常不同意；2＝不同意；3＝中立；4＝同意；5＝非常同意。

陈述	1	2	3	4	5
1. 使大家依靠我来出主意和建议，是很愉快的事。	1	2	3	4	5
2. 确切地说，是我在激励其他人。	1	2	3	4	5
3. 向其他人提一些有关他们工作的煽动性的问题是一种很好的实践。	1	2	3	4	5
4. 对我来说，赞扬他人是非常自然的一件事。	1	2	3	4	5
5. 即使在我情绪不佳时，我也喜欢为他人喝彩。	1	2	3	4	5
6. 我的团队的成就重于我的个人荣耀。	1	2	3	4	5
7. 许多人效仿我的建议。	1	2	3	4	5
8. 构筑团队精神对我来说是很重要的。	1	2	3	4	5
9. 我很乐于辅导其他团队成员。	1	2	3	4	5
10. 赞赏他人的成就对我来说十分重要。	1	2	3	4	5
11. 我很乐于招待公司的访问者，即使这会妨碍我完成报告的撰写。	1	2	3	4	5
12. 对我来说在其他场合代表我的团队是很有乐趣的事。	1	2	3	4	5
13. 我的团队成员的问题也就是我的问题。	1	2	3	4	5
14. 解决冲突是我乐于从事的一种活动。	1	2	3	4	5
15. 我会同组织的其他部门合作，即使我不赞同那个部门的成员的立场。	1	2	3	4	5
16. 在工作中，我经常提出很多想法。	1	2	3	4	5
17. 只要有适当的机会，我喜欢与人交涉谈判。	1	2	3	4	5
18. 在我发言时，团队成员总会倾听。	1	2	3	4	5
19. 人们经常请我出面担当活动的领导。	1	2	3	4	5
20. 我总是一个有说服力的人。	1	2	3	4	5
总分：_____					

> **计分与解释：**
> 把你的每个陈述评定的分数加起来，得到你的总分。对这一分数的尝试性解释如下：
> - 90—100 分：对于扮演领导者高度准备就绪。
> - 60—89 分：对于扮演领导者中度准备就绪。
> - 40—59 分：对于扮演领导者缺乏一定的准备。
> - 39 分及以下：对于扮演领导者很少有准备。
>
> 如果你已经是一名成功的领导者，但你做这个练习的得分并不高，请不必理睬你的分数。如果你还不是领导者，或是一位不太称职的领导者，并且练习的得分特别低，请仔细研究题目。考虑改变你的态度或行为，让自己在每一道题中得到 4 分或 5 分。

案 例

灵活应变与快速响应，华为就是这么活下来的

你的公司多长时间才会彻底改变架构、流程和工作规范？相关岗位的人员多久调整一次，特别是管理层？随着商业环境变化加快，组织架构和上下层关系的迅速调整已事关生存。让内部架构和流程适应外部环境中的关键因素至关重要，特别是客户需求与企业可以实现的价值主张之间要"契合"。

要保持与外部环境的"契合"，企业就必须具备必要的动态能力，快速感知客户和市场需求的变化，通过不断转型抓住各种机会。这意味着，不管是企业架构还是资源配置方向和方式，都要保持高度的灵活性和流动性。10 年前，思科和微软等公司就认识到这一重要需求，开始组织变革以提高灵活性。而在中国，有一家公司在提升内部灵活性、积极适应市场变化方面做得非常出色，即华为公司。华为内部流动性极强，而且不断保持更新。华为 2017 年的销售额达 6000 亿元人民币，员工约有 18 万名，因此保持高效和成本竞争力非常重要。

借助于超级流动性，华为已成为全球最大的电信设备供应商，以及全球第三大智能手机供应商。

华为如何实现超级流动性？主要有四点要素：（1）华为主要围绕客户需求构建公司架构；（2）支持部门搭建在灵活的平台上；（3）管理层不断进行轮岗；（4）极为注重企业文化的变化。

一、围绕客户需求设计组织

华为认识到，要满足市场上不断变化的需求，最佳方法就是根据客户需求设计并不断调整企业架构。为了实现公司提供的服务与市场需求顺利对接，华为发展出一套让自己区别于竞争对手的管理实践——只要客户需求改变，就相应调整内部组织。

（一）成立三大业务集团与服务集团

华为采取被称为"拧麻花"的混合结构，即将事业部组织的某些特点与职能平台以及区域销售支持结合起来。其组织架构不是围绕特定产品设计，而是创建了三个综

合业务集团，每个集团针对特定的竞争对手争夺市场。电信运营商业务集团专门负责电信设备市场，与爱立信和诺基亚竞争；企业集团紧盯路由器和交换机，与思科竞争；最后，负责智能手机和其他设备的消费者集团与苹果、三星等公司展开竞争。

在三大业务集团背后，又有三个服务集团提供支持，主要目标为提升应变速度、敏捷性和灵活性。第一个服务集团由数个共享功能平台组成，包括财务、人力资源、采购、物流和质量控制，为三大业务集团提供必要的支持服务。第二个服务集团是区域销售组织，协助三大业务集团与世界各地的客户建立联系。第三个服务集团名为"产品和客户解决方案"，其功能是整合内部研发资源，为三大业务集团的客户提供产品和整合信息与通信技术（ICT）解决方案。

（二）不断发展的灵活性组织架构

多年来，随着客户需求的变化，华为多次大幅调整组织架构。逻辑很简单：只要客户需求改变，产品供应就要改变，提供产品的组织当然也要改变。2002年之前，华为的组织结构是集中控制、功能驱动，基于产品线运作，而且层级分明。2003年，华为意识到这种结构反应太慢，随着业务扩展到越来越多的国家和地区，华为转型为一个更加基于国家的组织架构。总部负责管理华为在各个国家的"代表处"（各国分公司），代表处再控制销售办事处。

4年后，华为发现客户的新需求是定制网络解决方案，但要想抓住机会就得整合不同产品线、职能部门甚至不同区域的资源和能力。华为毫不犹豫地拆散了原有结构，再一次进行调整。华为设立了7个地区办事处，覆盖全球市场。后来，华为认识到，市场覆盖范围过大会影响办事处的响应速度，地区办事处于是又迅速调整为16个更为灵活的分区办事处。

为了支持定期重组，华为还经常创建新的子公司，向客户提供更优质的服务。

不过，随着客户需求变化及时调整组织机构和流程，只是华为超级流动性的一个方面。华为以客户为中心的组织创新和设计还有另一个重要基础，就是打造所谓的"资源池"。具体来说，华为将麾下高级人才纳入一个虚拟的人力资源库。

此举可将顶尖人才与职能部门分离，随时在全球调配。通过打破顶尖人才与特定部门或职能之间的联系，华为让经验最丰富的人才得以完全自由流动，这也是建立超级流动性组织的关键。同时，敢于作出承诺，去满足不断变化的客户需求，是华为创新的推动力。如果没有超级灵活的人力资源库，自由而敏捷地将人才分配到相应工作中，华为就不可能在内部资源与变化速度惊人的客户需求之间实现动态匹配。

（三）组建"铁三角"

华为以客户为中心的另一重要做法是成立"铁三角"，即以全球代表处为核心的独特团队结构，这种团队可以积极发现、争取并落实项目。铁三角的想法诞生于2004年，当时华为在国外的业务团队意识到，最有效服务客户需求的方式是将重要领域的专家团队（如客户管理、产品解决方案和项目实施）聚在一起，从一开始就与客户开展合作，开发新项目。如今，每个新项目启动时都由项目经理组建"铁三角"团队，团队在中国和海外考察市场，寻找新机会。一旦发现未满足的市场需求，团队就会与首位客户接洽。为落实项目，项目经理有权从华为庞大的人才库里征用具备专业能力的人员。虽然项目负责人职级通常较低，但动用资源时拥有巨大的决策权，远远超出了职级限制，他们完善项目设计、策划实施，并确定需要哪些资源。对此，任正非称之为"班长的战争"，班长指的是项目经理，这是任正非从美军士兵行为中学到的经验。

这种机制下，决策权下放到一线"战斗"部门，负责人可以根据不断变化的市场状况立即作出关键决策；为了成功签订和交付合同，必要时，他们可以凭借自己的判断"呼叫"总部充分发挥整个组织的火力优势。用任正非的话说："让能听到炮火的人（如项目经理）指挥炮火。"

（四）不断演进的组织设计

通过应用以上各项创新举措，华为做到了以客户为中心，成为几乎完全围绕客户项目而构建的企业。每年，华为都有超过 5000 个项目同步推进。项目团队只关注一个目标：为满足多样化且不断变化的需求而进行灵活调整，以达到最佳用户满意度。为确保以客户为中心，评估个人业绩时，标准是其所在团队服务客户时的贡献比例。个人薪酬和晋升都要根据团队表现而定；奖金只颁发给获奖团队。如果项目团队表现差，个人表现再出色的"孤星"也不会得到认可或奖励。团队负责人的升降也是基于团队业绩。

项目成功完成后，团队就会解散。在过去，个人通常回到本职工作和原部门，等待下一个项目。现在，华为计划进一步取消各个职能部门的设置。除专职行政和生产人员以外，所有员工都会成为共同资源或人才库的一部分。个人仅根据专业知识和能力进行区分，如研发、设计、工程、市场营销和销售等，时刻准备进入有技能需求的项目团队。华为计划把大多数传统组织中的技术职能部门，打散为小规模的研究基础科学的技术人员团队、特定技术领域的尖端专家，以及负责开发支持工具和平台的团队。

虽然这些职能团队可以在必要时为项目团队提供支持，但其主要任务是为特定技术和支持功能加强专业能力。通过保持由专家组成的这些独特团队，华为得以在技术和职能方面居于领先地位。可以说，客户需求决定了华为的运作模式。

二、通过灵活的职能平台提供支持服务

为了解决平台的低效问题，华为尝试了一系列措施提升平台人员的专业知识，以加快向客户交付解决方案的速度。多年来，华为斥巨资开发了 10 个主要的支持功能平台。华为内部叫"资源平台"，均围绕不同能力构建，包括研发和技术、测试、制造、全球采购、市场和销售、人力资源、财务和资本、行政服务、知识管理和数据共享等。有强大的平台后盾，一线项目团队才能迅速获得所需的能力和资源，从而在行动时做到快速、灵活且流动。

以准备每个项目的客户合同为例。华为有一套标准化合同组合流程，包括一系列模板和模块。华为将流程和模板嵌入在线平台，不需要将项目细节发送给集团的中心商务部门（已准备草案并经过法律部门审核）。项目团队可以根据特定需求，利用平台准备一份合同草案。

由于以客户为中心的项目团队可以自由使用平台，获得支持服务，而不用单独设立职能部门，华为因此才能发展成为流动性极强的企业。不过，应该承认的是，随着华为拓展新客户群以及新地区，平台中的流程数量呈现爆炸式增长，操作变得过度复杂。最多的时候，平台上包括17项核心流程和1万多个子程序。华为已开始大规模简化流程，剔除不必要的流程并简化支持流程，这项简化管理的重大举措预计在未来几年还会持续推进。

三、中高层管理人员持续轮岗

在华为，中高层管理者会在不同的工作岗位之间轮换，甚至首席执行官（CEO）也是如此。

对于多数企业的高管来说，这种多层轮岗制度听起来颇有颠覆意味。高管轮岗的确有其缺点和取舍；不过华为认为，该制度在打造超级流动性组织方面，推动作用远超其负面影响，主要表现在五个方面：

（1）通过中层和高管的轮岗，可以消除建设企业帝国时常见的组织僵化问题。通过轮岗，高管在内部建立小地盘的难度大大增加。如果高管心里清楚，手头上的工作不久就要转交给别人，那么他/她在某个部门或子公司积攒资源和权力的动力就会降低。华为所有高管都经历过不同领域和职责，这意味着对于他们正在打交道的业务部门，很可能曾经"历练过"；这也意味着他们更加了解不同部门可能提供的更大价值、面临的压力和取舍，因而会在整个组织内实现更强的团队合作。

（2）避免讨好老板。这在中国尤为重要，因为儒家文化倾向于尊重年龄和资历，下属难免会讨好上司。事实上，类似行为并不局限于中国，在许多国家的社会和公司文化中或多或少都存在。然而对华为的项目负责人来说，拍老板马屁毫无意义，因为你很清楚再过一两年他就会离开目前的职位，转岗到下一处。薪酬和晋升前景并不取决于老板喜不喜欢，而只看项目有没有帮助客户盈利。

（3）培养管理者，让他们比较轻松地获得高管资历中需要的"多种职责"。升至高层后，华为的管理者不再是干了一辈子的"研发""财务"或"营销"人员，而是多面手。

（4）有助于促进创新。随着中层和高管轮岗，每项工作都可以从新角度审视。这是华为组织灵活流动的另一个关键因素。

（5）由于管理者知道三年之后很可能轮岗，若有新想法就得抓紧时间实施。这当然会影响到长期战略思考与长期投资，但华为身处快速变化的商业环境中，速度是关键。在工作的可延续性方面，激励快速行动的措施，将鼓励新任管理者在前任工作基础上创造性地发挥优势和能力，而不是推倒重来。

四、超级流动的企业文化

如上所述，华为组织的关键要素包括：向一线充分授权，项目团队作为核心组织，自由流动的全球人力资源库，通过灵活的职能平台提供支持服务，以及中高层管理人员不断轮岗，这些举措都在华为以变革为核心的企业文化指导下，打造出超级流动的企业文化。

这种极其注重变革的企业文化的形成可追溯到1996年，当时华为成立不到10年。那一年，公司要求最强大，也最有影响力的营销和销售部门全体辞职，然后根据实际条件和业绩评估重新聘用，这项规模宏大的管理变革涉及 1000 多名员工。

这一举动显然打破了已经扎根并开始影响组织活力的公司政治和权力争斗。这项影响深远的变革让华为发出明确信息，即个人和企业的成功，来源于根据不断变化的市场及时在资源和个人能力之间形成动态契合，这也预示着华为管理层轮岗制度的启动。

这样的文化很难如愿维持。于是，任正非启动第二次大规模辞职。这一次，7000 名员工被迫根据个人条件和业绩重新申请工作岗位，而不能靠资历。另外，旧的员工编号作废，每个人的资历就无法通过工号显示出来。

为了强化这一变革举措，任正非呼吁员工忘记公司历史，着眼于未来努力前进，即便这样做有可能影响短期的利润。

华为打造超级流动性组织的秘诀，就是保持激进。华为定期拆解和重组自身，每一轮"自毁"更新之后，华为都会变得更强大。从这个意义上，华为体现了"创造性破坏"的概念。通过不断创新，促进人才、知识和资源的快速流动，华为的模式远远超过"学习型组织"或"敏捷型公司"。

然而，华为追求超级流动性也并非没有潜在问题。华为在一定程度上低估了边界的重要性，因为边界可以帮助不同部门培养身份认同感，并提升忠诚度。超级流动性还可能会妨碍企业"留存记忆"，即妨碍通过不断学习形成常规，而这些常规往往可以为决策者提供个人行为的参考框架。如果缺乏这些基本要素，组织可能变得低效，特别是在许多公司面临当今混乱复杂和高度竞争的环境时。事实上，面对不确定性的增加，这些帮助个人应对各种复杂情况的组织参考系统可能比以往更为重要。

资料来源：〔英〕彼得·J. 威廉姆森、〔中〕吴晓波、尹一丁：《华为的超级流动性：打造灵活应变的组织》，载《哈佛商业评论》2018 年第 5 期。

[问题]
1. 华为如何实现超级流动性？
2. 华为的管理给我们带来什么启示？
3. 华为的超级流动性给华为带来什么好处？

第二章 管理学研究内容

　　管理是一种工作,有自己的技巧、工具和方法;管理是一种器官,是赋予组织生命的、能动的、动态的器官;管理是一门学科,一种系统化的并到处适用的知识;同时,管理也是一种文化。

——德鲁克

第一节　管理学研究框架

一、管理过程

　　根据管理的定义,管理包含两个重要的思想:(1)组织他人转化资源为成果;(2)实现为组织增值的目标。图 2-1 描述了如何通过管理过程来使用资源实现组织增值的目标。

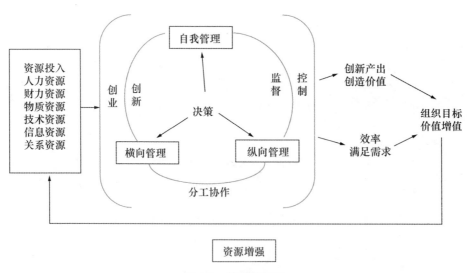

图 2-1　管理的过程

二、资源投入

　　任何一个组织若要维持自己的生存发展,首先需要拥有一定的资源,其次要能够对有限的资源进行合理配置，以达到最佳的使用效果，支持组织目标的实现。

任何一个组织尽管其存续的目的不同，形态不同，但都必须拥有一定的资源，否则就无法维持组织的存续。这就好像一个人没必要的食物、水、氧气等就不能生存一样。任何一个组织为了存续至少需要下述类型的资源：

(1) 人力资源。人力资源是指组织中拥有的成员的技能、能力、知识以及他们的潜力和协作力。人力资源是任何一个组织必需的资源，而且是最重要的资源。

(2) 财力资源。财力资源是指组织所拥有的货币资本和现金。现实社会中，由于货币资本和现金可以用来购买物质资源、人力资源等，故一个组织拥有的财力资源多寡实际上也反映了组织拥有资源的多寡。货币资本和现金还可以迅速流通，帮助组织捕捉投资机会，获得收益。

(3) 物质资源。物质资源是指组织存续所需要的诸如土地、厂房、办公室、机器设备、教学设施、各种材料等物质。对一个组织而言，物质资源的多寡也可表现为其拥有财富的多少。

(4) 技术资源。广义的技术资源包括形成产品的直接技术和间接技术以及生产工艺技术、设备维修技术、财务管理技术、生产经营的管理技能。此外，技术资源还应包括市场活动的技能、信息收集和分析技术、市场营销方法、策划技能以及谈判推销技能等市场发展的技术。技术资源是决定企业业务成果的重要因素，其效力发挥依托于一定水平的财力和物力资源。

(5) 信息资源。信息可以有两类，一类是知识性信息，另一类是非知识性信息。看科学书籍，我们所获取的是知识性信息；看照片图片，我们所获得的是美的信息。信息资源对组织的存续是非常重要的，一个组织没有一定的信息资源就等于一个瞎子，无异于盲人骑瞎马，半夜临深池。

(6) 关系资源。关系资源是指组织与政府、银行、企业、学校、团体、名人、群众等方面的合作及亲善的程度与广度。组织的存续不是孤立的，它必须与其他组织保持密切的关系，这种关系有时会非常有助于组织目标的实现。

以上所说的组织存续所需要的六种资源是指一般组织共同需要的资源类型，现实中的个别组织除了需要这些资源之外，可能还需要其他特别的资源。

三、管理学三大知识模块

(一) 管理学三大知识模块的数学基础

巴克明斯特·富勒（Buckminster Fuller）通过矢量研究得出结论，大自然几何学必须以三角形为基础。"三角形是三个能量事件凑到一起，彼此之间的距离恰好可以让每一能量事件不费吹灰之力把对面两个稳定住"，他说，"现在，我发现四边形（如正方形）保持不了形状。用橡胶连接的多边形，没有哪个能保持形状，以三角形为基础的除外。所以我说：'我认为，大自然所有的结构化、关联化、模式化必须以三角形为基础，否则不具结构效度。'这是大自然的基本结构，而且具有可塑性"。

根据数学中的集合论，集合与集合之间的关系可以简单地划分为相交关系（有部分公共元素)、包含关系（一个集合的任意元素都是另一个集合的元素）、相离关系（没有公共元素）。假设我们将组织系统的各个部分比喻成一个集合，那么组织系统各部分之间的关系可以在逻辑上归纳成相交、相离和包含三种关系，结合三角形思维，可以将组织本身的性质模型化，用韦恩图（Venn diagram）可以形象地表示出来，如图 2-2 所示：

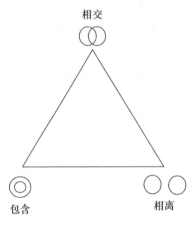

图 2-2　韦恩图

（二）管理学三大知识模块的行为基础

从实践逻辑角度来看，组织中领导与员工之间的关系也可以概括为这三种关系。根据领导与员工的关系，本书将管理学的知识模块划分为三个：

1. 自我管理

随着管理人性假设从"经济人"假设到"社会人"假设，到"自我实现人"假设、"复杂人"假设，管理学大师彼得·德鲁克（Peter F. Drucker）在《21 世纪的管理挑战》一书中明确提出"自我管理"这一概念。他指出，随着知识社会的到来，越来越多的劳动者和知识工作者将需要自我管理，自我管理是 21 世纪的管理挑战之一。自我管理思想重点涵盖个人责任意识的培养、个人主体意识及价值观的建立、个人时间管理、个人知识管理及潜能开发、人际关系管理与个人职业规划及管理六个方面的内容。

2. 横向管理

以自由协定为基础建立的组织即横向组织。这种组织形式主要为水平或平行式的结构，在本质上灵活性与适应性更强，更有利于知识更新和员工创新活动的进行。随着企业规模的不断扩大，以及企业内部专业化分工越来越精细，越来越多的横向组织出现，这就使得企业内部各单位、各部门之间协作配合的工作也随之增加，横向管理越来越重要。所谓横向管理，是指以横向协同为基础产生的管理活动，是工业生产社会化的产物。通过横向管理，使得组织内部沟通更加敏捷、灵活，增加了组织的柔性和创造性。

3. 纵向管理

传统的管理学以韦伯的权力为基础，组织遵循等级制度，形成规范的科层体系，也就是传统的纵向组织。纵向管理是指基于等级组织的一套正式任务和正式请示汇报关系的管理方式。企业中，管理者通过自上而下的计划、组织、指挥、控制等管理职能实现组织管理。组织的纵向分化通过自上而下的权力实施组织功能，保证组织内部所有要素都高度集中于目标实现的行为中。

（三）组织目标

组织目标就是指一个组织在未来一段时间内要实现的目的。组织目标是管理者和组织中一切成员的行动指南，为组织及成员指明努力的方向，没有明确的目标，必然不能形成组织发展的凝聚力，组织就会陷入混乱状态，所以，组织目标是组织存在的前提，是组织开展各项工作的基础，它决定了组织未来的发展状态。

1. 效率

管理的目标之一是效率，传统的层级制管理模式强调自上而下的控制，关注如何优化内部的运营流程，从而最大化地实现了成本的降低、组织效率的提高。但随着进入知识经济时代，组织运营效率已经无限地接近阈值，效率提升为组织带来的竞争优势非常有限，这就使得我们不得不考虑组织的另一个目标——创新。

2. 创新

长久以来，创新才是组织获取持续竞争优势的重要来源。组织运营效率与创新是必不可少的，组织运营效率是为了满足客户需求，而创新则是为组织创造价值。没有效率保障的创新或者没有创新性的效率都是没有价值的，难以帮助企业实现可持续发展。由此，在知识经济时代，组织需要努力实现创新与运营效率的平衡。[①] 组织通过对创新和效率的平衡实现组织价值的增值。

第二节 管理学三大定律

一、管理的本质

不论管理学界对管理的理解有何不同，有一点不容置疑，那就是管理的中心是人，对人的研究是构建管理学体系的逻辑起点。在组织内部，这个"人"包括员工和领导，两者构成了组织中的基本元素。传统的管理理论认为，领导是管理者，员工是简单的被管理者，这种管理思想忽视了人的主观能动性，实际上员工更应该是自我管理者，每个人都能为了谋求自身的全面发展，而主动去实现自身的价值。作为组织成员的领导和员工就相当于组织的基石，组织中的其他资源包括原材料、资金、土地、设备、信息等都是基于人的活动而实现其存在的价值。个体在组织中的行为都是具有目标性的，个体需要根据最终目标进行价值判断，选择合适的行为，从而保证个体价值的最大化，从这个角度来看，管理的本质是决策。

然而，并不是有了"人"就可以实现管理，明茨伯格认为，管理的本质不是整人，更不是把人当机器来控制，也不是把人当羊群来驱赶（所谓的领导力），而是尊重、平

---

① 参见陈劲：《管理学的新体系》，载《管理学报》2010 年第 11 期。

等、信任、合作和分享。① 根据协同理论，协同包含两层含义：一是事物或系统内部要素之间的相互配合；二是指事物或系统从一种序状态到另一种序状态的转化过程中由其内部要素相对独立性而产生的无规则运动变为各要素之间的相干作用，从而产生新质的过程。② 在组织中，领导与员工在各自存在的基础上相互配合，产生协同效应，使组织系统能够有序地实现组织内部资源要素的整合，从而实现组织绩效，从这一点来看，我们可以认为管理的本质是协作。

切斯特·巴纳德（Chester I. Barnard）认为，组织是由两个以上的个人所组成的协作系统，也就是说，由于协作系统的存在而诞生了组织。我们可以这样认为，组织中领导与员工相互协作的结果是组织的诞生。通过领导与员工之间彼此的信任、良好的人际互动，使得员工即使在没有额外奖励的情况下也能额外工作，从而激发出更多的创新。让我们把协作的范围进一步扩大到整个组织，基于网络结构的视角，组织内部协作网络能够有效地促进隐性知识的流通，增加创造性知识组合出现的机会。③ 基于以上分析，协作能够更好地促进创新，故管理的本质是创新。

以贝塔朗菲（L. Von Bertalanffy）为主提出的开放系统理论的主要观点是：组织要满足自身的各种需要，要生存和发展下去，就必须与其所处的环境进行物质、能量和信息等各方面的交换，否则就会死亡。④ 这一观点表明，环境是组织必须时刻关注的关键要素，开放性是组织学习所必备的基本观念。权变理论则更进一步，认为组织除了要对环境开放外，还必须考虑如何适应环境的问题。从这一角度来看，我们可以认为管理的本质是适应，适应外部环境的不确定性，通过管理实现内部因素与外部环境的平衡。

最后，我们需要考虑的是管理的目的。在管理的世界里，组织的目标实现与否最终是通过货币周期表现的，管理者的有效性常常通过资本的回报率来衡量。⑤ 然而，很多情况下，财务指标能反映的非常有限，而且并不是所有的价值都能用金钱来衡量，员工的幸福感知等主观感受的增强也是组织目标的体现。在整个管理过程中，管理者通过与组织成员的协作和创新，将输入组织的资源进行有效转化，最终实现价值最大化的产品或服务，也就是说，通过管理实现了价值的增值。由于管理行为反映了组成这个组织的个人的行为，"在有关人、组织、管理的研究中人是最基本的分析单位"⑥，所以管理学研究就从个人作出决策的四个原理开始。决策贯彻管理的全过程，管理就是决策。组织是由作为决策者的个人所组成的系统。从系统角度有四个问题：一是个人如何作出决策？二是个人之间如何协调？三是组织如何运作？四是组织如何适应或

---

① 参见〔加拿大〕明茨伯格：《论管理》，闫佳译，机械工业出版社 2010 年版。
② 参见潘开灵、白烈湖：《管理协同理论及其应用》，经济管理出版社 2006 年版，第 58 页。
③ 参见吴晓波、雷李楠、郭瑞：《组织内部协作网络对探索性搜索与创新产出影响力的调节作用探究》，载《浙江大学学报》（人文社会科学版）2016 年第 1 期，第 142—158 页。
④ 参见陈国权：《组织与环境的关系及组织学习》，载《管理科学学报》2001 年第 5 期，第 39—49 页。
⑤ 参见〔美〕迈克·史密斯：《管理学原理》（第 2 版），刘杰、徐峰、代锐译，清华大学出版社 2015 年版。
⑥ 〔美〕丹尼尔·A. 雷恩、阿瑟·G. 贝德安：《管理思想史》（第 6 版），孙健敏译，中国人民大学出版社 2014 年版，第 10 页。

进化?

以上分析,从管理行为的主体、客体以及相互关系的角度揭示了古今中外一切管理行为的本质,即管理就是决策、协作、创新与适应。这里就演化出管理学的 12 个问题,如下表所示:

表 2-1　管理学的 12 个问题

决策	谁决策?	如何决策?	为什么决策?
协调	谁协调?	如何协调?	为什么协调?
创新	谁创新?	如何创新?	为什么创新?
适应(进化)	谁适应?	如何适应?	为什么适应?

二、管理学三大定律

实际上,这 12 个问题恰恰揭示了管理学三大定律。管理学第一定律揭示了管理的创新本质,认为创新是组织基业长青的根本;管理学第二定律揭示了管理的协调本质,认为组织内领导与员工的相互作用能更好地促进组织的创新;管理学第三定律揭示了组织的运行机制,通过学习力、创造力、创业力和持续力动态互动实现组织的持续创新。而组织的适应(进化)则涉及组织环境,是组织学研究的内容,故不在本书中详细展开。

(一)第一定律:任何组织都将维持现有的组织形态,直到环境的不确定性迫使其改变原有形态

组织层面,管理的本质是效率与创新。在封闭的环境中,组织将维持现有运营状态,而环境的不确定性将改变这种状态,只有持续创新的企业,才能延续自身生命力,甚至进化成"基业长青"企业。

根据本章第一节对管理的定义,管理是为了实现组织价值增值,传统的企业管理的主要目的是最大可能地降低成本,提高运营效率,但这种组织管理的本质是为了满足客户(消费者)需求,而不能提前开发客户(消费者)需求。现代企业处于高度竞争的市场环境中,一旦不具备创新的能力,就很容易受制于人,就像中兴公司,一旦上游供应商切断其核心零部件供应,那么它将无计可施而进入休克状态。因此,创新必然是现代企业的核心,只有一个企业具备持续创新的能力,才会在满足客户(消费者)需求的前提下,不断地开发客户(消费者)需求,就像苹果公司,尽管最近的产品备受消费者吐槽,但不容置疑的是,每次苹果公司发布新产品,都会引起一众粉丝趋之若鹜。苹果公司的手机设计影响了市场上绝大多数的手机生产商。

(二)第二定律:组织内员工力与领导力之间的相互作用规律[①]

管理系统内生的两个基本变量是员工力与领导力,从能力角度来说,员工力是指

[①] 关于管理学第二定律的解说,将于本书作者即将出版的《理论管理学》(北京大学出版社 2019 年版)一书中详细论述。

组织中员工内在的创造力、执行力、监督力等能力；领导力指个体独有的领导方面的才能或能力。从能力的外显角度来看，员工力和领导力分别指个体表现出的对组织创新产生一定作用的外显力量。

在组织管理本质是创新的前提下，"个体"是创新的源头，领导与员工仅仅是个体在生命周期不同阶段的角色。领导和员工对组织的创新贡献角度不同，只有两者达到均衡状态时，领导与员工的成熟程度匹配最好，这时员工的创新力得到发挥，领导在工作和关系行为上与员工达成最佳匹配，使得企业的创新力得到最大程度的发挥；并且随着个体的进化，最佳匹配点将呈现不断螺旋上升的状态，从而实现组织的持续发展。

组织中存在两个重要的角色，即员工与管理（领导），这两者构成了创新的主体，由于两者在组织中扮演的角色不同，故其创新的侧重点有所不同，对员工来说，尤其是知识技术型员工，他们更侧重于技术创新，而对于管理者/领导者来说，他们在技术技能方面的要求降低，而在概念技能和人际技能方面的要求较高，故其关注点更侧重于管理创新方面。组织的创新需要员工与管理者（领导）相互协作，两者协调配合才能实现组织的持续发展。

（三）第三定律：组织内员工的学习力和创造力，以及领导的创业力和持续力的动态互动是组织持续创新的内在驱动因素

组织持续发展的最大动力来源于组织内部。员工创新与管理者（领导）创新的互动机制是组织创新的根本。在组织中，员工通过追求与岗位匹配或者追求自我价值来实现创新，领导通过持续性的冒险行为和维持性行为不断创新。本书把这四种创新的驱动因素分别称为学习力、创造力、创业力和持续力。学习力是员工创新的基础，而创造力是员工创新的内在驱动因素；创业力是领导不断创新的主要驱动因素，而持续力是领导创新的维持力量。创业力能够提高创新水平，持续力能保持竞争优势。理想的组织中，领导和员工会相互作用，不断创新。本书把这两种个体之间的相互作用称为内部互动。通过内部互动，领导和员工的创新在数量和水平上都会得到扩展。

组织的持续创新是学习力、创造力、创业力和持续力动态互动的连续过程。这种互动是通过多种力驱动的创新之间的转换形成的，而不仅仅是一种交互方式。四种力驱动下的创新在创新产出的螺旋中相互作用。

第三节 管理学及其特点

在管理类各专业的教学计划中，管理学是一门必修的基础课；而在各高校的培养方案中，管理学也被作为培养综合性人才的一门通识课向全校各专业学生推荐。管理学是人类智慧的结晶，它为人们提供了一套比较完整的关于组织管理的理论和方法。管理学以研究管理一般问题为己任，以组织管理为研究对象，致力于研究管理者如何有效地管理其所在的组织。

一、管理学学科体系的构成

管理不仅是一种知识，也是一种实践。管理学的研究内容包括：（1）管理理论的探讨与发现；（2）管理理论应用的操作与评估；（3）管理学研究方法的改进与管理因素的测度；（4）管理思想史的演绎与现实的关联。这四者彼此之间自然是相辅相成的。管理学的应用包括：（1）组织内人力与自然资源的利用；（2）效率与创新的决定；（3）组织所得的分配；（4）企业成长的维持与增进。

管理学的起点即创造价值的两个原点，一是分工（效率），二是创新。古典管理理论是以效率、分工作为主要导向的管理学。当代管理理论是以创新、协作作为主要导向的管理学，效率性、重复性、确定性的工作由机器人来完成；创新性、协作性、不确定性的工作由人来完成。管理代表硬币的一面，与价值获取相关，即效率性；而硬币的另一面是创新、创业，与价值创造相关，即创新性。

对于不同行业、不同部门、不同性质的组织，其具体的管理方法和内容可能很不相同，由此就形成了许多专门性的管理学科，如企业管理、学校管理、行政管理、工业管理、农业管理、科技管理、财政管理、城市管理、社团管理、国民经济管理，等等。这些专门性的管理学科总体上可分为两大类、四个层次，如表 2-2 所示：

表 2-2　管理学学科体系的构成

层次	研究范围	研究对象	
		营利性组织或活动	非营利性组织或活动
微观	单个组织或活动	工业企业管理学	社团管理学
中观	一类组织或活动	工业经济管理学	行业管理学
宏观	一群组织或活动	国民经济管理学	非营利性组织管理学
基础	所有组织或活动	管理学	

两大类中，一类以营利性组织或活动为研究对象，如工商企业管理；另一类以非营利性组织或活动为研究对象，如教育管理、学校管理等。四个层次则是按研究范围来划分的：以组织个体为研究对象，研究单一组织中的管理问题的属微观层次，如工业企业管理学；以同一类型的多个组织组成的组织群体为研究对象，研究同一类型的多个组织作为整体情况下的管理问题的属中观层次，如工业经济管理学；宏观层次的管理学学科则是以多个组织群体组成的组织整体为研究对象，研究在相当大的范围内将不同类型的组织群体集合成一个整体时所出现的管理问题，如国民经济管理学；最后一个层次就是管理学，以所有的组织所共有的管理问题作为研究对象，研究的是组织管理的一般问题，即管理学是一门研究一般组织管理理论的科学，它所提出的管理基本原理、基本思想和基本原则是各类管理学学科的概括和总结，是整个管理学学科体系的基石。

二、学习和研究管理学的重要性

（1）管理的重要性决定了学习、研究管理学的必要性。管理是有效地组织共同劳动所必需的。随着生产力和科学技术的发展，人们逐渐认识到管理的重要性。从历史上看，经过两次转折，管理学才逐步形成并发展起来。第一次转折是泰罗科学管理理论的出现，意在加强生产现场管理，使人们开始认识到管理在生产活动中所发挥的作用。第二次转折是二战后，人们看到，不依照管理规律办事，就无法使企业兴旺发达，因此要重视管理人员的培养，这促进了管理学的发展。管理也日益表现出它在社会中的地位与作用。管理是促进现代社会文明发展的三大支柱之一，它与科学和技术三足鼎立。管理是促成社会经济发展的最基本的、关键的因素。先进的科学技术与先进的管理是推动现代社会发展的"两个轮子"，二者缺一不可。管理在现代社会中占有重要地位。经济的发展，固然需要丰富的资源与先进的技术，但更重要的还是组织经济的能力，即管理能力。从这个意义上说，管理本身就是一种经济资源，作为一种"生产力要素"在社会中发挥作用。先进的技术，要有先进的管理与之相适应，否则，落后的管理就不能使先进的技术得到充分发挥。管理在现代社会的发展中起着极为重要的作用。

（2）学习、研究管理学是培养管理人员的重要手段之一。判定管理是否有效的标准是管理者的管理成果。通过实践可验证管理是否有效，因此，实践是培养管理者的重要一环，而学习、研究管理学也是培养管理者的一个重要环节。只有掌握扎实的管理理论与方法，才能很好地指导实践，并可缩短或加速管理者的成长过程。目前，我国的管理人才，尤其是合格的管理人才是缺乏的。因此，学习、研究管理学，培养高质量的管理者成为当务之急。

（3）学习、研究管理学是未来的需要。随着社会的发展，专业化分工会更加精细，社会化大生产会日益复杂，而日新月异的社会将需要更加科学的管理。因此，管理在未来社会中将处于更加重要的地位。

三、管理学的学科特点

要学好管理学，首先要了解管理学的特点。管理学作为一门科学，具有以下几个特点：

（一）管理学是一门不精确的科学

人们通常把在给定条件下能得到确定结果的学科称为精确的科学。如数学，只要给出足够的条件或函数关系，按一定的法则进行演算就能得到确定的结果。管理学则不然，在管理学中几乎不存在什么纯的定律。

我们可以说管理者应该首先制订计划，应该根据员工变化着的需求调整相应的激励手段——这两项陈述也许可以称为管理原则，但非常明显，它们缺乏精确科学中的严密性。这主要是因为影响管理的因素众多，而且管理主要是与人打交道，不可控因素太多，使得人们只能借助于假定或人为的分析，进行定性和定量相结合的研究。但尽管如此，从科学是正确反映客观事物本质和规律的知识体系，是建立在实践基础上并经过验证或严密论证的关于客观世界各个领域中事物的本质特征、必然联系与运动规律的理性认识这一概念来说，管理学是一门科学，虽然不像自然科学那么精确。经过几十年的探索、总结，已形成了反映管理过程客观规律的管理学理论体系，据此可以解释管理工作中过去的和现有的变化，并预测未来的变化。可以用许多精确科学中所用的方法定义、分析和度量各种管理现象。管理学可以通过科学的方法学习和研究，不同的只是其控制和解释干扰变量的能力较弱，不能像精确科学那样进行严格的实验。

正因为管理学是一门科学，所以我们能通过学习掌握其基本原理并据以指导实践；而正因为它是不精确的科学，所以在实际运用时要具体问题具体分析，不能生搬硬套。

（二）管理学是一门综合性学科

管理为实现目标的一种有效手段，不仅在各种组织中普遍存在，而且涉及人、财、物、信息、技术、环境的动态平衡。管理过程的复杂性、动态性和管理对象的多样化决定了管理所要借助的知识、方法和手段的多样化。因而，管理学的研究也必然涉及众多的学科，主要有哲学、经济学、社会学、心理学、生理学、人类学、伦理学、政治学、法学、数学、计算机科学、系统科学等。

管理学学科的综合性，决定了我们可以从各种角度出发研究管理问题；管理的复杂性和对象的多样化，则要求管理者具有广博的知识，才能对各种各样的管理问题应付自如。

（三）管理学是一门实践性很强的应用科学

理论的作用在于指导实践。由于管理对象的复杂性和管理环境的多变性，管理知识在运用时具有较大的技巧性、创造性和灵活性，很难用陈规或原理把它禁锢起来，因此管理具有很强的实践性。

管理学学科的实践性，决定了学校是培养不出"成品"管理者的。要成为一名合格的管理者，除了要通过学习掌握管理学基本知识以外，更重要的是要在管理实践中不断地磨炼，积累管理经验，实践与理论结合才能真正领悟管理的真谛。

（四）管理学是一门发展中的科学

管理学的建立和发展，有其深刻的历史渊源。管理学发展到今天，已经历了多个不同的历史发展阶段，在每一个历史阶段，由于历史背景不同，产生了各种管理理论。这些理论，有些已经过时，有的仍在发挥作用，但总的来说，管理学作为一门科学来研究还只有百年，因此它还是一门非常年轻的学科，还处于不断更新、完善的大发展之中。同时，作为一门与社会经济发展紧密相连的学科，也必将随着经济的发展和科技的进步而进一步发展。

综上所述，管理学是科学，管理实践则富有艺术性。管理学研究管理过程中的客观规律，由一整套的原则、主张和基本概念组成，使得我们能够对具体的管理问题进行具体的分析，并进而获得科学的结论，因此管理学是一门科学，可以学习和传授。例如，通过本书的学习，你将懂得应如何决策、如何做计划、如何设计组织结构，掌握激励下属的方法和各种控制技术，它将给你介绍许多作为管理者要用到的管理知识和具体分析管理问题的思维方法。但管理活动具有很强的实践性，由于管理工作的对象包括组织中的人,同时管理问题和管理环境千变万化,管理学所能提供的专业手段和方法极其有限,管理实践和管理知识的运用,需要有丰富的根据实际情况行事的技艺。懂得管理学基本知识并不意味着你在实践中能正确地运用它,如果只凭书本知识来诊断,仅仅借助原则来设计,靠背诵原理来管理,是注定要失败的。

根据管理学学科的特点,认真学习管理理论知识,学习分析管理问题的思维和方法,有助于在实践中认清管理问题,并提出正确的解决方案;随时将学到的知识应用于实际管理问题的分析和解决,则可进一步加深我们对管理知识的理解和掌握,实践是我们能够真正领悟管理的必由之路;而广泛地学习各种学科知识,则有助于我们更好地从各种角度加深对管理学的理解,并提高我们解决实际管理问题的能力。因此,"熟读经书,结交高人,勤于实践,善于思考",是学好管理的不二法门。

四、管理学的研究方法

如何获得各种管理理论知识呢?从某种意义上讲,管理知识来自于管理学领域产生的各种管理学派,实际上也可以说是因为采用了不同的研究方法的结果,任何一门学科都有其自身的方法论。管理学学科的发展实际上是研究方法的不断发展和进步。

所谓研究,是指透过有组织、有资料基础、系统的、批判的、客观的以及科学的方式,去调查与探讨某个特定问题,以找出可以解决问题的答案的过程。

所谓科学方法(scientific method),是指科学家在研究事物和现象或解决问题时,所采用的客观的、系统的、精密的整套方法。在实际使用时,科学方法包括以下四个步骤:(1)根据问题性质建立假设;(2)根据研究目的收集资料;(3)运用精密方法分析资料;(4)根据事实发现验证假设,并进而推演出结论。这四个步骤周而复始,便可使所建立的理论越来越正确,最终成为精致的科学知识。

管理学的研究方法有以下几种:

(一)归纳法

归纳法(induction)是将特殊陈述上升为一般陈述(或定律、定理、原理)的方法。归纳法是我们先观察某些现象并据此得到结论的过程,换句话说,是指根据所观察到的事实,逻辑性地建立一般性命题。经验科学来源于观察和实验,把大量的原始记录归并为很少的定律定理,形成秩序井然的知识体系,这就是经验科学形成的过程。可见,怎样的归纳是有效的、可靠的,这是经验科学要研究的最重要的问题。举例来说,我们知道生产流程是工厂或制造厂房的主要特征,因而认为工厂的存在是为了生产。

(二)演绎法

演绎法(deduction)是应用一般陈述(或定律、定理、原理)导出特殊陈述或从一种陈述导出另一种陈述的方法。演绎法系指通过逻辑性地概化已知的事实,从而得到结论的过程。举例来说,我们知道所有高绩效者在工作上都相当熟练,如果约翰是一个高绩效者,则我们可知他在工作上相当熟练。

(三)案例方法

管理理论来源于实践。每个组织都存在管理,而且也都可能存在值得借鉴的经验。

要对每一个组织的管理活动都进行研究显然是不可能的。在众多的组织中挑选有代表性的个案，从整体或局部对它在管理实践中取得的成功或失败进行深入剖析，进而发现可借鉴的规律和原则，便成为管理研究的重要方法。

但是，值得注意的是，案例分析并非简单的经验总结。案例分析强调分析成功或失败的原因，鼓励人们思考并依据案例所提供的资料自己作出决策。学习和研究管理，应多注重案例分析，如果有机会对有代表性的企业长期跟踪研究，将会获得很多意想不到的收获。

（四）实验方法

在管理活动中，实验方法已成为摸索经验、进行决策的强有力的工具。首先，实验方法是帮助管理者发现管理问题产生的原因并采取有效措施予以解决的有力工具。任何事物的发展变化过程都是多种因素共同作用的结果，但这些因素的作用程度不同，通过实验，可以使管理者找到影响事物发展变化的主要因素，发现问题产生的主要原因，进而有针对性地采取相应的管理措施。其次，实验方法是保证管理决策科学有效的重要途径。不论是企业开发新产品，还是管理体制的改革、政策方针的调整等，为了稳妥和慎重起见，都必须先在小范围内，在较短的时间内，利用较少的人、财、物进行实验，通过实验来验证决策的科学性并逐渐推广。最后，实验方法是创立先进管理理论的重要手段。泰勒的科学管理理论、梅奥的人际关系学说和行为科学理论，以及菲德勒的权变理论都是人们通过实验摸索总结出来的，并通过实验予以验证和推广。

在管理实践中比较常见的实验方法有：

（1）对比实验。这是通过比较来研究和揭示管理对象某种特性的实验方法。这种实验往往是为了验证某些假设而采取的。对比实验一般要把实验对象分成两个以上情况相似的组群，然后将其中一个或多个组群作为"实验组"，另外设置一个或多个"对照组"作为比较的对象。进行实验时，要使"对照组"的情况保持不变，使"实验组"的情况不断变化，进而发现情况变化对"实验组"所产生的影响。进行这种实验时，除了需要研究的一个或几个变量外，各组其他一切方面都应尽量相似，这样才容易真正发现实验因素的作用。

（2）可行性实验。在管理实践中，拟定出政策方案后，常常要先做小规模的实验以验证方案的可行性，或者根据出现的问题适当修改方案。有时在最终决策方案拟定之前也要进行实验，以此比较众多可行方案的优劣，进而选择出最佳决策方案。

（3）模拟实验。即依据已取得的关于管理对象的事实材料，运用已知的客观规律，建立起一个与管理对象某些方面相似的模拟模型，然后对模拟模型进行实验，再把实验结果类推到实际管理对象上去的管理方法。其特点是利用管理对象的替代物（模拟模型）进行实验，人们可通过对模拟模型进行多次的、多方面的实验来得到许多有关实际管理对象的有用信息。由于模拟实验具有较强的经济性、灵活性，风险小，所以成为目前管理领域中十分受重视的管理方法。目前，管理学科的模拟教学活动已经越来越普遍。

（五）比较方法

比较管理学（comparative management）是建立在比较分析的基础上对管理现象进

行研究的一个管理学分支，其研究范围往往是跨国度的，主要分析不同体制、不同国家之间在经济、文化、工业上的差异对管理的影响，探索管理发展的模式和普遍适用于先进国家和发展中国家的管理规律。比较管理学作为一种研究方法已广泛应用于各种管理要素的研究之中。

目前，比较管理学的研究重心集中在不同国家经营管理特征的比较研究上。比较管理学的先驱者法默（R. N. Farmer）和里奇曼（B. M. Richman）强调建立一种共同的特征与分类系统，以便适用于不同国家的管理过程和管理特征的比较研究。同时，比较管理学研究应围绕以下几方面进行：探究不同国家的管理过程和管理特征的共性；对上述管理过程和管理特征的共性进行有效的描述；对上述有效的描述进行有价值的比较研究。70年代末，日本学者大岛国雄在其《国际比较管理学》著作中对比较管理学研究提出了自己的观点。他认为，过去的管理学研究大多集中于一般性原理的探讨，忽视对具体的、特殊问题的研究。比较管理学研究要注重这种一般性和特殊性的关系。在研究过程中，首先要考察一国管理的特殊性，然后探讨各国管理的一般性（或统一性）；其次要特别注意一般性与特殊性的关系；最后在掌握一般性和特殊性的基础上探索每个国家管理的途径。

我们目前学习的主要是西方的管理理论，如何把西方的管理理论与中国实际结合起来，是一个重大的课题。很多管理学者十分重视本土化管理的研究工作。掌握和运用比较管理学的研究方法，对建立中国特色的管理学科十分重要，对准确地理解和把握西方管理理论也是必需的。

本章小结

任何一个组织若要维持自己的生存发展，首先需要拥有一定的资源，其次要能够对有限的资源进行合理配置，以达到最佳的使用效果，支持组织目标的实现。组织实现存续至少需要以下类型的资源：人力资源、财力资源、物质资源、技术资源、信息资源、关系资源。

基于集合论，根据人际关系学说，本书将管理学的知识模块划分为三个：自我管理、横向管理和纵向管理。自我管理思想重点涵盖个人责任意识的培养、个人主体意识及价值观的建立、个人时间管理、个人知识管理及潜能开发、人际关系管理与个人职业规划以及管理六个方面的内容。所谓横向管理，是指以横向协同为基础产生的管理活动，是工业生产社会化的产物。纵向管理是指基于等级组织的一套正式任务和正式请示汇报关系的管理方式。

组织目标就是指一个组织在未来一段时间内要实现的目的。现代组织管理的目标之一是效率，关注如何优化内部的运营流程，从而最大化地实现成本的降低、组织效率的提高。另一个目标是创新，组织通过对创新和效率的平衡实现组织价值的增值。

管理学第一定律：任何组织都将维持现有的组织形态，直到环境的不确定性迫使其改变原有形态。

管理学第二定律：组织内员工力与领导力之间的相互作用规律。

管理学第三定律：组织内员工的学习力和创造力，以及领导的创业力和持续力的动态互动是组织持续创新的内在驱动因素。

管理学是人类智慧的结晶，为人们提供了一套比较完整的有关组织管理的理论和方法。首先，个人资源相对于个人追求的有限性适用于自我管理，学习管理有助于实现个人目标；其次，通过学习管理学，有助于个体更好地适应这个社会，增强个体的创业或生存发展能力；最后，当今社会方方面面都离不开管理学。

管理学具有以下特点：不精确性、综合性、实践性、发展性。

管理学的研究方法有以下几种：归纳法、演绎法、案例方法、实验方法、比较方法。

□ 关键术语

人力资源（human resources）
财力资源（financial resources）
物质资源（material resources）
技术资源（technology resources）
信息资源（information resources）
关系资源（relationship resources）
自我管理（self-management）
横向管理（horizontal management）
纵向管理（vertical management）
效率（efficiency）
创新（innovation）
决策（decision）
协调（coordinate）
适应（adaptation）
员工力（staffship）

领导力（leadership）
学习力（learning capacity）
创造力（creativity）
创业力（entrepreneurship）
持续力（sustainability）
不精确性（imprecision）
综合性（comprehensive）
实践性（practicality）
发展性（development）
归纳法（inductive）
演绎法（deduction）
案例研究法（case study method）
实验方法（experimental research）
比较管理学（comparative management）

复习题

1. 要维持组织的存续需要哪些资源投入？
2. 管理分为哪三大知识模块？如何理解？
3. 现代组织的组织目标是什么？简单解释一下。
4. 管理学三大定律是什么？
5. 管理学研究对象有哪几类？分哪几个层次？
6. 简要说明管理学的重要性。
7. 管理学有哪些特点？简单解释一下。
8. 管理学有哪些研究方法？简要说明。

自我评估 ▷ 管理的核心价值观

假定你是一位管理者，按照项目对你的重要性为下列项目排序（1表示最重要，16表示最不重要）。

专业性	为外界提供更高的价值	与组织中的其他人合作
承担风险以求创新	短期内获得利润	领导员工为他人服务
解决问题	激励员工	喜欢你的工作
实现积极的结果	传递高质量的产出	长远思考
实现你的目标	满足你的顾客	与他人建立和维持关系
与其他人有效沟通		

> 这个题目没有正确或错误的回答，但是排名显示了你作为管理者强调的行动的核心价值观。例如，当你对与组织中的其他人合作、领导员工为他人服务、建立关系、有效沟通、激励员工赋予较高的排名时，那么你极有可能偏重服务性的角色。换句话说，如果你对喜欢你的工作、短期内获得利润和实现你的目标给予较高的排名时，你的管理活动极有可能属于机会主义类型。如果你将解决问题、实现积极的结果、传递高质量的产出和提供更高价值排在前面时，你的管理活动极有可能属于结果导向型。将你的排名与其他同学进行比较，讨论为什么这些事项对你们每个人有着不同的重要性。

案 例

3M：一场效率与创新之间的斗争

3M公司现任首席执行官乔治·巴克利（George Buckley）是如何尽量平衡原则与想象力的？

几年前，通用电气公司可以说是管理学的神殿，其前任CEO杰克·韦尔奇就是"主教"，他的"信徒"遍布全国。他最受尊敬的追随者之一詹姆斯·迈克纳尼（James McNerney）在备受关注的继任韦尔奇职位的竞选失利后，立即就被3M（明尼苏达矿务及制造业公司）挖走了。3M董事会十分珍视迈克纳尼，而且在2000年12月5号公布他被选为CEO后，公司的股票大幅上升了近20个百分点。仅仅只是提到了他的名字，就让大家变得更富有。

迈克纳尼是3M公司百年历史上的第一个门外汉领导。在真正上任之前，他就声明要大幅整改这个公司。他所参照的脚本是经典的通用电气模式。他解雇了8000名工人（大约是员工队伍的11%），加强了绩效考核过程，并缩减了以往铺张浪费的公司开销。他还引进了通用电气著名的六西格玛计划——一系列用于减少产品瑕疵和提高效率的管理技术。数千名职员受训成为六西格玛计划的"黑带"专家。这个计划不久便开始奏效：迈克纳尼使3M不断下跌的股票开始重现生机，人们也纷纷评论说他让一个笨重、不协调、发展缓慢的公司回到了正轨。

然而，在3M待了4年半之后，迈克纳尼因为有一个更好的机会而离开了3M。至此，他的继位者面临一个具有挑战性的问题：对效率说一不二的强调是否使3M变得不那么有创新性了。对于一个以技术革新为个性的公司，这是至关重要的一个议题。毕竟，3M公司是遮蔽胶带、绝缘薄膜和可粘贴便签的诞生地。在1994年最有影响力的畅销书《基业长青》中，3M公司因其管理方法被誉为发明机器。然而，这些从前的记录都已变成遥远的记忆。过去5年，该公司都以其产品占据1/3的市场份额为荣，如今这一比例已滑落到1/4。这样的结果并非偶然。像六西格玛计划这样的效率项目是为发现工作流程中的问题从而采用周密的办法减少多样性、消除瑕疵而设计的，当这种意图植根于公司的文化之后（正如他们在3M所做的），创新性就会受到抑制。毕竟，一个突破性革新对现存的程序和规范是一种挑战。

一、鼓励创新的文化

3M公司现任CEO乔治·巴克利正试图驾驭的创新与效率之间的权衡问题也是很多其他CEO面临的挑战。与卓越的加工处理需要精准、一致和重复不同，创新需要变化、失败和一点好运气。在某种情况下使得六西格玛有效的因素恰恰可能在另一情况下使它失效。一般地，它采用准确的统计分析产生清晰的数据，帮助生产更优质、低成本、高效的产品。当你知道你想控制什么产出时，这一切听起来很棒。但当没什么因素是要保持的或者你甚至不知道你所要界定的问题的实质时，情况又如何呢？

华尔街的压力是另一个问题。投资者喜欢迈克纳尼的方法，因为能使收益大增。他用连贯性弥补了创造力的不足，使得利润平均每年上涨22%。在巴克利上任的头一年，3M销售额达到230亿美元，利润总额为14亿美元，但两季度的收入损失和下跌的股价使得前路困难重重。2007年，巴克利似乎使华尔街上的许多怀疑者满意了，他令他们相信：他能在不消除迈克纳尼引领的产量提高的同时激发增长的动力，股价从1月开始上升了12%。

"3M方式"使得工人们能从公司的许多资源中找到支持他们自己喜欢的项目的资源。公司的官方政策允许员工占用他们15%的时间从事独立的项目研究。公司有意地鼓励冒险和可容忍的失败。3M的创新文化引领了谷歌目前著名的企业文化。

长期以来，3M公司都允许研究员花费数年的时间测试产品。例如，可粘贴便签，它的发明者阿特·弗赖伊（Art Fry）是3M的一位科学家，如今已经退休。其他一些人花几年的时间不断修正这个想法，直到1980年全面投产。3M的六西格玛拥护者声称：一个更系统的新产品引进过程让创新更快地进入市场。但可粘贴便签的发明者弗赖伊持不同意见。事实上，他谴责说正是六西格玛在3M实验室的应用导致了公司近来缺少革新精神。他认为，创新是"一个数字游戏，你得经历5000到6000次粗糙的想法才能发现一桩成功的生意"。六西格玛拥护者们可能会问：为什么不消除所有那些浪费，第一次就提出正确的想法呢？"这种思维方式"，弗赖伊说，"会产生严重的副作用"。

二、重新振作起来的员工们

巴克利，一个受过严格训练的化学工程师、博士，似乎看出了一个注重程序的项目对企业文化的影响，而这个企业的命运和历史都与发明新东西紧密相连。"在那种禁锢头脑的和千篇一律的氛围之中你不可能有所创造"，巴克利说，"作为一家公司，我们所犯的一个错误可能就是实施六西格玛计划，当你将统一看得比创造力还重要时，我想你已无形中损害了像 3M 这样的公司的核心和灵魂"。近年来，公司作为创新者的名声正慢慢消失。2004 年，3M 在波士顿咨询公司的最具创新性公司名单中位列第一，2005 年降到第二，2006 年第三，而 2007 年降到了第七。

为帮助公司内创新的血液流动起来，巴克利大开资金投入大门——提高了在研发、采购、基本建设上的花销。当年研发预算增长 20%，达到 15 亿美元。比资金投入更有意义的是资金的重新分配。他把大量资金转向被称作 3M 技术"核心"领域的 45 项技术上，包括研磨剂、纳米技术、柔性电子学，渐渐地，迈克纳尼的传统在 3M 被修改了。诚然，前任 CEO 为公司带来了些好的改变，但许多工人说：如今企业的中心从盈利和过程的规范转移到了增长和创新，他们也正重新振作起来。

资料来源：〔美〕布赖恩·辛多：《3M 在效率和创新间的两难抉择》，一鸣译，载《商业周刊》2007 年第 7 期。

[问题]
1. 对比科学管理和人事管理，说说詹姆斯·迈克纳尼和乔治·巴克利的管理风格如何。
2. 为什么"准确的统计分析"的运用减少了创造力？
3. 为什么一个组织要"有意地鼓励冒险"？
4. 你认为巴克利的计划会起作用吗？为什么？

第二篇

DI Er PIAN

自我管理篇

作为现代管理学的创始人，德鲁克以他卓越的管理理论和管理思想影响着企业和企业管理者，其管理学中的自由思想无不贯穿于整个管理思想体系中。德鲁克始终注重自由的思想，认为自由对于人来说是在责任前提下的自由，对个人自己负责任、对组织中的其他共同成员也负责任的前提下，才有资格谈论自由。德鲁克管理思想对员工自我管理、自我控制的鼓励以及对员工自由和权力的尊重，使其一直受到企业、政府等组织的广泛推崇，经久不衰。

第三章
自我管理

自我控制是最强者的本能。

——萧伯纳

每个人都是自己的命运建筑师。

——沙拉斯特

第一节　自我管理理论的起源与发展

一、中国古代的自我管理起源

中国传统文化的自我管理是以人性理论为坚实基础的、具有丰富内涵的文化现象。人性理论在中国古代历史上一直是一个受到共同关注的辩题，也是先秦儒家自我管理理论的基本出发点。《中庸》中就曾谈到"修身、齐家、治国、平天下"的修身思想。秦儒家对于人性的认知有着多角度的思考，主要包括人性是什么，是先天的还是后天的，是否能够改变。其中，主要以孔子的"性相近，习相远"、孟子的"性善论"和荀子的"性恶论"为代表。先秦儒家虽然对人性的认知有所差异，但是其中存在着一个共同的认识，即经过自己的努力和修行，人性是"可塑"的，从而强调了自我管理的必要性和重要性。通过人性理论的阐发，意在说明人能够通过自我管理达到理想的精神境界。

荀子的"自我管理"是以荀子的人性论为前提。由于人的本性中有"欲求"，"欲求"虽然本身无善无恶，但是人对自身"欲求"的态度不同，没有经过学习和教育，就容易放纵性情，"顺"其发展，从而导致"争夺生""残贼生""淫乱生"。荀子说："人之性恶，其善者伪也。今人之性，生而有好利焉，顺是，故争夺生而辞让亡焉；生而有疾恶焉，顺是，故残贼生而忠信亡焉；生而有耳目之欲，有好声色焉，顺是，故淫乱生而礼义文理亡焉。然则从人之性，顺人之情，必出于犯分乱理，而归于暴。"荀子的人性论还认为，"人性之恶是社会关系中的自有现象，人类社会中的人性之恶是相对于对他人的影响而言的。人类群的存在方式决定了人性恶的必然存在，没有群的存在方式，人性就无所谓善与恶了，也就没有追求善的必要了"。那么，个人在处理自身与社会组织群体的关系时，就可看作是对自身本性当中向恶的一面进行"自我管理"，修养自身，使自己能更好地适应组织和群体。荀子"自我管理"的依据是他的"修养论"，是为了使管理者从自身趋于"乱"的秩序状态中解脱出来，进入一种合理的秩序状态，并且不断完善这种秩序，从而使自身的素质在这种修炼中达到质的转变，最终成为一个合格的管理者。

荀子认为，"自我管理"是整个管理中最重要的部分，整个管理的基石涵盖"学""修身"与"养心"三方面内容。荀子秉承儒家思想的主旨，把"学"看成是为人处世的首要行为。在其自我管理中，"学"也是排在第一位的。荀子认为，"学"的作用是使人的才能超越其本性。他说，"君子曰：学不可以已"。荀子对于"学"有很高的要求，他认为"学"是终身的过程，直到死前都不应该停止，他在《劝学》篇中提到："学至乎没而后止也"。对于荀子的"修身"，从广义上来解读可完全视为自我管理，而狭义上的"修身"可视为自我管理的一种方法。在荀子自我管理思想中，"心"是人体中最重要的部分，"心者，形之君也，而神明之主也；出令而无所受令"，"心也者，道之工宰也"。因此，荀子在其著作中对养心有很详细的论述。

综上，以孔、孟、荀为代表的先秦儒家学派对人性持有的看法并不一致，但是其思想有着一个共通点——"人性可塑"。先秦儒家学派的人性观点及其"人性可塑"的共通点为其构建自我管理思想体系奠定了坚实的思想和理论基础。正如现代管理学者认为的，深刻的自我认知有助于建立合理的自我观念系统，提升自我管理效能。

二、西方的自我管理理论

人际关系学说产生于20世纪20年代，以后发展成行为科学。人际关系学派把组织中的人作为"社会人"进行研究，这一学派有很多代表人物不仅非常重视"自我管理"在组织中的作用，同时在前人的基础上有了新的发展，对个人需要与组织目标实现之间的关系有了新的认识，其中很多观点为德鲁克自我管理体系的形成提供了一个基本框架。

在人际关系学说的先驱者美国著名管理学家福莱特（Mary P. Follett）的动态行政管理理论中，非常详细地讨论了很多与"自我管理"相关的内容。首先，她强调组织内部统一的重要性，在提出的群体原则中论述了"群体目标——结合的统一性"问题。她认为，人们可以在对共同目标的追求中表现出统一性，所以对共同目标的追求也可以说是解决组织冲突的一种手段和途径。福莱特还提出了控制和协调在"群体原则"中的重要作用，首先，她认为协调是组织的首要任务，是管理的最根本所在，她把"协调应该在早期阶段进行"作为组织的四条基本原则之一。她指出，在政策和决定形成前应该让所有相关人员都参与协调，而不能在其完成阶段参与。要使员工与管理者的利益相协调，这样不仅会避免冲突，甚至还可以使二者合作得很好。必须使组织的总目标成为组织成员的共同目标，这也是管理的首要任务，这样才能使人们自愿地、主动地参与合作。这正是德鲁克的"自我管理"十分强调的。其次，福莱特指出了有效控制的方式：不是由上级来控制下级，而是在组织中所有要素统一和合作。这里，她明确提到了"自我管理"，"控制的基础就在于认识到相互间的共同利益并自觉控制其工作，使之符合于既定目标的自我管理、自我指挥的个人和团体"。

福莱特关于"自我管理"的认识较前人已经有了很大的进步，她的很多思想都是自我管理的萌芽。正是在福莱特等人努力的基础上，人际关系学说有了较为成熟的发展，并且为行为科学的发展奠定了基础。很多行为科学家在前人的基础上更深入、更广泛地进行研究，提出需要、动机和激励理论，为自我管理概念的产生和理论基础的发展提供了依据。这一时期对目标管理的产生作用最大的就是麦格雷戈提出的关于人特性的假设——Y理论。

在麦格雷戈提出Y理论之前，马斯洛的需要层次论和赫茨伯格的双因素理论都探讨了关于人的需要、动机和激励问题。他们指出，工人通过组织来获取满足感，所以愿意为实现组织的共同目标而努力，但在他们研究的个体行为科学理论中，都没有把个人需要的满足与组织目标的实现联系起来。麦格雷戈提出的Y理论把二者结合在一起，所以Y理论又被称为"个人目标与组织目标的结合"。麦格雷戈认为，传统管理时期X理论已经过时，在人的物质生活逐渐得到满足后，X理论的"胡萝卜"加"大棒"已经失去了原来的效力，无法再激励人的行为，所以他提出了Y理论。假设人是愿意工作、愿意取得成绩的，组织中的成员通过共同参与制定目标可以促进目标的实现，同时也正是由于组织成员共同参与制定目标可以实现自我控制，变传统的上级评估为自我评定。

自我实现人假设产生于20世纪50年代，主要起源于马斯洛的自我实现理论，此外，阿基里斯的"不成熟——成熟"理论中所谓成熟的个性以及麦格雷戈提出的Y理论中的人性假设，实质上也是指自我实现的人。按照马斯洛理论，"自我实现人"追求的是"发展的需要"，是自我的发展和完善，也即"存在价值"。

第二节 自我管理的定义与特征

一、自我管理的定义

Thoresen & Mahoney在1974年提出：自我管理，常被称作自我控制，可被定义为："当相关的直接外部约束不存在时，一个人所进行的自我控制，这时他所采取的行为比他初始（未加控制）所采取的行为效果更好。"自我控制主要表现为：当存在两种或多种反应行为，而且每种反应行为有不同的效果时，为了实现某种客观效果，往往长时间地对自我行为加以控制。该定义从行为学的角度阐明了自我管理的实质是自我控制。

Mills将自我管理定义为一种个人的自我努力行为，即对于他或她自我行为的控制力。自我管理主要涉及问题评估、目标确定、监控那些阻碍自我目标实现的时间和环境因素，并采取鼓励和惩罚措施以使目标得以推进和实现。该定义强调自我管理是一种进行自我控制的行为过程。

管理学大师彼得·德鲁克在《21世纪的管理挑战》一书中明确提出"自我管理"

这一概念。他指出，随着知识社会的到来，越来越多的劳动者和知识工作者将需要自我管理，自我管理是 21 世纪的管理挑战之一。德鲁克强调坚持以人为焦点、注重员工自我价值实现的"柔性组织理论"以及基于信息化扁平组织结构的"以信息为基础的组织理论"。德鲁克认为："未来的典型企业应该被称为信息型组织，它以知识为基础，由各种各样的专家组成。这些专家根据来自同事、客户和上级的大量信息，自主决策、自我管理。"德鲁克认为，自我管理包括个人责任意识的培养、个人主体意识及价值观的建立、个人时间管理、个人知识管理及潜能开发、人际关系管理与个人职业规划及管理六个方面的内容。

（一）个人责任意识的培养

"个人，尤其是有知识的人，倘若想要保持自己的效能，并且不断成长、进取，那么就应该对自己的发展和职业定位负责。"[①] 德鲁克认为，知识劳动者自我发展和职业定位的责任必须由个人自己承担。回答诸如我现在需要承担哪些责任，我现在能胜任哪项工作，我现在需要积累哪些经验，掌握哪些知识和本领之类的问题，必须在很大程度上成为个人的责任。这方面的决策当然不是由个人单独作出，而应该根据组织的需要作出。同时，我们还应该根据个人的长处、能力和绩效的外部评价来进行这方面的决策。

（二）个人主体意识及价值观的建立

德鲁克认为，发现自己长处的唯一方法是反馈分析——每当我们要进行一项关键决策时，每当我们要采取一项关键行动时，就把预期会发生的结果记录下来，九个月或一年后，按照预期对结果进行反馈分析。通过反馈分析能够得出某些行为结论：一是集中自己的优势，把自己定位于凭借自己的长处能够完成任务和取得成果；二是努力完善自己的长处；三是反馈分析，从而很快就能识别因知识分子狂妄自大导致无知而丧失了能力的领域；四是改正不良习惯——抑制效能和绩效的因素；五是确定不应该做什么；六是尽可能在缺乏能力的领域少浪费自己的精力，而把精力集中在自己能力强或技能高的领域。

组织必须有自己的价值观，组织成员也是如此。为了能够在组织中发挥效能，组织成员的价值观必须与组织的价值观相容，但不必相同。在这一伦理道德的测试上，可借助一个简单的原则，德鲁克称之为"对镜自照"；而且当一个人的价值观和自己的长处发生冲突时，价值观是并且是最终的检验标准。

（三）个人时间管理，即如何管理自己的时间

讲究效能的知识劳动者并不是从任务或制订计划开始，而是从安排和查明自己的时间开始。掌握自己的时间，主要有三点：对时间的去处进行记录；对时间进行管理；对时间进行整合。时间的使用通过实践来改善，发挥效能的第一步就是实际记录时间的使用，并定期进行检查。首先，应该试图识别和排除根本就不必做的事；其次，自问哪些活动可以由别人代劳，并且至少做得跟我一样出色，这里就提到了授权；最后，掌握并消除浪费时间的一个常见因素，即他们自己浪费了别人的时间。而浪费时间的

---

① 〔美〕彼得·德鲁克：《个人的管理》，沈国华译，上海财经大学出版社 2003 年版，第 139 页。

因素也有以下几种：其一是不讲方法或缺乏远见；其二是人浮于事；其三是组织不善，会议成灾；其四是信息传递不畅。知识劳动者职位越高，不归他自己控制的时间的比例就越大，因此要整合"可酌情支配"的时间。

（四）个人知识管理及潜能开发

"我的贡献是什么"代表将知识转化为行动，这个问题的真谛不是"组织要我贡献什么"而是"我想贡献什么"以及"我应该贡献什么"。要找到这个答案，必须先考虑以下几个因素：第一，成效必须具有困难度与挑战性，也必须具有"延伸性"，但同时，成效也必须是能力可及的——设定遥不可及的目标，并非具有野心，而是没有自知之明；第二，成效应该有意义，应有举足轻重的影响力；第三，成效应该是明显可见且可以衡量的。对于"我的贡献应该是什么"的决定，必须在三个因素之间取得平衡，包括："目前的要求是什么？""我如何运用我的长处、我的工作方式、我的价值观，来完成这些必须完成的工作？""必须达到什么样的效果，才能有所不同？"经由这三个问题得出的就是行动计划：目标是什么？如何开始？在多长时间内完成？

以往的工作不是由命运就是由老板替你决定了，而"爱做什么就做什么"并不是真正的自由。因为那种不期待有什么结果的心态，并不能有所贡献，只有当我们问"我应当贡献什么"时，才是真正的自由，因为随之而来的，是不可推卸的责任。

（五）人际关系管理（团队合作何以可能）

首先要认识，每个人都是与你一样的个体，所以你必须了解共事者（包括上司及同事）的长处、工作方式和价值观。提高"效率"的第一个秘诀就是：了解与自己共事的人，了解自己的上游工作者的长处、工作方式、价值观，并善加运用。其次要负起沟通的责任。谁必须知道这些？谁的工作依赖我？我的工作又必须依赖谁？要弄清以上问题的答案。工作中存在个性上的冲突，这些都是因为不了解别人在做什么、如何工作、专注于什么贡献、期待什么成效。今天，组织的基础不再是权力，而是信赖。人与人之间的互信并不必然表示互相喜爱，而是代表互相了解。

（六）个人职业规划及管理，即如何管理你的下半生

提出这个问题的原因是在当今社会，个人的工作生涯将比组织更长，最重要的是长期从事相同的工作，就会退步，感到厌烦，丧失所有工作中的乐趣。重视自我管理的人，会逐渐走上开创第二事业之路。发展第二事业的方法有三种：第一种是实际开创一个新事业，最简单的做法就是跳槽。第二种是发展平衡的工作，通常是为某个非营利性机构工作，在以全职、兼职或顾问等方式继续留在本行之余。第三种就是所谓的社会创业（社会企业家），即把原本的事业经营得非常成功后，继续从事原有工作，但所投入的时间却越来越少；另一方面，他们再创事业，多半是非营利性机构。想要管理下半生，有一个先决条件：必须及早准备。

二、自我管理的特征

（一）目的性

自我管理的目的是要达到和实现个人全面发展以及人生的意义和价值。善于自我

管理的人所做的每一件事都是完成特定目的的一个环节。例如，个人的自我完善可成为自我管理的一个目的，同时自我完善又是一个过程，而认清自己是实现自我完善的重要前提。

（二）主体性

从管理的主体看，自己是自我认识的主体，是自己的管理者，是开发自我宝藏的"厂长和经理"。你想成为工程师和企业家吗？你想成为教授和科学家吗？那么你就是这些"产品"开发、生产和销售的老板。

（三）客体性

从管理的客体或对象看，自我管理以自己为认识和管理对象，也就是以自己所拥有的内在资源，如思想观念（价值观、道德观、人生观和动机等）、时间、情绪、行为、身体、信息等为管理对象。这是集中体现自我管理本质的一个最基本的特征。

（四）技能性

它主要涉及自我管理的技术与能力的培养。自我管理以自身素质，尤其是以自我认知（意识、想象、思维和创造力等）、自我情绪和情感控制、自我调适和自我激励等学识和心理品质去管理自我；同时，在自我管理的过程中运用SWOT分析、目标管理和反馈分析等技术与方法使自我在各方面得到能力的提升。

（五）主动责任性，又称自觉能动性

人类个体的自我管理是指个体自主地、独立地、自觉地从事和管理自己的实践活动，而不是在外界各种压力和要求下被动地从事实践活动或需要外界来管理自己的实践活动。当然，人的这种自觉能动性也需要有一些外部因素来起促进作用。

（六）自我反馈和调节性

在自我管理过程中，个体不断地获取有关自身实践活动及各项自我管理要素变化情况的信息，审视和检查自身实践和管理活动的过程与效果。个体对自身实践活动的监控和反馈结果及所得到的信息会直接影响下一步实践活动及行为的调节。所以，自我管理的自我调节性是个体根据反馈信息和预期目的，对自身下一步实践活动采取修正、变革、调整等措施的控制。调节性也是个体自我管理水平高低的重要指标。

（七）迁移性

迁移性是指从某一个领域中获得的知识和技能有可能适用于另一个领域。由于个体对不同实践活动进行自我控制和调节的实质是相同的，因此在任何一种实践活动中的自我控制都具有广泛迁移的潜在可能性，既可应用于不同的实践情境，也可应用在多种多样的实践活动中。由于自我管理具有循环反馈性，它随时可以根据实践情境的变化进行相应调整，从而表现出广泛的迁移性。

第三节　自我管理的内容

本书将自我管理的不同表现形式划分为表面的"冰山以上部分"和深藏的"冰山以下部分"。其中，"冰山以上部分"包括外在表现，是容易了解与测量的部分，相对而言也比较容易通过培训来改变和发展；而"冰山以下部分"包括人内在的、难以测量的部分，它们不太容易通过外界的影响而得到改变，但却对人员的行为与表现起着关键性的作用。从自我管理的角度来说，个人的自我意识是冰山以下的部分，其中涵盖时间管理、人际关系管理与情绪管理。这三方面自我管理的内容都是基于个人难以观察的个人自我意识产生的管理内容，分别对应自我意识中的生理、社会与心理部分。相反，通过自我控制实现的自我管理内容则是自我管理外显的部分，其中包括价值观管理与目标的自我管理。本节将对"自我管理的冰山模型"进行详细的阐述。

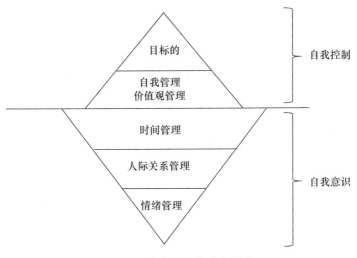

图 3-1　自我管理的冰山模型

一、自我意识

自我意识（self-awareness），也被称作自我认识或自我认知。自我意识也称自我，乃是对自己存在的觉察，即自己认识自己的一切，包括认识自己的生理状况（身高、体重、形态等）、心理特征（兴趣爱好、能力、性格、气质等）以及自己与他人的关系（如自己与周围人们相处的关系、自己在群体中的位置与作用）。

奥尔波特（Gordon Allport）在《人格的模式与成长》一书中，提出了一系列关于自我意识的概念，如躯体感觉、自我统一（或自我统合）、自我尊重、自我想象等。这些自我状态是逐渐发展的，即从生理的自我到社会的自我，最后发展到心理的自我。其中，奥尔波特提出自我意识的最原始形态——生理的自我是个人对自己身躯的认识，包括占有感、支配感和爱护感。这一阶段的自我意识，是以身体需要为基础的生理自我。随着年龄的增长，个体来到社会的自我意识发展阶段，表现为对其学习的成就动机的发展。成就动机会鼓励自己作出努力，譬如展开人际交往，以获得自我满足，实现社会的自我，符合社会的要求。当个体发展到心理的自我阶段，自我意识已趋向于成熟，即心理的自我发展阶段，个体的生理、情绪、思维能力都发生了本质的急剧变化，如想象力的丰富、逻辑思维能力的发展等。

（一）生理的自我——时间管理

奥尔伯特等人对个体生理的自我的发生作了详细的研究，他指出：自我意识最原始的形态是生理自我，生理自我是个人对自己身躯的认识。因此，我们可以理解为，生理自我也是一种对自身生物钟的管理，即时间管理。

时间管理是指在相同的时间里，通过有目的的规划和控制来提高时间的利用效率、增加产出价值的过程。时间管理既是一门科学，也是一门艺术。时间虽然对人们来说，既看不见，也摸不着，但它可以被精确测定，也可以被管理。彼得·德鲁克在其名著《卓有成效的管理者》一书的第二部分，对时间管理作了有独到见解的论述。他说："不能管理时间，便什么也不能管理"。"要说卓有成效的管理者与其他人有所不同的话，其最大的区别就在于，他们对自己的时间十分爱惜"，"时间是最紧缺的资源，若不将时间管理好，要想管理好其他别的事情，那只是空谈"。时间管理就是运用科学的方法和技巧，提高时间的利用率和有效性。

美国前总统富兰克林说："时间就是生命，时间就是速度，时间就是力量。"每个人每天有同样的 24 小时，一周有同样的 7 天。但是，如何花费这些时间将决定我们的工作效率和收益高低。学会使花费的时间效用最大化，你将会得到完全不同的工作成果和差异巨大的收获。

1. 德国学者的第五代时间管理

德国学者约尔格·克诺伯劳（Jorg W. Knoblauch）、约翰·胡格（Johannes Huger）、马库斯·莫克勒（Marcus Mockler）在《第五代时间管理》①一书中把时间管理的演进，依照理论与实况划分为五个阶段，如表 3-1 所示：

表 3-1 时间管理演进的五个阶段

五代时间管理	问题	主要内容或重点问题
第一代时间管理：效率（正确地做事）	我怎样才能在我的一天中或我的一生中更快、更有效地做事？	• 我使用什么样的时间管理工具？我该如何计划我的一天？在相同的时间里我怎样才能做更多的事？ • 使用 E-mail 的能力 • 快速阅读
第二代时间管理：效能（做正确的事）	我究竟想得到什么？我有哪些目标？	• 寻找、拟定和接近正确的目标 • 长时间予以关注 • 区分紧急的事和重要的事 • 制定优先顺序
第三代时间管理：潜能导向型	什么样的目标能长时间对我很有益？	• 发现和发挥个人潜能 • 诠释性格与时间之间的联系 • 发现属于个人的时间管理方法 • 人生计划 • 个人幸福

---

① 〔德〕约尔格·克诺伯劳、约翰·胡格、马库斯·莫克勒：《第五代时间管理》，王音浩译，江西人民出版社 2008 年版。

(续表)

五代时间管理	问题	主要内容或重点问题
第四代时间管理：工作—生活—平衡	我怎样才能平衡地生活？	• 在生活的不同领域之间保持平衡 • 放慢脚步 • 为生活的所有方面设定目标
第五代时间管理：分享—生活—平衡	我该如何制订时间计划，以便让其他人也能参与进来？我如何才能取得1+1＞2的成效？我的时间计划能给其他人带来哪些好处？	• 信任 • "多赢"（许多人都应有所收获） • 性格或个人价值 • 社会责任 • 奉献 • 情商 • 社交能力

2. 时间供给的特征

(1) 供给毫无弹性。

(2) 无法蓄积。

(3) 无法取代。

(4) 不可逆转与失而复得。

(5) 周期性和阶段性相统一。

(6) 时间无价：它的价值无法用金钱衡量，虽然说"时间就是金钱"，但这只是说随着时间的需求和利用可以创造出金钱和财富；时间无法用金钱买回，对时间只能加倍珍惜和充分利用。

(7) 公平待人：无论你多么富有或贫穷，无论职务高低或年龄大小，就时间单位的绝对值而言，每周有7天，每天有24小时，时间向人们提供均等的机会。

3. 时间的需求特征

(1) 世间万物都需要时间。时间的生命力是有限的，相对个人的生命而言，都不能无限地拥有时间，一旦人没有了生命，对他来说，时间也就没有了生命，没有了价值。

(2) "被动时间"常被无为占用。被动时间是一种管理者无法控制的时间，如管理者花在应付下属的请求、顾客的需求和被人引发的种种问题上的大部分时间。

(3) "可支配时间"非常有限。"可支配时间"是管理者能够自我控制的时间。然而不幸的是，绝大多数管理者，特别是基层和中层管理者，其可支配时间仅占工作时间的25%左右。

时间管理是指管理者为了提高时间的利用率和有效性，对时间的消耗进行计划、实施、检查、评价、反馈等的一系列控制活动。富兰克林说："生命是由时间构成的。"时间对每个人都是公正的，能否进行有效的时间管理是事业成功的关键。人类对于时间管理的认识和思想理论的发展经历了四代：第一代理论着重强调利用便条与备忘录，将每天做过的事如实记录，在忙碌中调配时间与精力。第二代理论强调利用行事历、日程表和效率手册，事先安排行程，制定目标和计划并明确责任，反映出时间管理已注意到规划未来的重要性。第三代是目前正流行的讲求优先顺序的观念。事先规划、制定优先顺序，分出轻重缓急，有详尽的计划表和组织表。这是将有限的时间、精力加以分配，争取最高的效率。第四代时间管理集大成的论著是《与时间有约》，其作者为美国的史蒂芬·柯维（Stephen Richards Covery），注重单位时间的价值和非单位时间的效率。第四代时间管理的原则是以人为本，目标高于手段，效果高于效率。日常事务都可以用重要性和急迫性两个维度来划分，重要性与目标有关，凡有价值、有利于实现工作目标的就是重要的；急迫性是指必须立即处理的事情。法国哲学家帕斯卡（Blaise Pascal）指出："把什么放在第一位，这是人们最难懂得的。"悲哀之处就是，人们习惯于受急迫性驱使来支配自己的时间。

时间的自我管理是第四代时间管理思想（即以人为本，目标高于手段，效果高于效率）的重心。第四代时间管理理论强调，时间管理的对象不是"时间"，而是针对时间所进行的"自我管理"。这方面杰出的代表作是彼得·德鲁克的名著《卓有成效的管理者》。用德鲁克的话说，时间管理就是"做正确的事"，并且"正确地做事"。其中，"做正确的事"是指要把时间用在正方向上，尽量少浪费（这就是"有效"或"效果"）。"正确地做事"是指在实施过程中力求"多、快、好、省"，尽量提高时间的效能。所以，时间管理的关键是"做正确的事"，而要能"做正确的事"，必须对自我就时间的利用行为进行管理，减少时间浪费，以便有效地完成既定目标。

在纷杂多变的现实中，我们能够自由支配和充分利用的时间并不多。要取得事业的进步和人生的成功，我们一生所能支配的时间其实更少。有人曾统计过一个活到72岁的美国人对时间的消费：睡觉21年，工作14年，个人卫生7年，吃饭6年，旅行6年，排队5年，学习4年，开会3年，打电话2年，找东西1年，其他3年。可以看出，如果我们要在工作时间内取得成功，那么可以利用的时间实在不多，还不到人生的1/5。如何充分有效地利用时间，如何在最短的时间内获得最大的效益，这不只是现代管理科学研究的一个重要内容，也是每一个想在事业上有一番作为，想抒写人生辉煌的人应该充分注意的问题。为了提高有限时间的使用效率，人们只争朝夕地学习，争分夺秒地做事；为了延长对时间的使用，人们想方设法地保持健康，延长寿命。进行时间管理，可以提高时间的使用效能，对工作进行优化排序，把握关键，平衡角色，提高工作效率。

4. 时间自我管理的5A模式

成功者的时间管理秘诀就是今天做明天的事。只有你有所准备，才能应付未来，把握机会。彼得·德鲁克指出："据我观察，有效的管理者往往不是从任务开始，而是从时间开始。他们并不是先作计划，而是先查明时间的实际去处，然后他们努力管理他们的时间，消减那些无效的时间需求，最后他们尽可能将零散的时间整合成大块的连续的时间单位。"① 这给我们的启示是：时间管理应该从"了解自己的时间去处"开始，这是时间管理流程和步骤的始点，也是进行其他各项工作和任务的切入点。所以，下文将从时间的分析诊断开始，具体探讨时间自我管理的5A模式，即分析诊断时间（analysis）、消除时间浪费（avoid）、合理分配时间（assign）、充分利用零散时间

---

① 〔美〕彼得·德鲁克：《卓有成效的管理者》，许是祥译，机械工业出版社2009年版。

(avail oneself of)、酌情整合与安排时间（arrange）五个步骤，如表3-2所示：

表 3-2　时间自我管理的 5A 模式

管理阶段	中心任务	典型问题或方法
前期分析	analysis：分析诊断时间，了解时间去处和时间浪费	我正在做的事情，哪些是无关紧要的？ 我最有效的利用时间的方法是什么？ 我是怎样浪费别人的时间的？ 哪些事可由别人代劳而不影响工作效果？ 我的时间主要浪费在哪里？ 我怎样做才能消除时间浪费，使工作更有效？
	avoid：采取措施消除时间浪费	零散时间的浪费以及与人打交道、工作无计划、办事拖拉、环境干扰、揽事太多、过度疲劳等时间浪费 组织中的时间浪费：管理不善，组织不善，信息传递不畅
确定目标，制订计划	assign：合理分配时间	MBO目标管理法，优先排序法（统筹法），ABC分类法，重点关注法（也即二八定律）
管理实施	avail oneself of：利用零散时间	利用过渡时间、上下班时间、吃饭及等待时间、睡眠时间、找寻物品的时间
控制评估与反馈	arrange：酌情整合时间	用统筹法合理安排任务以节省时间；将零散的时间整合为大块连续的时间以完成重要迫切的任务；同时，规定任务完成的时限，以便提高时间管理控制和评估的有效性

（1）分析诊断时间，了解时间去处和时间浪费

分析诊断时间是时间管理的第一步，是进行时间管理的基础。为使我们树立时间管理观念和有效地进行时间管理，应该首先分析诊断时间，以便知道自己的时间用在了哪里，查明自己时间的实际去处，记录实际时间的使用情况。这样做的具体目的有两个：一是通过分析诊断，识别工作任务的轻重缓急，区分紧迫而且重要的事、不紧迫但重要的事、紧迫但不重要的事、既不紧迫也不重要的事，以便采取相应的时间管理措施；二是要找出和识别浪费自己和别人时间的现象，以便采取措施消除对时间的浪费。

首先，应从观念上消除时间浪费。所谓时间浪费，就是指对实现目标毫无贡献或较少贡献的时间消耗。时间浪费是有其认识根源的。在落后的管理观念中，人们看不到时间的价值，不知道时间的作用。由于人们缺乏时间价值观念、缺乏对时间的管理，当人们浪费自己和他人的时间时，会依据时间流逝性和"金钱万能"观的推理，得出似乎符合理性的结论，因而，人们在观念上会对时间的浪费采取麻木或接受的态度，这使得时间浪费现象毫无阻挡地循环，并且到处蔓延。

然而，对时间进行管理后，用时间价值观和道德观来衡量，浪费他人的时间是一种浪费别人生命的不道德行为，应该予以避免；浪费自己的时间是一种慢性自杀或浪费自己生命的行为，应该予以消除。

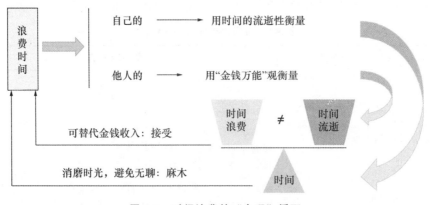

图 3-2　时间浪费的"合理"循环

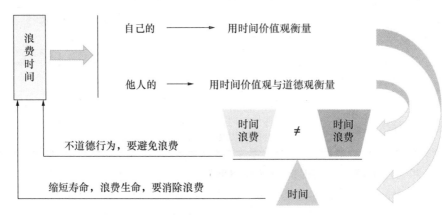

图 3-3　对时间进行管理后，对浪费时间的看法

其次，识别轻重缓急，查找浪费。为了识别事情的轻重缓急和查找浪费时间的现象，可以从以下四个方面进行自问：第一，应该识别和排除根本不必做的事，即纯粹浪费时间而不会有任何结果的事。为此，我们应该就记录在案的所有活动自问："我正在做的事情，哪些是无关紧要的？""如果根本没有这项活动，会出现什么情况？"如果不会发生什么情况，那么就应该停止这类活动。对于既无益于组织又无益于个人的活动，我们应该学会拒绝。第二，要明确"我最有效的利用时间的方法是什么"？"哪些事情可以由别人代劳而不影响工作效果"？我们应养成把不需要自己亲自做的事情委托给别人代劳的习惯，即把完全可以由别人完成的事委托别人去干。第三，要明确"我是怎样浪费别人的时间的"？可以通过征求别人的意见，诊断自己是否在浪费别人的时间。"我这样做是否浪费了您的时间，影响了您的效能？"敢于这样问的人，就是敢于面对现实、讲究效能的决策者。第四，要明确"我的时间主要浪费在哪里"？"我怎样做才能消除时间浪费，使我的工作更有效"？

（2）采取措施消除时间浪费，使自我工作更有效

经过时间的分析和诊断，你可能会发现：在一天的工作时间里，真正用于重要工作和自我学习的时间并不太多，而用于应酬、会议和一些日常琐碎事务性工作的时间过多。这方面国内有过统计，江苏省的 161 个有代表性的中小企业的领导从 1995 年至

2001年多次对企业每年的工作时间分类作出统计，结果发现各种会议时间和日常事务性工作时间占全年时间的42.1%，无为的浪费时间占3.4%，共计45.5%。显然，一些非重要工作时间所占比重过大。所以，这些企业领导要进行时间管理，必须从繁多的日常事务中解脱出来。

要从日常琐碎的事务性工作中解脱出来，就必须采取措施消除时间的浪费现象。消除时间浪费，就是消除浪费时间的事务性工作，以及在生活和工作中的陋习。时间学的研究表明，很多人不是时间不够，而是时间管理不善。帕累托定律（Pareto's Principle，即二八定律）揭示出很多人在管理时间时让不重要的多数问题占用了多数的时间，而重要的少数问题却只占用了少数时间，从而造成了很多的时间浪费。人类是时间的消费者，而大多数人却成了时间的浪费者。在每一种工作中，大部分时间被浪费在了必须去做而又毫无益处或益处甚少的事情上。因此，每个人都应尽量减少或消除以下几类不必要的时间浪费：

① 零散时间的浪费

② 与人打交道的时间浪费

③ 工作无计划造成的时间浪费

④ 办事拖拉，贻误时机

⑤ 环境干扰造成的时间浪费

⑥ 揽事太多，效率低下造成的时间浪费

⑦ 过度疲劳，引发疾痛的时间浪费

⑧ 在组织中的时间浪费情况：管理不善、人浮于事；组织不善，会议成灾；信息不畅。

（3）制订计划时，合理分配自己的时间

在制订时间计划时，可以运用"每日时间规划法"，也称"阿尔卑斯山时间规划法"。这一方法对于提高时间管理能力至关重要，因为如果你知道什么时候该做什么，也就是说，你有了每日具体的时间规划，那么，你就会以一种全新的姿态来面对周围的事物。

每日时间规划法有五个步骤：

① 列出任务（A）；

② 估计工作需要的时间（L）；

③ 预留机动时间用于应急（60∶40规划）（P）；

④ 决定优先、删减和委派（E）；

⑤ 事后检查——将未完成的任务转移（N）。

由于ALPEN与Alps山名称接近，所以又被称作"阿尔卑斯山时间规划法"。在运用该法则制订时间计划时，应注意掌握时间规划的60∶40法则，即在一般情况下只规划时间的60%，其余40%用于应急，以便视情况不同有所调整。

时间管理的中心任务是合理分配自己的时间。合理分配时间主要是运用一些常用的时间分配方法：首先是优先排序法，这是一种利用重要性和紧迫性合理配置时间、金钱等资源的方法；其次是重点关注法，也就是通常所说的二八定律。需注意的是，

图 3-4　时间规划的 60∶40 法则

分配和管理时间的最终目的是增加可支配的个人时间和休闲时间，而不是让自己变成时间的奴隶和工作的机器。

优先排序法，或 ABCD 法，又可以理解为统筹法，或称为四象限法。由于该简单实用的时间管理方法是由美国将军艾森豪威尔（Dwight D. Eisenhower）提出来的，所以，又称为艾森豪威尔法。该法主要是在分配和管理时间时，先把要做的事情区分为 A、B、C、D 四种情况：A 是重要而且紧迫的，B 是重要而不紧迫的，C 是紧迫而不重要的，D 是既不紧迫又不重要的。这里，事情的重要与否以及紧迫与否是相对于自我目标而言的，对于四类事情按照优先顺序分别对待。做事的排序原则是：先做 A，早做 B，少做 C，不做 D，即对于 A 类紧迫而又重要的事情，要拿出整块时间先做，这类事情必须亲自做，立即处理；对于 C 类紧迫而不重要的事，要少花时间，如有可能，尽量委托别人去做；对于 D 类既不重要又不紧迫的事，如有可能，不要花时间去做，或者将其束之高阁，或者委托别人去做；对于 B 类重要而不紧迫的事，我们往往忽视，不肯花时间，注意今天不紧迫，可能明天会变得很紧迫，实际上，这类事情可能对于我们把握未来和机会至关重要，所以，我们应该有计划、有步骤地挤出尽量多的时间尽早去做，必须纳入工作计划，制定具体的完成期限，比如，防患于未然的事情、人际关系、健康问题、挖掘新的机会、规划人生等，都是重要而不紧迫的，应该花些时间早做。成功管理者的秘诀就是今天做明天的工作。只有你尽早有所准备，才能应付和把握未来。

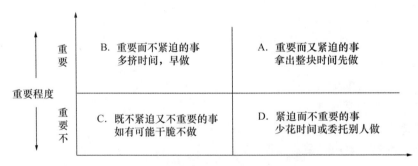

图 3-5　时间管理的优先排序法，或 ABCD 法

重点关注法，也就是我们通常所说的二八定律，即帕累托定律，它是以 19 世纪意大利经济学家维弗雷多·帕累托（Vifredo Pareto）的名字命名的。有时候，该定义又被称作"重要的少数""微不足道的多数"，或 80∶20 定律，或"犹太法则"。帕累托是意大利的贵族，瑞士洛桑大学的教授，是一位统计学专家，同时也是经济学家。他于 1987 年提出："在所有的人口中，个人的所得收入，应有一定的法则"，它的基本规

律是：如果将所有事务按照重要次序排列，那么80%的价值是由前20%的事务产生出来的，另外20%的价值则来自剩下80%的事务。二八定律是管理学界熟知的原理，即80%的价值来自20%的因子，其余20%的价值则来自80%的因子。

二八定律对管理者管理时间的启示是：避免将时间花在琐碎的多数问题上，因为就算你花了80%的时间，你也只能取得20%的成效；你应该将时间花在重要的少数问题上，因为掌握了这些重要的少数问题，你只花20%的时间，即可取得80%的成效。应用到时间管理中，这就意味着你占用20%的时间所做的事情可能会为你带来成绩或成功的80%。因此，应将你的主要精力集中在占用一小部分时间但却十分重要的工作或任务上，这是非常重要的。

（4）管理实施时，充分利用零散时间

对时间进行管理，去除不必要的时间浪费，找出没有效益、浪费时间的活动，尽可能摆脱浪费时间的活动，削减没有成效的时间需求。在实施上述诸项对时间的管理工作时，中心任务是提高工作时效，根据一些事情和任务只需零碎时间就可以完成的特征，充分利用日常工作和生活中的零碎时间，诸如过渡时间、上下班时间、吃饭或等待时间，以及睡眠时间等。在平时的生活和工作中，可以考虑利用的零碎时间有：

一是过渡时间。在我们的计划表上常常会有一些被我们忽略的时间，我们就把这种时间叫做过渡时间。过渡时间是最零碎的，例如，从早上醒来到准备开始一天的工作，一般有四五十分钟的时间，通常女子比男子稍长一些。有人把这段时间缩短为15分钟，这样大约可节省30分钟。

二是上下班时间。在城市里居住的人们花费在上下班路上的时间比较多。如何解决上下班所造成的时间浪费？最好的办法是把上下班时间有效地利用起来。如你乘车去上班，就可以在车上收听广播或默记一些新的外语单词。

三是吃饭或等待时间。吃饭等候、等车、约会等在我们的生活中经常发生。我们可以设法缩短等待时间或利用等待时间读书或读报，进行思考以解决难题。

四是睡眠时间。睡眠时间的节省主要是睡眠要有规律，并提高睡眠效率，当实在睡不着时，干脆起来做事或者看书，谨记不要似睡非睡地将时间浪费在床上，注重睡眠质量，不求长短。

五是养成整洁和有条理的习惯，节省找寻物品的时间。据统计，一般公司职员每年因不整洁和无条理的陋习，找寻物品的时间要占用近20%的工作时间。

六是第一次做好，节省重做的时间。

七是把不太重要的事集中起来办，这样做可以避免重复、浪费和冗余，免受琐事打扰。

（5）控制和评估时，要酌情整合时间

对时间管理进行控制的原理是时效管理。所谓时效管理，就是为有效地利用时间，制定出合理的规章制度，运用科学方法和手段，力争用较少的时间创造出较多的价值，从而提高时间利用率。该控制原理是管理的时效观，也称时间效率观，即单位时间的目标效果。用公式表示为：

$$E=V/T=目标效果/时间$$

式中，E 为时间效率，即时间的利用率；V 为目标效果，用价值量表示；T 为时间，即耗用的时间。为提高时间利用率，在对时间耗用进行统筹规划、全面安排时，可采用五种控制措施：

① 在创造价值的同时，减少时间的耗用；

② 在耗用时间的同时，增加创造的价值；

③ 在增加创造价值的同时，减少时间的耗用；

④ 在时间耗用略有增加时，大幅度增加创造价值；

⑤ 在创造价值略有下降时，大幅度减少耗用时间。

时间整合的常用方法是每周用一至两天的整块时间完成重要任务，或将全部的事务性工作压缩在每周的一至两天内完成，其他工作日全部用来完成重大任务和解决重大问题。然而，这种时间的整合方法往往会把不太重要的或贡献意义不大但仍必须完成的事放在优先位置考虑。结果，一旦出现突发的、新的、紧迫的对时间的需求，就会占用自己计划中的用于完成重要任务所需的整块时间。为使时间有效整合，保证重要且紧迫的事情按时完成，我们要对重要且紧迫的事情规定完成时限，这是使时间管理更为有效的关键，也是监控和评估的参照指标。

（二）社会的自我——人际关系管理

奥尔波特（Grodon W. Allport）等人同时提出，从三岁到青春期以前的十三四岁是社会的自我阶段。这段时间是个体接受社会文化影响最深的时期。幼儿园的游戏对个人实现社会的自我起着重大作用。学校中的社会化也是建立自我意识的重要阶段。在学校中，个体是班级中的一位成员，在接受一定的社会义务和责任的同时也要考虑如何融入集体生活，与老师、同学相处，进而要求自己表现出符合社会要求的行为，以实现社会的自我，努力支配自己的行为，成为符合社会要求的社会自我。因此，我们认为，在社会自我中最为重要的即为人际关系管理。

就人际交往的自我管理，德鲁克认为，"自我管理的第一步，就是要为你的人际关系负责。大多数人都要与他人共事并透过其他人得到成果。因此，良好的人际关系的唯一定义是在自己的工作与待人的关系上，都很强调贡献。善于与人相处并不就代表拥有良好的人际关系，绩效才是正当的人际关系"。在人际交往中，人际沟通与人际关系是密不可分的两个方面。所以，人际交往的自我管理也包括人际关系和人际沟通这两个方面的自我管理。

1. 人际交往理论的起源

20 世纪 70 年代中后期，尤尔根·哈贝马斯（Jürgen Habermas）在思想上发生了重要变化，从早期的"认知理论"转向晚期的"交往理论"。哈贝马斯交往理论的问世，促使交往问题以与以往完全不同的全新方式进入人们的视野。从内涵上看，交往（communication）概念是三个维度内涵的统一，也就是说，它既是行动，也是社会关系的体现，同时还是社会关系结构的体现。首先，当交往概念作为行动时，主要体现为"交往行动"（communicative action），表明的是一种主体间性，是以理解为目的的社会活动。交往行动是哈贝马斯的《交往行动理论》一书的主要研究对象。其次，当交往概念作为社会关系时，主要体现为"交往形式"（communicative pattern）、"交往关系"（communicative relationship）等，表明社会系统可以视作交往行动网，个体系统则在言语与行动能力这个大方位下进行考察。① 交往形式是哈贝马斯的《交往与社会进化》一书的主要研究对象。最后，当交往概念作为社会关系结构时，主要体现为"交往结构"（communicative structure）、"理想的交往共同体"（ideal communication community）等，表明人与人之间的交往关系已经成为固化形式，出现了"交往程序和交往预设的建制化"。交往结构是哈贝马斯的《在事实与规范之间》一书的主要研究对象。社会学家吉登斯（Anthony Giddens）曾经分析道：在哈贝马斯那里，"行动的交往结构领域"（communicatively-structured spheres of action）的具体化并非首先就是阶级分化现象，在此他倒向了韦伯，而远离了马克思。因此，交往概念包括交往行动、交往关系与交往结构三个维度的不同内涵。同时，由于这三个内涵之间并不是平行关系，所以，我们又可以进一步说，交往概念实际上是由三个层级组成：第一个层级是交往行动；第二个层级是交往关系；第三个层级是交往结构。从一般意义上说，上述三个层级呈现出递进关系，后一个层级包含前一个层级的内容。也就是说，交往关系是交往行动发展的结果，并且包含交往行动；交往结构则是交往关系发展的结果，同时包含交往行动与交往关系。

交往作为行动能力，体现的是交往作为动词的存在意义。哈贝马斯指出："交往行动概念，首先把语言作为参与者与世界发生关系，相互提出可以接受和驳斥的运用要求的理解过程中的一种媒体。"在一般的实践活动中，行动者以工具作为媒体与外部世界发生关系；而在交往行动中，行动者以语言作为媒体与外部世界发生关系。哈贝马斯特别强调："为了避免误解，我想重复指出，交往行动模式并没有把行动与交往等同起来。语言是一种交往媒体，是为理解服务的，而行动者通过相互理解，使自己的行动得到合作，以实现一定的目的。在这种情况下，目的论的结构是所有行动概念的基础。"

2. 人际交往自我管理的意义

人际交往是由人际关系和人际沟通构成的。人际关系是人们在社会交往中建立起来的人与人之间的关系。人际沟通，是人们运用语言符号系统或非语言符号系统传递和理解信息和情感的过程。人际沟通注重人与人之间联系的形式和程序，而人际关系则注重人与人在沟通基础上形成的心理关系。人际沟通是人际交往的起点，是人际关系建立和发展的前提和基础，是人际关系形成的根本途径；人际关系则是人际沟通的结果，这种结果的形成及发展的好坏，又影响着人际沟通的频率、发展和沟通态度。

人际关系是由人的活动的社会性决定的。人的一切活动都离不开他人的协助和支持。人际交往的关系处理得如何，会直接影响人的活动成效。同时，人际交往关系的融洽性与一致性，也能在一定程度上调节人们的劳动态度，增进活动效能，提高工作效率。所以，处理好人际交往关系是个人事业成功和组织顺利实现目标的一个重要因素。

人际沟通贯穿于我们生活的所有领域，人的一生中所有的时间都离不开沟通。人

---

① 参见〔德〕哈贝马斯：《交往行动理论》，洪佩郁、蔺青译，重庆出版社1993年版，第102页。

际沟通是人际关系的构成条件和促成"人和"的措施,是人们获取知识和信息的重要途径,是衡量个人情商水平的一个重要尺度;同时,人际沟通又是衔接智商和情商的重要手段,是人们以智商为基础,发挥情商优势,迈向成功的桥梁。以沟通为基础建立起来的人际关系对于我们了解自己、控制环境、提高效率、增进身心健康和促进行为改变有着重要的作用。然而,沟通能力和人际交往欠佳而导致失败的案例却有很多。一项对美国《幸福》杂志提名的500家大企业中6家企业的191名总经理的调查发现,主管失败的主要原因是缺乏人际交往技能。据北卡罗来纳州的"创造性领导中心"估计,有一半管理者及30%的高层管理者在人际沟通和交往中存在一定的困难。一项对商学院在校学生的综合调查研究显示,毕业之后将进入各公司管理岗位的这些学生最缺乏的是领导和人际交往技能。要实现有效的沟通,需要我们进行沟通的管理,对于我们的情感进行自我认知和自我控制,对于我们的沟通能力进行自我完善和自我培养。

人际关系和人际沟通共同构成人际交往自我管理的重要内容。人际交往的表现形式是人际关系,人际交往的实现过程是人际沟通。人际沟通开辟了人际交往的途径,使人拓宽了视野,扩大了信息量,强化了思维能力,激发了创造活力。所以,要实现人际交往的自我管理,应以人际沟通为起点,以人际关系为纽带,使和谐有效的人际交往为社会带来和谐,为组织带来效益,为个人带来成功。

3. 人际交往自我管理的措施

(1) 学会做人

俗话说:"要做事,先做人。""学会做人"是立身之本,是与人交往的基础。所谓"学会做人",就是正确看待自我,正确处理自我与人、与社会和与自然的关系。"学会做人"是成为一个对社会真正有用的人才的基本素质。即使一个大学生功课学得再好,能力再强,科技素质再高,但若没有良好的道德观,不懂得做人的基本道理,不遵守社会公德,缺乏社会责任感,又怎能成为对社会有用的人才呢?著名教育家陶行知先生曾说:"千学万学学做人。"只有先学会做人,才可能真正成为"有理想、有道德、有文化、有纪律"的高素质的一代新人,才可能与人和谐交往。21世纪,当代中国大学生要学会做人,关键是要把社会公德、做人的基本准则内化为自觉意识和道德行为习惯,以树立正确的道德观、伦理观和价值观,从自身基本文明修养做起,在点点滴滴的凡人小事中,在日复一日的严格自律中,讲道德与修养,讲理想与价值,讲责任与贡献。只有这样,才能做一个素质高尚的现代人,才能从根本上实现人际交往的自我管理。

(2) 尊重别人,与人亲近

只有尊重别人,才能博得好感和同情,才能有机会与人亲近。在这方面,我们应关注如下技巧:

① 目的要纯正。通常,为了工作需要去找别人,人家一般会热情接待、积极帮助;但如果提些无理要求,无理取闹,损人利己,人家就会厌恶、鄙视,采取不合作态度。

② 讲文明懂礼貌。与人见面,要讲文明懂礼貌。进人家房间不敲门,衣冠不整,对年长者没有一个恰当的称呼,粗暴地打断别人的谈话等等,都会引起别人的反感。

③ 阐明来意,表明身份。去访问或会见一个人,首先要作诚恳明白的自我介绍,

简洁说明自己是谁,在哪里工作,为什么事而来,使人家很快心中有底。

④ 谈别人感兴趣的话题。有些人不大欢迎别人访问,初次见面,可以谈谈使对方感兴趣、能产生心理共鸣的话题。例如,对方是球迷,那么就失谈谈球赛,这会增添亲切之感。

⑤ 尊重别人,少吹嘘自己。别人在和自己谈话时要注意聆听。人的一双眼睛很重要,它会流露人的思想感情。别人谈话时,你的眼睛望着他,他会感到你很重视他的谈话,如果你东张西望,心不在焉,别人就会不高兴。不要随便打断别人的谈话,要少讲自己。有些人在别人面前话特别多,而且喜欢讲自己,炫耀自己某一方面的优点,想使别人尊重自己,羡慕自己,但效果却往往适得其反。

⑥ 记住别人的姓名和情况。对一个不太熟悉的人,过去见过,事隔很久,现在又见面了,如果能一下子叫出他的名字,他会感到十分高兴。如果还能记住他的家庭情况、子女情况或是某些工作情况,他会倍感亲切。

⑦ 不过多打扰别人。讲话应该尽量简明扼要,谈心也要适可而止,不要旁若无人,滔滔不绝。要善于体谅别人,当知道别人还有事,或在看表,眼望别处,就要迅速结束谈话。

⑧ 要言而有信。一次交谈,还可能引起以后的接触。说好要办什么事,就一定要去办。对别人的事尽力而为,会使别人增加好感。

(3)理解他人,与人共事

首先要了解同事,把同事当成与自己一样的人。每个人都有自己的长处、做事方式和价值观,争取让他的长处充分发挥。敬一丹说,白岩松非常敏感、激情四溢,水均益善于驾驭国际问题,自己则更适合与老百姓即小人物、弱势人群打交道。他们每个人对于话题各有取舍,有不同的侧重,形成了互补共赢的关系。

其次要负起沟通责任。在思考自我的长处、做事方式与价值观之后,接下来必须问:"谁必须知道这些?谁的工作必须依赖我?我的工作又必须依赖谁?"让他人知道以上问题的答案,尤其是要让上司知道。管理学有"管理上司"一说,当然不是指对上司溜须拍马或盯着上司的缺点不放,而是要注意与上司沟通,支持上司的长处,让上司按适合他的方法更有效地发挥,这会使上司富有成效,同时,也会使自己富有成效。

最后要借助他人的力量。知道别人的长处、做事方式,同时还要善于利用这些资源和能力来完成共同的任务。崔永元说做《实话实说》节目的最大收获是知道了怎样和专家学者合作。爱默生说:"利用你自己所没有的力量,把你的四轮货车拉到星星上去!"我们必须利用一切可以利用的长处——同事的长处、上司的长处,以及最能干的"外脑"的长处,这些长处构成了实实在在的机会。

(4)运用技巧有效沟通

在进行人际交往的自我管理中,要实现有效的沟通,还应注意运用以下技巧:

① 进行感情移入式的沟通(也即换位思考,替别人着想)。因为每个人的优势、行为方式、情感、观念和价值观都不同,如果你能理解别人的情感和价值取向,替别人着想,运用对方使用的语言与其沟通和交流,你的观点和想法就容易被接受和认同,

你的沟通就会取得预期效果。有效工作的一个秘诀就是理解并信任你所依赖的共事者，进行有效的沟通，这样你就会在工作中发挥对方的优势。

② 采取上向沟通形式。沟通有上向和下向沟通形式。下向沟通传递的全部信息只是命令，而无法传递与理解对方的信息。这种形式不能产生作用。若采取上向沟通形式，即沟通者从信息接收者的角度出发，就会使沟通更有成效，会得到积极的倾听、反馈、认同和支持。

③ 进行双向互动沟通。如果把沟通设计成由"我"到"你"的形式，那么有可能毫无沟通可言。因为这样，只有你的信息发送和对方的被动接收，而缺乏对方的接受和积极的反馈，必然会导致沟通失效。沟通只有采取由"我们"的一员到另一成员的方式，才能发挥作用。

（三）心理的自我——情绪管理

从青春期到成年大约有10年的时间，这个阶段自我意识已趋向于成熟，也是心理的自我发展阶段。从青春期开始，个体的生理、情绪、思维能力都发生了本质的急剧变化，如性的成熟与觉醒、想象力的丰富、逻辑思维能力的发展等，都会促使其自我意识趋向主观性，这也可称为主观化时期。而基于这种主观意识产生的自我管理是情绪管理。马斯特认为，情绪管理是个体依据自身目的所采取的一种有益于其生存和发展的活动。因此，在实施情绪的自我管理时，人们首先从主观意识上评估其所处的情境及与其关联程度，再结合自身应对能力的评估，最后才是确定自身情绪。

情绪管理的概念最早可以追溯到20世纪80年代初期的组织行为学研究。当时，"情绪工作"（emotion work）的概念曾引起社会学、心理学、管理学等相关学术界的广泛关注。此概念是由社会学家霍克希尔德（Arlie Russell Hochschild）在对达美（Delta）航空公司空服人员的情绪表达进行深入个案研究后所提出的。1975年，霍克希尔德提出"情绪工作"的概念，用以说明社会成员能够衡量他们在情绪管理表现中的努力程度，他们相信情绪受他人影响。"work"这个词倾向于指，在社会领域中，所有的情绪管理表现都需要有意识的努力。1979年，霍克希尔德提出情绪劳动（emotional labour）这一概念，是指去感觉或尝试感觉工作中"正确的"情绪以及引导他人产生"正确的"情绪。她认为，情感受到"微笑""心境""情感"或者"关系"的影响，在组织中发生了变异，更多地属于组织而不是自我。霍克希尔德正式提出"情绪管理"观点，该观点接近于一种情感互动的解释，一方面，它不同于拟剧论的观点；另一方面，它也不同于精神分析的观点。情绪管理观点比上述两种观点与情感经历、情绪管理、感觉规则和意识的关系更加接近，使我们能够观察他们之间的关系。情感规则被认为是涉及情绪和情感的意识的边缘。她认为，情绪管理就是一种需要遵循情感规则的工作，是个人试图去改变情绪或感觉之程度或质量所采取的行动，并且情绪是可以根据环境的要求来进行管理的。就我们的目标而言，以一种情绪或情感来工作就相当于去管理情绪或者做出大的动作。情绪工作涉及企图采取行动的努力而不是结果，因为结果可能是成功的，也可能是失败的。

在心理学领域，丹尼尔·戈尔曼（Daniel Goleman）将情绪智力界定为五个方面：

（1）自我意识能力：了解自身情绪的能力；

(2) 自我管理能力：处理自我情绪及冲动的能力；

(3) 自我激励能力：面对挫折和失败时的坚持能力；

(4) 同理心能力：能体会和理解他人情绪的能力；

(5) 人际关系的管理能力：善于对待和处理他人情绪的能力。

戈尔曼将情绪自我管理作为情绪智力理论结构中的一个维度进行详细描述。他认为，情绪的自我管理就是调控自己的情绪，使之适时、适地、适度。这种能力建立在自我觉知的基础上，是指如何自我安慰，如何有效摆脱焦虑、沮丧、激怒、烦恼等因失败而产生的消极情绪侵袭的能力。情绪管理能力弱的个体容易受到负性情绪的困扰，情绪管理能力强的个体则可以突破情绪的困扰，重整旗鼓。

1. 情绪管理与社交情境

情绪是个体在与特定社会情境交往时产生的主观体验，而情绪管理是在此过程中对自己情绪的操作程序。可见，情绪管理与社交情境之间关系密切。因此，管理情绪必然与情境的特殊性及个体要求的认知评定相关。有研究者发现，在现实的冲突行为中，伙伴间情绪管理的功效相对较好。但也有研究显示，在一个交往对象、交往时间不作控制的封闭的社交环境中，与非朋友相比，朋友间的矛盾冲突更激烈和持久。如日常生活中，人们更容易对亲近的人动怒，而对外人则表现出符合社会要求的情绪行为。

另外，研究也发现，人们选择何种情绪管理似乎也取决于当时情绪指向者的地位。在一般情况下，人们面对权威人物会表现出极强的情绪控制，极少流露出愤怒情绪，而当面对比自己相对弱势或非权威人物时，个体的情绪调节就显示出更大的自由度和多样性。

在社会交往情境中，情绪管理能力较强的儿童表现出较高的社交技能和较少的问题行为，而那些时常表现出消沉情绪状态的儿童，其社交技能也相对较低，如表现出社会性退缩行为。鲁宾等发现，欠缺情绪管理能力的儿童更容易受到父母消极评价及同伴拒绝的影响，在其身上也会显现出更多的焦虑行为，影响其社会性等方面的健康发展。可见，情绪管理与个体心理健康有着密切的联系，个体要维护心理健康，就必须有效管理其情绪。

2. 情绪管理与认知方式

在心理学界，一直存在着两种截然不同的关于情绪管理与认知关系的观点。长期以来，西方一直强调情绪管理在成年人中的广泛性和普及性，并认为正常成年人几乎不存在不会管理情绪的现象。情绪管理的生理研究证明，9个月大的婴儿就会执行初步的情绪管理；6岁时，儿童就基本具备了相对成熟的情绪管理策略；成年后，情绪管理便是日常生活中人们诸多本能反应的一种。因此，情绪管理的自动加工理论认为，情绪管理是人们与生俱来的能力，与个体的认知加工无关。

但是，认知神经科学的相关研究却对情绪管理自动加工的观点提出了质疑。研究发现，在神经中枢中存在快、慢两条通道分别执行情绪的认知加工，如感觉信息一方面借助皮层下的慢通道传递到杏仁核，另一方面通过皮层上的快通道快速传递到皮层。情绪加工时大脑皮层高级神经活动的介入说明，情绪加工是在高级神经活动控制下的活动过程,并非完全自动的加工过程。罗伊·鲍梅斯特(Roy F. Baumeister)等利用自我管理—消耗模型发现情绪管理过程中认知参与的必要性和重要性,并显示出人们不论采取哪种形式的自我管理活动都无可避免地要消耗心理资源。莫瑞文发现,没有进行情绪管理的被试相对于之前进行过情绪管理的被试在随后的认知任务中所持续的时间更长,进一步验证了情绪管理消耗了认知资源的观点。当代认知科学的研究为人们认识和了解情绪管理提供了可能性,情绪管理为人们的社会生活带来新的启迪。

3. 情绪管理与父母教养方式

父母的教养方式与儿童心智的形成有着密切的联系,那么,以高级神经活动为生理机制的情绪管理又与父母的教养方式有着怎样的关联呢?大卫·哈伯斯坦(David Halberstam)等认为,儿童的同伴交往及情绪管理能力往往是由父母的情绪管理能力所决定的,父母的情绪管理能力较佳的孩子在同伴中通常也呈现出积极的倾向性,并且个体的情绪管理和同伴交往能力也在一定程度上与父母的情绪管理能力呈现正相关关系。马尔斯塔等指出,相对于男孩而言,母亲经常对女孩表达的愤怒作出较多、较严厉的反应,导致男孩更愿意以让自己更舒心为参照,较少考虑愤怒的表达方式。邓汉姆等的研究也证实,父母在女孩早期社会化进程中的教养方式会影响其消极情绪的管理能力。可见,早期社会化对不同性别儿童的情绪管理产生了明显不同的影响。国内学者贾海艳研究发现,父母的教养方式对于青少年的情绪管理能力的形成具有显著的影响并有预测作用。由于儿童情绪管理能力的形成与父母的教养方式之间有着显著关联,因此在儿童情绪社会化发展的过程中,父母应采取有利于其成长的教养方式,保证儿童形成积极的情绪管理策略。

4. 情绪管理的年龄趋势

从自我调控的发展趋势上看,情绪的自我调控不是先天拥有的,而是在后天长期的社会化活动中逐步完善起来的。随着儿童年龄的增长、知识经验的积累,个体情绪管理的能力会逐渐增强。考浦通过对儿童关于苦恼情绪和负面情绪管理的研究,从一个侧面检验了情绪管理的发展轨迹。在生命的最初时期,婴儿会采取如吸吮等简单的、原始的反射模式管理不愉快情绪;3个月后,婴儿的视觉系统和随意运动得到了初步发展,他们会用如转头和集中注意等方式作为减轻苦恼的手段;7—9个月,当婴儿意识到他们具有了唤醒、沟通、理解照顾者的能力后,便会有选择地定向他们的注意力并进而改变其负面情绪状态;随着社会经验、运动及认知能力的发育成熟,1岁婴儿的情绪管理能力有了长足发展,他们开始通过操纵认知、沟通及位置变化等来进行自我情绪管理。可见,儿童情绪管理的方式和能力的发展是以其生理成熟和认知能力提高为前提的,而情绪管理能力的提高也在一定程度上折射了儿童各方面的发展成熟程度。

随着年龄的增长和知识经验的增加,儿童经常会以建设性的方式来进行自我情绪管理。卡明的研究表明,2—3岁的婴儿会采用躲避的方式去管理其在愤怒情境中的情绪体验,而4—5岁的儿童则倾向于采用积极的情绪管理策略来应对该情境。显而易见,随着年龄的增长,儿童在解决社问题时会形成清晰的目标,并致力于通过一种指向他人的建设性方式来管理自己的情绪。

5. 情绪管理的措施

管理情绪的目的是平衡，而不是压抑情绪。没有激情的人生好比苍白的荒原，与生活的多姿多彩切断了联系。正如亚里士多德所说，我们需要的是恰当的情绪对环境恰如其分的感知。阿里巴巴创始人马云说，作为一个领导人应该控制自己的情绪，很多时候发脾气是无能的表现。合理的情绪控制对于团队的和谐、稳定军心有很大的作用。事实上，控制负面情绪的困扰是保持情绪健康的关键。对于大部分人来说，极端强烈的情绪相对比较罕见。在灰色的中间地带，情绪过山车只是产生轻微的摇晃。

（1）消除愤怒

在人们希望逃避的所有情绪当中，愤怒是最难以控制的情绪。与悲伤不同的是，愤怒可以激发活力，甚至令人振奋。当个体已经处于烦躁的状态时，一旦被某种东西触发，情绪失控，这个时候愤怒的强度会特别大。在逐步积累的过程中，后来想法引发的愤怒的强度要比最初想法引发的强度猛烈得多。在这种时候，他们满脑子都在想如何报复，对可能导致的后果视而不见。消除愤怒的方法有三种途径：

一是控制和质疑触发愤怒的想法。因为这一想法是对于确认和助长第一把怒火的交互作用的原始评估，也是对后来继续煽风点火的再次评估。

二是离开引发愤怒的环境，等待肾上腺涌动逐渐消失，生理水平恢复正常。离开引发愤怒的环境可以分散愤怒者的注意力，对逐步升级的敌对想法及时刹车。

三是运用自我意识，在愤怒的想法刚刚萌芽时就将其遏制住，并把它们写下来。一旦愤怒的想法通过这种方法得到控制，个体就可以对它们进行质疑和再次评估，不过这种方法在愤怒升级为暴怒之前比较有效。

（2）消除焦虑

焦虑是人们最常见的负面情绪之一。焦虑有两种表现形式，一种是认知层面的，指的是人们关于忧虑的想法；另一种是肉体层面的，指的是人们表现出来的生理症状，如流汗、心跳加速、肌肉紧张等。忧虑是所有焦虑的核心。对潜在危险的恐惧激发了情绪，由此导致的焦虑促使人们把注意力集中到当前的威胁上，迫使大脑思索如何进行处理，并暂时忽略其他事情。大量的实验表明，一些简单的步骤可以帮助慢性忧郁患者控制忧虑的习惯：

第一步是自我意识，尽可能在忧虑情绪刚出现时就把它控制住。首先要学会监控忧虑的线索，尤其是要学会识别引发忧虑的情景、最初引发忧虑的念头或者想象以及伴随忧虑出现的身体感觉。人们还可以学习放松方法，在意识到忧虑产生后加以运用，并且每天都进行联系，以便在需要的时候派上用场。

第二步是对这些想法采取批判的立场。这种方法相当于筑起一道与忧虑不兼容的心理活动的屏障，想出一系列通常有道理的理论点，质疑忧虑的想法，可以防止忧虑的想法被个体信以为真。

（3）消除悲伤

悲伤通常是人们想尽力摆脱的一种情绪。理性层面的表现是疑惑、无法集中精神以及记忆力下降，而在后期患者的心理会被反常的扭曲占据。在生理层面，这种疾病的表现是失眠、冷漠、虚弱，最后是希望的消失。对抗轻度抑郁有两种非常有效的方法：

一是学会质疑深思的核心想法，探究这些想法的合理性，并得出更加积极的替代想法。

二是有意识地安排愉快的、转移注意力的活动。一旦抑郁的思绪开始出现，它就会对一连串的联想产生强大的磁力，抑郁者需要通过特别的努力才能把注意力转移到令人愉快的事物上。研究发现，有氧运动是摆脱轻度抑郁最有效的方法之一。

二、自我控制

Thoresen 和 Mahoney 于 1974 年最早提出自我控制（self-control）概念，认为当个体缺少外部约束时，会从许多可能发生的行为中选择本来具有较低发生概率的行为反应，也就是说，会表现出一种自我控制能力。除此之外，自我控制也被称作对自我情绪、情感和行为的控制，或自我约束、自我克制。自我控制也称为行为抑制、抑制控制、反应调解、情绪控制或限制等。自我控制或约束是指为达到一定目的，对自己不符合目的的行为进行自我控制、自我克制、自我纠正和自我调节的行为。自我控制或约束包括检验、控制、纠偏等环节。检验是以自身确定的目标和标准，检验自己的行为；控制是将自身行为控制在有利于目标实现的范围内；纠偏是纠正那些偏离目标实现的行为，通过这些环节来约束自己，以保证目标的实现。

马秋丽认为，自我控制能力就是自我反省与监控能力。这种能力能够帮助人们及时发现和反馈学习和生活中的各种信息，并根据目标的要求及时作出调整。自我控制能力是在活动中形成的。弗兰西斯·培根（Francis Bacon）说："幸运所需要的美德是节制，而厄运所需要的美德是坚忍。"显然，无论是幸运还是厄运都需要自我控制。特别是对情绪和情感的控制对于青年学生来说更为重要。青年学生正是通过自我控制来管理自己的情绪或情感。只有通过自我控制，人才能成为情感的主人。

自我控制是人的现代化得以实现的保障机制。人的现代化目标的实现并不是一帆风顺的，在目标实施过程中，往往有许多干扰因素危害着人的现代化目标的顺利实现。自我控制就是以自我设计的初始目标为指导，适时监控总体目标与分目标的实现，对有利于人的现代化目标实现的因素加以鼓励，而对有害于人的现代化目标实现的因素加以排除和遏制。当然，自我控制不只是"纠偏"，即按照自我计划标准衡量取得的成果，并纠正所发生的偏差，以确保自我计划目标的实现；而且还包括"调适"功能，即适当时对原定的自我控制标准和自我设计目标作适当的修改，特别是对于不符合社会发展要求和人民利益要求的自我计划要坚决放弃和修改，以便使人的现代化和素质得到提升。

（一）自我控制的机制

心理学家逐渐意识到，人类的动作系统和计算机或其他机械的工作原理是一致的。这种信息加工思想最早由鲍尔斯所阐述，但只有卡佛等提出控制论后才得到应用。控制论认为，个体是一个自我调控的系统，调控的主要机制是负反馈回路。卡佛等人1981 年对此进行加工，把自我控制阐述成一种以控制论为基础的普遍理论。控制论描述了一个系统如何施加控制以维持并达到预想状态，控制系统的基本单元是一个反馈回路，根据一些标准来检验当前状况并"输入"调控器。如图 3-6 所示，恒温器依照调适要求来检验当前的室温，如果符合标准，设备就会停止或中止运行。如果没有达到标准，控制系统就会运行，直到符合标准为止。

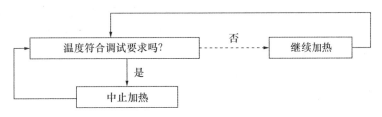

图 3-6　恒温器反馈模式

可以类推，当个体于自知状态时，自我也会像控制系统一样运行。例如，当考虑到自己的学业成绩时，控制系统即向自己提问："我的成绩符合预定标准吗？"如果答案是"是"，自己就会感到高兴，就不会改变自己的行为，把注意力转移到其他事情上。如果不符合预定标准，则控制系统就会提出一个问题："自己能改变自己的行为以符合自己的预定标准吗？"如果回答是"是"，自己就将努力学习以获得好成绩，然而，如果自己尽了最大努力去学习但仍然未获得预想的成绩，就会陷入左右为难的窘境，此时，自己可能会感到焦虑和烦恼，或者故意回避，不去想它，而去注意一些其他事情，或者否认问题的存在。

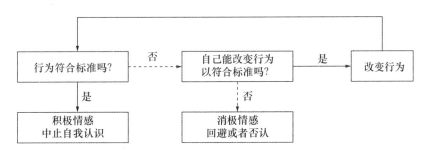

图 3-7　自我控制的反馈机制

卡罗列（Karoly）认为，自我控制乃是个体的思想、情感和行为通过自身特殊的机制而进行的一种自我调节过程。可由几个相互关联或重叠的词组来表达：目标选择、目标认识、维持方向、改变方向、实现目标等。由图 3-7 可知：首先，自我控制系统只有在自知状态下才能运行；其次，自我控制过程具有情感和动机效应；最后，当行为不符合要求时，自我可能尽力避免自知状态下的痛楚，从控制环节中退出。以上三点是图 3-6 恒温器反馈模式所不具备的。

（二）自我控制涵盖的内容

马金海等人认为，"自我管理，是在适应所处的管理环境，建立起清晰的管理目标的前提下，逐步趋向自我完善，从而在管理系统中发挥尽可能大的作用，以便使整个管理系统取得最佳的管理效益。它是人对自己生命运动的一种自我调节，是对思维运动和行为过程的一种自我控制"。

从社会心理学的角度出发，自我作为现实的个体必须力求主我与客我的协调。为了使主我与客我获得协调，自我必须进行控制，促使自我的态度进行积极的转变，把别人和社会对自己的要求内化为自己的追求，从而激发更加持久的行为。自我控制是根据预先的目标，个体对自己的心理和行为进行主动的自我调节的过程。自我控制是主我对客我的制约，表现为对积极行为的自我推动和对消极行为的自我抑制。因此，自我控制阶段可以看作是一种目标自我管理与价值观自我管理的结合：一方面，以目标管理作为自我控制的标杆；另一方面，通过价值观管理来判断什么是积极的，什么是消极的，从而实现自我推动或自我抑制的过程。

（三）价值观的自我管理

价值观（values）是一套关于事物和行为之优劣、好坏的最基本的信念与判断，是个体用来区分好坏并指导行为的心理倾向。所以，自我价值观的管理是自我管理中最终必须涉及的问题。价值观的自我管理就是对自我的价值判断、行为准则和努力方向实施的管理。德鲁克认为，"管理，作为一门学科，作为一种实践，它涉及人与社会的价值观"。了解和管理自己的价值观念，这不是一个道德准则问题，而是一个"镜像检验"问题，即每天早晨你在镜子中希望看到什么类型的人。当一个人的价值观念与其长处之间存在冲突时，价值观念则是最终的检验标准。

1. 什么是价值观？

罗宾斯（Stephen P. Robbins）指出：价值观代表一系列基本信念和看法：从个体或社会的角度来看，某种具体的行为类型或存在状态比与之相反或不同的行为类型或存在状态更可取。价值观是个体对客观事物的综合态度，能够直接影响个体对事物的看法和行为。价值观如同一个总指挥，支配着个体的需要、动机乃至行为。价值观影响个体的人际关系，影响个体的决策，影响对个体及组织成功的看法。

2. 价值观的类型

价值观按内容、表现形态可分成不同的类别：

（1）奥尔波特的价值观分类

奥尔波特将事物的价值分为六种，即经济的价值、理论的价值、审美的价值、社会的价值、政治的价值和宗教的价值。相应地，人的价值观也可分为六种，如表3-3所示：

表3-3 奥尔波特的六种价值观

类型	特点
经济型	强调有效和实用
理论型	重视以批判和理性的方法寻求真理
审美型	重视外形与和谐匀称的价值
社会型	强调对人的热爱
政治型	重视拥有权力和影响力
宗教型	关心对宇宙整体的理解和体验的融合

(2) 罗克奇的价值观分类

罗克奇设计了罗克奇价值观调查问卷,如表 3-4 所示。罗克奇的价值观包括两种类型,每一种类型都有 18 项具体内容:第一种类型,称为目的价值观,指的是一种期望存在的最终目的,它是一个人希望通过一生而实现的目标;第二种类型称为工具价值观,指的是偏爱的行为方式或实现终极价值观的手段,主要表现在道德和能力两个方面。

表 3-4 罗克奇的工具与目的价值观

目的价值观	工具价值观
舒适的生活(富足的生活)	雄心勃勃(辛勤工作、奋发向上)
振奋的生活(刺激的、积极的生活)	心胸开阔(开放)
成就感(持续的贡献)	能干(有能力、有效率)
和平的世界(没有冲突和战争)	欢乐(轻松愉快)
美丽的世界(艺术和自然的美)	清洁(卫生、整洁)
平等(兄弟情谊、机会均等)	勇敢(坚持自己的信仰)
家庭安全(照顾自己所爱的人)	宽容(谅解他人)
自由(独立、自主的选择)	助人为乐(为他人的福利工作)
幸福(满足)	正直(真挚、诚实)
内在和谐(没有内心冲突)	富于想象(大胆、有创造性)
成熟的爱(性和精神上的亲密)	独立(自力更生、自给自足)
国家的安全(免遭攻击)	智慧(有知识、善思考)
快乐(快乐的、休闲的生活)	符合逻辑(理性的)
救世(救世的、永恒的生活)	博爱(温情的、温柔的)
自尊(自重)	顺从(有责任感、尊重的)
社会承认(尊重、赞赏)	礼貌(有礼的、性情好)
真挚的友谊(亲密关系)	负责(可靠的)
睿智(对生活有成熟的理解)	自我控制(自律的、约束的)

(3) 格雷夫斯的价值观分类

格雷夫斯在对企业组织各类人员进行大量调查的基础上,按表现形态将价值观划分为由低到高七个等级类型,即反应型、部落型、自我中心型、坚持己见型、玩弄权术型、社交中心型、存在主义型,如表 3-5 所示。有调查表明,企业员工的价值观分布在第二级到第七级之间。就管理人员而言,属于第四级和第五级的人占多数,但随着时代的发展,属于第六级和第七级的管理人员会越来越多。

表 3-5 格雷夫斯的价值观等级类型

级别	类型	特点
第一级	反应型	并未意识到自己和周围的人是作为人类而存在的。他们根据自己基本的生理需要作出反应,而不顾其他任何条件。这种人非常少见,实际相当于婴儿
第二级	部落型	依赖成性,服从于传统习惯和权势
第三级	自我中心型	信仰冷酷的个人主义,自私和爱挑衅,主要服从于权力

(续表)

级别	类型	特点
第四级	坚持己见型	对模棱两可的意见不能容忍，难以接受不同的价值观，希望别人接受他们的价值观
第五级	玩弄权术型	通过摆弄别人、篡改事实达到个人目的，非常现实，积极争取地位和社会影响
第六级	社交中心型	将被人喜爱和与人善处看作重于自己的发展，受现实主义、权力主义和坚持己见者的排斥
第七级	存在主义型	能高度容忍模糊不清的意见和不同的观点，对制度和方针的僵化、空挂的职位、权力的强制使用，敢于直言

（4）霍夫斯泰德的价值观分类

荷兰社会学家吉尔特·霍夫斯泰德（Geert Hofstede）提出一种由五种文化维度组成的框架，可以用来比较民族文化的价值观。

① 权力距离，指某一社会中地位低的人对于权力在社会或组织中不平等分配的接受程度。各个国家由于对权力的理解不同，在这个维度上存在着很大的差异。欧美国家不是很看重权力，更注重个人能力；而亚洲国家由于体制的关系，注重权力的约束力。

② 不确定性规避，指一个社会受到不确定的事件和非常规的环境威胁时是否通过正式渠道来避免和控制不确定性。回避程度高的文化比较重视权威、地位、资历、年龄等，并试图以提供较高的职业安全建立更正式的规则，不容忍偏激观点和行为，相信可以通过绝对知识和专家评定等手段来避免这些情况。回避程度低的文化对于反常的行为和意见比较宽容，规章制度少，在哲学、宗教方面容许各种不同的主张同时存在。

③ 个人主义与集体主义维度，衡量某一社会总体是关注个人的利益还是关注集体的利益。个人主义倾向的社会中人与人之间的关系是松散的，人们倾向于关心自己及小家庭；而具有集体主义倾向的社会则注重族群内关系，关心大家庭，牢固的族群关系可以给人们持续的保护，而个人则必须对族群绝对忠诚。

④ 男性化与女性化维度，主要看某一社会代表男性的品质如竞争性、独断性更多，还是代表女性的品质如谦虚、关爱他人更多，以及对男性和女性职能的界定。男性度指数的数值越大，说明该社会男性化倾向越明显，男性气质越突出；反之，则说明该社会女性气质突出。

⑤ 长期取向和短期取向维度，指的是某一文化中的成员对延迟其物质、情感、社会需求的满足所能接受的程度。这一维度显示有道德的生活在多大程度上是值得追求的，而不需要任何宗教来证明其合理性。长期取向指数与各国经济增长有着很强的关系。例如，20世纪后期，东亚经济突飞猛进，长期取向是促进其发展的主要原因之一。

3. 价值观自我管理的意义

对于组织来讲，价值观是组织的基本思想和信念。它是影响和左右企业发展的关键因素，对员工具有内在的规范性约束，是企业凝聚力的基石，是培养员工向心力和认同感的关键，能够使员工的个人目标和企业的组织目标结合起来，从而激发员工的内在积极性。组织的价值观管理（managing by values，MBV）是通过建立一套与社会环境相适应的价值观和信仰体系，来引导和组织全体员工为实现企业的共同目标而努力。组织实施的价值观管理主要目的有三个，即简化（simplifying）、指导（guiding）和确保忠诚（securing commitment）。简化即将简化的思维引入组织的各个层面以适应变化的需要；指导是在组织范围内就有关组织的战略意图进行沟通，让员工了解组织的战略意图，以协调和指导员工朝企业未来的目标努力；确保忠诚是把公司的战略意图和对待员工的政策统一起来，以建立和维持员工忠诚，促使他们在日常工作中高效高质地完成工作。

对于个人来讲，每个人都在心中有对各种事物的接受性和重要性的判断。所有这些判断按一定关系组织起来，就构成了个人的价值体系（values system）。弗莱蒙特·E.卡斯特（Fremont E. Kast）、詹姆斯·E.罗森茨韦克（James E. Rosenzweig）认为，价值观与思想是密切联系的。价值观就是个人所持的有关人应该希望什么（即合意的东西）的规范性见解。价值观是影响人类选择其行动的规范。从管理行为的观点看，价值观的主要职能是，它们可被用作决策和行为的决定因素和指导方针。

4. 价值观的特征

价值观具有主观性、指导性、相对稳定性和社会历史性等特征。

从主观性来看，虽然在相同的社会形态下，人们对价值的判断标准是基本趋于一致的，但是，每个人又有不同的价值理念。例如，著名科学家爱因斯坦在《我的世界观》一文中曾说："我从来不把安逸和享乐看作是生活目的——这种伦理基础，我叫它猪栏的理想。照亮我的道路，并且不断地给我新的勇气去愉快地正视生活的理想，是真、善和美。要是没有志同道合者之间的亲切感情，要不是全神贯注于客观世界——那在艺术和科学工作领域里就有永远达不到的境界。那么这在我看来，生活就会是空虚的。人们所努力追求的庸俗的目标——财产、虚荣、奢侈的生活——我总觉得都是可鄙的。"

从指导性来看，价值观对个体有巨大的影响作用，一个人该做什么，不该做什么，什么是重要的，什么是次要的，对这些问题的思考都受到个体价值观的影响。价值观对于个人具有导向、促进和激励等作用。只有你所完成的事情和实现的目标与你的价值观相符，你才会感觉到目标制定的正确性，有获得成功的喜悦感。假如违背了自己的价值观，不管是达到了什么目标，都不具有任何意义。马斯洛曾说："音乐家作曲，画家作画，诗人写诗，如此方能心安理得。"美国诗人克里斯多弗·摩尔利说过："只有一种成功——以你自己的方式过你的一生。"

价值观是人的行为基准和方向，是最终的检验标准。在自我价值的管理中，只有明确了自己的价值观是什么，才能在自我认同的价值理念指导下将自己的长处真正发挥出来。价值观往往外显为特定的兴趣与爱好，做不合价值观的事，会"不舒服""不爽""格格不入"。一个人的价值观有时会与表面的擅长相冲突。所以，在自我管理的诸项要素中，价值观是基准和指南，只有与自我价值观相吻合的优势发挥才具有真正的内在动力，只有符合自我价值准则的自我管理行为，才能不断被激励，向成功的目标努力。

5. 价值观自我管理的措施

对于自我价值观的检验和管理，可以运用反馈分析、"镜像检验"及与组织价值观相对照等方法进行。

首先，可以运用反馈分析法来判断自我价值观。通过反馈分析来判断自我的工具理性和价值理性。工具理性是指如何做事与学习；价值理性是指人的价值观。价值观看起来很抽象，但它具有特殊的重要性，因为涉及激情、动力、事业心、深层心理等。同时，不同的价值观往往是相互冲突和矛盾尖锐的，如工作中的公平与效率问题，有些人为了提高工作效率所采取的手段受到了价值观的质疑，而价值观认同的平等或公平的工作行为不一定有效率。

其次，通过"镜像检验"来自觉约束自己。"镜像检验"是德鲁克创造的自我检验方法。按照德鲁克的说法，"镜像检验"来自20世纪一位外交官的故事。德国驻伦敦大使是20世纪初最受尊敬的外交官。1906年，他突然辞职了，因为他不愿主持外交使团为爱德华七世举行的宴会。这个国王是声名狼藉的玩弄女人者。这位大使说："当我早晨刮胡子时，我不愿看到镜子里是一个皮条客。"这就是"镜像检验"。自我管理中的"镜像检验"要求管理者对照自己设计的目标不断检验自己的行为是否发生偏离，对偏离目标的行为不断予以纠正并实行自我约束。

最后，个人的价值观应该与组织的价值观相融合，否则人们工作起来就会觉得特别沮丧，自然也就作不出成绩。我们需要认识到，虽然一个人的工作方式和自己的长处很少出现矛盾，而一个人的价值观有时却会与他的长处发生冲突，在面对这种冲突时，价值观应该是最终的检验标准，指导人们作出正确的选择。比如，德鲁克谈到他早年在做投资银行业务时工作得非常出色，但认为自己的人生志向并不在此，于是虽然当时大萧条仍在持续，他还是毅然辞去了那份工作，去从事自己认为更值得贡献毕生精力的事业。

（四）目标的自我管理

目标的自我管理实质上就是要了解自己的归属和人生目标，并对其实施管理。德鲁克认为，一旦人们对目标实施管理，对机会有所准备，成功的事业就开始发展，因为他们知道自己的长处、自己的工作方法和自己的价值观念。知道一个人的归属是什么，这能使一个普通人变成一个成绩出众的人。目标的自我管理是个人对于自我目标体系与实际行为导向和效果的管理，管理过程包括：目标规划、目标实施和目标评价。

1. 目标自我规划

目标的自我选择与规划是人生的关键，因为它对人生的发展影响很大。哈佛大学曾经研究了几百位年轻人，发现3%的人目标清晰而且远大；10%的人目标清晰而不远大；60%的人目标模糊；27%的人没有目标。25年后，科学家追踪这几百位年轻人，那3%的人成为各界的精英和领袖；那10%的人成为各个专业的佼佼者，收入颇丰；那60%的人是在社会的中下层；而另外27%的人一辈子境遇很差，怨天尤人。漫无目标的人，完全不知时间为何物，每天虚度有限的光阴，过着毫无意义、枯燥无味的生活。

目标的自我规划是目标自我管理的第一步，而且也是重要的一步。有效的自我管理最好是长远目标和短期目标兼具。因为远期目标的建立增加了人的内部动机，而近期目标的建立则导致了积极的成功预期。目标自我规划的主要内容包括：应遵循的原则、规划方法和规划步骤等。

2. 目标规划应遵循的原则

目标规划应遵循 SMART 原则或标准：

S 是指目标要具体（specific），并有总体目标意识（sence of purpose）。就目前状态而言，目标必须清晰具体，并能产生行为导向，若过于笼统便毫无意义。例如，"我要成为一个优秀的员工"就不是一个具体的目标，但"我要获得今年的最佳员工奖"就是一个具体的目标了。就目标状态而言，目标需要有总体目标意识，但也不能忽视子目标在整个目标体系中的地位与作用，不能有目标断层、重复或背道而驰的现象。

M 是指目标要能度量并有现实意义（measurable & meaningful）。就目前状态而言，目标须用可度量的指标来表达，否则便毫无意义。同样，就目标状态而言，不值得争取或与集体利益相冲突的目标都没有意义。例如，"我要获得今年的最佳员工奖"这个目标，应该对应许多量化的指标，如出勤和业务量等。

A 是指目标要有准确性（accurate）、一致性（aligned）和可实现性（attainable or achievable）。就目前状态而言，目标要与现实相吻合，符合真实的现实；就目标状态而言，目标是层次性和一致性结合的体系，中间不能出现冲突或断层；这里，"可实现性"表示：(1) 目标应该在有能力的范围内；(2) 目标应该有一定的难度。目标经常难以实现会让人沮丧，但同时太容易达到的目标也会让人失去斗志。

R 是指目标要具有现实可行性和相关性（realistic & relevant）。现实可行性，是指目标具有现实条件；相关性是指与现实生活相关，而不是"白日梦"。就目标的现实可行性原则而言，主要包括七个方面：

(1) 目标必须是有关自己的；

(2) 目标必须切合实际，具体且适度，可以衡量；

(3) 目标要符合自己的价值观；

(4) 目标必须用书面形式列明；

(5) 目标必须具有期限；

(6) 目标之间必须相互协调；

(7) 目标应该包含良师益友。

T 是指目标要有时限、可跟踪（time-based or timely & trackable）。这是指目标必须确定完成的日期，而且不但要确定最终目标的完成时间，还要便于进行工作进度的监控和跟踪。没有时限的目标，即使量化得天衣无缝也难以实现。

3. 目标规划的方法

目标规划的方法可以运用史雷（E. C. Schleh）的结果管理法，即把每个人在一定时期内应完成的工作成果定为目标，并授予相应权力使其积极有效地完成。用公式表述是：目标＝工作内容＋达到程度。史雷认为，目标是人们通过自己的努力，期望在一定时期内所达到的预期结果。制定的目标项目不要太多,最好不超过五项,这样才能将重点目标突出,有利于目标执行者为重点目标付出主要精力。他还认为,目标需要定量制定,只有定量后,才可以既易于理解,又易于指明工作方向。如果目标没有定量,模糊不清,不可能产生实现目标的动力。越是定量化的并经深入讨论制定的目标,才能越有效地实现。

4. 目标规划的步骤

耶鲁大学倡导的个人目标规划有如下七个步骤:

(1) 先拟出你期望达到的目标;

(2) 列出好处:你达到这个目标有何好处?如你有一个目标想买房子,列出买房子对你有哪些好处;

(3) 一一列举出可能的障碍点,如钱不够、能力不够等;

(4) 列出所需资讯,如需要哪些知识、协助或训练等;

(5) 列出寻求支持的对象:一般而言,很难靠自己一个人达到目标,所以应将寻求支持的对象亦一并举出;

(6) 制订行动计划:一定要有一个可行的行动计划;

(7) 制定达成目标的期限。

5. 目标的自我实施

目标实施过程包括三方面内容:一是目标的自我执行,二是检查控制,三是正面引导。目标的自我执行是根据自己确定的目标,经常回顾总结自己的思想、行为,发现偏差,自动纠正,以保证目标、方向和行为一致。检查控制的基本任务是:

(1) 熟悉目标内容,了解每个受控对象的个性特点。

(2) 对实施目标过程中所遇到的困难和问题给予及时的帮助和指导。

(3) 参照个体目标,对照检查个体行为目标的完成情况,找出偏差。

(4) 根据实际情况提出纠正偏差的措施。正面引导包括三个方面:一是结合形势加以引导;二是结合工作内容加以引导;三是结合实践加以引导。

6. 目标的自我评价

目标评价是目标管理的最后一个步骤,也是下一个目标管理周期的开始。目标自我评价是指目标执行者进行自我评定和自我检查,并在自我评定工作中总结经验教训,从而得以提高。目标评价包括三项内容,即考评、诊断和激励。

(1) 考评的目的是客观地评价个人目标完成情况。考评方法是把目标完成的数量、质量、完成率等综合起来,换算成百分比,以确定达标情况。

(2) 诊断是通过调查研究,找出存在的问题,分析问题产生的原因,提出切实可行的方案,使问题得到解决的过程。诊断的程序是从目标制定开始,看目标项目是否合理,目标难易程度是否得当,目标措施是否有效,资料、数据和信息是否准确,量化方法是否科学,是否符合本人实际情况,然后找出问题产生的主客观原因,明确应该加强的薄弱环节,提出改进方案,纳入下一个目标管理周期。

(3) 激励是指以评价的结果为依据,通过多种物质和精神手段,激发自我积极性的过程。

目标评价可以运用三因素评价法：

（1）达标程度，指目标的实现程度，在目标评价因素中居于首位，常用目标达到率或目标成果增加率来表示：

目标达到率＝实际成果/原定目标×100％

目标成果增加率＝（实际成果－原定目标）/原定目标×100％

（2）困难复杂程度，指实现目标的复杂与困难程度，在目标评价因素中的作用在于公正合理地看待目标的达到程度。

（3）努力程度，指在实现目标的过程中目标执行者的主观努力情况，在目标成果评价时具有重要意义。

本章小结

早期的自我管理源于心理学研究领域。心理学领域的自我管理是指主动调整自己的心理活动和行为，控制不当冲动，克服不利情境，积极寻求发展，取得良好适应的心理品质。而这种心理品质的好坏，亦即自我管理水平的高低，是影响个体社会适应效果和活动绩效以及心理健康状况的重要因素。德鲁克的自我管理思想主要研究的是企业管理中的自我管理，重点涵盖个人责任意识的培养、个人主体意识及价值观的建立、个人时间管理、个人知识管理及潜能开发、人际关系管理与个人职业规划及管理六个方面的内容。而自我管理的特征包括目的性、主体性、客体性、技能性、自觉能动性、自我反馈、调节性、迁移性。

首先，自我管理是指一个人主动调控和管理自我的心理活动和行为过程。自我管理的实质是自我监控的过程。自我作为心理活动的主题，即一个人需要进行自我意识与自我控制；自我管理作为一种管理行为的过程，它涉及管理过程、管理方法和管理内容等。其次，自我管理又体现为一种能力，它是人对自身的生理、心理和行为各个方面的一种自我认识、自我感受、自我完善等方面的能力。人的这种自我管理能力随着年龄的增长、知识学历和社会阅历的提高，呈逐步提高的趋势，但因个体差异和环境的不同，他们之间存在较大的差异性。同时，人的自我管理能力可以通过自主学习、自我监督和自我完善而得以培养。

本书创立的自我管理冰山模型涵盖自我意识与自我控制两方面内容：自我意识是冰山以下看不到的部分，包含时间管理、人际关系管理与情绪管理；自我控制代表冰山以上的部分，是自我管理外显的部分，涵盖价值观管理与目标的自我管理。

管理的最本质要求是实现有效的管理。管理的有效性是衡量管理成败的唯一标准。实现有效管理的关键在于能否实现公司全员的自我管理。将全员的自我管理运用到管理中去，不仅可以使管理者用这种全新的和最经济的管理方法，摆脱长期面临的困惑和难题；而且在理论上也突破了以往管理理念中普遍存在的管理者与被管理者的矛盾对立关系，在激励效应和激励模式方面也是对传统组织管理的突破性发展和变革。

关键术语

自我管理（self-management）　　　　　情绪的自我管理（emotion self-
自我意识（self-wareness）　　　　　　　　　　mannagement）
时间管理（time-management）　　　　　自我控制（self-control）
人际关系（interpersonal relationship）　　价值观（value）
人际沟通（interpersonal communication）　目标的自我管理（target Self-
情绪工作（emotional work）　　　　　　　　　management）

复习题

1. 比较中国古代与西方自我管理思想的一条。
2. 简述西方自我管理理论的演变过程。
3. 什么是自我管理？德鲁克的自我管理涵盖哪些内容？
4. 自我管理有哪些特征？
5. 五代时间管理涵盖哪五代？主要内容有哪些？
6. 简述时间自我管理的5A模式。
7. 时间规划的方法有哪些？请分别举例说明。
8. 什么是情绪智力？情绪管理的影响因素有哪些？
9. 简述自我控制的机制。
10. 价值观有哪些分类方式？请具体说明其中一种分类方式的内容。
11. 简述目标规划的SMART原则。

自我评估　你是一个擅长自我管理的人吗？（大学生版）

1. 每天醒来就想到当天要做的事
   (1) 经常是　　　(2) 较多时候是　　　(3) 较少是　　　(4) 极少是

2. 通常你的日常用具摆放得很整齐、有条理
   (1) 经常是　　　(2) 较多时候是　　　(3) 较少是　　　(4) 极少是

3. 你几乎每天精神都很好
   (1) 经常是　　　(2) 较多时候是　　　(3) 较少是　　　(4) 极少是

4. 考试来临了你才会绷紧神经学习
   (1) 经常是　　　(2) 较多时候是　　　(3) 较少是　　　(4) 极少是

5. 你的主张常常受他人影响而改变
   (1) 经常是　　　(2) 较多时候是　　　(3) 较少是　　　(4) 极少是

6. 见朋友你通常也要先打扮一下
   (1) 经常是　　　(2) 较多时候是　　　(3) 较少是　　　(4) 极少是

7. 去食堂买菜，见到不排队的人你要求他（她）排队
   (1) 经常是　　　(2) 较多时候是　　　(3) 较少是　　　(4) 极少是

8. 每次外出，你常常想起什么东西没带或什么事没做
(1) 经常是　　　　(2) 较多时候是　　(3) 较少是　　　　(4) 极少是

9. 你对自己的学习生活很满意
(1) 经常是　　　　(2) 较多时候是　　(3) 较少是　　　　(4) 几乎没有

10. 你对班级或社团活动提出了比较有效的建议
(1) 经常是　　　　(2) 较多时候是　　(3) 较少是　　　　(4) 几乎没有

11. 你对同一个问题收集过多方面的材料或听取多方面的观点意见
(1) 经常是　　　　(2) 较多时候是　　(3) 较少是　　　　(4) 几乎没有

12. 对他人的思想观点，你会在考察其依据的可靠性和推理的逻辑性后才决定取舍
(1) 通常是　　　　(2) 较多时候是　　(3) 较少是　　　　(4) 很少是

13. 你很容易和陌生人攀谈上
(1) 几乎总是　　　(2) 较多是　　　　(3) 较少是　　　　(4) 极少是

14. 你经常关注社会工作岗位的任职或招聘要求
(1) 经常是　　　　(2) 较多时候是　　(3) 较少是　　　　(4) 几乎没有

15. 你的生活和娱乐知识是有意学来的
(1) 几乎都是　　　(2) 较多是　　　　(3) 较少是　　　　(4) 极少是

16. 你试着用专业知识来理解生活中碰到的问题
(1) 经常是　　　　(2) 较多时候是　　(3) 较少是　　　　(4) 几乎没有

17. 睡觉之前听说你寝室的同学购福利彩票中了大奖，你很晚才能入睡的可能性
(1) 很大　　　　　(2) 较大　　　　　(3) 较小　　　　　(4) 极小

18. 与人交谈，你通常对对方的眼神很注意
(1) 经常是　　　　(2) 较多时候是　　(3) 较少是　　　　(4) 极少是

19. 你对自己的兴趣和自己将来发展的关系
(1) 很了解　　　　(2) 比较了解　　　(3) 不太了解　　　(4) 不了解

20. 你在专业学习方面花的时间
(1) 很多　　　　　(2) 较多　　　　　(3) 较少　　　　　(4) 很少

21. 你在专业期刊文章的查阅方面花的时间
(1) 很多　　　　　(2) 较多　　　　　(3) 较少　　　　　(4) 很少

22. 课堂讨论时，你积极发言，表达自己的思想观点
(1) 几乎总是　　　(2) 较多是　　　　(3) 较少是　　　　(4) 很少是

23. 你在为将来从事与老外打交道的工作的准备
(1) 很多　　　　　(2) 较多　　　　　(3) 较少　　　　　(4) 很少

24. 你写信（包括电子邮件）与远方的同学、朋友、亲戚联系交流
(1) 经常　　　　　(2) 较多　　　　　(3) 较少　　　　　(4) 很少

25. 你打电话或上网与同学、朋友、亲戚联系交流
(1) 经常　　　　　(2) 较多　　　　　(3) 较少　　　　　(4) 很少

26. 除老师布置的作业外，你会用英语写或翻译点什么东西
(1) 经常　　　　　(2) 较多　　　　　(3) 较少　　　　　(4) 很少

27. 除老师布置的作业外，你还写些如文章之类的东西
 (1) 经常　　　　　(2) 较多　　　　　(3) 较少　　　　　(4) 很少

28. 在个人经济开支方面，你经常透支
 (1) 经常　　　　　(2) 较多　　　　　(3) 较少　　　　　(4) 很少

29. 明天要交的作业你刚有眉目，这时舍友邀请你看你很喜欢的综艺节目，你去看的可能性
 (1) 很大　　　　　(2) 较大　　　　　(3) 较小　　　　　(4) 极小

30. 遇到不顺心的事，你的心情很不好且很难摆脱
 (1) 经常是　　　　(2) 较多时候是　　(3) 较少是　　　　(4) 很容易摆脱

31. 你决心做的事都能做得比较好
 (1) 经常是　　　　(2) 较多时候是　　(3) 较少是　　　　(4) 极少是

32. 你办事喜欢"速战速决"
 (1) 经常是　　　　(2) 较多时候是　　(3) 较少是　　　　(4) 极少是

33. 有人说你学习、工作热情总是很高。你自己认为怎样？
 (1) 通常很高　　　　　　　　　　　(2) 较多时候比较高
 (3) 较少是　　　　　　　　　　　　(4) 在说反话吧

34. 为了约束自己的思想行为或完成任务，你采取了奖惩措施
 (1) 经常是　　　　(2) 较多时候是　　(3) 较少时候是　　(4) 没有

35. 你对自己的优点
 (1) 经常寻找　　　(2) 寻找较多　　　(3) 寻找较少　　　(4) 没有寻找

36. 你对自己的弱点
 (1) 经常寻找　　　(2) 寻找较多　　　(3) 寻找较少　　　(4) 没有寻找

37. 你给自己有计划地安排了每周、每日的目标任务
 (1) 经常是　　　　(2) 较多时候是　　(3) 较少是　　　　(4) 几乎没有

38. 你习惯于有计划地完成中长期（每月的、每期的）目标任务
 (1) 经常是　　　　(2) 多数是　　　　(3) 少数是　　　　(4) 几乎没有

39. 老师不催交作业，你总是不急于做
 (1) 经常是　　　　(2) 多数是　　　　(3) 少数是　　　　(4) 几乎没有

40. 假如你没把事情做好，你会找自身之外的原因来平衡心理
 (1) 几乎总是　　　(2) 多数是　　　　(3) 少数是　　　　(4) 几乎没有

41. 你寻找自己的进步
 (1) 经常　　　　　(2) 较多　　　　　(3) 较少　　　　　(4) 没有

42. 你喜欢的穿着打扮（现在或将来的）是
 (1) 前卫　　　　　(2) 比较前卫　　　(3) 不前卫　　　　(4) 传统

43. 你感到有很多要做的事没做好
 (1) 经常是　　　　(2) 较多时候是　　(3) 较少是　　　　(4) 极少是

44. 你做事情要么不做，要做就把它做好
 (1) 经常是　　　　(2) 较多时候是　　(3) 较少是　　　　(4) 极少是

45. 老同学或朋友来了，你们一起进餐，无论如何，你坚持要他点菜
（1）几乎总是　　（2）多数是　　（3）少数是　　（4）极少是

46. 一次，学校要搞卫生检查，而你们寝室的值日生有事出去，不知道什么时候回来。假如寝室里只有你一人，你代值日生搞卫生的可能性
（1）很大　　（2）较大　　（3）较小　　（4）极小

47. 一次，你们寝室决定在下周双休日去某公园旅游，大伙推举你全权负责，这时你可能会
（1）一再推辞　　　　　　　（2）不好推脱，才会接受
（3）不负众望，欣然接受　　（4）正中下怀，接受

48. 对班级、寝室或社团活动你主动负起组织领导责任
（1）经常是　　（2）较多时候是　　（3）较少是　　（4）几乎没有

49. 在决定是否做一件事之前，通常你会权衡该事情办成的可能性及利弊
（1）经常是　　（2）较多时候是　　（3）较少是　　（4）极少是

50. 假如你刚从宿舍大门出来。有人请你带个口信给你楼上的一个陌生同学，你拒绝的可能性
（1）很大　　（2）较大　　（3）较小　　（4）极小

51. 一天，你帮人转交一本没有包扎的医药卫生健康的书或杂志，你会借此机会查阅的可能性
（1）很大　　（2）较大　　（3）较小　　（4）极小

52. 一天，你的一个同学的家长来了，恰巧你的同学有事在外，要晚上才回来，这时你正忙着作业，你的反应是
（1）没理会他们　　　　　　　（2）和他们打了个招呼，就没再理会
（3）停下来接待他们，陪他们聊天　　（4）停下来安顿他们，然后忙自己的事

53. 寝室联谊活动中，你
（1）几乎从不参加　　　（2）总是随从他人参加
（3）有时是活跃分子　　（4）一般是活跃分子

54. 你们寝室和隔壁寝室在闹垃圾问题，关系紧张。你的态度是
（1）主张为寝室"利益"和隔壁"斗"　　（2）支持和隔壁寝室协商处理
（3）主张和隔壁寝室协商处理　　　　　（4）带动同室同学与隔壁寝室协商处理

55. 一天，某任课老师告诉你们某单位需要若干名研究人员助手，帮助收集、整理和翻译资料，你报名的可能性
（1）很大　　（2）较大　　（3）较小　　（4）极小

56. 除了上课外，你和老师的交往
（1）很多　　（2）较多　　（3）较少　　（4）很少

57. 你参加户外活动的情况
（1）很多　　（2）较多　　（3）较少　　（4）很少

58. 你的学习受社会经济科技发展趋势，如经济市场化、全球化、信息化等的影响
（1）很大　　（2）较大　　（3）较小　　（4）极小

59. 除了课堂学习外，你使用计算机处理问题（如辅助学习、上网查资料）
　　（1）经常是　　　（2）较多时候　　　（3）较少是　　　（4）极少是

60. 你担心自己不够优秀而影响前途
　　（1）经常是　　　（2）较多时候　　　（3）较少是　　　（4）极少是

> 计分方法：
> 选择（1）记为5分，选择（2）记为2分，选择（3）记为-2分，选择（4）记为-5分。分数越高，自我管理水平越高。其中，85分以上为优秀的自我管理水平；70—85分为良好的自我管理水平；60—70分为合格的自我管理水平；60分以下为需要改善的自我管理水平。

案 例

李嘉诚的自我管理之道

香港首富，香港长江实业董事长李嘉诚将1950年由几个人组成的小公司发展到今天在全球52个国家拥有超过20万员工的企业。虽然他没有上学的机会，但是，他一辈子都在努力自修，苦苦追求新知识、新学问，关注管理及自我管理的艺术。

一、好的管理者首先是自我管理

李嘉诚认为，一个好的管理人员除了要懂得管理别人之外，更要懂得自我管理。要做一个成功的管理者，态度和能力一样重要。

他常常问自己："你是想当老板还是要当团队的领袖？"一般而言，做老板简单得多，他的权力主要来自地位，来自机遇或凭借他的努力和专业知识；做领袖则较为复杂，他的力量要源自于他的人格魅力和号召力。领袖领导众人，促动别人自觉甘心卖力，让别人感到他伟大；老板只懂支配众人，让别人感到他渺小。

他曾说：好的管理者，首要任务是"自我管理"，以身作则。"想当好的管理者，首要任务是知道自我管理是一大责任，在流动与变化万千的世界中，发现自己是谁，了解自己要成为什么模样，是建立尊严的基础。"

二、自我管理有动有静

他认为，自我管理是一种动静结合的管理。从静态管理讲，自我管理是培养静态管理和理性力量的基本功，是人把知识和经验转变为能力的催化剂。从动态管理讲，人生在不同的阶段中，要经常反思自问："我有什么心愿？我有什么宏伟的梦想？我懂不懂什么是有节制的热情？我有与命运拼搏的决心吗？我有没有面对恐惧的勇气？我有信心、有机会，但有没有智慧？我自信能力过人，但有没有面对顺境、逆境都可以恰如其分行事的心力？"

他14岁时，还是个穷小子，对自己的管理方法很简单："我必须赚取足够一家人存活的费用。我知道没有知识就改变不了命运，没有本钱更不能好高骛远，我还经常会记起祖母的感叹：'阿诚，我们什么时候能像潮州城中某某人那么富有？'然而当时我只是小工，但我坚持把每样交托给我的事做得妥当、出色，绝不浪费时间。我把剩下来的每一分钱都用来购买实用的旧书籍。"

"22岁成立公司以后，我知道光凭耐力、任劳任怨已经不够，成功也许没有既定的方程式，失败的因子却显而易见，建立降低失败概率的架构，才是步向成功的快捷方式。知识需要和意志结合，静态自我管理的方法要伸延至动态管理，理性的力量需要加上理智的力量，问题的核心在于如何避免让聪明的组织干愚蠢的事。灵活的制度要以实事求是、能自我修正的机制为基础。在信任、时间和能力等范畴内建立不呆板、能随机应变的制度。"

三、做伯乐，要懂杠杆原理

李嘉诚认为，成功和卓有成效的管理者都应是伯乐，伯乐的责任在于甄选和招揽比他更聪明的人才，但绝对不能挑选名气大又自我标榜的企业明星。建立同心协作和有效率的团队的第一条法则就是聆听沉默的声音：团队与你相处有无乐趣可言？你是否开明公允、宽宏大量，承认每一个人的尊严与创造力？你是否有原则与坐标，而不是矫枉过正、过于执着？

他还认为，领袖管理团队，重要的是要懂得运用阿基米德发现的"杠杆原理"，以效率和节约为出发点。阿基米德曾说："给我一个支点，我可以撬动整个地球。"有人简单地将这个概念扭曲为"四两拨千斤"或"以小博大"，但聪明的管理者会专注于研究支点的位置，因为支点的正确无误才是取得成果的核心。这门功夫倚仗领导人的专业知识与综合能力，倚仗其能否洞察出那些看不见的联系。很多公司只注意千斤和四两的转化可能，而忽视了对支点的寻找，因此，过度扩张而陷入困境。

四、管理者需要有赋予生命力的创新思维

李嘉诚认为，管理和自我管理的艺术还在于能够接受新事物、新思维，更新传统思想。人的认知力是理性和理智的交融贯通，我们永远不是，也永远不能成为"无所不能的人"。管理者要赋予企业生命，这不单像时下流行的那样，介绍企业的"使命"，或是说上两句有人文精神的语言，而是在商业秩序的模糊地带力求保持正直、诚实的品质。

李嘉诚的自我管理是其成功的基石。正是因为他不懈地努力和自学，在企业中以身作则，管好自我，恰当运用自我管理技术，注意团队合作和发挥别人的优势，以及不断地追求和接受创新思维，成就了其长实集团的大业。

资料来源：《李嘉诚：管理者先要管好自己》，https://m.baidu.com/sf_edu_wenku/view/a3b2f4781711cc7931b716a0.html，2018年2月15日访问。

[问题]
1. 为什么说好的管理者首先要做好自我管理？
2. 如何在自我管理中实现新思想与传统思想的交融？

第四章 决策

管理就是决策。

——赫伯特·西蒙

第一节 决策概述

决策是管理活动的中心环节，是每个管理者工作的重要组成部分。在任何组织中，所有的管理者都必须进行决策，其目前的所作所为将影响组织的未来。组织的成长、兴盛抑或失败，是一系列管理行为的结果。其中，管理者，尤其是高层管理者又被称为决策者，管理者的决策行为是决定性的。管理者扫描组织内外部环境，识别问题和机会，从而作出相应的决策，并监视其产生的结果，判断是否应再作出追加决策。良好的决策是保持组织良性运行的关键，因为决策决定着组织如何解决问题，决定着资源的有效分配以及组织目标的实现。因此，作为管理者必须掌握决策的基本知识，认识和重视决策，并不断提高决策技能，这是组织发展的客观要求。管理决策的范围极其广泛，决策活动广泛存在于诸如计划、组织、控制、领导等各项管理职能中，无时不在，无时不有，在管理中处于极其重要的地位。

一、决策的内涵

（一）决策的定义与特征

决策（decision making）是组织或个人识别并解决问题以及利用机会的过程，是指决策者个人或群体旨在充分利用资源来解决问题或把握机会，识别、选择和实施行动方案的过程。决策是发现问题和机会，然后加以解决的过程。决策与决定有所区别，决定（decision）是在众多不同方案中进行选择，是一瞬间的活动；决策不是一瞬间的活动，其制定是一个过程，而并非简单选择方案的行为。决策是一个管理者发现问题、认识问题、解决问题的过程，包括作出选择前后必须进行的一切活动，如调查研究、确定目标、拟订方案、分析比较、作出选择、贯彻执行、追踪反馈、总结评价等。

决策是指为了达到一定的目标，从两个以上的可行方案中选择一个合理方案的分析判断过程。决策的这一含义，具有以下六方面的特征：

1. 超前性

决策就是针对未来的行动；决策始于问题，是为解决某一问题作出的决定。决策是决策者个人或群体旨在充分利用资源来解决问题或把握机会，识别、选择和实施行动方案的过程。进行一项有效的决策活动必须同时具备以下几个前提：（1）在组织现状与组织目标之间客观地存在着一定的差距；（2）决策者一定已经清楚地认识到这种差距的重要性及其影响；（3）必须能够有效激励决策者努力缩小这种差距；（4）应当拥有采取旨在缩小这种差距的行动所必需的资源。如果没有第一或第二个前提，决策活动只能是无的放矢，缺乏存在的价值；如果缺乏第三或第四个前提，决策活动只能是纸上谈兵，流于形式，缺乏现实性，决策是为了正确行动。若不准备实践，则用不着决策。

2. 目标性

决策的根本目的就是要解决存在的问题，决策是为达到确定的目标。没有目标就没有方向，决策必须有明确的目标，"没有目标的决策是不存在的"，决策的目的就是解决问题，利用机会。

3. 选择性

决策就是在众多可行方案中作选择，如果只有一个方案存在的话，也就不存在决策；没有比较，没有选择，就没有决策，要作出正确的决策，必须以大量的信息为基础，对于面向未来的选择，要进行科学的预测；对于已经作出的选择，要建立一项信息反馈制度，以便经常对决策所预期的成果作实际的印证。

4. 可行性

方案的可行性是指能解决预定问题，实现预定目标，方案本身具有可实行的条件，方案的影响因素及效果可以进行定性或定量分析；

5. 过程性

决策是一个多阶段、多步骤的分析判断过程，绝非简单的出谋划策和拍板定案。任何组织的管理工作，都经常存在各种各样的问题，需要研究对策并采取措施加以解决，这个过程就是决策。决策是一个过程，而不是瞬间行动。决策的过程性特点可以从两个方面理解：组织决策不是一项决策，而是一系列决策的综合，这一系列的决策本身就是一个过程；决策是一个过程，是时期行为，并非时点行为。管理决策是一个复杂的过程，贯穿于管理决策活动的各个阶段与环节，哪怕只是细微环节。

6. 科学性

它要求决策者透过现象看到事物的本质，认识事物发展变化的规律性，作出符合事物发展规律的决策。

（二）决策的要素

决策的要素是从事决策活动的必备条件，包括：

（1）决策主体。决策的主体或决策者可以是单独的个人或组成群体的机构。

（2）决策目标，即决策行动所期望达到的结果和价值。

（3）自然状态，或不可控因素，是不以决策者主观意志为转移的情况和条件。

（4）备选方案，即可供选择的各种可行方案。

但要注意的是，这四个要素贯穿整个决策过程，我们不能按阶段来分析，而是要综合分析才能得到一个比较准确的判断。

（三）决策的过程

理解决策的一般过程，是决策者进行决策的基础。决策是解决问题的过程。管理人员每天要解决的问题很多，问题的难度和特点也不同，如果能够找到解决问题的共同思路，将不仅仅有助于问题的解决，还有助于提高管理工作效率。管理决策学派代表人物赫伯特·西蒙认为，作为管理决策者的经理，其决策制定包括四个主要阶段：（1）情报活动：找出制定决策的理由，即探寻环境，寻求要求决策的条件；（2）设计活动：找到可能的行动方案，即创造、制定和分析可能采取的行动方案；（3）抉择活动：在各种行动方案中进行抉择；（4）审查活动：对已进行的抉择进行评价。现有的决策过程的划分有三阶段法、四阶段法、六阶段法、八阶段法等，且表述也不相同。但综观这些划分方法，大多内容比较相似，均以决策是人们为了达到一定目标，在掌握充分的信息和深刻的知识基础上，科学地拟订各种方案并加以评估，最终选出合理方案的过程作为分类的出发点。本书遵循西蒙的思想采用四阶段分类方法，对于非程序化决策而言，决策过程更具有应用价值，决策者几乎需要利用整个过程；而程序化决策因其可以通过规则或政策加以解决，因而没有必要投入很多时间制定和评价、选择行动方案。决策过程分为个四阶段：（1）诊断问题、识别机会；（2）确定目标、拟订方案；（3）评价方案、选择方案；（4）实施方案、反馈结果。

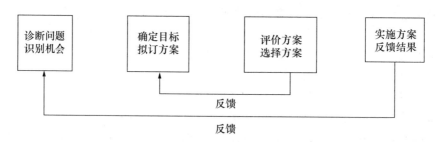

图 4-1 决策过程

决策过程的前三个阶段与人类的逻辑思维过程一致，即：问题是什么？有哪些解决方案？哪一个方案最好？最后一个阶段是实施情况的总结，往往是下一轮决策的起点（问题的来源）。

1. 诊断问题与识别机会

（1）诊断问题

诊断问题是一项决策过程的开始，以后各个阶段的活动都将围绕所识别的问题展开。如果识别问题不当，所作出的决策将无助于解决真正的问题，因而将直接影响决策效果。问题，是指实际状况与期望状况之间的差距。任何决策均源自问题的存在，决策过程的起点是发现需要作出决策的问题。有了现实提出的、需要解决的问题，才有必要作出决策。当组织绩效没有达到设定的预期目标时，问题就产生了。当组织管理者觉察到可能超越目前组织目标的潜在绩效时，就存在着机会。诊断问题是管理决策的第一步。界定问题与寻找机会，需要组织管理者扫描组织的内外部环境，尤其是那些值得管理者注意的问题。管理者通过审视环境，判断组织是否令人满意地朝着既定目标前进。在决策中有些问题非常直观，或在组织中经常地、反复地出现，属于经常性问题。决策者对这些问题是熟悉的，而且与问题相关的信息是确定的、完整的和容易获取的。我们把这些直观的、熟悉的和易确定的问题称为结构性问题。但管理者面临的许多问题属于非结构性问题，它们是新问题、非同寻常的问题或者是复杂问题，有关问题的信息是不完整的或含糊的。

图 4-2　问题类型、决策类型与组织层次

一旦问题和机会引起管理者的注意，问题的出现可能来自于组织内部或个人的内在心理，下一步就是要弄清楚问题的原因和症结。诊断或界定是管理决策的一个环节，有助于管理者分析问题的症结。如果管理者忽视这一环节，不深入分析问题的原因而急于形成各种方案，就可能犯错误。

在这一环节，管理者必须审慎地回答如下问题：
① 导致组织不稳定的因素何在？
② 这些因素产生于何时？
③ 这些因素产生于何处？
④ 这些因素是如何产生的？
⑤ 这些因素影响了哪些方面？
⑥ 这些因素的关键因素何在？
⑦ 这些因素的相关因素何在？
⑧ 这些因素持续的结果是什么？

这些问题有助于管理者明确组织实际发生了什么和为什么发生。还要根据各种现象诊断出问题产生的原因，这样才能考虑采取什么措施，选择哪种行动方案。可以利用鱼骨图等诊断分析工具逐步发现原因并分清主次。

（2）识别机会

所谓机会，就是客观环境和条件的变动，为组织的进一步发展所提供的可能性。透过机会，管理者可以看到提高组织绩效的可能性。在一个组织中，决策者的重要责任就是要分辨：在什么情况下需要作出什么样的决策。这就要求决策者能及时发现问题、抓住机遇，对下一步行动作出决策。任何一个组织所处的环境总是在不断发展变化的，在新的环境下会出现或存在新的问题。

2. 确定目标、拟订方案

(1) 确定目标

根据上述问题确定应该达到何种效果,即确定决策的目标。决策者可以通过询问诸如"进行决策要达到什么效果"等问题帮助其制定目标。由于未必存在满足所有这些问题构成要素的解决方法,所以决策者在找到问题及其原因之后,应该分析问题的各个构成要素,明确各构成要素的相互关系并确定重点,即确定目标,体现为:一是明确决策目标,要注意以下几方面要求:① 提出目标的最低和理想水平;② 明确多元目标间的关系;③ 限定目标的正负面效果;④ 保持目标的可操作性。二是明确组织目标应进行哪些工作:① 提出目标;② 明确多元目标之间的相互关系,明确主要目标与非主要目标的关系;③ 建立目标:权衡目标执行的有利结果和不利结果,制定一个界限。三是明确目标应当具备哪三个特征:① 可以计量;② 可以规定其期限;③ 可以确定其责任者。确定目标是决策中最重要的环节。通过定义问题,可以确定一系列的目标。为了确保有效性,目标应该符合一定的标准。它们应该是可以实现的,而且是由相关参与人员制定的。目标在员工心目中应该是可实现的并且是合理的。我们经过问题的定义,便能确定它的范围,接下来就能够将搜寻信息的范围缩小为与之相关的信息内容。明确目标时要注意的问题有:明确各目标的概念、内容、时间要求、分目标的关系、决策目标的约束条件,决策目标尽量用数量表示。

(2) 拟订方案

根据所识别的问题,在决策者面临的众多约束条件限制下,尽力寻找出多个可行的行动方案,对每个行动方案的潜在结果进行预测。可供选择的行动方案是指用来解决某一问题的两个或两个以上的行动方案。决策者必须针对其所面临的问题,尽可能多地发展出所有可以解决该问题的可行替代方案。没有替代方案就没有决策。我们可以将方案想象为一种工具,它可以用来消除组织目前的绩效与所预期的绩效之间的差距。提出可行性方案,一旦识别问题和机会,并找到问题的症结,决策者就可以开始寻找问题的解决方案。对于程序化决策,方案很容易确定;而在非程序化决策中,则需要提出符合组织利益的新方案。

3. 评价方案与选择方案

(1) 评价方案

在这个阶段,决策者必须针对每个行动方案提出这样一个关键问题:"这是在所有已知的约束下最好的行动方案吗?"为了回答这一问题,决策者应预测和合理估计各种行动方案结果可能发生的概率,分析各个行动方案可能发生的潜在后果。在此基础上,对上一阶段所形成的各个行动方案进行比较。

拟定备选方案的活动开始之前,必须明确决策的目标,明了现状以及明确对方案的约束,这样,所拟定的备选方案才有正确的方向,才是可行的。一个决策方案是否可行,必须通过制定具体措施来考察及评价。这些具体措施包括作业组织、人员配备、经费预算、日程安排等。评价方案的实施结果是识别方案优劣的重要依据。估计决策效果的基本依据是能否避免出现影响最终效果的副作用。大部分决策理论都规定了预测风险的程序,程序根据不同的情况发生不同的变化——从运筹学模式的概率分析到纯主观推测。

认识到风险的存在是重要的，但还远远不够，必须进一步评估其重要程度。在评估风险时要考虑到两个因素：可能性与严重性。根据可能性因素推断出哪一种情况会发生。若某一事件肯定发生，再根据"严重性"因素推测出该事件对局势的影响程度。

简单的方法是用等级法进行判断，会得到如表 4-1 所示的结果：

表 4-1　通过等级法评估风险的结果

可能性	严重性
10——事件肯定发生	10——决策失败
1——事件发生的可能性很小	1——事件几乎不会产生任何结果

对备选方案的进一步认识取决于是否获得新的信息资料，这些信息资料是不可能预先猜测的。在测定风险时应该按顺序审查所有方案，努力预测在实施各个方案时可能遇到的各种困难。需要指出的是，逐一审查测定各个备选方案所冒的风险是非常重要的。

风险程度指数可以帮助我们作出更加合理的决策，这些数据可以使我们对各个备选方案的效率进行充分的比较。应该指出，风险指数相互之间没有联系，没有用以比较指数的公式。我们必须提出以下问题："我们将要获得的效果是否值得我们冒这个风险？"领导不是急于最大限度地减少风险，而是争取使风险达到可以接受和可以抑制的程度。

综上，我们必须对每一个备选方案所希望的结果和不希望的结果出现的可能性进行检验，可运用一些标准对这些备选方案进行比较。在这些标准中可用到的一些因素有每个备选方案涉及的风险、可以利用的时间和需要的时间、可利用的设施和资源以及费用效益分析。评价备选方案可以采用表格方式来进行比较，如下表 4-2 所示：

表 4-2　评价备选方案表格法

比较因素	备选方案 1	备选方案 2	备选方案 3	备选方案 4
要求的时间				
包括的成本				
涉及的风险				
收益或优点				
局限性				

如果所有备选方案都不能令人满意，决策者还必须进一步寻找新的备选方案。决策者必须根据工作的目的来评价每一个备选方案的效用。

（2）选择方案

决策就是在若干可行性方案之间作出选择。如果只拟定一个可以达到决策目标的方案，就难以辨别该方案是好还是坏、是优还是劣，也没有选择的余地。没有选择就没有决策，所以只有围绕实现决策目标拟定出一定数量的可行方案，以供比较选择，决策才能合理。理论上说，在时间允许的情况下，方案越多，可供比较借鉴的范围越大，选择出的方案也就越优越。一旦提出多个可行性方案，就必须在其中进行选择，确定一个最有成功希望的方案。这一方案应符合组织的整体目标和价值观，并能以较少的资源投入获得预期效果。在不确定性决策中，方案的选择很大程度上取决于管理者的个性和承担风险的愿望，即风险偏好。此外，立足于组织的整体目标和价值观，也有助于管理者作出正确决策。选择方案的方法有三种：一是经验；二是实验；三是研究和分析。

4. 实施方案、反馈结果

（1）实施方案

方案成功与否，关键在于它是否被成功地落实，付诸行动。一些方案不能转化为切实的行动，不是因为方案缺乏可行性，而是因为管理者缺乏执行方案的基本资源和能力。推行方案可能需要与决策所涉及的人员进行磋商、交谈，并进行激励，这时，领导技能在方案执行中发挥着重要作用。

（2）反馈结果

决策过程的最后一个步骤是从反馈中进行学习。成功的管理者善于从以前的决策经验中进行反思、总结，并得到提高。否则，不进行反馈分析的管理者就会停滞不前，而且会犯同样的错误。反馈就是把决策作为一个学习过程。许多重大问题往往是在尝试若干方案后才能有效解决的。职能部门对各层次、各岗位的方案执行情况进行检查和监督，并将信息反馈给决策者；决策者根据反馈信息对偏差部分及时采取有效措施；对目标无法实现的应重新确定目标，拟订可行方案，并进行评估、选择和实施。

为了避免在同一个地方摔倒，管理者必须建立一种从过去决策的结果中进行学习的正式程序，包括以下步骤：

① 将实际结果与期望的结果相比较。
② 分析为什么有些决策期望落空了。
③ 制定有助于未来的决策方针、原则。

第二节 决策模型

一、古典（理性）模型

管理者期望作出的决策在经济上是明智的，能够为组织带来最大的经济利益。古典模型建立在如下基本假设基础之上：

（1）组织要实现的目标是明确的、组织一致同意的。问题可以识别并精确地陈述。

（2）决策者可以收集完全信息，从而使决策状态具有确定性。所有可行性方案和可能的结果都是可以量化和评估的。

（3）方案评估标准是明确的或可以确定的。决策者应按最优化原则选择使组织利益最大化的方案。

（4）决策者是理性的。决策者合乎逻辑地评估标准和偏好（权重），评估每一方案，并作出使组织利益最大化的决策。

古典模型描述了决策者应该怎样作出决策，但不能告诉我们管理者实际上是如何制定决策的。古典模型的价值在于它促使管理者在制定决策时具有理性。例如，过去许多高级管理人员仅仅依靠个人的知觉和偏好来制定决策。近年来，由于定量决策技术的发展，古典模型得到了广泛的应用。古典模型是一种理想的决策模型，在程序化决策、确定性决策与风险性决策中具有很强的应用价值。

二、有限理性（权变）模型

有限理性模型可称行为模型或权变模型，描述了在比较困难的情况下——如非程序化决策、不确定性决策——管理者实际上是如何进行决策的。大量的管理决策不可能进行量化处理，没有规范的程序可以遵循。即使他们想作出理性的、合乎经济原则的决策，往往也是难以做到的。

权变模型建立在西蒙的研究成果基础之上，他提出的有限理性与满意两个概念构成了权变模型的框架。

（1）有限理性（bounded rational）。人是有限理性的，介于完全理性与非理性之间，原因是：不确定的复杂的决策环境的影响；知觉上偏差的影响；决策时间及可利用资源的限制等。有限理性意味着人们能够达到的理性是有限度的。组织是极为复杂的，管理者的时间与能力决定了他们只能处理与决策有关的信息中有限的一部分。当然，获得与处理信息也需要一定的费用。

（2）满意。因为管理者没有时间和能力来处理与决策有关的所有信息，因此管理决策不是以最优为标准，而是以满意为标准。在这种决策中，管理者不是去考察所有可能的方案，从中确定能带来最大经济回报的那个，而是选择最接近决策标准、似乎能够解决问题的那个方案，即使他们相信还存在更佳的方案。

权变模型的基本假设较古典模型的基本假设更切合实际：

（1）决策目标常常是模糊的、相互冲突的，并且缺乏一致性，管理者常常不清楚存在于组织中的问题与机会。

（2）由于人力、信息和资源的约束，管理者能够提出的可行性方案也是有限的。

（3）绝大部分管理者寻求的是满意的决策而非收益最大化的决策。这一方面因为信息是有限的，另一方面因为决策标准是模糊的。

古典模型被认为是规范化的，而权变模型则被认为是描述性的。后者不是指出根据理论管理者应怎样进行决策，而是描述在复杂条件下管理者实际上是如何进行决策的。

在权变模型中，影响决策的另一个因素是知觉。知觉是一种快速理解问题的能力，这种能力基于过去的经验而非对问题的深思熟虑。依靠知觉进行决策的人并非独裁者，也不是没有理智，因为其决策基于过去的长期实践和亲身经验，这种经验足以使管理者较快地识别问题而无需通过煞费苦心的算计。知觉并不排斥理性，当理性的力量存在局限时，管理者往往会诉诸经验与知觉。知觉能够帮助决策者理解那些带有不确定性和复杂性特征的问题。

在权变模型中，管理决策的不确定性往往需要在管理者中建立联盟，即管理者组成的信息同盟，他们共同支持一项具体的目标和行动方案。在管理决策中，支持某一目标或行动方案的人会与其他管理者进行非正式的接触，寻求他们对这一方案的支持。当决策前景不明朗时，管理者会通过讨论、谈判、讨价还价来寻求支持。如果没有这种联盟，组织中强有力的个人或团体有可能支配决策过程。建立决策联盟，有助于一些管理者在决策制定过程中发挥作用，对那些最有可能被采纳的方案施加约束。

管理者可能走两个极端：不经过深思熟虑就作出武断的决策，或者为若干方案及其理性分析所纠缠。

最近的研究表明：在稳定的环境中，理性的古典模型是适宜的；而当环境不稳定时，权变模型更有用武之地。

第三节 决 策 类 型

一、程序化决策与非程序化决策

程序化决策（programmed decision）所解决的问题是在组织内经常、反复出现的例常性问题或结构良好问题，为解决重复性问题确定例行方法。程序化决策的指南包括程序、规则和政策。非程序化决策（nonprogrammed decision）所解决的问题是结构不良问题。一般地，管理者所处的层级越高，越将面临结构不良问题。然而，在现实管理决策中，完全程序化或完全非程序化决策很少，它们之间没有明显的分界线。采用程序化决策有利于提高组织效率。只要有可能，管理决策就应当程序化。尽管决策活动复杂多样，不同的决策各具特点，但是任何决策都离不开行动方案和决策结果。因此，从总体上讲，可以把决策分为程序化决策与非程序化决策两大类型。

（一）程序化决策

即在问题重复发生的情况下，决策者通过限制或排除行动方案，按照书面的或不成文的政策、程序或规则所进行的决策。这类决策要解决的具体问题是经常发生的，解决方法是通过重复的、例行的程序。例如，在组织对每个岗位的员工工资范围已经作出规定的情况下，对新进入的员工发放多少工资的决策就是一种程序化的决策。实际上，多数组织的决策者每天都要面对大量的程序化决策。

程序化决策虽然在一定程度上限制了决策者的自由，使得个人对于"做什么和如何做"有较少的决策权，但却可以为决策者节约时间和精力，使他们可以把更多的时间和精力投入其他更重要的活动中去。值得注意的是，为了提高程序化决策的效率和效果，必须对赖以处理问题的政策、程序或规则进行详细的规定，否则，即使面对程序化的问题或机会，决策者也难以快速作出决策。例如，一个一个地处理顾客的抱怨，不但会消耗大量的时间，而且成本较高；一项"购后14天内保证换货"的政策却可以极大程度地简化问题，从而使决策者有更多的时间处理一些更棘手的问题。

（二）非程序化决策

非程序化决策旨在处理那些不常发生的或例外的非结构化问题。如果一个问题因其不常发生而没有被包含在政策之中，或者因其非常重要或复杂而值得给予特别注意时，就有必要作为非程序化决策进行处理。事实上，决策者面临的多数重要问题，如怎样分配组织资源，如何处理"问题产品"，如何改善社区关系等问题，常常都属于非程序化决策问题。随着管理者地位的提高，所面临的非程序化决策的数量和重要性都逐步提高，面临的不确定性增加，决策的难度加大，进行非程序化决策的能力变得越来越重要，进行决策所需的时间也会相对延长。因此，许多组织一方面设法提高决策者的非程序化决策能力，另一方面尽量使非程序化决策向程序化决策方向转化。有关程序化决策和非程序化决策在不同组织中的例子见表4-3：

表4-3 程序化决策与非程序化决策的对比

决策种类	问题	解决程序	例子
程序化决策	重复的 例行的	各种规则 标准的运营程序 政策	企业：处理工资单 大学：处理入学申请 医院：准备诊治病人 政府：利用国产汽车
非程序化决策	复杂的 新的	创造性问题 解决方式	企业：引入新的产品 大学：建立新的教学设施 医院：对地方疾病采取措施 政府：解决通货膨胀问题

（三）程序化决策与非程序化决策的相互转化

程序化决策与非程序化决策的划分不是绝对的，二者之间并没有严格的界限，在特定的条件下，二者可以相互转化。例如，一项关于定价的程序化决策可能会因为原料与产品供应情况、市场需求情况、竞争对手定价策略等方面的变化而转化为非程序化决策。同样，有关某项资源分配的非程序化决策也可能会因为信息的充分性而向程序化决策转化。完全的程序化决策与完全的非程序化决策仅仅代表着事情存在的两个极端状态，在它们之间还存在着许多其他类型的决策状态，就如同在黑色与白色之间还有许多既包含一定程度的白色，又包含一定程度的黑色的其他颜色一样。

随着现代决策技术的发展，很多以前被认为是完全的非程序化决策问题已经具有了程序化决策的因素，程序化决策的领域日益扩大。一方面，运筹学等数学工具广泛地应用到以前被认为是靠判断力的决策中来；另一方面，计算机的广泛应用，已经将数字技术扩展到一些很大但又不能用自动化程度很差的计算设备解决的问题上去。这些都进一步扩展了程序化决策的范围。

二、群体决策与个体决策

决策常常是由管理者个人作出的，但也可能是由集体作出的。在现代管理决策中，参与决策的常常包括一些下级管理人员。决策可以通过委员会、任务小组、部门参与或信息联盟等制定。决策是在一定历史阶段产生的，体现着时代的特征。随着环境的变化，决策也日益呈现出一些新的特点，其中最典型的就是群体决策受到重视并获得迅速发展。根据决策的主体，决策分为群体决策与个体决策。如果决策的整个过程由一个人来完成,这种决策就称为个体决策。群体决策是为充分发挥集体的智慧,由多人共同参与决策分析并制定决策的整体过程。其中,参与决策的人组成了决策群体。当然,决策的执行活动必须由组织来完成。

(一)群体决策的兴起

对于那些复杂的决策问题,往往涉及目标的多重性、时间的动态性和状态的不确定性,这是单纯个人的能力远远不能驾驭的。为此,群体决策因其特有的优势得到了越来越多决策者的认同并日益受到重视。首先,决策者面临的内外部环境日益复杂多变,许多问题的复杂性不断提高。相应地,要求综合许多领域的专门知识才能解决问题,这些跨领域的知识往往超出了个人所能掌握的限度。其次,决策者个人的价值观、态度、信仰、背景有一定的局限性。一方面,这些因素会对要解决的问题类型以及解决问题的思路和方法产生影响。例如,如果决策者注重经济价值,他们就会倾向于对包括市场营销、生产和利润问题在内的实质情况进行决策;如果他们格外关注自然环境,就会用生态平衡的观点来考虑问题。另一方面,决策者个人不可能擅长解决所有类型的问题,进行任何类型的决策。最后,决策相互关联的特性客观上也要求不同领域的人积极参与,积极提供相关信息,从不同角度认识问题并进行决策。

(二)群体决策的优点

群体决策的利弊分析如下:在多数组织中,许多决策都是通过委员会、团队、任务小组或其他群体的形式完成的,决策者必须经常在群体会议上为那些具有新颖性和高度不确定性的非程序化决策寻求和协调解决方法。结果,许多决策者在委员会和其他群体会议上花费了大量的时间和精力,有的决策者甚至花费高达80%以上的时间。因此,分析群体决策的利弊及其影响因素,具有重要的现实意义。尽管人们并不一致认为群体决策是最佳的决策方式,但群体决策之所以广泛流行,正是在于群体决策具有以下几个明显的优点:

第一,群体决策有利于集中不同领域专家的智慧,应付日益复杂的决策问题。通过这些专家的广泛参与,专家们可以对决策问题提出建设性意见,有利于在决策方案得以贯彻实施之前,发现其中存在的问题,提高决策的针对性。

第二,群体决策能够利用更多的知识优势,借助于更多的信息,形成更多的可行性方案。由于决策群体的成员来自于不同的部门,从事不同的工作,熟悉不同的知识,掌握不同的信息,因而容易形成互补性,进而挖掘出更多的令人满意的行动方案。

第三,群体决策还有利于充分利用其成员不同的教育程度、经验和背景。具有不同背景、经验的不同成员在选择收集的信息、要解决问题的类型和解决问题的思路上往往都有很大差异,他们的广泛参与有利于提高决策时考虑问题的全面性,提高决策的科学性。

第四,群体决策容易得到普遍的认同,有助于决策的顺利实施。由于决策群体的成员具有广泛的代表性,所形成的决策是在综合各成员意见的基础上形成的对问题趋于一致的看法,因而有利于与决策实施有关的部门或人员的理解和接受,在实施中也容易得到各部门的相互支持与配合,从而在很大程度上有利于提高决策实施的质量。

第五,群体决策有利于使人们勇于承担风险。据有关学者研究表明,在群体决策的情况下,许多人都比个人决策时更敢于承担更大的风险。

(三) 群体决策可能存在的问题

群体决策虽然具有上述明显的优点,但也有一些特殊的问题,如果不加以妥善处理,就会影响决策的质量。群体决策容易出现的问题主要表现在三个方面:

第一,速度、效率可能低下。群体决策鼓励各个领域的专家、员工的积极参与,力争以民主的方式拟定最满意的行动方案。在这个过程中,如果处理不当,就可能陷入盲目讨论的误区之中,既浪费时间,又降低决策效率。

第二,有可能为个人或子群体所左右。群体决策之所以具有科学性,原因之一是群体决策成员在决策中处于同等的地位,可以充分地发表个人见解。但在实际决策中,这种状态并不容易达到,很可能出现以个人或子群体为主发表意见、进行决策的情况。

第三,很可能更关心个人目标。在实践中,不同部门的管理者可能会从不同角度对不同问题进行定义,管理者个人更倾向于对与其各自部门相关的问题非常敏感。例如,市场营销经理往往希望有较高的库存水平,而把较低的库存水平视为问题的征兆;财务经理则偏好于较低的库存水平,而把较高的库存水平视为问题发生的信号。因此,如果处理不当,很可能发生决策目标偏离组织目标而偏向个人目标的情况。

(四) 进行有效的群体决策

群体决策是群体成员相互作用的产物,每个人的选择都会存在差异,甚至截然相反,有时还往往与个人或某一集团的利益密切相关,因而群体的选择受到群体成员行为的影响,特别是任务与情绪交织在一起。因此,人们设计出诸如德尔菲法、戈登法、头脑风暴法等方法,试图消除可能的紧张、变化无常、对抗等消极力量。同时,群体结构的模式、规范和作用对群体决策也有深远的影响,而友谊、权利、地位更在群体成员相互作用中起着微妙的作用。事实上,群体的内聚力、团队精神、择优规则和时间的紧迫性等都会对决策质量产生重要影响。

(1) 有效的群体决策应具备的主要特征。根据群体决策实践中积累的经验,有效的群体决策应至少包括以下几个特征:

第一,决策的有效性,即能够迅速作出决策。这与决策者所期望的急迫程度、正确程度以及创新程度有关,并由群体决策成员的知识、能力、参与程度以及产生影响的程度所决定。

第二,决策的开放性,即决策群体不受个人特定的见解(有时可能是偏见)所支配。这是由决策群体成员价值观的差异和思想的开放程度所决定的。

第三,决策的合理性,即采用合理的决策程序,作出合理的选择。这是由决策步骤的合理性和科学性所决定的。

(2) 对群体决策产生消极影响的因素。群体决策的优势来源之一就是公开讨论,但一些行为因素却妨碍这种优势的产生,主要表现在:

第一,求同的压力。即所谓的"随大流效应"。经过一定时间的讨论之后,意见一致的倾向在成员间可能突然加强。

第二,群体中主要气质类型的影响。

第三,地位歧视。这会导致地位较低的参与者受到地位较高的参与者的排挤而随波逐流,尽管他们深信自己的观点才是最正确的。

第四,被认为是某个问题领域专家的参与者企图影响他人的努力等。

第五,宗派与集团。群体中往往分化成三人一帮、两人一伙,相互间缺乏共同利益,对问题的看法也不一致,一旦出现分裂,就很难重归于好,影响决策质量。

(五)群体决策所应遵循的原则

由于决策群体成员的价值观和目标的多样化,加之各自的影响力及拥有的信息上存在的差异,群体决策会遇到许多个人决策所没有遇到的特殊问题,为了妥善解决这些问题,激发群体决策的创造力,决策群体应坚持以下几个原则:

第一,努力形成一个以能够促进创造性思考过程的决策者为领导、有与问题相关的不同种类的人才广泛参与的群体结构,以使组织获得所有相关领域的知识。有时,还可以邀请那些不受组织制约的外部专家参与。

第二,促使群体中的每个成员承担起和大家一起探索的群体角色。

第三,使群体决策的过程具有以下特征:(1)不是倾向于与领导交流,而是主动与群体中的所有其他成员进行沟通;(2)每个群体成员都能够全身心地投入进来;(3)把形成思想与评价思想合理分开,把识别问题与制定行动方案合理分开;(4)恰当地转移角色,增强成员间的理解和合作气氛,进而有利于产生更多更好的行动方案;(5)延缓作出判断,避免过早地思考行动方案,使得重心能够保持在分析和探索方面。

第四,创造轻松的、没有压力的群体环境,从问题出发而不是从短期收益出发,培育成员之间相互鼓励的群体风格。

第五,追求一致,但不排除在难以达成共识的情况下接受大多数原则。

三、确定性决策、风险性决策和不确定性决策

在一个理想的世界中,管理者可以得到任何他所需要的与决策有关的信息,并据此作出决策。然而在现实中,任何事物都存在着变数,我们很难获得事物的完全信息。在这种情况下,管理者很容易作出错误决策,达不到预期目标。根据信息可获得的完全程度、未来情况的可预测程度、相应的决策失败的可能性,可以把决策面临的状态分成三种典型的类型,即具有高度可预测性的确定性、具有一定预测性的风险性和具有高度不可预测性的不确定性。管理者总是试图最大限度地获得有关信息,以此来降低决策的不确定性和相应的决策失败的可能性。

(1)确定性(certainty)。确定性意味着决策所需要的所有信息都是完全的、充分的、可靠的和容易获得的。因此,事物的未来状态可以精确预测,管理者对决策结果有着清晰、明确的认识,从而能够作出理想而准确的决策。在此状态下,决策者掌握准确的、可靠的、可衡量的信息,以至于能够确切地知道决策的目标以及每个可行性方案的结果,因此可以很容易地迅速对各个可行性方案进行合理的判断。

(2)风险性(risk)。风险性属于这样一种状态,即决策者虽然不能准确地预测出每一个行动方案的可能结果,但却因拥有较充分的信息而能够对各个方案产生预期结果的概率(发生的可能性)作出合理的估计。风险性意味着决策有一个明确定义的目

标,有关信息是可以获得的,并且是非常完善的,但决策方案的未来结果取决于事件发生的相应概率。不过,因为信息是充分的,因此可以对方案的未来结果进行评估。运用统计学方法,可以对每种方案失败与成功的可能性进行数量化分析与比较,从而淘汰收益低的方案。

(3) 不确定性(uncertainty)。即对于因面对不可预测的外部条件或缺少所需的信息而不能预测出各个行动方案或其可能结果的状态。不确定性意味着决策有一个明确定义的目标,但是管理者所掌握的关于方案或未来事件的信息却是不完全的、不充分的,管理者没有足够的信息来评估每一种方案的风险。在这种情况下,管理者不得不依靠推测和估计来进行决策。

从确定性状态、风险性状态到不确定性状态,决策者面临的不确定性和风险性、进行决策的难度、花费的时间都在增加。因此,人们常常将决策划分为三大类,即确定性决策、风险性决策和不确定性决策。

(一) 确定性决策

决策者确切知道自然状态的发生,每个方案只有一个确定的结果,方案的选择取决于各个方案结果的比较。用统计学语言来描述,确定性决策具有如下特征:(1) 可供选择的方案有若干个;(2) 未来经济事件的自然状态是完全确定的;(3) 每个方案的结果是唯一的、可以计量的。这里的自然状态是决策者不能控制的因素,包括各种自然因素和社会因素,如降雨量、气温、物价、需求量等。每种因素还有若干种不同的状态。不同状态的各种组合都会影响某一行动的结果。

(二) 风险性决策(随机决策)

自然状态不止一种,决策者不知道哪些自然状态会发生,但能估计有多少种自然状态及每种自然状态发生的概率。风险性决策也称"统计型决策",用统计学语言来描述,它是从同时具备下列五个条件的问题中选定最优方案的决策:(1) 有一个明确的目标;(2) 有两个以上可供选择的行动方案;(3) 存在两种以上不以主观意志为转移的客观状态;(4) 不同行动方案在不同状态下的损失和利益可计算;(5) 自然状态出现的概率是可以确定或可估计的。

(三) 不确定性决策

不确定性决策是不稳定条件下进行的决策。决策者可能不知道有多少种自然状态,也不知道每种自然状态发生的概率。用统计学语言来描述,不确定性决策具有如下特征:(1) 可供选择的方案有若干个;(2) 未来经济事件的自然状态发生与否是不确定的;(3) 各自然状态发生的概率是无法确定的。当然,在这种情况下也必须尽可能减少决策的不确定性。管理者可以运用更富有创造性的方法进行决策,或运用个人经验判断哪一种方案是最优的。

四、战略决策和战术决策

战略是一个组织为实现目标而对主攻方向以及资源分配进行布置的总纲。战略决策是有关企业长远目标和政策的一个决定,比如一个企业的长期投资目标的决策、这类投资的财务来源、产品和市场选择及类似的长期性问题。而战术决策诸如小型投资活动、产品的改进、市场方面的策略性规划以及类似的决策问题。

战略决策主要由企业的董事会等高级主管人员作出,为全局问题,而战术决策主要由业务部门或职能部门作出,涉及局部利益。战略决策涉及企业的整个组织,而战术决策只涉及一个部门或单个项目。战略决策往往与长期计划相联系,而战术决策与中短期计划相联系。战略决策和战术决策的关系很紧密,战术决策取决于战略决策,比如,企业有一个重大的技术发明、产品设计,为了迎接新技术的挑战,产品有了重大的变化,那么战术决策也会作相应的调整,从而引起各车间生产计划的重大调整。

由于决策活动普遍存在,决策领域极其广泛,不同组织中的决策者在背景、生活方式等方面又存在着明显差异,因此决策活动复杂多样。实践表明,为了有助于决策者制定行动方案、明确决策目标并进行科学的决策,必须分清决策的类型。

表 4-4 决策分类简表

分类标准	决策分类
1. 决策的重要程度	战略决策、战术决策
2. 决策的重复性	程序化决策、非程序化决策
3. 决策的条件	确定性、风险性、不确定性决策
4. 决策的方法	定性决策、定量决策
5. 决策目标的多少	单目标决策、多目标决策
6. 决策的次数	单级决策、多级决策
7. 决策影响的时间	长期决策、短期决策
8. 决策的主体	集体决策、个人决策
9. 决策的起点	初始决策、追踪决策

第四节 决 策 方 法

一、定性决策方法

定性决策方法也称决策软技术,其实质在于能充分发挥人的潜在能力和创造性,因而对解决因素比较复杂的综合性的决策问题具有重要作用。常用的有头脑风暴法、名义群体法、德尔菲法、戈登法、形态分析法、特别列举法、侧向法、经营单位组合法和政策指导矩阵等。

(一)德尔菲法

德尔菲法是一种主要靠人的经验和综合分析能力进行预测的方法。请专家背靠背地对需要预测的问题提出意见,决策者将各专家意见经过多次信息交换,逐步取得一致意见,从而得出决策方案。其主要特点是:(1)不记名投寄征询意见。根据所需预测的内容选择有关方面的专家,并将预测内容设计成含义明确的问题,规定统一的评价方法,然后将上述问题投寄给他们,背对背地征询意见。(2)统计归纳。收集各位专家的意见,然后对每个问题进行定量统计归纳。通常用回答的中位数反映专家的集体意见。(3) 沟通反馈意见。将统计归纳后的结果反馈给专家，每个专家根据反馈信息，慎重考虑其他专家的意见，然后再提出自己的意见。如此反复多次，一般经过3—5次，就可以取得比较集中一致的意见。注意：(1) 选择好专家；(2) 决定适当的专家组（10—50人）；(3) 拟定好意见征询表。

（二）头脑风暴法（畅谈会法）

头脑风暴法也称为思维共振法、专家意见法，即通过有关专家之间的信息交流，引起思维共振，产生组合效应，从而导致创造性思维的决策方法。将对解决某一问题有兴趣的人集合在一起，在完全不受约束的条件下，敞开思路，畅所欲言。

运用此方法必须遵循以下原则：(1) 严格限制预测对象范围，明确具体要求，独立思考，开阔思路，不重复别人的意见；(2) 不能对别人的意见提出怀疑和批评，对别人的意见不作任何评价，要认真研究任何一种设想，不管其表面看来多么不可行；(3) 鼓励专家对自己提出的方案进行补充、修正或综合；(4) 解除与会者顾虑，创造发表自由意见而不受约束的气氛；(5) 提倡简短精练的发言，尽量减少详述；(6) 与会专家不能宣读事先准备好的发言稿；(7) 与会专家人数一般为10至25人，会议时间一般为20至60分钟。

 你能够很好地组织一次"头脑风暴会"吗？

以10—15人为一组，由你来指挥这个小组用20分钟的时间为下面的问题寻找尽可能多的答案。

问题：两个苹果轻重不同，在不用称的情况下，怎么知道哪个苹果重，哪个苹果轻？

完成之后，请回答下面的问题进行自我测试：

(1) 所有人都发言了吗？
(2) 大家提出的答案重复的多吗？
(3) 有人提出让大家觉得可笑的答案吗？
(4) 如果有人提出让大家觉得可笑的答案，这个答案引起别人的评论了吗？评论的时间长吗？
(5) 如果有人提出让大家觉得可笑的答案，他又继续提供答案吗？
(6) 在整个过程中，大家的发言有较长时间的间断吗？
(7) 在整个过程中，作为主持人，你是始终坐在一处负责记录，还是到处走动鼓励大家发言？
(8) 你对每个人提出的答案都给予同样方式的肯定了吗？
(9) 当你宣布结束时，还有人在想主意吗？还有人在讨论吗？
(10) 整个过程的气氛热烈吗？

二、定量决策方法

(一) 确定性决策方法

确定性决策是未来自然状态为已知条件的决策,即每个行动方案达到的效果可以确切地计算出来,从而可以根据决策目标作出肯定抉择的决策。该决策具有反复、经常出现的特点。决策过程和方法常是固定的程序和标准的方法,因此又称为程序化决策。对于这类问题的决策,可以应用线性规划等运筹学方法,或借助电子计算机进行决策。这类决策主要由管理人员执行。

(1) 比较决策,即在未来事件自然状态完全确定的情况下,按照一定的数学模型计算后进行比较的方法。例如,经济批量法、盈亏平衡点法、投资回收期法、追加投资回收期法、贴现现金流量法、净现值法、边际利润法等。

(2) 最优化决策,即数学规划法,获得正确和完整的资料是成功应用数学规划法的前提条件。数学规划法是在提出决策准则的基础上,通过数学模型解得最优策略。但是,它只能为决策提供数量依据而不能以此决策。因为在建立数学规划模型过程中,总会有一些因素不能定量化,尤其是那些重要因素不能定量化时,更不能以此决策,因此这就必然受到一定的局限。

1. 盈亏平衡分析法(量本利分析法)

该法就是运用量、本、利之间的关系理论,研究决策方案的销量、生产成本与利润之间的函数关系的一种数量分析方法。盈亏平衡点就是总成本等于销售收入的点。在这个点上,产品没有利润,刚好保本,收支平衡。

$$\begin{cases} S = PQ \\ C = F + VQ \end{cases}$$
S——收入 P——价格 Q——销量
C——成本 F——固定成本 Q——产量

盈亏平衡点表示方法:

(1) 以产量 Q_0 表示:$PQ_0 = F + VQ_0$,$Q_0 = \dfrac{F}{P-V}$

(2) 以销售收入 S_0 表示:$Q_0 = \dfrac{F}{P-V}$

$$S_0 = PQ_0 = F/(1-VP)$$

(3) 以生产能力利用率表示:$E_0 = (Q_0/Q^*) \times 100\%$

其中,Q^* 表示设计生产能力。

(4) 以达到设计生产能力时的单价 P_0 表示:

$$P_0 Q^* = F + VQ^*, \quad P_0 = V + (F/Q^*)$$

例如,某产品市场销售价格为 10 元/件,其固定成本为 10000 元,变动成本为 5 元/件,试求其盈亏平衡点。又假定企业可以销售 5000 件,问企业的利润是多少?

解:根据公式:

(1) 盈亏平衡点 = 固定费用/单价 − 单位变动费用

$$= 10000/10 - 5$$
$$= 2000 (件)$$

(2) 利润＝（单价－单位变动费用）×销量－固定成本
　　　＝（10－5）×5000－10000
　　　＝15000（元）

(3) 盈亏平衡点结果分析：

根据以上计算结果，说明 2000 件是一个保本点，只有当销售量大于 2000 件时才有盈利；低于 2000 件，亏损无疑。

2. 线性规划方法

运筹学的思想在古代就已经产生了。但是作为一门数学学科，用纯数学的方法来解决最优方法的选择安排，却是在 20 世纪 40 年代才开始兴起。线性规划方法用于解决两类问题：

(1) 资源一定的条件下，力求完成更多的任务，取得好的经济效益。

(2) 任务一定的条件下，力求节省资源。

(二) 风险性决策方法

1. 期望值法

计算各方案的期望值，根据期望值比较并判断方案的优劣。

2. 决策树法

决策树法是风险型决策问题的一种基本决策方法，即用树状图来描述各种方案在不同自然状态下的收益，据此计算每种方案的期望收益，从而作出决策的方法。由于这种决策方法的思路如同树枝形状，因此称为决策树法。所谓决策树，是以一个树状图示来表示决策问题的各种可能性，并用一些符号表明各种不肯定事件可能发生的概率，在此基础上进行择优决策。

例如，某企业为了扩大某产品的生产，拟建设新厂。据市场预测，产品销路好的概率为 0.7，销路差的概率为 0.3。有三种方案可供企业选择：

方案一，新建大厂，需投资 300 万元。据初步估计，销路好时，每年可获利 100 万元；销路差时，每年亏损 20 万元。服务期为 10 年。

方案二，新建小厂，需投资 140 万元。估计销路好时，每年可获利 40 万元；销路差时，每年仍可获利 30 万元。服务期为 10 年。

方案三，先建小厂，3 年后销路好时再扩建，需追加投资 200 万元，服务期为 7 年，估计每年获利 95 万元。

哪种方案最好？画出该问题的决策树，如图 4-3 所示。图中的矩形结点称为决策点，从决策点引出的若干条树枝表示若干种方案，称为方案枝。圆形结点称为状态点，从状态点引出的若干条树枝表示若干种自然状态，称为状态枝。图中有两种自然状态：销路好和销路差，自然状态后面的数字表示该种自然状态出现的概率。位于状态枝末端的是各种方案在不同自然状态下的收益或损失。据此可以算出各种方案的期望收益。

方案一（结点①）的期望收益为：[0.7×100＋0.3×（－20）]×10－300＝340（万元）

方案二（结点②）的期望收益为：[0.7×40＋0.3×30]×10－140＝230（万元）

至于方案三，由于结点④的期望收益为：95×7－200＝465（万元），大于结点⑤

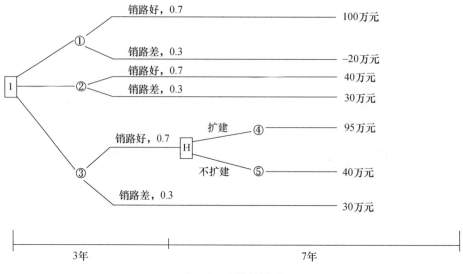

图 4-3 决策树模型

的期望收益：$40 \times 7 = 280$（万元），所以销路好时，扩建比不扩建好。结点③的期望收益为：$(0.7 \times 40 \times 3 + 0.7 \times 465 + 0.3 \times 30 \times 10) - 140 = 499.5$（万元）。

计算结果表明，在三种方案中，方案三最好。需要说明的是，在上面的计算过程中，没有考虑货币的时间价值，这是为了使问题简化，但在实际中，多阶段决策通常要考虑货币的时间价值。

（三）不确定性决策方法

该方法是在对决策问题的未来不能确定的情况下，通过对导致决策问题发生变化的各种因素的分析，估计有几种可能发生的自然状态，计算其损益值，按一定的原则进行选择的方法。

1. 大中取大法（运用乐观准则）

这种方法的出发点是假定决策者对未来的结果持乐观态度，总是假设出现对自己有利的状况。运用这种原则也可能得到损失最大的结果，因而称之为"冒险投机的原则"。大中取大法，即找出每个方案在各种自然状态下的最大损益值，取其中大者，所对应的方案即为合理方案，这种方法的决策目标是在最好的自然状态下获得最高的收益。该法也称冒险法。

2. 小中取大法（运用悲观准则）

这种方法的基本思想是假定决策者从每一个决策方案可能出现的最差结果出发，且最佳选择是从最不利的结果中选择最有利的结果。在决策者不知道各种自然状态中任何一种发生的概率的情况下，这种方法的决策目标是避免最坏的结果，力求风险最小。运用此法进行决策时，首先要确定每一可选方案的最小收益值，然后从这些最小收益值中选出一个最大值，与该最大值对应的方案就是决策所选择的方案。该法也称保守法。

3. 乐观系数法（运用折中准则）

折中准则是介于悲观准则和乐观准则之间的一个准则。其特点是对客观状况的估计既不完全乐观，也不完全悲观。该法采用一个乐观系数 α 来反映决策者对状态估计的乐观程度。如果偏于悲观，乐观系数值可取小一点。用乐观系数法进行决策时，选择各方案乐观期望值最大者作为决策方案。乐观期望值按下式计算：

$$乐观期望值 = 最高收益 \times \alpha + 最低收益 \times (1-\alpha)$$

该法也称折中法。

4. 最大后悔值最小化法（运用后悔准则）

在决策过程中，当某一种状态可能出现时，决策者必然要选择使收益最大的方案，但如果决策者由于决策失误而没有选择使收益最大的方案，则会感到遗憾和后悔。后悔准则也称遗憾准则，其基本思想就是尽量减少决策者的遗憾，使决策者不后悔或少后悔。在决策者不知道各种自然状态中任何一种发生的概率的情况下，这种方法的决策目标是避免较大的机会损失。运用此法进行决策时，首先要计算出各种方案在每种自然状态下的后悔值，然后确定每一可选方案的最大机会损失，最后在这些方案的最大机会损失中选出一个最小值，与该最小值对应的方案即是决策选择的方案。后悔值或机会损失值，是指在一定自然状态下由于未采用最好的行动方案，失去了取得最大收益的机会而造成的损失。后悔值等于该自然状态下最大损益值减去相应损益值。

5. 等可能准则法（运用等可能准则）

这种准则的思想在于将各种可能出现的状态"一视同仁"，即认为它们出现的可能性都是相等的，然后再按照期望收益最大的原则选择最优方案。

下面通过举例来介绍这些方法：

例如，某企业有四种新产品方案待选，估计销路和损益情况如表 4-4 所示，试分别用乐观准则、悲观准则、后悔准则、折中准则选择最优的产品方案。

表 4-4　损益值表（万元）

状态方案	A_1	A_2	A_3	A_4
最好状态 S_1	600	800	350	400
S_2	400	350	220	250
S_3	−150	−300	50	90
最差状态 S_4	−350	−700	−50	−100

解：

（1）小中取大法

采用这种方法的管理者对未来持悲观的看法，认为未来会出现最差的自然状态，因此不论采取哪种方案，都只能获取该方案的最小收益，并找出各方案所带来的最小收益，即在最差自然状态下的收益，然后进行比较，选择在最差自然状态下收益最大或损失最小的方案。

在本例中，A_1 方案的最小收益为 −350 万元，A_2 方案的最小收益为 −700 万元，A_3 方案的最小收益为 −50 万元，A_4 方案的最小收益为 −100 万元，经过比较，A_3 方案的最小收益最大，所以选择 A_3 方案。

(2) 大中取大法

采取这种方法的管理者对未来持乐观的看法，认为未来会出现最好的自然状态，因此不论采取哪种方案，都能获取该方案的最大收益。采用大中取大法进行决策时，首先计算各方案在不同自然状态下的收益，并找出各方案所带来的最大收益，即在最好自然状态下的收益，然后进行比较，选择在最好自然状态下收益最大的方案。

在本例中，A_1 方案的最大收益为 600 万元，A_2 方案的最大收益为 800 万元，A_3 方案的最大收益为 350 万元，A_4 方案的最大收益为 400 万元，经过比较，A_2 方案的最大收益最大，所以选择 A_2 方案。

(3) 最大后悔值最小化法

管理者在选择了某方案后，如果将来发生的自然状态表明其他方案的收益更大，那么他（或她）会为自己的选择而后悔。最小最大后悔值法就是使后悔值最小的方法。采用这种方法进行决策时，首先计算各方案在各自然状态下的后悔值（某方案在某自然状态下的后悔值=该自然状态下的最大收益－该方案在该自然状态下的收益），并找出各方案的最大后悔值，然后进行比较，选择最大后悔值最小的方案。

由表 4-4 可以看出，A_1 方案的最大后悔值为 300 万元，A_2 方案的最大后悔值为 650 万元，A_3 方案的最大后悔值为 450 万元，A_4 方案的最大后悔值为 400 万元，经过比较，A_1 方案的最大后悔值最小，所以选择 A_1 方案。

(4) 乐观系数法

采用一个乐观系数 α 来反映决策者对状态估计的乐观程度（乐观系数＝0.2，悲观系数＝0.8）。

乐观期望值＝最高收益×α＋最低收益×（1－α）。

经计算，A_1 方案的乐观期望值为－160，A_2 方案的乐观期望值为－400，A_3 方案的乐观期望值为 30，A_4 方案的乐观期望值为 0。经过比较，A_3 方案的乐观期望值最大，所以选择 A_3 方案。

表 4-5 非确定型决策方法举例

状态方案	A_1	A_2	A_3	A_4	最大值
最好状态S_1	600	800	350	400	800
S_2	400	350	220	250	400
S_3	－150	－300	50	90	90
最差状态S_4	－350	－700	－50	－100	－50
等可能性法 每种状态的概率为 0.25	125	37.5	142.5	160	
保守法（列最小值）	－350	－700	－50	－100	
冒险法（列最大值）	600	800	350	400	
折中法（乐观系数＝0.2，悲观系数＝0.8）	－160	－400	30	0	

（续表）

状态方案		A_1	A_2	A_3	A_4	最大值
最大后悔值最小化法	后悔值	200 0 240 300	0 50 390 650	450 180 40 0	400 150 0 50	
	最大后悔值	300	650	450	400	

三、决策支持系统

1. 决策支持系统的基本概念

决策支持系统（decision support system，DSS）是一个交互式的基于计算机的系统，它利用数据库（DB）、模型库（MB）和方法库（AB）以及很好的人机会话部件和图形部件，帮助决策者进行半结构化和非结构化决策的所有过程。该定义的要点是：

（1）以有效性为主要目标。电子数据处理 EDP 和管理信息系统 MIS 为决策者提供了高效率的信息处理工具和技术，对于提高数据处理的速度和节省人力起了很好的作用。但这两种系统对于如何提高决策的正确性和效果则考虑很少。"高效率"不等于"高效益"，只有在"高效益"的前提下讲"高效率"才有意义。

（2）支持决策的全过程。DSS 要按照决策者的意志，在不同的决策阶段提供不同的支持，即支持决策的全过程。

（3）是支持而不是代替。DSS 要能够支持半结构化或非结构化决策问题。这类决策含有大量的不确定因素，无确定的求解模式，不能清楚地描述，需要反复通过人机对话，发挥决策者的主观能动作用、经验和智慧。DSS 对决策者只能起"支持"和"辅助"作用，永远不能代替决策者的重要思维和最终判断。决策者的主观能动作用、经验、智慧和判断在决策中将永远起主导作用。

（4）用户驱动（user driven）。DSS 是一种用户驱动的动态系统，用户应当参与系统开发和使用的全过程。系统应对用户的要求和环境变化具有快速响应能力，在此意义上，人们称 DSS 为一种自适应系统。

（5）模型驱动（model driven）。DSS 是一种模型驱动程序，模型库和模型管理系统是 DSS 软件系统的核心。可利用系统的模型构造语言、构造新模型，进行模型修改、删除、编目、存取等操作。DSS 的所有分析设计和运行都是以决策模型为主要依据。

（6）智能模型。DSS 是一种具有智能作用的计算机系统，不仅能有效地利用原有的数据、模型、方法和知识，而且还可以生成新的数据、模型和方法。这是 DSS 的重要特征之一。

2. 决策支持系统的基本功能

（1）及时收集、整理、存储和提供本系统与决策过程有关的各种数据。例如，物资入库出库、库存及物资合同、财务结算等方面的动态数据。

（2）收集、整理、存储并提供本系统之外的与决策过程相关的信息。例如，物资市场的货源、价格、用户需求等信息。

(3) 存储并提供所需要的各种辅助决策模型。例如，市场预测模型、经济订货批量模型、财务分析模型等。

(4) 对系统所使用的数据、模型、方法进行组织、维护和管理。例如，根据用户的需要，能方便地变更数据模式，增删或修改模型和使用方法。

(5) 具有较强的数据处理能力，能够在所要求的时间内，灵活地运用模型和方法对数据进行分析、汇总和加工，以获得综合的数据和预测信息。

(6) 帮助明确决策目标，建立或修改模型，提供各种备选方案，并对方案进行评价和优选。

(7) 在原有数据、模型和方法的基础上，再生成新的数据、模型和方法。

(8) 提供方便的人机对话接口和图形输出功能，具有良好的数据传输能力，以保证及时准确地把所需的数据和信息提供给决策者。

3. 决策支持系统的类型

讨论决策支持系统的分类，有利于了解决策支持系统的应用领域和不同决策支持系统的特点。关于决策支持系统的分类方法，大致有以下几种：

(1) 根据问题结构可分为结构型、非结构型决策支持系统；

(2) 根据决策功能可分为产品开发、市场销售、经费使用等决策支持系统；

(3) 根据决策层次可分为战略规划、管理控制、操作运行决策支持系统；

(4) 根据模型化方法可分为模拟、最优化决策支持系统；

(5) 根据计算机处理方式可分为交互式、批处理决策支持系统。

4. 决策支持系统的结构组成

就 DSS 本身而言，它由软件、硬件和使用它的用户等部分组成。从软件角度看，一个决策支持系统由人机接口子系统、数据库子系统、模型库子系统、方法库子系统组成。图 4-4 表示 DSS 的结构模式及各部分之间的关系。

5. 决策支持系统的应用和发展

自从 DSS 开发以来，它逐渐成为一种正规的、普遍使用的信息系统，其软件和硬件已进入市场，进而商品化和通用化。从所支持的对象来看，DSS 广泛地用于宏观控制决策、中长期规划决策、企业生产计划与财务管理决策、系统开发决策、经济分析和规划决策、资源管理决策、投资规划决策等方面。DSS 在不断的开发和应用中得到发展和扩充，并得到更深层次的挖掘。

(1) 群体决策支持系统（GDSS）。GDSS 支持一群人（董事会、厂长会、特殊任务班子、远程工作组等决策团体）的决策活动。为保证群体的决策，系统要有较好的通信条件和多用户的实时系统，有的还要具备大型图形显示系统。目前，分布式系统应用较普遍，即决策者可以利用共享的模型库和数据库，也可以拥有自己专用的模型库和数据库。

(2) 智能决策支持系统（IDSS）。由于传统的决策支持系统对非结构化决策支持突破甚少，因而，人们开始了对智能决策支持系统的研究。美国学者 Hill 指出：IDSS 的"智能"主要体现为"深度知识库"。所谓深度知识，指的是更抽象、更基础的知识，

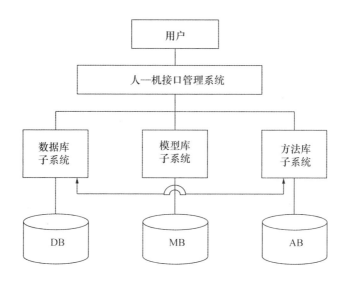

图 4-4　DSS 的结构模式及各部分之间的关系

也可以说是知识的知识。例如，牛顿第二定律是弹道轨迹的深度知识。构建在深度知识库基础上的 DSS 将形成 IDSS。DSS 的长期发展趋势将依赖于先进的人工智能硬件和软件的发展。这方面，重要的目标之一是开发自然会话语言，使机器能够理解人的语言，实现人机自然语言交互。

（3）DSS 与专家系统集成。DSS 与专家系统（ES）的集成是一个令人感兴趣的发展方向。专家系统是一种拥有大量专家知识和经验的计算机智能系统。它利用人工智能技术，根据专家知识和经验进行推理和判断，模拟专家进行决策的过程来解决复杂的问题。ES 引入 DSS 将增强 DSS 的推理能力和对专家知识的有效利用。在总体目标上，DSS 和 ES 都在寻求强化决策技能，提高决策质量。DSS 通常用于回答"What if"一类的问题，而 DSS 与 ES 的结合能够回答"Why"一类的问题。

（4）DSS 与办公自动化（OA）的集成

提高决策支持能力是办公自动化发展的一个重要方向。DSS 与 OA、管理信息系统（MIS）之间存在着密切的联系，即互相交叉、渗透和支持。DSS 利用 OA 和 MIS 加工、处理各种数据和信息，帮助决策者分析和处理问题，提供决策支持。MIS 侧重于数据的存储、加工和提供；DSS 侧重于分析模型的生成和运用；对于 OA 来说，两者都是必需的，同时还要有较强的文档处理和行政管理能力，进而提高办公室的工作效率和效益。

本 章 小 结

- 决策（decision making）是组织或个人识别并解决问题以及利用机会的过程，是指决策者个人或群体旨在充分利用资源来解决问题或把握机会，识别、选择和实施行动方案的过程。决策是发现问题和机会，然后加以解决的过程。决策与决定区别如下：决定（decision）是在众多不同方案中进行一种选择，是一瞬间的活动，而决策的制定是一个过程，并非简单选择方案的行为。决策是一个管理者发现问题、认识问题、解决问题的过程，包括作出抉择前后必须进行的一切活动，如调查研究、确定目标、拟订方案、分析比较、作出选择、贯彻执行、追踪反馈、总结评价等。

- 西蒙的思想采用四阶段分类方法，对于非程序化决策而言，决策过程更具有应用价值，决策者几乎需要利用整个过程；而程序化决策因其可以通过规则或政策加以解决，因而没有必要投入很多时间制定和评价、选择行动方案。决策过程分为个四阶段：（1）诊断问题、识别机会；（2）确定目标、拟订方案；（3）评价方案、选择方案；（4）实施方案、反馈结果。

- 决策模型发展至今已经变得丰富多样：古典或理性决策模型是建立在经济人性假设基础之上。管理者期望作出的决策在经济上是明智的，能够为组织带来最大的经济利益。权变模型描述了在比较困难的情况下——如非程序化决策、不确定性决策——管理者实际上是如何进行决策的。大量的管理决策不可能进行量化处理，没有规范的程序可以遵循。即使他们想作出理性的、合乎经济原则的决策，往往也是难以做到的。

- 从总体上讲，可以把决策分为程序化决策与非程序化决策两大类型。程序化决策（programmed decision）所解决的问题是在组织内经常、反复出现的例常性问题或结构良好问题。它为解决重复性问题确定例行方法。程序化决策的指南包括程序、规则和政策。非程序化决策（nonprogrammed decision）所解决的问题是结构不良问题。一般地，管理者所处的层级越高，越将面临结构不良问题。然而，在现实管理决策中，完全程序化或完全非程序化决策很少，它们之间没有明显的分界线。采用程序化决策有利于提高组织效率。只要有可能，管理决策都应当程序化。尽管决策活动复杂多样，不同的决策各具特点，但是任何决策都离不开行动方案和决策结果。

- 决策方法主要涵盖定性决策方法与定量决策方法两类：定性决策方法也称决策软技术，其实质在于充分发挥人们的潜在能力和创造性，因而对解决因素比较复杂的综合性决策问题具有重要作用。常用的有头脑风暴法、名义群体法、德尔菲法、戈登法、形态分析法、特别列举法、侧向法、经营单位组合法和政策指导矩阵等。定量决策方法包括确定性决策方法（是在未来自然状态为已知条件下的决策，即每个行动方案达到的效果可以确切地计算出来，从而可以根据决策目标作出肯定抉择的决策）、风险性决策方法（期望值法与决策树法）与不确定性决策方法（在对决策问题的未来不能确定的情况下，通过对导致决策问题发生变化的各种因素的分析，估计有几种可能发生的自然状态，计算其损益值，按一定的原则进行选择的方法）。

- 决策支持系统（DSS）是一个交互式的基于计算机的系统，它利用数据库（DB）、模型库（MB）和方法库（AB）以及很好的人机会话部件和图形部件，帮助决策者进行半结构化和非结构化决策的所有过程。而群体决策支持系统（GDSS）支持一群人（董事会、厂长会、特殊任务班子、远程工作组等决策团体）的决策活动。为保证群体的决策，系统要有较好的通信条件和多用户的实时系统，有的还要具备大型的图形显示系统。目前，分布式系统应用较普遍，即决策者可以利用共享的模型库和数据库，也可以拥有自己专用的模型库和数据库。

□ 关键术语

决策（decision）
非程序化决策（non-programmed decision）
程序化决策（programmed decision）
结构性问题（structural problem）
非结构性问题（unstructured problem）
有限理性（bounded rationality）
知觉（consciousness）
确定性（certainty）

风险性（risk）
不确定性（uncertainty）
德尔菲法（delphi method）
头脑风暴法（brainstorming method）
盈亏平衡分析法（break-even analysis）
决策树法（decision tree method）
决策支持系统（decision support system）
群体决策支持系统（group decision support system）

复习题

1. 简述决策在管理工作中的作用。
2. 决策者的理性限制表现在哪些方面？
3. 何谓乐观准则、悲观准则、后悔准则？
4. 决策过程包括哪几个阶段？
5. 简述程序化决策、非程序化决策并举例说明。
6. 如何将不确定性决策转化为确定性决策？
7. 如何应用德菲尔法作决策？
8. 确定性决策、风险性决策、非确定性决策有何区别？
9. 群体决策为什么会受到人们的重视？群体决策有哪些优缺点？

自我评估　▷ 测一测：你的决策能力如何？

决策能力是指根据既定目标认识现状、预测未来、决定最佳行动方案的能力。对于一位优秀的领导者而言，无疑需要具备多方面的卓越能力。相比其他各项能力来说，决策力是重中之重。想知道你是否具有好的决策力吗？做完下面的测试你就会知道了。

1. 你的分析能力如何？
○ A. 我喜欢通盘考虑，不喜欢在细节上考虑太多
○ B. 我喜欢先做好计划，然后根据计划行事
○ C. 认真考虑每件事，尽可能地延迟应答

2. 你能迅速作出决定吗？
○ A. 我能迅速作出决定，而且不后悔
○ B. 我需要时间，不过我最后一定能作出决定
○ C. 我需要慢慢来，如果不这样的话，我通常会把事情搞得一团糟

3. 进行一项艰难的决策时，你有多高的热情？
○ A. 我作好了一切准备，无论结果怎样，我都可以接受

- B. 如果是必须的，我会做，但我并不欣赏这一过程
- C. 一般情况下，我都会避免这种情况，我认为最终都会有结果

4. 你有多恋旧？
- A. 买了新衣服，就会捐出旧衣服
- B. 旧衣服有感情价值，我会保留一部分
- C. 我还有高中时代的衣服，我会保留一切

5. 如果出现问题，你会：
- A. 立即道歉，并承担责任
- B. 找借口，说是失控了
- C. 责怪别人，说主意不是我出的

6. 如果你的决定遭到了大家的反对，你的感觉如何？
- A. 我知道如何捍卫自己的观点，而且通常我依然可以和他们做朋友
- B. 首先我会试图维持大家之间的和平状态，并希望他们能理解
- C. 这种情况下，我通常会听别人的

7. 在别人眼里你是一个乐观的人吗？
- A. 朋友叫我"拉拉队长"，他们很依赖我
- B. 我努力做到乐观，不过有时候，我还是很悲观
- C. 我的角色通常是"恶魔鼓吹者"，我很现实

8. 你喜欢冒险吗？
- A. 我喜欢冒险，这是生活中比较有意义的事
- B. 我喜欢偶尔冒冒险，不过我需要好好考虑一下
- C. 不能确定，如果没有必要，我为什么要冒险呢

9. 你有多独立？
- A. 我不在乎一个人住，我喜欢自己作决定
- B. 我更喜欢和别人一起住，我乐于作出让步
- C. 我的配偶作大部分的决定，我不喜欢参与

10. 让自己符合别人的期望，对你来讲有多重要？
- A. 不是很重要，我首先要对自己负责
- B. 通常我会努力满足他们，不过我也有自己的底线
- C. 非常重要，我不能贸然失去与他们的合作

计分与解释：

- **24分以下：差。** 你现在的决策方式将导致"分析性瘫痪"，这种方式对你的职场开拓来讲是一种障碍。你需要改进的地方可能有下列几个方面：太喜欢取悦别人、分析性过强、依赖别人、因为恐惧而退却、因为障碍而放弃、害怕失败、害怕冒险、无力对后果负责。测试中，选项A代表了一个有效的决策者所需的技巧和行为。做一个表，列出改进你的决策方式的办法，同时，考虑阅读一些有关决策方式的书籍或咨询专业顾问。

- **25—49分：中下。** 你的决策方式可能比较缓慢，会影响你的职场开拓。你需要改进的地方可能是下列一个或几个方面：太在意别人的看法和想法、把注意力集中于别人的观点之上、作决策时畏畏缩缩、不敢对后果负责。这就需要你调整自己的心态，并做一个表列出改进你的决策方式的办法。

- 50—74 分：一般。你有潜力成为一个好的决策者，不过你存在一些需要克服的弱点。你可能太喜欢取悦别人，或者你的分析性太强，也可能你过于依赖别人，有时还会因为恐惧而止步不前。要确定自己到底在哪些方面需要改进，你可以重新看题目，把你的答案和选项 A 进行对照，因为选项 A 代表了一个有效的决策者所需要的技巧和行为。做一个表，列出改进你的决策方式的办法。
- 75—99 分：不错。你是个十分有效率的决策者。虽然有时你可能会遇到思想上的障碍，减缓前进的步伐，但是你有足够的精神力量继续前进，并为你的生活带来变化。不过，在前进的道路上你要随时警惕障碍的出现，充分发挥你的力量，这种力量会决定一切。
- 100 分：很棒。你的决策方式对于你的职场开拓是一笔真正的财富。

心理评析：

决策能力是指根据既定目标认识现状、预测未来、决定最优行动方案的能力，是管理者的素质、知识结构、对困难的承受力、思维方式、判断能力和创新精神等在决策方面的综合表现。

美国著名管理学家西蒙曾经说过这样一句名言："管理就是决策"。

无独有偶，现代企业管理之父德鲁克也说："不论管理者做什么，他都是通过决策进行的。"德鲁克甚至断言："管理始终是一个决策的过程。"

案例
巨人的困境

1991 年春，珠海巨人新技术公司诞生时，史玉柱宣布："巨人要成为中国的 IBM，东方的巨人。"然而，仅仅 6 年之久，即 1996 年底，巨人集团的产量全面萎缩，员工停薪两个月，大批骨干陆续离开，巨人集团陷入困境。分析巨人危机的原因，主要有以下几个方面：

一、管理虚弱

可以说巨人集团从 1989 年到 1992 年的腾飞是靠创业精神支撑发展起来的。遗憾的是，在企业迅速发展的过程中，却没有相应建立起完善的企业制度和科学的管理体系。随着资产规模的急剧膨胀，巨人集团管理上的隐患也日益暴露，整个集团的管理浮躁而混乱。史玉柱曾有一个形象的比喻："一个运动员接受超极限的训练，必然伤痕累累。"

实际上，在产业多元化初期，史玉柱就意识到了公司的管理隐患，他在公司 1994 年元旦献辞中说："我们创业时的管理方式，如果只维持几十人状态，不会有问题。但现在的管理系统，不可能运作规模更大的公司。巨人公司正向大企业迈进，管理必须首先上台阶"；并直截了当地指出集团当时存在的问题，即创业激情基本消失、出现大锅饭机制、管理水平低下、产品和产业单一以及市场开发能力停滞。但是，仅仅意识到问题，而不能发现问题之症结所在，并从根本上找到解决问题的办法，企业仍然会向危险的境地继续滑坡下去。巨人集团在规模迅速膨胀的同时，内部管理虚弱。原本就薄弱的管理基础，再加上领导体制、决策机制、企业组织、财务控制、员工管理等诸多方面都不能适应集团发展的需要，企业陷入困境只是早晚的事。

二、缺乏资本运作的经验，不能有效地利用财务杠杆

房地产业必须有坚实的金融资本做后盾。但令人瞠目的是，巨人大厦从 1994 年 2

月动工到 1996 年 7 月，未申请过一分钱的银行贷款，全凭自有资金和卖楼的钱支持。到 1996 年下半年，资金紧张时，由于缺乏与银行的信贷联系，加上正赶上国家宏观调控政策的影响，巨人陷入全面金融危机。巨人将银行搁置一旁的理由是以为可以依靠生物工程方面源源不断的销售回款来支持大厦的建设资金，认为"账上的钱花都花不完"。1996 年下半年，巨人大厦急需资金。史玉柱作出了抽调生物工程的流动资金，去支撑巨人大厦建设资金的决定，把生产和广告促销的资金全部投入大厦的建设，结果生物工程一度停产。从资金运作角度看，史玉柱犯了大忌。

三、缺乏科学决策体系和权力约束机制

史玉柱曾经成功地将知识转化成商品，又变成资本，但他却没有把巨人变为一个现代企业。当史玉柱的产业越做越大时，自己倍感驾驭庞大集团的吃力。1994 年初，巨人集团发生管理危机，史玉柱曾宣布从管理第一线上退下来，请北大方正集团总裁楼滨龙出任巨人集团总裁，公司实行总裁负责制。但实际上，企业决策体系并没有从根本上改变。巨人显露危机后，种种矛盾全部聚积于史玉柱一身。史玉柱后来反思道："巨人没有及早进行股份化，直接的损失是最优秀的人才流失。更严重的后果是，在决策时没人能制约我，以致形成家长制的绝对权威，导致我的一系列重大决策失误。"

巨人集团也有董事会，但形同虚设。史玉柱手下的几位副总都没有股份，在集团讨论重大决策时，他们很少坚持自己的意见，也无权干预史玉柱的错误决策。因此，在巨人集团的高层没有一种权力制约，巨人集团实行的是"一个人说了算的机制"。

对于巨人集团的危机，史玉柱承认两点：一是决策失误，摊子铺得太大；二是管理不善，经营失控。显而易见，目前，中国民营企业已进入内部机制变革的时代，它们必须痛苦地告别一人包打天下的时代。

资料来源：于超：《"巨人"的困境》，载《常州日报》2010 年 2 月 2 日。

[问题]

1. "巨人"遇到了哪些困境？
2. 如何制定高层管理者决策时的权力约束机制？有哪些具体手段？

第三篇 纵向管理篇

DI SAN PIAN

马克斯·韦伯的官僚制将组织带入法理型时代，这种强调规则、命令链、效率的理性管理思潮背后，诞生了计划、组织、领导和控制的组织管理流程。在韦伯的官僚制下，组织通常以"垂直的"、分层式的形式组织起来，我们将这种组织看作是等级组织。而基于等级组织的一套正式任务和正式请示汇报关系的管理方式则称为纵向管理。

第五章
韦伯和官僚制下的组织

> 管理最核心的内容应当是组织的存在（创立）依据、规则的制定、校验、执行和修订。
>
> ——马克斯·韦伯

第一节 官僚制的理论概念

"官僚制"（bureaucracy），又称为科层制，是一个有着强烈情感色彩的词汇，有关官僚制的争论从未停止过。将其视为贬义的人总是认为，官僚制意味着机构庞大臃肿、权利高度集中、缺乏活力、冷漠地执行着规则的组织。但官僚制组织中令人惊讶的分工、高效运作体系又常常使得其难以被现代社会所抛弃。因而，官僚制背后到底有怎样的发展历史，又有怎样的运作机制让管理者对其又爱又恨，值得我们进行深入的讨论。

真正将官僚制引入学术领域，并引发大量讨论的是马克斯·韦伯（Marx Weber）。韦伯是德国政治经济学家、社会学家、哲学家，曾先后在柏林洪堡大学、维也纳大学和慕尼黑大学等任教，他的主要作品关注于政治、宗教伦理和经济等方面。而他对官僚制的理论阐述，则主要体现于《重组的德意志中的议会和政府》和《社会与经济组织理论》两部著作中。本章在对其他理论进行简单的介绍后，重点介绍韦伯的官僚制理论及官僚制的优缺点。

一、官僚制概念的界定

有关"官僚制"的起源一直众说纷纭，有些西方学者认为，"官僚制"起源于14世纪的法国，当时皇帝派官员去地方巡查时，地方行政官吏参见官员时用的专室，称为官局（bureau），而在官局奉职的人就是官僚（bureaucrat）。[①] 但是最早将官僚制命名为政府行政体制的是法国人蒙西尔·德·古尔内（Monsieur M. de Gournay）。古尔内是按照古希腊的经典政体分类法，将官僚制当做与君主制、贵族制和民主制相

---

① 参见〔美〕蓝志勇：《行政官僚与现代社会》，中山大学出版社2003年版，第3页。

对等的一种新的政体类型。尽管这一分类方式颇为粗率，但却是对官僚制概念的重要革新。

1789年，《法兰西学院词典》收入"官僚制"一词，并将其解释为"政府机关的影响，也指一种机关不因需要而膨胀的统治形态"；在《欧洲与革命》一书中，戈雷斯把官僚制视为与现役军队相似的文职机构，以纪律、提升、集体荣誉和集权制等原则为基础，以行政技术去填补统治者和被统治者之间因缺乏信任而造成的断裂，从而成为处理国务的原则。这部分人奉行服从原则，聚集在一起，其"价值不是来自他们自身，而是来自其地位"。

正如前面所说，随着官僚制的不断发展，18世纪后期到19世纪，欧洲学者们逐渐看到官僚制的"二元特性"，他们一方面意识到官僚制开始限制国家行政的发展，对其发展表现出深深的忧虑，但另一方面又不得不承认官僚制在处理国家日常事务中展现出的惊人力量。巴尔扎克在其小说《公务员》中即对官僚组织的"二元特性"进行了描述，在他看来，"官僚制"既是挥舞着巨大权力的"侏儒"，但在当前的政治体制下却又不可或缺。

此外，弗里尔·冯·斯坦因（Freiherr von Stein）在其研究中指出官僚政治机构的四个特点：一是有薪金保证的工作使得内部人数有增无减；二是沉迷书本知识使他们远离现实；三是对构成国家的任何公民阶级都毫无依赖，他们自身形成官吏等级集团；四是由于没有产业，所以不管风雨变幻，税额增减，不管悠久的权利被破坏还是被保持，他们都稳坐钓鱼台。可见斯坦因对官僚机构的嘲讽和鄙夷。到了20世纪，英国社会学家马丁·阿尔布罗（Matin Albrow）在其《官僚制》一书中，则从七个角度对官僚制的内涵进行了解读：官僚制即理性组织、官僚制即组织低效率、官僚制即官员的统治权力、官僚制即公共行政体制、官僚制即官员制、官僚制即行政组织、官僚制即现代社会。弗里特兹·M.马克斯（Fritz Morstein Marx）在其《行政国家：官僚制导论》一书中指出，"行政国家"权利结构下的组织机构会有"三种原则不可避免地多次碰撞"：第一原则是"权利或等级制度"；第二原则是"建议的原则"；第三原则是"对所采取的行动负责"。这三种原则即是官僚组织内部运行逻辑的一个表现。

从以上对官僚制内涵的研究中可以看出，大多数学者将官僚制与政府、机构相连，强调官僚组织的理性、等级、责任等特征，但也不乏对其内部流程机械、机构臃肿以及人浮于事的嘲讽。尽管如此，有一个事实必须正视，那就是，随着社会的发展，如今各国的官僚体系已经日益成为政府的核心，越来越体现出其内涵在现代政府中不可或缺的重要性。因而，本书主要将现代官僚制定义为：借助规章制度、分级结构、明确的劳动分工以及细致的工作程序的管理。

二、官僚制相关理论研究

（一）莫斯卡

加埃塔诺·莫斯卡（Gaetano Mosca），意大利著名学者，被誉为"意大利政治科学之父",他对"行政国家""统治阶级"的论述对后来的研究产生了重要影响。莫斯卡关于官僚制问题研究的代表作是其1895年发表的《统治阶级》一书,他区分了封建制和官僚制的不同,并内在包含了由"人治"转为"法治"的思想。莫斯卡提出,封建制国家中,统治阶级结构简单,每一位成员都能行使经济的、司法的、行政的或军事的职能,对被统治阶级运用直接的个人权威。但是在官僚制国家中,这些职能被严格地区分开来,并成为统治阶级不同部门的专门活动,国民财富的一部分被用于领薪的官员们。莫斯卡的论述体现了对官僚制内在特点的分析,在他看来,官僚制意味着一个公共官僚机构,① 一个"领薪职员的组织"。

(二)古尔德纳

阿尔文·W. 古尔德纳(A. W. Gouldner),美国社会学家,在社会学研究上具有突出贡献。他通过彻底的、直接的现场观察,提出了组织分析理论。

古尔德纳指出,该组织起初非常松散,通过无规则的习惯做法实施管理。但伴随着新技术的引进,带来了机械化的规则,监督也随即变得严格起来,这些变化就开始侵害从前"随意的习惯做法"。工人们开始对机械表现出敌意,发生罢工。为了解决由于罢工而引发的一系列问题,公司和工会经过数周的会谈,最终达成妥协,签署了协议事项。作为结果,这些协议事项导致了对权限的明确化及限制、等级制度体系的集中化、依据正式的规则建立沟通渠道、在作业集团内部确立适当的非个人关系等。②

古尔德纳的研究体现了罢工结果所带来的组织官僚制化现象。随即也有学者表示了对该观点的反对,但无论如何,古尔德纳从劳工关系角度对官僚制的思考仍然值得借鉴。

(二)彼得·布劳和马歇尔·梅耶

彼得·布劳(Peter M. Blau)和马歇尔·W. 梅耶(Marshall W. Meyer)在《现代社会中的官僚制》一书中提出,官僚制其实早在数千年前的古埃及和古罗马就存在,庞大的国家规模和大量的行政问题的出现,推动了官僚制的发展。布劳和梅耶还指出,官僚组织存在的历史条件之一就是货币经济的发展。货币经济允许定量计算收入和支出,也允许支付现金报酬,因此,在官僚结构中具有持久性和可预见性。除此之外,支持官僚制化的另一个历史条件是大众教育。教育制度试图培养拥有多种知识的"有教养"的人,因而有利于培植现代官僚。他们认为,现代国家有千百万公民,有庞大的军队、大型企业、工会组织和无数志愿团体,大规模组织要求官僚制化,大规模行政所提出的问题趋于导致官僚制化,致使当代社会官僚制成为一种主要制度。③

因而,尽管"官僚"一词通常被看作"无效"的同义词,但在布劳和梅耶的论述中,也能看到其对官僚制背后"无情的效率"的肯定。

---

① 参见谭融:《西方国家官僚制比较研究》,中国社会科学出版社2013年版,第36页。
② 参见〔日〕佐藤庆幸:《官僚制社会学》,朴玉、苏东花、金洪云译,三联书店2009年版,第188页。
③ 参见谭融:《西方国家官僚制比较研究》,中国社会科学出版社2013年版,第41页。

第二节　韦伯及其官僚制内涵

尽管在韦伯之前，莫斯卡、米歇尔斯等人就研究过官僚制，但真正使官僚制成为学术上争论的焦点的人是德国的社会历史学家马克斯·韦伯。韦伯立足于西方独特的理性主义来审视官僚制，在他看来，理性官僚制是与封建的"世袭官僚制"完全不同的制度，因为它所依赖的是具有自由身份的、以契约关系为基础的任命者。

大体上看，韦伯对官僚制的分析可分为以下几个层次：（1）官僚制的历史和技术（行政）因素，尤其是在西方文明中；（2）法治对官僚机构职能运作的影响；（3）官僚作为一个地位团体，其职业地位和典型的个人取向；（4）现代官僚制特别是官僚政府制最重要的属性和影响。

一、韦伯的官僚机构及其官员

韦伯指出，在实行法治的地方，官僚机构受下列原则支配：

（1）公务处理具有一贯性。

（2）公务要依据固定的规则由一个行政机构来履行，此机构必须具有三个彼此相关的属性：一是每个官员负责的某类工作任务，根据与个人无关的一般性准则划定；二是官员被授予履行其职责所必需的权力；三是官员拥有的强制手段受严格限制，关于在哪些情况下他们可以合法使用这些手段，有明确的规定。

（3）每个官员的职责和权力，都是总权威的某个层次的一部分。高级职务被赋予监督的责任，低级职务有权上诉。然而，监督的范围和合法上诉的条件因地而异。

（4）在履行公务时，官员和其他行政雇员并不拥有必要的财力，而是负责使用这些财力。公务和私事、国家收入与个人财产是严格分开的。

（5）任职者对其职务不得像可以买卖和继承的私产那样利用（这并不排除任职者应享有的各种权利，如领取养老金、不会无故被惩罚和解雇等，但这些权利至少在原则上只是激励更好地履行职责，并不是财产权利）。

（6）履行公务时以书面文件为依据。

在法治型统治下，官员的职业地位和个人取向必然受行政机构影响，所以法治型统治下官僚机构的官员具有以下特征：

（1）他本人是自由的，根据契约得到任命。

（2）他只按照与个人无关的条例行使被授予的权力，是否忠诚要看他是否忠于职守。

（3）他的任用和职位取决于他的专业素质。

（4）他的行政工作是专职工作。

（5）他的工作以定期工资为酬劳，并在终身任期内有正常晋升的前景。

韦伯认为，这样的机构在技术上优于其他管理形式，就像机器生产优于非机械手段一样。在精确性、速度、明确性、文件记录的知识、慎重性、运作一致性、从属体系以及减少摩擦等方面，官僚制都胜过荣誉性和非专业化的行政制度。

二、韦伯官僚制的特征

官僚管理为整个组织如何运行勾勒蓝图，因而韦伯的官僚组织主要包括以下七个特征：正式的准则、非人格化、劳动分工、分级结构、权威结构、终生雇佣和理性。所有这些特征构成了一种正式并且有些刻板的管理方法。

(1) 正式的准则。韦伯指出，组织活动是由一些固定不变的抽象规则体系来控制的，这个体系包括在各种特定情形中对规则的应用。设计制定这样的规则体系，是为了保证不管多少人从事某项工作，其结果都能一致，而且不同的工作之间能得到协调。这种准则的形成为组织提供了达到其目标所必需的纪律。如果不考虑员工个人需求，遵守准则将保证程序和操作的一致性以及组织的稳定性。

(2) 非人格化，是指组织的规章制度是组织中每个人都必须遵守的，不受个人情感和个人背景影响。尽管"非人格化"也有消极的含义，但是韦伯认为这种方法能够保证所有员工得到公平对待——一个非人格化的上级不会让主观的想法或者情绪影响下属的评价。

(3) 劳动分工，是指把各种工作分解成简单、常规化并且明确的各项任务，明确规定每个人的权利和责任。劳动的明确分工有可能为每个特定的岗位雇用受过专门训练的专家，并使每个人负责有效地履行各自的职责。例如，在麦当劳（McDonald's）和温迪（Wendy's）这类快餐店，企业一年的员工流动率能达到150%。由于劳动分工很细，对于许多快餐店的工作，即使不熟练的员工也能胜任，一学就会，所以这一行业的高员工流动率不大可能引起严重的服务问题。

(4) 分级结构，是根据每个职位所拥有的权威（作决定的权力）大小进行高低排序。在典型的分级结构中，权威随着等级的上升而逐渐增加，直到最高层。处于低层职位的人要受高层职位的人控制和指导。例如在美国Caliper公司，光学专业的员工就要向芯片制造生产部门的经理汇报工作，而生产经理又要向产品开发部副总汇报工作。根据韦伯的研究，一个设计良好的分级结构通过对组织中人员之间的关系作出明确规定，能够很好地控制员工的行为。

(5) 权威结构。基于准则、非人格化、劳动分工和分级结构的体制也是与权威结构密不可分的。权威结构指的是在组织中不同层级的人对有着不同重要性的问题有决定权。

(6) 终身雇佣。在科层管理体系中，雇佣被视为终身雇佣，也就是说在雇员的整个工作生涯中，雇员和组织都将彼此委托给对方。传统上，亚洲的企业，如日本电气公司（NEC）、三星公司（Samsung）以及丰田公司（Toyota）等，在雇用重要员工时，都期望和他们签订永久雇佣合同。一般来说，只要员工在技术上能够胜任其工作，并且表现也令人满意，那么终身雇佣就意味着职业保障。入职要求，如教育背景和工作经验，保证了雇用是根据资历，而不是关系。组织通过职业保障、终身职位、逐步加薪以及退休金等确保员工在他们的职位上能够满意地工作。当员工表现出能胜任更高职位的能力时就可以得到晋升。组织分层与技能水平紧密相关。在像公共服务机构这样的科层组织中，常常依据笔试、心理测试、接受正规教育的年限和先前的工作经验来作出是否雇用和晋升的决策。

（7）理性，是为了达到目标所能利用的最有效的手段。科层管理体系中的管理者们根据逻辑和"科学"来运作，所有决策都直指组织目标。这些以目标为导向的行动可以使组织有效地利用财务资源和人力资源。另外，理性能够使组织的总目标分解为组织各个部门更为具体的目标。

三、官僚制的合理性与合法性

接下来，我们对理性官僚制中"理性"的内涵进行具体剖析：

（一）形式主义

在传统统治下，权利出自血统或世袭，官员的工作和利益由其统治者的个人好恶决定，在这种通过特权和恩惠进行管理的世袭制统治下，社会等级、财富和裙带关系等方面发挥着重要的作用。因而，前官僚组织主要表现出以下特征：（1）权限的不确定性。在传统的统治下，官员的工作和利益由统治者的个人好恶决定，权限的产生是统治者任意下达而后根据传统确立的任务。这样背景下获取的权限是不确定的。（2）缺乏合理的等级制度。在传统统治下，统治者可以随意决定对任何一个问题的处理；官员的任命和晋升不是通过一定的规章制度，他们要么是世袭的，即使不是世袭的，统治者也可以自由酌情决定调遣他们。因此，韦伯分析了这种传统统治下权利获取的特征后，认为这种制度是极为不合理的，是非理性的，必须要用更加理性化的制度代替。

因而，在韦伯的设计下，官僚制管理拥有形式上清晰分明的机构，管理者所具有的行政管理权力来自于抽象规则体系所给予的形式权力，而非个体的身份特权或家族世袭。官僚制的官员们以一种形式化的、非人格化的方式办事，排除一切纯粹的个人情感因素。在历史的进程中，形式化、非人格化首先意味着社会的进步，它带来了身份的平等。官僚制"不问对象为谁"，每个人都获得形式上的平等对待，它的产生消除了含有私人利益考虑、各种情感因素的有失偏颇的支配与管理。①

（二）效率

由于官僚制组织的纪律性、严整性、可靠性以及可预测性等特征，使得官僚制作为一种行政管理体系具有极大的"技术优越性"。因而，历史上诸多学者在对其进行研究时，不得不考虑其"二元特性"。韦伯就对官僚制这一高效运转的机械装置作出过夸张性的比喻："法官最好就像个自动机器，从上面投入案件资料与费用，他就会从下面吐出判决并机械式地从法条读出判决理由。"② 因此，"纯粹官僚型的行政组织——即一元化领导的官僚制——从纯粹技术的观点来看，可能会获得最高的效率。就此意义而

---

① 参见唐爱军：《马克斯·韦伯的现代性理论研究》，上海三联书店2015年版，第267页。
② 〔德〕马克斯·韦伯：《经济与历史支配的类型》，康乐、简惠美译，广西师范大学出版社2004年版，第52页。

言，它乃是对人类行使支配的已知方式中，最为理性者。在明确性、稳定性、纪律的严格性及可依赖性诸方面，它都比其他形式的组织优越"[①]。

（三）以专业知识为基础

专业知识和专业能力在官僚组织中日趋重要，同样，官僚组织也日益依赖于专家。韦伯指出，不论人们对官僚的形式主义有多少抱怨，但是，"在任何领域中，要想像一个没有专业人员的持续性行政工作，几乎是一种幻觉"。我们的时代是一个专家统治的时代，技术官僚通过理性知识——技术、专业知识——而成为权力的持有者。[②]

第三节 韦伯官僚制下的权威基础

官僚制的持久性与权力，部分地依赖于其权威。以往，权威基本来源于世袭地位、财富和暴力。现如今，权威主要是组织中某人所占职位的一项功能。一个人可以有很多金钱和许多朋友，因而有相当的影响力，但不一定具有权威。相反，在某个大型组织中占据关键位置的人，却具有极大的权威，哪怕他并不特别富有。

在对官僚制的论述中，韦伯界定了三种类型的权威，一种是理性的，其他两种是非理性的。前者是权威的现代形式，称为法理型权威；后两种大多出现在早期，称为传统型权威和魅力型权威。

一、法理型权威

法理型权威是指统一使用既定的法律和准则。下级对上级的服从是因为上级在组织结构中所处的位置，这种权威依靠员工对组织准则的接受。法理型权威区别于另两种类型，因为它基于正式的、抽象的、远离于个人利益而存在的法律秩序之上。在这种权威下，决策行为更多依据规则，而非就事论事，任何不合规则的例外都必须寻求正式的裁决，有时甚至寻求新的规则。

此外，法理型权威还意味着现代官僚结构的存在。法理型权威的核心是一种观念：权威是职位的权威，而非占据职位的人的权威。韦伯在对法理型权威的论述中也指出："法理权威运作的纯粹形式是雇用科层行政职员"。

二、传统型权威

传统型权威是指根据习惯、血统、性别、出生先后等确立的权威。国王的神圣权力和部落巫医的神秘力量就是传统型权威的例子。传统型权威要求人们只服从于基于传统的个人，譬如世袭首领。在这种权威之下，清晰界定的正式权威，稳定的上下级

[①] 〔德〕马克斯·韦伯：《经济与历史支配的类型》，康乐、简惠美译，广西师范大学出版社2004年版，第317—318页。

[②] 参见唐爱军：《马克斯·韦伯的现代性理论研究》，上海三联书店2015年版，第268页。

关系，基于功绩、专长与固定薪金的任命与提升，所有这些科层行政特点在传统标准盛行之处都不存在。由于没有职位能力的概念和职位与任职者分离的概念，传统型权威使首领的家庭与其职位或行政班子不分，公共财产与私产不分，首领的行政职员也是他的个人仆从。

三、魅力型权威

魅力型权威是指下属自愿放弃自己的判断力，而完全服从他们认为具有特殊个人魅力和能力的领导者，如甘地（Gandhi）、马丁·路德·金（Martin Luther King, Jr.）、卡斯特罗（Fidel Castro）等。韦伯把法制型统治和传统型统治视为持久性统治，这些结构满足社会的日常需要，但要满足超常理的需要，则不太管用。因此，在动荡时代，"天然的"领袖人物既不是法理型统治下的官吏，也不是传统型统治下的主子，而是被认为在身心方面具有非凡天赋的人物。

魅力被认为是"某种人格特质，这种特质使其与普通的人区别开来，被看作是超自然、超人类或至少具有特殊能量与特质的人"。因此，追随者与魅力型领袖的关系总是情感性的，而不以传统或法理概念为基础。同时，魅力型领袖培植信仰，追随者与这种信仰直接有关。魅力型权威不需要行政班子，无需权威等级，无需规则与规范，因此，也不具有任何正式组织的、介于经理与低级劳工之间的标志。

四、三种组织类型

以上述三种权威类型为基础，韦伯相应地把社会组织划分为传统型组织、神秘型组织和法理型组织三种类型。

以传统权威为基础的组织对应传统型组织。在传统型组织下，统治者是"主子"，行政下属是"仆人"，统治者和行政下属之间的关系更多是奴仆式的个人忠诚关系。

以个人魅力型权威为基础的组织对应于神秘型组织（或魅力型组织）。在神秘型组织下，统治者利用个人魅力吸引随从者自愿地服从和虔诚地信仰，因而组织成员对命令的服从仅仅基于领导者个人的煽动力，当具有超凡魅力的领袖死后，组织将转变为其他两类组织形态，如果领袖的继承问题通过世袭方式解决，那么神秘型组织就会演变为传统型组织；如果通过法则来解决，那么神秘型组织就将发展为科层制组织。

以法理型权威为基础的组织对应于法理型组织，这种组织也称为科层制组织。在法理型组织下，被统治者服从的只是这一组织的非人格的法律，而不是服从统治者本人，组织成员对于上级的服从主要是基于他在组织内所处的职位。

对于三种组织的比较，韦伯认为，传统型组织效率较差，因为它主要靠先例、惯例等维持权威。在传统组织下，它们根据从前所采用的工作方式判断目前所采用的工作方式是否正确，而不是在理性分析的基础上考虑组织目前的工作方法是否合适。神秘型组织则过于带有感性色彩，因而这种组织的统治具有很强的不稳定性。法理型组织是效率最高的组织形式，组织中，一切权利都源于规章制度，行政人员必须严格按照既定的法规活动，去除人格化偏见，因而法理型组织在保持行政管理的连续性、稳定性的同时，也保证管理的高效率。随着经济的发展和企业规模的扩大，越来越多的组织逐渐摒弃传统型组织和魅力型组织，而发展为法理型组织。

案例

联邦快递公司[①]

美国联邦快递公司（UPS 公司）以自己的游戏方式从事美国邮政局的工作，最终成为赢家。UPS 公司专门邮递小包裹，每个工作日的邮递量达到 1300 万件。此外，UPS 在空运服务、后勤和信息服务等方面也正在赢得市场份额。电视广告中，它的广告词是："褐色巨人今天能为您做什么？"这预示着，UPS 正在扩展其在全世界的信息服务。为什么褐色巨人能够如此成功？一个重要的因素就是采用层级的管理概念。对于如何正确递送包裹，它教导司机们按照多达 340 个步骤进行工作，如如何装车，如何系好安全带，如何行路，如何携带钥匙等；对司机、装卸工人、职员和管理人员等，制定了安全规则；还实行严格的着装制度，如穿清洁的制服，穿不带活结、擦得雪亮的黑色或褐色皮鞋，不能留胡须，头发不能盖过衬衣衣领等；每天工长要对司机进行三分钟的检查；对于建筑物、卡车和其他物品，公司制定了专门的清洁程度标准；不允许员工在办公室里吃饭、喝茶；每个经理都拿到了一大堆的规则制度手册，并且要求他们定时检查。

UPS 有很明确的劳动分工。每个车间都安排了司机、装卸工、职员、洗衣工、分拣工和维修工人。UPS 盛行书面记录，在使用新技术来提高投递可靠性和效率方面一直走在前列。每个司机都有计算机化的文件夹，用它来记录每一件事情，从每加仑汽油跑多少公里，到包裹送达的日期等。所有司机每天都有工作单，规定了相应的业绩指标和工作量。

UPS 雇用和提拔员工的标准是技术资格。对于领导岗位需要哪些知识和能力，UPS 的制度都作了明确的规定。UPS 的层级管理工作做得非常好，被称为"运输业中最严密的船"。

第四节 官僚制的优缺点

莫斯卡在《统治阶级》一书中指出，在封建组织中，"人们只要睁开眼睛就会看到它（官僚制）——是在每一种政治机体中，总有一个人处于整个统治阶级的核心领导地位"；在官僚组织中，"对公共事务的管理权都在少数有影响力的人们手中，大多数

[①] 资料来源：http://www.ups.com，2018 年 2 月 16 日访问。

人不论是否情愿,都要服从这种管理"①。米歇尔斯（Robert Michels）也论述了官僚制产生的不可避免性以及权力的通断性。② 因而可以看出,官僚制是现代社会发展中必然存在的一种形态。

一、官僚制的优点

我们可以预见到的官僚制的优点是高效率和一贯性。在有许多例行事务需要处理的情况下,官僚制能够发挥最好的功能。这样,低层员工就可以轻易地按照准则和程序处理大量的工作。他们的劳动成果具有标准化的（高）质量,而且生产速度能够很好地保证组织目标的实现。

二、官僚制的缺点

在一个组织中能够提高效率的科层制管理可能在另外一个组织中导致极大的无效率,以下是科层制管理的五个不可预见的缺陷：

（1）刻板的准则和繁文缛节。很多组织的员工和客户经常抱怨组织为了自身的利益让他们严格遵守规章制度和日常规范。这样的体制下几乎没有任何个人自由和创造的空间。这种"刻板"所造成的可能是较低的动力、因循守旧的"职业"员工、"完美"员工的高流动率以及低劣的工作,很多时间和金钱都被浪费了。

（2）权威的保护。在一个科层制管理的组织中,管理者为了保护和加强自身的权威可能会忽视员工的效率问题。卡特彼勒公司对这个问题进行了迎头痛击。管理层实在不能忍受公司中相互推诿造成的混乱,因此,他们转而应用一个集中于客户满意度的系统。员工们用他们的电脑交换必要的信息并确定客户所需要的具体发动机类型。一个计算机控制的单轨系统和机器人给员工带来发动机、零配件以及由计算机生成的关于如何去做的信息。这套系统比旧系统减少了29%的人员需求。员工们按照自己的节奏来装配发动机,直到对工作满意为止。

（3）减缓决策速度。大型的复杂组织中,及时决策非常重要。然而,在一个高科层制管理的组织中,遵循规章制度和程序比有效、及时的决策更重要。这时,规章制度就有存在的必要性。除非所有的繁文缛节都被清除、任何微不足道的权力和地位特权都得到满足、任何对判断失误的职责都被最小化,否则形式化和仪式化的科层制会在任何层级都延误决策。

（4）阻碍技术进步和创新。技术进步会使得科层制管理变得不合时宜。阿尔卡特美国公司的地区销售经理奥德雷·范德鲁（Audrey Van Drew）认为,通过规章制度严格限定了的工作,造成员工之间缺乏信任和不愿意分享信息。技术创新是飞速的,公司员工必须能够直接得到拥有完成其工作所需信息的那个人的帮助。

---

① 〔意大利〕加塔诺·莫斯卡：《统治阶级》,贾鹤鹏译,译林出版社2012年版,第98页。

② 参见〔德〕罗伯特·米歇尔斯：《寡头统治铁律——现代民主制度中的政党社会学》,任军锋等译,天津人民出版社2003年版,第28—31页。

（5）与员工的价值观相矛盾。越来越多的人被科层制管理的组织聘任到制定重要决策的岗位上。员工的价值观包括从事有挑战性的工作、为客户服务以及提出有创造性的问题解决方案。这些价值观与科层制管理所要求的效率、秩序和一致通常是矛盾的。科层制管理的权威和职位等级是相关的，但是多数专业人士认为权威来自于个人的能力和专业技能。

本章小结

- 科层制，又称理性官僚制或官僚制，是指借助规章制度、分级结构、明确的劳动分工以及细致的工作程序的管理。
- 科层制管理下的组织有以下七个特征：正式的准则、非人格化、劳动分工、分级结构、权威结构、终生雇佣和理性。
- 在科层制组织中，韦伯界定了三种类型的权威：法理型权威、传统型权威和魅力型权威。法理型权威是指统一使用既定的法律和准则，下级对上级的服从是因为上级在组织结构中所处的位置；传统型权威是指根据习惯、血统、性别、出生先后等确立的权威；魅力型权威是指领导者依据自己的个人魅力，使下属自愿放弃他们自己的判断力，服从其领导。
- 在传统统治下，权利来自于血统、家族世袭、社会等级。而在现代科层制组织下，非人格化成为重要特征，组织的运行不依个人的意志为转移，不受个人的感情支配，领导者的权利来自于其专业能力、就职岗位等方面，而不是来自于其家族血统。
- 科层制具有标准化和高效率的优点，但也具有一些缺陷，包括以下几个方面：(1) 刻板的准则和繁文缛节；(2) 权威的保护；(3) 减缓决策速度；(4) 阻碍技术进步；(5) 与员工的价值观相矛盾。

关键术语

科层制（bureaucracy）　　　　　准则（rule）
非人格化（impersonality）　　　劳动分工（dicision of labor）
分级结构（hierarchical structure）　权威结构（authority structure）
法理型权威（rational-legal authority）　传统型权威（traditional authority）
魅力型权威（charismatic authority）

复习题

1. 官僚组织有何特征？这些特征对组织管理有何影响？
2. 官僚制的权利基础是什么？
3. 官僚制的优点和缺点是什么？

自我评估　▶ 管理一个组织

请尝试用"基本上同意"或者"基本上不同意"回答下面的 20 个选项。接下来，我们会谈到各分值范围的具体含义。

	基本上同意	基本上不同意

1. 我非常看重工作的稳定性。
2. 我喜欢在一个可以预见的组织中工作。
3. 我喜欢没有细致入微的工作说明的工作。
4. 我喜欢在一个依靠资历提拔员工的组织中工作。
5. 规章、政策和程序通常让我感到沮丧。
6. 我愿意在一个有 10 万名员工的公司工作。
7. 作为一个创业者所承担的风险超过我的承受范围。
8. 在接受一个职位之前，我想看一下工作说明。
9. 相对于部门经理的职位，我更愿意做一名自由职业的艺术家。
10. 在考虑涨工资的时候，资质应该和绩效同等重要。
11. 在行业中最大、最成功的公司工作，我会感到非常骄傲。
12. 如果可以选择的话，我宁愿在一家小公司当副总裁，即使一年只挣 9 万美元，也不愿意在一家大公司做一个中层经理，哪怕一年可以挣 10 万美元。
13. 如果必须佩戴标有 ID 号码的职员徽章，我会感到不舒服。
14. 公司停车场的车位应该按照工作级别的高低来分配。
15. 工作中我更喜欢自己是一个专家，而不是什么工作都做。
16. 在接受一份工作之前，我想确定公司有一个很好的员工福利项目。
17. 一个企业要有一套明确的规章制度，才能获得成功。
18. 我更喜欢在一个有经理的部门工作，不愿意在管理责任共享的团队工作。
19. 你应该尊敬一个人的地位。
20. 准则是可以被破坏的。

评分方法：

如果选项 1、2、4、6、7、8、10、11、14、16、17、18 和 19 的回答是"基本上同意"，那么每个回答加 1 分；
如果选项 3、5、9、12、13、15 和 20 的答案是"基本上不同意"，那么一个回答加 1 分。

得分解释：

我们制定了一些标准来解释你的总得分。

0—7　在一个非常正式的组织中工作，尤其是一个大的科层机构，你会感到非常沮丧。
8—14　在一家大的正式组织中工作，你会感到满足与失望并存。
15—20　大型、正式的企业通常适合你的风格和喜好。

案例
高标准的麦当劳

作为全球大型跨国连锁餐厅，麦当劳发展至今已有 60 多年的历史，这 60 多年中，麦当劳依靠其对标准的高度重视迅速发展。这种以效率性、可预知性、可计算性、可控制性为特征的麦当劳式管理方式附带产生的文化影响随即融入社会生活和管理的各个领域，成为部分企业争相模仿的对象。

一、从员工到企业

在麦当劳，小到每个员工，大到整个企业，麦当劳在每个环节上都设定了严格的标准。公司的操作手册上明确地规定了每个岗位的工作细则。公司还为员工提供各种便利的学习条件：从培训录像带，汉堡包大学学习课程，到实地访问和专人培训等。与众不同的是，麦当劳的操作手册中还对"核心竞争力"进行说明，其中的内容包括：有效沟通，不断学习，顾客至上，勇争第一，尽职尽责和团体协作。

"餐厅考核报告"是麦当劳检测各店质量标准是否达标的最佳手段，已经实施了好多年。虽然现在"餐厅考核报告"已更名为"营业报告"，但它们的作用是一样的。在提前通知某个麦当劳餐厅后，考核代表会在管理层团队和经营商在场的情况下对该餐厅进行为期两天的考核。这一做法最大的优点是，企业和经营商双方都能从中获得宝贵的经验。它帮助麦当劳建立了一支由全球 950 名成员组成的、经验丰富的专业顾问团队。这一成绩让麦当劳在世界餐饮行业成为当之无愧的佼佼者，也清晰地证明了维持高标准的必要性。

考核代表要对餐厅的各个方面进行检查和评判，从质量、服务和清洁度三个方面为餐厅划分等级（简称为"QSC 评定"）。这种方法非常有效，它将书本中的 QSC 标准付诸实现，并在真实环境下重新进行定义。考核的目的不仅仅是为某个餐厅划分等级，而是考核代表真正地坐在餐厅内与经营商和店主讨论经营情况。这种考核最后能帮助双方共同成长。在大多数情况下，这种交流为双方实现共赢建立了共同目标，使他们产生集体自豪感。考核的另一个效果是，因为经营商总是会尽量展示其优点，有效地设定标准能证明该餐厅可以经营得多好。经验丰富的考核人员能够以这些标准为基础判断出这家店的发展前景。同时，一次成功的实地考核也会有立竿见影的效果。综合评定成绩中得分较高的店会吸引更多顾客，成为其他经营商量化未来可实现增长的指标。而得分低的店则会出现相反的效果，表明麦当劳公司可能要对其采取严肃行动。

考核结果还会产生其他方面的影响。就像特许经营商吉姆·刘易斯所说的那样："在特许经营商的聚会上，经营不善的店主是很难有发言权的，因为你没有信誉，不会赢得其他人的尊重和敬佩。"

虽然每次 QSC 评定会提前告知每个员工，但是经营商们对它还是充满无限希望，期待能成为最出色的餐厅。考核生动说明了一个团队受到关注时产生的巨大力量。永远不要低估一个团队熊熊燃起的竞争意识。麦当劳前高级副总裁约翰·库克是这样形容的:"实地考核的作用之一就是它能选拔出那些 A 级店的经营商,并让他们成为所有经营商或店主学习的榜样。"

考核结果并不是唯一的衡量标准。除了反复强调经营商要在 QSC 评定中努力得到高分,麦当劳还从另外一个角度对他们进行考核,这就是利润。公司经过详尽的分析后发现,在 QSC 评定中,餐厅经营水平的每次字母升级,其平均年销售额增长都超过 10 万美元。这一发现引起了经营商的关注。我们找到了一个以事实为依据的,经营商都能掌握的激励机制;优秀的经营模式意味着会吸引更多的顾客。这一机制非常简单,但是 QSC 评定背后的衡量标准却能解释经营商对利润趋之若鹜的原因,这时再强调 QSC 评定的重要性就易如反掌了。这就是推动麦当劳不断改善的动力。麦当劳创始人雷·克罗克曾经说过:"无论我们今天做什么,明天我们都会做得更好。"这句话一直让麦当劳员工铭记在心。

二、衡量标准的重要性

在麦当劳,无论是从销售量、利润、客户数量、员工营业额比例,还是从许多其他方面,员工从一开始就不停地体验着标准衡量的重要性。无论是各种仪器每小时一次的读数检查还是统计每日销售量,抑或计算每天消耗多少袋土豆,所有这些精确的衡量都是员工们的初级必修课。坚持不懈地审核主要衡量标准也可以帮助许多员工发展为高效和能干的经理。雷·克罗克曾经以喜欢询问经理们的业绩和经营情况而闻名。他的确对这些数据感兴趣,而这也是让麦当劳员工时刻不敢掉以轻心的原因。对员工来说,这种激励作用也让他们明白:成功实现业务经营的关键在于了解经营活动是怎样实施的。而在最后的分析阶段,就要靠清晰客观的标准进行衡量。

也许正是麦当劳追求卓越的热情和永不满足的精神使其最终成为"无冕之王"。如果没有高标准以及对标准的衡量,麦当劳可能根本无法研制出炸薯条和汉堡包的配方,无法实现千百家店面的质量和口味的统一,更无法达到 QSC 评定所要求的服务水平。伴随这些标准成长起来的是一种成就卓越的文化,无论是生产经营还是削减能耗,只要最终结果能提升顾客体验,你就是卓越的。不断争取实现卓越的公司不但能提升利润率,同时还能强化公司在客户、员工和服务商中的声誉。

资料来源:〔美〕保罗·法赛拉:《麦当劳准则》,曹蔓译,机械工业出版社 2009 年版。

[问题]
1. 麦当劳对标准的控制表现在哪些方面?
2. 麦当劳模式在现代企业中仍然适用吗?为什么?

第六章 计划

> 并不是有了工作才有目标，而是相反，有了目标才能确定每个人的工作。
>
> ——德鲁克

第一节　计 划 概 述

"人无远虑，必有近忧。"计划是对未来的许诺，是对未来的管理。计划是对未来行动的预先安排。除了少数常规活动外，任何管理活动都需要计划。善于做好管理工作在一定程度上就是善于计划和执行。人都有梦想，梦想如何变成现实？哈罗德·孔茨说：计划工作是一座桥梁，它把我们所处的这岸和我们要去的对岸连接起来，以克服这一天堑。计划的本质是对未来可能出现的决策问题及其前提条件进行预测。计划为组织提供了明确的未来工作目标，是对未来行动的预先安排。除了少数常规活动外，任何管理活动都需要计划。在组织中，有些计划是非正式的。它们往往是粗略的，仅仅存在于领导者或管理者的头脑中，缺乏共享性和连续性。我们所探讨的计划主要是正式计划，即遵循严格的计划制订程序和计划内容框架，用文字形式体现出来，可以共享，具有连续性。具体来说，管理者遵循着严格的框架来制订计划。公司建立一个基本的宗旨或使命，提出正式的目标。在此基础上，制订实现目标的战略计划，并进一步开发出一个全面的分层计划体系来综合和协调各种活动。同时，对每一个特定时期，公司都有具体的目标。这些目标以文字陈述的形式表现出来并使全体成员都知道。换言之，管理当局明确规定组织想要达到什么目标以及怎样达到这些目标。

一、计划的概念

在汉语中，"计划"既可以是名词，也可以是动词。从名词意义上说，计划是指用文字和指标等形式所表述的，组织以及组织内不同部门和不同成员在未来一定时期内关于行动方向、内容和方式安排的管理文件。从动词意义上说，计划是指为了实现决策所确定的目标，预先进行的行动安排。总之，计划是确定组织的目标，制定全局战略以实现这些目标，并开发一个全面的分层计划体系以综合和协调各种活动的过程。

无论在名词意义上还是在动词意义上，计划内容都包括5W1H，即计划必须清楚地确定和描述下述内容：

what——做什么？即目标与内容。

why——为什么做？即原因。

who——谁去做？即人员。

where——何地做？即地点。

when——何时做？即时间。

how——怎样做？即方式、手段。

二、计划的性质

在本书的结构体系中，计划工作具有承上启下的作用。一方面，计划工作是决策的逻辑延续，为决策所选择的目标活动的实施提供了组织保证；另一方面，计划工作又是组织、领导、控制和创新等管理活动的基础，是组织内不同部门、不同成员行动的依据。因此，我们可以从四个方面来考察计划的性质：

（1）目的性。任何组织或个人制订计划都是为了有效地达到某种目标。在计划工作开始之前，这种目标还不十分具体，计划就是开始于这个不具体的目标，是实现目标的方法和手段。当我们制订计划时，就确定了希望或必须达到的结果。计划工作是为实现组织目标服务，旨在促使组织目标的实现。

（2）首位性。计划工作在职能中处于首要地位，计划是管理的首要职能，其他工作只有在确定了目标、制订了计划之后才能开展。计划工作的首要性在于计划是进行组织、人员配备、领导、控制等工作的基础。一个管理者需要完成的管理工作有计划工作、组织工作、领导工作与控制工作，一个管理者只有明确目标后，才能确定适合的组织结构，规定下属应该完成的任务与履行的职责并授予相应的职权，最后选择最为合适的控制方式以确保组织和下属的活动能够按原来设想的那样开展。

（3）普遍性。计划工作具有普遍性，任何管理者或多或少都有某些制订计划的权力和责任，但不同组织层次的管理者，计划工作的重点内容是不一样的。组织中无论是哪一层次的管理者，为了能够使自己的管理更为有效，都必须做好计划工作。或许对于某个职能部门或某个层次的管理者，他们可能由于种种原因而无需去完成组织、领导、控制等工作，但计划工作是无法"躲过"的，虽然计划工作的特点和范围随各级主管人员的职权不同而不同，但它却是各级主管人员的一个共同职能。

（4）效率性。计划工作的任务，不仅要保证目标的实现，而且要保证从众多备选方案中选择最优的方案。计划工作要追求效率，以更有效地实现目标为目的，并提供衡量组织绩效的标准。一个良好的计划，可以通过协调一致、有条不紊的工作流程来避免组织联系脱节的现象，从而减少重复和浪费性活动。

（5）创造性。计划工作总是针对需要解决的新问题和可能发生的新变化、新机会而作出，因而是一个创造性的管理工作。计划有点类似于一项产品或一项工程的设计，是对管理活动的设计。正如一种新产品的成功在于创新一样，成功的计划也依赖于创新。

三、计划的作用

计划工作对管理者来讲是非常必要的，如果计划工作的科学性、预见性很强，就能够引导我们走向成功，达到企业的目标。缺乏计划，或只具有存在于高级经理脑子里的一套模糊的假设，很难让组织成员按照他的想法去做，也会走很多弯路。当然，更重要的是，结果仅仅是计划之一，过程本身就很有价值。即使最终结果没有完全达到，但计划工作迫使管理当局认真思考要干什么和怎么干，搞清这两个问题本身就具有价值。凡是认真进行计划的管理当局都会有明确的方向和目的，将会使偏离方向的损失降至最低，这就是计划过程本身的价值。

一般说来，计划具有以下几方面的重要作用：

（一）指引方向

计划为组织活动的分工提供了依据，有了计划就有了一个行动目标，计划可以促使企业管理人员对准目标。每个计划还有派生计划，所以组织的各个部门都有自己的目标，任务明确，行动更有利。计划工作使组织全体成员有了明确的努力方向，并且相互明确自己应该在什么时候、什么地点、采用什么方式做出何种贡献。同时，计划是一种协调过程，互相之间的协调更加密切。组织中没有计划工作，也就没有组织目标，组织中各项活动的协调也就无法进行，当所有有关人员了解了组织的目标和为达到目标必须做出什么贡献时，他们就开始协调活动，互相合作，结成团队。他们知道哪些行动会背离目标，哪些会导致相互抵消，哪些又是毫不相干的，从而对准所要实现的目标设法采取一种协调的工作步骤。

（二）提高效率

计划为组织活动的资源筹措提供了依据，由于计划工作同时又是一个生产要素的分配过程，又因为资源的稀缺性，为了更经济地达到目标，人力、物力、财力的合理分配必不可少。在计划过程中，人们知道什么是资源短缺，什么是资源富裕，进而协调平衡，这样就能减少浪费和冗余，减少瓶颈，也就是说使各种资源得到充分合理的分配和利用，使人力、物力和财力得到更紧密的结合。计划用共同的目标和明确的方向来代替不协调的分散的活动，用均匀的工作流程代替不均匀的工作流程，用深思熟虑的决策来代替仓促草率的判断。这样，就能消除低效率的问题。

（三）便于控制

没有计划，就没有控制。计划为组织活动的检查与控制提供了依据。主管人员如果没有计划规定的目标作为测定的标准，就无法检查其下级完成工作的情况。在计划中设立目标，而在控制职能中将实际绩效与目标进行比较，发现可能发生的重大偏差，从而采取必要的矫正行动。计划工作不仅需要确定未来一定时期中应该达到的目标，同时还对达到的目标进行定量的描述与规定。这样，管理者只要熟知自己工作的目标是什么，就可以随时对实际工作绩效结合工作目标进行检验，使各项控制得以实施，得出自己工作是否富有成效的结论。

（四）降低风险

计划是面向未来的，而未来又是不确定的，所以，计划工作的重要性就体现在它能促使管理者展望未来,预见变化,降低不确定性。原因如下:(1)计划工作是经过周密预测的,要接近客观实际,越接近实际,越成功。一般来讲,计划时间越短,不确定因素越少;计划时间越长,不确定因素越多。所以,目前很多企业不做过长的计划,一般2—3年。(2)企业一般有几套计划,当环境发生变化的时候,可以启动备用计划。这些备用计划就是应付不时之需,它有相应的补救措施,并随时检查计划,尽量减少由于环境的变化带来的损失。当然,我们也要认识到,计划虽然可以弥补环境的不确定性和变化而带来的动荡和损失,但是计划不可能消除变化。

(五)激励人员士气

计划通常包含目标、任务、时间安排、行动方案等。由于计划中的目标具有激励人员士气的作用,所以包含目标在内的计划同样具有激励人员士气的作用。不管是长期、中期还是短期计划,也不管是年度、季度还是月度计划,甚至每日、每时的计划,都有这种激励作用。

第二节 计 划 类 型

一、按计划的表现形式分类

一个计划包括组织将来行动的目标和方式。计划与未来有关,是面向未来的,而不是过去的总结,也不是现状的描述;计划与行动有关,是面向行动的,而不是空乏的议论,也不是学术的见解。面向未来和面向行动是计划的两大显著特征。认识到这一点,我们就能够理解计划是多种多样的。美国管理学家海因茨·韦里克把计划作为一种层次体系:[①]

(1)宗旨。它是组织存在的目的和使命,是社会赋予组织的基本职能和任务。企业的目的一般是生产和分配有经济价值的商品和劳务,从而为自身获取最大化的利润。比如,公路工程局的任务是设计和建设公路系统,法院的职责是解释和适用法律,大学的宗旨则是教学与研究。

(2)目标。一定时期的目标或各项具体目标是在宗旨指导下提出的,具体规定了组织及各个部门的经营管理活动在一定时期要达到的具体成果。目标不仅仅是计划工作的终点,而且也是组织工作、人员配备、指导与领导工作和控制活动所要达到的成果。组织在一定时期内的目标构成了组织的基本计划。

(3)战略。战略是为了实现组织长远目标所选择的发展方向、所确定的行动方针,以及资源分配方针和资源分配方案的一个总纲。战略是指导全局和长远发展的方针,不是要具体说明组织如何实现目标,而是要指明方向、重点和资源分配的优先次序。战略设计必须充分考虑组织的优势和劣势、环境的机会和威胁等条件。

(4)政策。政策是组织在决策或处理问题时用来指导和沟通思想与行动方针的明

---

① 参见〔美〕海因茨·韦里克等:《管理学:全球化视角》,马春光译,经济科学出版社2004年版,第76—79页。

文规定。作为明文规定的政策,通常列入计划之中,一项重大的政策往往单独发布。政策有助于将一些问题事先确定下来,避免重复分析,并给其他派生的计划以一个全局性的概貌,从而使主管人员能够控制全局。

(5) 程序。程序也是一种计划,规定了处理那些重复发生的例行问题的标准和方法。程序是指导如何采取行动,而不是指导如何去思考问题。程序的实质是对所要进行的活动规定时间顺序,因此,程序也是一种工作步骤。制定程序的目的是减轻主管人员决策的负担,明确各个工作岗位的职责,提高管理活动的效率和质量。

(6) 规则。规则也是一种计划,是一种最简单的计划。它是对具体场合和具体情况下,应该采取行动或不应该采取行动的规定,是指导成员行动的是非标准,没有酌情处理的余地。规则常常与程序混淆。规则要求根据某一情况采取或不能采取某个具体的或特定的行动,它指导行动但不规定时间顺序,所以与程序有关。事实上,程序可以看作是一系列的规则。然而,规则既可能是,也可能不是程序的一部分。例如,"请勿吸烟"是一个不与任何程序相联系的规则,而指导处理订货的程序,可能要把所有订单必须在收到的当天审批这一规则包括在内。这个规则不准人们的行动偏离规定的要求,同时它也绝不会与处理订单的程序相抵触。规则的基本性质就在于它反映出采取或不采取某种行动的管理决策。

(7) 规划。规划是一种典型的计划形式,它规定组织在未来一定时期内的发展目标,为实现这一目标所要遵循的战略(路径选择)、政策,以及任务分配、主要步骤和所需资源等。规划可大可小,大的如一项重要的设备投资规划,小的如班组长鼓励下属士气的激励计划。

表 7-1 规划(计划)的内容

要素	所要回答的问题	内容
前提	计划在何种情况下实施?	预测、假设、实施条件
目标	做什么?	最终结果、工作要求
目的	为什么做?	理由、意义、重要性(形势和任务分析)
战略	如何做?	基本方法、主要战术
责任	谁来做?做好做坏的结果	人选、奖罚措施
时间表	何时做?	起止时间、进度安排
范围	涉及哪些部门或何地?	组织层次或地理范围
预算	需要投入多少资源?	费用、代价
应变措施	万一……怎么办?	最坏情况下的计划

(8) 预算。预算是一种用数字来表示预期结果的计划,是控制的一种手段。预算可以帮助组织或企业的上层和各级管理部门的主管人员,从资金和现金收支的角度,全面、细致地了解企业经营管理活动的规模、重点和预期成果。预算工作的主要优点是促使人们详细制订计划,平衡各种计划;由于预算用数字表示,它能使计划工作更

细致、更精确。

总之，有效的计划要以目标为中心，要制定一个清楚的、正确的目标，并坚定不移地围绕目标开展各项工作。计划的着眼点是有限资源的合理使用。计划的层次体系如图 7-1 所示：

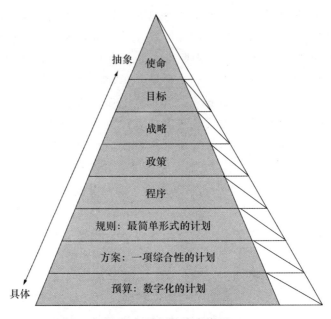

图 7-1　计划的层次体系

二、按计划所涉及的时间分类

一般地，人们习惯于把三年以上的计划称为长期计划，一年以上三年以内的计划称为中期计划，一年以内的计划称为短期计划。

（1）长期计划，主要回答两方面的问题：一是组织的长远目标和发展方向是什么；二是怎样达到组织的长远目标。长期计划应指出企业的长远经营目标、经营方针和经营策略等。

（2）中期计划，来自长期计划，只是比长期计划更为具体和详细，它主要起协调长期计划和短期计划之间关系的作用。长期计划以问题、目标为中心，中期计划则以时间为中心，具体说明各年应达到的目标和应开展的工作。

（3）短期计划，比中期计划更为具体和详尽，主要说明计划期内必须达成的目标，以及具体的工作要求，能够直接指导各项活动的开展。例如，企业的月度销售计划、每日生产计划等。

大量的事实证明，那些有正式长期计划的公司，其业绩普遍胜过没有长期计划的公司。在一个组织中，长期计划和短期计划之间的关系应是"长计划、短安排"，即为了实现长期计划中提出的各项目标，组织必须制订相应的一系列中、短期计划并加以落实，而中、短期计划的制订则必须围绕长期计划中所提出的各项目标来展开。

三、按企业职能分类

企业职能不同于管理职能。按企业职能，可将计划分为业务计划、财务计划、人事计划。业务计划包括品种、质量、数量、出产进度计划；人事计划包括岗位人数、劳动生产率、招聘辞退计划；财务计划，包括资产负债率、筹资、成本计划，以及物资供应、销售、技术改造计划等。

四、按计划所涉及的范围分类

计划工作的首要性与普遍性决定组织中的所有管理者都必须编制自己管理范围内的计划，这就导致由于管理层次不同，组织编制的计划类型也不同。按所涉及的范围，计划可分为如下几种类型：

（1）战略计划，是组织中高层管理者编制的计划，是上层管理计划，是指应用于整个组织的，为组织未来较长时期设立总体目标和寻求组织在环境中的地位的计划。战略计划具有长期性和整体性特征，即以一次计划工作过程规定好相当长的一段时期内组织的大量资源的筹集和使用方向；由于执行的时间长，所受到的影响因素必然很多，同时，这些因素之间又有大量复杂的确定或不确定的相关关系，尤其需要及时作出非确定性分析和推理判断。战略计划的这些特征，决定了它对作业计划和管理计划的指导作用。

（2）管理计划，是由中层管理者负责制定的，是中层管理计划、战术性计划，是指规定总目标如何实现的细节的计划，要解决的是组织的具体部门或职能部门在未来各个较短时期内的行动方案。它的一个较为突出的作用是，使战略计划更加具体化。管理计划的制订者必须仔细领会和把握战略计划的全部意图，然后将战略计划中的一般性目标和政策确定为一个个具体的目标和政策，详尽地说明各种目标与政策之间的协调关系。管理计划还必须明确规定达到这些目标的时间限制。可见，战略计划的中心是"解决问题"，管理计划的中心是"何时解决问题"。

（3）作业计划，是由基层管理者制订的，是基层管理计划。作业计划是基层管理者再对管理计划进行更加细致的安排。管理计划虽然对战略计划已经作出了详尽的说明和具体的时间规定，但是对于基层管理者而言，他们将会遇到的具体问题是管理计划根本无法一一考虑齐全并事先规划好处理方法的。例如，具体的操作过程、各道工序的完成时间、费用与劳动消耗的预算等都应该，也只能由基层管理者再对管理计划进行更加细致的安排。举一个具体的例子：管理计划明确规定公司本年度的生产目标是 29 寸彩电 100 万台、34 寸彩电 150 万台。由此，作业计划就必须对各道生产线的日生产进度与生产品种作出明确的规定；同时还要对生产人员、原材料供应、零配件的采购作出明确规定，保证管理计划的实现。

战略、管理和作业计划强调的是组织纵向层次的指导和衔接。具体来说，战略计划往往由高层管理人员负责，管理和作业计划往往由中、基层管理人员甚至是具体作业人员负责；战略计划要对管理、作业计划具有指导作用，而管理和作业计划要确保战略计划的实施。

五、按计划对执行者的约束力大小分类

按计划对执行者约束力的大小,计划可分为指导性计划和指令性计划。指令性计划是由上级下达的具有行政约束力的计划,它规定了计划执行单位必须完成的各项任务,其规定的各项指标没有讨价还价的余地;指导性计划是由上级给出一般性的指导原则,具体如何执行具有较大灵活性的计划。

六、按计划所涉及的活动内容分类

计划按照其所涉及的活动内容可分成综合计划、专业计划与项目计划。其中,综合计划一般会涉及组织内部许多部门和许多方面的活动,是一种总体性的计划。专业计划则涉及组织内部某个方面或某些方面的活动。例如,企业的生产计划、销售计划、财务计划等,是一种单方面的职能性计划。项目计划通常是组织针对某个特定课题所制订的计划。例如,某种新产品的开发计划、某项工程的建设计划、某项具体组织活动的计划等,是针对某项具体任务的事务性计划。在一个组织中,每个部门都需要制订计划,也都会有自身的目标。因此,在一个组织中可能同时存在很多个专业和项目计划。综合平衡法有助于将这些计划衔接成一个整体。综合平衡法就是从企业生产经营活动的整体出发,根据企业各部门、各单位、各环节、各要素、各指标之间的相互制约关系,依照系统管理的思想,对企业内部的各种计划予以协调平衡,进而使计划成为一个相互关联、相互配合的有机整体。进行综合平衡时,首先必须确定计划工作的主体或主要任务,然后围绕着这一主体进行平衡。例如,过去我国实行计划经济体制,企业的根本任务就是要完成国家下达的指令性计划,那么这一指令性计划就是综合平衡的主体。目前,我国实行的是社会主义市场经济体制,企业要面向市场,按市场需求组织自身的生产经营活动,所以,企业的计划工作就要以市场需求为导向,围绕销售量或利润进行综合平衡。

七、计划的其他类型

计划还可以分为应变计划和常设计划。应变计划是公司针对一些可能出现的特殊情况(如突发事件)所做的计划。管理者必须重视和考虑那些不可控因素,如经济衰退、通货膨胀、技术进步、安全事故等。为使这些潜在的不可控因素的影响最小化,管理者必须对这些因素可能引起的最坏情况进行预测。制订应变计划有助于企业及其雇员在特殊情况发生时,知道该怎样做才能使组织迅速摆脱困境。常设计划是指导日常管理工作和管理行为的基本要点。

第三节　计划的制订

计划是管理的最基本职能。由于管理的环境是动态的环境，管理活动是个发展变化的过程，计划是作为行动之前的安排，因此计划工作应是一种连续不断的循环。计划工作的过程与方法都是相似的。

一、计划过程

任何计划工作的程序，即工作步骤都是相似的，包括：

（一）机会

对机会的估量，要在实际的计划工作开始之前就着手进行，它虽然不是计划的组成部分，但却是计划工作的一个真正起点。其内容包括：初步分析未来可能出现的变化和预示的机会，形成判断；根据自身的长处和短处搞清楚所处的地位；了解自身利用机会的能力；列举主要的正面因素，分析其发生的可能性和影响程度；在反复斟酌的基础上，下定决心，扬长避短。

（二）确定目标

计划工作的第一步，是在估量机会的基础上，为组织及其所属的下级单位确定计划工作的目标。这一步要说明基本的方针和要达到的目标，说明制定战略、政策、规定、程序、规划和预算的任务，指出工作的重点。

（三）确定计划工作的前提条件

计划工作的第二步是确定一些关键性的前提条件，并使计划人员对此取得共识。所谓计划工作的前提条件，就是计划工作的假设条件，换言之，即计划实施时的预期环境。负责计划工作的人员对计划的前提条件了解得越细越透彻，并能始终如一地运用，计划工作就越协调。

按照组织的内外部环境，可以将计划工作的前提条件分为外部前提条件和内部前提条件，还可以按照可控程度，将计划工作的前提条件分为不可控的、部分可控的和可控的三种条件。外部前提条件多为不可控的和部分可控的，而内部前提条件大多是可控的。不可控的前提条件越多，不确定性越大，就越需要通过预测工作确定其发生的概率和影响程度的大小。

（四）拟订可供选择的方案

计划工作的第三步是调查和设想可供选择的行动方案。通常，最显而易见的方案不一定就是最好的方案，在过去的计划方案上稍加修改也不会得到最好的方案。这一步工作需要发挥创造性。此外，方案不是越多越好，即使管理者可以采用数学方法和借助电子计算机的手段，也还是要对候选方案的数量加以限制，以便把主要精力集中在对少数最有希望的方案的分析方面。

（五）评价各种备选方案

计划工作的第四步是按照前提和目标来权衡各种因素，比较各个方案的利弊，对各个方案进行评价。评价实质上是一种价值判断，一方面取决于评价者所采用的标准，另一方面取决于评价者对各个标准所赋予的权数。显然，确定目标和确定计划前提条件的工作质量，直接影响到方案的评价。在评价方法方面，可以采用运筹学中较为成熟的矩阵评价法、层次分析法，以及在条件许可的情况下采用多目标评价法。

（六）选择方案

计划工作的第五步是选择方案。这是在前四步工作的基础上做出的关键一步，也是决策的实质性阶段——抉择阶段。可能遇到的情况是，同时有两个可取的方案。在这种情况下，必须确定出首先采取的一个方案，同时对另一个方案也进行细化和完善，并作为后备方案。

（七）拟订派生计划

派生计划就是总计划下的分计划。总计划要靠派生计划来保证，派生计划是总计划的基础。

（八）编制预算

计划工作的最后一步是把计划转化为预算，使之数字化。预算实质上是资源的分配计划，预算工作做好了，可以成为汇总和综合平衡各类计划的一种工具，也可以成为衡量计划完成进度的重要标准。

（九）反馈计划执行情况

即通过对计划执行情况的反馈，纠正偏差与错误，确保计划达到预期目标。

二、计划方法

计划工作与其他管理工作一样必须强调效率。提高计划工作的效率的最好办法就是选择采用最科学的计划方法。传统的计划方法使得计划是凭借计划制订者的经验再加上一定的信息作出的，带有很大的随意性，但是在经济关系很简单，环境变化又并非"变幻莫测"的情况下这种计划方法容易取得成功。在当今这种复杂多变的经济关系下，管理者再也无法使用"拍脑袋"的办法来制订计划。先进、科学的计划方法随之产生，与此同时，先进的计划工具即计算机随之产生，计算机技术的发展使计划方法发生了根本的改变，使计划制订人顿生如虎添翼之感。计划工作与其他工作一样必须讲求效率，即要保证计划工作的有效性，这只有通过采取合适的计划方法来实现。

（一）滚动计划法

滚动计划法的原理是：近期详细计划执行完毕后，根据执行情况对原计划进行修正细化，此后便根据同样的原则逐期滚动，每次修正都向前滚动一个时段，从而使战略计划与执行计划、长期计划与短期计划有机协调起来，使战略计划不断适应新的情况。

计划是面向未来的，而未来存在许多不确定性因素，一旦环境发生变化，目标管理就要全部改变，而目标前后不一致会给管理工作带来很大的困难，协调起来很麻烦。

由于在计划执行的过程中环境变化以及具体的执行情况等都会与计划制订时的预期发生一定的偏差，这就需要定期对计划作出必要的修正。滚动计划法就是一种定期

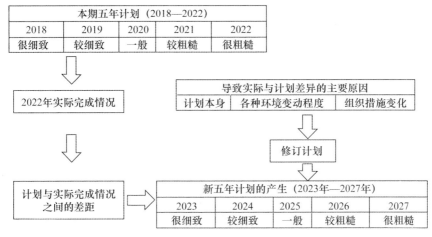

图 7-2 滚动计划示意图

修正未来计划的方法。滚动计划法的基本思想是：根据计划执行的具体情况和环境变化的状况来修订未来的计划，并不断逐期向前推进，使短期计划、中期计划与长期计划有机结合。就如前文所指出的，长期计划受未来不确定性因素影响很大，在长期计划的执行中，强调计划的严肃性，从而要求只能遵循几年前制订的计划，无疑会造成较大的损失。滚动计划法则可以避免这种状况的发生。在计划开始的第一阶段计划制订者必须搜集各有关计划执行过程中出现的问题的信息，及时查明原因，作为对第二阶段计划进行修订的重要依据。信息的搜集与分析处理是十分繁重但又出不得一丁点差错的工作，现在这些工作可以通过计算机及网络来完成，不仅速度快，而且准确率高。滚动计划法有这样几个优点：

第一，适合于组织中的各种计划的编制与修订，可以是综合计划，也可以是局部计划；可以是长期计划，也可以是中期或短期计划。

第二，使计划的预计时间缩短，提高计划的准确性。就长期计划而言，编制这种计划时对二年后的目标无须作出十分精确的规定，从而使计划在编制时有更多的时间对未来一至二年的目标作出更加准确的规定。

第三，使长期、中期、短期计划更好地结合在一起。滚动计划法就是根据短期计划的实际执行情况，作出对下期计划修正的判断，使短期计划与中期计划结合在一起，保证计划的连贯性。

第四，使计划更富有弹性。每一阶段的计划都是上一阶段的实际情况再加上对环境状况的估计后修订的结果，更能适应环境的变化。

（二）网络计划技术法

网络计划技术法起源于 20 世纪 50 年代的美国，是一种能够合理安排一切可以动用的人力、物力和财力的计划编制、评价和审核的方法。这种方法适用于组织活动的进度管理，尤其适用于大型工程项目的生产计划安排。

常用的网络计划技术法包括：关键路线法（critical path method，CPM）和计划评审技术（program evaluation and review technicque，PERT）。关键路线法是根据活动

的依赖关系和确定的持续时间，计算项目的最早和最晚开始时间、最早和最晚结束时间及时差，并确定关键路线。计划评审技术是利用活动的逻辑关系和活动持续时间的三个权重估计值来计算项目的各种时间参数，合理安排各项工作的完成进度，以达到用最少的时间和资源消耗来完成预定目标的方法。

网络计划技术法的基本步骤为：

(1) 确定达到目标所需开展的活动。

(2) 将整个工程项目分解为各种独立的作业工序，形成网络事件。

(3) 确定这些作业活动的先后顺序和各自耗费的时间，据此编制网络图。

(4) 估算完成每道作业工序的时间。

(5) 找出关键线路（即从始点到终点所花时间最长的线路），由此确定总工期，编制各种进度表以及工程预算等各种计划文件。

网络计划技术法的主要优点有：一是系统性，它把每个项目都当成一个系统来看待；二是关键性，它能从整个项目中找出关键工序和关键线路，这对有限资源的有效利用是非常有好处的；三是经济性，它把计划进度和经济效益紧密地结合起来，用最节约的费用来加快进度，完成计划。这种方法的最大缺点是在建立模型时，为了建模的方便和降低模型的复杂程度，往往要作过多的假设，而这些过多的假设可能会使结果失真，从而失去解决问题的意义。

此外，还可以用美国经济学家里昂惕夫提出的投入产出法进行分析。投入产出法是用数学方法从数量方面对国民经济各部门或组织内各组成部分各环节之间的相互依存、相互制约关系进行研究的一种方法。这里不再予以详细介绍。

(三) 目标管理

1. 目标管理的含义

目标管理是下级与上级共同决定具体绩效目标，定期检查目标进展情况，并基于目标完成情况确定奖酬的一种管理制度。根据美国管理学家海因茨·韦里克的定义，目标管理是一个全面的管理系统，这个系统将许多关键管理活动连接在一起，使组织和个人目标得以高效率地完成。[①]

最早提出目标管理概念的是彼德·德鲁克。他在1954年所著的《管理的实践》一书中提出了一个具有划时代意义的概念"目标管理"（management by objectives，MBO），这一概念是德鲁克发明的最重要、最有影响的概念，已成为当代管理体系的重要组成部分。

德鲁克认为，所谓目标管理，就是管理目标，也是依据目标进行管理。任何企业都是一个真正的整体，每个成员所做的贡献虽然各不相同，但是必须为一个共同的目标做贡献。他们的努力必须全都朝向同一方向，他们的贡献都必须融成一体，产生整体的业绩——没有隔阂，没有冲突，没有不必要的重复劳动。[②]

---

① 参见〔美〕海因茨·韦里克等：《管理学：全球化视角》，马春光译，经济科学出版社2004年版，第87页。

② 参见罗珉：《现代管理学》，西南财经大学出版社2002年版，第179页。

美国旧金山大学的理查德·巴布柯克教授指出,目标管理这一概念具有哥白尼"日心说"般的突破性效应:"德鲁克注重管理行为的结果而不是对行为的监控,这是一个重大贡献。因为它把管理的整个重点从工作努力即输入,转移到生产率即输出上来。"

2. 目标管理的过程

(1) 制定目标:要有一套完整的目标体系

一个组织的最高管理层首先要制定出年度要达到的总目标,然后经过上下协商,制定出下级以及个人的分目标。总目标指导分目标,分目标保证总目标。目标也可以由下级部门和职工自行提出,由上级批准。一般来说,目标任务要略高于执行者的能力水平,尽量使目标具体化、定量化;目标数目不宜过多,以便于检查和考核。

(2) 执行目标:要有一套完整的组织实施系统

完成目标主要靠执行者的自主管理,因为目标制定出来以后,要靠组织的每个人去努力完成,如果上级干预过多,就会限制每个人的主观能动性的发挥,管理者还要根据组织的目标,给予下级用人、用钱、开展业务等权力,下级部门可行使这些权力,达到自己的工作目标。上级必须支持下级,给予指导协助,并提供情报以及创造良好的工作环境。

(3) 评价成果:要有一套完整的检查和评价检验系统

第一,自检:对各级目标的完成情况和取得的结果要及时进行检查和评价。自检是一种很重要的方法,通过自己对自己工作的检查,发现自己的错误,更有助于发挥个人的积极性,保持个人的自尊。但是自检也有缺点,因为人有很多习惯势力,出现错误也是习惯使然,所以还要辅以其他检验方法,如互检、专职检验等。第二,商谈:上级通过与下级交谈,了解下级工作完成情况,双方达成共识,这也是以人为本的体现。作出成绩,上级给予肯定;有不足,当面对下级提出,这样通过声音、面部表情等身体语言的交流,迅速获得情感的反馈,了解下级接受问题的态度,从而进一步确定所提问题的合理性。第三,评价:凡按期完成目标任务的成绩显著的单位和个人,应给予表彰和奖励,以便进一步改进工作,鼓舞士气,为下一期的目标管理而努力。对不按期完成目标任务的单位和个人,应给予必要的惩罚,甚至在职务上作出降级处理。第四,制定新的目标,开始新的循环。

表 7-2 目标管理的典型步骤

1. 制定组织的总目标和总战略
2. 在经营单位和部门之间分配主要目标
3. 各单位管理者与其上级一起设定本部门的具体目标
4. 部门的所有成员参与设定自己的具体目标
5. 实施行动计划
6. 定期检查实现目标的情况,并向有关单位和个人反馈
7. 基于绩效采取奖惩措施

3. 目标管理的要素

目标管理是让主管人员与员工亲自参加目标制定，在工作中实行"自我控制"，并努力完成工作目标的一种管理制度或方法。目标管理包含四个要素：

（1）目标明确。目标必须是可以量测和评估的具体目标。对于不适合的目标如减少成本、改善服务、提高品质，可将其转换成可评估、可衡量的目标，如部门成本减少8%、72小时处理保险理赔单、退货率低于10.05%。

（2）参与决策。目标不是管理者单边设定的。管理者和员工共同设定目标，决定如何达成目标。

（3）规定期限。每个目标都必须在预定的时间内达成。

（4）绩效反馈。提供员工进度反馈，以达成具体目标；定期举办稽核会议，激励、监控、改善自己的行动；主管与员工一起检讨进度。

4. 目标管理的特点

目标管理的一个鲜明特点是运用行为科学理论。在目标管理中，目标不是用来进行控制的，而是用来激励下级的。目标管理强调将组织目标转化成个人目标，并通过组织成员的自我控制取得成就。因此，对于组织成员而言，目标管理是一种自我控制的管理，而不是传统的由别人进行统治的管理。

在目标管理中，成员的许诺很关键。奥迪奥恩（George S. Odiorne）主张在目标管理中实行"参与式管理"，即下级也要参与目标的制定，上级与下级一起对下级的重要责任范围以及可接受的业绩水平取得明确的、一致的意见。他认为，经过上下级结合的方式反复协商、综合平衡定下来的目标更具有动员性和激励性（一种做得更好而不是敷衍了事的愿望），更有利于目标的实现。

奥迪奥恩指出：目标管理是"这样一个过程，通过这个过程，一个组织的上级管理人员和下级管理人员共同确定该组织的共同目标，根据对每一个人所预期的结果来规定他的主要责任范围，以及利用这些指标来指导这个部门的活动和评价它的每一个成员做出的贡献"。

从根本上讲，目标管理是把经理人的工作由控制下属变成与下属一起设定客观标准和目标，促使被管理的经理人通过自我评估和自我控制进行管理，而非由他人进行评估和控制。目标管理是总体管理、民主管理、自觉管理、成果管理。目标管理本质上是以人为中心和以生产为中心的统一。

5. 目标管理的优点

清晰的目标具有激励作用，有如下优点：

（1）有助于提高管理水平。目标管理促使主管人员考虑他们将用什么办法来实现目标，包括需要什么样的人员，需要什么样的资源和给予什么样的帮助。比如企业有日报表、月报表、季报表、销售量、销售额、毛利额的考核，由被考核单位签字承认，由考评办汇总、分析、整理，将信息反馈给有关部门。这一系列的报表、统计、数据，就会促使主管人员使用微机辅助进行信息处理，以提高效率、加强管理。

（2）有利于暴露组织的缺陷。目标管理可以促使主管人员把组织的作用和结构搞清楚，从而尽可能把主要目标所要取得的成果落实到对实现目标负有责任的岗位上。

（3）有利于调动人们的积极性、创造性和责任心。目标管理可以促进参与、交流、沟通，明确任务，发挥每个人的积极性和创造性。因为目标管理使人们不再是计划工作的奴隶，只是实施指导和等待决策，而是使他们现在就有明确的个人目标，甚至他们自己就是决策者。

（4）有利于更有效地控制。控制就是测定工作，以便保障任务的完成。目标管理实际上就是制定了一套可考核的标准，管理人员进行监督和控制时可参考，以便纠正计划实施中出现的偏差。

6. 目标管理的缺点

（1）目标管理还没有得到普及和宣传。目标管理看起来很简单，但是其作用到底如何？参与目标的人能够得到什么好处？人们对此存在疑问，所以，目标管理需要广泛的宣传，使其得到普及。在组织内部要建立起自我管理和自我控制的哲学比较困难。

（2）适当的目标不易确定。具体制定可考核的指标是一项非常繁杂的任务，需要有先进的管理思想、手段、方法。

（3）目标一般是短期的，常常是一个季度或更短一些，很少超过一年，所以目标管理的弊端是显而易见的，很可能会使短期目标和长期目标脱节。

（4）目标不灵活，容易产生本位主义思想，人们可能过分使用定量目标等。

目标管理也得到了广泛的应用。从应用效果上看，有成功，也有失败。成功的原因主要有，通过讨论与合作，强化组织内部的沟通，进而使组织成员对目标及目标实施途径有更清晰的认识和理解；每个人都有明确的工作目标，所以工作绩效的评价更具有客观性，主观性较低；目标管理具有系统性，这对组织整体管理水平的提高是有好处的；目标管理强调组织成员的参与，有利于调动人员的积极性。目标管理的失败主要来源于实施过程，主要表现为：

（1）缺乏来自高层管理当局的支持。一些企业决定实施目标管理，但把具体的实施工作放手让低层管理人员去做，这样很难保证目标管理系统与组织的总体目标一致，也会减弱对参与目标管理的人员的激励作用。

（2）一些企业在目标管理过程中过分强调定量的目标和计划，为了了解目标管理系统的进展状况，需要大量的文件和记录工作，给人员带来了过多的"额外负担"，容易引起人员的反感情绪。

（3）缺乏沟通。有的情况下，组织的管理人员单方面甚至是强制性地为下属布置目标，下属没有参与的机会，这种做法违背了目标管理的宗旨。[①]

本章小结

- 一方面，计划工作是决策的逻辑延续，为决策所选择的目标活动的实施提供了组织保证；另一方面，计划工作又是组织、领导、控制和创新等管理活动的基础，是组织内不同部门、不同成员行动的依据。计划具有目的性、首位性、普遍性和效率性特征。

---

① See Ricky W. Griffin, *Management*, 5th Edition, Houghton Mifflin Company, 1996, p.192.

- 计划的作用主要表现在以下几个方面：指引行动方向，为组织活动的分工提供依据；促进组织资源的有效配置，提高组织活动的效率；为组织活动的检查与控制提供依据；促使管理者面向未来，预见变化，减少组织中的不确定性；计划中的目标具有激励士气的作用。
- 根据表现形式，可以把计划看做一种层次体系，分为宗旨和使命、目标、战略、政策、程序、规则、规划和预算八个层级；按时间，计划可分为长期计划、中期计划和短期计划；按企业职能，计划可分为业务计划、财务计划和人事计划；按所涉及的范围，计划可分为战略计划、作业计划和管理计划；按其对执行者约束力的大小，计划可分为指令性计划和指导性计划；按所涉及的活动内容，计划可分为综合计划、专业计划和项目计划；其他还有常设计划与应变计划等。
- 管理者在编制任何计划时，实质上都遵循着相同的逻辑和步骤。计划制订的步骤如下：估量机会，确定目标，确定计划工作的前提条件，拟订可供选择的方案，评价各种备选方案，选择方案，拟订派生计划，编制预算，反馈计划执行情况。
- 计划方法包括滚动计划法、网络计划技术法以及投入产出法。
- 目标管理是下级与上级共同决定具体绩效目标，定期检查目标进展情况，并基于目标完成情况来确定奖惩的一种管理制度。目标管理由制定目标、执行目标和评价成果三个部分组成。
- 目标管理的优点包括：(1) 有助于提高管理水平；(2) 有利于暴露组织的缺陷；(3) 有利于调动人员的积极性、创造性和责任心；(4) 有利于组织更有效地控制。但目标管理也有一定的缺陷，包括：(1) 尚未得到普及；(2) 适当的目标不易确定；(3) 目标的短期性；(4) 目标的不灵活性。

□ 关键术语

使命（mission）
目标（objectives）
战略目标（strategic objectives）
战术目标（tactical targets）
作业目标（operative foals）
目标体系（hierarcy of objectives）
长期计划（long-term plan）
中期计划（medium-term plan）
短期计划（short-term planning）
滚动计划法（rolling plan technique）
目标管理（management by objectives, MBO）
自我控制（self-control）
参与式管理（participative management）

复习题

1. 什么是企业的宗旨和使命？宗旨和使命对企业发展会产生什么作用？
2. 目标一般分成哪些类型？相互之间的区别是什么？
3. 计划工作的特点有哪些？
4. 为什么说计划是个纲？这里纲的原始含义是什么？

5. 制定目标和编制计划一般要注意哪些基本要求？
6. 如何利用滚动计划法？
7. 计划有哪些类型？不同类型的计划之间如何衔接？

自我评估 ▶ 开发你撰写业务计划书的技能

一、技能说明

开展一项业务活动的第一步是制定一份业务计划书。业务计划书不仅能够帮助你认真思考将做什么，如何去做，它还能提供组织获取资金与资源的良好基础。事实上，一份准备充分而完好的业务计划书可以提交给有关风险投资机构，它有助于解释你为什么需要获得贷款开展业务。

二、撰写业务计划书的具体步骤

1. 描述公司的背景及其目的

简要说明公司的历史及其独特性。描述你的产品或服务是什么，你怎样将它市场化，以及需要哪些资源来将这一产品或服务带到市场。

2. 明确你的短期目标和长期目标

你建立这个组织的期望目标是什么？很清楚，对于一个新公司来说，有三大目标是息息相关的，即创建、生存与盈利。一些具体的目标包括销售额、市场份额、产品品质、员工士气、以及社会责任等。要明确说明你的计划是怎样达到这些目标的，怎样确定你是否达到了这些目标，以及打算什么时候达到这些目标（如长期或短期）。

3. 提供一份详尽的市场分析

必须让阅读者相信你对自己在做什么的思路非常清晰，同时清晰表达你的市场是什么，以及面对的竞争压力是什么等。另外，要描述整体市场发展趋势，所要参与竞争的市场状况，竞争对手是谁。同时，有必要进行SWOT分析。

4. 描述你的发展与生产重点

说明你将怎样进行产品生产或提供服务，其中包括由始至终的时间期限。描述在这一阶段可能面对的困难以及所需要花费的成本。解释一下你的决定是什么（例如，是制造还是购买），以及你倾向于怎样做。

5. 描述你将怎样把产品或服务市场化

销售战略是什么？怎样接触你的客户？在这一部分，要依据你的竞争优势来描述你的产品或服务，说明你准备怎样击中竞争对手的薄弱环节。与此同时，还要加入市场分析，依据市场的规模进行销售预测。例如，你究竟能够获得多大的市场？你怎样为自己的产品与服务定位？

6. 建立你的财务状况变动表

底线是什么？投资者很想知道你的大致情况。在这一部分，必须给出一个大约3—5年的财务报告。财务报告中必须包括现金流分析以及公司项目平衡表，还必须给出一个关于启动资金是多少的大致设想并能开发一个财务战略，即你打算怎样运作从金融机构中所获得的资金，以及如何监控公司的财务运作。

7. 提供一个对组织及其管理团队的整体描述

确定哪些是组织中的关键执行人,简要说明他们的学历、经历以及相关资质,明确他们在组织中所处的地位与工作角色,说明他们想要得到什么样的工资报酬;确定哪些人能够有效地帮助组织进行管理(如公司律师、会计、董事等)。这一部分还应包括一些相关内容,即你打算怎样处理与员工的关系。例如,员工的工资是多少,他们将获得什么样的福利?怎样评价员工的表现?

8. 描述公司的法律形式

要确定公司的法律形式,例如,是个人独资还是几个人合伙的,或是以合作方式组建的?根据相应的法律形式,还必须提供其他相关信息,例如,为股东提供确切的股权比例以及股票的分配等。

9. 描述组织如何应对重要风险与偶然性事件

在这一部分,必须说明一旦有问题出现,你准备怎样处理。例如,如果你无法预测销售怎么办?类似的问题还包括有关供应商出现差错、雇用的员工不合格、产品品质较差等,这些问题都应列出。阅读者想知道你是否意识到了潜在的问题,是否有应急计划来解决。这一部分也可称为"如果……怎样"部分。

10. 综合形成业务计划书

充分把握上述 9 个步骤中所得到的信息之后,可以把这些业务计划书综合,整理成一份严密的组织文件。一份业务计划书还应包括一个封面,其内容包括企业的名称、地址、联系人,以及阅读者可以查询的电话号码,还应包括企业成立的时间与标识(如果有的话)。业务计划书的第二页是目录,用以标明每一部分在业务计划书中的位置,记住要采用适当的线条。接着应该是内容摘要,这是阅读者所要读的第一部分,实际上,这也是业务计划书中最为重要的一部分,因为如果内容摘要写得不好,阅读者是不会继续往下读的。在 2—3 页的篇幅内,需要重点标识出公司的以下信息:公司管理、市场与竞争、所需要的资金、怎样利用资金、历史上的财务状况(如果可得的话)、融资计划,以及什么时候能够归还投资者的资金(即所谓的"退出")。然后,介绍业务计划书的主体部分,也就是将已经得到的资料按照上述 9 个步骤写下来。最后,以一个简要总结结束报告,其中要重点标识出已表述的要点。如果有图表、照片等,也应该以附录的形式附在业务计划书的后面。如果这么做,还必须标明这些资料对应的是报告中的哪一部分。

资料来源:〔美〕斯蒂芬·P. 罗宾斯、大卫·A. 德森佐:《管理学原理》(第三版),毛蕴诗译,东北财经大学出版社 2004 年版,第 100 页。

案例

任正非的目标管理观

一、目标改变命运

1995 年,华为的员工仅有区区 800 多人,销售额仅仅 15 亿元。当年,华为成立了北京研发中心，开始进入数据通信领域。华为大规模与内地厂家合作，走共同发展的道路，也开始从农村市场向城市市场转型。此时，成立仅8年的华为，面临着险恶的市场环境。鉴于内忧外患，任正非主张本土企业联合起来，国家也应该支持民族通信企业的发展，让本土企业迅速壮大，提高竞争力，并最终到海外拼搏。任正非在第四届国际电子通信展华为庆祝酒会上表示："中国通信产业正飞速向前发展，并形成自己的民族通信工业。未来3年将是中国通信工业竞争最为激烈的时期，持续10年的中国通信大发展催生了中国的通信制造业，并迅速成长。由于全世界厂家都寄希望于这块当前世界最大、发展最快的市场，拼死争夺，造成中外产品撞车、市场严重过剩，形成巨大危机。大家拼命削价，投入恶性竞争，外国厂家有着巨大的经济实力，已占领大部分中国市场，中国厂家如果仍然维持现在的分散经营模式，将会困难重重，是形势迫使我们必须进行大公司战略。决决十多亿人口的大国必须有自己的通信制造产业，对此，华为作为民族通信工业的一员，已在拼尽全力向前发展，争取进入国家大公司战略系列。"

任正非给华为人定下了目标，激励员工奋斗。华为的经验说明，无论企业规模多么小，也一定要有崇高而远大的目标，只有不仅仅为钱奋斗的企业，才能让员工一直充满斗志。

对于华为的创新目标，任正非同样有着清晰的认识，他只推动有价值的创新。10多年前，任正非就有明确认知：中国人擅长数理逻辑，数学思维能力很强，这跟中国人的哲学有关。中国哲学是模糊哲学——儒、道基础上的模糊哲学，缺乏形而上学的思辨传统，太多辩证法。基于这一点，华为在材料学研究、物理领域尽量少投入，但在数学研究方面的投入是巨大的。

华为的俄罗斯研究所和法国研究所，主要从事数学研究。俄罗斯人的数学运算能力超强，在华为的2G、3G研究方面有重大贡献。

华为在欧洲等发达国家市场的成功，得益于两大架构式的颠覆性产品创新，一个叫分布式基站，一个叫SingleRAN，后者被沃达丰的技术专家称作"很性感的技术发明"。这一颠覆性产品的设计原理，是在一个机柜内实现2G、3G、4G三种无线通信制式的融合功能，理论上可以为客户节约50%的建设成本，也很环保。华为的竞争对手们也企图对此进行模仿创新，但至今未有实质性突破，因为这种多制式的技术融合，背后有着复杂无比的数学运算，并非简单的积木拼装。

正是这样一个具有革命性、颠覆性的产品，过去几年给华为带来了欧洲乃至全球市场的重大斩获。华为立誓成为全球顶级消费品牌，成为"与移动世界大会上其他品牌同样令人熟悉、有吸引力、强大的品牌"，打造全球性品牌"需要时间、投资和不懈的努力"。

2013年是华为推出消费类产品的第10年。华为正在由一家ODM转变为OEM。华为将更积极地推出高价智能手机。例如，在美国，华为智能手机仍然被认为是中低端产品。多年来，华为一直希望改变这种状况。

对此，任正非表示："在大机会时代，千万不要机会主义，我们要有战略耐性。消费者BG（业务集团）一定要坚持自己的战略，坚持自己的价值观，坚持自己已经明晰的道路与方法,稳步地前进。成吉思汗的马蹄声已经远去,现代的躁动也会平息,活下去才是胜利。""但是我们现在要清楚'我是谁,从哪里来,准备到哪里去'。""今天之所以与大家沟通,就是担心你们去追求规模,把苹果、三星、小米作为目标,然后就不知道自己是谁了。当然要向苹果、三星、小米学习它们的优处,但不要盲目对标它们。""消费者 BG 应该坚持走自己的路,我就是我!""你们说要做世界第二,我很高兴。为什么呢?苹果年利润 500 亿美金,三星年利润 400 亿美金,你们每年若是能交给我 300 亿美金利润,我就承认你们是世界第三。""销售额是为了实现利润需要的,不是奋斗的目标。终端没有黏性,量大而质不优,口口相传反而会跌下来。不要着急,慢慢来,别让互联网引起你们发烧。华为公司要坚持跑马拉松,要具有马拉松精神,慢慢跑,要持续盈利。互联网的特性是对标准化、数字化的内容传输的便利性和规模化。它是促进实业在挖掘、消化信息后的改进,所谓互联网时代,是信息促进人类社会的进步,促进实业、服务……的进步,并不是仅指网络商本身。"

二、目标引领发展

很早的时候,任正非就发现,华为要成为世界级的企业,在国际市场的收入要在 5 年之内超过总收入的 50%,华为就不可能永远依靠国内劳动力低廉的相对优势来参与国际竞争。因此,华为必须马上制定切实可行的目标,逐步缩小与国际企业在人均效率方面的巨大差距。

在 2002 年 8 月召开的人力资源大会上,华为确定了未来 5 年之内人均劳动生产率提升的具体目标:希望到 2006 年,华为人均销售收入在 2001 年的基础上提高 3.5 倍,接近国际一流企业的水平。根据这个目标,华为制定了未来几年的人力资源发展规划方针:除了稀缺人才的引进之外,国内招聘员工的数量将会大大降低,未来 3 年华为在人力资源建设方面的主要任务就是进行人员的结构性调整和清理不合适人员。在这个原则的指导下,2002 年,华为明显减少了对国内人才的招聘数量。而在此之前,华为对国内重点理工大学的应届毕业生一直采取"掠夺式"的招聘策略。

华为轮值 CEO 徐直军在代表华为集团阐述华为战略时的开场白很有意思,他表示:"华为是一家能力有限的公司,要有所为,有所不为。"言外之意,华为要认清自己的地位和能力,要认清现在的自己,对于未来做什么、聚焦什么、放弃什么都要理清楚。面向未来,一个拥有 15 万人的公司,做企业,要商业成功,要让员工挣到钱。除此之外,还应该做什么?华为在 100 多个国家有业务和驻外机构,除了做生意,为中国、为世界还能做什么?华为的愿景是什么?

徐直军表示,华为要致力于打造一个全链接的世界,华为希望与业界共同努力,将人与物全部链接起来,产生无限的想象和各种可能,从而促进人类沟通和产业发展。

任正非表示:"华为是不是互联网公司并不重要,华为的精神是不是互联网精神也不重要,这种精神能否使我们活下去,才是最重要的。""不要为我们有没有互联网精神去争论,互联网有许多好的东西,我们要学习。我们有属于适合自己发展的精神,只要适合自己就行。3500 年后,如果还有人想吃豆腐,就总会有人去磨豆腐的。""强调的是,我们为信息互联的管道做'铁皮',这个世界能做'铁皮'的公司已经只有两三家了,而且我们也处在优势,不要老羡慕别人。""现在我们很多的员工,一提起互联网,就不断地说:'我们不是互联网公司,我们一定要失败。他们没有看到,能做太平洋这么粗管道'铁皮'的公司已经没几家了,我们一定是胜利者。……乌龟就是坚定不移地往前走,不要纠结、不要攀附,坚信自己的价值观,坚持合理的发展,别隔山羡慕那山的花。""对华为至关重要的就是要抢占大数据的制高点……那么,什么是大数据的制高点呢?……不是说那个400G叫制高点,而是任何不可替代的、具有战略地位的地方才叫制高点。那制高点在什么地方呢?就在10%的企业、10%的地区。从世界范围看大数据流量,在日本是3%的地区,汇聚了70%的数据流量;中国国土大,分散一点,那么10%左右的地区,也会汇聚未来中国90%左右的流量。那我们怎么能抓住这个机会?我认为战略上要聚焦,要集中力量。"

资料来源:张继辰、王伟立编著:《华为目标管理法》,海天出版社2015年版,第6、46页。

[问题]
1. 任正非是如何践行目标管理的?
2. 华为的目标管理有什么特点?

第七章 组织

> 从某个角度来说,组织和分工是同义语,没有分工,就不可能通过组织来实现一切。
>
> ——切斯特·巴纳德

在日常生活和实际工作中,一方面,每个人都从属于一个或多个组织;另一方面,多数工作又是由多人合作才能完成。因此,建立一个良好的组织并使之有效地运转,无论是对个人目标还是组织目标的实现,都至关重要。作为一种结构以及进行资源配置以实现管理目的的工具和载体,组织工作在经营管理活动中占据着十分重要的地位。

第一节 组织概述

一、组织的概念

关于组织的概念,国内外学者有不同的解释和说明,总体归纳,组织一般包括如下两层含义:一是指组织体系或组织结构,从实体角度看,组织是为了达到某些特定的目标经由分工与合作及不同层次的权力和责任制度而构成的人的集合。二是指组织活动和组织工作。从过程角度看,组织是指在特定的环境条件下为了有效地实现共同目标和任务,确定组织成员、任务及各项活动之间的关系,对组织资源进行合理配置的过程。

组织具有二重性:静态组织或实体组织、动态组织或过程组织。前者是把组织作为名词来说明和使用的,是指为达到一定的目标结合在一起的,具有正式关系的群体。它具有如下属性:每一个组织都是由人组成,都具有明确的目标或目的,都具有一定的形式规范,组织成员明确自己的归属。后者则是把组织当作动词来使用和解释的,是根据计划任务要求和按照权力与责任关系原则,将所必需的活动进行分解与合成,并把工作人员编排和组合成一个分工协作的管理工作系统或管理机构体系,以便实现人员、工作、物资条件和外部环境的优化组合,圆满达成预定的共同目标。过程或动态组织的特征包括:组织分工与协作;合理的组织活动能使经济实体产生新的生产力;组织活动过程是一项系统工程。

组织的基本要素包括:组织有一个共同的目标或宗旨;组织中的人有各自的职责;

组织中有一种协调关系；人、财、物的配置是组织活动的一项职能；组织中有一种信息交流。

二、组织的职能

我们可以将组织职能或组织工作视为一个为实现组织目标而采取行动的连续过程。这个过程由一系列的逻辑步骤组成：

（1）确定组织的整体目标。

（2）对目标进行逐层分解，形成目标体系。

（3）明确为实现组织目标所必需的各项业务工作或活动，并加以分类，即通过组织工作把企业的总体目标分解落实到每个组织成员身上，转化成每个组织成员的任务。

（4）根据可利用的人力、物力以及利用它们的最佳途径来划分职能部门，设置管理机构，确定职位系统。这一环节可以构建分工协作体系，提高效率和工作质量。即通过组织工作使有助于预定目标实现的各项活动相互配合，把不同的任务有机协调起来，实现人们常说的"协同效应"，即一个有效的群体的共同努力往往要大于其成员单独努力的效果的总和。

以上步骤，确立了与组织目标相适应的组织结构。

（5）授予执行有关各项业务工作或活动的各部门以及各类人员职权与职责。这一环节，确立了各部门之间的责权关系，促进了沟通与协调。责权关系是组织的核心要素，确定了组织的信息沟通渠道并使领导功能得以体现。组织工作使每个组织成员都明确其具体责任，清楚他们必须对谁负责，是谁向他们分配工作并对他们进行管理，进而使组织全体成员对组织的权力结构和权力关系有清楚的了解。

（6）合理配备人员。

（7）建立和维持一个畅通的信息联系渠道，从而通过责权关系和信息系统，把各层次、各部门联结成一个有机的整体。

（8）建立规章制度，确立组织运作机制，维持组织的相对稳定性。

（9）适时推动组织变革，以保持组织的灵活性、适应性、开放性。这一环节，培养了组织的能力。组织工作的深层次功能是为了培养一种能力，一种能够支撑与促进企业成长的能力，这是组织的核心功能所在。

三、组织工作的基本原则

企业组织是一个有机系统。要把许多人组合起来，形成一个有机的分工协作体系，这并不是一件十分容易的事，需要遵循一系列基本原则。从确保组织正常运转这一基本要求来看，组织工作至少应遵循如下一些原则：

（1）目标一致性原则。组织不是一个松散的自由组合的群体，是人们为了实现共同的目标而建立的。共同的目标是组织产生和发展的基础和原因，它规定并制约着组织的其他要素。正是因为存在着组织的共同目标，组织成员才会有效地进行分工协作，并最终实现共同的目标。共同的目标是维系组织成员的纽带，是组织管理工作的依据。

(2) 分工协作原则。尽管对于一个可运行的组织来说，物料、设备等物质实体是组织的重要因素，但人员是更重要的因素。没有人员的存在，便没有组织。为了使组织成员能够有效配合，产生合力，组织设计时必须注重职务明确、控制幅度合理、专业分工明确、责任与权力相符、协作有序等一系列组织设计原则。

(3) 管理幅度原则。管理幅度也称管理跨度，是指一位管理者能够直接、有效管理的下属数量。管理幅度问题在管理学的早期研究中就已经被关注了。古典管理理论认为，管理幅度不宜太大，以窄小为宜，以利于对下属实现紧密的控制。最早进行这方面研究的是法约尔，他认为任何层级上的管理者都只能直接指挥数目较少的下属，一般不超过6个。后续的研究又提出了不同的数目，例如，有的研究认为高、中层管理者，合理的下属人数为4人，基层管理者可以放宽到8—12人。总的来说，这方面的研究普遍认为处于越高的组织层级上的管理者，管理幅度越小，因为管理层级越高，管理者面临的非结构性问题也就越多。

(4) 责权关系原则。责权关系是组织构成要素的核心内容。可以这样说，组织即各种责权关系的体现。在组织管理过程中，明确各部门、各职位与整体组织之间的责权关系，使每个组织成员都明确自己应该干什么，有哪些方面的权力，归属谁直接领导，这是保持组织稳定性和增进组织运行效果的前提条件。

(5) 信息畅通原则。组织各部门和组织成员的工作靠信息的交流维系着。在一个组织中，信息交流包括自上而下、自下而上及同级之间的信息交流，这是组织成员进行有效协调、控制的基础。信息是组织的血液，有效的组织工作必须保持组织内外部的信息交流畅通无阻。

(6) 统一指挥原则。统一指挥原则要求每个下属应该有一个并且仅有一个上级，要求在上下级之间形成一条清晰的指挥链。在组织结构设计和管理权限划分方面都应该考虑这一原则。如果下属有多个上级，就会因为上级可能存在彼此不同甚至相互冲突的命令而无所适从，造成组织管理的混乱。虽然有时在例外场合必须打破统一指挥原则，但是为了避免多头领导和多头指挥，组织的各项活动应该有明确的区分，并且应该明确上下级的职权、职责以及沟通联系的具体方式。

四、组织的类型

现实中，组织可以按照不同的标准进行分类：[①]

(一) 正式组织与非正式组织

按形成方式，组织可以划分为正式组织与非正式组织。正式组织是为了有效地实现组织目标，而明确规定组织成员之间职责和相互关系的一种结构，其组织制度和规范对成员具有正式的约束力，这是判别一个组织是否为正式组织的主要标准，而不考虑它是否注册登记，是否合法。正式组织是为了建立合理的组织机构和结构，规范组织成员在活动中的关系。

[①] 参见芮明杰：《管理学：现代的观点》，上海人民出版社1999年版，第77—79页。

非正式组织是组织成员在感情相投的基础上，由于现实观点、爱好、兴趣、习惯、志向等一致而自发形成的结伙关系。非正式组织也有自己的目的，也可能存在分工，但是其目的和分工未经过正式的计划，也没有严格的规章制度来保证其目的和分工的实施和存续。非正式组织的目的和分工是自发的、富有弹性的、非生存性或自娱性的。无论组织设计的理论如何完善，设计人员如何努力，人们都无法规范组织成员在活动中的所有联系，都无法将所有这些联系都纳入正式的组织结构系统。

非正式组织与正式组织的区别如下表所示：

表 7-1　非正式组织与正式组织的区别

	正式组织	非正式组织
内涵	躯体	灵魂
组成	正式固定层级的权力结构	因现实观点、爱好、兴趣等一致而形成的伙伴关系
态势	静态的结构以维持秩序	动态平衡且灵活
依据	法律或规章制度	尊敬
实行	纵向命令或报告	横向的互动和凝聚力
运作	依靠职权	依靠彼此间的吸引力
倾向	理性认识	感情逻辑
重点	工作产出的效率或效果	生活质量的满足
基础	工作分工及专业标准化	共同兴趣或归属感
体系	体制化和专业化	弹性化
中心	控制和监督	凝聚力和向心力
结果	目标管理绩效表现	共同价值观和参与的满足感

（二）高耸的组织与扁平的组织

在企业人力资源规模相对确定的情况下，组织层次与管理幅度在数量上呈反比例关系，在组织管理过程中要正确处理管理幅度与组织层次之间的关系问题。有的企业采用扩大管理幅度和减少组织层次的方法，构成扁平式组织结构；有的企业则采用缩小管理幅度和增加组织层次的方法，形成垂直式组织结构。

相对来说，垂直式组织结构属于集权型组织，具有高度的权威性和统一性，决策和行动都比较迅速。其缺点和不足是不便于纵向联络沟通，缺乏灵活性和适应性，所需管理人员多，管理费用大。在下列情况下，可以建立垂直式组织结构，缩小管理幅度，以便实行有效控制：（1）工作任务要求不明确；（2）下属人员自由处置权较大；（3）工作责任重大，绩效衡量期限长；（4）成果不易测定或测量；（5）部属之间工作依赖性强。

扁平式组织结构属于分权型组织。它层次少，便于上下信息交流，有利于发挥下级人员的才干，灵活而有弹性，所需管理人员少，管理费用低。其缺点和不足是不便进行有效监督和控制，加重交叉联络的负担，容易突出下属的特权和部门的利益。

（三）机械式组织与有机式组织

机械式组织，也称官僚行政组织，是综合使用传统组织设计原则的自然产物。特点是提倡高度复杂化、高度正规化、高度集权化；有正式的沟通渠道；认为组织结构应该像高效率的机器，以规则、条例和正规化作为润滑剂；人性和人的判断应该被降到最低限度，因为它会导致非效率和不一致；尽量避免模糊性，强调标准化和稳定性，以及固定的职责。

有机式组织也称适应性组织，是松散、灵活的，具有高度适应性的组织结构形式。特点是提倡低复杂性、低正规化、分权化，没有标准化的工作及规则、条例，员工多是职业化的；具有非正式的沟通渠道；保持低程度的集权；不断调整职责。

（四）实体组织与虚拟组织

实体组织是一般意义上的组织，是指为了某种特定的目标，通过分工与合作，由不同层次的权力与责任制度构成的人的集合。例如，学校、企业、政府、军队、医院等。实体组织的基本特点包括：（1）功能化，即具有完成组织业务活动所需要的全部功能。（2）内部化，即主要依靠自身资源和功能来完成组织的活动。（3）集中化，即将各种资源与功能集中在一起，在地理与空间上具有连续性。实体组织还可分为营利组织与非营利组织。前者是指以获取利润为目的而成立的组织；后者是指以公共服务为使命，不以获取利润为目的而成立的组织。

虚拟组织是指个人或组织在共同的目标和共同的利益驱动下，为达到特定目标而进行动态组合的组织形式。虚拟组织的基本特点包括：（1）组织结构虚拟性。从企业的法人地位上看，实体组织具有经济法人资格，而虚拟组织一般不具有法人资格。从组织结构特征上看，传统意义上的实体组织结构大都呈金字塔式，管理幅度不大，而虚拟组织结构是网络式的，管理幅度较大。（2）构成人员的虚拟性。实体组织的构成人员大多属于该组织，而虚拟组织的构成人员一般不属于该组织。人员构成虚拟的优点在于人力资源成本小，能够迅速招聘或辞退人员，流动性好；缺点是人员不稳定，人员的短期行为较多。（3）工作场所的虚拟性。实体组织一般都有比较固定且集中的工作场所，员工在统一的办公场所上班，而虚拟组织基本上没有集中的工作场所，在保证工作绩效的前提下，员工的工作场所依据员工自己的要求自行安排。（4）核心能力的虚拟性。实体组织核心能力的培育基本上依靠组织内部的发展，而虚拟组织核心能力的形成除了依靠内部发展外，更多的是通过信息网络来扩大与外部其他组织的联系，以形成网络核心竞争力，这种核心能力具有很大的弹性，开发速度快，成本较低。

第二节 纵向管理与层级结构

一、组织设计与组织结构

当管理者设立或变革一个组织的结构时，他们就是在进行组织设计或再设计。组织设计是指进行专业分工和建立使各部分相互有机协调配合的系统结构的过程。如图

7-1 所示，组织设计的任务就是建立组织结构和明确组织内部的相互关系，提供组织结构图和部门职能说明书、岗位职责说明书。

图 7-1 组织设计的基本成果

有组织的过程，就会形成组织结构，组织结构指的是一个组织规定任务如何分配、资源如何配置和部门之间如何协作的框架。组织结构包括：（1）分配给个人和部门的一整套正式任务；（2）正式的请示汇报关系，包括授权链条、决策责任、管理层次的多少和管理跨度等；（3）确保员工有效进行跨部门协作的制度设计等。

巴纳德认为，组织中存在"纵向组织"和"横向组织"。"垂直"、分层形式的组织就是纵向组织，也即序列组织。纵向组织基本上都是专制、独裁的组织，组织内的主要结构是纵向的、垂直的。除了最高的一层以外，其他各层都依赖于更"高级"的一层；除了最低的一层以外，所有各层都以更低的层级为基础。此外，在纵向组织内，需要进行纵向管理，纵向管理是指基于等级组织下的一套正式任务和正式请示汇报关系的管理方式。

图 7-2 是一个瓶装水工厂的组织结构图，该工厂有四个主要部门：财务部、人力资源部、生产部和营销部。该组织结构图给出了命令链，指明了各个部门的任务以及它们的相互关系，还规定了组织内的上下顺序和逻辑关系。每个员工都有分配给自己的任务、授权链条和决策责任。

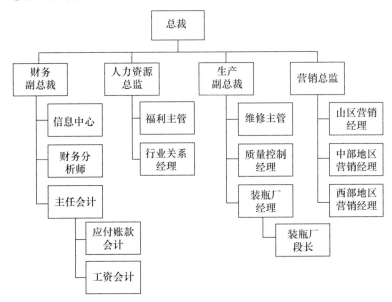

图 7-2 瓶装水工厂的组织结构图

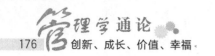

接下来详细讨论纵向组织结构的一些重要内容。

二、工作专业化

一个组织要完成许多不同的任务。组织工作的一项基本原则就是，如果对员工进行专业化分工，工作起来就会效率更高。工作专业化有时也叫做劳动分工，它指的是将组织内的任务分解为各种不同的工作。在图7-2中，工作专业化体现在将生产部任务分解到装瓶、质量控制和维修等几个部门中。每个部门的员工只完成与其专业有关的任务。当工作专业化被广泛推行时，每个员工将只从事单一的工作。岗位分工越细，工作效率将越高。工作专业化在汽车装配线上体现得最为直观，流水线上的员工不断地重复同样的工作。让一个员工单独去制造整辆汽车，或者让他去从事大量与其岗位无关的工作，都是没有效率的。

三、命令链

命令链是指将一个组织中的所有人联系在一起的、连续不断的权利链条，它指明了人们之间相互的请示汇报关系。命令链有两条基本原则：一是单一命令原则，指的是每个员工只对一个领导负责。二是等级原则，指的是组织中清楚规定的命令链应当将所有员工都包含进去。不同任务所拥有的权力和责任应当有所区别。组织中的每个人都应当知道他们向谁请示汇报，并且层层向上直到最高领导人。在图7-2中，工资会计要向主任会计汇报，主任会计要向财务副总裁汇报，而财务副总裁要向总裁汇报。

（一）权力、责任和授权

命令链表明一个组织中的权利结构。权力是指为了实现组织所希望获得的成果，一个管理者所拥有的作出正式和法定的决策、发布命令和分配资源等方面的权力。权力具有以下三个特征：

（1）权力来自于组织的职务，而不是人。管理者之所以有权力，是因为他所拥有的职务。如果其他人拥有同样的职务，他也就具有相同的权力。

（2）权力需要被下属接受。虽然权力在组织的各个级别间从上至下层层传达，但是下属之所以接受上级的权力，是因为他们相信管理者具有发布命令的合法权力。权力接受理论认为，只有当下属同意接受他的命令时，一个管理者才具有权力。如果下属认为这个命令超出了他们的接受范围而拒绝接受它，那么，这个管理者的权力就消失了。

（3）权力沿垂直层级向下延伸。在层级结构中，职务越高，权力越大。

责任是权力硬币的另外一面。责任指的是员工履行所指派的任务和工作的义务。一般而言，管理者会被授予与责任相对应的权力。当一个经理责任大而权力小时，他就会感到十分为难，只能靠劝说和运气来开展工作。而当其权力超过责任时，往往会形成专制，他会利用权力去做一些鸡毛蒜皮的小事。

与权力有关的另外一个概念是授权。授权是管理者向比他级别低的人移交权力和责任。如今，为了满足顾客的需要和适应变化的环境，大多数组织都鼓励各级管理者向其下级授权来获得最大的灵活性。

(二) 职权与职责

(1) 职权，指经由一定的正式程序所赋予某项职位的一种权力。因此，它是一种职位权力，而不是某特定个人的权力。换言之，它是只有居其位才拥有和行使的指挥、监督和控制，以及惩罚、裁决等权力。

(2) 职责，指某项职位应该完成的任务及责任。授权的时候，我们应该授予相称的职责。换言之，一个人得到某种权力，他也就承担一种相应的责任。职权本质上是管理者行使其职责的一种工具。

(3) 负责。和职权与职责相关的一个概念是负责。负责指员工去承担随着工作成果而来的褒贬。职权是由上往下授予，负责则是由下向上承担，员工必须在其所授权的范围内，对其上司负责。

(三) 组织中的职权

1. 职权的种类

组织内的职权有三种类型：直线职权、参谋职权、职能职权。

(1) 直线职权是某项职位或某部门所拥有的包括作出决策、发布命令等权力，也就是通常所说的指挥权。正是这种上级与下级的关系贯穿于组织的最高层到最低层，从而形成所谓的指挥链。指挥链是部属与主管间的职权关系。在指挥链的每个链接处，拥有直线职权的管理者均有权指导下属人员的工作，并且无须征得他人意见而独立作出某些决策。当然，指挥链中的每个管理者也都要听从其上级主管的指挥。直线职权是一种完整的职权，拥有直线职权的人有权作出决策，有权进行指挥，有权发布命令。凡是主管人员对其下属都拥有直线职权，它是通过授权形成的。

(2) 参谋职权是指参谋人员所拥有的提出咨询建议，或提供服务与便利，协助直线部门和直线人员进行工作的权力，它是一种辅助性职权。参谋职权的概念由来已久，在中外历史上很早就出现了一种为统治者出谋划策的智囊人物。近代组织中出现的参谋及其职权的概念来自军事系统。参谋的种类有个人与专业之分，前者即参谋人员，是直线人员的咨询人，协助直线人员执行职责；专业参谋常为一个单独的组织或部门，属一般的"智囊团"。参谋职权是一种有限度的不完整的职权，拥有它可以向管理者提出建议或提供服务，但其本身并不包括指挥和决策权，是一种辅助性权力。当直线主管将原属于他的一部分职权授予参谋部门的负责人来行使时，参谋人员就拥有了职能职权。

(3) 职能职权是指参谋人员或部门的主管人员被授予的原属于直线主管人员的那部分权力。按照统一指挥原则，这些工作职权本应由直线主管人员来行使。但是，由于种种原因，包括缺乏专业知识，缺少监督办事过程的能力，以及存在对方针政策有各种不同解释的风险，又往往不允许他们行使这些职权。在这种情况下，直线主管人员就丧失了这种特定的职权，而被他们的上司授予一位参谋专家或另外一个部门的主管人员。

职能职权是伴随着组织规模扩大和专业化程度逐渐提高而产生的。其实质就是直线主管把本来属于自己的一部分直线权力分离出来，授予参谋专家或某个部门的主管人员，使他们可以按照规定和程序，在其授权范围内有权作出决定，有权直接向下一级的直线部门发出指示。因此，职能职权实质上是直线上司职权的一小部分。我们之所以称之为"职能职权"，是因为这种职权的行使主要是以职能专家的专业知识为基础的，行使这种职权的部门是由具有丰富专业知识的职能专家组成的。

2. 处理好直线职权与参谋职权关系的方法

（1）了解和明确职权关系。解决直线与参谋之间的矛盾，首先要了解和明确直线人员与参谋人员的职权关系以及各自存在的价值。只有直线人员才有作出决策、发布命令的权力；参谋人员只有提案、说明、劝告、建议和服务的权力。

（2）直线人员要注意倾听参谋人员的意见，并随时向参谋人员提供有关实际情况。直线人员如果认为不需要参谋的协助，就不要设立参谋人员；如果由于各种原因设立了参谋人员，那么就应该注意倾听参谋人员的建议，并积极为参谋人员开展工作提供必要的条件和信息，这样，才能够从参谋人员处获得有价值的支持。

（3）参谋人员要努力提高自己的业务水平。参谋人员只有不断提高自己的业务水平，才能向直线人员提供更有效的帮助，提供更有价值的建议。

（4）创造相互合作的组织氛围。在组织运行中，直线职权与参谋职权的形成，都是为了实现组织目标，因此，组织目标是双方友好合作的共同基础，在处理直线人员与参谋人员的关系时，应反复强调双方在实现组织目标中的相互依赖性，以形成彼此相互谅解、精诚合作的友好氛围。

（四）授权

在一个组织中，没有任何管理者可以承担组织中的所有任务，因此，从上到下权力的授予是十分必要的。授权与分权虽然都与职权下授有关，但两者却有区别。分权是组织最高管理层的职责，授权则是每个层次管理者都应掌握的一门艺术。

1. 授权的性质

授权是由分层引起的，它是指上一层管理者授予自己的下属实施管理，特别是决策的权力。授权者对于被授权者有指挥和监督之权，被授权者对授权者负有报告和完成任务的责任。授权能带来很大的好处，管理者通过把自己的责任分给其他人而节省时间，从而把精力抽出来从事制订战略计划、设定目标和监控业绩等更重要、更高级的工作。

职权是帮助管理者实现组织目标的手段，授权的目的是让被授权者拥有足够的职权，从而顺利完成所托付的任务。因此，授权首先要考虑应实现的目标，然后决定为实现这一目标下属需要有多大的处理问题的权限。当然，管理者既可以把职责分派给下级，也可以把职权委任给下级，但他不能把责任转嫁给别人。责任是一种应该承担的义务，对授权者来说，他不能因为授权给下级就完全解除他对下级应负的责任。因为下级的职权是他授予的，下级的职责也是他指派的，他对下级行使职权是否得当负有督导责任。对被授权者来说，他对上级负有执行任务的全面责任。

2. 授权的原则

授权的范围很广，有用人之权、做事之权等。它们虽有一些不同之处，但不管哪种授权，都有一些共同的原则可以遵循。

（1）明确授权的目的。授权可以是具体的，也可以是一般的；可以是口头的，也可以是书面的，但不论采取什么形式，授权者都必须向被授权者明确所授任务的目标以及职责范围，使被授权者能目标明确地工作。

（2）责权对等，按责授权。权力与责任总是相伴随的，授权的同时也就是在落实责任，授予的权力越大，相应的责任也就越大，权责对等对授权来说是必须要遵守的准则。

（3）正确选择被授权者。根据所要分派的任务选择具备完成任务所需要条件的被授权者，以避免出现不能胜任或不愿意接受权力等情况。

（4）适度授权。组织授权还必须建立在效率的基础上。授权过少往往造成主管工作量过大，授权过多又会造成工作杂乱无序，甚至失控，所以不能无原则地授权。

（5）逐级授权。组织只能在工作关系紧密的层级上进行级差授权。越级授权可能会造成中间层次在工作上的混乱和被动，伤害他们的工作热情，并导致管理机构失衡，进而破坏管理秩序。

（6）相互信任。组织授权必须建立在相互信任的基础上，所授权限不能只是一些无关紧要的部分，要敢于把一些重要的权力或职权下放，使下级充分认识到上级的信任和管理工作的重要性，把具体工作落到实处。

（7）适当控制。在授权过程中要进行适当的控制。有效的主管人员在实施授权前应先建立一套健全的控制制度、可行的工作标准和适当的报告制度，以及在不同的情况下迅速补救的措施。

3. 授权的过程

（1）分配任务。这是指向接受职权的下属清楚地描述工作内容，它既可能是要求写一个报告或计划，也可能是要求其承担某一职务。不论是单一的任务还是某一固定的职务，都是由组织目标分解出来的要求或一系列工作的集合。

（2）授予职权。在明确任务之后，就要授予其相应的职权，即给予其行动的权力或指挥他人的权力。

（3）明确责任。当被授权人接受任务并拥有所需要的职权后即有义务去完成所分派的工作并正确运用所授予的权力，被授权者的责任主要表现为向授权者承诺保证完成所分派的任务，保证不滥用职权，并根据任务完成情况和权力使用情况接受授权者的奖励和惩罚。

（4）追踪与控制。因为授权者对组织负有最终的责任，所以，授权并不是放弃权力，授权者授予被授权者的只是代理权，而不是所有权。因此，在授权过程中应建立能够显示下属执行授权工作情况的反馈系统，以监测下属的工作进度。若下属的工作偏离目标，应立即采取措施予以纠正。

（5）评估绩效。当下属完成交付的工作后，管理者要进行验收。对于完成任务好、表现突出的人员要予以奖励，对成绩不理想者要帮助其总结经验。

四、管理跨度

(一) 管理跨度

有效管理跨度是划分组织纵向管理层次的理论基础,其含义是一个领导者(主管人员)所能直接而有效地管理和指挥其下属工作人员的数量,或者是指一个上级机构所能直接有效管理其下级机构的数量。换句话说,管理跨度就是指向上级主管汇报工作的员工的数量。

古典学者主张窄小的跨度(通常不超过 6 人),以便管理者能够对下属保持紧密的控制。不过,也有一些学者认识到,组织层次是一个权变因素。随着管理者在组织中职位的提高,需要处理许多非结构性问题,这样,高层经理的管理跨度要比中层管理者的小;而中层管理者的管理跨度又比基层监督人员的小。

现在,越来越多的组织正努力扩大管理跨度。管理跨度日益根据权变因素的变化向上调整,从而导致组织结构的扁平化趋势。影响管理跨度的权变因素包括:下属业务活动经验的丰富程度;下属工作任务的相似性;任务的复杂性/确定性;下属工作地点的相近性,使用标准程序的程度;组织管理信息系统的先进程度;组织文化的凝聚力;管理者的管理能力与管理风格等。

$$管理跨度经验公式 = \frac{领导者能力 \times 被领导者能力}{部门业务的复杂性 \times 部门内外所需协调的工作量}$$

确定管理跨度的基本方法包括两种:一是根据上下级关系理论;二是变量依据法。

(1) 上下级关系理论。在一个领导者的管理跨度不可能无限制扩大方面,绝大多数管理学著作都引用了格拉丘纳斯(V. A. Graicunas)的论证公式:

$$N = n(2^{n-1} + n - 1)$$

式中,N 表示管理者与其下属之间相互交叉作用的最大可能数;n 表示下属人数。

例如,假定一个管理者 M,有两个下属 A 和 B。一种直接关系可能发生于 M 与 A 之间和 M 与 B 之间。但是有这样的时候,M 和 A 谈话而 B 在场,或者和 B 谈话而 A 在场,这样可能就会有两种直接群体关系。此外,交叉关系可能存在于 A 和 B 之间,表现为 A 找 B 和 B 找 A。这三类关系加到一起,就存在 6 种可能的相互作用。当下属增加到 3 个时,这种可能的相互作用总数则增加到 18。以此类推,当下属人数达到 100 时,上面公式中的 N 便成为一个十分"巨大"的数字。虽然格拉丘纳斯没有说明 N 以多少为宜,但他给予的警告是清楚的——只要增加一个下属,他就是一根能压断经理的骆驼脊背的稻草。[①]

(2) 变量依据法。这是洛克希德导弹与航天公司研究出的一种方法。该方法通过研究影响中层管理人员管理跨度的六个关键变量(职能的相似性、地区的相似性、职能的复杂性、指导与控制的工作量、协调的工作量和计划的量),把这些变量按困难程度排成五级,并加权使之反映重要程度,最后加以修正,从而提出建议的管辖人数标准值。

---

① 参见〔美〕亨利·西斯克:《工业管理与组织》,段文燕等译,中国社会科学出版社 1985 年版,第 234 页。

人类很早以前就开始了管理跨度思想的实践。《圣经》中记载着摩西（约公元前1300年，摩西被俘虏到埃及，他汲取埃及的管理经验，成为希伯来人的领导者）率领希伯来人为摆脱埃及人的奴役而出走的故事。开始，每个人都直接向摩西汇报，遇到大事小情，摩西都要亲自处理。不久，摩西便筋疲力尽。摩西的岳父杰西罗随队前行，他建议摩西建立"千民之侯，百民之侯，半百民之侯和十民之侯"制度，对一些小的事情，让下面的人自己处理，大的事情由摩西解决。摩西采纳了岳父的建议，顺利完成了出走的任务。那么，管理幅度多大为好呢？对于这个问题，长期以来有许多学者和实业家进行过大量的研究工作。传统或古典管理学派对待领导人管辖人数问题的态度和研究方法，一直倾向于把有效的管辖人数普遍化，就是想找出一个通用方案，并加以普遍推广。但经过长期的调查研究，并未找到一个理想的通用方案，不同的人说法仍然不一致。

任何一个领导者所能管辖的下属人数必定有个限制，因为任何人的知识、经验、能力和精力等都是有限度的。因此，居于权力中心的领导人，绝不可能无限制地直接管理和指挥很多人，而又使他们的活动配合无间。事实上，决定管理跨度不可能无限制扩大的因素远不仅仅是上述所说的相互作用关系，管理者的能力、下属人员的集中与分散程度、工作本身的性质、工作的标准化程度、工作的类别、需要解决的问题的出现频率、管理者与下属人员间的关系等，都在很大程度上决定着管理者管理跨度的大小。

（二）管理层次

由于管理跨度的限制，当组织的人员规模达到一定程度时，即当组织的人员规模突破管理跨度的限制时，就需要而且必须划分出不同的管理层次。这样，组织就由有阶层的单位组织构成，即形成了组织的纵向层次结构。当层次较多之后，人们便形象地称其为"金字塔"式的组织结构。

（1）层次产生的原因。随着生产的发展、科技的进步和经济的增长，组织的规模越来越大，管理者与被管理者的关系随之复杂化。为处理这些错综复杂的关系，管理者需要花费大量的时间与精力。而每个管理者的能力、精力与时间都是有限的，主管人员为有效地领导下属，必须考虑能有效地管理直接下属的人数问题。当直接管理的下属人数超过某个限度时，就必须增加一个管理层次，通过委派工作给下一级主管人员而减轻上层主管人员的负担。如此下去，就形成了有层次的组织结构。

（2）层次的划分。组织中管理层次的多少根据组织的任务量与组织规模的大小而定。一般地，管理层次分为上、中、下三层，每个层次都应有明确的分工。上层也称最高经营管理层或战略决策层，其主要职能是从整体利益出发，对组织实行统一指挥和综合管理，并制定组织目标和大政方针。中层也称为经营管理层，其主要职能是为达到组织总的目标，为各职能部门制定具体的管理目标，拟定和选择计划的实施方案、步骤和程序，评价生产经营成果和制定纠正偏离目标的措施等。下层也称为执行管理层或操作层，其主要职能是按照规定的计划和程序，协调基层组织的各项工作和实施计划。各管理层的职能可用"安东尼结构"来加以说明。这是美国斯隆管理学院提出的一种经营管理的层次结构，即把经营管理分成三个层次：战略规划层、战术计划层和运行管理层。

（3）确定层次应考虑的因素。管理层次与管理跨度成反比。这样，按照管理跨度与管理层次，形成了两种结构：扁平结构和直式结构。扁平结构是指管理层次少而管理跨度大的结构，直式结构则相反。扁平结构有利于密切上下级之间的关系，信息纵向流动快，管理费用低，被管理者有较大的自由性和创造性，因而有满足感，同时也有利于选择和培训下属人员，但不能严密地监督下级，上下级协调较差，同级间相互沟通联络困难。直式结构具有管理严密、分工细致明确、上下级易于协调的特点，但层次多带来的问题也多：管理人员之间的协调工作急剧增加，互相扯皮的事不断；管理费用增加；上下级的意见沟通和交流受阻；上层对下层的控制变得困难；管理严密影响了下级人员的积极性与创造性。一般地，为了达到有效的管理，应尽可能地减少管理层次。

组织的纵向管理层次的形成，使各个管理职务有所区别，由此形成组织的权力阶层结构。因此，在明确管理跨度和组织层次之后，下一个任务就是科学地授权。为此，管理者必须识别哪些任务可以授权，其中一个非常有效的方法就是管理者首先对其如何分配时间进行分析，从而进一步确定哪些职能和责任可以授权他人来完成，由哪些下属来完成，然后授予下属完成任务所必需的权力和资源。最后，在明确下属责任的基础上对授权进行监督和控制。

五、集权与分权

（一）集权与分权的概念

（1）集权。集权是指将职权集中在较高的管理层次。

（2）分权。分权是指将职权分散到整个组织中，大部分职权分散在整个组织的中低阶层。

集权和分权对组织来讲都是不可缺少的，它们是相对的概念。分权和集权在组织中只是程度问题，按照集权与分权的程度不同，可形成两种领导方式：集权制（system of centralization）与分权制（system of decentralization）。

集权制是指管理权限较多地集中在组织最高管理层。分权制就是把管理权限适当分散在组织的中下层。

集权制的特点是：第一，决策权大多数集中于组织上层，中下层只有日常业务决策权限；第二，对下级的控制较多；第三，统一经营；第四，统一核算。

分权制的特点是：第一，决策权大多数集中在组织的中下层；第二，控制较少，往往以完成规定的目标为限；第三，在统一规划下可独立经营，独立核算，有一定的财务支配权。

（3）影响集权与分权的因素，包括决策的代价，政策的一致性要求，规模问题，组织形成的历史，管理哲学，主管人员的数量与管理水平，控制技术及手段是否完善，分散化的绩效，组织的动态特性与职权的稳定性，环境等。

（4）集权与分权的作用如表7-2所示：

表 7-2　集权与分权的作用

	集权	分权
积极作用	1. 能够实现连续一致性战略的控制 2. 协调活动 3. 简化控制系统	1. 快速对经营问题作出反应 2. 改进激励动力、报告程序 3. 适应外部复杂多变的形势
消极作用	1. 不能对经营问题迅速作出反应 2. 不能提高下级管理者的水平 3. 集中管理费用支出大	1. 容易产生过度的内部竞争 2. 公司目标容易变得模糊 3. 容易形成新的官僚阶层

（二）衡量集权与分权程度的标志

衡量集权与分权的程度，关键在于决策权是保留还是下放。衡量的标志主要有四个：

（1）决策的数量。组织中较低管理层次作出决策的数量或频度越大，则集权程度越高。反之，上层决策数量越多，则集权程度越高。基层决策范围越广、数量越多，则分权程度越高。

（2）决策的范围。组织中较低层次决策的范围越广，设计的职能越多，分权程度就越高。反之，集权程度就越高。

（3）决策的重要性。组织中较低层次作出决策涉及的费用越多且事关重大，涉及面越广，则分权程度越高。相反，若下级作出的决策无关紧要，则集权程度较高。

（4）决策的审核。上级对组织中较低层次作出的决策审核程度越低，分权程度越高。如果作出决策后还必须报上级批准，则分权程度较低；决策审批手续越简单，分权程度越高。

（三）集权倾向产生的原因与过分集权的弊端

（1）集权倾向产生的原因如下：第一，组织的历史。如果组织是在自身较小规模的基础上逐渐发展起来，并且发展过程中亦无其他组织加入，那么集权倾向可能比较明显。因为组织规模较小时，大部分决策都是由最高主管直接制定和组织实施的，这种做法可能延续。第二，领导的个性。组织中个性较强和自信的领导者，往往喜欢其所辖部门完全按照自己的意志来运行，而集中控制权力则是保证个人意志绝对被服从的先决条件。第三，政策的统一与行政的效率。从积极方面来看，集权可以确保组织总体政策的统一，保证决策执行的高效率。

（2）过分集权的弊端。当一个组织的规模还比较小的时候，高度集权可能是必要的，而且可以充分显示出其优越性。但随着组织规模的发展，若仍将许多决策权过度地集中在较高的管理层次，则可能表现出种种弊端，其中最主要的有：第一，降低决策的质量。大规模组织的主管远离基层，基层发生的问题经过层层请示汇报后再作决策，这不仅会影响决策的正确性，更会影响决策的及时性。第二，降低组织的适应能力。过度集权的组织，可能使各个部门失去自我适应和自我调整的能力，从而削弱组织整体的应变能力。第三，降低组织成员的工作热情。权力的高度集中，使得基层管理人员和操作人员的积极性、主动性、创造性下降，从而使组织的发展失去基础。

（四）集权和分权的矛盾统一

在企业管理中，必然涉及权力的分配问题。所以也就必然有权力的集中或者分散问题。在谈权力的分散或者集中问题之前，必须要对企业权力目前的状况有个清晰的认知。只有了解状况，才能给出解决办法。集权和分权是矛盾的两个方面，过分强调集权则势必牺牲分权，过分强调分权则势必牺牲集权。这样，集权和分权构成了一个两难问题。

集权与分权都是开展管理活动所必不可少的手段。一方面，集权是组织行动统一性的要求；另一方面，也应看到分权是组织分工的必然要求。在现实的企业里，既没有绝对的集权，也没有绝对的分权。绝对的集权意味着企业的管理权都集中在上层，这样二级管理层就没有存在的必要；反之，绝对的分权意味着企业的管理权都集中在下层，这样企业就肢解为不同的小企业，企业本身也就不复存在。

集权或者分权，单纯从事情上来看，并不存在对与错的问题，而是合适与否的问题。如果一个团队之前是集权式管理，那么当这个团队出现高速发展的时候，为了配合这种发展过程就需要适当的放权，需要给发展中的团队成员适当的权力去处理各种日常的事务。等团队的发展步入稳定增长期后，就要适当将权力集中起来。集权与分权反映了组织领导层在权力分配上的两种不同做法。

任何组织都应该综合考虑多方面的因素，从本组织的实际情况出发，慎重把握好集权与分权的合理尺度。一般来说，关系到组织的长远发展，需集中组织财力进行较多资源投入的重大问题决策权应集中在最高管理层；主要影响本部门工作和高度程序化问题的决策权及处理时间性强的问题，需及时采取措施的权力应适当分散在相应管理层次；那些基层管理人员素质能力偏低的组织适于采用集权式管理。

第三节 层级结构的几种形式

组织结构是管理中最早并最彻底地予以研究的一个领域。长期以来，随着管理实践的繁荣及管理理论研究的深入，人们创造并规范出许多组织结构形式，其中在纵向管理背景下，典型的层级结构包括：直线制、职能制、直线职能制结构。直线制和职能制是早期人们在企业规模小、生产品种单一、管理简单的情况下采用的组织结构形式，随着企业的复杂化，当前进行纵向管理的企业普遍采用的是直线职能制结构。下面将对这三种组织结构形式进行简单介绍，以便了解长期以来企业组织管理工作的概貌及其变化。

一、直线制组织结构

直线制组织结构是最古老的组织结构形式。这种组织结构在各级直线指挥机构之下设置相应的职能机构或人员从事专业管理。所谓的"直线"是指在这种组织结构下，职权直接从高层开始向下"流动"（传递、分解），经过若干个管理层次达到组织最低

层。其特点是:

(1) 组织中的每个主管人员对其直接下属都拥有直接职权。

(2) 组织中的每个人只对他的直接上级负责或报告工作。

(3) 主管人员在其管辖范围内,拥有绝对的职权或完全职权。即主管人员对所管辖部门的所有业务活动行使决策权、指挥权和监督权。

在图7-3中,各车间分别从事不同的生产作业职能,在车间内生产作业职能进一步分解到工段以及班组。车间主任、工段长、班组长对所管辖领域(部门)的生产作业活动拥有完全职权。因此,在直线制组织结构下,作业职能存在水平分工。

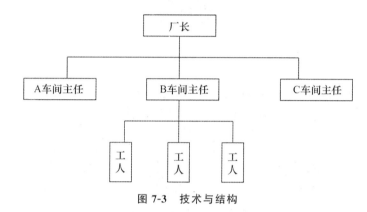

图7-3 技术与结构

车间主任、工段长、班组长均负责生产作业的管理,但其职权范围是不同的。他们的职权范围在纵向维度上经过逐层分解而趋向缩小。

厂长(或总经理)通常将采购、销售、财务、人事等经营活动的决策权、指挥权和监督权集中在自己手中,并行使对生产经营活动的监督权。因此,在直线制组织结构下,经营管理职能只存在垂直分工(根据职权范围大小),而不存在水平分工(采购、销售、财务、人事、安全等)。这种组织形式在某种意义上类似于逐级承包体制,[①] 是一种集权式的组织结构形式。

这种组织结构形式的优点是:结构简单,权力集中,便于统一指挥与集中管理;职权和职责分明,领导从属关系简单,命令与指挥统一,信息沟通简捷方便,上呈下达准确,解决问题迅速,业务人员比重大,管理成本低。

不过,这种组织结构也有显著的缺点:没有专业管理分工,对领导的技能要求高,各级行政首脑必须熟悉与本部门业务相关的各种活动(尤其是最高行政首脑,必须是全能管理者);缺乏横向的协调关系,没有职能机构作为行政首脑的助手,容易使行政首脑产生忙乱现象。所以,一旦企业规模扩大,管理工作复杂化,行政首脑就可能由于经验、精力不及而顾此失彼,陷入实务主义,不能集中精力解决企业的重大问题,难以进行有效的管理。

这种组织结构适用于职工人数不多的小型企业,以及生产和管理工作都比较简单的情况或现场作业管理。

---

① 参见成思危:《中国企业管理面临的问题及对策》,民主与建设出版社2000年版,第147页。

二、职能制组织结构

职能制组织结构实际是在"科学管理之父"泰勒所提出的职能工长制基础上演化而来的。其主要特点是，采用专业分工的职能管理者代替直线制的全能管理者。为此，在组织内部设立各专业领域的职能部门和职能主管，由他们在各自负责的业务范围内向直线系统直接下达命令和指示。各级单位负责人除了要服从上级行政领导的指挥外，还要服从上级职能部门在其专业领域内的指挥，如图7-4所示：

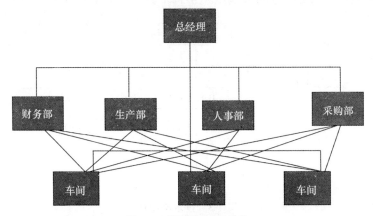

图 7-4　职能制组织结构

职能制组织结构也称为多线性组织结构。职能制是一种以职能分工为基础的分级管理结构，即将管理按专业进行划分，由职能管理机构分别领导业务机构。

其优点是：具有适应管理工作分工较细的特点，能充分发挥职能机构的专业管理作用；由于吸收专家参与管理，使决策者从日常烦琐的业务中解脱出来，集中精力思考重大问题，提高管理成效，减轻上层主管人员的负担，使他们集中注意力，以履行自己的职责。

其缺点是：由于实行多头领导，破坏命令统一指挥原则，易造成管理混乱，不利于明确划分职责与职权；各职能机构往往不能很好地配合，横向联系差；在科技迅速发展、经济联系日益复杂的情况下，对环境发展变化的适应性差；强调专业化，使主管人员忽略了本专业以外的知识，不利于培养上层管理者。在实际工作中，事实上不存在纯粹的职能制组织结构。

三、直线职能制组织结构

直线职能制组织结构是现代工业中最常见的一种结构形式，在大中型组织中尤为普遍。这种组织结构的特点是，以直线为基础，在各级行政主管之下设置相应的职能部门（如计划、销售、供应、财务等部门）从事专业管理，作为该级行政主管的参谋，实行主管统一指挥与职能部门参谋—指导相结合。在直线职能制结构下，下级机构既受上级部门的管理，又受同级职能管理部门的业务指导和监督。各级行政领导人逐级负责，高度集权。因而，这是一种按经营管理职能划分部门，并由最高经营者直接指挥各职能部门的体制。①

在这种结构中,除了直线人员外,还需要职能参谋人员提供服务,他们与直线人员共同工作。直线人员直接参与组织目标的实现;而职能参谋人员则是间接参与,为组织目标的实现提供服务。对于生产性企业,它的主要目标有两个:生产和销售。作为组织目标实现的直接参与者,生产与市场人员构成了直线人员。区分组织中谁是直线人员和职能参谋人员的一个方法就是根据组织的目标,看谁直接为其做出贡献,谁间接为其做出贡献。

在一个组织中,人事、工程、研究与开发、法规、财务及公共关系部门往往被认为是职能参谋部门,尽管在整个组织中这些部门是职能部门。

职能参谋部门拟订的计划、方案以及有关指令,由直线主管批准下达;职能部门参谋只起业务指导作用,无权直接下达命令。因此,职能参谋人员的服务本质上是建议性的,不能对直线人员行使职权。例如,人事部经理只能向生产部门建议聘用新员工,他没有职权强迫生产经理接受他的建议。在组织最高层,职能参谋人员参与决策制定。除了这些特殊的职能参谋人员外,在组织中还有服务性质的职能参谋人员,包括办公室人员、速记员、维修人员以及其他类似人员。

直线职能制组织结构比上述两种组织结构具有优越性,既保持了直线制结构集中统一指挥的优点,又吸收了职能制结构分工较细、注重专业化管理的长处,从而有助于提高管理工作的效率。

直线职能制组织结构的内在缺陷具体如下:(1)属于典型的"集权式"结构,权力集中于最高管理层,下级缺乏必要的自主权。(2)各职能部门之间的横向联系较差,容易脱节和产生矛盾。(3)建立在高度的"职权分裂"基础上,各职能部门与直线部门之间如果目标不统一,则容易产生矛盾。特别是对于需要多部门合作的事项,往往难以确定责任的归属。(4)信息传递路线较长,反馈较慢,难以适应环境的迅速变化。

直线职能制组织结构所存在的问题是经常产生权力纠纷,从而导致直线人员和职能参谋人员的摩擦。为了避免这两类人员的摩擦,管理层应明确他们各自的作用,鼓励直线人员合理运用职能参谋人员所提供的服务。艾伦(Louis Allen)指出,直线人员学会如何有效运用职能参谋人员的协助是很重要的,因为直线管理人员对组织的价值在很大程度上取决于他如何利用职能参谋人员提供的服务。

直线职能制组织结构被称为"U型组织"或"单一职能型结构""单元结构"。这种组织结构,对于产品单一、销量大、决策信息少的企业非常有效。

在20世纪初期之前,经济增长的主要特点是劳动分工,这激发了职能制结构的产生。②美国钢铁公司就是以这种方式在1901年成为第一个市值10亿美元的企业。美国标准石油公司也是采用直线职能制结构的先驱。这种组织结构同样也在福特时代的汽

---

① 参见韩朝华:《战略与制度:中国企业集团的成长分析》,经济科学出版社2000年版,第48页。按照威廉姆森(Oliver E. Williamson)的分类法,现代企业的组织结构分为U型结构(具体包括纯粹直线制结构和直线职能制结构)、M型结构和H型结构。M型结构是当代大企业中最常见的组织类型,也是复杂程度最高的组织类型。H型结构是对控股公司体制的简称,是一种相对松散、扁平的组织结构。

② 参见〔美〕戴维·贝赞可、戴维·德雷诺夫、马克·尚利:《公司战略经济学》,武亚军等译,北京大学出版社1999年版,第567页。

车工业领域得到应用,它使福特公司开发出流水线作业方式,使汽车工业得以规模化并带动了经济上的成功。①

这种组织结构的最大特点是在各级直线指挥机构之下设置了相应的职能机构或人员从事专业管理,见图7-5:

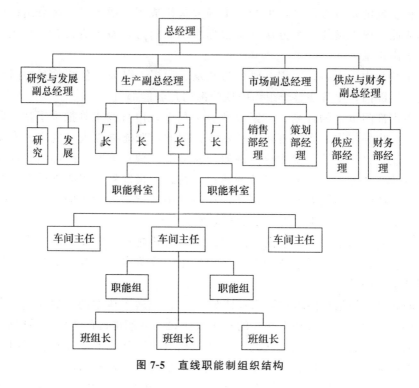

图 7-5 直线职能制组织结构

本 章 小 结

• 从实体角度看,组织是为了达到某些特定的目标经由分工与合作及不同层次的权力和责任制度而构成的人的集合。从过程角度看,组织是指在特定的环境条件下为了有效地实现共同目标和任务,确定组织成员、任务及各项活动之间的关系,对组织资源进行合理配置的过程。

• 组织的基本要素包括以下几个方面:组织有一个共同的目标或宗旨;组织中的人有各自的职责;组织中有一种协调关系;人、财、物的配置是组织活动的一项职能;组织中有一种信息交流。

• 我们可以将组织职能(组织工作)视为一个为实现组织目标而采取行动的连续过程,这一过程由以下步骤组成:(1)确立组织的整体目标;(2)对目标进行分解;(3)明确为实现目标所需要的各项活动,并将其转化为组织成员的任务;(4)划分职能部门;(5)确立各部门之间的职权关系;(6)合理配备人员;(7)建立和维持一个畅通的信息联系渠道;(8)建立规章制度,确立组织运作机制;(9)适时推动组织变革。

---

① 参见汪建坤:《工商经济学(经典案例评析)》,中国对外翻译出版公司2000年版,第391页。

- 组织职能应遵循如下原则：（1）目标一致性原则；（2）分工协作原则；（3）管理跨度原则；（4）责权关系原则；（5）信息畅通原则；（6）统一指挥原则。
- 组织可以按照不同的标准进行分类。按照组织的形成方式，可以分为正式组织与非正式组织；按照管理层级多少和管理幅度大小，可以分为垂直式组织和扁平式组织；按照组织内部正规化、集权化程度，可以分为机械式组织和有机式组织；此外还有实体组织和虚拟组织。
- 组织设计是指进行专业分工和建立使各部分相互有机协调配合的系统结构的过程。有组织的过程就会形成组织结构，组织结构指的是一个组织规定任务如何分配、资源如何配置和部门之间如何协作的框架。
- 一套正式任务和正式的请示汇报关系构成了纵向管理的框架。纵向组织的内容包括以下几个方面：工作专业化、命令链、管理跨度和集权与分权。
- 纵向管理背景下，典型的层级结构包括：直线制、职能制、直线职能制组织结构。直线制组织结构是最古老的组织结构形式，在这种结构下，组织内的职权直接从高层开始向下分解，经过若干个管理层次达到组织最低层。职能制组织结构是在职能工长制基础上演化而来的，在这种结构下，管理按照专业进行划分，组织内部设立各专业领域的职能部门和职能主管，由他们在各自负责的业务范围内向直线系统直接下达命令和指示。直线职能制组织结构是现代工业中最常见的一种结构形式，组织结构以直线为基础，在各级行政主管之下设置相应的职能部门从事专业管理，实行主管统一指挥与职能部门参谋—指导相结合。

关键术语

组织设计（organizational design）
组织职能（organizing function）
正式组织（formal organization）
非正式组织（informal organization）
扁平式组织结构（flat organization）
垂直式组织结构（tall organization）
机械式组织（mechanistic organization）
有机式组织（organic organization）
实体组织（entity organization）
虚拟组织（virtual organization）
工作专业化（job especialization）
命令链（chain of command）
职权（authority）
责任（accountability）
授权（delegation）
直线职权（line authority）
参谋职权（staff authority）
职能职权（function authority）
管理跨度（span of management）
管理层次（management levels）
集权（centralizaiton）
分权（decentralization）
直线制组织结构（linear strcture）
职能制组织结构（functional structure）
直线职能制组织结构（unitary structure）

复习题

1. 什么是组织？

2. 什么是组织工作？它包括哪些内容？
3. 什么是职能职权？
4. 实践中如何处理集权与分权的关系？
5. 为什么管理者不轻易进行授权？
6. 职能职权的出现是否违背组织内部命令统一性原则？

自我评估 ▷ **你的组织是什么类型的结构设计？**

在这个能力培养练习里，你将根据自己目前或曾经上过的大学或者作为全职或兼职工作过的组织作答。根据你对以下陈述的同意或不同意程度，圈出符合你的情况的字母。这里没有所谓的"正确"答案，只需要根据你对组织管理的看法进行作答。

	强烈同意 (SA)	同意 (A)	中立 (N)	不同意 (D)	强烈不同意 (SD)

1. 这个组织强烈要求员工有创新精神。

2. 在该组织里，员工需要遵守很多规章制度。

3. 在该组织里，注意细节的员工更容易晋升。

4. 在该组织里工作十分稳定，如同铁饭碗。

5. 该组织重视员工严格按照规定完成任务。

6. 该组织的竞争者基本不变。
7. 该组织强烈要求员工有冒险精神并勇于尝试新方式。

8. 该组织里的工作可预见性强。
9. 该组织没有制定什么规章制度。
10. 员工执行任务时非常谨慎小心。
11. 该组织的管理者对人不对事。
12. 该组织的职权层级关系非常清楚。

13. 该组织里，只有遵守公司规则的员工才有工作机会。

14. 该组织希望员工工作有条理性。
15. 该组织的一个特点是以人为本。
16. 在该组织里，员工没有受到很多规章制度的限制。

评分方法：

在下面的评分表里，圈出与你对每一题的答案相对应的数字。将每一列的数字相加，把结果写在每一列最后的横线上。把每一列的和值相加得出总分，就是你所在的组织的最后得分。

	强烈同意 (SA)	同意 (A)	中立 (N)	不同意 (D)	强烈不同意 (SD)
1.	1	2	3	4	5
2.	5	4	3	2	1
3.	5	4	3	2	1
4.	5	4	3	2	1
5.	5	4	3	2	1
6.	5	4	3	2	1
7.	1	2	3	4	5
8.	5	4	3	2	1
9.	1	2	3	4	5
10.	5	4	3	2	1
11.	5	4	3	2	1
12.	5	4	3	2	1
13.	5	4	3	2	1
14.	5	4	3	2	1
15.	1	2	3	4	5
16.	1	2	3	4	5
得分：	____	____	____	____	____

总分 =

解释：

高分（90—64 分）表示该组织拥有许多机械组织的特点。低分（32—16 分）表示该组织有更多与有机组织相关的特点。得分中等（63—33 分）表示该组织拥有上述两种组织的特点。

案例

海尔的授权与控制之道

在一次培训班上，一位企业家对海尔的自主经营体表现出了极大的兴趣，当然也有很多疑惑，他一连串问了三个非常重要的问题："海尔有 200 多个自主经营体，每个自主经营体都拥有很大的自主经营权、用人权和分配权，这会不会破坏现有的组织管理体系？自主经营体会不会成为一盘散沙？如何保证自主经营体的目标一致性？"

这三个问题的核心就是授权和控制的问题。授权是组织管理的永恒话题，也是最大的难题之一。我们常常用"一放就乱，一收就死"来描述授权的两难境地。如果放权，管理就会出现混乱；如果不放权，企业就失去活力，业务就会死掉！这一怪象背后反映的是授权和控制的问题。

那么，海尔是如何在"授权"和"控制"之间找到最佳平衡点的呢？

经济学家亚当·斯密在其《国富论》一书中指出，自由市场表面看似混乱而毫无拘束，实际上却是由一只被称为"看不见的手"所指引，这只"无形之手"将会引导市场生产出正确的产品数量和种类。和自由市场一样，表面上看似自由运转的自主经营体，实际上也有一只"无形的手"在引导。

在海尔的自主经营体之间有三条纽带构成了这双"无形的手"，正是在它们的指引下，各个自主经营体才能够自由运行，授权与控制找到了最佳结合点。

一、第一条纽带是"顾客"，它定义了各个自主经营体的共同目标

管理大师彼得·德鲁克认为，企业的本质是创造顾客。张瑞敏认为，组织应该是一个由"顾客驱动"的组织，而不是由"领导驱动"。经过30多年的发展，海尔建立了顾客至上的文化。顾客的需求和价值是所有自主经营体制定目标的出发点，授权更是紧紧围绕着顾客的需求而展开。谁能够满足顾客的需求，谁就能拥有权力和资源；谁能为顾客创造的价值大，谁就能够得到更大的授权和更多的资源。

海尔借助为顾客赋权，建立顾客驱动的机制，其实是颠覆了传统组织的权力体系，构建了"双权力"体系。权力的重要体现是评价权、监督权和资源分配权。多数传统组织采取的是"单权力"体系，权力是职位身份的象征，位于金字塔顶端的最高领导者往往拥有至高无上的权力，以此类推，权力逐级下移，随着职位层级的降低，权力越来越小。权力被集中在各级领导者手中，一线员工几乎没有任何决策权，更不用说顾客了。

当然，海尔的开放式组织并没有完全消除传统的自上而下的权力通道，而是将权力最大化地分散开来。源于外部顾客的评价权形成了第二条权力通道，这条权力链起源于顾客，其核心是赋予一线员工决策权和评价权。比如，一线的生产、市场和研发类经营体都可以对二级平台经营体的绩效给予评价，评价的标准是资源支持、服务等，并能够决定这些经营体的报酬。

顾客驱动机制解决的核心问题是消除与顾客的距离，实现与"顾客零距离"。在互联网和知识经济时代，企业的核心竞争优势来源于企业与顾客融合的程度，顾客不仅仅是企业产品的消费者，更是产品的设计者和资源的提供者。海尔通过倒逼机制"黏住"顾客，提高"顾客黏性"，而执行这一战略的主角是一线自主经营体。他们在与顾客的互动过程中发挥着至关重要的作用，因为他们几乎每天都和顾客在一起，知道顾客的所思、所想、所虑。也正因为如此，我们不得不承认，一线员工是知识经济时代创造竞争优势的重要源泉。所以，顾客驱动机制的核心就是让消费者成为发号施令者，让一线员工成为决策者，进而倒通整个组织管理体系和流程的变革。

"永远以顾客为是"成为海尔人单合一管理模式的基因。张瑞敏多次强调："海尔人不变的基因就是自以为非，即永远以用户为是，以自己为非。为顾客创造价值是所有自主经营体的同一目标，在这一目标指导下，全流程才能相互协同起来共同满足顾客的价值。"

二、第二条纽带是"价值"，价值通过契约机制来体现

契约机制的本质是市场机制，而市场机制的最大特点是为各方参与者提供相对平等的机会，也形成对每个自主经营体的约束和控制机制。在契约机制中，各经营体之间建立相对平等的关系。在契约关系中，适者生存是最高的原则，只有能够提供价值

的自主经营体才能够生存。这种机制打破了传统的层级管理,用"契约关系"代替"上下级关系",用"契约机制"代替传统的"命令—控制机制"。张瑞敏在访谈中指出:在海尔,没有上下级关系,上下级关系变成了契约关系。海尔的契约是全员的,每个员工都和用户签订契约,这样就会变成整体内在的驱动力,所有人都会自驱动,整个系统也会围绕用户运转。

"契约机制"打破了传统的"筒仓式"结构,使海尔内部"协同零距离"成为可能,因为它试图消除官本位文化。杨绵绵将其称为"去管理化":"让人接受管理是最难的,没有被动的管理才是最好的管理。海尔变革的目的是让每个人自主管理,自我驱动,自我运转。"

官本位文化是阻碍有效协同的最大敌人。人单合一管理模式最核心的特征是分权,权力从高层领导转移到各级员工手中,尤其是一线员工获得了充分的授权。事实上,海尔的每个自主经营体都拥有自己的用人权、决策权和利润分配权,就好比一个微型公司。而在许多传统的企业中,权力和资源被高度集中在金字塔的顶端,上下级的关系和边界区分得非常清晰。权力成了领导者身份认知的象征。高层领导者拥有至高无上的权力,掌握着公司所有重大战略的决策权,并且垄断着资源的分配权。决策和资源的过度集中,以及信息的不对称,导致企业难以快速对市场变化作出反应。同时,权力的过分集中,使得缺乏监督的权力被滥用,又在企业内部滋生官僚主义,在利益的驱使下,一些中基层管理者唯上是从,唯领导是从,整个组织形成了一种官本位的文化。这种文化是组织创新的"头号杀手",侵蚀着组织的创造力和适应力。

三、第三条纽带是"层级结构"

尽管海尔已经建立了开放式的平台型组织,但是,这并不意味着内部层级结构的彻底消失。事实上,根据系统理论,任何一个商业生态系统都需要有一定的层级结构。系统内的层级结构,其目的是帮助系统内的各个子系统更好地工作,以达成系统的总体目标。正如系统思考领域的著名学者、美国麻省理工学院教授德内拉·梅多斯所言:要想让系统高效地运行,层次结构必须很好地平衡整体系统和各个子系统的福利、自由和责任。这意味着,既要有足够的中央控制,以有效地协调整体系统目标的实现,又要让各个子系统有足够的自主权,以维持子系统的活力、功能和自组织。

在实践中,海尔发现,在一个系统中,层级结构过高或者过低,都会背离这一目的。经过多年的探索,他们发现三层级结构既能体现足够的控制,又能够维持各个系统自身的活力。所以,在海尔的自主经营体结构中,有三个层次的自主经营体,分别是一级经营体、二级经营体和三级经营体(参见图7-6)。

一级经营体,又称为一线经营体,这些经营体直接面对顾客,为所负责的顾客群创造价值。二级经营体,又称为平台经营体,它们为一线经营体提供资源和专业的服务支持,包括人力资源管理、供应链、市场营销、质量体系、战略管理等,所以,平台经营体是一级经营体的资源平台、流程平台、专业化服务平台。平台经营体与一线经营体之间是"协同倒逼"的关系,并形成事先预赢的方案与流程。三级经营体,又称为战略经营体,主要负责制定战略方向,解决内部的协同和发现新的市场机会,同时为经营体配置资源,帮助一级经营体和平台经营体达成目标。

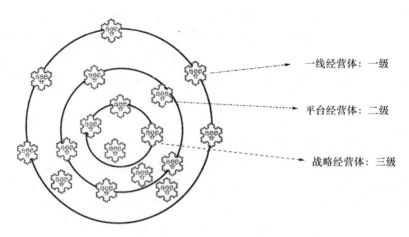

图 7-6　海尔自主经营体的层级结构

在人单合一管理模式中,海尔特别强调要将各级经营体之间的连线打通,即"纵横打通"。纵向打通指的是把二、三级经营体连接起来,三级经营体要融入二级经营体,二级经营体要融入一级经营体;横向打通则是把员工和顾客连起来,一级经营体需要扎根于顾客的土壤中。

在人单合一管理模式推行的过程中,如何将三级和二级经营体融入一级经营体是一个非常大的挑战。在模式推广初期,海尔发现二、三级经营体不能很好地融入一级经营体中,海尔将这种现象比喻成"悬浮症",即二、三级经营体高高在上,其目标与一级经营体脱节。解决之道是在一、二、三级经营体之间建立相互承诺的机制,这实际上是在各级经营体之间建立相互约束和支持的机制。比如,一级经营体可以评价二级经营体对其资源支持是否到位;二级经营体则对一级经营体的绩效进行评价,并设法关闭一级经营体的业绩差距。

毫无疑问,自主经营体是海尔应对快速变化的秘密武器,这些自主经营体根植于顾客的需求之中,与顾客深度交互,快速满足顾客的需求。在海尔的商业生态网络中,每个自主经营体就像一个雷达一样,时刻保持着敏锐的洞察力去捕捉顾客快速变化的需求。

资料来源:曹仰锋编著:《海尔转型:人人都是 CEO》,中信出版社 2014 年版,第 112 页。

[问题]

1. 海尔是如何在"授权"和"控制"之间找到最佳平衡点的?
2. 海尔如何协调处理好各级经营体之间的关系?

第八章
领导理论

> 管理不是独裁,一个家公司的最高管理层必须有能力领导和管理员工。
>
> ——盛田昭夫

最完善的组织也不能自动地保证组织中的人们有效地工作,人有思想、感情,使组织中人们的工作积极性都得到最充分的发挥,是组织中领导者的使命。

第一节 领导概述

一、领导的概念

领导是管理工作过程中一项重要而又具有独特性的职能,领导工作具有人与人互动的性质。领导者通过指挥、协调、激励等一系列活动,促使组织员工更有效地实现组织目标。领导是管理学中一个永恒的话题。对于成功的商业实践来说,恐怕没有什么比领导更重要的了。从字上看,"领导"有两种词性:一种是名词属性的"领导",即"领导者"的简称,是施加影响的那个人。领导者是指担任领导工作的人(领导个人和领导班子),或指利用影响力带领人们或群体达到组织目标的人。二是动词属性的"领导",即"领导"是"领导者"所从事的活动,是一个人对他人施加影响、激励并指导他们的活动朝有利于团体或组织目标实现方向发展的过程。所以,领导既可以指一种类型的管理人员,也可以是作用于被领导者的一种活动。在管理活动中,"领导"一词有着两种截然不同的定义:一种定义指的是引导和动员人们的行为和(或)思想的过程。另一种定义指的是处于正式领导职位的一群人,人们期望他们起到引导和动员人们行动和(或)思想的作用。

本书将领导定义为对人施加影响以引导和动员人们实现某一特定目标的过程。[1] 这一定义强调了三个方面即领导的三要素:人、影响力和目标。具体而言:(1)要有部下:领导者必须有下属或追随者;(2)要有影响力:领导者要拥有影响追随者的能力或力量;(3)要有目的:领导的目的是通过影响下属来实现组织目标。

---

[1] 参见〔美〕理查德·L.达夫特等:《管理学》,高增安等译,机械工业出版社2003年版,第474—476页。

对于任何要成功的企业，一个不可缺少的元素是拥有强大的领导能力。领导能力始于最上面的一名领导者，通常是总经理或行政总裁。让一名能力不强的领导者坐上这个位置，组织其他部门的领导者将会消极或离开。

二、领导的作用

在指导和影响组织成员为实现组织目标而努力的过程中，领导主要有以下四个方面的作用：

（一）指挥

在人们的集体活动中，需要有头脑清晰、胸怀全局，能高瞻远瞩、运筹帷幄的领导者帮助组织成员指明活动的目标和达到目标的途径。领导者只有站在组织成员的前面，用自己的行动带领大家为实现企业目标而努力，才能真正起到指挥作用。

（二）协调

在许多人协同工作的集体活动中，即使有了明确的目标，但因各人的才能、理解能力、工作态度、进取精神、性格、作风、地位等不同，加上外部各种因素的干扰，人们之间在思想上产生分歧、行动上出现偏离目标的情况是不可能避免的，因此就需要领导者来协调人们之间的关系和活动，把大家团结起来，朝着共同的目标前进。

（三）激励

在企业中，尽管大多数人都具有积极工作的愿望和热情，但是这种愿望并不能自然地变成现实的行动，这种热情也未必能自动地长久保持下去。怎样才能使企业中的每一个职工都保持旺盛的工作热情、最大限度地调动他们的工作积极性呢？这就需要有通情达理、关心群众的领导者来为他们排忧解难，激发和鼓舞他们的斗志，发掘、增强他们积极进取的动力，协调他们在不同时空的贡献，使他们在企业经营活动中保持高昂的积极性。

（四）纠正偏差

在实现组织目标的过程中，偏差是不可避免的。这种偏差的发生可能由于外部因素的影响，也可能由于内部不合理的组织结构、规章制度和管理人员管理不力的影响。在领导过程中，领导者应全面了解组织活动的各种信息，驾驭和支配组织成员及整个组织的活动，正确运用各种控制手段纠正偏差，消除导致偏差的各种因素。

三、领导的关键要素

不管一个人的领导风格如何，有效领导的关键要素都是权力，领导者运用权力影响其他人的行为，使其他人按照领导者期望的某种方式工作。有效的领导者采取各种措施保证他们拥有的每种权力来源都有足够的水平，保证领导者能够运用所拥有的权力，以有益于组织的发展。

权力是一种影响他人行为的潜力。一个有权力的管理者通过改变他人的活动使之偏离他们的直接目标而转向实现他本人的目标时，就是在运用他的权力。

权力代表一种资源，领导者通过这种资源影响成员的行为。这种资源来自两个方面：一是来自职位，产生于一个人在组织中的职位。在职就有权，不在其职就无权。人们往往出于压力和习惯不得不服从这种职位权力。二是来自个人，建立在个人的个性特征基础之上。个人权力是由于自身的某些特殊条件才具有的，如领导高尚的品质、丰富的工作经验、良好的人际关系等，这种权力对人的影响是发自内心的、长远的。约翰·弗伦奇（John French）和伯特伦·雷文（Bertram Raven）提出，社会权力有五种类型：

（一）职位权力

典型的管理权力来自于组织。职位权力即管理者根据所处的职位奖励或惩罚下属，从而影响下属行为的权力。合法权力、奖赏权力和强制权力均是管理者常用的改变雇员行为的职位权力形式。

1. 合法权力

合法权力来源于组织中正式的管理职位。合法意味着权力的行使具有职务基础或优势。例如，一旦某人被选举为监工，大部分人就会服从监工的指挥。下属视这种权力的来源是合法的，这就是他们遵从的原因。合法权力的影响因素是传统观念，几千年的传统文化在人们心中铸就了这样一种心理：领导者比普通人强，无论是权力还是才干，由此产生了对领导者的服从感，这种传统观念增强了领导者的影响力。

2. 奖赏权力

奖赏权力即给予他人奖赏的权力。管理者可以运用正式的奖赏如提升工资和晋升职务，或运用非正式的奖赏如表扬、关心和承认等来影响下属的行为。

3. 强制权力

强制权力是一种惩罚或提出惩罚建议的权力。当管理者有权辞退下属、将下属降级、给予批评或不给下属提升工资时，他便拥有了强制权力。强制权力的影响因素是职位，领导者因占据一定职位，而能左右下属的行为、处境，甚至前途，从而使下属产生敬畏感，这种敬畏感增强了领导者的影响力。不同职位权力引起下属的反应是不同的。合法权力和奖赏权力更可能引起下属的顺服，顺服意味着下属会遵守命令和执行指示，虽然他们可能不同意或没有积极性。强制权力更多地会引起反抗，反抗意味着下属处心积虑地试图不执行命令或不遵守指示。

（二）个人权力

个人权力主要来自于个人的内部资源，如一个人的特殊知识或个性特征。个人权力是领导的工具。下属追随领导者，是因为他们尊重、倾慕或信奉领导者的思想观点。

1. 专家权力

专家权力来自于领导者所拥有的对他人或整个组织而言具有重要价值的特殊知识或技能。专家权力的影响因素是知识与才能，知识丰富，产生信赖感；才能，产生敬佩感。当一个人是真正的专家时，因为他具有知识专长，下属就会服从他。监工层次的领导者一般都拥有生产流程的经验，这使得他们能够获得下属的尊重。然而，在高层管理中，领导者可能缺乏专家权力，因为下属比他们懂得更多的技术细节。

2. 参照权力

参照权力是由于部属的确认、尊敬和推崇所形成的权力，也称感召权力。参照权力来自于领导者的个性特征，如具有某种特殊气质、形象或拥有某种荣誉、声望以及特殊经历等，其个性特征为下属所接受、尊重和仰慕，以至于下属竭力仿效之。它是合法权力的重要补充，可以引起下属的仰慕、拥戴心理并通过下属的模仿增加领导者的影响力。参照权力依赖于领导者的个性特征而非正式的头衔或职位，这在富有魅力的领导者身上是显而易见的。例如，资历反映了一个人的过去，人们往往容易对资历较深的人产生敬佩之情。再如，感情是一种心理现象，是人们对客观事物好恶倾向的内在反映，如果领导者待人和蔼可亲，关心体贴下属，下属便会对领导者产生亲切感。

专家权力和参照权力引起的反应，更多的是承诺。承诺意味着下属将分享领导者的观点，并积极主动地执行他的指令。毫无疑问，承诺意味着服从，而不是抵制。当领导者希望变革时，承诺是尤为重要的。因为变革意味着风险和不确定性，而承诺有助于下属克服对变革的畏惧。

这五种权力的基础实质上是上级和下级的关系表现方式。合法权力意味着权力的行使是基于上级对下级的行为具有规定权；强制权力是基于上级有权惩罚下级；奖赏权力是基于上级有权奖励下级；专家权力是基于上级有一些特殊知识或专业知识；参照权力是基于自下而上的下级对上级的认可。

约翰·科特（John P. Kotter）在弗伦奇和雷文的基础上指出，成功的管理者需要建立起一些基本权力，尤其是参照权力和专家权力。这两种权力比合法权力、奖赏权力以及强制权力更具有持久性。

当然，权力不仅仅来源于职位和个人，还来源于组织中和组织间个人的相互作用，来源于在这些相互作用中对信息和资源的控制。如图8-1所示：

表 8-1　五种权力的来源与测定①

	合法权力	奖赏权力	强制权力	专家权力	参照权力
领导者	职位	职位	职位	个人专长	个人魅力
下属	习惯观念	欲望	恐惧	尊敬	信任
测定	这个人掌握支配你的职位和责任的权力，期望你服从法规的要求	这个人能给你特殊的利益或奖赏，你知道与其关系密切是大有好处的	这个人随时可以为难他人，你总是避免惹他生气	这个人的知识与经验使你尊重他，在一切问题上你会服从他的判断	你喜欢这个人，并乐意为他做事

权力最终来源于对资源的控制。权力是建立在依赖关系之上的，只有当一个人控制了你所期望拥有的事物时，他才拥有对你的权力。这种依赖关系有可能来自于物质或者精神方面，也有可能来自于心理或者社会方面。无论是感受到了依赖性的存在，还是对此毫无察觉，只要权力在发挥作用，依赖关系就确实存在着。权力是潜在的，无需借助其他来证明自己的有效性。组织或个人可以通过减少对他人的依赖并同时增

---

① 参见张德、曲庆：《管理：MBA全国联考应试清华辅导教材》，清华大学出版社1999年版，第81页；陈维政：《组织行为学高级教程》，高等教育出版社2004年版，第317页。

加他人对自己的依赖来寻求获得权力。这与企业通过发展多个供货渠道来避免供应商的权力或通过出售给顾客仅有少数替代品的产品来获得市场权力的努力是相类似的。①

第二节 领导理论

从时间和研究的侧重点来看，领导理论可分为三类：领导品质理论、领导行为理论和领导权变理论。在 20 世纪 30 至 40 年代，有关领导的研究集中在成功的领导者一定具备区别于无效领导者和永远不会成为领导者的那些人的个人特殊品质；从 20 世纪 40—50 年代早期，关于领导的研究主要侧重于领导行为方面；从 20 世纪 60 年代早期开始，有关领导的研究侧重于权变理论；最新的研究则对领导风格与魅力领导方法给予较多的关注。

一、领导品质理论

我们知道，管理的核心是领导者，一流领导者本身就具有极大的影响力，他们是从哪里来的呢？是天生而来还是后天培养？像丘吉尔、罗斯福、松下幸之助、杰克·韦尔奇……我们必须承认，就像有些人生来就是美人一样，有些人的确在影响别人方面有得天独厚的天赋。领导品质理论以领导特质为对象研究领导现象和活动，探究和解释领导现象的发生与变化。这一理论的基本假设是领导者是天生的，研究具备什么样的特有素质能胜任领导者，寻找并使具有这些特质的人在实际工作中成为领导者。研究人员对某些杰出人士之所以能成为领导者的秘诀非常感兴趣，认为领导者具备一些常人所不具有的特殊品质，正是这些品质使得他们脱颖而出成为组织的领导核心。

该理论先后从事三种不同的探讨：第一阶段是广泛发现领导者，尤其成功领导者的一般人格素质，惟不易得到一致的结论；第二阶段是共同特性的分析，整理并研究有关文献，发掘共同受到重视之人格特性；第三阶段则是属性的探讨，研究何种领导情境最需要何种领导者的人格特质。通过比较和分析，可以确定哪些品质或特征是一个好的领导者所必备的。

随着管理学和心理学等学科的产生和发展，对领导特质进行了较系统、科学的探讨，陆续出现了各种各样的领导品质理论：

一是哈罗德·孔茨关于领导品质的观点：第一，有权并知道怎样用权；第二，对人有基本的了解；第三，是杰出的鼓动家；第四，有能力营造一种良好的组织气氛。

二是吉沙利也提出了自己的品质理论，并就每个品质测算出了相对重要性，见表 8-2：

---

① 参见〔美〕戴维·贝赞可、戴维·德雷诺夫、马克·尚利：《公司战略经济学》，武亚军等译，北京大学出版社 1999 年版，第 597—600 页。

表 8-2　吉沙利的品质理论

品质	重要性
监督能力	100
职业成就	76
智力	64
自立	63
自信	62
决断力	61
冒险	54
人际关系	47
创造性	34
不慕财富	20
对权力的追求	10
成熟	5
男性化或女性化	0

为什么领导品质理论在解释领导行为方面并不成功？原因有四个：第一，它忽视了下属的需要。第二，它没有指明各种特质之间的相对重要性。第三，它没有对因和果进行区分。例如，到底是领导者的自信导致了成功，还是领导者的成功建立了自信？第四，它忽视了情境因素。这一理论虽然开辟了对领导主体及其内在构成和原因进行研究的新领域，对研究领导者应具备哪些基本素质方面做出了贡献，但却没能构架出领导理论的完整体系，特别是因为在研究方向与方法上存在很大问题而以失败告终。这些方面的欠缺使得研究者的注意力转到其他方向。从 20 世纪 40 年代开始，领导品质理论就已不再占主导地位了。20 世纪 50 年代以后，随着行为科学、心理学等的发展，"伟人论"受到越来越多的挑战，"时势造英雄""环境造英雄"观点被多数人接受。到 20 世纪 60 年代中期之前，有关领导的研究着重于对领导者行为的考察。

二、领导行为理论

领导行为理论主要研究领导者在领导过程中的具体行为以及不同的领导行为对下属的影响，以期寻求最佳的领导行为。领导才能与追随领导者的意愿都是以领导方式为基础，所以许多人开始从研究领导者的内在特征转移到外在行为上，强调领导者实际动态的行为表现。领导行为理论的目的在于提高对各种具体领导行为的预见性和控制力，改进工作方法和领导效果；研究的侧重点在于确定领导者应具有什么样的领导行为以及哪一种领导行为的效果最好。领导行为理论认为，依据领导者的个人行为方式可以对领导进行最好的分类。

（一）勒温的领导作风理论

著名心理学家勒温（Kurt Lewin）和他的同事们从 20 世纪 30 年代起就进行了关于团体气氛和领导风格的研究。勒温提出的领导作风理论研究领导者工作作风的类型，分析各种工作作风对下属的影响，以期寻求最佳的领导作风，力图科学地识别出最有效的领导行为。他以"权力定位"为基础，将领导者的作风分为三种类型：

第一种类型称为专制式的领导作风，权力定位于领导者个人手中。领导者只从工作和技术方面来考虑管理，认为权力来自于他们所处的位置，认为人类的本性是天生懒惰，不可信赖，必须加以鞭策。所有政策均由领导者决定；所有工作进行的步骤和技术，也由领导者发号施令；工作分配及组合，多由领导者单独决定；领导者对下属较少接触，如有奖惩，往往对人不对事。

第二种类型称为民主式的领导作风，权力定位于群体。领导者从人际关系方面考虑管理，认为他的权力是由所领导的群体赋予的，被领导者受到激励后，会自我领导，并富有创造力。主要政策由组织成员集体讨论决定，领导者采取鼓励与协助态度；通过讨论，使其他人员对工作全貌有所认识，在所设计的完成工作的途径和范围内，下属对于进行工作的步骤和所采用的技术，有相当的选择机会。

第三种类型称为放任自流的领导作风，权力定位于员工手中。领导者只是从福利方面考虑管理，认为权力来自于被领导者的信赖。组织成员或群体有完全的决策权，领导者放任自流，只给组织成员提供工作所需的资料、条件和咨询，而尽量不参与，也不主动干涉，只偶尔表达意见。工作的进行几乎全依赖组织成员，各人自行负责。

根据勒温的研究，放任自流的领导行为效率最低，只能达到社交目的，而完不成工作目标。专制式领导虽然通过严格管理完成了目标，但组织成员没有责任感，情绪消极，士气低落。民主式领导工作效率最高，不但完成了工作目标，而且组织成员之间关系融洽，工作积极主动，富有创造性。基于这个结果，勒温等研究者最初认为民主式领导风格似乎会带来良好的工作绩效，同时，群体成员的工作满意度也较高，因此，民主式领导风格可能是最有效的领导风格。但不幸的是，研究者们后来发现了更为复杂的结果。虽然民主式领导风格在有些情况下会比专制式领导风格产生更好的工作绩效，但在另外一些情况下，民主式领导风格所带来的工作绩效可能比专制式领导风格所带来的工作绩效低或者仅仅与专制式领导风格所产生的工作绩效相当。而关于群体成员工作满意度的研究结果则与以前的研究结果相一致，即通常在民主式领导风格下成员的工作满意度比专制式领导风格下高。

勒温认为，在实际的组织与企业管理中，很少有极端型的领导，大多数领导者都是属于专制式、民主式和放任式之间的混合型。勒温能够注意到领导者的风格对组织氛围和工作绩效的影响，区分出领导者的不同风格和特性并以实验的方式加以验证，这对实际管理工作和有关研究非常有意义，许多后续的理论都是从勒温的理论发展而来的。

（二）俄亥俄州立大学的领导行为四分图理论

俄亥俄州立大学提出的领导行为四分图理论把领导行为分为两个维度：关怀行为和开创结构。关怀行为包括人际温暖、体贴下属的感受，以及运用下属参与双向沟通的机会等；关怀行为重视下属心理需要的满足、人格尊严的尊重、个人价值的肯定，以及参与机会的提供。开创结构则强调组织任务的贯彻、达成目标、权威指示的运用及执行任务等。

根据这样的分类，领导者可以分为四种基本类型，即高关怀—高开创、高关怀—低开创、低关怀—高开创和低关怀—低开创。所谓高"关怀"与低"关怀"是指一位领导者对其下属所给予的尊重、信任以及互相了解的程度。从高关怀到低关怀，中间可以有无数不同程度的关怀。而所谓高开创与低开创，也就是指领导者对于下属的地位、角色与工作方式等是否都制订了规章或工作程序。因此，两个维度可构成一个领导行为坐标，分为四个象限即四种领导方式。

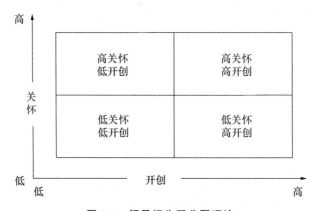

图 8-1 领导行为四分图理论

其中，高关怀—高开创的领导者，对工作、对人都较为关怀，一般来说，这种领导方式效果较好。

调查结果证明，"抓开创"和"关怀人"这两类领导行为在同一个领导者身上有时一致，有时不一致，因此，领导行为是两类行为的具体结合，分为四种情况，可用两度空间的四分图来表示。属于低关怀—高开创的领导者，最关怀的是工作任务。高关怀—低开创的领导者大多较为关怀领导者与部属之间的合作，重视互相信任和互相尊重的气氛。低开创—低关怀的领导者，对开创结构与对人的关怀都漠视，这种领导方式效果较差。一般来说，中国企业的领导者采取的是高关怀—低开创的领导方式；而西方国家的领导者采取的是低关怀—高开创的领导方式。高关怀—高开创的领导者一般更能使下属达到高绩效和高满意度，但并不总是产生积极效果。在生产部门内，工作绩效评定结果往往与开创程度呈正相关，与关怀程度呈负相关，而在非生产部门，则相反。

前三种类型的领导行为普遍与较多的缺勤、事故、抱怨及离职有关。

（三）利克特的领导系统理论

密歇根大学社会研究中心的利克特（R. Likert）长期研究领导行为，目的是确定领导者的行为特点与满意水平和工作绩效的关系。1967 年，利克特出版了《管理新模式》一书，介绍了四种领导作风方式（见表 8-3），即四系统模型：剥削式的集权领导、仁慈式的集权领导、协商式的民主领导和参与式的民主领导。他认为只有参与式的民主领导才能实现真正有效的领导，才能正确地为组织设定目标和有效地达到目标。

表 8-3　利克特的领导四系统模型

项目	系统一	系统二	系统三	系统四
类型	剥削式集权领导	仁慈式集权领导	协商式民主领导	参与式民主领导
激励	恐惧和处罚	多为奖励	奖励和介入	介入与参与
传播	非常少	很少	有一些	非常多
沟通	从上到下	从上到下	从上到下/从下到上	全方位
决策	上层	上层	多方信息	共同决定
生产效率	普通	尚可	良好	优秀
缺席率	非常高	比较高	一般	低

系统一是剥削式的集权领导，是一种极端式专制领导，权力集中在最高层，下级无任何发言权，领导与下层存在不信任气氛。激励主要采取惩罚的方法，沟通采取自上而下的方式。

系统二是仁慈式的集权领导，是一种开明式专制领导，权力集中在最高层，授予中下层部分权力，也向下属授予一定的决策权，但自己牢牢掌握着控制权。领导者对下级较和气，采取奖赏和惩罚并用的激励方法。采用这种领导方式的领导者对下属有一定的信任和信心，有一定程度的自上而下的沟通，但这只是表面的、肤浅的，领导不放心下级，下级自由非常少，下级对上级存有畏惧心理，工作主动性差。

系统三是协商式民主领导。采用这种领导方式的领导者对下属抱有相当大但并不完全的信任，主要采取奖赏的方式来进行激励，重要问题的决定权仍在最高一级；在制定总体决策和主要政策的同时，允许下属部门对具体问题作出决策，并在某些情况下进行协商，中下级对次要问题有决定权；沟通方式是上下双向的，上下级联系较密切，所以在执行决策时，能获得一定的相互支持。

系统四是参与式民主领导。采用这种领导方式的领导者对下属在一切事务上都抱有充分的信心与信任，上下级关系平等，有问题民主协商，一起讨论，由领导最后作出决策；下级也有一定的决策权，按分工授权；上下级有充分的沟通，感情融洽，上下级都有积极性。

在非常时期、紧急决策时采用第一、第二系统也是可行的；在常规阶段、有充分时间讨论时采用第三、第四系统为好。利克特的结论是采用第四种方式的领导者较其他方式的领导者能取得更大的成绩。

（四）管理方格理论

管理方格理论由美国管理学者布莱克（R. R. Blake）和莫顿（J. S. Mouton）提出，认为在对生产关心的领导方式和对人关心的领导方式之间，可以有使二者在不同程度上互相结合的多种领导方式。该理论就企业中的领导方式问题提出了管理方格法，使用自己设计的一张纵轴和横轴各九等分的方格图，纵轴和横轴分别表示企业领导者对人和对生产的关心程度。第 1 格表示关心程度最小，第 9 格表示关心程度最大，领导者关心人与关心生产的程度可以由低（1）到高（9），纵横交错便形成有81种领导风格的"九·九图"，分别表示"对生产的关心"和"对人的关心"这两个基本因素以不同比例结合的领导方式，如图8-2所示。人员定向的领导者主要关心人的问题，而任务定向的领导者主要关心工作或生产问题。方格的二维有广泛的理解与解释，"关心生产"是指一名监督管理人员对各类事项所抱的态度，诸如政策决议的质量、程序与过程，研究工作的创造性，职能人员的服务质量，工作效率和产量等；"关心人"包含诸如个人对实现目标的承诺程度、工人对自尊的维护、基于信任而不是基于服从来授予职责、提供良好的工作条件和保持令人满意的人际关系等内容。

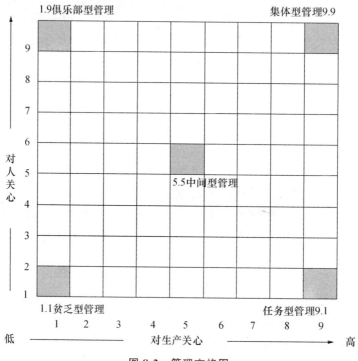

图 8-2　管理方格图

把人员定向与任务定向统一起来，可以看到其中五种典型的形态：

（1）贫乏型领导（即1.1型）。这种类型的领导者既不关心生产，又不关心人的情感与福利等，缺乏主见，逃避责任，与世无争，最低限度地完成任务。

（2）任务型领导（也称为任务中心型领导，即9.1型）。这种类型的领导者非常关心生产，但不太关心人，主要借助权力等组织人们完成任务，独断专行，压制不同意见。

（3）俱乐部型领导（也称为乡村俱乐部型领导，即1.9型）。这种类型的领导者只关心人，而不太管生产。他们高度估价温暖和友好的人际关系，尽量多结友少树敌，以多方面满足人们的需要来换取人们的支持和拥戴。

（4）中间型领导（又称为中间道路型领导，即5.5型）。这种领导者推崇"折中"，而不用恰当的方法解决问题。也就是在处理生产与人的需要的矛盾上，不是去寻求对生产和人都有利的优化策略，而是寻找两者可以妥协的地方，如将生产目标降到人们乐于接受的程度。

(5) 团队型领导（即9.9型）。这种类型的领导者既十分关心生产，又十分关心人的因素，总是努力寻找解决问题的优化方法，使关心生产与关心人协调一致，统筹解决。

除了这五种典型的领导形态外，管理方格图还提供了大量的介于这些形态之间的形态。不过，就这五种形态而言，也有优劣之分。布莱克与莫顿认为，团队型最佳，其次是任务型，再次是中间型、俱乐部型，最差的是贫乏型。

管理方格理论在美国和许多工业发达国家受到一些管理学者和企业家的重视。

三、领导权变理论

领导权变理论又称情景理论、情境理论或者情势理论，提出领导者的特质或行为理论都有一个不足之处，就是认为领导者都是完全一样的角色，而无视领导者和被领导者之间关系的多样性，也不考虑实际情况是怎样的。

从领导活动的角度观察，领导权变理论认为领导活动并不是指领导者的活动，它还应当包括被领导者的活动和领导环境，单纯依靠领导者的特质或行为并不能自动导致领导者的成功，而应将三者结合起来，进行系统性与互动性的研究，这样才能找出领导活动成功的关键所在，领导权变理论研究的焦点，是研究领导行为的有效性，即试图发现在一定条件下，一个人应该采取何种行为或具备何种品质，才能成为成功的领导者，试图预测何种领导方式在何等情境中较为有利。

领导权变理论的基本观点是：领导的效能实际上取决于领导者的人格特质、领导对象的特性与情境的变量三者契合之程度。权变领导理论认为，一个领导者应该根据环境条件和下属特性来选择合适的领导风格，以确保领导的有效性。可以用这样一个函数来表示：

$$S = f(L, F, E)$$

式中，S表示领导效果，L表示领导者的个人品质或领导风格，F表示领导对象的特性，E表示环境条件。

以下是几种有代表性的领导权变理论：

(一) 菲德勒权变模型

弗雷德·菲德勒（Fred E. Fiedler）是美国著名心理学和管理学专家。1951年起从管理心理学和实证环境分析两方面研究领导学，他在大量研究的基础上提出了有效领导的权变模型。费德勒认为，任何领导形态均可能有效，其有效性完全取决于是否与所处的环境相适应。

首先，菲德勒剥离出影响领导方式有效性的以下三个环境因素：

(1) 上下级关系，即领导者是否受到下级的喜爱、尊敬和信任，是否能吸引并使下级愿意追随他。

(2) 职位权力，即领导者所处的职位能提供的权力和权威是否明确充分，在上级和整个组织中所得到的支持是否有力，对雇用、解雇、纪律、晋升和增加工资的影响程度大小。

（3）任务结构，指工作团体要完成的任务是否明确，有无含糊不清之处，其规范和程序化程度如何。

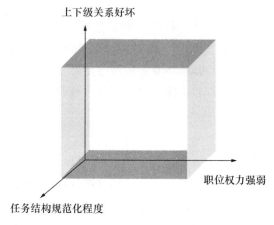

图8-3　影响领导有效性的三种环境因素

其次，菲德勒制定了一套最不受喜爱的同事（least-preferred-coworker，LPC）问卷，以测量一个人是任务导向还是人际关系导向，从而了解一个人的基本领导风格。

最后，菲德勒模型利用上面三个权变变量来评估情境。上下级关系或好或差，任务结构或高或低，职位权力或强或弱，将这三项权变变量组合，便得到八种不同的情境或类型，每个领导者都可以从中找到自己的位置。菲德勒模型指出，当个体的LPC分数与三项权变因素的评估分数相匹配时，则会达到最佳的领导效果。菲德勒最后得出结论：在环境极有利或极不利的情况下，任务导向型是有效的领导方式；在环境中度有利的情境下，人际关系导向型是有效的领导方式。菲德勒关于领导方式和环境的关系研究可用图8-4表示：

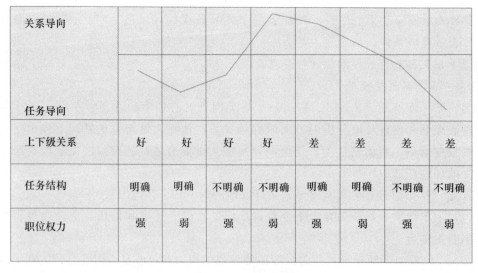

图8-4　菲德勒模型

菲德勒认为，领导风格是与生俱来的——你不可能改变你的风格去适应变化的情境。因此，提高领导者的有效性实际上只有两条途径：（1）替换领导者以适应环境。比如，如果群体所处的情境被评估为十分不利，而且目前又是由一个关系导向的管理者进行领导，那么替换一个任务导向的管理者则能提高群体绩效。（2）改变情境以适应领导者。菲德勒提出了一些改善上下级关系、职位权力和任务结构的建议。上下级关系可以通过改组下属加以改善，使下属的经历、技术专长和文化水平更为合适；任务结构可以通过详细布置工作内容而变得更加定型化，也可以对工作只作出一般性指示而变得非程序化；领导的职位权力可以通过变更职位充分授权或明确宣布职权而增加权威性。菲德勒模型强调为了领导有效需要采取什么样的领导行为，而不是从领导者的素质出发强调应当具有什么样的行为，这为领导理论的研究开辟了新方向。菲德勒模型表明，并不存在一种绝对的最好的领导形态，企业领导者必须具有适应能力，自行适应变化的情境，同时也提示管理层必须根据实际情况选用合适的领导者。

（二）情境领导理论

情境领导理论是由美国管理学者保罗·赫塞（Paul Heresy）和肯尼思·布兰查德（Kenneth Blanchard）提出的。该理论认为，有效的领导行为应该把工作行为、关系行为和被领导者的成熟程度结合起来考虑。情境理论和其他权变理论的不同点在于，它把焦点放在被领导者身上。领导行为在确定是任务绩效还是维持行为更重要之前应当考虑的因素是下属成熟度，认为应依据下属的成熟度水平选择正确的领导方式。

1. 下属成熟度

成熟度是对下属特征的一个度量。赫塞和布兰查德将其定义为：个体对自己的直接行为负责的能力和意愿。它包括两个要素：工作成熟度和心理成熟度。

（1）工作成熟度，包括一个人的知识和技能。工作成熟度是下属完成任务时具有的相关技能和技术知识水平。工作成熟度高的下属得到良好的教育和培训，拥有足够的知识和能力，经验丰富，能够不需要他人指导而独立完成工作任务。

（2）心理成熟度，指一个人做某事的意愿和动机。心理成熟度是下属的自信心和自尊心，心理成熟度高的下属自信心强，工作积极主动。他们不需要太多的外部激励，而主要靠内部动机的激励。

赫塞和布兰查德将下属的成熟度划分为由低到高四种类型（或阶段），这四个连续的阶段实际上反映了一个雇员从不成熟到成熟的成长过程。

第一阶段（M1）：下属既不能胜任工作，也不情愿工作。下属缺乏执行某项任务的技能和能力，不胜任工作；而且又不情愿去执行任务，缺乏自信心和积极性。当一个人刚刚接手一项陌生的工作时，出现第一种情况是很普遍的，他往往感觉自己处于一种无所适从的状态，处于一种消极被动的尴尬地位。

第二阶段（M2）：下属虽然没有能力，但积极性很高。下属目前还缺乏完成工作任务所需的技能和能力，但他们愿意执行必要的工作任务，具有积极性。当他对工作的性质和基本内容获得比较全面的了解之后，就会产生一种很快适应和胜任工作的愿望。在这个阶段，他虽然缺乏必要的能力，但会积极主动地提高自己。

第三阶段（M3）：下属有工作能力，但却不愿意工作。下属有较高的工作技能和较强的工作能力，但他们却不愿意做领导希望他们做的工作。在这个阶段，一个人在长期的工作中获得了能力与经验，因此也拥有了一定的资本。这时，他可能会提出一些有利于自己职业发展的要求，寻求广泛的参与机会，试图在参与中体现自己的价值并得到组织或上级的肯定。如果这些愿望得不到满足，他会深深陷入一种挫折感之中。当然，如果这些愿望得到满足，他会更加努力和主动地工作。

第四阶段（M4）：下属既有能力又愿意工作。这时，他可能产生更高的要求（按马斯洛的需求层次理论，这属于一种自我实现的需求），控制局面，试图获得独立决策和行动的机会。

2. 领导风格的类型

该理论将领导行为的两个维度（任务行为和关系行为）按高低分别组合，每一维度有高低之分，从而可以组合成四种具体的领导风格：

（1）指令或指示型（高任务—低关系）（S1）：领导采用单向沟通形式，明确规定任务，确定内容、规程，告诉下属以何种方法去组织、实施工作。领导者制定所有决策，为下属确定角色，告诉下属应该干什么、怎么干以及何时何地去干。

（2）说明或推销型（高任务—高关系）（S2）：领导以双向沟通方式给下属以直接的指导，大多数工作仍由领导决定。领导给他们以心理上的支持，同时也从心理上激发他们的工作意愿和热情。领导者既作为一个指导者（权威型风格，以任务为中心），又作为一个支持者（支持型风格，以员工为中心）。作为指导者，领导者制定所有决策，为下属确定角色，指导下属的行为；作为支持者，领导者对下属的要求不超过其力所能及的范围，愿意向下属解释自己的决策，公平、友好地对待下属并帮助下属解决个人问题，在下属很好地完成任务时给予赞赏和表扬。

（3）参与型（民主式或参与式风格，低任务—高关系）（S3）：领导通过双向沟通和悉心倾听的方式和下属交流信息，讨论问题，支持他们努力发展自己的能力和特长，较少对工作给予指导。领导者允许下属讨论组织的政策，并且鼓励他们参与重要决策；不仅允许他们讨论现在的工作，而且允许他们讨论将来的工作；鼓励下属参与群体活动。在上述活动中，领导者的主要作用是提供便利条件和与下属沟通。一般认为，有效的员工参与可以减少人与人之间的敌意、攻击，创造良好的群体感觉，提高工作满意度和士气。

（4）授权型（低任务—低关系）（S4）：领导者赋予下属很大权力，让他们自行其是，自己决定何时、何处和如何开展工作，领导者只起监督作用；领导者为下属设立具有挑战性的目标，并显示对他们的信任，允许他们在一定范围内独立地进行决策甚至确定自己的工作内容；领导者提供极少的指导或支持。

3. 基本假设与逻辑结构

情境领导理论认为，对于不同成熟度的员工，应采取不同形式的领导方式，以求得最佳绩效。随着被领导者成熟度的提高，领导者的工作行为与支持行为都相应减少，既不用过多指导，也不必太注重关系，因为这时员工可凭高能力自觉地工作。

（1）领导的效能取决于下属接纳领导者的程度。无论领导者的领导风格如何、领导行为如何，其效果最终是由下属的现实行为决定的。

(2) 领导者所处的情境是随着下属的工作能力和意愿水平而变化的。下属的技能、能力与意愿水平是非均质的、多样化的；下属不愿意工作，往往是因为他们缺乏必要的技能和能力，或缺乏自信心和安全感。

(3) 领导者应对下属的特征给予更多的关注和重视，根据下属的具体特征确定适宜的领导风格。例如，对于能力不足或缺乏自信的下属与技术熟练、工作能力强且充满自信心的下属采取不同的领导风格。

4. 具体情境下领导风格的确定

在员工成长的第一阶段，下属需要得到明确而具体的指导。在第二阶段，领导者需要采取高任务—高关系行为，高任务行为能够弥补下属能力的欠缺，高关系行为能够使下属在心理上"领会"领导者的意图，或者说能够给下属提高技能和能力的愿望以更大的激励。在第三阶段，领导者运用支持性、非指导性的参与风格有效地满足下属的参与欲望，消除其现实的挫折感，从而向下属提供更强的内在激励。在第四个阶段，领导者无须做太多的事情，因为下属既愿意又有能力完成工作任务。最后，领导者根据下属人员成熟度选择适当的领导风格。领导风格选择方式如下：M1 应选用 S1，M2 应选用 S2，M3 应选用 S3，M4 应选用 S4。同时，当下属由不成熟逐渐向成熟过度时，领导行为也应 S1—S2—S3—S4 逐步推移。

情境领导理论可用图 8-5 表示。赫塞和布兰查德认为，正确的领导风格（两个维度即任务取向和关系取向）必须根据下属的成熟度来确定，因为领导的权力某种意义上来自下属，如果下属拒绝领导者，无论领导者思想多么正确，无论行动计划多么周密，都只能是领导者自己的事，难以变成现实。

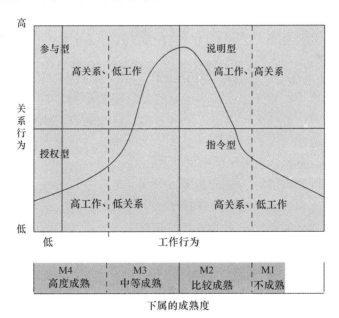

图 8-5 赫塞、布兰查德的情境领导理论

(三) 领导行为连续体理论

坦南鲍姆（R. Tannenbaum）和施米特（W. H. Schmidt）于 1958 年提出了领导行

为连续体理论。他们认为，经理们在决定何种行为（领导作风）最适合处理某一问题时常常产生困难，他们不知道是应该自己作出决定还是授权给下属作决策。为了使人们从决策的角度深刻认识领导作风的意义，他们提出了领导行为连续体理论。

领导风格与领导者运用权威的程度和下属在作决策时享有的自由度有关。连续体最左端表示的领导行为是专制型的领导；连续体最右端表示的是将决策权授予下属的民主型的领导。在管理工作中，领导者使用的权威和下属拥有的自由度之间是一方扩大而另一方缩小的关系。在高度专制和高度民主的领导风格之间，坦南鲍姆和施米特划分出七种主要的领导模式：

1. 领导作出决策并宣布实施

在这种模式中，领导者确定一个问题，并考虑各种可供选择的方案，从中选择一种，然后向下属宣布执行，不给下属直接参与决策的机会。

2. 领导者说服下属执行决策

这种模式同前一种模式一样，领导者承担确认问题和作出决策的责任。但他不是简单地宣布实施这个决策，而是认识到下属可能会存在反对意见，于是试图通过阐明这个决策可能给下属带来的利益来说服下属接受这个决策，消除下属的反对意见。

3. 领导者提出计划并征求下属的意见

在这种模式中，领导者提出了一个决策，并希望下属接受这个决策，他向下属提出一个有关自己的计划的详细说明，并允许下属提出问题。这样，下属就能更好地理解领导者的计划和意图，领导者和下属能够共同讨论决策的意义和作用。

4. 领导者提出可修改的计划

在这种模式中，下属可以对决策发挥某些影响作用，但确认和分析问题的主动权仍在领导者手中。领导者先对问题进行思考，提出一个暂时的可修改的计划，并把这个暂定的计划交给有关人员征求意见。

5. 领导者提出问题，征求意见并作出决策

在以上几种模式中，领导者在征求下属意见之前就提出了自己的解决方案，而在这个模式中，下属有机会在决策作出以前就提出自己的建议。领导者的主动作用体现为确定问题，下属的作用在于提出各种解决方案，最后，领导者从自己和下属所提出的解决方案中选择一种他认为最好的解决方案。

6. 领导者界定问题范围，下属集体作出决策

在这种模式中，领导者已经将决策权交给了下属的群体。领导者的工作是弄清所要解决的问题，并对下属提出作决策的条件和要求，下属按照领导者界定的问题范围进行决策。

7. 领导者允许下属在上司规定的范围内发挥作用

这种模式表示出极度的团体自由。如果领导者参加了决策的过程，他应力图使自己与团队中的其他成员处于平等的地位，并事先声明遵守团体所作出的任何决策。

在上述各种模式中，坦南鲍姆和施米特认为，不能抽象地认为哪一种模式一定是好的，哪一种模式一定是差的。成功的领导者应该是在一定的具体条件下，善于考虑各种因素的影响，采取最恰当行动的人。当需要果断指挥时，他应善于指挥；当需要

员工参与决策时，他能适当放权。领导者应根据具体的情况，如领导者自身的能力、下属及环境状况、工作性质、工作时间等，适当选择连续体中的某种领导风格，这样才能达到领导行为的有效性。通常，管理者在决定采用哪种领导模式时要考虑以下几方面因素：

一是管理者的特征，包括管理者的背景、教育、知识、经验、价值观、目标和期望等。

二是员工的特征，包括员工的背景、教育、知识、经验、价值观、目标和期望等。

三是环境的要求，包括环境的大小、复杂程度、目标、结构和组织氛围、技术、时间压力和工作本质等。

根据以上这些因素，如果下属有独立作出决定并承担责任的愿望和要求，并且他们已经作好了这样的准备，能理解所规定的目标和任务，并有能力承担这些任务，领导者就应给下级较大的自主权力。如果这些条件不具备，领导者就不会把权力授予下级。这一理论的贡献在于不是将成功的领导者简单地归结为专制型、民主型或放任型，而是指出成功的领导者应该在多数情况下能够评估各种影响环境的因素和条件，并根据这些因素和条件来确定自己的领导方式和采取相应的行动。

（四）路径—目标理论

路径—目标理论是由罗伯特·豪斯（Robert House）开发的一种领导权变模型。其理论特点是采纳了俄亥俄模型的工作取向和关系取向的思路，并同动机的期望理论相结合。豪斯认为，领导者的主要工作是帮助下属达成他们的目标，并提供必要的指导和支持，以确保他们的目标可以和团体或组织的目标配合。"路径—目标"意味着，具有效能的领导者应该帮助部属澄清可以达成目标的途径，并减少途中的障碍与危险，使其顺利完成目标。

1. 基本假设

路径—目标理论的基本假设与期望理论一样。在最基本的层面上，有效的领导者将向追随者提供或确保他们有机会得到受重视的奖励（目标），随后帮助追随者发现达到目标的最佳方式（路径）。在这一过程中，有效的领导者会帮助追随者找出和消除障碍物，避免他们走进死胡同；领导者也会在需要时提供情感支持。

2. 领导风格

这一理论指出：领导者的行为要被人接受，就必须能够为员工提供现时的和未来的满足感。豪斯确定出四种领导风格：

（1）支持型：亲切友善，关心下属的要求，对员工福利和个人需求极为关心。其领导行为是开放的、友善的和平易近人的，领导者能够创造一种团队氛围，对下属平等对待。

（2）指导型：让员工明了别人对他的期望，完成工作的程序、方法。其领导行为包括制订计划、制定工作进度表、建立绩效目标和作业标准以及严肃规章制度。

（3）参与型：主动征求并采纳下属的意见。他们能够与下属一起进行决策。其领导行为包括向下属征询意见和建议，鼓励下属参与决策，鼓励集体作出决策和提供书面建议。

（4）成就导向型：设立挑战性目标，鼓励下属各尽所能。他们能够为下属确立清晰明确的具有挑战性的目标。其领导行为的特点是强调超越目前水平的、高质量的绩效和成就。这种类型的领导者同样也对下属充满信任，并帮助他们了解如何去实现目标。

在路径—目标理论中，以上类型的领导风格只是行为类型的反映，并不具有根深蒂固的个性性质，领导者可以根据具体的情境来选择合适的领导风格。

3. 权变因素

路径—目标理论的权变因素有两种：

（1）下属的权变因素。如果追随者认为领导者的行为可以使他直接获得满足，或者是获得未来满足的直接工具，领导者的行为对于追随者就是可以接受的。但一位领导者能做的一切，只是提高追随者的满意度水平，满意度也取决于这些追随者本身的特性。下属的权变因素包括下属的控制点、拜权主义倾向、经验和感知能力。

（2）环境的权变因素，包括任务结构、正式权力系统、工作群体。具体体现为：① 任务结构的优良程度，包括任务的确定性程度和复杂性程度；② 正式权力系统的特征，包括领导者拥有的合法权力的大小，以及对下属行为的政治和法律约束（制度化）程度；③ 工作群体的特征，包括下属的受教育程度，以及人际关系质量。

4. 奖酬的运用

领导者的责任就是明确下属获得奖酬的路径，以增加下属的满意度和提高工作绩效。在一些情况下，领导者需要接近下属，以帮助他们掌握完成任务和获得奖酬所必要的技能。而在其他一些情况下，领导者需要提供新的奖酬，以满足下属特有的需求。

5. 具体情境下领导风格的运用

情境1：下属缺乏自信，适用于支持型领导。

情境2：工作任务模糊，适用于指导型领导。

情境3：工作缺乏挑战性，适用于成就导向型领导。

情境4：奖酬运用不正确，适用于参与型领导。

考虑下属的权变因素决定了各种领导方式的恰当性，对此，路径—目标理论给出以下建议：

（1）指示型领导方式对拜权主义者更合适，因为拜权主义者尊重权威。

（2）参与型领导方式对"内在控制点"类型的人更合适，因为这些人更愿意对自己的生活施加更多的影响。

（3）指示型领导方式在下属能力较低时更合适，能够帮助人们理解应当做什么。

另外，在考虑环境权变因素的影响上，路径—目标模型也引申出如下一些结论：

（1）相对于具有高度结构化和安排完好的任务来说，当任务或压力过大时，指导型领导方式会导致更高的满意度。

（2）当下属执行机构化任务时，支持型领导方式会导致员工的高绩效和高满意度。

（3）对知觉能力强或经验丰富的下属，指导型领导方式可能被视为累赘、多余的。

（4）组织中的正式权力关系越明确、越官僚化，领导者越表现出支持性行为，减少指导性行为。

（5）当任务结构不清晰时，成就导向型领导方式将会提高下属的努力水平，从而达到高绩效的预期。

第三节 创业型领导

一、创业型领导提出的背景和概念

（一）创业型领导提出的背景

创业是在现有激烈竞争中保持快速成长的重要因素，创业的实现和成功需要领导者具备持续发现和运用竞争机会的能力，领导力在创业活动中发挥着重要作用。在快速变化的时代，公司面临的商业环境不确定性增加，竞争日益激烈。领导者不能再根据静态环境特征寻求稳定的角色，而是要不断调整和变更角色来匹配充满不确定性的环境，同时还要让追随者树立摒弃传统守旧思想、寻求创造性和富有创业精神的意愿。因此，创业理论和领导理论呈现出融合趋势，领导者需要运用创业型领导对其创新和竞争能力进行审视和更新。

在这种动荡不安的环境下，如何提升公司对不确定性环境的适应性，如何对战略价值创造进行发现与探索，如何创造新的商业模式变得越来越重要。为了适应这些变化，无论实业界还是理论界都越来越关注一种新型的领导方式——创业型领导。

（二）创业型领导的概念

创业型领导是一种影响他人对资源进行战略性管理的能力，它既关注寻求机会的行为，也关注寻求优势的行为。

目前比较一致的认识是古普塔（Gupta）等提出的关于创业型领导的定义。古普塔等对以往研究进行了总结，并在整合创业、创业导向、创业管理与领导理论的基础上对创业型领导进行了界定，即创造一个愿景，以此号召、动员下属，并使下属承诺对战略价值创造进行发现与探索的一种领导方式。

创业型领导面临两个挑战：一是有关价值创造的资源获取；二是获得下属的承诺。创业型领导方式要构建一个愿景并拥有有能力实现愿景的支持者群体。创业型领导对创业采取战略性思维，以便提高公司持续创造价值的能力，因此能够为公司构建一个导致竞争优势和技术增长的基础。

总之，创业型领导就是通过信任和团队工作形成高绩效的领导方式。

二、创业型领导的构成

创业型领导的理论框架包括两个挑战维度和五个创业型领导角色，以及 20 个特征，如表 8-4 所示。

（一）两个挑战维度

两个挑战维度包括：一是情境扮演；二是任务扮演。

（1）情境扮演是指在当前的资源约束条件下，预想和创造那些一旦被抓住就可以对当前的处理方法进行彻底变革的机会。

（2）任务扮演是指使潜在的追随者和公司的股东确信在这个情境下，通过整合资源、转变当前的处理方法是可以成功实现预期目标的。

表 8-4 创业型领导理论框架

维度	角色	特征	解释
情境扮演	构建挑战（描述一个具有挑战性且可以实现的结果）	绩效导向 雄心勃勃 消息灵通 具有特殊的洞察力	设置一个高标准，提供努力的方向 设置高目标，工作努力 有知识，对信息敏感
	不确定性吸收（承担未来失败的责任）	愿景 远见 自信 建立技能	拥有愿景 预测未来可能发生的事件 逐步向别人灌输自信
	路径清晰（与反对者进行谈判，并澄清情境实现的路径）	富有策略 有效的谈判技巧 令人信服 鼓励	熟练的人际技巧 能有效地与人谈判 具有说服别人的非凡能力 通过消除疑虑，给予别人自信和希望
任务扮演	建立承诺（建立一个令人鼓舞的目标）	有鼓舞力 热忱 团队建立能力 持续改进导向	鼓舞他人的情绪、信仰、价值观、行为，鼓舞他人努力工作 呈现强烈、积极的工作情绪 使组织成员一起高效工作 寻求绩效的持续改进
	阐明约束（明确什么事能做，什么事不能做）	整合能力 促进思考 积极 果断	使人和事有机地结合起来 鼓励他人思考 乐观并且自信 迅速、坚定地作出决策

资料来源：Gupta V. MacaMillan, C. G. Surie. Entrepreneurial Leadership: Developing and Measuring a Cross-culture Construct. *Journal of Business Venturing*, 2004, (19), pp. 241—260.

（二）五个创业型领导角色

五个创业型领导角色包括：

（1）构建挑战。这一角色是指创业型领导者通过构建挑战，使得团队能够将他们的能力发挥到最大限度。

（2）不确定性吸收。这个角色是指创业型领导者需要构建一个愿景，并由下属具体实施，但是创业型领导者必须承担失败的责任；考虑到不确定性对下属的影响，创业型领导者必须使下属建立自信，并使他们确信愿景是可以实现的。

（3）路径清晰。这一角色是指创业型领导者需要与内外环境进行谈判并能解决潜在的阻力，获得内部关键股东和外部利益相关者的支持。

（4）建立承诺。这一角色是指创业型领导者需要使用团队建立技能来鼓舞、塑造一个高承诺的团队，并使这个团队承诺付出更大的努力来实现领导所描述的愿景。

（5）阐明约束。这一角色是指通过果断地阐明约束，领导者能够再造下属对他们自己能力的感知，而且当约束被定义时，创造力更容易被发挥。

三、高管团队的创业领导力

以下四个条件会促进创业：一是创业愿景的构建和沟通，高管人员在其中发挥着重要的领航作用。二是对创新的培养和支持过程，如产品设计、开发，如商业化的快速反应系统或是鼓励推出新产品和新事业的创新机制。三是为创业活动提供充足的资源保障和专家支持，包括企业通过参与式决策和透明化沟通确保组织对变革的敏感度。四是具备有利于持续探索和更新观念的能力，如通过鼓励下属不断地试错来增加员工参与度和信息渠道多元化，提高企业对模糊性问题的分辨能力。

以上四个条件的实现都需要企业领导者具备持续发现和运用竞争机会的能力，领导者在创业活动中发挥着重要作用。

高管团队的创业领导力可被视为在兼顾机会和优势的基础上，勾画愿景和创建一支实现愿景的支持者队伍、提升战略管理资源的能力。在这一领导过程中，创业理念和创业文化会对高管团队的创业型思考和行动产生重大影响。

高管团队的创业型领导可以概括为以下六个维度：

（1）培养创业能力。强调创业和人力资本开发具有同等重要价值的愿景有利于促使人们发展诸如敏捷、创新和战略管理资源的创业能力。

（2）保护对当前经营模式有威胁的创新。有效的创业型领导会与组织成员一起就破坏性创新的潜在收益进行充分沟通。

（3）重视机会的价值。创业型领导者能够与员工充分交流机会的价值以及如何利用机会实现企业和个人目标，促使人们乐于去追寻创业机会并据此发挥独一无二的竞争优势。

（4）敢于挑战主导逻辑。主导逻辑是指领导者将其经营概念化的方法。领导者应该定期评估主导逻辑的潜在假设，对其进行审视和变更，从而通过识别可创造财富的创业机会对企业进行成功的定位。

（5）对"想当然"的再思考。重新审视和思考关于企业竞争市场的诸多问题非常关键，因为如何回答这些问题往往会影响企业识别何种机会，以及怎样管理资源去运用这些机会。

（6）融合创业和战略管理。当领导者的创业理想帮助他们建构一种兼顾战略（优势导向）和创业（机会导向）的管理文化时，战略和创业的融合目的就可以实现了。

本 章 小 结

- 领导是指对人施加影响以引导和动员人们实现某一特定目标的过程，领导要有下属，要有影响力，并通过影响下属实现组织的目标。
- 领导不同于管理。从范围上来说，领导范围较小，管理范围较大，领导是管理的一个职能；从作用上来说，领导在组织中主要负责指出方向、设置目标，管理则是建立秩序、选择方法；从层次上来说，领导具有战略性、综合性特征，贯穿在管理的各个阶段；从功能上来说，领导重视工作决策和指导，强调目标的达成，管理强调组织运行的效率；从权利的来源来说，领导可以是任命的，也可以是从一个群体中自行产生的，管理者则是任命的，其影响力来自于他们所在职位所赋予的正式权利。

- 领导主要有以下四个方面的作用：(1) 指挥作用；(2) 协调作用；(3) 激励作用；(4) 纠正偏差作用。
- 领导者通过权力影响下属的行为，这种权力来两个方面：一是来自职位，具体包括合法权力、奖赏权力和强制权力；二是来自个人，具体包括专家权力和参照权力。
- 领导理论是关于领导有效性的理论。对领导有效性的研究主要从三个方面进行：领导特质理论着重研究领导者的素质和修养，目的是说明好的领导者应具备怎样的素质；领导行为理论着重分析领导者的领导行为和风格对组织成员的影响，目的是找出最佳的领导行为和风格；领导权变理论侧重于研究领导行为和有效性的环境因素，目的是说明在不同情况下哪一种领导方式才是最好的。
- 领导行为理论包括勒温的领导作风理论、俄亥俄州立大学开发的领导行为四分图理论、利克特的领导系统理论、管理方格理论等。领导权变理论包括费德勒权变模型、领导行为连续体理论、情境领导理论和路径—目标理论。

关键术语

领导（leadership）
职位权力（position power）
个人权力（personal power）
合法权力（legitimate power）
奖赏权力（reward power）
强制权力（coercive power）
专家权力（expert power）
参照权力（referent power）
领导品质理论（trait theories）
关怀行为（consideration behavior）
开创结构（initiation of structure）
管理方格理论（management grid theory）
菲德勒权变模型（fiedler contingency theory）
领导行为连续体理论（leadership continuum theory）
情境领导理论（situational leadership theories）
成熟度（maturity）
路径—目标理论（path-goal theory）
创业型领导（entrepreneurial leadership）

复习题

1. 为什么领导者自身素质问题能够引起管理学学者们的普遍重视？
2. 假设你从推销员提升为销售部经理，请问你将如何完成自己的角色转换，以适应新的岗位？
3. 讨论如何才能成为一名有效的领导者。
4. 领导和管理是一回事吗？
5. 领导的本质和作用是什么？如何去实现这种作用？
6. 什么是权力？领导者的权力来源是什么？发挥领导者的影响力为什么不能单纯

依靠职权？

7. 你认为领导者应具备什么样的知识结构？领导者应如何学习和掌握管理工作中所需的基本技能？

8. 试讨论"领导既是一门科学，又是一门艺术"，并举例说明。

9. 你存在时间浪费的现象吗？如果存在，分析原因。

10. 领导的理论有几种类型？各类理论的特点是什么？

11. 领导行为理论有几种类型？各类理论的特点是什么？

自我评估　▶ T-P 领导风格问卷：领导风格评估

有些领导者只处理一些大的方向性问题，而将具体的细节问题交给下属处理。另一些领导者则注重细节，并希望下属能够听从指令。针对不同的环境，两种领导方式可能都是有效的。问题的关键在于，要能够识别与环境有关的方方面面并相应地采取行动。你可以利用下面的问卷判定自己属于哪种领导风格，是任务导向型（T型）还是人际关系导向型（P型）。这两种领导风格并不是对立的，因此你也有可能在两种风格上都获得高分或低分。

说明：下列问题描述了领导行为的各个方面。假设你是某个工作小组的领导者，请根据你可能采取的行为方式回答每个问题。请在相应的选项上面画圈：A 表示一贯；F 表示经常；O 表示偶尔；S 表示很少；N 表示从不。

1. 我最愿意充当团体的发言人。　　　　　　　　　　　　　A F O S N
2. 我鼓励加班。　　　　　　　　　　　　　　　　　　　　A F O S N
3. 我允许其他人在做自己的工作时完全享有自由。　　　　　A F O S N
4. 我鼓励使用统一的程序。　　　　　　　　　　　　　　　A F O S N
5. 我允许其他人通过自己的判断来解决问题。　　　　　　　A F O S N
6. 我会强调赶超竞争对手。　　　　　　　　　　　　　　　A F O S N
7. 我会作为群体的代表发言。　　　　　　　　　　　　　　A F O S N
8. 我会激励团队成员更加努力地工作。　　　　　　　　　　A F O S N
9. 我会尽力在群体中实施自己的想法。　　　　　　　　　　A F O S N
10. 我允许其他人以他们认为合适的方式工作。　　　　　　　A F O S N
11. 我会为得到提升机会而努力工作。　　　　　　　　　　　A F O S N
12. 我会容忍延期和不确定性。　　　　　　　　　　　　　　A F O S N
13. 如果有客人来访，我会代表群体讲话。　　　　　　　　　A F O S N
14. 我会保持很快的工作进度。　　　　　　　　　　　　　　A F O S N
15. 我会让下属在工作中放手去干。　　　　　　　　　　　　A F O S N
16. 当群体中发生冲突时，我会予以化解。　　　　　　　　　A F O S N
17. 我不喜欢追究细节。　　　　　　　　　　　　　　　　　A F O S N
18. 我会代表群体外出开会。　　　　　　　　　　　　　　　A F O S N
19. 我不愿意给其他成员自由行动的机会。　　　　　　　　　A F O S N

20. 我愿意自己决定该做什么和怎么做。　　　　　　　　　A F O S N
21. 我会激励员工提高生产率。　　　　　　　　　　　　A F O S N
22. 我会让其他成员分享我所拥有的权力。　　　　　　　A F O S N
23. 事情常常会像我所预期的那样发展。　　　　　　　　A F O S N
24. 我会让群体保持很高的首创精神。　　　　　　　　　A F O S N
25. 我会委派群体成员去完成特别的任务。　　　　　　　A F O S N
26. 我愿意进行变革。　　　　　　　　　　　　　　　　A F O S N
27. 我会要求成员更努力地工作。　　　　　　　　　　　A F O S N
28. 我愿意相信群体成员会作出很好的判断。　　　　　　A F O S N
29. 我会为有待完成的工作编制时间进度表。　　　　　　A F O S N
30. 我会拒绝解释我的行为。　　　　　　　　　　　　　A F O S N
31. 我会说服其他人，让他们相信我的想法对他们有好处。A F O S N
32. 我让群体决定他们自己的工作节奏。　　　　　　　　A F O S N
33. 我会鼓励群体打破以往的记录。　　　　　　　　　　A F O S N
34. 我会不与大家商量就采取行动。　　　　　　　　　　A F O S N
35. 我会要求群体成员遵守标准和规章。　　　　　　　　A F O S N

T _____ P _____

T-P 领导风格问卷的评分标准为：
1. 对于楷体字的问题，如果你回答 S 或者 N，请在该问题前面写"1"。
2. 对于非楷体字的问题，如果你回答 A 或者 F，也请在该问题前面写"1"。
3. 把位于第 3、5、8、10、15、18、19、22、24、26、28、30、32、34、35 题前面的"1"圈起来。
4. 计算被画圈的"1"的数量。这就是你作为人际关系导向型领导者的得分。请把该分数填写在问卷末尾 P 字母后面的横线上。
5. 计算没有被画圈的"1"的数量。这就是你作为任务导向型领导者的得分。请把该分数填写在问卷末尾 T 字母后面的横线上。

资料来源：Ritchie J. B.，Thompson P. *Organization and People*：*Readings*，*Exercises*，*and Cases in Organizational Behavior*. West Pub. Co.，1988.

案 例

铿锵玫瑰的别样美丽人生

　　上身披着色彩艳丽的大披肩，下身穿着及膝的短裙，她姿态优雅地向台上走去，上台阶时她轻轻提了提裙子，身形婀娜，然而，随后她便做了一个出人意料的动作，她高高抬起腿，大步跨上了足有半米高的讲台。

　　台下的人"嗡"的一声笑了，她也笑了，笑得妩媚中带着羞涩。

　　在一些温婉女性带着微笑，缓缓从楼梯走上台阶的时候，她轻提裙子，然后大步跨上台阶；在另一些女性穿着中性服装像男人一样阔步向前时，她却是姿态优雅地穿着裙子，缓缓向前。

她就是董明珠。她的服饰、举止、行为一切都看上去是那么地矛盾，但这矛盾却也恰恰是她的魅力所在，这是一种什么样的美呢？是一种别样的、只属于董明珠的美。

很多人都说董明珠像惠普公司的前总裁卡莉·菲奥莉娜，董明珠听后很不高兴，她说，她不希望别人说她像卡莉·菲奥莉娜，她希望别人说她像日本电视剧《血疑》里幸子的扮演者山口百惠。

这再次出乎人们的意料。在别人好奇地问她为什么要让别人说她像山口百惠的时候，她说，因为山口百惠永远处在"被保护、纯真、乐于帮助别人……中"。

董明珠说到这里的时候还羞涩地一笑，让人完全不敢将她同那个在商界里叱咤风云的铁娘子董明珠联系在一起。可这就是她，或者说这才是真正的她。

董明珠严厉起来的时候，眼神里射出的像是一支支利箭，瞟一眼便让人感到一阵阵寒意，但笑起来的时候却又活脱脱是一位温婉的江南女子。

她和所有的女性一样，喜欢别人夸她漂亮、身材好。在别人夸她保养得好并问她怎么保养时，她会调皮地一笑说："我妈给的，天生的！没办法！"得意之情溢于言表。

了解她的人都知道，董明珠非常爱美，这从她那从不重样的衣服中就能看出来。不过，董明珠的衣服却并不都是名牌，也并不是贵得普通人买不起。她所穿的衣服大多都是从各种店里"淘"来的。

一个上市公司的董事长还会经常去买打折服装，别人听着肯定不相信，但董明珠就是这样。

有朋友说她每次买到打折衣服后，即使只是便宜了几十元钱，也会开心得比赚了几亿元还兴奋。所以，儿子东东经常笑她，说她哪里像个上市公司的老总，简直就是个小市民。

儿子这么说她，她也不生气，反而还会和儿子开玩笑。在儿子面前，董明珠很多时候不像妈妈，倒像是儿子的同龄人、朋友，她会经常若无其事地询问儿子喜欢什么样的女孩子，还嚷嚷着要给儿子介绍女朋友。

总之，在工作中不近人情、苛刻之至的董明珠，在朋友眼里就是一个讲义气、喜欢帮助人的朋友。

虽然生活中她温婉随和，但她豪爽和争强好胜的劲头却还是会从言谈举止中不自觉地显露出来。

董明珠是典型的双面人，她既有男人的强悍，也有女人的妩媚；既有男人的果断，也有女人的细致。而当这两种特性全部聚集在她一个人身上的时候，便散发出了令人炫目的光芒。这也正好应了一句话："伟大的灵魂都是雌雄同体。"

董明珠办公桌前的墙壁上挂着一幅大大的"佛"字，她喜欢看一些佛学方面的书，领悟一些佛学中的道理。不过，她不是佛教徒，她尊重学佛之人，因为她觉得，人应该有信仰。

董明珠也有她的信仰，那就是一种为人类营造幸福环境的信仰——工业精神。在"白猫黑猫，只要抓住老鼠就是好猫"的理念下，中国很多企业家都丢掉了"工业精神"，而将"商业精神"发挥得淋漓尽致，一切都以赚钱多少、利润多少来衡量企业的发展。

董明珠觉得，这种单纯用"利润做尺子"的理念会给企业发展留下后遗症，所以真正能支撑得起企业走向未来的，应该是一种"工业精神"。

　　那么，什么是"工业精神"呢？董明珠理解的"工业精神"就是少说空话，多做实事，全心全意地关注消费者的需求，主动承担社会责任，用企业的力量推动社会发展。同时还要通过持续自主创新，创立民族品牌。

　　她觉得，工业与商业不同，工业是一座用思想和汗水做零件构造起来的大厦。这座大厦能有多高，完全取决于大厦地基的牢固程度；而商业不是，商业就像是一座座美丽的海市蜃楼，虽然美丽，但却是幻影，是会消失的。

　　因此，她心里的理想企业是坚持"工业精神"，让那些侥幸与投机的商业精神没有生存的土壤。同时，她也觉得只有秉承了"工业精神"，朝着理想一步一个脚印地向前行，才能让企业走向未来。

　　董明珠成功前，大家都觉得一个江南女子怎么可能掌管格力这样的企业？而当她成功后，很多人又会拿她的性别来说事。"女人做企业很占便宜！"有些人会这么想。没有真正了解董明珠经历的人肯定会这么想，这很正常。因为一个娇弱的36岁女人独自来到珠海，从从未接触过的底层业务员做起，一步步做到上市公司董事长的位置，三次入选美国《财富》杂志"全球50名最有影响力的商界女强人"，获得了无数奖章和荣誉……这过山车般的成功，怎么不令人怀疑是她女性的身份让她有了便利、走了捷径，并那么快成功呢！

　　以下一系列数据是否能让人消除怀疑，知道她的成功不是走了捷径，而是走了一条比别人付出了更多的路呢？

　　1994年年底，董明珠任格力经营部部长，当年格力实际年销售4亿元左右；2012年，她被选为格力董事长；2013年，格力实现了600亿元的销售额，在世界上连续六年销量排在第一；2016年，格力缴纳税款37亿元……这些数据的变化让人无法忽视董明珠的非凡能力，更无法忽视她20多年里的辛苦。

　　2010年，格力空调对外宣称掌握了核心技术，年末，董明珠获得了CCTV"中国经济年度人物"创新奖。这种荣誉不是她最看重的，她看重的是她让"中国制造"变成了"中国创造"。

　　这样一位优秀的中国女人，在成就了一个民族品牌的同时，更可贵的是在复杂的商业环境里依然毫不动摇地坚持她的个性和原则，做真实的自己。

　　作为一个成功的女企业家、女强人，她却从未因为自己是女性而自豪。她说，所有领导者，无论男性或女性，都应该适用同一个评价标准：责任、奉献和追求。

　　她不认同那种"女性做领导者有优势"的说法，她觉得女性领导者会比男性领导者付出更多。她能成为销售女皇，能够创新营销模式，能管理一个上市公司，并不是通过女性的温柔及亲和力获得的。"有人认为女性可能容易博得别人的同情或支持，女性的亲和、柔和是一种女性领导力。我却不这么认为。我觉得，管理就是铁的、刚性的，制度是不可随意改变的。"董明珠不喜欢别人在说到她成功的时候，强调她的女性身份，她对性别没有特别敏感的地方。

　　她甚至觉得不应该有妇女节，因为妇女节本身就是对女性的一种歧视。她听到一些人说,"当一个女人说她的快乐只有在事业中寻找时,内心一定充满了难以想象的孤寂与苍凉",董明珠不停地摇头:"只有生活而没有工作,人生就没有了价值。以工作为快乐,以事业为依托,事业的成功和社会的肯定充实了个人生活,又有什么不好?所以我告诉大家,我没有孤寂,更无须慰藉,我有的只是加倍努力和一往无前。"

也正因为如此,董明珠做到了,她将曾经的二流空调小厂做到了全国第一、世界名企;她让当年那个年轻的女业务员逐渐变成"商界铁娘子""全球商界女强人50强",以及日本记者笔下的"中国阿信"。

资料来源:文茜编著:《格力女王董明珠》,中华工商联合出版社2015年版,第181页。

[问题]
1. 董明珠具有哪些领导特质?
2. 你认为董明珠属于哪一种领导风格?

第九章 控制

> 20世纪是生产率的世纪，21世纪则是质量的世纪。
>
> ——约瑟夫·朱兰

第一节 控制内涵

控制是组织内行为的规则，它可以使某些影响组织绩效的因素被维持在可以接受的范围内。没有这一规则，组织就缺少绩效的衡量指标。就像飞机的操纵杆一样，控制可以使企业按正确的方向前进。在任何时点上，它都会用绩效指标来衡量企业的状况。当组织的绩效滑出可接受的区域时，控制为组织提供了一种调整路线的机制。例如，联邦快递的绩效目标是准时递送99.5％的包裹，如果准时递送率降到98％，控制系统将向管理者发出信号，管理者就可以调控联邦快递运营使绩效重新达到预定的目标。缺乏有效控制的组织很难达到其目标，或者就算真的实现了目标，也无法知道。

一、控制概述

一般意义上的控制就是指导一个动态系统达成预定状态。

作为管理的一项职能，控制是指主管人员对下属的工作成效进行测量、衡量和评价，并采取相应纠正措施的过程。

从组织活动的整体看，控制就是根据既定的目标和各种标准，监督检查计划的执行情况，发现偏差，找出原因，采取措施，进行纠正，并根据已变化的情况对原有的设想、打算进行调整，以确保组织活动符合既定要求的过程。

控制是管理工作最重要的职能之一，是保证组织计划与实际运作动态相适应的管理职能。控制的必要性是由如下因素决定的：

（1）外部环境的变化。计划从构思、制定到执行一般都要经历较长的时间。在这段时间内，组织外部环境必然会发生变化，从而影响已定的计划和目标。为了适应变化的环境，组织必须有一个有效的控制系统，从而根据变化的环境采取相应的对策。计划的时间跨度越大，控制就越显重要。

（2）组织内部的变化。受到组织内部环境因素的影响，组织成员的思想、组织结构、产品结构和组织业务活动范围都有可能发生变化。计划的变化对计划的执行也会产生影响。

（3）组织成员的素质。计划要靠人去执行、实现，而组织成员的才能、动机和工作态度是非均质的、不断变化的，人们对计划的理解也不相同。因而，人的素质对计划的执行也会产生影响。

上述因素的存在，使计划执行过程充满不确定性。为保证计划执行不偏离正确的方向，就必须将控制工作穿插其间。有效的控制工作不仅能衡量计划执行的速度、发现偏差并采取纠正措施，而且在许多情况下，它还可以导致确立新的目标、提出新的计划，甚至改变组织结构、改变人员配备以及在领导方法上作出重大改革。

控制工作通过纠正偏差的行动与管理的其他四个职能紧密地结合在一起，使管理过程形成了一个相对封闭的系统。

二、管理控制的特点

管理控制又有其自身的特点：

（1）管理控制具有整体性。这包含两层含义：一是管理控制是组织全体成员的职责，完成计划是组织全体成员共同的责任；二是控制的对象是组织的各个方面。确保组织各部门和单位彼此在工作上的均衡与协调是管理工作的一项重要任务，为此需了解掌握各部门和单位的工作情况并予以控制。

（2）管理控制具有动态性。管理工作中的控制不同于电冰箱的温度调控，后者的控制过程是高度程序化的，具有稳态的特征；而组织不是静态的，其内部环境不断地发生变化，进而决定了控制标准和方法不可能固定不变。管理控制应具有动态的特征，这样可以提高控制的适应性和有效性。

（3）管理控制是对人的控制并由人执行。管理控制是保证工作按计划进行并实现组织目标的管理活动，而组织中的各项工作要靠职工完成，各项控制活动也要靠人去执行。管理控制首先是对人的控制。管理控制的这种特点使得管理控制工作中具有更明显的人为因素干扰，这种干扰可能是正面的，如人们的责任心有助于增强控制效果；也可能是负面的，如担心被处罚的心理会影响偏差信息的收集。如何降低人为因素所产生的负面影响是管理控制工作中的一大难题。

（4）管理控制是提高职工能力的重要手段。控制不仅仅是监督，更重要的是指导和帮助。管理者可以制订偏差矫正计划，但这种计划要靠职工去实施，只有职工认识到矫正偏差的必要性并具备矫正能力时，偏差才会真正被矫正。通过控制工作，管理者可帮助职工分析偏差产生的原因，端正职工的工作态度，指导他们采取矫正措施。这样，既会达到控制的目的，又会提高职工的工作和自我控制能力。

第二节 控 制 过 程

控制过程包括四个步骤：确立标准，衡量成效，差异分析，纠正偏差，如图 9-1 所示。这四个步骤即四项基本要素相互关联，相互依存，缺一不可。控制标准是预定的工作标准和计划标准，是检查和衡量实际工作的依据。如果没有控制标准，衡量实际工作便失去了根据，控制工作便无法进行。衡量成效就是寻找偏差信息，偏差信息是实际工作情况或结果与控制标准或计划要求之间产生偏离的信息。了解和掌握偏差信息，是控制工作的重要环节。如果没有或无法得到这方面的信息，那么控制活动便无法继续开展。差异分析的目的在于确定是否有必要采取纠偏措施，若偏差超出允许的范围，则应及时深入分析产生偏差的原因，以适时采取纠偏措施。纠正偏差，就是采取矫正措施，根据偏差信息，作出调整决策，并付诸实施。所以说，根据实际情况和需求，或矫正实际工作，或修正计划或标准，是管理控制的关键环节。

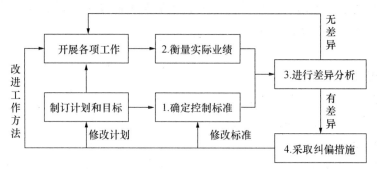

图 9-1　控制的过程

资料来源：邢以群：《管理学》（第三版），高等教育出版社 2017 年版，第 372 页。

一、确立标准

标准是衡量实际或预期工作成果的尺度。控制始于工作标准的建立。从逻辑上讲，控制过程的第一步是制订计划，而制定标准是进行控制的基础，是控制的依据，标准是人们检查和衡量工作及其结果的规范，没有标准，控制就成了无目的的行动，不会产生任何效果。

控制是确保工作按计划进行的管理工作，控制职能一般在计划确定之后发挥作用，标准是对工作预期成果的规范，计划与标准都是按组织目标的要求编制的，并以实现组织目标为目的，二者密切相关。

一般来说，不能完全用计划来代替标准进行控制。在一个组织中，各部门或单位要对其成员及全部工作编制计划，有些计划可能并未落实到文字上，各层次管理者在此基础上汇总、协调，编制出纵向管理计划。组织中的计划是各种各样的，而各种计划在详尽程度和复杂程度上又各不相同。如果直接用计划作为控制标准并对全部计划内容进行控制，会使控制工作因缺乏规范化而导致混乱；同时，管理者也没有这么多的时间和精力，会导致降低控制效果。通常，人们是在一个完整的计划程序中选出众多关键点，把处于关键点的工作预期成果作为控制标准。控制标准是从一个完整的计划中遴选出来的、对工作成果的衡量具有重要意义的关键点。从计划中选择关键控制点的能力是一种艺术，有效的控制取决于这种能力。

最理想的控制标准是可考核的标准。控制标准的制定通常要求做到简洁明确，便于衡量，只有这样才能为实际工作的衡量指明方向，打下良好的基础。

二、衡量成效

衡量成效是找出实际工作与标准之间的偏差信息，根据这种信息来评价实际工作的优劣。具体来说，就是依据标准衡量、检查工作的实际执行情况，以便与预定的标准相比较。这是控制工作的中间环节，是一个发现问题的过程。

衡量是一项贯穿工作始终、持续进行的活动。人们通常认为衡量要等工作做完以后，其实这不全面而且危险。控制活动应当跟踪工作进展，及时预示脱离正常或预期成果的信息，及时采取矫正措施。如果等到工作已经完成再衡量，那么即使有过失也难以补救。所以，在工作进行之中就需及时了解工作的进展并对其发展趋势加以预测，有时还需在开展工作之前对工作的将来进展情况进行估计。这一阶段的具体内容包括：确定衡量的手段和方法；落实进行衡量和检查的人员；通过衡量—对比过程获得偏差信息，即确定实际业绩是否满足预定或计划的标准。

亲自观察、分析报表资料、召开会议、口头报告、书面报告和抽样调查等是衡量所常用的方法。衡量成效时应注意的几个问题包括：通过衡量成效，检验标准的客观性和有效性，确定适宜的衡量频度，建立信息管理系统。

按照标准来衡量实际成效的最好办法应当建立在向前看的基础上（即前馈控制），这样可使差错在其实际发生之前就被发现并采取适当的措施加以避免。富有经验与远见的主管人员常常能预见可能出现的偏差。

有些工作的成效是很难精确衡量的，甚至其标准也是难以精确确定的。在这种情况下，要尽量拟定一些可考核的标准，用定量的或定性的"有形"标准去取代那些无形的、笼统的、往往掺杂着许多主观因素的标准。

三、差异分析

如图 9-2 所示，实际工作可能高于、低于或等于目标要求，通过实际工作同目标要求之间的比较，我们可以确定这两者之间有无差异。差异分析的目的在于确定是否有必要采取纠偏措施。若实际工作与目标要求之间无差异，工作按原计划继续进行。若

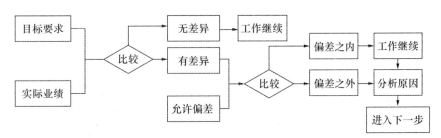

图 9-2　差异分析流程

注：目标要求和允许偏差都应是事先确定的控制标准。

有差异，则首先要了解偏差是否在事先确定的允许范围之内，若偏差在允许的范围之内，则工作继续进行，但也要分析偏差产生的原因，以便改进工作，并把问题消灭在萌芽状态；若偏差超出了允许范围，则应及时深入分析产生偏差的原因，以适时采取纠偏措施。

四、纠正偏差

在发现偏差后，分析偏差产生的原因，制定并实施必要的纠正措施。应注意的问题包括：找出偏差产生的主要原因，确定纠正偏差的实施对象，选择恰当的纠偏措施。

实际工作中出现的大幅度偏差，原因往往是多种多样的。一种情况是：起初制定的标准过高或过低，因此有必要对所制定的标准进行修正。如果多数员工都能大幅度地超出标准或无人能达到标准，这常常说明标准本身存在问题，而非实际工作的问题。另一种情况是：所制定的标准本身没有问题，但由于环境发生了巨大的变化，或一些不可控制的因素造成大幅度偏差的出现，进而使原本适用的标准变得不合时宜，这时也有必要重新调整原有的标准。在控制实践中，人们只能是在分析偏差产生原因的基础上，针对那些可以控制的因素采取相应的矫正措施，把实际工作拉回计划的轨道上来。

第三节 控 制 类 型

控制工作按不同标准，可以划分为不同的类型：

一、前馈控制、现场控制和事后控制

组织内的所有活动都可以被认为是各种资源由投入到转换加工再到输出的过程。根据控制在组织运行过程中侧重点的不同，将控制集中到这三个阶段，便形成了三种基本的控制类型：前馈控制、现场控制和事后控制。

（一）前馈控制

前馈控制是在工作开始之前就进行控制，是一种预先控制，即主管人员运用最新信息，包括上一控制循环中的经验教训，对可能出现的结果进行预测，然后将其与计划要求进行比较，从而在必要时调整计划或控制影响因素以确保目标的实现。

典型的前馈控制，如进厂材料和设备的检查、验收，工厂的招工考试，入学考试，干部的选拔等。前馈控制有许多优点：首先，前馈控制是在工作开始之前进行的控制，因而可防患于未然，避免事后控制对于已铸成的差错无能为力的弊端。其次，前馈控制是针对某项计划行动所依赖的条件进行的控制，不针对具体人员，不会造成心理冲突，易于被员工接受并付诸实施。但是，实施前馈控制的前提条件也较多。它要求管理者拥有大量准确可靠的信息，对计划行动过程有清楚的了解，懂得计划行动本身的客观规律性并随着行动的进展及时了解新情况和新问题，否则就无法实施前馈控制。

由于前馈控制所需要的信息常常难以获得，所以在实践中还必须依靠其他两类控制方式。

（二）现场控制

工作正在进行时进行控制，叫做现场控制。现场控制主要有监督和指导两项职能。管理者亲临现场观察就是一种最常见的现场控制活动。

现场控制具有指导职能，有助于提高工作人员的工作能力和自我控制能力。但是，这类控制工作是在活动的进行过程中实施的，其纠正措施用于正在进行的计划执行过程。现场控制（或过程控制）是一种主要为基层主管人员所采用的控制工作方法。基层主管人员通过深入现场来亲自监督、检查、指导和控制下属的活动，其主要的控制行为有：

（1）向下级指示恰当的工作方法和工作过程。

（2）监督下级的工作以保证计划目标的实现。监督是按照预定的标准检查正在进行的工作，以保证目标的实现；指导是管理者针对工作出现的问题，根据自己的经验指导下属改进工作，或与下属共同商讨矫正偏差的措施，以便使工作人员能正确地完成所规定的任务。

（3）发现存在不合标准的偏差时，立即采取纠正措施。

现场控制是控制工作的基础。一个主管人员的管理水平和领导能力常常会通过这种工作表现出来。

在现场控制中，管理当局授予主管人员的权力使他们能够使用经济的和非经济的手段来影响下属。控制工作的标准来自于计划工作所确定的目标、政策、战略、规范和制度。现场控制的内容应该与被控制对象的工作特点相适应。例如，对简单重复的体力劳动可以实行严格的监督，而对创造性劳动，应为其创造宽松的工作环境。

在现场控制中，控制工作的有效性取决于主管人员的个人素质、个人作风、指导时的表达能力以及下属对这些指导的理解程度。其中，主管人员的"言传身教"具有很大意义。

现场控制也有很多弊端：首先，运用这种控制方法容易受管理者的时间、精力、业务水平的制约。管理者不能时时对事事都进行现场控制，只能偶尔使用或在关键项目上使用。其次，现场控制的应用范围较窄。对生产工作容易进行现场控制，而对那些问题难以辨别、成果难以衡量的工作，如科研、管理工作等，几乎无法进行现场控制。最后，现场控制容易在控制者与被控制者之间形成心理上的对立，容易损害被控制者的工作积极性和主动性。

（三）事后控制

事后控制（或反馈控制）将注意力集中于组织活动的历史结果方面，即通过分析工作的执行结果，将其与控制标准相比较，发现已经发生或即将出现的偏差，分析其原因和对未来的可能影响，及时拟定纠正措施并予以实施，以防止偏差继续发展或防止其今后再度发生。

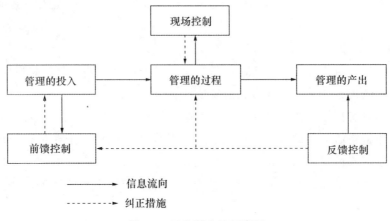

图 9-3 三种基本控制类型

事后控制是在工作结束之后进行的控制，把注意力主要集中于工作结果上，通过对工作结果进行测量、比较和分析，采取措施，进而矫正今后的行动。例如，企业对不合格产品进行修理，发现产品销路不畅而减产、转产或加强促销努力，学校对违纪学生进行处理等，都属事后控制。在产品质量控制中，只对成品进行质量检验就是典型的事后控制。这种控制位于活动过程的终点，把好这最后一关，可使错误的态势不致扩大，有助于保证系统外部处于正常状态。事后控制类似于成语所说的"亡羊补牢"，有一个致命的缺陷，即整个活动已告结束，活动中出现的偏差已在系统内部造成损害。但是有些情况下，事后控制又是唯一可选择的控制类型。事后控制能为管理者评价计划的制订与执行提供有用的信息，人们可以借助事后控制认识组织活动的特点及其规律，为进一步实施预先控制和现场控制创造条件，实现控制工作的良性循环，并在不断的循环过程中，提高控制效果。反馈控制并非最好的控制，但它目前仍被广泛地使用着。

目前，在组织中应用最广泛的事后控制方法有如下四种：（1）财务报告分析；（2）标准成本分析；（3）质量控制分析；（4）工作人员成绩评定。其中，最重要、最困难的是第四种方法。

总而言之，前馈控制是指组织活动开始之前进行的控制，其目的是防止问题的发生而不是当问题出现时再补救，防患于未然。现场控制是指组织活动开始以后，对活动中的人和事进行指导和监督。事后控制是指在同一个时期的组织活动已经结束以后，对本期的资源利用情况及其结果进行总结。应注意的是，这三类控制方式在组织的不同层次、工作进行的不同阶段是穿插进行的，可以说，只要是组织开展的活动、工作，就会有上述三类控制方式的发生，它们互为前提，互相补充。现实中，很少有组织只采取唯一的控制方式，而是综合使用这三种控制方式，对各种资源的输入、转换和输出进行全面的、全过程的控制，以提高控制效果。表 9-1 是三种控制类型在啤酒厂运用的实例。

表 9-1　三种控制方式

控制方式	核心问题	实例
前馈控制	在工作正式开始前应做哪些必要的事情？	为保证质量，对所有啤酒生产所需的配料进行筛选，并制订质量控制计划和标准
现场控制	在工作进行过程中应做什么以改进绩效？	对整个发酵过程进行控制以保证达到适当的发酵比
事后控制	工作完成了，但做得如何呢？	批量酿造出来的啤酒在最终装瓶前应按质量控制标准进行检测以确保质量

资料来源：邢以群：《管理学》（第三版），高等教育出版社 2017 年版，第 369 页。

二、作业控制、财务控制、结构控制、战略控制

控制的范围表明控制涉及组织的各种活动，分析控制的层次将有助于识别组织各层管理人员乃至一线工作人员所肩负的控制责任。图 9-4 显示出控制也可以按组织系统内的层次进行划分。

图 9-4　控制在组织系统中的层次

（一）作业控制和财务控制

作业控制和财务控制是最基层的。作业控制集中于组织将资源转变为产品和服务的过程，如质量控制便是作业控制的一种类型。财务控制是与组织的财务资源相关的控制活动，如对应收账款进行监控，以确保顾客按时付款便是财务控制的基本内容之一。

（二）结构控制

处于中层的是结构控制，它关心组织结构中的要素如何实现所确定的目标。通常，结构控制又有官僚体制式和家族式两种实现方式。官僚体制式的结构控制强调组织内的权威，它依靠规章、制度、程序、政策、明确的工作说明和预算等行政性或等级性的机制来保证员工行为符合规范。而家族式的结构控制则通过共享的价值观、传统、仪式、信念和组织文化的其他方面来控制员工的行为，通常为那些团队普遍建立和技术不断变化的组织所采用。

（三）战略控制

战略控制处于控制层次的最高层，它集中注意组织的各项战略如何有效地帮助组

织实现其目标,是对战略计划进行评价,对组织的业绩进行衡量,以便将实际业绩同预期的战略目标相比较,必要时采取相应的纠正措施的整个过程。例如,如果一家公司在实施其多样化经营的战略上不成功,那么管理者就需要确定其中的原因,并且决定是改变战略还是再作出努力使之实现。

三、间接控制与直接控制

(一)间接控制

间接控制是指根据计划和标准考核工作的实际结果,分析出现偏差的原因,并追究责任者的个人责任以使其改进未来工作的一种控制方法,多见于上级管理者对下级人员工作过程的控制。

(二)直接控制

直接控制是指通过提高主管人员素质,使他们改善管理工作,从而防止出现因管理不善而造成的不良后果的一种控制方式。

这种控制方式的特点是通过培训等形式,着力提高主管人员的素质和责任感,并在控制过程中实施自我控制。

四、集中控制与分散控制

(一)集中控制

集中控制是指由一个控制中心统一控制各个被控制的对象和过程。其特点是各种监测信息汇入一个控制中心,由控制中心统一进行比较、加工、处理,在此基础上,集中控制机构根据整个企业的状态和控制目标,直接发出控制指令,控制所有子系统的活动。

(二)分散控制

分散控制是指将集中控制中心的职能分散成相对独立的控制机构,分工控制一定范围的对象及过程,共同完成总目标的控制方式。分散控制对信息存储和处理能力的要求相对较低,容易实现;由于反馈环节少,因此反应快、时滞短、控制效率高、应变能力强。

五、程序控制与跟踪控制

(一)程序控制

程序控制又叫计划控制,是一种将预先编制好的内容和步骤作为受控系统的输入,从而对整个管理过程予以控制的管理方式。

(二)跟踪控制

跟踪控制又叫目标控制,是一种将所要达到的目标作为受控系统的输入,从而对整个管理过程予以控制的管理方式。它具有对环境干扰和受控系统运动变化的主动适应能力。

第四节 控制方法

一、财务控制

控制涉及组织中的任何领域，多数组织以它们所利用的四种基本资源——物质、人力、信息和财务资源来确定控制的领域。在对组织内四种资源的控制中，财务资源控制又有着突出重要的意义。因为财务资源与组织中的所有其他资源的控制都相互关联：太多的库存会增加储存成本；对人力资源选择不当会导致离职和再雇佣成本；而不准确的销售预测则会影响现金流甚至企业整体财务状况。财务问题几乎涉及所有控制活动。对财务的控制包括管理组织的债务以防其过多，保证企业经常有足够的现金以备需要，避免支票账户上的现金过量所带来的机会成本，以及保证应收账款的准时核收和票据的按时支付等。

（一）预算的控制

预算就是用数字，特别是用财务数字的形式来描述组织未来的活动计划，它预估了组织在未来时期的经营收入和现金流量，同时也为各部门或各项活动规定了在资金、劳动、材料、能源等方面的支出额度。

预算控制就是根据预算规定的收入与支出标准来检查和监督各个部门的活动，以保证各种活动或各个部门在完成既定目标、实现利润的过程中对资源的利用，从而使费用支出受到严格有效的约束。

预算是一种计划，是用数字编制的反映组织在未来某一个时期的活动的综合计划。预算的内容可以简单地概括为如下三个方面：

（1）"多少"，即为了实现计划目标，各种管理工作的收入（投入）与支出（投入）各是多少？

（2）"为什么"，即为什么必须收入（产出）这么多数量，以及为什么需要支出（投入）这么多数量？

（3）"何时"，即什么时候实现收入（产出）以及什么时候支出（投入），才能使得收入与产出取得平衡？

预算也是一种预测，是对未来一段时期内收支情况的预计。

预算主要是一种控制手段。编制预算实际上就是控制过程的第一步，即拟定标准。由于预算是以数量化的方式来表明管理工作的标准，因此预算本身具有可考核性。编制预算有助于根据标准来评定工作成效，当计划营业收入（产出）数与计划成本投入数发生差异时，可向决策者和责任经理们发出信号，促使他们找出偏差（控制过程的第二步），并采取纠正措施，消除偏差（控制过程的第三步）。

预算是按财务项目或非财务项目来表明组织的预期成果，其中，财务项目如收入、费用以及资金等，非财务项目如直接工时、材料、实物销售量等。

（二）预算的种类

不同企业，由于生产活动的特点不同，预算表中的项目会有不同程度的差异，但一般来说，预算内容涉及以下几个方面：

1. 收入预算

收入预算和下面介绍的支出预算提供了关于企业未来某段时期经营状况的一般说明，即从财务角度计划和预测了未来活动的成果以及为取得这些成果所需付出的费用。

由于企业收入主要来源于产品销售，因此收入预算的主要内容是销售预算。销售预算是在销售预测的基础上编制的，即通过分析企业过去的销售状况，目前和未来的市场需求特点及其发展趋势，比较竞争对手和本企业的经营势力，确定企业在未来时期内为了实现目标利润必须达到的销售水平。

由于企业通常不止生产一种产品，这些产品也不仅在某一个区域市场上销售，因此，为了能为控制未来的活动提供详细的依据，便于检查计划的执行情况，往往需要按产品、区域市场或消费群（市场层次），为各经营单位编制分项销售预算。同时，由于在一年中的不同季度和月度，销售量往往不稳定，所以通常不需预计不同季度和月度的销售收入。这种预计对编制现金预算是很重要的。

2. 支出预算

一个企业费用的支出项目往往比收入项目多而且复杂，编制支出预算，首先要确定包括在支出预算中的各种费用开支项目的分类，一般是按会计科目表中的费用项目来制定；然后按照各部门进行费用项目的分配，使这些部门的管理人员准确掌握这些信息，使支出预算成为控制费用的有效手段。

企业销售的产品是在内部生产过程中加工制造出来的，在这个过程中，企业需要借助一定的劳动力，利用和消耗一定的物质资源。因此，与销售预算对应，企业必须编制能够保证销售过程得以进行的生产活动的预算。

关于生产活动的预算，不仅要确定为取得一定销售收入所需要的产品数量，而且更重要的是要预计为得到这些产品、实现销售收入需要付出的费用，即编制各种支出预算。不同企业，经营支出的具体项目可能不同，但一般包括：

（1）直接材料预算。直接材料预算是根据实现销售收入所需的产品种类和数量，详细分析为了生产这些产品，企业必须利用的原材料的种类和数量。它通常以实物单位表示，考虑库存因素后，直接材料预算可以成为采购部门编制采购预算、组织采购活动的基础。

（2）直接人工预算。直接人工预算需要预计企业为了生产一定数量的产品，需要哪些类型的工人，每种类型的工人在什么时候需要多少数量，以及利用这些人员劳动的直接成本是多少。

（3）附加费用预算。直接材料和直接人工只是企业经营全部费用的一部分。企业的行政管理、营销宣传、人员推销、销售服务、设备维修、固定资产折旧、资金筹措以及税金等，也要耗费企业的资金，对这些费用也需要进行预算，这就是附加费用预算。

对于实行标准成本控制的企业，还需要编制单位生产成本预算。

3. 现金预算

现金预算表明在预算期内对现金的需要，是对企业未来生产和销售活动中现金的流入与流出进行预测，是以收入和支出预算的基本数据为基础由财务部门编制的。

现金预算只能包括那些实际包含在现金流程中的项目，如今后需要逐年分摊的投资费用却需要当年实际支出现金。赊销所得的应收款在用户实际支付以前不能列入现金收入，赊购所得的原材料在未向供应商付款以前也不能现金支出。因此，预算并不能反映企业的资产负债情况，而是反映企业在未来活动中的实际现金流量和流程。通过现金预算，可以帮助企业发现资金的闲置或不足，从而指导企业及时利用暂时过剩的现金，或及早筹齐维持营运所缺的资金。

4. 资金支出预算（投资预算）

上述各种预算通常只涉及某个经营阶段，是短期预算，而资金支出预算则可能涉及好几个阶段，是长期预算。

如果企业的收支预算被很好地执行，企业有效地组织了资源的利用，那么利用这些资源得到的产品销售以后的收入就会超出资源消耗的支持，从而给企业带来盈余，使企业恢复和扩大生产能力。这些支出，由于具有投资的性质，因此对其计划安排通常被称为投资预算或资金支出预算。

资金支出预算的项目包括：用于更新改造或扩充包括厂房、设备在内的生产设施的支出；用于增加品种、完善产品性能或改进工艺的研究与开发支出；用于提高职工和管理队伍素质的人事培训与发展支出；用于广告宣传、寻找顾客的市场发展支出等。

5. 资产负债预算

资产负债预算是对预算期的最后一天，通常是会计年度结束时的财务状况的预测。

资产负债预算是对企业会计年度末期的财务状况进行预测，通过将各部门和项目的分预算汇总在一起，表明如果企业的各种业务活动达到预先规定的标准，在财务期末企业资产与负债会呈现何种状况。

作为各分预算的汇总，管理人员在编制资产负债预算时虽然不需作出新的计划或决策，但通过对预算表的分析，可以发现某些分预算的问题，从而有助于采取及时的调整措施。

比如，通过分析流动资产与流动债务的比率，可以发现企业未来的财务安全性不高，偿债能力不强，可能要求企业在资金的筹措方式、来源及其使用计划上作相应的调整。另外，通常将本期预算与上期实际发生的资产负债情况进行对比，从而发现企业财务状况可能会发生哪些不利变化，以指导事前控制。

（三）预算的不足

由于具有积极的作用，预算手段在组织管理中得到了广泛运用。但在预算的编制和执行中，也暴露了一些局限性，主要表现在：

（1）预算控制可能过于全面和详细，容易导致控制过细，从而束缚主管人员的手脚。它只能帮助企业控制那些可以计量的，特别是可以用货币单位计量的业务活动，而不能促使企业对那些不能计量的企业文化、企业形象、企业活动的改善予以足够的重视。

（2）预算目标可能取代组织目标，容易导致本位主义，使主管人员只把注意力集中于尽量使本部门的经营费用不超过预算，而忘记自己的基本职责是千方百计地去实现组织的目标。

(3) 主管人员倾向于根据过去的费用来编制预算，并习惯于使预算费用的申请数额大于实际需要。预算的事实依据不足，编制预算时通常参照上期的预算目标和标准，从而会忽视本期活动的实际需要，因此会导致产生这样的错误：上期有的而本期不需要的项目仍然沿用，本期需要的但上期没有的项目会因缺乏先例而不能增设，这容易导致掩盖效能低下的缺点。

(4) 预算最大的缺点是缺乏灵活性。企业活动的外部环境是在不断变化的，这些变化会改变企业获取资源的支出或销售产品实际的收入，从而使预算不合时宜，缺乏弹性。同时，非常具体，特别是涉及较长时期的预算可能过度束缚决策者的行动，使企业经营缺乏灵活性和适应性。

(5) 预算中也存在虚报预算数量的现象。

二、比率分析

单个考虑反映经营结果的某个数据，往往不能说明任何问题。例如，企业本年度盈利 100 万元，某部门本期生产了 5000 个单位产品，或者本期人工支出费用为 85 万元，这些数据本身没有任何意义，只有根据它们之间的内在关系，相互对照分析，才能说明某个问题。

比率分析，就是将组织资产负债表和收益表上的相关项目进行对比，形成一个比率，从而分析和评价组织的经营成果和财务状况。组织活动分析中常用的比率分为财务比率和经营比率两类。

(一) 财务比率

财务比率及其分析可以帮助我们了解企业的偿债能力和盈利能力等财务状况。

1. 流动比率

流动比率是企业的流动资产与流动负债之比，检验短期企业偿还债务的能力，反映了企业偿还需要付现的流动债务的能力。

一般来说，企业资产的流动性越大，偿债能力就越强；反之，偿债能力则越弱，这样会影响企业的信誉和短期偿债能力。

因此，企业资产应该具有足够的流动性。资产若以现金形式表现出来，其流动性就较强。但要防止为追求过高的流动性而导致财务资源的闲置，避免使企业失去本应该得到的收益。

2. 负债比率

负债比率是企业总负债与总资产之比，反映了企业所有者提供的资金与外部债权人提供的资金的比率关系。

只要企业全部资金的利润率高于借入资金的利息，且外部资金不在根本上威胁企业所有权的行使，企业就可以充分地向债权人借入资金以获取额外的利润。

一般来说，在经济迅速发展时期，负债比率可以提高。20 世纪 60 年代到 70 年代初，日本许多企业的外借资金占全部营运资金的 80% 左右。确定合理的负债比率是企业成功举债经营的关键。

3. 速动比率

速动比率是流动资产和存货之差与流动负债之比。公式为：速动比率＝（流动资产合计－存货）/流动负债合计。

速动比率比流动比率更能体现企业偿还短期债务的能力。因为流动资产中尚包括变现速度较慢且可能已贬值的存货，因此将流动资产扣除存货后再与流动负债对比，以衡量企业的短期偿债能力。低于1的速动比率通常被认为短期偿债能力偏低。影响速动比率的可信性的重要因素是应收账款的变现能力，账面上的应收账款不一定都能变现，也不一定非常可靠。

4. 盈利比率

盈利比率是企业利润与销售额或全部资金等相关因素的比例关系，反映了企业在一定时期从事某种经营活动的盈利程度及其变化情况。常用的盈利比率有：

（1）销售利润率，说明各种产品产生的利润，是销售净利润与销售总额的比例。它反映了企业从一定时期的产品销售中是否获得足够的利润。将企业不同产品、不同经营单位在不同时期的利润率进行比较分析，能为经营控制提供更多的信息。

（2）资金利用率，是指企业在某个经营时期的净利润与该期占用的全部资金之比，是衡量企业资金利用效果的一个重要指标，反映了企业是否从全部投入资金的利用中实现了足够的净利润。

同销售利润率一样，资金利用率也要同其他经营单位和其他年度的情况进行比较。一般来说，要为企业的资金利润率规定一个最低标准。同样一笔资金，投入企业经营后的净利润收入，至少不应低于其他投资形式（比如购买短期和长期债券）的收入。

（二）经营比率

经营比率，也称活力比率，是与资源有关的几种比例关系，反映了企业经营效率的高低和各种资源是否得到了充分利用。常用的经营比率有三种：

1. 库存周转率

库存周转率是销售总额与库存平均价值的比率关系，反映了与销售收入相比库存数量是否合理，表明了投入库存的流动资产的使用情况。

2. 固定资产周转率

固定资产周转率是销售总额与固定资产之比，反映了单位固定资产能够提供的销售收入，表明了企业固定资产的利用程度。

3. 销售收入与销售费用的比率

这个比率表明单位销售费用能够实现的销售收入，在一定程度上反映了企业营销活动的效率。由于销售费用包括人员推销、广告宣传、销售管理等费用，因此还可以进行更加具体的分析。比如，测度单位广告费用能够实现的销售收入或单位推销费用能增加的销售收入，等等。

反映经营状况的这些比率通常需要进行横向的（不同企业之间）或纵向的（不同时期之间）比较，才更有意义。

第五节 作业控制

作业控制的概念来自作业管理,而作业管理是指将资源转换成组织的产品或服务的管理过程。作业控制是为了确保组织能够在合理的成本下生产出较高品质的产品与服务,或者说是能以较低的成本生产出所设定质量的产品与服务。简单来说,作业控制的目的是提高生产效率。

提到作业管理,一定会涉及作业系统。所谓作业系统,是指组织将资源转换成产品或服务的过程,可分为输入、转换与产出三个部分。输入包括人员、资本、设备、厂房、物料、能源、信息等;转换包括整个转换的作业与动作;产出则主要为商品、服务与其他废物。作业控制集中于组织将资源转变为产品和服务的过程,质量控制便是作业控制的一种类型。

一、质量控制

质量控制是为达到质量要求所采取的作业技术和活动。其中,质量要求是指对需要的表述或将需要转化为一组针对实体特性的定量或定性的规定要求,以便使其得以实现和对其检查。质量要求通常反映的是用户明确和隐含的需要;质量控制贯穿于产品形成的全过程,对产品形成全过程的所有环节和阶段中有关质量的作业技术和活动都进行控制。

(一)质量的维度

根据戴维·加文(David A. Garvin)的说法,质量包含以下九个维度:

(1)绩效:主要的产品或服务属性。
(2)特性:附加的次级属性。
(3)相合性:与规格、相关文献或产业标准相符合的程度。
(4)可靠性:产品在一定时期内正常工作的概率。
(5)耐久性:产品的预期寿命。
(6)可服务性:对于问题与抱怨的解决。
(7)回应性:人与人接触的效果,包括时间、礼貌与专业性。
(8)美感性:感官上的效果,如声音、感受与外貌。
(9)声誉:过去的表现与绩效。

(二)质量管理理念

戴明(W. Edwards Deming)关于质量管理理念的14个要点如下:

(1)创造产品与服务改善的恒久目的。
(2)采纳新的哲学。
(3)停止依靠大批量的检验来达到质量标准。
(4)废除"价低者得"的做法。

(5) 不断地及永不间断地改进生产及服务系统。
(6) 建立现代的岗位培训方法。
(7) 建立现代的督导方法。
(8) 驱走恐惧心理。
(9) 打破部门之间的围墙。
(10) 取消对员工发出计量化的目标。
(11) 取消工作标准及数量化的定额。
(12) 消除妨碍基层员工工作顺畅的因素。
(13) 建立严谨的教育及培训计划。
(14) 创造一个每天都推动以上13项的高层管理结构。

(三) 质量管理三部曲

质量管理三部曲由美国质量管理专家朱兰 (Joseph M. Juran) 提出

(1) 质量计划：必须从外部和内部认识顾客；确定顾客的要求；开发能满足顾客需要的产品；制定质量目标，并以最低综合成本来实现；开发出能生产所需要产品的生产程序；验证上述程序的能力，证明它在实施中能达到质量目标。

(2) 质量控制：选择控制对象；选择测量单位；确定质量目标；测定实际质量特性；通过实践与标准的比较，找出差距；根据差距采取措施。

(3) 质量改进：证明改进的需要；确定改进的对象；组织诊断，寻找原因；提出改进方法；证明这些改进方法有效；提出控制手段，以保持其有效性。

(四) 全面质量管理

迄今为止，质量管理和控制经历了三个阶段，即质量检验阶段、统计质量管理阶段和全面质量管理（total quality management，TQC）阶段。首先，质量检验阶段，即二战前，通过检验来控制和保证产品质量，事后把关。其次，统计质量控制阶段，即二战至20世纪50年代，消除异常情况，保持工序稳定，由事后把关转变为事前预防，广泛采用统计方法。最后，全面质量管理阶段，即20世纪60年代至今，不仅关注生产过程，还关注质量形成的所有环节，预防为主，不断改进。

全面质量管理是指从用户需要出发，全员参与，实行从调研设计到售后服务的全过程管理，形成一套保证和提高质量的管理工作体系。

全面质量管理体现了全新的质量观念，不仅是指企业产品的性能，还包括企业的服务质量、管理质量、成本控制质量、企业内部不同部门之间相互服务和协作的质量等。全面质量管理强调动态的过程控制。质量管理的范围包括市场调查、研究开发、新品设计、加工制造、产品检验、仓储管理、途中运输、销售安装、维修调换等整个过程。

"全面"表现在以下四个方面：(1) 全过程的质量管理。(2) 全面质量的管理。(3) 全员参与的质量管理。(4) 全面地综合运用多种质量控制方法进行管理。就是企业内部的全体员工都参与到企业产品质量和工作质量工作过程中，把企业的经营管理理念、专业操作和开发技术、各种统计与会计手段方法等结合起来，在企业中普遍建立从研究开发、新产品设计、外购原材料、生产加工，到产品销售、售后服务等环节的贯穿企业生产经营活动全过程的质量管理体系。

传统质量观念认为，产品质量主要依赖转换过程中或转换过程后的产品检验。因此，管理的重心放在事后控制，也就是出错后才采取修正行动，而不是一开始就将产品做好。抱持传统质量观念的公司通常会有一个专门的部门，如质量中心，负责此项工作。相对于传统的质量观念，全面质量管理则是一种组织全员的计划，通过计划将组织的所有职能设计、规划、生产、营销及顾客服务结合在一起，通过持续的改善达成顾客的最大满意。有关全面质量管理与传统质量管理的差异比较，见表9-2：

表 9-2 全面质量管理与传统质量管理的比较

全面质量管理	传统质量管理
质量是战略性的问题	质量是战术上的问题
质量是规划出来的	质量是筛检出来的
质量是每一个人的职责	质量是质量管理部门的职责
追求零缺点	某些错误是不可避免的
质量意味着达成或超过顾客预期之外的要求	质量就是检验
废品与重做只是未符合标准的一小部分成本	废品与重做是不良质量的主成本

资料来源：林建煌：《管理学》，复旦大学出版社2003年版，第440页。

二、库存控制

为了控制库存，可控制订货与进货过程，也可控制销售出库过程。但是，控制销售出库过程，意味着限制用户的需求，影响社会需求，所以最好采用通过控制订货与进货过程的办法来控制库存，这样不但可主动控制库存，而且不影响社会效益。

控制库存的目的是在确保组织拥有所需的原材料、零部件及其他相关存货的前提下，使总库存成本降至最低。与库存相关的成本包括四类：订购成本、保管成本、缺货成本、购置成本，见下表：

表 9-3 库存成本分类

库存成本	内容	产生原因
订货成本或调整成本	订货成本：订货手续费、物资运输装卸费、验收入库费、采购人员差旅费以及通信联络费等	发生于企业外购原材料或零部件时，其费用随订购次数的增加而增加
	调整成本：由于生产系统转换产品时，对设备进行调整而造成的停工损失	发生于设备调换时，其费用主要与生产调整的次数有关
保管成本	主要包括物资在库存过程中发生的变质、损失、丢失等自然损失的费用，库存物资占用资金的成本，以及仓库运营的人工费、税金的支出	物资在库存过程中发生的成本，其费用与库存量和库存时间有关
购置成本	存在差别价格的情况下购买物资耗费的货款	增加每次订货批量，可获得价格优惠，降低总购置成本
缺货成本	包括生产系统为处理误期任务而付出的额外费用，如加班费、改变运输方式的额外运费等；误期对企业收入的影响，包括误期交货导致产生的罚款等	由于无法满足用户需求而产生

三、时间控制

时间网络分析法（即计划评审法）是一种计划和控制技术，用来分析在时间和项目的推移过程中如何把计划的各个局部恰当地结合在一起。这种方法重视计划和控制的时间因素，有助于主管人员把注意力集中到需要采取纠正措施的关键问题上。这一方法主要用于对研究与发展方面的控制。时间网络分析法属于前馈控制。

工序设计、进度安排和作业控制是项目管理的三大组成要素。其中，进度安排阶段是最能体现管理效率和管理价值的部分，而且项目管理也直接表现为进度安排技术。[1]

（一）传统的项目管理技术：甘特项目图

甘特项目图（Grant chart）是1916年由亨利·甘特开创的项目管理技术。它能形象而全面地确定项目中各项任务的工期，描绘各项活动的进度，并监督项目完成情况。在早期的项目管理中，甘特项目图大幅度提高了项目管理的效率。

甘特图以图示通过活动列表和时间刻度表示出特定项目的顺序与持续时间。横轴表示时间，纵轴表示项目，线条表示期间计划和实际完成情况，直观表明计划何时进行，进展与要求的对比，便于管理者弄清项目的剩余人物，评估工作进度。

甘特图是以作业排序为目的，将活动与时间联系起来的最早尝试使用的工具之一，帮助企业描述工作中心、超时工作等资源的使用。甘特图包含以下三个含义：一是以图形或表格的形式显示活动；二是采用通用的显示进度的方法；三是构造时含日历天和持续时间，不将周末和节假日算在进度内。

甘特项目图作为传统的项目管理技术具有突出的特点，即计划形象，运用简单，容易掌握（在制图、实施和监督中都比较直观）。更重要的是，甘特项目图极强的计划性有助于加深管理人员对项目的了解，从而细致分析，对资源和时间谨慎分配、认真安排。

不过，甘特图在反映各层次任务之间的依存度和轻重缓急方面存在着重大缺陷，无法显示个别任务对周边任务完成进度的影响，而这恰恰是分配资源和投入管理关注的问题。另外，甘特图也很难估计在不确定因素出现的情况下，改变任务执行时间和顺序对整个项目造成的影响，这可能造成项目执行过分死板和管理应变力下降。

（二）项目网络法

项目网络法通过箭线和节点来描述整个项目的工序网络，并形象地表达任务的先后次序。具体而言，项目网络分为两种形式：

一是节点表示法（AON），即用节点代表任务，用箭线表示任务活动的进展方向。

二是箭线表示法（AOA），即用箭线表示项目任务，用节点代表各任务的起点和终点。箭线长短与任务活动所需作业时间多少无关。进入节点的箭线表示该项任务活动结束时的时点，而出自节点的箭线表示该项任务活动开始时的时点。[2]

---

[1] 参见马龙龙、李智：《服务营销与管理》，首都经济贸易大学出版社2002年版，第222页。
[2] 参见〔日〕日本产业能率短期大学编：《管理者》，孟起编译，企业管理出版社1987年版，第78页。

无论哪种形式，都必须遵循如下原则：

(1) 项目网络有唯一的节点表示项目开始，并有唯一的节点表示项目结束。

(2) 一项任务只有当所有直接的前项全部完成时才能开始。即表示后项任务的节点必须由前项节点发出的有向线与前项节点相连，表示后项任务的有向线必须由表示前项结束的节点发出。

(3) 项目网络必须是连贯的和非循环的。

节点表示法的优点是无须假设一些非耗时的"虚任务"以反映各任务的先后次序，而且便于分析关键线路。在箭线表示法中，"虚任务"的箭线是用虚线表示的，表示时间为零的假想作业，只用于表示活动间的相互关系。

(三) 关键线路法

关键线路是一条从项目开始直至项目结束的整个过程中，由若干不间断任务组成的任务链。关键线路上任何一项任务的延迟都会威胁整个项目的如期完工，因此，这些任务称为关键任务。关键任务在资源分配和管理精力投入上享有优先权，是项目管理和监督的重点。

关键线路法的一个基本假设是：各个项目任务的预期完成时间是既定的，而不是待定的。

关键线路法的主要参数如下：

(1) 任务预期完成时间；

(2) 最早开始时间，即当前面任务如期完成时，一项任务能开始进行的最早时间；

(3) 最早完成时间，即任务以最早时间开始进行且无延迟情况下的完成时间；

(4) 最迟开始时间，即在不影响项目如期完成的情况下，任务最迟开始时间；

(5) 最迟完成时间，即任务以最迟时间开始且无延误情况下的完成时间；

(6) 缓冲时间，即在不影响项目完成的前提下，任务可以延迟的时间长短。

具体而言：

$$最早开始时间 = 前项无延迟时的最早完成时间$$

$$最早完成时间 = 最早开始时间 + 预期完成时间$$

$$最迟开始时间 = 最迟完成时间 - 预期完成时间$$

$$最迟完成时间（无延迟情况下的）= 后项最迟开始时间$$

$$缓冲时间 = 最迟完成时间 - 最早完成时间$$

$$= 最迟开始时间 - 最早开始时间$$

四、供应商控制

目前比较流行的做法是在全球范围内选择供应商，其原因是为了能够有保障地获得高质量、低价格的原材料，同时也可避免只选择少数几个供应商可能构成的威胁。大型公司多采用这种方法。传统的做法是在十余家，甚至数十家供应商中进行选择，鼓励他们互相竞争，从中选取能够提供低价格、高质量产品的供应商。还有一种控制供货商的方法是持有供货商一部分或全部股份，或由本企业系统内部的某个子企业供货。

本章小结

- 控制是对组织内部的管理活动及其效果的衡量和纠正，以确保组织的目标以及为此而拟订的计划得以实现。

- 管理控制的特点主要有以下几个方面：整体性、动态性、对人进行控制并由人执行，是提高职工能力的重要手段。控制的功能包括：（1）适应环境变化；（2）限制偏差的累积；（3）处理组织内部的复杂局面；（4）降低成本。

- 控制的基本过程包括确立标准、衡量成效、差异分析和纠正偏差四个部分。控制始于工作标准的建立，标准是控制的依据，没有标准，控制就成了无目的的行动，不会产生任何效果。关键控制点标准包括实物标准、费用标准、资金标准、收入标准、计划标准和无形标准。衡量成效是找出实际工作与标准之间的偏差信息，根据这种信息来评价实际工作的优劣。衡量成效可采用的方法包括亲自观察、分析报表资料、召开会议、口头报告、书面报告和抽样调查等。差异分析是指通过实际工作同目标要求之间的比较，确定这两者之间有无差异。在发现偏差后，需要分析偏差产生的原因，以及纠正措施，因而构成了第四步即纠正偏差。

- 控制的类型：按照控制过程分为前馈控制、现场控制和反馈控制；按控制层次分为作业控制、财务控制、结构控制和战略控制；按控制方式分为直接控制和间接控制；按控制权利的集中程度分为集中控制和分散控制。

- 预算就是用数字，特别是用财务数字的形式来描述组织未来的活动计划。预算是一种计划，一种预测，也是一种控制手段。预算分为收入预算、支出预算、现金预算、资金支出预算以及资产负债预算。尽管预算手段在组织管理中得到了广泛运用，但它也有缺乏灵活性、导致本位主义、控制过细、依据事实不足以及虚报数量等局限性。

- 财务比率及其分析可以帮助我们了解企业的偿债能力和盈利能力等财务状况，包括流动比率、负债比率、速动比率和盈利比率。经营比率用于反映公司经营效率高低和资源是否充分利用，包括库存周转率、固定资产周转率和销售收入与销售费用的比率。

- 作业管理是指将资源转换成组织的产品或服务的管理过程，目的是保证组织以较低的成本生产出所设定质量的产品与服务，具体包括质量控制、库存控制和时间控制等。

关键术语

前馈控制（feedforward control）　　财务控制（financial control）
现场控制（concurrent control）　　结构控制（structure control）
反馈控制（feedback control）　　战略控制（strategic control）
作业控制（operation control）　　间接控制（indirect control）

直接控制（direct control）
集中控制（centralized control）
分散控制（decentralized control）
预算（budget）
流动比率（current ratio）
负债比率（debt ratio）
速动比率（quick ratio）
盈利比率（profit ratio）
库存周转率（inventory turnover）
固定资产周转率（fixed assets turnover）
作业管理（operation management）
质量要求（requirements for quality）
全面质量管理（total quality management）
库存控制（inventory control）
甘特项目图（Grant chart）

复习题

1. 控制在管理工作中具有哪些功能？
2. 比较三种基本控制类型的优缺点。在管理工作中如何将这三种控制融为一体？
3. 控制过程是什么？应当如何进行有效控制？
4. 使用预算控制时需要防止哪些危害？
5. 全面质量管理的特征有哪些？

自我评估 ▶ 你能否控制好自己的预算？

在大学读书期间，你至少应当控制好自己的财务情况。你对自己的预算情况控制的好坏可能预示着你将来在公司里控制公司预算的能力。请回答下面列出的各种问题，看看你自己掌握预算的习惯。如果下面的表述对你不适用，请考虑你在类似情况下的行事方式。

1. 钱一到手就花完。　　　　　　　　　　　　　　　　　　　　　　　是　否
2. 每周（或月，或学期）一开始，我都列出我的固定支出。　　　　　　是　否
3. 每周（或月）末，我都留不下任何钱。　　　　　　　　　　　　　　是　否
4. 我能支付所有的开销，但总是没钱用于娱乐。　　　　　　　　　　　是　否
5. 我现在存不下任何钱，等到毕业后再说吧！　　　　　　　　　　　　是　否
6. 我无法支付所有的账单。　　　　　　　　　　　　　　　　　　　　是　否
7. 我有一张信用卡，但每月底总还能剩点钱。　　　　　　　　　　　　是　否
8. 我用信用卡来透支。　　　　　　　　　　　　　　　　　　　　　　是　否
9. 每周在外出吃饭、看电影和娱乐方面花多少钱，我都心里有数。　　　是　否
10. 我只用现金付账。　　　　　　　　　　　　　　　　　　　　　　　是　否
11. 买东西时，我力求价廉物美。　　　　　　　　　　　　　　　　　　是　否
12. 只要朋友向我借钱，我总会借给他，即使这让我自己没钱花。　　　　是　否
13. 我从来不向朋友借钱。　　　　　　　　　　　　　　　　　　　　　是　否
14. 我每个月都存点钱，以备不时之需。　　　　　　　　　　　　　　　是　否

如果你对 2、9、10、13 和 14 题的回答是"是",说明你具有最好的预算习惯。如果你对 4、5、7 和 11 题的回答是"是",说明你有较好的预算习惯。如果你对 1、3、6、8 和 12 题的回答是"是",说明你的预算习惯十分糟糕。如果你的回答是诚实的,可能你会发现这三种习惯你是兼而有之。你应当设法找出你能在哪些方面提高自己的预算能力。

案例
联邦快递的技术创新

联邦快递(FedEx)是最早认识到技术的重要性的快递公司。1978 年,就是在 FedEx 连续运营的第五个年头,该公司率先推出了第一个自动化的客户服务中心。为了实现每件货物的实时追踪,该公司的派送员使用 SuperTracker@的手提式电脑,通过 FedEx 的综合网络记录货物的运载。

FedEx 技术的应用聚焦于客户,而不仅仅是为了保持其竞争优势。通过 FedEx,企业可以实时确定其货物运输沿途的状态。客户可以通过三种方式追踪包裹:

(1) 通过 FedEx 的网站:http://www.fedex.com/us/。

(2) 通过 fed.com 的货物管理。

(3) 通过 FedEx WorldTM 货运软件。

为了提供让客户可以信赖的限时服务,FedEx 持续不断地开发新技术。下面的例子可以说明为什么联邦快递能够一直保持快递货运业的佼佼者的位置。

一、COSMOS:实时货物追踪系统

COSMOS(customer operations service master online syscm,COSMOS)又称客户服务线上作业系统,是一个计算机化的包裹跟踪系统,可以监控 FedEx 每一个运送周期的环节。FedEx 的员工通常可以用多种途径将信息输入 COSMOS 中。

客户服务代表通过计算机终端将货物信息输入 COSMOS,提醒靠近取件或运送区域的调度员。调度员通过 DAYS 将取件和运送信息发送给派送员,DAYS 是所有派送车中均配有的小的数码电脑辅助调度系统。

被称为 SuperTrackers 的小手提式电脑,是用来扫描包裹的进程的,一般从取件到送达平均要扫描五次。在运送的过程中,派送员只需通过 SuperTracker 扫描每个运货单的条形码。在取件、到达初始站以及最后一站、包裹放置在派送车上以及派送路途中均需扫描。SuperTracker 保留并传输诸如目的地、路线指示和服务类型的信息。

一旦派送员返回至货车,信息就由 SuperTracker 下载至 DAYS,DAYS 可以更新 COSMOS 系统中包裹的位置信息。因此,无论客户是致电客服,还是自己在 FedEx 网站上追踪,或使用 FedEx 程序包,都可以随时准确了解包裹的确切位置以及预期送达的时间。

持续的追踪使 FedEx 保持对货物每个运送步骤的控制。如此完备的一个系统,使 FedEx 有勇气承诺所有包裹均可以在承诺交付时间内到达,否则客户不需支付任何费用。该公司还提供了另外一个独一无二的承诺:如果在客户咨询的 30 分钟内,不能准确告知客户其包裹的确切位置,FedEx 将支付包裹的运输费用。从 COSMOS 和

SuperTracker，到服务保证，FedEx 的网络能够达到 100% 的客户满意度。

二、指挥和控制系统：任何天气条件均能"使命必达"

指挥和控制（command and control）系统是地面操作卫星系统，以孟菲斯超级转运中心为基础，在任何天气情况下，都能使 FedEx 以最快、最安全、最可靠的路线运送包裹。这是一个协调 FedEx 全球包裹的关系型数据库。实际上，指挥和控制系统是商界采用的最大的 UNIX 系统（一种多用户的计算机操作系统）。该系统使用卫星和计算机通信技术来监控实时路线和交通信息，就像一个天气管理工具。

当天气干扰准时送达时，FedEx 使用美国宇航局（NASA）的气象资料和人工智能重新设计路线。该系统为一件货物提供了三个可选择的最快、最好和最经济有效的路线。

通过连接全世界 750 多个客户服务工作站、500 多架飞机和转运中心，指挥和控制系统保证了飞机出入境和数以千计的运载工具的顺利协调。

指挥和控制系统是公司最重要的技术之一，使 FedEx 每一次都能够准时送达，真正做到"使命必达"。

三、APEC 关税数据库

1997 年 5 月，FedEx 推出了 APEC 关税数据库——一个新的、基于互联网的海关和贸易的数据库，旨在加速全球商业往来。该关税数据库的互联网网址为 www.apectariff.org，由 FedEx 应美国商务部的要求开发，一周 7 天、一天 24 小时对能够访问互联网的人开放。

APEC 关税数据库是亚太经合组织 18 个会员国综合关税和海关相关信息的唯一来源，是一个跨政府组织和私营部门合作的典范，对亚太经合组织的贸易自由化有着极大的促进作用。

四、FedEx 呼叫中心技术

FedEx 有 46 个呼叫中心，全球每天要处理 50 多万个日常电话。俄罗斯 FedEx 的网站是另一个技术的进步，为客户提供了方便，并减少了电话的需求。客户可选择自己方便的方式跟踪包裹并获得相关信息。虽然这些技术的发展使 FedEx 可以提供及时便捷的服务，但更喜欢"个人接触"的客户，或者需要更深入信息的客户，仍然可以向呼叫中心的客服代表寻求答案。

针对客户需求，提供准确、便捷的服务是快递运输业成功的关键。为了延续其不断提高客户便利和满意度的传统，FedEx 不断寻求改善呼叫中心的技术。

五、创新无止境

目前，FedEx 正在全球范围内致力于开发一系列着眼于长远发展的新兴技术。例如，在重要货件中植入传感器，让客户了解货件的即时温度、震动状态和其他动态信息，联邦快递正在一些高价值的货件上试运行此项技术。公司持续不断地开展研发工作（如 FedEx 创新实验室），在三到五年的规划时间内肩负着开发先进光学扫描、机器人以及普适计算处理等未来技术的重任。

[问题]

联邦快递运用了哪些控制手段？这些控制手段给联邦快递带来了哪些优势？

第四篇

DI SI PIAN

横向管理篇

组织中的管理除了以韦伯为代表的集权管理和心理学研究中所强调的自我管理之外，还有很大一部分管理需要关注集权管理以及自我管理之外的关系。这种关系的链接纽带并不是集中的权力，而常常表现为一种非正式关系。从历史上来看，对非正式关系的管理是横向管理的起点。

第十章 横向管理

> 横向型结构明显地减少了纵向的层级，并跨越了原有的职能边界。
> ——理查德·达夫特

第一节 横向管理的概念与理论基础

一、横向管理的概念与特征

（一）横向管理的概念

横向管理是以横向协同为基础产生的管理活动。横向管理的组织对象的架构趋于扁平化、网络化、多元化以及无边界化，具体表现为部门内部、部门之间、层级内以及层级之间的横向水平管理。横向管理与纵向管理一样，存在正式关系和非正式关系的管理，但横向管理更加注重非正式关系的管理。

传统的纵向管理模式中，组织目标追求专业化分工和效率，计划、组织、领导和控制职能集中于领导者，随着组织结构的进化，组织目标转变为追求创新，领导者的管理职能在横向管理模式中演化为创业、协调和激励，员工的管理职能则延伸至学习、创新和监督职能。

横向管理的目标是使得组织中的个体都能够实现自我价值，个体既能够完成职责范围内的工作，也能够尽自己的努力参与一些职责外对组织有益的工作。横向管理的基础为：

1. 职责流程

按照职能和业务划分的各个部门，首先要有明确的职责界定，如果边界不清，或有交叉、空白，不能像齿轮一样互相严密咬合，就会影响职责的履行。同时，还要有清晰的流程标准，特别是在部门间的工作接口上。完善职责流程有一个办法，即出了问题就去倒查，如果查来查去，说不清是哪个部门的责任，找不到是哪个环节没做到位，就说明职责流程制度本身有缺陷，需要解决制度规则问题。虽然有规则不一定都能做好，但没有规则就肯定做不好。一个企业要持续做到，让每个部门甚至每个人都清楚地知道自己应该做什么和应该怎么做。

2. 高效沟通

从某种意义上说，横向部门间的沟通决定着协同的效率，先天的信息不对称影响着对同一事项的共同认知,没有充分有效的沟通就不会有积极准确的配合。国外有管理专家说:"对话是企业文化的核心,也是工作最基本的单位,人们彼此的交谈方式可以对一个组织的运营方式产生绝对的影响。""企业的绩效在很大程度上是由企业成员间的关键对话决定的。"对话是沟通,说不到一块儿就干不到一块儿。信息沟通不充分、不和谐,不仅制约效率,甚至会形成冲突,损害人际关系。所以,柳传志要求"选拔德才兼备的管理者,形成纵向和横向的分工",要"有话直说","有话好好说","要以群策群力的方式实现理性决策和高效执行"。沟通是一种技能,一种态度,需要学习和训练。沟通有效了,协作才会有效。

3. 利他文化

解决横向协同问题,要靠制度,要靠能力,也要靠文化,这种文化就是利他的价值观。佛教讲自利利他,帮助别人就是帮助自己。每个部门都要尊重、信任、包容、支持其他部门,要认识到部门间是互相依存、互为价值的关系。企业内同心协力,才能形成外部的竞争力,不少公司不是败于竞争对手,而是死于内部的扯皮和争斗。制度不可能覆盖所有行为,能力也不可能使每个人都是高手,这就需要利他文化的培育和认同,需要服从共同的信仰和目标。

(1) 跨职能整合

横向界面的产生常常源于多种不同职能之间的交互作用,为了最大程度地减少或消除横向联系中的摩擦损耗,只有采取跨职能整合的方式进行界面控制。具体地说,包含两方面的内容:一是要淡化传统意义中严格的岗位职责划分;二是要将领导由过去的精通某一职能的专才转为适应形势需要具有多职能管理知识的通才。

(2) 充分沟通

横向界面的阻隔大多是因为交流沟通困难所致,因此加强沟通、增进了解,使各职能部门充分掌握相互间的信息变化动态,了解相互间的性质要点,可以使双方融合更加紧密,减少横向界面的摩擦,实现"管大家与大家管"的融合。

(3) 协商合作

不管是跨职能整合,还是充分沟通,最终要消除横向界面存在的问题,都必须发挥协商合作精神。这是因为,任何人都无法将所有企业涉及的职能集于一身,任何形式的交流都不可避免地会存留一些信息死角。因此,只有当具有不同专业职能的人员、所有不同的职能部门和所有集成要素通力合作,才能突破横向界面的阻隔,保证各集成要素协调匹配,发挥最佳的整体功效。

(二) 横向管理的特点

 案例

横向管理者

保罗、帕特里克、艾伦和马克,他们都是奥托伊奎普公司的管理人员,这家公司专门为汽车制造商生产零部件,保罗管理着所谓的"电工俱乐部",负责协调不同项目的电气工程师,督促他们记录在不同项目中采用的好方法,以便在今后的项目中继续运用。帕特里克是项目的负责人,负责"新型膝盖安全气囊"项目。艾伦负责整个公司的培训工作,他在各个工厂都有联系人,负责落实制定的战略。马克是某工厂经理,因此也是唯一拥有等级管理职位的人,而其他三位仅有横向管理职能。

帕特里克说:"我非常喜欢手上这个新型安全气囊项目,整个团队也都士气高昂。现在,想法有了,技术也有了,但最头痛的问题是如何督促工厂帮我们把生产工艺搞出来……"马克说:"你们这些项目负责人可真有意思,总想着工厂既提供设备又提供人员,完全按你们的要求开工,好像我们只搞你们的项目似的!你要知道,每个月至少有两拨人拿着跟你们差不多的项目跑来找我,但我有我的生产目标要完成,我们不是开发好新工艺就完事儿了。"帕特里克说:"我当然明白,但要是我们不开发新东西,很快你们不就没事可做了?"保罗说:"打住,帕特里克,别抱怨了,至少你还有个愿意做项目的团队,而我却要管理一大群员工,这些人参与很多不同的项目,平时工作忙得要命,根本没时间参加我的会议或是把各自工作中积累的技术知识反馈给我。这些人之间也从不相互交流。结果呢?我根本没办法对他们进行培训……"艾伦说:"保罗,谈到培训我也是一肚子苦水,我原本打算给每个工厂建立一套培训方案。但每当我向厂方培训联系人提出建议,他们就会找些借口搪塞,什么我的想法不适合他们的需求啦,任务太重啦,这方面太多而那方面不足啦。"马克回应道:"是啊,但我有个建议:你直接去找工厂经理,就不会有这些问题啦。毕竟我最了解我的员工需要哪些培训。老实讲,没有我的同意,你在我厂里的培训联系人也没法自行开设培训课程,别忘了他还得向我报告呢。另外还有一点:我不明白你是怎么作决定的。你说你想减少培训费用,让我解除原来的合同,你要知道,原来的培训人员人不多、价格低,效果也很好,就在街对面,是我一个朋友经营的,非常方便!实话实说,我真搞不懂你的意思!"艾伦这时提议:"别生气,马克。要把成本降下来,就得把各自工厂签订的零零碎碎的培训合同整合起来,与愿意在全国范围提供优惠价格的企业签订大合同,明白吗?"

在对话中,保罗、艾伦和帕特里克都把自己描绘成横向管理者,保罗管理着一家同行业俱乐部,艾伦负责全面的培训工作,帕特里克则是项目负责人,三人都同样面临着横向管理的特有难题。以下是他们分别面临的问题以及详细解释:

1. 保罗:管理"电工俱乐部"

面临的问题:

(1) 他难以让团队成员相互合作;

(2) 他难以协调团队的工作。

详细解释:他面临两个问题,一是协调问题:他管理的人员分散在多个项目中,很难相互联络;二是合作问题:他的团队成员自身的项目工作繁重,很难将工作经验反馈给他。

2. 艾伦：负责集中培训

面临的问题：

（1）他必须处理好与其他管理人员之间的复杂关系；

（2）他的想法或者说"理念"与他的合作者不同。

详细解释：他的首要问题是，缩减培训成本的理念与工厂经理的想法背道而驰；其次，他还必须处理好他在工厂内部的培训联系人与工厂经理之间的复杂关系，因为后者才是拍板作决定的领导。

3. 帕特里克："新型膝盖安全气囊"项目经理

面临的问题：他与他要求助的那名管理员面临的困难不同，关注点也有差异。

详细解释：他面临的问题是，工厂经理马克的关注点和现实问题与他的不一样。帕特里克希望利用工厂开发工艺，但马克需要保持产能，以便在规定时限内完成目标。所以很明显，马克所关心的问题不能帮助帕特里克真正实现工艺投产。

保罗、帕特里克和艾伦属于横向管理者，他们与相关人员之间没有等级关系，从他们的对话中我们能够得出横向管理的六个特点：

1. 需要合作

上述案例中，保罗面临的是合作问题，作为电工俱乐部的负责人，他需要督促分散各处的员工反馈自己的经验，以便推广这些最佳经验，但这些员工的本职工作繁重，没时间定期反馈。可见，在不存在上下级关系的情况下，让其他人员与自己合作很难。对方对你的项目普遍缺乏兴趣，同时由于忙于其他项目而无法参与，团队成员不习惯彼此合作，缺乏相互信任，要解决这个问题，你必须调动他们的积极性，让他们感受到自己是项目的一分子，愿意为项目贡献自己的力量。

2. 需要协调

再来看看保罗面临的问题，他负责各项目电器工程师的整体协调工作，但很难把大家召集起来，因为每个人都有自己的时间安排，各自的项目也都工作繁重，相互之间或与保罗之间缺乏交流。这个协调方面的需求，就是横向管理的第二个特点。实际上，这种情况很常见，你要找的人分散在各处，不但分属不同部门，地理位置也是相隔遥远，这就是问题的核心，你要让需要调动的人员工作更有效率，就必须保持信息交流的畅通。作为横向管理者，你应当为项目建立专门的沟通流程和渠道，你自身也要安排得当，以便协调好团队工作。

3. 与其他管理人员关系复杂

横向管理的第三个特点是有时需要处理与其他管理人员的复杂关系，这可以通过上述案例中艾伦所面临的问题进行分析。很明显，他需要处理自己与厂方培训联系人、工厂负责人之间的三角关系，在这个三角关系中，艾伦是协调者或推动者，培训联系人是我们所谓的操作者，艾伦需要操作者在厂内落实他的培训项目，而工厂经理则是操作者的上级。在这个案例中，艾伦越过工厂经理马克直接与培训联系人联系的做法，惹怒了这位工厂经理，他提醒艾伦作为集中培训负责人，在推出新课程时应当与他联系，而不是工厂的培训联系人。这是第一个经典障碍，你在处理与其他管理人员的复杂关系时，也会碰到，具体操作者如果绕过自己的领导行事，会让对方感到不快，对方很可能施加影响，阻挠员工参与你的项目。另外，如果项目与其所在部门没有直接关系，他们会觉得没必要动用手头的优势资源来帮你，这时，具体操作者也可能对你的项目缺乏兴趣。简言之，要让对方为你的项目全力以赴，首先，必须说服上级主管允许其员工从本职工作中抽出时间参与项目；其次要调动具体操作者的积极性，让他们真正乐意参与你的项目。

4. 存在不同的方法或理念

横向管理的第四个特点是存在不同的理念，包括语言不同、观点不同、基本的思维方式不同、文化差异等。艾伦打算缩减公司整体的培训成本，要实现这一目标，必须减少供应商的数量，改成与单一供应商合作，为集团的各部门工厂提供更为优惠的培训项目。马克也希望消减培训成本，但对他来说，还是工厂旁边的小公司更划算些，那家公司的经理是他的好朋友，报价也颇有竞争力。在艾伦和马克的案例中，两人寻求的目标相同，但因为所处位置不同，所以对实现目标的方式看法各异，可能是由于文化差异，如很多跨国集团中的行业或职业差异、部门差异、分支差异、工作方式差异等，也可能仅仅是语言措辞差异。这种情况下，必须对可能完全相左的思维方式进行调整，达成妥协。

5. 存在不同的利益

帕特里克对开发新型膝盖气囊项目雄心勃勃，这是他的首要关注点，但马克作为工厂经理，必须首先按即定方式、预定时间完成生产目标，在这种情况下，马克和帕特里的利益、关注点和兴趣不同。简言之，两人的目标不同，这也是两人针锋相对的原因。在横向管理环境中，对方的关注点和兴趣可能与你的完全不同，如果要让对方真正参与到你的项目中来，就必须把这些因素考虑在内。

6. 协同创新

协同创新即由自我激励的人员或组织所组成的网络形成共同愿景，借助网络交流思路、信息及工作状况，合作实现共同的目标。协同创新体现出各个创新主体要素实现了创新互惠、知识共享、资源优化配置、行动最优同步、高水平的系统匹配度。知识经济时代，传统资源如土地、劳动力和资本的回报率日益降低，信息和知识已经成为财富的主要创造者。在知识增值过程中，相关的活动包括知识的探索和寻找，知识的检索和提取，知识的开发、利用以及两者之间的平衡；知识的获取、分享和扩散。协同创新过程中，知识活动过程不断循环，通过互动过程，越来越多的知识从知识库中被挖掘出来，转化为资本，并且形成很强的规模效应和范围效应，为社会创造巨大的经济效益和社会效益。

二、横向管理的理论基础

（一）行为学派——霍桑实验

古典学派的管理理论在提高劳动生产率方面虽然取得了显著的成绩，但是这种缺乏人性的，把工人只是看成组织中的一个零件的管理方式，却激起了工人特别是工会的反抗，使得欧美等国的统治阶级感到：单纯用科学管理等传统的管理理论和方法已不能有效地控制工人，不能达到提高生产率和利润的目的，因此必须有新的企业管理理论来缓和矛盾，促进生产率的提高。在这种情况下，行为科学理论应运而生。下面介绍的是霍桑实验，霍桑实验首次发现了组织中新的管理对象——非正式团队。

霍桑实验是一项以科学管理的逻辑为基础的实验，研究的是由于受到额外的关注而引起绩效或努力上升的情况。实验从1924年开始到1932年结束，前后经过了四个阶段：

1. 第一阶段："照明实验"即车间照明实验

照明实验的目的是弄清照明的强度对生产效率所产生的影响。研究人员把参加实验的人员分成两个小组，一组为试验组，另一组为控制组，控制组在固定的照明条件下工作，试验组在不同的照明条件下工作。当试验组的照明强度增加时，两组的工作产出同时增加；当试验组的照明强度减弱时，两组的工作产出同样持续增加。因此，从实验结果得知，照明强度不是影响企业生产率的决定性因素。

2. 第二阶段："福利实验"即继电器装配工作室的实验

这次实验是在电话继电器装配实验室进行的，实验开始，研究小组增加员工休息次数，延长休息时间，并改善薪资比率，实行5日工作体制，适时供应茶点等；接着又取消这些待遇，恢复原来的工作条件。研究结果发现，不管工作条件怎么变化，生产效率仍在逐步提高。

3. 第三阶段："访谈实验"即大规模的访谈计划

基于以上两个阶段的实验结果，研究小组开始把研究焦点转向员工的心理因素。梅奥等人制定了一个征询职工意见的访谈计划，在1928年9月到1930年5月不到两年的时间内，研究人员对工厂中2万名左右的职工进行了访谈。经过深入的了解，梅奥认为，管理人员，特别是基层管理人员，应成为倾听并理解工人的访谈者，重视人的因素，在与工人相处时更为热情、更为关心他们，这样能够促进人际关系的改善和职工士气的提高，从而提高组织作业效率。

4. 第四阶段："群体实验"即继电器绕线组工作室的实验

经过观察，研究小组发现，组织当中存在"非正式团队"，也就是我们通常所说的"小团体"。"小团体"内有一种默契：往往不到下班，员工就已经歇手，如果有人还要断续工作，旁边的人会暗示他停止工作。"非正式团队"对员工有较强的约束力，这种约束力甚至超过经济上的刺激。

然而，组织内存在"非正式团队"，并不一定是件坏事，因为有时单靠组织正式的规章制度并不能很好地解决问题，管理者也需要依靠"非正式团队"的无形约束力来管理员工。因此，作为管理者，应以正确的心态对待"非正式团队"的出现，并时时关注、刻刻留意、巧妙运用，使其成为管理者管理组织的助力。

通过霍桑实验，梅奥发现，生产效率不仅受物理因素、生理因素的影响，还受社会环境、社会心理的影响。梅奥认为，职工不仅是单纯追求经济收入的"经济人"，还是有社会方面和心理方面需求的"社会人"，因此，为了提高工作效率，管理者除科学管理外，也要注重员工社会需求和心理的影响。

霍桑实验揭示出社会和心理因素对组织员工行为举止的影响，开创了行为学派。

霍桑实验在当时是一种全新的理论，是管理理论发展史上的一个重大转折点。实验的研究结果不仅让管理者认识到社会情境对企业员工生产效率的影响，而且为领导理论与激励理论的研究打下了基础。

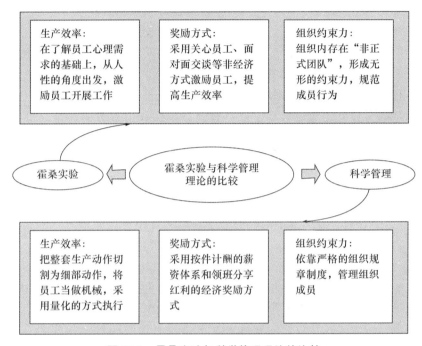

图 10-1　霍桑实验与科学管理理论的比较

（二）福柯权力理论的观点

横向管理除了是基于非正式关系的一种管理之外，它还有一个基础是权力的分散。

权力本身有广义和狭义之分。从广义的角度来看，权力是国家权力、社会权力。过去，绝大多数学者都是从宏观上来理解权力。从权力理论的历史流变来看，从柏拉图的《理想国》、亚里士多德的政治学，到近代启蒙思想家如霍布斯、卢梭的社会契约理论，再到马克思主义的国家学说等，关注的重点都是统治权，尤其是国家权力的问题。由谁掌握统治权，如何运用统治权，如何保护、巩固统治权，对谁施行统治权等，一直是权力理论的核心内容。对国家权力、统治权的关注其实主要说明了，在以往，更多的人对权力的认知往往就是集权、话语霸权，权力总是掌握在一部分人的手中，也认为权力离小人物们是很遥远的。

但是，从狭义的角度或者说从微观的角度来看，人人都拥有权力，包括社会中最草根的人群以及企业中所有的个体。福柯对过去关于权力的看法提出了反驳，认为上述这些权力观并没有说明权力的本质，他们眼中的权力都充当着维护某种与生产相联系的阶级统治的角色，而在当时社会，经济是占主导的，也就是说权力的根本目的是为经济服务，维护一定的生产关系和经济运作。福柯认为，"权力是各种力量关系的集合"，他认为，权力是一种关系，一种内在的关系。权力以网络的形式运作，在这个网络中，个人不仅在流动，而且总是既处于服从的地位又同时运用权力。我们不应该到经济、政治等关系之外去寻找权力，权力确实就存在于这些关系之内，是通过各种因素、各种力量交织的网络形成的。同时，权力也是一个无所不在的网络，它伸入社会的各个领域，各个角落，任何人都不能超脱于这个网络之外，这个网络就是现实中政治、经济、文化等诸多因素之间的复杂关系以及这种关系的运作。

可以这样理解：人无法脱离社会，只要存在于社会之中，就拥有权力，权力可以通过"社会网络"中的各个渠道形成。放眼现在，互联网、手机也能成为独特的渠道。

可以说，福柯的权力观更加符合现代社会的背景。其他权力观中，隐隐包含着这样的假设：权力是一种压抑性的力量，压抑自然、压抑本能、压抑个人，也压抑阶级。权力关系的基础是势力的敌对行动。取得权力被视作权力双方的斗争，最终是一方战胜另一方，结果是一种力量对另一种力量的压抑。然而，在现代社会之中，所谓"阶层"之间并不一定拥有的就是矛盾的目标。例如，社会中，所有人，不管穷富，都希望生活在一个好的环境中，过更好的日子；企业中，高层管理者和员工都希望企业多多盈利，达到战略目标，这样自己才能获得更高的收益。这些人，处于"社会网络""企业网络"之中，拥有或大或小的权力，也可以通过渠道获取权力、建立权力，然后运用这些权力，因为目标不矛盾，权力之间也不会互相抵抗。

因而，可以说，权力不再是一种"话语霸权"，权力的关键也不在于谁掌握权力，而是一种实施力量的渠道、一种相互关系。这个说法和福柯的"权力无主体论""权力非中心化论"有些相似，每个人都是权力的"一个点"，并非操纵权力的主体，也不被权力牢牢控制，每个人既是权力的实施者，也是权力实施的对象。再进一步来说，权力不是中心化的，形成单一的统治大厦，而是非中心化、多元、分散的，不是被某个人占有的事物。

对于组织中的个体来说，他们的自我意志、知识系统以及创新能力等都是一种权力，反过来，也是一种获取权力的渠道。通常，掌握知识就是掌握权力。在现代社会，以专家制度为例，各行各业都需要专家级别的权威人物来制定规范，管理事物，维持权力的运行。工厂的管理需要专家、生产的操作需要专业工人，医院、学校要有专家来管理和运行，监狱中对犯人的改造要有专家指导……这可以说明，其实，每个人都可以获得权力，这种微观权力是客观存在的。

从员工与领导之间关系的角度来说，员工的权力可能来自上级的信任、授权、交换。这种权力赋予员工的不仅仅是员工直接管理、决策的权力，也包括间接参与管理、决策的权力，如员工的话语权，员工可以通过自身的建言行为，发挥其监督力量，为企业发展建言献策。

从员工与组织的互动角度来说，在互联网时代，传统科层组织结构趋于扁平化，中层管理者消失，使得员工直面组织高层，员工在组织中的地位悄然上升，参与管理、参与决策已然不是梦。这也不断激励着员工去承担更多、更具挑战性的工作，员工的执行力、创造力也逐渐增强，角色外工作行为不断涌现。

（三）巴纳德提出的横向组织

巴纳德（Cheste I. Barnard）认为，组织中存在两种正式组织，即"横向组织"与"纵向组织"，前者源于自由协定——基于双方的理解，基于合约或条约；后者则为

"垂直"、分层式、一级一级的组织。

"横向组织",一个源于书面的或口头的合约或条约而形成或维持的组织,缺乏号召力,其成员也缺乏服从命令的意愿。这就是一个非权力主义的组织,这类组织的主要结构是水平或平行式的,强调"同一等级间"的个人或各个主体间的合作。界定这类组织比较常用的法律术语是"双边""多边"等。横向组织建立后运作的时间不长,是一种持续时间很短的组织,并且有着特定的目的,如易货交易。

等级组织基本上都是专制、独裁的组织。横向组织与等级组织之间最重要的区别就在于前者的管理和宗旨源于组织的外部,而后者的政策和原则大多源于组织的内部。横向组织受公众舆论、道德准则、风俗习惯和社会制度、破坏协议的行为对破坏者预期利益(例如,未来潜在协议的达成)的影响等多种因素制约;还受各国法规、法院和执法机构制约。另外,等级组织必须建立和维护自己的内部宗旨,有时还得建立特殊的监督机构来确保这些宗旨的执行。

横向组织在人力资源、人才和管理能力等方面需要投入的资金较等级组织少,因而管理方面的费用也比等级组织低,但前提条件是组织的自由度和临时性不会造成过度的竞争性和好斗性。其原因,是组织内所有的决策都被限制在一定的范围内,更多地与具体行为有关,不像等级组织中出现的大多是抽象的建议和主张。总体来说,人类在为"近期目标"努力时的表现比为了实现远期目标而奋斗时更好一些。我们需要注意,随着等级组织的规模逐渐扩大,不再由极少数人单枪匹马地作出主要决策。在大多数情况下,都是由管理层以及各个部门充分讨论后共同作出决策,也就是说,决策的制定在很大程度上依赖一整套既定的规则、范例和行为准则。

这就意味着横向组织在本质上比等级组织更加灵活、适应性也更强,虽然从整体上说这种组织形式的适应性是很随机的。实际上,正是因为等级组织刻意强调其应变能力而导致它们变得不那么灵活。它们比那些以自由协定为基础建立的组织更保守,不像横向组织那样能循序渐进,因为等级组织的领导者们不得不同时考虑每一个决定对即期目标的影响以及组织对每一个决定的反应。在绝大部分等级组织中,人们都能感觉到,领导和普通员工常常对组织的未来感到担忧。因为这些组织不光对达成组织的目标必不可少,也决定了与组织相关的个人的目标是否能够实现。人们很难意识到,组织的目标或者个人的目标和利益没有组织也能得到满足。

在横向组织中,组织成员的忠诚则不会那么重要或显示出不同的性质。这是一种在道德范畴内对个体利益的忠诚,而不是对某一特定正式组织的忠诚,这时这种对个体利益的忠诚就等同于对组织的忠诚。如果这两种忠诚有某些不一致的地方,也只是与个体有关,而与组织无关。正因为这样,某一部分的崩溃并不会导致整个系统的解体。

大型等级组织的活动通常非常复杂,除非这些活动能够在空间或者时间上被分解成更小的部分,而且即使这些部分之间完全相互依存,其关系也比较简单。等级组织是否起作用,在某种程度上决定于它的领导或经理是否有才智和技巧,将它的活动进行可行的分解或组合。不仅如此,等级组织的管理技巧到目前都还没有得到全面的发展,这方面的大部分技巧都源于偶然发现的创新活动。

横向组织比较灵活，很大程度上因为这些组织追求的是短期目标，同时也具有临时性的特点。这些横向组织都是在竞争中或者在相对自由的条件下发挥作用，因而缺乏避免分裂、冲突和毁灭行为的自有机制。对于这种组织形式来说，最根本的问题就是，对于组织内部存在的自我毁灭倾向，在道德和文化方面进行约束是否能够起作用，从而避免抵消横向组织所取得的积极成就。

横向组织与等级组织的区分如下表所示：

表 10-1　等级组织与横向组织

特点	等级组织	横向组织
权力的基础	韦伯的权力观	福柯的权力观
沟通方式	自上而下	同级之间
等级控制的程度	高	低
任务灵活性	刚性	灵活
对服从和忠诚的强调	高	低
责任和权力的规定	具体	一般
决策方式	权威性	民主参与
个人贡献和组织目标之间的联系	模糊或不直接	清楚或直接
管理费用	高	低

第二节　横 向 结 构

比起正式组织，横向管理更多运用在非正式组织中。横向管理产生的根本原因是处于非绝对权力不平等的情境。横向结构是一种最新的组织方式，它是按照核心流程来组织员工的。它明显地减少了纵向的层级，并跨越了原有的职能边界。因此，横向结构值得管理者关注。

一、横向管理的基本应用

在集权组织（centralized organization）里，重要决策通常由最高层作出；在分权组织（decentralized organizations）里，较低的组织层级有权作出更多的决策。理想状况下，决策应该由那些最相关、最了解情况的层级作出。当经营环境变化很快，必须既快又好地制定决策时，这一点显得尤其重要。当部门之间优先顺序不同或者目标相互矛盾时，为了平衡这种情况，集权可以发挥作用，这需要公司高层对此进行调节。例如，研究发现，在组织内搜索创意时，分权组织的表现最糟糕，因为该种结构的组织的创意搜索通常在较低层级进行，而只有对作出搜索的特定部门有益时，该创意才会被提交批准。

根据遇到的挑战的具体情况，组织有时会调整集权的程度。在困难时期，高级管理层进行集中；而在快速增长时期，决策权被下放到指挥链的下端。

案例

当杰夫·哈维（Jeff Harvey）接管伯格维尔（Burgerville）（一家在华盛顿州温哥华市有 39 家连锁店的餐馆）时，他需要想出一个办法来防止销量下降。他的办法是给每个餐馆的员工和管理者更多自由和自主权。作为分权工作的一部分，他从组织结构中撤销了区域经理的职位，因为一些区域经理过去会对每家餐厅的总经理进行"微管理"。员工对分权环境反应良好，在过去的 5 年里提出了若干被公司采纳的建议，包括在所有连锁店采用 100% 的风力发电，为所有全职、兼职员工购买健康保险，开发机动车和自行车的驾驶点餐通道，以及新的限时专售产品，如麦芽酒腌青花鱼、夏日卷心菜沙拉和香蔓越莓鸡肉三明治。哈维的领导方法效果相当好，使伯格维尔的年销售额从 2005 年的 5500 万美元增加到了 2009 年的 6800 万美元。哈维的努力在 2010 年得到认可，被《餐饮业》（*Restaurant Business*）杂志评选为"年度最佳企业家"。

现在，大多数管理者都认识到了将决策权下放到实际执行层的好处。直接处理问题或把握机遇的层级拥有最相关的信息，能够最好地预测到决策结果。这些管理者也看到了分权方式能让员工更及时地采取行动。

二、部门化与两种组织结构

当组织的任务变得越来越复杂时，组织不可避免地会进一步细分，也就是部门化。直线部门（line departments）是指那些对公司的主要活动负有责任的部门。直线部门直接跟公司主要的产品或服务打交道，负责制造、销售或为顾客提供服务。例如，在通用汽车公司，直线部门包括产品设计、制造、装配、分销等部门，直线部门的管理人员通常在公司里享有较大的权力，他们拥有重大经营活动的最终决策权，同时也对决策的最终结果负责。

参谋部门（staff departments）是指那些为直线部门提供专门或者专业化技能支持的部门，包括研发、法务、会计、公共关系和人力资源部门。在大公司，这些特定部门可能都有自己的副总裁，其中一些有相当大的职权，如会计或财务部门有权批准和监控预算。

在传统的组织结构中，直线部门和参谋部门之间经常发生冲突。原因之一是许多参谋部门员工的职业生涯顺利，要求成为特定职能领域的专家，而直线部门员工的成功，则基于其对组织所在行业的更多了解。所以，直线部门管理者可能更急于开发新产品和客户，而参谋部门管理者则可能会扼杀这些想法，更注重资格和程序；直线部门管理者可能更愿意为业务增长承担风险，参谋部门管理者则更侧重于规避风险。但在现在的组织中，参谋部门往往不注重业绩监测和控制，而是对提供战略性支持和专业性建议更感兴趣。例如，人力资源管理者把工作重心从单纯制定符合法律要求的工作流程，拓展到帮助组织制订计划，从而招聘、提升、留住有利于组织形成长期竞争优势的员工。这种类型的战略思维不仅让参谋部门管理者更有价值，同时也减少了直线部门和参谋部门之间的冲突。

当组织将工作划分给不同单位时，产生了不同的部门分类组合方式。其中最基本的部门化（departmentalization）方式包括职能型、事业部制和矩阵型。职能型在上篇已有详细的介绍，本篇着重介绍后两种结构。

（一）事业部制结构

事业部制结构亦称为 M 型结构，是对 U 型结构的创新，于 1924 年由美国通用汽车公司的副总经理斯隆首先提出并采用的，目前已成为国内外大型企业普遍推行的一种典型的组织形态。所谓事业部结构，就是按照产品或类别、市场或用户、地域以及流程等不同的业务单位分别成立若干独立的经济实体——事业部，并由这些事业部进行独立经营和分权管理的一种分权的组织结构类型，见图 10-2：

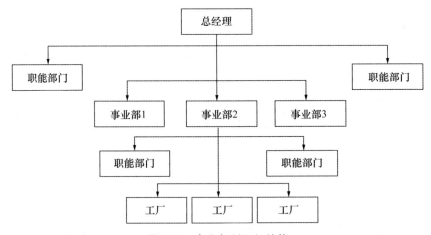

图 10-2 事业部制组织结构

事业部制结构不是按职能或任务来组织，而是按产品、地区或顾客类型来组织，每个事业部内部都建立自己的 U 型结构。所谓事业部制结构，就是在一个企业内部对具有独立的产品和市场、独立的责任和利益的部门实行分权管理的一种组织形态。事业部是一些相互联系的单位的集合，具有三个特征：(1) 具有独立的产品和市场，是产品责任或市场责任单位；(2) 具有独立的利益，实行独立核算，是一个利益责任单位；(3) 是一个分权单位，具有足够的权力，能自主经营。其管理原则是"集中决策，分散经营"，即在集中领导下进行分权管理。

采用事业部制的组织，其特点在于：把政策制定与行政管理分开，政策管制集权化（公司集中决策），业务运营分权化（事业部独立经营），即所谓"集中决策，分散经营"。换言之，企业最高管理层是企业的最高决策者，以实现组织长期利益为最大任务，集中力量来研究和制定公司的总目标、总方针以及各项政策。事业部的经营活动只要不违背总目标、总方针、总计划，就完全由事业部自行处理。因而，事业部成为日常经营活动决策的中心，是完全自主的经营单位，可以充分发挥自己的主观能动性。这是组织领导方式由集权制向分权制转化的一种形式。

事业部制结构是在一个大的多样化经营的企业中，针对直线--职能型结构的局限性所作出的一种反应。当企业跨地理区域或产品类型进行多样化经营时，协调各个市场的不同职能就变得非常重要。例如，跨区域经营的企业，就要决定在不同的地区市场中赋予多大程度的自主权。采用一种按地理区域进行组织的事业部制结构，将会使得企业能够对不同市场内的生产、分销和销售职能进行协调。其中，每一个市场都具有独立的竞争地位。这种结构还有助于解决大型组织中的另一个问题：通过把个体的报酬与其业绩紧密地结合在一起来减少代理成本。零售业是最好的例子，在零售连锁公司中，每一个店事实上就是一个分部，并且各店独立核算利润。这就为高层管理人员提供了一种简单的对分店业绩进行评价的方法——以利润指标清晰地度量单个部门的业绩对整个公司的贡献——使其可以用来对分店经理进行评估，并对好的业绩实施奖励。

在事业部制组织结构下，最高管理层必须保持三方面的决策权：（1）事业发展的决策权。整个企业进入什么市场、发展什么产品，开辟什么新事业、放弃什么事业等经营方针以及价格政策、竞争策略等基本原则的决策权要保留在总部。（2）有关资金分配的决策权。资金的供应以及分配必须由企业最高管理层控制，而不是交由分权的事业部处理。（3）人事安排权。公司的人事政策、各事业部重要干部的人事安排应由总部高层决策。公司职能部门的主要任务是为最高管理层和各事业部门提供有效的建议、劝告与服务，它不是事业部那样的独立的利益责任单位。

分权化的事业部经理与一家独立公司的最高层面对的问题几乎是一样的，都应考虑市场、人力、技术，考虑事业部的今天和明天。不同的是，他不负责有关财务资源与供应。所以，事业部制在培养和考验着组织未来的领导人才。

事业部制使组织最高管理层摆脱了具体的日常管理事务，有利于集中精力作好战略决策和长远规划，提高组织的灵活性和适应性；同时，事业部制也有助于培养和训练全面的管理人才，这是事业部制的优越之处。

事业部制组织结构首创于 20 世纪 20 年代的美国通用汽车公司。后来，美国杜邦公司利用事业部制的开发优势，开发并控制了合成橡胶、尿素、乙烯、尼龙、塑料等产品市场，并参与了原子弹的制造，一跃成为世界一流的大公司。目前，事业部制成为各大公司的主要组织结构形式，使企业的多元化经营顺利发展。

事业部制的缺陷是，由于机构重复，造成了管理人员的浪费；由于各个事业部独立经营，各事业部之间要进行人员互换就比较困难，相互支援较差；各事业部主管人员考虑问题往往从本部门出发，而忽视整个组织的利益。

为克服以上不足，20 世纪 70 年代，在美国和日本的一些大公司又出现了一种超事业部制结构。它在组织最高管理层和各个事业部之间增加了一级管理机构，负责统辖和协调各个事业部的活动，使领导方式在分权的基础上又适当集中，从而进一步提高了组织活动的灵活性和效率。

（二）矩阵结构

有时，企业同时有几个项目需要进行，每个项目要求配备不同专长的技术人员或其他资源。为了加强对项目的管理，每个项目在总经理领导下由专人负责。因此，在直线—职能型组织结构的纵向领导系统的基础上，又出现了一种横向项目系统，形成了纵横交错的矩阵结构，见图10-3：

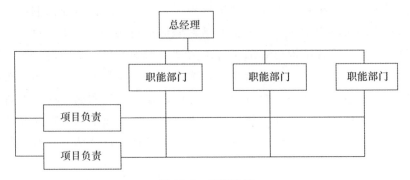

图 10-3　矩阵结构

企业同时按多个维度（通常是两个）组织其业务活动，就会形成矩阵结构。企业可以采用任何一种特定的组合维度，例如，包括两种不同类型的分部（地域分部与客户分部）。工作在矩阵结构交界处的通常是中层经理，他们同时向两个上级报告有关工作情况，因而有两个上级领导。

矩阵结构的运行是以工作小组或任务小组为基础的。工作小组一般由具有不同背景、不同技能、不同知识，分别来自不同部门的人员所组成，通常人数不多。组成工作小组后，大家为某个特定的任务而共同工作。

由于矩阵结构是按项目进行组织的，所以它加强了不同部门之间的配合与信息交流，克服了直线—职能型结构中各部门相互脱节的现象。

在矩阵结构中，工作小组具有机动性与灵活性特征，可根据项目需要及其进展状况进行组织或解散，而且一个人可以同时参加几个项目小组，这也提高了人员的利用效率。

此外，由于职能人员直接参与项目，而且在重大问题上具有发言权，这就使他们增加了责任感，激发了工作热情，有利于发挥专业人员的潜力，有利于各种人才的培养。

当然，在矩阵结构中，工作小组成员同时有两个老板，因而潜伏着职权关系的混乱和冲突，可能造成管理秩序混乱。类似的冲突必须通过双方的讨论和协商，按照事件本身的是非曲直来解决。

第三节　横向型结构的理论渊源与几种形式

美国学者达夫特认为，"横向型结构（horizontal structure）是一种最新的组织方式,它是按照核心流程来组织员工的。将特定流程工作的所有的人员都组合在一起,这样就便于沟通并协调他们的努力,以便直接为顾客提供价值。横向型结构明显地减少了纵向的层级,并跨越了原有的职能边界"[①]。

一、组织结构理论

就管理的内部关系而言,一般包括两个方面,即纵向和横向管理。所谓纵向管理,是指企业自上而下的组织、指挥、协调、监督、控制等工作。所谓横向管理,是指企业部门之间的协调、监督、控制等工作。纵向和横向管理,是工业生产社会化的产物。随着企业规模的扩大和专业化发展的日趋复杂,横向管理越来越突出。

在企业进化过程中,企业形态经历了股东价值形态、精英价值形态、客户价值形态、利益相关者价值形态,而组织结构也经历了四种形式:直线型、职能型、流程型、网络型。

现代企业组织结构理论可以分为两个阶段:第一阶段,从亚当·斯密的分工理论开始,至20世纪80年代,强调高度分工,组织结构也越来越庞大,组织形式从直线制开始,一直到事业部制,我们可称之为传统的科层制组织结构;第二阶段自20世纪90年代开始,强调简化组织结构,减少管理层次,使组织结构扁平化,我们可称之为扁平化组织结构。

(一)科层制组织

科层制组织模式中,直线—职能制是企业较常采用的组织形式,其典型形态是纵向一体化的职能结构,强调集中协调的专业化,适用于市场稳定、产品品种少、需求价格弹性较大的情况。其集中控制和资产专业化的特点,使得它不容易适应产品和市场的多样化而逐渐被事业部制组织取代。事业部制组织强调事业部的自主和企业集中控制相结合,以部门利益最大化为核心,能为公司不断培养出高级管理人才。这种组织形式有利于大企业实现多元化经营,但企业长期战略与短期利益不易协调。

随着企业规模的扩大,科层制组织不可避免地面临以下问题:(1)沟通成本、协调成本和控制监督成本上升;(2)部门或个人分工的强化使得组织无法取得最优的整体效益;(3)难以对市场需求的快速变化作出迅速反应等。

(二)扁平化组织

1. 扁平化组织的定义

扁平化组织是由于科层式组织模式难以适应激烈的市场竞争和快速变化的环境的要求而出现的。所谓组织扁平化,就是通过破除公司自上而下的垂直高耸的结构,减少管理层次,增加管理幅度,裁减冗员,来建立一种紧凑的横向组织,达到使组织变得灵活、敏捷、富有柔性、创造性的目的。它强调系统、管理层次的简化以及管理幅度的增加与分权。

[①] 〔美〕理查德·达夫特:《组织理论与设计》,王凤彬、张秀萍等译,清华大学出版社2003年版,第123页。

2. 扁平化组织的特点

扁平化组织与传统的科层制组织有许多不同之处。科层制组织模式是建立在以专业分工、经济规模的假设为基础之上的，各功能部门之间界限分明。这样建立起来的组织必然难以适应环境的快速变化。而扁平化组织，需要员工打破原有的部门界限，绕过原来的中间管理层次，直接面对顾客和向公司总体目标负责，从而以群体和协作的优势赢得市场主导地位。扁平化组织的特点是：

（1）以工作流程而不是部门职能为中心来构建组织结构。公司的结构是围绕有明确目标的几项"核心流程"建立起来的，而不再是围绕职能部门；职能部门的职责也随之逐渐淡化。

（2）纵向管理层次简化，削减中层管理者。组织扁平化要求企业的管理幅度增加，简化烦琐的管理层次，取消一些中层管理者的岗位，使企业指挥链条最短。

（3）企业资源和权力下放于基层，由顾客需求驱动。由于基层员工与顾客直接接触，使他们拥有部分决策权能够避免顾客反馈信息向上级传达过程中的失真与滞后，大大改善服务质量，快速响应市场的变化，真正做到"顾客满意"。

（4）现代网络通信手段。企业内部与企业之间通过使用 E-mail、办公自动化系统、管理信息系统等网络信息化工具进行沟通，大大增加了管理幅度，提高了效率。

（5）实行目标管理。在下放决策权给员工的同时实行目标管理，以团队作为基本的工作单位，员工自主作出决策，并为之负责，这样就把每一个员工都变成了企业的主人。

把扁平化组织与科层制组织作比较，得到下表：

表 10-2 科层制组织与扁平化组织

特点	科层制组织	扁平化组织
层次与幅度	层次多、幅度窄	层次少、幅度宽
权力结构	较集中、等级	分散、多样化
等级差异（权力、待遇）	不同等级差异大	不同等级差异较大
沟通方式	上、下级之间，沟通距离长	上、下级之间，平缓斜向沟通
职责	附加于具体的职能部门	很多成员分担
通信方式	传统通信方式	现代网络化通信方式
协调	通过等级结构很明确地规定管理程序	手段多样，注重人员间的直接沟通
持久性	倾向于固定不变	持续地高速运转以适应最新情况
适用环境	较稳定	快速变化
企业驱动力	高层管理者驱动	市场需求驱动

扁平化组织形式主要有矩阵型组织、团队型组织、网络型组织（虚拟企业）等。在管理学历史中，扁平化组织常常用作与科层制组织进行比较，从结构上来看，扁平化组织的结构形式趋向于横向结构，但是在传统的扁平化组织内涵之外，又出现了一

些新的组织形式如平台型组织结构、阿米巴结构。本书认为，横向结构发展并丰富了扁平化组织理论。

二、组织形式

（一）非正式组织

非正式组织与正式组织相对，是指以情感、兴趣、爱好和需要为基础，以满足个体的不同需要为纽带，没有正式文件规定、自发形成的一种开放式的社会技术系统。

这种组织一旦形成，会产生各种行为规范，以制约非正式组织中的成员。这种规范与正式组织的目标可能一致，也可能不一致。由于非正式组织的主要目标，在于满足其成员的心理需要，所以这种组织也叫做心理—社会系统。例如，集邮组织、绘画组织、技术革新组织、业余文体活动组织等，都属于非正式组织范畴。

非正式组织是由美国行为科学家埃尔顿·梅奥等人在进行著名的霍桑实验之后提出来的。

非正式组织是伴随着正式组织的运转而形成的。一些正式组织的成员之间的私人关系从相互接受、了解逐步上升为友谊，一些无形的、与正式组织有联系，但又独立于正式组织的小群体便慢慢地形成了。这些小群体形成以后，其成员由于工作性质相近、社会地位相当、对一些具体问题的认识基本一致、观点基本相同，或者在性格、业余爱好以及感情相投的基础上，产生了一些被大家所接受并遵守的行为规则，从而使原来松散、随机性的群体渐渐转变为趋向固定的一个体系，即"非正式组织"。

非正式组织一般没有明确的组织机构或章程，其中的核心人物由于个人威望或影响力等而成为领袖，其思想基础与行为准则往往是一些共同的习惯、观点等，组织稳固性不强，主要以感情和融洽的关系为标准，要求其成员遵守共同的、不成文的行为规则。

非正式组织是客观存在的，其消极作用难以禁止和取消。但是，由于非正式组织具有许多有利于正式组织的积极作用，正式组织的领导人应充分利用非正式组织，以达到培养集体意识的目的。

非正式组织有以下特点：

（1）由于人与人之间有共同的思想感情，彼此吸引、相互依赖，是自发形成的团体，没有什么明确的条文规定。

（2）非正式组织的最主要功能是满足个人不同的心理需要，自觉相互帮助。

（3）非正式组织一旦形成，即产生各种行为规范，控制成员的相互行为，可以促进，也可以抵制正式组织目标的达成。

（4）非正式组织的领袖并不一定具有较高的地位与权力，但他们具有现实的影响力，因为他们或能力较强，或经验较多，或善于体恤别人。

（二）流程型组织

流程型组织（process-oriented organization）是以系统、整合理论为指导，为了提高对顾客需求的反应速度与效率，降低对顾客的产品或服务供应成本建立的以业务流程为中心的组织。

以企业集团为例，基于流程的一般组织形态如图10-4所示：

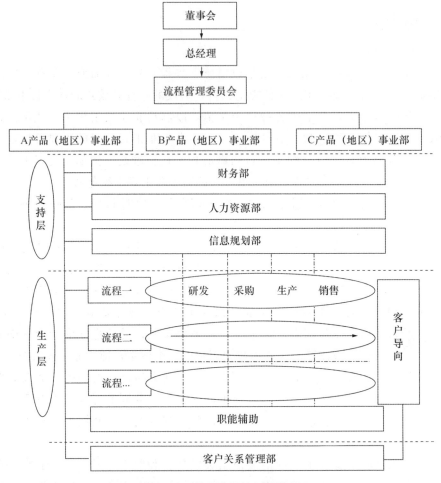

图 10-4　基于流程的组织形态

进一步对流程型组织内部各单位的职责和权限进行分析，可以看出职能组织和流程组织在设计过程中的差异。董事会是公司的高层管理机构，是公司的最高决策层，负责公司重大事项的决策。总经理全面负责公司的生产经营管理工作，组织实施董事会决议。流程管理委员会是基于流程组织的关键部门，起着承接总经理与员工事业部的作用，是将企业的发展战略转化为具体战术的专业技术部门，是推动企业流程的执行部门。流程管理委员会以其专业视角审视企业各个事业部的生产运作流程，对事业部原有的流程重新进行梳理与优化，根据战略发展委员会的发展战略设计流程并推广到企业的生产线。流程管理委员会采用专业的技术分析流程，建立模型，优化流程，并且监督各个事业部的流程执行情况，对流程的运行效率进行评价，对流程的绩效进行考核。可以说，流程管理委员会是流程管理技术最有力的体现者，其角色正是要通过流程管理技术，提升企业流程的运行绩效。

产品或地区事业部可以是一个独立的法人机构，这个机构按传统方式划分是具有各个职能部门的一个完整的企业形态,是具有自己产品的制造型组织,然而在基于流程的组织形态里,这个事业部的组织就必须作相应的调整,有些职能部门要适应流程管理而不断地弱化甚至取消,而有些则要不断地加强权限,这也是基于流程的组织变革的关键。基于流程的组织变革就是要按流程整合生产部门的职能,树立起流程管理的企业文化,制定基于流程的企业发展战略,建立科学的流程管理制度,完善基于流程的绩效考核体系,从基于职能的旧形态转变到基于流程的新形态。

支持层包括财务部、人力资源部、信息规划部,这三个部门是要增强的职能部门。通过财务部监控全部流程的运作效率,控制产品与采购品的质量。人力资源部为各个流程提供合适的人员,提供全员培训,考核人员的绩效。信息规划部提供信息的硬件支持,负责各个流程的信息化建设,按照流程管理委员会的流程建设网络,确保流程安全稳定地运行。这三个部门并不是高于流程,而是为流程服务,支持流程的运转,各个部门都以保证流程的高效运转为己任,提供财力、人力以及硬件的支持。

生产层是生产的第一线,是完全按照流程建立的流程小组,是流程管理变革中调整最大的部分。流程小组将流程所涉及的各个职能部门的人员整合起来,改变人员对原来部门经理负责的状态,而转为对流程负责,每一个流程都是面向客户,并以客户为导向,根据客户的需求而建立。例如,根据市场预测,客户需要一种新的产品,这时,流程管理委员会根据流程管理技术设计好流程,将方案传递给事业部,生产部门从人力资源部调配其流程中各个节点所需的人员,由信息规划部负责流程的信息化建设,由财务部提供全程的财务支持与监控。而其他一些职能则被弱化,成为辅助型部门。当然,这些辅助型部门也不能完全取消,它们为流程提供专业的技能培训,为流程提供专业的人员。流程小组类似于项目管理团队,不同之处在于项目团队是临时性的,而流程小组则是常态的组织形式。流程小组的人员可以经常更换,但只要流程固定下来,其节点是不会改变的。

客户关系管理部是一个特殊的部门。基于流程的组织形态要以客户为导向,所以事业部必须做好客户关系管理,提供市场的第一手资料。同时,将客户信息传递给战略发展委员会,制定企业的发展战略,进行下一轮的发展。

流程型组织具有如下特点:

(1) 流程型组织突出流程,强调以流程为导向的组织模式重组,以追求企业组织的简单化和高效化。

(2) 流程型组织所关注的重点是结果和产生这个结果的过程。这意味着企业管理的重点转变为突出顾客服务、突出企业的产出效果、突出企业的运营效率,即以外部顾客的观点取代内部作业方便的观点来设计任务。

(3) 流程型组织将所有的业务、管理活动都视为一个流程,注重它的连续性,以全流程的观点来取代个别部门或个别活动的观点,强调全流程的绩效表现取代个别部门或个别活动的绩效,打破职能部门本位主义的思考方式,将流程中涉及的下一个部门视为顾客。因此,流程型组织鼓励各职能部门的成员互相合作,共同追求流程的绩效,也就是重视顾客需求的价值。

(4) 流程型组织重视流程效率。流程是以时间为尺度来运行的,因此这种组织结构在对每一个事件、流程的分解过程中,时间是其关注的重要对象。

(5) 流程型组织强调运用信息工具的重要性,以自动化、电子化来实现信息流动,提高工作效率。

(6) 流程型组织强调重新思考流程的目的,使各流程的方向和经营策略更加密切配合,不致流于"依法行事"的僵化局面。

(三) 平台型组织

进入移动互联网时代以来,用户需求发生了深刻变化,个性化消费逐渐兴起,市场的不确定性与日俱增。为了应对市场变化,企业需要更加快速和充分地了解用户的需求。而大数据、云计算、人工智能等新技术的不断发展,使企业内外部的互动更加直接,企业与市场的边界越来越模糊,相互之间的协同变得越来越频繁和高效,组织不再是一个封闭的机器,而是一个开放的体系。与此同时,新生代员工希望在较短的时间内实现自我成就,最大化其市场价值,要求上级能够充分放权,赋予其更大的灵活性和自主权。因此,传统的金字塔型组织模式受到了严重挑战,平台型组织应运而生。

众多具有广泛影响的商业领袖不约而同将平台型组织作为未来企业组织转型升级的主导方向。马云提出:"新的技术革命将要使平台型企业成为10年、20年后,这个世界主要的经济组织形式。"史玉柱则认为:"未来公司就是一个平台,公司组成一个大平台,然后让很多小的 team(团队)在上面跑,谁跑赢谁就成功了……而这个团队的人是越少越好。"真正将平台型组织付诸实践的是海尔集团。海尔提出的平台化改革路径是改变企业传统的金字塔型组织结构,将科层化的组织结构转变为互联网化的平台主、小微主、小微成员。张瑞敏形象地将这种组织转型描述为:"将金字塔式的管理先行打散,再逐步扁平化,变成一个又一个自主创新、自我管理的小团体。"

基于丰富的组织管理知识,结合针对多家行业公司的访谈结果,全球性管理咨询公司 BCG 发现并提炼出平台型企业组织的四大重要特征:大量自主小前端、大规模支撑平台、多元生态体系,以及自下而上的创业精神。穆胜提出,平台型组织要有三大构件:一是资源洼地;二是共享机制;三是精神底层。同时,他也提出打造平台型组织的两大主题:一是通过设计精巧的激励机制让每个人都能感受到市场的压力,确保各职能并联劣后、用户付薪、动态优化;二是通过优化组织结构,形成前台、中台、后台的协作关系,让中台调用后台的资源和机制,"赋能"和"激励"前台灵活作战。

案例

上海爱姆意公司向平台型 B2B 电子商务转型历程

爱姆意公司从传统的机电设备公司成功转型为运用"平台型 B2B 电子商务模式"运营的一个生产性服务企业,期间经历了四个明显的发展阶段:萌芽期为 1996—1998 年,公司实现了资源内部共享以及连锁代理配送的经营模式;准备期为 1999 年,公司进行体制改革,由原来的国企转型为民营企业;转型期为 2000

年，公司开始实施转型，形成"爱姆意在线"平台的规划方案；成长期是从2001年至今，公司形成庞大的机电产品的分销体系。从爱姆意公司向平台型B2B电子商务转型的历程可以看出，公司从传统模式向平台型组织模式演进的过程中，企业组织结构上显现出以下网络化特征：一是经营方式连锁化。企业开发形成连锁经营业务，形成庞大的销售体系。二是企业内部组织网状化。以前的组织结构大多是垂直型的直线结构，机构之间没有往来联系，随着组织的扁平化，部门机构之间横向沟通越来越多，内部组织网络化逐渐形成。三是信息传递网络化。随着互联网技术的发展和计算机科技的应用，企业的信息传递与沟通逐渐数字化、网络化。

（四）学习型组织

学习型组织（learning organization），由美国学者彼得·圣吉（Peter M. Senge）在《第五项修炼》（$The\ Fifth\ Discipline$）一书中提出，是指面临变革剧烈的外在环境，组织应力求精简、扁平化、弹性因应、终生学习、不断自我组织再造，以维持竞争力。知识管理是建设学习型组织最重要的手段之一。

学习型组织不存在单一的模型，它是关于组织的概念和雇员作用的一种态度或理念，是用一种新的思维方式对组织的思考。在学习型组织中，每个人都要参与识别和解决问题，使组织能够进行不断的尝试，改善和提高它的能力。学习型组织的基本价值在于解决问题，与之相对的传统组织设计的着眼点是效率。在学习型组织内，雇员参与问题的识别，这意味着要懂得顾客的需要。雇员还要解决问题，这意味着要以一种独特的方式将一切综合起来考虑以满足顾客的需要。组织因此通过确定新的需要并满足这些需要来提高其价值。它常常是通过新的观念和信息而不是物质产品来实现价值的提高。学习型组织的特点可以用下图来表示：

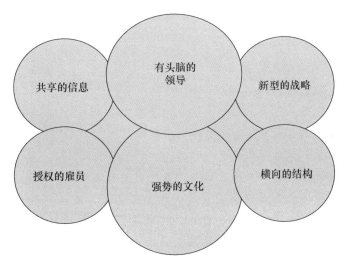

图 10-5　学习型组织的特点

学习型组织的五要素：

(1) 建立共同愿景（building shared vision）：愿景可以凝聚公司上下的意志力，通过组织共识，大家努力的方向一致，个人也乐于奉献，为组织目标奋斗。

(2) 团队学习（team learning）：团队智慧应大于个人智慧的平均值，以作出正确的组织决策，通过集体思考和分析，找出个人弱点，强化团队的向心力。

(3) 改变心智模式（improve mental models）：组织的障碍多来自于个人的旧思维，如固执己见、本位主义，唯有通过团队学习以及标杆学习，才能改变心智模式，有所创新。

(4) 自我超越（personal mastery）：个人有意愿投入工作，专精工作技巧的专业，个人与愿景之间有种"创造性的张力"，这正是自我超越的来源。

(5) 系统思考（system thinking）：应通过资讯搜集，掌握事件的全貌，以避免见树不见林，培养综观全局的思考能力，看清楚问题的本质，有助于清楚了解因果关系。

学习是心灵的正向转换，企业如果能够顺利导入学习型组织，不仅能够达致更高的组织绩效，更能够带动组织的生命力。

学习型组织废弃了使管理者和工人之间产生距离的纵向结构，同样也废弃了使个人与个人、部门与部门相互争斗的支付和预算制度。团队是横向组织的基本结构。在生产的过程中，人们一起工作，为顾客创造产品。在学习型组织里，实际上已经排除了老板，由团队成员负责培训、安全、安排休假、采购，以及对工作和支付的决策；部门之间的界限被减少或消除，而且组织之间的界限也变得更加模糊。公司之间以前所未有的方式进行合作，新兴的网络组织和虚拟组织是由若干个公司组成，它们就是为了达到某种目的而联合起来，这些新的结构提供了适应迅速变化着的竞争条件所需的灵活性。

 案例

微软如何创建学习型组织

微软是怎样创建学习型组织的？首先要有正确的"学习"理念。微软提出的理念是："学习是自我批评的学习、信息反馈的学习、交流共享的学习。"为此，"微软"提出了四项原则：

第一，系统地从过去和当前的研究项目与产品中学习。

第二，通过数量化的信息反馈学习。

第三，以客户信息为依据进行学习。

第四，促进各产品组之间的联系，通过交流共享学习成果。

微软的重要理念是通过交流学习实现资源共享。微软公司为了交流共享，采取了三个措施：第一，成立共同操作、沟通系统。微软是个庞大的系统，需要高度的沟通。第二，开展相互交流活动。第三，开展"东走西瞧"活动。比尔·盖茨要求工作时间各产品开发组员工之间多走一走、看一看，起到沟通、交流、相互学习的作用。

资料来源：水天：《微软如何创建学习型组织》，载《中国电力企业管理》2003年第9期。

（五）生态型组织

生态型组织是指基于相似系统工程和生态系统的自然原理，使组织按照自然生态系统的机能运作。在这里，组织如同一个生物有机体，多样化企业组织群体具有生物群落的特征。生态型组织能够不断地进行自学习、自组织、自进化以及对知识的创新，并具有对复杂环境的快速响应能力。理想的生态型组织就如同自然界中的最高智能生物——人，它具备极强的自主学习能力，从而能够创造性地适应环境，实现组织的生态进化。

我们知道，生态型组织所竞争的资源不是自然资源，而是知识。知识具有极大的共享性，因此，组织的学习能力就非常重要，只有具备快速学习能力的组织，才能在生态进化中先行一步，抢得发展先机。创造性的组织必然是具有极强学习能力的组织，只有通过学习才能形成创造力，也才能真正形成一个具备高度智能化的、具有自适应能力的生态型组织。但我们知道，所有的企业组织一般都不是单人组织，而是多人组织，因此，必然会发生知识在组织中传播的迟滞和不充分。所以，如果信息手段不完善，那么，组织就不可能像单个的人一样运转。然而，当今的信息技术手段可以在一定程度上解决这一问题，我们可以在生态型组织中建立完善的信息系统，使该信息系统如同人体中的神经系统一样，从而可使一个组织尽量接近于具有如同单个的人一样的反应特性。

我们将生态型组织视为学习型组织的高级形态，学习型组织是形成生态型组织的基础。从学习型组织到生态型组织的演化过程，我们称之为组织的生态化。组织生态演化的逻辑是：通过组织学习，形成知识的运用与创造机制，进而通过自组织发展组织进化的核心能力与基础结构，使组织具有生物有机体的生命特征，如对环境的机敏反应能力等。在该演化过程中，发育良好的商业生态环境及恰当的组织设计起着重要的促进与保障作用。

显然，生态型组织与学习型组织有着极密切的联系。生态型组织所竞争的核心资源不是自然资源，而是知识资源。在高度知识化的社会环境中，学习成为组织生存发展的唯一手段。只有通过学习才能形成知识的运用与创造机制，进而通过自组织、自重构发展组织进化和适应环境的核心能力。因此，生态型组织天然就应具有学习能力，且作为学习型组织的高级形态，必须具备更快速学习的能力。如同自然生态系统中的要求一样，一个有机体要想生存下来，就必须满足 $L \geq C$ 的条件，即其学习的速度（L）必须大于或等于其环境变化的速度（C）；只有通过学习才能形成创造力，只有创造性的企业才能占据生态系统的上层，也才能具备通过自组织、自重构实现组织的生态进化的核心能力，从而创造性地适应环境。

作为一种新的组织形态，生态型组织具有不同于学习型组织的新特点。从一定意义上讲，学习型组织学习的主要目的是获取知识资源，它与环境的相互作用采取的是"学习—适应"的范式；生态型组织学习的主要目的是发展自主进化的能力，它与环境的相互作用采取的是"学习—进化—适应、影响"的范式。因此，可以说生态型组织相对于学习型组织的根本区别在于其生态特征，主要表现在：首先，与学习型组织一样，生态型组织也强调学习的重要性，但与学习型组织不一样的是，生态型组织学习的目的不仅仅是为了适应快速变化的环境，它超越了对环境的适应，其学习的目的是进化。根据自组织理论，这种进化不是对环境被动地适应，而是组织内部各子系统协同作用的结果。其次，生态型组织强调组织必须发展与其他组织不尽相同的生存能力和技巧，找到最能发挥自己作用的位置，也就是要找准组织生态位。组织生态位是一个多维的概念，由时间、位置和可用资源三个变量决定。其中，组织生态位的位置变量既包括组织市场所处的地理位置，还包括组织在价值链和组织生态系统价值网中所处的环节位置。通过确定组织生态位从而实现不同组织间组织生态位的分离，这样不仅减少了组织间的竞争，更重要的是为组织间功能耦合形成超循环，从而实现自组织进化提供了条件。最后，自组织是生态型组织的重要特征。众所周知，如果一个体系在获得空间的、时间的或功能的结构过程中，没有外界的特定干涉，我们便说该体系是自组织的。自组织系统的形成和发展采取了一种超循环的形式，超循环产物理论上按双曲线增长，这表明，至少在超循环组织刚出现时，其产物增长速度是非常之快的，能够迅速地形成大量的后代，从而取得支配地位。根据普利高津的耗散结构理论，一个系统要实现自组织，必须满足以下四个条件：系统开放及开放到一定程度、系统远离平衡态、系统内存在非线性相互作用和系统内存在涨落。所以，创建条件在生态型组织内部形成并保持自组织是生态型组织学习的根本目标，只要生态型组织内部存在自组织，那么生态型组织就能更快速地学习、自适应、进化和变异等。

横向管理中个体之间的互动与沟通显得尤为重要，自我价值的实现虽然也是横向管理所追求的，但是横向结构希望能够使得管理效用 $1+1>2$，通过横向管理个体会发挥超越自我的价值以形成强大的组织竞争力。创业、协调及激励为领导者的三大职能，学习、创新与监督为员工的三大职能。此分类打破了传统的以公认的管理者为核心的管理职能划分方式，认为组织中的领导和员工都是自我管理者，会承担管理职能。领导三大职能的划分依据为：创业是领导的自我职能，协调是领导者与员工合作时的职能体现，激励是领导者在驱动员工充分发挥自我价值过程中的职能体现。员工三大职能的划分依据是：创新是员工的自我职能；学习是组织对员工的要求，同时也是创新的基础；监督是员工的一种向上职能。

在此，六大职能的划分，目的是体现企业中每个个体的价值。接下来的篇章叙述与传统的管理学会有相异之处，相信会拓展读者的思维。

本章小结

- 横向管理是以横向协同为基础产生的管理活动，是基于组织内部成员之间横向协同创新构建的管理模式，组织架构趋于扁平化、网络化、多元化以及无边界化，具体表现为部门内部、部门之间、层级内以及层级之间的横向水平管理方式。
- 横向管理有以下六个特点：需要合作、需要协调、与其他管理人员关系复杂、存在不同的方法或理念、存在不同的利益和协同创新。
- 横向管理中，权力的关键不在于由谁掌握，权力是一种实施力量的渠道、一种相互关系。每个人都是权力的"一个点"，并非操纵权力的主体，也不被权力牢牢控制，每个人既是权力的实施者，也是权力实施的对象。权力不是中心化的，而是非中心化、多元、分散的，不是被某个人占有的事物。

- "横向组织"源于自由协定——基于双方的理解，基于合约或条约。"横向组织"描述的是一个非权力主义的组织，这类组织的主要结构是水平或平行式的，强调"同一等级间"的个人或各个主体间的合作。
- 事业部制组织结构，就是在一个企业内部对具有独立的产品和市场、独立的责任和利益的部门实行分权管理的一种组织形态。事业部是一些相互联系的单位的集合，具有三个特征：具有独立的产品和市场，是产品责任或市场责任单位；具有独立的利益，实行独立核算，是一个利益责任单位；是一个分权单位，具有足够的权力，能自主经营。其管理原则是"集中决策，分散经营"，即在集中领导下实行分权管理。
- 矩阵结构的运行是以工作小组或任务小组为基础的。工作小组一般是由具有不同背景、不同技能、不同知识，分别来自不同部门的人员所组成的，通常人数不多。
- 学习型组织废弃了使管理者和工人之间产生距离的纵向结构，同样也废弃了使个人与个人、部门与部门相互争斗的支付和预算制度。团队是横向组织的基本结构。伴随着生产的全过程，人们一起工作，为顾客创造产品。在学习型组织里，实际上已经排除了老板，由团队成员负责培训、安全、安排休假、采购，以及对工作和支付的决策。

□ 关键术语

横向管理（horizontal management）
横向组织（horizontal organization）
直线部门（line departments）
参谋部门（staff departments）
部门化（departmentalization）
M型结构（multi-divisional Structure）
矩阵结构（matrix structure）
横向结构（horizontal structure）
扁平化组织（flat organization）
霍桑实验（Hawthorne experiment）
福柯权力理论（Foucault's power theory）
社会网络（social networks）
流程型组织（process-oriented organization）
平台型组织（platform organization）
学习型组织（learning organization）
生态型组织（ecological organization）

复习题

1. 横向管理的内涵是什么？横向管理的特征有哪些？
2. 横向管理的权力基础是什么？主要内容是什么？
3. 横向组织的概念是什么？
4. 横向型结构指的是哪种结构？横向型结构与等级结构的区别有哪些？
5. 学习型组织的特点是什么？学习型组织的五个要素是什么？
6. 平台型组织有哪些典型特征？

自我评估 ▶ 你是"以人为本"的领导者吗？

"我是公司里面最累的人，白天不停地穿梭在工作岗位间，悉心指导，晚上还要出去应酬跑业务，依然不见公司有什么起色！"

"你看到了，我对员工培养有多么地重视，每年请进来培训的老师都是精挑细选的，送他们出去深造的机会也有，怎么就不见他们有长进？"

"我们公司的薪水，在本地同行业间，绝对是排在前面的，还要怎样才能满足他们不断膨胀的需求？"

"我把员工当作孩子来指导，以前都是直接批评，指出他们的毛病，这样问题总能高效地解决。总以为压力就是动力，可现在的孩子简直是摸不得、碰不得，一不留神就跟我闹上情绪了！"

"制定指标也不完全是为了图方便省事，只是想更全面地反映员工的表现。结果他们就只看这些指标了，这不是我原来的想法呀！"

……

领导者们的"吐槽"，刚好反映了流行管理方法使用中最大的误区——"本末倒置"，很多领导者错把管理的目的当成手段，而手段却成了目的。

领导者们经常陷入使员工不会、不学、不愿、不做的四个误区。

1. 使不会

√：悉心的教导（手段）是为了让员工更会做事（目的）；

×：通过帮员工把事做好（手段）来提升领导者从辅导中收获的满足感（目的）。

强大的领导和弱小的员工组合的结果是，当领导不在或者同样没有经验时，员工的第一个反应就是"我不会"，然后无所适从，只能大眼瞪小眼地等待解决方案。

2. 使不学

√：组织培训（手段）是为了让员工乐于通过学习实现成长（目的）；

×：将乐于学习提升能力这类"员工的事"（手段）变成"领导者的事"（目的）。

一位领导者每年对他的中层管理者只培训一次，课程内容由他选定。在与我分享经验时，他说："我每年只做一次真正意义上的培训，是结合我过去一年的工作经验仔细推敲和精挑细选的。接下来的'培训'动作就是把唯一的这次培训真正落实到工作中去。"

3. 使不愿

√：激励（手段）是让员工更具有工作的激情（目的）；

×：意图表明，激发员工工作的内在驱动力（手段）仅是为了追求更多的物质奖励（目的）。

现在，很多激励方式"成功"地将员工的注意力从寻找内在驱动力，转移到达成交易性的工作动机。要知道，以物质为筹码的交易行为是具有刚性特征的——上去容易下来难。一旦物质激励向上触及了天花板，甚至是增长的幅度变小、速度减慢，交易性心理会立刻导致工作的驱动力下降，员工的积极性明显衰退，他们会告诉你："就是这些激励让我觉得工作没劲！"

4. 使不做

√：命令、批评和指标（手段）是为了让员工了解自己的工作现状，并有效地展开改善的动作（目的）；

×：要用员工的改变（手段）来成就领导者的至高无上和绝对权威（目的）。

时代的原因，决定了越来越多的员工具有个性鲜明的属性特征。他们聪明绝顶，可以敏锐地察觉到领导者是否真心在关注他们。与此同时，他们对领导者的管理方式也提出了更高的要求——他们不只关注领导者的内在动机，还可以通过多种渠道观察领导者是如何做到的。如果你无法提供切实有效的解决建议并以身作则，员工对领导者的信任和尊重会迅速衰减。

阅读到这里，身为领导者的你，是否对自己的管理有了新的认识？你还有信心继续完成领导者的使命吗？尽管前途未卜，你是否依然想寻找驱动员工的管理方式？

案例
扎克伯格的王国——"云"端领导与"云"力量

如果脸谱网（Facebook）是一个国家，它将位列世界第三。人们上网的每7分钟里，就有一分钟是在脸谱网上。超过10亿条资讯在脸谱网上被人们所分享。

毋庸置疑，马克·扎克伯格带着他创造的Facebook改变了世界。

为什么是脸谱网？中国有人人网、开心网这样类似的社交网站，为什么不是咱们中国的企业改变了世界？社会商业领域的开拓者埃克特里娜·沃尔特（Ekaterina Walter）提出了脸谱网的5P：激情（passion）、目标（purpose）、人（people）、产品（product）、伙伴（partnerships）。

本书要探讨的是"人"这一要素。企业要获取长期的成功，没有比人力资本更重要的因素，这一点无可厚非。马克·扎克伯格和他的员工会如何做？

（1）员工能够凭借能力争取自己的权力。脸谱网有新员工训练营，针对新进公司的工程师，公司会教授他们"像扎克一样思考"和脸谱网的工作生活方式。在短期适应后，新员工会接受修复脸谱网网站漏洞的任务。一旦漏洞被修复后能正常使用，新员工就能得到授权作出相应的修改。

（2）员工能够自由地发表观点或者意见。马克·扎克伯格渴望自己的领导风格能够完全透明。每个周五下午，会举行开放论坛，大家坦率地进行提问与回答。不仅仅是员工分享他们自己的观点、想法以及故事，马克·扎克伯格同样要这样做。

（3）员工可以开展活动，进行创新。脸谱网每月都会举行通宵达旦黑客马拉松，这是一种智力和创造力的练习。工程师可以提出任何想法或者项目，唯一的规则是，工程师只能做其他人提出的项目，这非常符合脸谱网鼓励新观点的核心文化。更重要的是，项目原型一旦被做出，包括马克·扎克伯格在内的其他人会对其进行评估，如果通过，就可以在网站上运行。解决问题的办法往往不止一种，每个人都能就解决方案畅所欲言。你一定会认为是马克·扎克伯格来发起这样的活动，但实际上，这些活动从来没有预先安排，只要有人说："嘿，想不想来一场黑客马拉松？"其他人加入进来，约定时间，活动就开始了。

马克·扎克伯格给予员工充分的权力，员工能够自由地发表观点（话语权），可以凭本事争取到权力为企业出力（行动权），也可以进行创新（创新权），而这创新有极大的成为现实的可能性。这很符合脸谱网的文化特征——"透明"和"授权"，带来的是奉献精神、忠诚和信任。信任公司文化和领导的员工，愿意付出百分百的努力去推动公司成功前进。

传统认知中的领导，往往是将权力掌握在自己手中，下达指令，员工照做即可。而当大部分的权力转移到员工手中，那么领导者应该做什么？马克·扎克伯格自然也有他独特的想法。他说道："我一直致力于两件事：其一，明确公司的方向和目标；其二，尽可能组建最好的团队……如果能将这两件事都做好——明确工作目标，组建优秀团队执行目标，那么你的公司会做得很棒。"

在马克·扎克伯格看来，他要做的是建立优秀的团队。作为领导者，他做了这样几件事情：

（1）用合适的规模支持扁平化管理。脸谱网的的规模不大，这样一个成功的网络公司拥有大约4000名员工。和许多世界百强企业相比，脸谱网可谓是"小蚂蚁"。但这样的规模支持着脸谱网的扁平化管理结构，让员工权力得到充分发挥。脸谱网的第五位员工 Matt Cohler 说："我们致力于将事情尽可能扁平化。我们给员工提供的创新环境越差，我们落后得就越快。"

（2）创造创新的文化、快乐的氛围。Zappos 的创始人谢家华曾说："就个体而言，性格即命运；组织而言，文化即命运。"马克·扎克伯格将脸谱网的企业文化定义为"黑客之道"。黑客意味着快速开发或是挑战能做到的极限，代表一种不断改进和衍生创新的方式。公司希望每个员工都是积极主动的，具有独立精神和创造精神，而这种文化支持着脸谱网的员工积极思维，积极创新。另一方面，脸谱网的氛围是快乐的，在脸谱网的办公区，有多个会议室配有音乐和游戏设备。无论白天还是晚上，脸谱网的员工都会抽出时间一起玩耍，甚至和团队领导也打成一片。这种快乐的氛围能令员工保持高度的积极性。

（3）吸纳合适的人才与解雇不合适的员工同等重要。吉姆·柯林斯（Jim Collins）在《从优秀到卓越》（Good to Great）一书中提到，领导者要"请合适的人上车，送不合适的人下车，给合适的人安排合适的座位，然后再决定行驶的方向"。脸谱网在招聘人才时，所有员工都会深度参与。招聘程序的制定者会拜访校园、参与技术聚会，甄选适合公司的人才。马克·扎克伯格设计了严格的招聘筛选过程，但一旦进入公司，脸谱网会给予员工最佳的待遇，基于贡献和价值表现的职业路径。然而，脸谱网也不会"姑息"和企业理念与文化背道而驰的人。亚马逊前任执行官 Owen Van Natta 曾受雇脸谱网，负责商业开发。尽管他将公司的营运收益从100万美元提升至1.5亿美元，但仍然被解雇了，因为他一直推动将脸谱网出售给雅虎，这并不利于脸谱网的发展。

脸谱网的领导者让公司一直保持着最优规模，每位雇用的员工都是适合公司的、最优秀的人，用独特的文化和氛围支持着员工创新能力的发挥。可见，领导者将其智慧发挥在了团队构建上，而非发号施令上。

领导者构建了优秀的团队，员工拥有了充分的权力。这让新颖的、有价值的观点得以实现，听从指令埋头苦干不再是一种主导。员工的点子一旦实现，他们将更信任企业，为企业付出更大的努力，更可能将手中的权力化为企业的成绩，这将成为一种良性循环。

60个工程师的团队可以完成其他企业600人的团队都无法做到的任务，这就是马克·扎克伯格和他的奇迹王国。接下来，让我们从马克·扎克伯格和他的脸谱网回到本书想要说的"云"端领导以及"云"力量。

"云"这个词在互联网时代常常被用到，云计算、云储存……鲜有人能确切说出"云"的含义。如果我们用比喻来描绘：闲置的资源或是力量，就像天空中的云，它们是散落的；实际上，需要的时候它们可以随时聚拢、延伸、应用，产生巨大的能量。

企业中，员工或许有着特别的才华、能力、潜力，这些自我力量往往在制度流程之外，如果员工仅仅需要听从领导指示、按部就班地工作，他们根本无须动用这些力量。试想，这些力量如果能一起发挥，能产生新的想法、应用，对于企业来说，会是一笔多么大的财富。然而，这些力量就像"云"，在每个员工身上存在，但却是分散的。如果没有合适的管理和引导，"云力量"无法发挥大作用。因此，企业需要对"云"力量进行领导——这也就是我们说的"云"端领导。

看看脸谱网的领导者是如何做的，他们将权力赋予员工，本身则致力于构建一个最优秀的团队，建立合适的组织架构，挑选和保留最合适的员工，并且用文化和氛围来引导企业，向着使命进发——一切都激发了员工的"云"力量。员工被赋权，他们拥有的不仅仅是福利，还有话语权、创新权等。他们就是"云"力量，乐于积极思维、自主创新，让企业的绩效翻倍。可见，这种领导力与传统的领导力已然不同：不再集权，不再发号施令。

资料来源：陈洪安等：《微权力》，北京大学出版社2016年版，第92—95页。

[问题]
1. 通过以上案例，请你总结发挥"云"力量的要素有哪些？
2. Facebook的管理有什么特点，在其他行业具备可复制性吗？
3. 结合你了解的企业，当前还有哪些新型管理形式值得传统企业参考借鉴？

第十一章 创业

> 创立新的事业,十个人中有两个人赞成就可以开始了。等有五个人赞成的时候已经迟了一步,到七八个人赞成时已经太迟了。
>
> ——太原总一郎

第一节 创业与创业者

一、创业的概念

创业,是在高度不确定的环境下,不拘泥于当前资源条件的限制,发现和捕获机会,将不同的资源进行组合以利用和开发机会并由此创造出新颖的产品或服务,实现其价值的过程。创业(start-up),狭义的定义,顾名思义就是创建新企业。

二、创业者

(一)创业者误区

有关创业者的误区和事实如下表所示:

表 11-1 有关创业者的几大误区和事实

误区	事实
1. 每个人都可以创业	创立公司很容易,难的是持续经营并建立可以得到收获的企业
2. 创业者都是赌徒	成功的创业者会谨慎、科学地承担风险,并且会执行所作的决定,毫无畏惧
3. 创业者喜欢做孤家寡人	聪明的创业者会组成一个团队、一个组织或者一家公司
4. 创业者是自己的老板,完全独立	创业者必须周旋于许多人际关系中,包括投资人、顾客、供应商、债权人、雇员和家庭等关系
5. 创业者比大公司的管理者工作时间更长,更努力	没有明显的证据表明所有的创业者工作时间都比公司的管理者长,有的可能是,有的可能不是
6. 创业者要承受巨大的压力	毫无疑问,创业者要承受一定的压力,但是也常常能从工作中得到满足。他们有更高的成就感,更健康,并且比其他打工族更不愿意退休

(续表)

误区	事实
7. 创业者的动力来自对金钱的追求	创业者开始创业的时候，更多地是想建立企业和实现长期的资本价值，而非因为高工资等。个人的成就感、把握自己命运的感觉以及对自我梦想的追求，也是强大的驱动因素
8. 创业者喜欢权力和控制他人	成功的创业者的驱动因素来自责任感、成就感和对目标的追求，而不是因为个人的权力欲
9. 一个有才能的创业者马上就会成功	关于创业流传着一句古训：柠檬的成熟只要两年半，但珍珠的形成却要七八年。极少有新创业者能在三四年内站稳脚跟
10. 创业者只要有好主意就能赢得风险投资	在那些有好主意并且寻找投资准备创业的创业者中，100 个中只有 1—3 个会得到资助
11. 只要一个创业者有了足够的开业资本，他一定会成功	恰恰相反，太多的钱会让人得意忘形、缺乏节制、开销无度，从而导致产生严重的问题
12. 除非你的 SAT 或者 GMAT 成绩在 600 分以上，否则你不可能成为一个成功的创业者	创业者的 IQ 是创造能力、激励能力、正直品质、领导能力、团队合作能力、分析能力以及处理不确定情况和逆境能力的一种独一无二的组合

还有一个误区，即做一个创业者是很惬意的，因为你不但可以"暴富"，还能把公司交给雇员打理，而自己去享受闲暇。但是要记住，现实是残酷的。在起步阶段，你很可能要经历一段艰难的岁月，会觉得筋疲力尽。VisiCalc 公司的创始人丹·布里克林（Dan Bricklin）建议，最重要的是要记住："你并不代表你的公司。在诸事不顺、最黑暗的时候，相信我，你一定会成功的，你要记得公司的失败并不意味着个人的失败。同样，公司的成功也并不意味着你是个天才或者超人。"

（二）创业者的基本素质

在欧美学术界和企业界，创业者被定义为组织、管理一笔生意或一个企业并承担其风险的人。创业者的英文单词是"entrepreneur"，entrepreneur 有两个基本含义：一是指企业家，即在现有企业中负责经营和决策的领导人；二是指创始人，通常被理解为即将创办新企业或者是刚刚创办新企业的领导人。

彼得·德鲁克将创业者定义为那些能"寻找变化，并积极反应，把它当作机会，充分利用起来的人"。而我国学者认为，所谓创业者是指发现某种信息、资源、机会或掌握某种技术，利用或借用相应的平台或载体，将其发现的信息、资源、机会或掌握的技术，以一定的方式，转化、创造成更多的财富、价值，并实现某种追求或目标的人。创业者应该具备一些基本的素质：

1. 强烈的创业意识和赚钱欲望

要想取得创业的成功，创业者必须具备自我实现、追求成功的强烈的创业意识。强烈的创业意识帮助创业者克服创业道路上的各种艰难险阻，将创业目标作为自己的人生奋斗目标。创业的成功是思想上长期准备的结果,事业的成功总是属于有思想准备的人,也属于有创业意识的人。创业意识是创业的原动力,意识越强烈,动力就越大,创业者的行动就越有力。

另外,要想取得创业的成功,还必须具备强烈的赚钱欲望,这是创业很重要的条件。在创业的道路上,这种欲望越强烈,实现财富梦想的概率就越大。自我雇佣者喜欢创业的过程,因为有着高度的荣耀感、满足感,还会拥有一份高收入。更重要的是,创业不是为了能让人获得像洛克菲勒家族和范德比尔家族后代那样的特权,而是能为任何表现良好的人提供机会和上升空间。

简而言之,创业者创造新思想,并把它们转换成现实的企业。

2. 良好的创业心理素质

创业,是对自身精神与心理的打磨。创业之路,是充满艰险与曲折的,创业就等于要去面对变幻莫测的激烈竞争以及随时出现的需要迅速正确解决的问题和矛盾,这需要创业者在创业的历程中保持自信、自强、自主、自立、忍耐等良好的创业心理素质。自信就是对自己充满信心。自信心能赋予人主动积极的人生态度和进取精神,不依赖、不等待。要成为一名成功的创业者,必须坚持信仰如一,拥有使命感和责任感;信念坚定,顽强拼搏,直到成功。信念是生命的力量,是创立事业之本,是创业的原动力。要相信自己有能力、有条件去开创自己未来的事业,相信自己能够主宰自己的命运,成为创业的成功者。自强就是在自信的基础上,不贪图眼前的利益,不依恋平淡的生活,敢于实践,不断增长自己各方面的能力与才干,用于使自己成为生活与事业的强者。

创业成功很大程度上取决于创业者的创业心理素质。创业之路不会一帆风顺,如果不具备良好的心理素质,一遇挫折就垂头丧气、一蹶不振,那么,在创业的道路上是走不远的。只有具备处变不惊的良好心理素质和愈挫愈强的顽强意志,才能在创业的道路上自强不息、竞争进取、顽强拼搏,才能从小到大,从无到有,创出属于自己的一番事业。

3. 科学的冒险精神

具备科学的冒险精神是创业者的一个重要特质。风险是客观存在的,创业需要胆量,需要冒险。但创业毕竟不是赌博,大胆的决策并不等于蛮干或者冒进。对于成功的创业者来说,要以科学的冒险精神与头脑去冒险。科学冒险精神是在对事物深刻认识的基础上,了解、分析和研究风险,科学地处置风险,大胆决策,有效执行时所表现出来的艺术,是实践的感性认识和分析的理性认识相结合的结果,是不断螺旋提高的过程,更是必须在实践中磨炼的品质。这里的冒险绝非盲目冒险、比试胆量而是创业中必须冒的险、值得冒的险。冒险的前提是明确胜算的大小,在决定冒险之前,不要问自己能够赢多少,而应该问自己能输得起多少。

案例

创业就要敢于冒险（王石的创业故事）

王石50多岁还去登珠穆朗玛峰，最后成功了，成为中国企业家中登顶世界最高峰的第一人；王石还喜欢飞伞、滑雪、航海……只要是刺激、好玩的项目，王石都喜欢。

可是，王石认为自己做这些事情并没有太多风险，因为他通过严格的专业训练和过硬的专业素质已经把风险降到最低了。

王石做的最冒险的事情还是在开始创业的时候。那个时候，王石在深圳做玉米生意。那是在1983年，王石第一次在深圳尝到生意成功的喜悦，可是没得意几天，媒体就报道说，香港有关部门从鸡饲料中发现了致癌的物质，希望民众在食用鸡肉的时候要特别小心。

大家可以想一下，这条报道出来以后谁还吃鸡肉？销往香港的鸡销不出去，自然鸡饲料也就不好卖，这就像一条完整的食物链突然有一环断了，后面的那些环自然也就散了。此时的王石还不知道深圳的玉米已经无人问津，还在做着发大财的美梦。回到深圳后，王石终于知道一直畅销的玉米成了滞销货，饲料厂根本就不进玉米了。王石求爷爷告奶奶，才终于销出了这几千吨玉米，可是却白白损失了100多万，还欠下了70多万的债。王石辗转反侧，不能入眠。他看着那份媒体报道：《创业就要敢于冒险》，一想到玉米里面可能没有致癌物质，王石再也躺不住了，一跃而起。他决定冒一次险，再去北方贩玉米。那些和王石一样做玉米生意的商人一听说王石还要去北方贩玉米，都说王石是不是赔钱赔出精神病来了，这个时候去北方贩玉米到深圳那还不是越赔越多。就连王石一直供货的饲料厂的朋友也劝王石别冒险了，鸡都销不出，玉米还能销出去？可是王石谁的话都不听，他只相信自己，他安慰自己说：“我就不相信香港人永远不吃鸡了，要吃鸡就要鸡饲料，要鸡饲料就得要我的玉米。"王石来到大连，大连的粮油公司一见王石就像见了亲人一样，这个时候大连粮油公司的经理正为销不出玉米发愁。王石一口气把大连粮油公司所有库存玉米都订购了，紧接着又来到天津、青岛等地，把这些地方的玉米库存都给订购了。

首批7000吨玉米从北方装船起运，看着这7000吨玉米，王石的心也是非常忐忑，他知道运到深圳的时候，香港人如果还没有开始吃鸡，那么自己真的就只能跳海了。当装载着7000吨玉米的货船还有两天就要停靠在蛇口赤湾码头时，香港的那家报纸登出一封致歉信，对错误地报道鸡饲料中存在致癌物质进行道歉。

拿着这张登着新消息的报纸，王石心中的愁云散开了，这时只有王石手里有玉米，所有深圳的饲料厂只能向王石订货。就是这一桩生意，王石足足赚了300多万元，后来他正是凭着这300多万元的启动资金成立了万科，才有了今天的成功。

4. 灵活的头脑和超前的眼光

市场经济决定一切的时代要求每个人都要有审时度势的灵活头脑与超前眼光。有句话说得好："你能看多远，才能走多远"，所以创业必须有经营的灵活头脑与超前眼光。这样的人往往能发现商机，并及时付诸行动；了解生活、热爱生活，他们能在生活的各个领域创造出属于自己的一片天地。

创业者还通常以灵活的头脑和超前的眼光，洞察出社会变动中某些缺乏的事物，对现有商品、服务的缺失能予以改善，甚至洞察出所衍生的新机会，赋予其新的价值和新的功能，产生新的创业构想并付诸创业行动，从而取得成功。例如，20世纪70年代末，比尔·盖茨发现"个人电脑的触角将深入未来每一个家庭中"，从而成就了微软商业帝国。而当时的华人企业家王安对这一趋势不够敏感，使王安电脑公司——当时世界上最大的办公软件（WPS）企业很快走向衰败。1985年，马云去美国出差，第一次接触个人电脑和互联网，就敏锐地发现互联网领域潜藏的商机，创立了阿里巴巴公司。张明正拿到计算机专业硕士学位后，选择了被时人称为"旁门左道"的防病毒软件作为主攻方向。

5. 善于经营管理

创业毕竟是一个系统的经营过程。所以，一个优秀的创业者，必须懂得建立正确的创业理念，也懂得如何采取有效的经营策略。理念是源头，策略是源头流出来的活水。如果创业者缺乏经营的能力，不懂得在有限的创业资源中把握源头和活水，企业经营就会出现诸多危机。一个创业者，要了解在创业过程中的企业管理，他可能不是专业的经理人，但他一定善于利用经理人进行创业过程中的经营与管理。

在我国，大部分私营企业的老板既是创业者又是管理者。在资本主义成熟的国家，企业所有者（创业者）和经营者（管理者）基本上是分离的。因为企业管理自有它特有的规律和法制，企业所有者（创业者）不一定精于此道，为了使资源得到最佳组合，企业所有者（创业者）常常聘请精于此道的职业经理人管理企业。企业所有者（创业

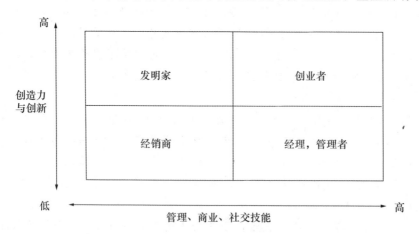

图 11-1　谁是创业者

资料来源：J. Timmons and S. Spineli. Noo Venture Creation. 6th ed. New York：McGraw-Hill/Irwin, 2004, p.65.

者）只是作为所有人监督企业的运营和发展，而智慧和才能让一位创业者取得成功。成功的创业者首先是一位发明者，同时还要拥有在管理、商业、社交方面的良好知识和技能。反之，发明创造者也许很有创新能力，但却缺乏如何把创意转变为商机的能力。管理人员也许能确保公司高效运作，但却缺乏创造发明能力。经销商有一套独特的市场营销技能，这些技能虽然对创业者有用，但却可以通过雇佣得到，只有创新能力和商业管理技能才是成功的创业者必须具备的特质，两者缺一不可。

总体来说，创业者和管理者不同。一个创业者首先是一个管理者，但是他还致力于一些其他管理者不参与的活动。管理者总是处于一种较为正式的层级管理体制中，有较为明确的权力和责任。与此不同，创业者更多依赖社交网络，将其他人调动起来，而不是依赖正式的权力。管理者总喜欢拥有自己的财产，而创业者尝尝租用临时性财产。有些人说，管理者行动迟缓且倾向于规避风险，而创业者总是行动迅速并且积极地迎战风险。

第二节 创 业 精 神

难道你就不想出来做点什么？没错，创业吧！

为什么要创业呢？理想抱负、成就感、财务自由……总之，理由充足。

我们首先来了解一下"创业精神"。创业精神是指在创业者的主观世界中，那些具有开创性的思想、观念、个性、意志、作风和品质等。

创业精神有三个层面的内涵：（1）哲学层次的创业思想和创业观念，是人们对于创业的理性认识；（2）心理学层次的创业个性和创业意志，是人们创业的心理基础；（3）行为学层次的创业作风和创业品质，是人们创业的行为模式。

创业精神一般可区分为个体的创业精神和组织的创业精神。所谓个体的创业精神，指的是以个人力量，在个人使命引导下，从事创新活动，并进而创造一个新企业。个体的创业精神一般包括激情、积极性、适应性、领导力、雄心壮志五个要素。而组织的创业精神则指在已存在的一个组织内部，以群体力量追求共同愿景，从事组织创新活动，进而创造组织的新面貌。

哈佛商学院创业研究领域教父霍华德·史蒂文森（Howard Stevenson）将"创业精神"定义为：追寻现有资源范围以外的机遇。

"追寻"指绝对专注的态度。创业者能察觉转瞬即逝的机遇，在有限时间内展现实力，吸引外部资源。时间一分一秒过去，真金白银不断流失，因此创业者都会有一种紧迫感；而成熟公司拥有稳定的资源，面临机遇时选择更多，往往缺乏紧迫感。

"机遇"指在以下一个或多个方面有所作为：（1）推出创新产品；（2）设计全新商业模式；（3）改进已有产品，使其质更优、价更廉；（4）发掘新客户群。创业者完全可能兼顾这些方面，例如，用全新商业模式推出一款创新产品。以上列举的这些方面并未穷尽企业可能把握的机遇，企业仍可通过提价或灵活雇用更多销售代表来提升利润，但这些手段并无新意，与创业精神无关。

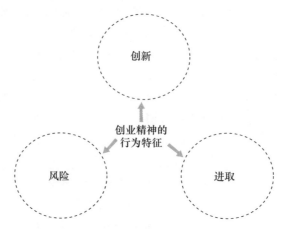

图 11-2　创业精神的行为特征

"现有资源之外"指突破资源限制。初创企业刚起步时，创始人只能掌控现有的人力、社会和财务资源。很多创业者主张自力更生，节衣缩食，万事不求人。固然，有些新创企业可以仅凭一己之力生存下来；但为了长远发展，创始人必须设法引进生产设备、分销渠道、营运资本等外部资源。

创业者不断追求新机遇，但缺少必要的资源，因此面临四大类风险：一是需求风险：消费者可能对创新产品或服务不买账；二是技术风险：创新方案能否得到技术支持；三是执行风险：创业者能否聚拢执行力强的团队；四是财务风险：能否合理引入外部资金。创业者应承认风险存在的客观性，同时力图驾驭各种不确定性因素。

控制风险需要资源，资源却更倾向于进入低风险区域。例如，若想开发推广一款产品，需要向投资人证明技术和市场风险可控，但降低风险本身就需要外部资金投入。为避开这个死循环，创业者有以下四种对策：

其一，精益测试，采取最小规模的行动，以最低代价迅速评估风险，测试商业模式可行性。

其二，分阶段投入，将困难各个击破，在实现阶段目标之前，不占用计划外资源。

其三，建立合作伙伴关系，借用其他公司的资源，将风险转移给承受风险能力更高或意愿更强的盟友。同理，新创企业可以放弃购买资产，通过灵活租赁资产，将高额固定成本转化为可变成本。

其四，掌握"讲故事"的艺术，向投资人展示，自己的事业能让世界变得更好。如果投资人被你的故事打动，他们将甘冒风险，支持你的事业。例如，乔布斯特有的"现实扭曲力场"俘获了众多员工、合伙人、投资人，让他们一往无前跟随他追逐梦想。

或许你会问：史蒂文森对创业精神的定义有现实意义吗？答案是肯定的。原因有两点：首先，他把创业精神理解为一种独特的整体管理观念，而非将其限定于企业发展的某个特定阶段（如初创企业）、某种个人角色（如创始人），或某类精神气质（如激进、独立）。按照这个定义，各类企业，包括大型企业，都可能孕育创业精神。如果你相信创业精神是全球经济增长的引擎、社会改良的动力，这无疑是个好消息。

其次，这个定义为创业行动指明了方向，创业者可据此控制风险，调动、利用资源。一位学生曾被要求为积极进取的创业者提出建议，他的回答很精彩："因为资源极其有限，你必须具有创新精神，善于把握机会，并且掌握说服的艺术。'追寻现有资源范围以外的机遇'概括了我日常工作的方方面面，鞭策我不断前行。"①

第三节　创业过程

创业源于内外因素的综合作用，创业过程有可遵循的逻辑，遵守这种内在逻辑，可以使创业的成功率大幅度提高。

一、创业的起点——机遇的识别与把握

"康师傅"如何评价创业机会
——创业机会的捕捉

我国台湾魏氏四兄弟1988年到大陆创业时，做过他们熟悉的食用油，也推出过"康莱蛋酥"，这些产品都因为太超前而失败，差点让魏氏兄弟血本无归。直到一次出差时，魏应行发现一同搭车的人对他从台湾带来的方便面十分好奇，经常有人围观甚至询问何处可以买到。魏应行敏锐地捕捉到这个市场的巨大需求，把握住了创业的方向。

当时，我国大陆的方便面市场呈现两极化：一极是国内厂家生产的廉价面，几毛钱一袋，质量很差；另一极是进口面，质量很好，但价钱贵，五六元钱一碗，普通人消费不起。了解到这种市场情况，魏应行想：如果有一种方便面物美价廉，一定很有市场，于是决定生产这种方便面，并给准备投产的方便面起了一个响亮的名字——康师傅。

资料来源：姚飞：《创业管理》，大连理工大学出版社2013年版。

（一）认识创业机会

蒂蒙斯（Jeffry A. Timmons）认为，创业过程的核心是创业机会，创业过程是由创业机会驱动的。创业机会存在于社会与经济的变革过程之中。环境的变化，会给各行各业带来良机，通过变化，就会发现新的前景。

谢恩（Shane）和维卡塔拉曼（Venkataraman）将创业机会定义为能在将来创造目前市场所缺乏的物品或服务的一系列的创意、信念和行动。

---

① 〔美〕托马斯·艾森曼：《创业精神是一种综合的管理理念》，载《哈弗商业评论》2013年第5期。

德鲁克认为，在产品市场的创业活动有三大类机会：第一，由于新技术的产生，创造新信息；第二，由于时间和空间的原因导致信息不对称而引起市场失灵；第三，当政治、管制、人口发生变化，与资源利用相关的成本和利益便会发生转变，这些转变可能创造机会。

所谓创业机会，可以理解为一种市场机会，是指客观存在于市场交易过程，并能给创业者提供（服务）对象、带来盈利可能性的市场需求。创业机会能为创业者带来回报（或者实现创业目的），是具有吸引力的、较为持久和适时的一种商务互动空间。从创业实践来看，创业机会是产生创业活动的关键因素。

创业机会有客观性、时效性、相对性、均衡性与差异性、必然性与偶然性五大特点。

（1）客观性。创业机会在一定时期内是客观存在的，并能够被人把握住，无论人们是否意识到，有盈利可能的市场需求都会在客观上存在于一定的市场环境之中。

（2）时效性。机不可失，时不再来，机会并非永久存在，需要及时把握。创业机会具有很强的时效性，稍纵即逝，不可复得。未满足的市场需求或者未被充分利用的市场资源是一个动态概念，创业者如果不能及时捕捉，就会丧失机会。机会总是青睐第一个吃螃蟹的人，对于机会的捕捉，创业者宜早不宜迟。

（3）相对性。一些学者曾经试图研究创业成功的标志，结果发现不同国家、不同民族、不同行业、不同企业甚至不同创业者对成功的界定都不同。其实，事物的存在本身就是相对的，并没有绝对统一的得失标准。但有一点可以肯定，如果你超越了你的竞争者，你就获得了成功，这个竞争者包括对手，也包括自己。机会也是一样，如果你超越了竞争者，你就赢得了机会。机会存在于与竞争者相比较的相对之中。

（4）均衡性与差异性。市场机会在特定范围内对某一类人或同一类企业是均等的，所谓"机会面前人人平等"。但不同的人对同一市场机会的认识有差别，利用同一市场机会的可能性也有差异，对机会的态度也不一样。

（5）必然性与偶然性。时势造英雄，市场总是在不断发展变化，每一个新兴行业的诞生，都会涌现出一批时代的弄潮儿，如19世纪的"铁路大王"哈里曼、20世纪的比尔·盖茨等，他们是站在风口浪尖的成功创业者，铸就他们事业成功的主要原因并不全是勤奋，也因为他们选择了迎接新兴行业的诞生。因此，创业机会具有时代的必然性。创业机会在社会层面上必然会被一些创业者捕捉到，然而，对潜在创业者来说，机会并不是每时每刻都会显露，机会的发现具有一定的偶然性，关键是要努力寻找，从市场环境变化的必然规律中预测和寻找，这就是通常所说的，要对创业机会保持警觉，时刻做一个有心人。

（二）评估和把握创业机会

（1）着眼于问题。机会并不意味着无需代价就能获得，许多成功的企业都是从解决问题起步的。所谓问题，就是现实与理想的差距。比如，顾客需求在没有满足之前就是问题，而设法满足这一需求，就抓住了市场机会。

（2）利用变化。变化中常常蕴藏着无限商机，许多创业机会产生于不断变化的市场环境。环境变化将带来产业结构的调整、消费结构的升级、思想观念的转变、政府政策的变化、居民收入水平的提高等，人们通过这些变化，就会发现新的机会。许多很好的商业机会并不是突然出现的，而是对"先知先觉者"的一种回报。聪明的创业者往往选择在最佳时机进入市场，当市场需求爆发时，他们已经作好准备等着接单。

（3）跟踪技术创新。世界产业发展的历史告诉我们，几乎每一个新兴产业的形成和发展，都是技术创新的结果。产业的变更或产品的替代，既满足了顾客需求，同时也带来了前所未有的创业机会。任何产品的市场都有其生命周期，产品会不断趋于饱和，达到成熟，直至走向衰退，最终被新产品所替代，创业者如果能够跟踪产业发展和产品替代的步伐，通过技术创新则能够不断找到新的发展机会。

（4）在市场夹缝中把握机会。创业机会存在于顾客创造价值的产品或者服务中，而顾客需求是有差异的。创业者要善于找出顾客的特殊需要，盯住顾客的个性需要并认真研究其需求特征，这样就能发现和把握商机。时下，创业者热衷于开发所谓的高科技领域等热门课题，但创业机会并不只属于"高科技领域"，在金融、保健、饮食、流通这些所谓的"低科技领域"也有机会。

（5）捕捉政策变化。我国市场受政策影响很大，新政策出台往往引发新商机，如果创业者善于研究和利用政策，就能抓住商机站在潮头。事实上，从政策中寻找商机并不仅仅表现在政策条文所规定的表面，随着社会分工的不断细化和专业化，政策变化所提供的商机还可以延伸，创业者可以从产业链在上下游的延伸中寻找商机。

（6）弥补对手的缺陷。很多创业机会是源于竞争对手的失误而"意外"获得的，如果能及时抓住竞争对手策略中的漏洞而大做文章，或者能比竞争对手更快、更可靠、更便宜地提供产品或服务，也许就找到了机会。为此，创业者应追踪、分析和评价竞争对手的产品和服务，找出现有产品存在的缺陷，有针对性地提出改进方法，形成创意，并开发具有潜力的新产品或新功能，这样就能出其不意，成功创业。

二、如何创业

经过不断尝试、反复调整，幸存的创业公司能摸索出一套新方法作为对产品开发方法的补充。这是一套研究和发现客户的方法，四步创业法的发明者 Steven Gary Blank 将其称为客户发展方法。

客户发展方法由四个阶段组成：客户探索、客户检验、客户培养和组建公司，如图 11-3 所示。前三个阶段可以在人力有限的情况下完成，从而大大节约创业成本。虽然每个阶段的目标不同，但是客户发展方法作为整体有一个共同目标：寻找可盈利的、可扩展的商业模式，让公司实现盈利。

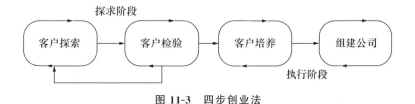

图 11-3　四步创业法

客户发展方法的四个阶段受市场类型的影响。常见的市场类型有以下三种：现有市场、全新市场和细分市场，现有市场即生产市场上已经有的产品；全新市场是生产全新产品或开拓全新市场；细分市场即生产改良的产品以进一步细分现有市场。创业失败不一定是因为不够勤奋或缺乏激情，还有可能是因为不懂得正确区分自己进入的市场类型。市场类型不仅决定了市场大小、产品定位、产品发布方式，还决定了应该如何了解顾客需求。不同创业公司面对的市场类型不同，采取的创业策略也不尽相同。客户发展方法的理念很简单：离开办公室，到用户中去；在确定产品设计方案和销售策略之前，请潜在客户检验产品设计和销售策略。创业仅凭理想远远不够，必须依赖可靠的流程。客户发展方法就提出了这种流程，只要全面严格地执行，创业成功的概率就会大幅提高。

（一）客户探索

客户探索的目的是根据既定的产品设计去寻找目标客户，判断产品能否解决他们的问题；检验商业计划中关于产品、待解决的问题，以及关于客户的各种假设是否正确。因此，必须走出办公室去发掘最有价值的问题，弄清应该如何解决问题，弄清谁是你的客户，完成任务后，产品的特色就会变得清晰可见。在创业公司里，定义产品雏形的工作通常由公司创始人和产品开发团队完成。客户探索的任务是判断是否有顾客买产品雏形的账。客户探索流程如图11-4所示。

与后三个阶段不同的是，客户探索有额外的准备步骤：动手之前，先要获得董事会和管理层的支持，然后才能开始正式的客户探索。公司上下认可客户发展方法后，即可进入客户探索的第一步。

第一步：撰写备忘录，就产品创意、市场需求、客户状况、竞争格局、定价策略等提出假设，待稍后检验。创业总是从一系列设想开始：对产品或服务的设想，对客户需求的设想，对产品销售方式的设想。但是，这些设想只是理性的预测。为了把设想变成现实，必须设法验证这些设想，去伪存真。所以，客户探索的目的可以概括为用事实检验创业者的设想。为此，必须寻找客户，了解客户的意见，只有这样，才能证明设想的可行性。有必要把这些假设记录成文，因为在整个客户发展过程中会不断回顾、检验、修正这些假设。建议采用备忘录的形式，内容主要涉及产品假设、有关客户亟待解决的问题假设、渠道和定价假设、需求创造假设、市场类型假设和竞争优势假设等方面。我们会不断回顾这些假设，随着掌握的客户信息的不断增加，备忘录也会逐步完善。第一步先尽量写下已知的信息，搭建框架，以后再补充内容。

第二步：寻找客户，倾听客户的需求，检验有关待解决问题的假设。目的是通过掌握客户的业务状况、工作流程、组织结构，理解客户需求和亟待解决的问题。然后汇总信息，去芜存菁，反馈给产品开发团队，双方一起修正假设。因为第一步提出的假设是创业团队的主观预测，很可能与实际情况相去甚远，所以第二步不但要验证这些假设，而且要根据收集到的客户反馈信息修正假设。为此，创业团队必须尽量掌握潜在客户的工作和生活细节，用数据说话。第二阶段的任务有以下四项：约见潜在客户，验证客户的问题，深入了解客户，收集市场信息。鉴于第一步提出的假设内容繁多，首次与客户接触不可能得到所有答案，所以应该把重点放在检验客户待解决的问题上。只有确定产品宣称要解决的问题确实是客户所关心的问题，才能避免做无用功。

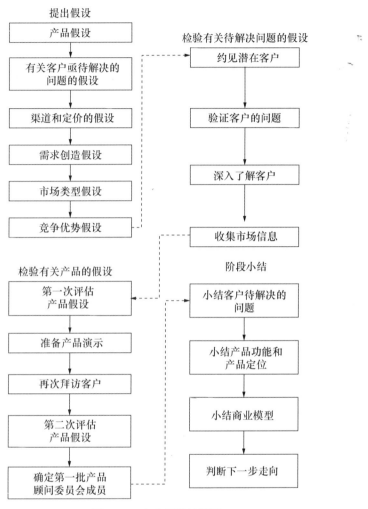

图 11-4　客户探索流程图

第三步：请客户检验修改后的产品功能和产品定位。这一步的目的不是推销产品，而是确认产品可以解决客户的问题。首先，在检验产品功能的同时，还要检验整个商业模式。有效的商业模式首先体现在拥有一批高度认可产品的客户，其次，还要请潜在客户检验营销策略。最后，要留意究竟谁拥有购买决定权。不仅组织市场存在这种情况，消费品市场同样如此。第三步的任务有以下五项：第一次评估产品假设，准备产品演示，再次拜访客户，第二次评估产品假设，确定第一批产品顾问委员会成员。

第四步：小结阶段性的工作成果，检查是否完成了客户探索的目标，是否理解了客户待解决的问题，产品能否解决客户的问题，客户是否表示愿意购买产品，商业模式能否盈利，据此撰写待解决问题备忘录、产品需求文档，更新商业计划。汇总收集到的信息后，选择是进入客户发展的第二个阶段（客户检验），还是再开展一轮客户探索，进一步了解市场。第四步的任务有四项：小结客户待解决的问题，小结产品功能和产品定位，小结商业模型，判断下一步走向。

(二)客户检验

客户检验的目的是制定可行的销售路线图,而不是组建销售团队。在完成客户检验之前,对如何销售产品还知之甚少(最多只是合理的假设),这时仓促组建销售团队、盲目开展销售活动并不明智。客户检验应该充分发挥天使客户的作用,让其帮助你制定销售路线图。但是应注意,重点不是向天使客户推销产品,而是请他们检验你的假设。创业公司和成熟的大企业的区别在于大企业已经拥有针对目标客户的销售路线图,而创业公司对客户知之甚少,针对主流客户展开蛮力销售只会事倍功半。所以,创业者应该亲自带领团队调研客户并开展销售。客户检验流程如图 11-5 所示:

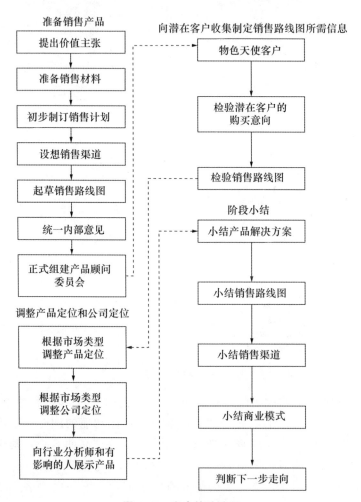

图 11-5 客户检验流程

与客户探索一样,客户检验也可以分为四个步骤,四步首尾相连,构成循环。

第一步:创业公司要作好向潜在客户销售产品的准备。应该做到以下几点:提出价值主张,准备销售资料,初步制订销售计划,设想销售渠道,起草销售路线图,确保产品开发团队和客户发展团队就以上内容达成一致意见,正式组建产品顾问委员会。

第二步:带上深思熟虑的产品创意或原型去物色天使客户,检验潜在客户的购买意向。不要害怕失败，我们的真实目的并不是销售产品，而是借此收集制定销售路线图所需的信息。

第三步：先根据天使客户的意见，调整产品定位和公司定位，调整产品在市场中应占的位置；然后请权威人士评估调整结果，进一步优化定位。

第四步：检查是否完成了客户检验的任务，包括是否找到了足够多的天使客户，是否找到了可行的销售渠道和销售模型，是否找到了商业模型，是否作好了业务扩张的准备，只有完成了这些目标，才能进入下一个阶段，否则应该重新开展一轮客户检验。

（三）客户培养

客户培养流程如图11-6所示：

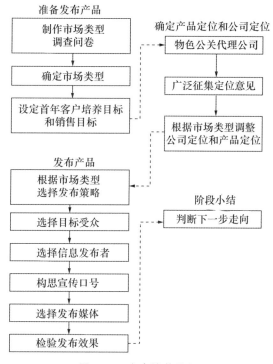

图11-6　客户培养流程

第一步：准备发布产品。以往的市场营销活动总是强调执行，尽管执行十分重要，但是也应该先制定出客户培养策略。这一步要完成制作市场类型调查问卷、确定市场类型、设定首年客户培养目标和销售目标三项任务。

第二步：确定产品定位和公司定位。定位即确立品牌在客户心目中的位置。在客户探索和客户检验阶段，已经讨论过产品和公司定位问题，甚至还制定了初步的价值主张，现在要进一步根据客户、媒体、行业分析的反馈意见修正定位。

第三步：发布产品。公司定位和产品定位确定后，即可着手准备宣布公司成立，向公众发布产品。主要任务是，根据市场类型选择发布策略，选择目标受众，选择信息发布者，构思宣传口号，选择发布媒体，检验发布效果。

第四步：阶段小结。根据市场类型设定首年客户培养目标和销售目标，广泛征集定位意见，并据此重新调整产品和公司定位；根据市场类型选择发布策略，构思宣传口号，确定目标受众、信息发布者和发布媒体，最后发布产品。如果产品定位和宣传口号不妥，需要作进一步调整，则返回第一步，重新执行客户培养流程。如果产品销量攀升，竞争对手开始竞相模仿你的产品定位，那么可以进入最后一个阶段了。

（四）组建公司

组建公司流程如图 11-7 所示：

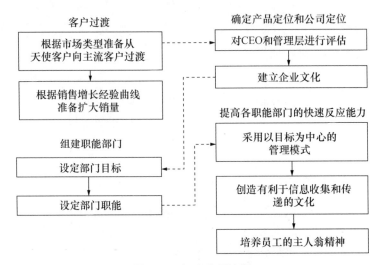

图 11-7　组建公司流程

第一步，调整公司策略，根据市场类型准备从天使客户向主流客户过渡。

第二步，评估现行的管理模式并判断是否作好了扩充团队的准备。公司要把更多的精力放到建立以目标为中心的企业文化上，这是扩大公司规模的关键。

第三步：按业务职能对客户发展团队进行拆分，以此为基础组建各职能部门。每个部门围绕企业目标设立部门目标。

第四步：提高各职能部门的快速反应能力。在扩大规模的同时保持敏捷性，可以考虑使用军事领域的 OODA 原则，以保证公司在应对市场变化时，比竞争对手更快作出反应。这要求每个部门及时获取最新的市场信息，并且迅速分享给其他部门。

第四节　影响创业成败的重要因素

创业是一项艰难的工程，即使创建了企业，也并不意味着创业就已然成功了。随之而来的企业管理，俨然是比创建企业更为困难的一系列事件处理，在这个过程中，存在着如图 11-8 所示的一些挑战。

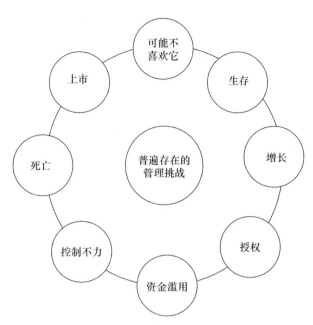

图 11-8　创业者会遇到的八大挑战

一、个人喜好

创业者的动力或许来自于兴趣爱好，而在创业过程中，诸如财务管理、人力资源管理等并不是创业者的专长，创业者们甚至可能不知道如何销售自己的产品。大公司的管理者和员工可以专注于他们所喜欢的内容，无论是销售还是战略规划，但创业者至少在创业起步阶段必须全部都能做。就算你喜欢产品研发，也要学会销售研发出来的产品；就算你喜欢营销，也要学会管理资金。对伊丽莎白·布施（Elizabeth Busch）、安妮·弗雷-莫特（Anne Frey-Mott）和贝基·扬科维茨（Beckie Jankewicz）来说，最后的挑战几乎是一块绊脚石。这三位女士创立了专为客户组织商务会议的 The Event Studio 工作室。她们几位都有组织会议方面的经验，可当开公司的时候，却没有考虑会遇到衡量收入和资金流动的财务决策问题。后来，她们听取了一些实用的建议，学习了基础的会计知识，才避免了后来的税务问题。

二、生存压力

初创企业往往面临着缺乏投资人的困境，融资问题常常导致初创企业的资金链断裂，致使企业生存困难。同时，创业者想要用产品在已有市场和竞争者中打开场面并获得一席之地也是非常困难的，顾客的喜好并非初创企业所能左右。当玛丽·加里森（Mary Garrison）想要创业时，她选择了女子健身行业，并向美国夫人特许经营公司（Lady of American Franchise Corporation）买下了特许经营权，可当正式开业时，却没有人光顾，3 个月过去后，她只好关门。加里森指责美国夫人公司没有提供必要的营销支持，后者却否认这一点。

三、发展压力

只有 1/3 的 500 强企业能连续两年位于发展速度最快的公司榜单上。原因是：它们面临更大的挑战，遇到更强大的竞争对手，需要更高超的领导能力，还要花费更多的资金。这是一个艰难的、非常复杂的过渡时期，特别是在创业者面临全球扩张的时候。一家企业选择在创业后立马进行全球扩张还是等到企业完善后再进行，是一个仁者见仁、智者见智的问题。进入国际市场能够帮助企业成长，但也会带来挑战，这种挑战会让生存变得困难，特别是当企业还比较年轻的时候。

在创业起步阶段，公司的理念往往是"我们需要更加努力"。创业者虽然拿着低收入，却工作很长时间，为顾客提供一流的服务，获得良好的口碑，这样业务就增长了，属于"工作高品质，劳动力低价"时期。但随着公司的发展，企业需要招聘更多的人，支付更多的工资，而且这些人往往不像创始人那样敬业。然后就要提高产品价格，建立高效的体系或接受更低的利润。

公司发展与扩张似乎是大多数创业者强烈追求的目标。但一旦达到一定规模，有些创始人就开始满足现状，不想再扩张。

四、管理不善

随着公司的发展，创业者常常会遇到一个问题：他们不愿意把自己熟悉的工作移交给别人做。领导者全面干预微观管理。例如，在互联网热时，许多公司的创始人拥有技术专长，但却几乎没有管理经验，所以很快就变成了企业运营方方面面的"直觉专家"，包括品牌和营销。但事实是，他们并不像自己想的那样无所不知，甚至会导致公司破产。达伦·赫尔曼（Darren Herman）却不这么做，他只专注于自己的本行。在 20 岁出头的时候，赫尔曼将对电视游戏的热情和自己的管理知识结合起来，想出了一个经营理念：创立 IGA 公司，致力于与广告商和游戏开发商合作，在电视游戏里植入广告。在 IGA 公司成立不久后，赫尔曼就将首席执行官的位置交给了另一个更有经验的人，同时任命自己为高级业务发展总监，专注于发现新的想法，并吸引更多的投资者。

五、资金滥用

很多不成功的创业者都抱怨资金不足，但是因缺乏资金来源而导致的失败并不一定意味着缺钱，这也许只能说明企业没有合理地利用现有的资金来源。很多创业资金都浪费在昂贵的租金、高级的家具和花哨的文具上。创业者在资金利用上常常犯两种错误：资金投向错误和资金控制力度不够。

如果创业者能够幸运地得到风险投资公司的青睐，或通过公开发行股票（IPO）获得一大笔资金注入，问题可能就会得到解决。对大多数初创公司来说，资金都来自创业者个人，所以创业者花钱很谨慎。特里普·米库（Tripp Micou）曾说："如果你花的钱都来自自己的销售所得，那么你很快就会学会把钱花在刀刃上。"

六、控制不力

或许是因为过于繁忙，创业者往往不能建立起一个正式的计划和控制体系。创业者的通病是厌恶记账。花销增加了，但是记账没有跟上，定价决策更多地出于直觉，而不是充分考虑实际成本的结果，这使得公司的边际收入不足以支撑其发展。

有时，效益降低能为创业者敲响警钟，提醒他们要注意控制成本。Servatii 糕点熟食店因为原材料价格上涨而利润大幅降低，其所有人加里·哥特布施看到这一情形后，鞭策自己应该改变现状。于是，他向某顾问寻求帮助。顾问告诉他要加强创新、确定目标、监控进展。哥特布施需要解决的问题是酥油、面粉等烘焙原料的价格上涨。因此，他与其他本地面包店合作，组成一个采购联合会，大批量购买，以节约资金，控制成本使得 Servatii 在顾客减少购买的情况下仍能获利。

即便是在高速发展的公司，巨额的数字也往往会掩盖正在出现的问题。许多创业者常常被持续增长的销售额蒙住了眼睛，从而对企业的其他方面失去了警觉。没有有效的控制，企业就像没有舵手的船一样。所以，不要过于自信，应该时常反思、提醒自己一下重要的问题：我们的成功是否仅引来唯一的一个大客户？我们的产品是不是昙花一现的时髦玩意儿？其他公司是否很容易就能冲击我们的统治地位，对我们造成损害？我们是否正在失去技术领先地位？我们是否真正了解这些统计数据，它们从何而来，是否掩盖了问题？

七、死亡

创始人死亡后该项风险投资的命运如何，是衡量创业者成功与否的一个长期标准。创始人经常安排不好后事，他们一旦去世，找不到合适的接班人问题可能会导致企业垮台。

彼得·德鲁克对家族企业的生存和昌盛提出了如下建议：对企业内的家庭成员要和其他雇员一视同仁，起码要做到和其他雇员一样能干并且敬业；至少要有一个重要职位由家族以外的人员担任；要有不相关的人来帮助制定继承方案；

八、公开上市

企业发展到一定规模时可能需要上市。企业上市有如下好处：筹集更多的资金，减少债务，改善资产负债表，提高净资产，追求上市才有的独特机会，提高在客户和其他利益相关者心中的信用度——"你的生意做大了"。然而，也有如下弊端：花费大量的时间、金钱和努力；更关注股票价格和资金收益，而忽视公司的正常运营；要与投资银行长期搞好关系（而投资银行通常都不是"善茬"）。很多创业者都不愿意上市，认为一旦上市就会失去对企业的控制。

本章小结

- 创业，是在高度不确定的环境下，不拘泥于当前资源条件的限制，发现和捕获机会，将不同的资源进行组合以利用和开发机会并由此创造出新颖的产品或服务，实现其价值的过程。创业，顾名思义就是创建新企业。

- 创业者是指发现某种信息、资源、机会或掌握某种技术，利用或借用相应的平台或载体，将其发现的信息、资源、机会或掌握的技术，以一定的方式，转化、创造成更多的财富、价值，并实现某种追求或目标的人。

- 创业是艰难的，创业者应该具备一些基本素质，如强烈的创业意识，良好的创业心理素质，科学的冒险精神，有着灵活的头脑和超前的眼光。

- 创业精神有三个层面的内涵：（1）哲学层次的创业思想和创业观念，是人们对于创业的理性认识；（2）心理学层次的创业个性和创业意志，是人们创业的心理基础；（3）行为学层次的创业作风和创业品质，是人们创业的行为模式。

- 创业精神一般可区分为个体的创业精神和组织的创业精神。个体的创业精神指的是以个人力量，在个人使命引导下，从事创新活动，并进而创造一个新企业，一般包括激情、积极性、适应性、领导力、雄心壮志五个要素。组织的创业精神则指在已存在的一个组织内部，以群体力量追求共同愿景，从事组织创新活动，进而创造组织的新面貌。

- 创业机会，可以理解为一种市场机会，是指客观存在于市场交易过程，并能够给创业者提供服务对象、带来盈利可能性的市场需求。创业机会有客观性、时效性、相对性、均衡性与差异性、必然性与偶然性五大特点。

- 对于创业机会的把握，可以通过着眼于问题、利用变化、跟踪技术创新、捕捉政策变化、寻找对手缺陷等方式。

- 客户发展方法四个阶段的目标可以概括为：客户发展的目标是根据既定的产品设计寻找目标客户，判断产品能否解决客户的问题；客户检验的目标是找到可以重复使用的销售模型；客户培养的目标是激发更多的潜在客户；组建公司的目标是从学习、探索型团队向全速运转的企业过渡。

- 影响创业成败的因素很多，成功的创业者要知悉这些因素并加以控制，如生存压力、资金滥用、授权与控制不力等。

关键术语

创业（entrepreneurship）　　　　　客户探索（customer exploration）
创业者（entrepreneur）　　　　　　客户检验（customer inspection）
创业精神（entrepreneurial spirit）　　客户培养（customer training）
创业机会（entrepreneurial opportunity）　组建公司（set up a company）

复习题

1. 谈谈中国企业家的特点。
2. 结合你的想法,论述创业精神。
3. 说出你认为创业过程中最重要的一步并给出理由。
4. 你认为对创业成败影响最大的因素是什么,结合本章的学习说出你的想法。
5. 结合本章学习,举例论述你心中的优秀管理者与卓越企业家。

自我评估 ▷ 创业心理测试

很多想创业的朋友虽然对创业的知识了解很多,也作好了创业的心理准备,但对自己的性格特点并不了解,对自己是否具备创业的心理素质并没有把握,所以,有必要参加一些心理测试。

1. 创业智商评测

对下面的题目,回答"是"或"否"。

(1) 你父母有过创业的经历吗?
(2) 在学校时,你的学习成绩好吗?
(3) 在学校时,你是否喜欢参加群体活动,如俱乐部的活动或集体运动项目?
(4) 少年时代,你是否更愿意一个人待着?
(5) 你在学校时是否有过自己做生意的经历,如卖柠檬水、办家庭报纸或者出售贺卡?
(6) 你小时候是否很倔强?
(7) 少年时代,你是否很谨慎?
(8) 小时候你是否很勇敢而且富有冒险精神?
(9) 你很在乎别人的意见吗?
(10) 改变固定的日常生活模式是否是开创自己的生意的一个动机?
(11) 也许你很喜欢工作,但你是否愿意晚上也工作?
(12) 你是否愿意因工作要求而延长工作时间,可以为完成一项工作而只睡一会儿,甚至根本不睡?
(13) 在你成功完成一项工作之后,你是否会马上开始另一项工作?
(14) 你是否愿意用你的积蓄开创自己的生意?
(15) 你是否愿意向别人借东西?
(16) 如果你的一个创业计划失败了,你是否会立即开始另一个创业计划?
(17) 如果你的生意失败了,你是否会立即开始找一个有固定工资的工作?
(18) 你是否认为做一个企业家很有风险?
(19) 你是否有自己长期和短期的目标?
(20) 你是否认为自己能够以非常职业的态度对待经手的现金?
(21) 你是否很容易感到厌烦?
(22) 你是否很乐观?

2. 分数计算法

(1) 是：加 1 分，否：减 1 分。

(2) 是：加 4 分，否：减 4 分。

(3) 是：加 1 分，否：减 1 分。

(4) 是：加 1 分，否：减 1 分。

(5) 是：加 2 分，否：减 2 分。

(6) 是：加 1 分，否：减 1 分。

童年时的倔强似乎可以理解为按照自己的方式行事的坚定决心，这是成功企业家的典型特征。

(7) 是：减 4 分，否：加 4 分。

谨慎可能意味着不愿冒险。这对于在新兴领域开创事业可能是个绊脚石。不过，如果你希望做一个经销商，这一点不会有什么影响，因为多数情况下供货商已经考虑到各种风险。

(8) 是：加 4 分。

(9) 是：减 1 分，否：加 1 分。

企业家们往往不在乎别人的意见而坚持开创不同的道路。

(10) 是：加 2 分，否：减 2 分。

对日常单调生活的厌倦往往可以坚定一个人开创自己事业的决心。

(11) 是：加 2 分，否：减 6 分。

(12) 是：加 4 分。

(13) 是：加 2 分，否：减 2 分。

企业家一般都是特别喜爱工作的人，他们会毫不拖延地进行一项接一项的计划。

(14) 是：加 2 分，否：减 2 分。

成功的企业家都会愿意用积蓄资助一项计划。

(15) 是：加 2 分，否：减 2 分。

(16) 是：加 4 分，否：减 4 分。

(17) 是：减 1 分。

(18) 是：减 2 分，否：加 2 分。

(19) 是：加 1 分，否：减 1 分。

许多企业家都把记下自己的目标作为一种习惯。

(20) 是：加 2 分，否：减 2 分。

以正确的态度处理经手的现金对企业的成功至关重要。

(21) 是：加 2 分，否：减 2 分。

企业家们的个性似乎都是很容易感到厌烦。

(22) 是：加 2 分，否：减 2 分。

乐观的态度有助于推动你在逆境中取得成功。

3. 评测结果说明

计分与解释：
(1) 35—44 分——绝对合适
    得 35 分以上（含）的人士不自己创业，简直是资源浪费！
(2) 15—34 分——非常合适
    如果你得分在 15 分以上（含），那你应该是个"老板胚子"了。
(3) 0—14 分——很有可能
    你的人生其实可以有很多选择，包括选择自己创业还是做个高级白领。你的智商和情商发展均衡，这意味着你在很多选择中可进可退、可功可守。
(4) −1 分—15 分——也许有可能
    如果你非要走创业之途，应该说也有属于自己的机会，但首先要克服很多困难，包括环境，也包括你自身的思维方式与性格制约。
(5) −16—43 分——不合适
    你很不适合创业。不要浪费自己，也浪费别人的时间、精力和金钱。

案 例

苏宁张近东——"我一直将自己定位为创业者"

最近 20 年中国的零售业江湖，竞争好戏从未间断：持续 10 年的"美苏争霸"的硝烟尚未散尽，"苏东血拼"的战火已四处纷飞；当马云以电子商务之威四顾睥睨之际，张近东又携线下零售连锁纵身跃上"云端"（即 O2O 模式，店商＋电商＋零售服务商）……

两次转型不仅给苏宁带来了巨大的市场盈利，张近东作为中国民营企业领军人的经营理念也得到了更多的认可。在 2016 年《哈佛商业评论》（HBR）中文版首次评选的"中国百佳 CEO"榜单中，张近东位列第九名。

在榜单发布前夕，他接受了《哈佛商业评论》中文版的专访，直击他面临的最大挑战，以及应对挑战的解决之道。以下是采访摘编：

HBR 中文版：你目前面临的最重要的挑战是什么？

张近东：对于零售企业发展而言，我认为目前最大的挑战是对互联网等新技术的快速应用。

10 多年前，互联网很火，当时 PC 端的互联网发展是主流；现在，移动互联网已经成为发展的主旋律；但是在不远的将来，以 AR 和 VR 等为代表的虚实融合的新技术将兴起，它们又会给我们带来非常大的变化。

这些快速变化会给零售行业带来很大的挑战，也会改变用户的行为习惯，但对于不断引领创新的企业而言，同样也是巨大的发展机遇。苏宁向互联网转型以来，线上、线下全面融合，规模一直不断扩大，也打破了品类的天花板，形成了全品类经营，SKU（Stock Keeping Unit，库存量单元）已经近 3000 万。物流、金融和数据都已经互联网化，并逐渐对外开放，形成新的盈利模式。

面对互联网技术的快速演进，我们必须保持紧迫的创新精神，为此，苏宁在南京、北京、上海和美国硅谷等地设有四个技术研究院，研发人才达到 5000 人，目前还在不断扩充。我们大力发展技术研究院的目的，就是要专注于对未来新技术和新趋势的研究和把握，将其充分融合到企业发展过程中，变挑战为机遇。

HBR 中文版：关于一位 CEO 的长期成功，还有什么因素是大众所不了解的？

张近东：大多数企业家的成功并不是因为一些独特的秘诀和能力，而是必须要在某个领域进行长期的坚持和突破。

在与一些创客进行交流时，我经常和他们谈到，创新和创业绝对不是三天打鱼，两天晒网的事情，不仅需要创意，还需要资金、技术和人才等大量的资源整合，以及时间的积累。记得 2013 年我在美国斯坦福大学给大家介绍 O2O 模式，到 2014 年，大量的企业和风投开始涌入 O2O 领域，但仅仅一年之后，又雪崩似地轰然散去。回过头来看，有一些企业玩的是概念，并没有实质性的举措；有一些企业只是在某个点上有创新，缺乏系统支持；也有相当一部分企业虽然模式很新颖，但是资金、技术和人才等资源匹配缺乏，不足以支持企业走远路，做长久。这说明，创新永远不是一蹴而就的，需要经历从量变到质变积累的过程，往往最后坚持下来的企业才是最成功的企业，坚持到最后的创新才具有价值，这就是"剩者为王"。

HBR 中文版：投入创新时，你如何平衡短期和长期业绩考量？

张近东：对于小企业而言，创新短期看生命力，长期看价值。创新型企业首先要考虑的就是如何活下来，只有活下来，才能取得更大的发展。

对于大企业而言，创新短期看潜力，长期看价值和市场规模。大企业在作创新时，短期内遇到一些困难在所难免，大企业有充足的资金和时间来支撑企业的试错，甚至可以出现战略性亏损，但是长期来看，大企业的创新发展追求的一定是市场规模和价值最大化。

HBR 中文版：时代在变化，技术在发展，作为一位长期经营企业的掌舵者，你的领导风格发生了哪些变化？自己作过哪些改变？

张近东：我一直将自己定位为创业者，只是处于创业的不同阶段。从专业零售、综合连锁零售到现在的互联网零售，以及集团六大产业的发展布局，我和我的企业始终坚持在创业的道路上。每天醒来，看到要面对的新事物，都会充满激情，在苏宁互联网转型和产业升级的过程中，大部分时间我都处于这种状态。

伴随着企业的发展，我个人的角色也从一线经营参与者转向战略制定者。当前，我将更多的精力放在企业大的经营决策的把握以及整体的战略方向制定等方面，日常具体的经营工作参与得越来越少。以前会签批很多报告，现在很少，绝大多数具体的经营决策都放权给各个产业的高管来把握了。

技术的变化也给我带来了很多改变。虽然更多的时间我都是在后台，但是通过大数据和云平台等一些互联网工具和手段，我可以实时全面了解和精准把握企业具体业务的开展，这比以前更便捷和高效。

资料来源：《张近东——"我一直将自己定位为创业者"》，载"百佳 CEO"微信公众号，2018 年 1 月 3 日访问。

[问题]

1. 从上述采访中，你认为创业者最重要的品质是什么？
2. 你认为张近东区别于普通管理者的特点有哪些？
3. 结合相关企业资料，你认为对于苏宁来说，接下来"创业"的重点应该是什么？

第十二章 协调

> 协调就是让事情和行动都有合适的比例，就是方法适应于目的。
> ——亨利·法约尔

第一节 协调概念的发展

在管理活动中，不可避免地会遇到各式各样的矛盾与冲突，这就需要协调。协调是管理的重要职能，是在管理过程中引导组织之间、人员之间建立相互协作和主动配合的良好关系，有效利用各种资源，以实现共同预期目标的活动。所谓协调，就是调整事物间的相互关系，使之配合得当。它作为一种管理职能，目的是使组织各部门、各环节的活动不发生或少发生矛盾或重复现象。当发生问题时，能够及时地加以调整，保证各部门、各环节之间建立良好的配合关系。可以看出，协调是让事物和行动都有合适的比例、让方法适应于目的。在管理活动中，既包括组织内部的协调（如组织各个部门以及各个成员之间，还有组织活动的各个方面之间），又包括组织与外部环境的协调（如本组织和其他组织之间，组织与外部的政治、经济、文化、技术条件之间）。

法约尔（Henri Fayol）认为，"协调就是指企业的一切工作都要和谐地配合，以便于企业经营的顺利进行，并有利于企业取得成功……总之，协调就是让事情和行动都有合适的比例，就是方法适应于目的"。明茨伯格进一步认为，协调是通过外力使得系统中分散的各要素具有一定的整体性，并使之配合适当。总的来说，协调是为了实现组织目标而对组织内外各单位和个人的工作活动和人际关系进行调节，使之相互配合、相互适应的管理活动。

孔茨认为，协调的普遍性是管理的核心。良好的协调可以给关系各方带来许多益处，如降低外部环境激烈变化给个体企业带来的风险，从而提高关系各方的绩效。反之，如果缺乏有效协调，则必然会给关系各方带来非功能性失调、生产中断等问题，导致关系各方交流减少，冲突增加，甚至出现关系终止等问题。

许多学者认为，协调是一种独立的管理职能，其作用在于化解管理诸要素之间以及管理过程各阶段和环节之间的矛盾或不和谐现象，使组织的各个部门、个人之间努力统一到组织的总计划和总目标上来。它使整体平衡，使各局部步调一致，以利于总体优势的发挥。

管理工作是由人来做的，而作为管理职能之一的协调，更是由人来执行，协调工作就是正确处理人与人、人与组织以及组织与组织之间的关系。所以说，协调者必须是人，矛盾的存在需要人来解决。由于人是一切管理活动的主体，是构成组织的"基本单元"，所以，协调的对象归根结底是人，有时可能是一个事件、一个单位或一个部门，但是终究要由人出面进行交涉、协调。[①]

领导工作是一项极其复杂的创造性劳动，它的顺利进行，牵扯到多种因素和条件，因此，任何领导工作都离不开协调。马克思指出：一切规模较大的直接社会劳动或共同劳动，都或多或少地需要指挥，以协调个人的活动，并执行生产总体的运动——不同于这一总体的独立器官的运动——所产生的各种一般职能。这就是说，有人类的共同劳动，就必然产生指挥、协调等领导活动。随着生产力的发展，人们共同劳动的领域越来越广，规模也越来越大，这种指挥和协调的职能也越显得重要。1961年美国"阿波罗登月计划"的实现，已说明了这一点。正因为如此，几乎所有的管理学、领导科学等领域的学者，都把协调当作领导者和管理者的一项重要职能提出来。法约尔于1916年出版的《管理与一般管理》一书认为，任何政府、企业、事业的存在和正常运营，必须具有计划、组织、指挥、调节和控制这五种活动或职能。在此基础上，美国学者古立克和英国学者厄威尔于1937年合著《管理科学论文集》，认为领导者也是管理者，他们的职能可以概括为POSDCOR，意即计划、组织、用人、领导、报告、协调和预算这七种职能。此后，许多管理学家在关于管理和领导的论述中，也都将协调作为重要职能列出。美国的哈罗德·孔茨和西里尔·奥唐奈合著的《管理学》一书则进一步认为，"协调是管理的本质"。他们指出："许多权威人士把协调当作主管人员的一个独立职能。然而，把它当作管理的本质看来更为确切，因为使个人的努力与所要取得的集体目标协调一致是管理的目的。……主管人员的中心任务就是消除在方法上、时间上、力量上或利益上存在的分歧，使共同的目标与个人的目标协调起来。"被人们称为现代管理学之父的巴纳德则进一步把协调提到了组织系统三要素之一的高度，他指出："经理最重要的职责，第一，是使大家互相交流思想；第二，是使大家在关键的地方一齐努力；第三，才是规定硬性指标。"可见，他把协调看得多么重要。

综上所述，协调在领导和管理工作中占有极其重要的地位，是领导者和管理者的一项基本职能，任何领导者都应学会协调的方法和艺术，掌握协调的本领。

第二节　协调产生的根源及基本的协调战略

我们可以将协调问题产生的根源归结为以下六个方面：私人的和不完善的信息、相互依赖性、分散的决策、不确定性、有限理性以及机会主义行为等。

由于市场上资源和信息的稀缺性，不同组织的相互依赖关系必然存在，如买卖关系、委托人与代理人关系等；同时，由于信息是不对称的、不可观察的、不可证实的、

[①] 参见张向东：《管理的协调艺术》，武汉大学出版社2014年版。

不完善的和延迟的，协调问题必然产生；并且当决策以分散的形式作出，或者以人类的行为作出，诸如自利、机会主义、风险厌恶、有限理性，会进一步增加协调的复杂性，见图 12-1：

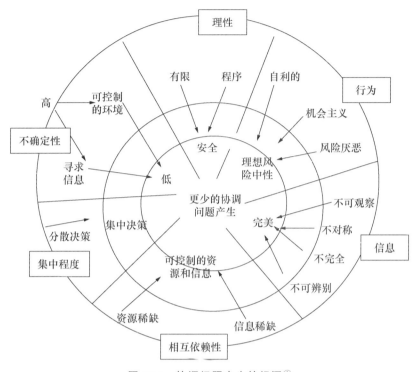

图 12-1　协调问题产生的根源①

根据产生协调问题的六种根源，可以使用三种不同的协调战略：

第一是信息管理战略。信息可能是不完善的、延迟的、扭曲的、不可观察的或者是不可证实的，商业环境越不确定，企业对信息的依赖程度越高，同时，理性的缺乏又加剧了这些问题。因此，增强信息共享、促进信息处理能力的提升、降低对信息的依赖程度、对信息加以集中或管理都有助于处理信息所导致的协调问题。

第二是激励和补偿机制战略。运用激励和补偿机制以影响代理人的决策和行为，使代理人更加理性、更加风险中立。自利、机会主义和风险厌恶等都可能成为目标冲突的根源，因此，激励和补偿机制成为调整目标和决策的有效手段。激励和补偿机制可能包括决策的集中以及计划和运营的协作。

第三是共同获取资源和灵活运用合同的战略。共同获取资源和灵活运用合同，以及在组织理论中提及的相互调整、联盟和合作等都是解决由于资源相互依赖所产生的协调问题的手段。

总之，分散的决策、私人的和不完善的信息、相互依赖、风险厌恶、有限理性以及机会主义行为六个方面所产生的协调问题，可以通过不同的战略解决。

---

①　资料来源：《组织理论关于协调问题的研究》，载《科技管理研究》2006 年第 10 期。

在实践中,某个协调问题的产生可能是上述六个方面中的几个方面综合作用的结果。

第三节 协调的原则

协调遵循以下原则:

一、目标原则

目标原则是领导协调的首要原则,也是领导协调的实质所在。目标原则的主要内容是要求领导者在协调中必须有明确的协调目标;领导协调行为必须围绕领导目标进行,同领导目标保持一致。

领导协调行为同其他领导行为一样,是一种复杂的创造性劳动,因而这种行为必须是自觉的、有目的的,也就是说,是一种有目标的行为。协调目标,是领导者在协调工作中所期望达到的结果。它既是领导者采取协调行为的动因,又是这种行为的归宿。领导者在协调中必须确定协调目标,这是由以下因素决定的:

(一) 协调对象的复杂性

领导协调对象往往是那些对于整个领导工作或领导工作某一侧面、某一阶段产生重大影响的不协调因素。它们不仅同领导者之间,还同其他人员之间有极为复杂的关系;不仅有人员之间的复杂关系,而且还有组织内部各机构等活动之间的复杂关系;不仅有物质利益之间的关系,还有其他复杂的权力因素、心理因素、情感因素之间的关系。领导协调对象的这种复杂性,要求领导者在协调时必须确定协调目标,否则就会产生盲目的协调行为,可能使管理变得更混乱。

(二) 协调对象的相关性

不协调往往很具体,它是针对某一事件、某些人、某一工作、某一阶段的情况而产生的;往往同一组织在同一时期的不协调状况又不是单一的,这些不协调因素又有各种各样的联系和制约关系。比如,评定工资或职称时,可能出现人与人之间互争的冲突;也可能出现部门领导与单位领导之间以及部门之间的矛盾和冲突;还可能出现评审领导小组成员之间的矛盾和不协调。领导协调时,如果明确了各种不协调情况之间的相关关系和共同本质,进而确定明确的协调目标,就可能选择重点解决评审领导小组的不协调问题。通过统一这些人的认识和行动,其他不协调情况就可能迎刃而解,使得领导工作井井有条,按一定秩序发展。如果不明确各种不协调状况的相关关系,没有明确的协调目标,什么问题来了就解决什么问题,就可能使领导者陷入事务忙乱之中。明确了协调目标,领导者就能抓住关键,并且还可以分工让下层各级领导者去干各自的事,解决自己的不协调问题。

(三) 协调目标的作用

目标是行为的导航,协调目标是协调行为的指向和目的的具体化,它指引协调行为的方向。同时，协调目标还是协调行为的标准。所以，有了协调目标，才能明确协调目的和尺度，排除干扰，检验协调行为的成功与失败。

（四）协调目标同领导目标的关系

领导者的任何协调工作都是为实现领导目标服务的，这就要求协调目标必须同领导目标保持一致。只有明确了协调目标，才能明确协调目标同领导目标的关系。如果协调目标还没明确就去协调，很可能使协调偏离领导目标，造成更大的不协调。

总之，领导协调行为必须以协调目标的确定为前提。只有确定了协调目标，才能自觉地、有秩序地开展协调工作，使协调行为成为整个领导活动的一个有机组成部分，判断协调行为的成功与失败。因此，任何领导者在进行协调工作时，必须首先确定协调目标。

二、统筹原则

领导协调中的统筹原则的主要内容或基本要求可以概括为下面三点：

第一，领导协调必须从整体效益出发，正确处理整体与局部、宏观与微观的关系。整体效益与局部效益，又可称为宏观效益和微观效益，它们之间是互为条件、相互依存和制约的。整体效益是局部效益的前提，局部效益是整体效益的基础。所谓前提，是指整体效益制约着局部效益的提高和发挥；所谓基础，是指诸多局部效益有机联系基础上形成整体效益。局部效益好，才能使整体效益提高，但是，整体效益绝不是局部效益的简单相加。在一定情况、一定场合下，两者又是相互矛盾、相互对立的。这就要求领导者全面考虑，统筹安排，以使局部与整体协调一致，使它们相互配合和支持。无论是整体的领导者还是局部的领导者，都要从整体效益出发，理顺整体与局部的关系，这是统筹原则的首要要求。

第二，统筹原则要求领导者在工作中抓住重点，统筹处理重点与非重点的关系。任何领导工作都有重点与非重点之分，重点虽然是关键，但不能代替其他，所以，抓住重点，其他环节也不能放松。我们知道，领导工作的重点与非重点都是受工作性质、时间、环境等条件制约的。条件变化以后，非重点可能转化为重点，重点也可能转化为非重点，所以对工作中的重点与非重点不能随意处置，必须协调好这二者的关系。比如，就工厂领导工作来说，前期工作重点在市场调查和制定决策环节上；进入生产领域之后，重点则在如何保证质量和提高效率上；而后期则在销售上。这就是重点与非重点因时间、条件、任务的变化而变化。

第三，统筹原则还要求领导者在工作中把当前和长远协调起来，正确处理当前与长远的关系。任何领导工作都必须从当前做起，现实是最实在，也是最生动的，但是，当前工作、眼前利益必须为长远战略服务。二者的有机协调是任何领导工作都会涉及的。没有长远战略眼光的领导者，只能导致短期行为，是不合格、不称职的领导者。

三、求同原则

求同原则告诉领导者，在协调工作中要注意研究和探索协调对象之间的一致之处，以此作为协调的基础。没有一致性和共同点的事物是不能同处一个统一体中的；凡是处于统一体中的事物，必然在它们之间有相一致的地方。正是这种"同"把它们凝聚在一起，使它们相互合作、支持和联系，也才能使统一体协调运转。

求同原则中的"同"，因协调对象的不同，时间、地点、条件的不同而不同。这就需要研究，具体问题具体分析，即"求"。比如，国共之间的几次合作，组成统一战线，基础即"一致性"是不同的。第一次国共合作的基础是打倒军阀，实现民主革命；抗日战争时合作的基础是抗战，打倒日本帝国主义，解救中华民族面临灭亡的危机。

"同"是分层次的，这是因为组织是分层次的，各级组织的目标表现出了层次性。这就要求领导者在保持组织目标一致性的前提下，允许下级执行上的灵活性和创造性。

求同以存异为前提，没有存异也就无所谓求同。领导协调中的求同原则，是求大同，存小异。比如，在拥护基本原则的大前提下，应该允许员工在兴趣、爱好、生活方式上的多样性和差异性，这样才能使人们思想解放、心情舒畅，从而才能给领导工作带来一片繁荣。

四、公正原则

公正原则是领导者协调人和事以及人际关系的一个基本原则。公正待人处事也是领导者职业道德的重要内容。公正原则可以分为互相联系的三个方面：

（一）出以公心

这是任何领导者待人处事的基本准则。它包括：(1) 公共利益，即大多数员工的利益。领导者无论办理任何事情都必须以此为出发点，而不能从个人私利、偏好、情感出发，否则将失去公仆的本色。(2) 社会主义法律、法令、公共原则。这是领导者协调各方的规范依据。执法要严，刚直不阿，"王子犯法，与民同罪"，执行在法律面前人人平等的原则。出以公心，才能秉公办事，也才能赢得员工的信任，协调好各方关系。

（二）一视同仁，不偏袒

这是公正的又一重要内容。在现实生活中，主要表现在协调人际关系上，特别是要正确处理与那些对自己亲近者、疏远者、拥护者和有意见者，甚至是反对自己的人的关系。要正确协调好这些关系，领导者就要在升迁、使用、调资、批评、表扬、奖惩、福利等问题上"一碗水端平"。对亲近者、拥护者不护短、不偏袒，更不能假公济私；对疏远者，甚至是有意见者、反对者不排斥、不压制，更不能乘机打击报复。这样做，久而久之，一定能协调好人际关系。

（三）平等待人

这既是公正原则的重要内容，又是做到公正的重要基础。做到平等待人，首先要求领导者正确对待职位和职权，清除特权思想，把自己摆在与下级平等的位置上。其次要尊重人格。人人都有自尊心，都需要自我尊重和别人尊重。自尊是一个人努力向上的内在动力，也是最敏感的心理现象。职位差别，并不代表人格差别。不尊重别人，是导致人际关系不协调的重要原因。领导者无论职位多高、能力多大，都必须诚心诚意地尊重别人。尊重是一种互动行为，领导者这样做，会得到大家尊重的回赠，就能建立起合谐、相互信任、融洽的人际关系。

五、自觉性原则

领导协调中的自觉性原则，主要包括两方面内容：一是指领导协调必须在领导者与被协调对象双方发自内心的需要和自愿的基础上进行；二是指领导者必须认识和把握协调规律，有计划、有目的进行协调。这两点对于任何领导协调都是至关重要的，关系到协调的最终成果。因而，自觉性原则也是领导协调的一条重要原则。领导者自觉的协调行为，来自于对协调的需求和热情以及对协调规律的掌握。如果对协调的重要性认识不清，觉得"没必要"，或者怕负责任，采取"多一事不如少一事"的态度，甚至见了冲突和不协调就害怕，绕道走，那就会失去协调的自觉性。协调行为或者不能发生，或者事情逼到眼前了，也是应付拖拉，有这种精神状态的人，是不可能主动协调的，至少不能彻底搞好协调。

对不协调视而不见不行，贸然从事也不行。贸然从事者有热情，但缺少对不协调因素的详细了解和对协调规律的掌握，胆大有余，智慧不足，往往好心办错事。在办了错事之后，如不从正面汲取经验教训，反而会使热情消减，勇气减退。因此，自觉性离不开科学态度。

任何领导协调的自觉性都是双向的，只有一方的自觉性不行。只有领导者的自觉性和主动性，被协调对象各方没认识到或不承认自己存在不协调情况，或者承认存在不协调但缺乏解决它的愿望，协调对象就会对领导者的协调行为采取拒绝等不配合的态度。如果被协调对象各方很希望领导出面帮助协调，而领导者不重视这件事，或者推诿塞责，一拖再拖，也是不行的。因而，协调的自觉性是双向的，其中领导者的自觉性更为关键。因为领导者可以利用自身的优势地位和影响，做好协调对象的思想工作，使其自觉性不断提高。

正因为协调建立在双方自觉性基础之上，所以，任何领导协调都不能采取单方压服的办法。不协调甚至冲突是经常出现的，领导协调对象属于工作中人民内部的分歧和冲突，只能说服、教育、引导，而不能压服。压而不服，反而会把事情搞得更糟。

六、动态原则

不协调现象有一个酝酿、发生、结束的过程，因此，领导协调也是一个动态过程。同时，一个领导协调过程的结束，即是下一个领导协调过程的开始，这也是一个连续不断的动态过程。

领导协调的动态原则主要强调领导者要以动态的观点来指导协调，注意研究每一不协调现象产生的根源和趋势，及时进行协调；动态原则还强调，在协调中要注意研究不协调现象产生与发展的内外情境条件和限制因素，创造条件，把不协调限制在一定范围之内，使之向有利于领导整体工作顺利开展的趋势发展。

任何矛盾和冲突，如果对它的前因后果、来龙去脉不清楚，就想动手去解决，是肯定解决不好的。同样，对自己所采取的每一个行动，如不考虑可行性以及可能引起的相关反应和后果，也是会出乱子的。所以，对任何不协调现象都必须作动态考察，切不可看到一时一地的现象就动手去解决，更不可带任何偏见，不可孤立地、静止地去看待任何冲突。

对矛盾和冲突作动态考察，除了追根溯源，考虑发展趋势之外，还要考察矛盾与冲突产生的情境、背景等因素。任何协调与不协调的运动都是在一定的环境之中进行的。社会政治气氛、经济发展状况、技术水平、文化道德观念、组织结构调整、法律规章、社会保险情况等都会对组织的运行以及组织中的人际关系产生重大影响。对所有这些相关因素都应具体考察，弄清矛盾和冲突同它们之间的相关关系，只有这样，才能搞清冲突和矛盾的实质，以及可能的发展趋势，提高领导者从多方位、多角度进行协调的能力。

总之，领导协调是在动态中进行的，领导者应克服各种形而上学的观点，用全面的、联系的、发展的观点去对待矛盾和冲突，这样才能提高协调质量。

领导者在协调中贯彻动态原则，应注意以下几点：

（1）加强预测和信息工作，尽量将不协调解决于萌芽之时。

（2）从多方位考察不协调形成的原因，追根溯源，分清主次。

（3）预测后果：预测每项协调措施可能带来的连锁反应和相关影响。"两害相较取其小，相利相权取其大"，尽量避免和减少副作用。

（4）跟踪检查：随时跟踪协调反馈信息，及时排除各种干扰因素和修正协调方案，使协调沿着正确的目标方向进行。

（5）总结提高：不断总结经验教训，探索协调规律，提高协调能力。

第四节　领导协调过程

一、领导协调的一般过程

领导协调的一般过程大致可分为互相衔接的四个阶段，即发现不协调因素→寻找解决办法→进行协调→达到协调。一个协调过程的结束，即是下一个协调过程的开始，使整个领导工作呈现不协调→协调→新的不协调→新的协调……这样连续不断的循环往复过程。每一个循环周期无论在内容上，还是在形式上，都会同以前有很大不同。所以，在协调问题上，如同对待其他工作一样，不能到处套用同一个模式。每一协调措施的选择，都必须以协调对象的基础和承受力为依据，一切从具体的时间、地点、条件出发，切不可主观武断。领导协调过程的四个阶段只是一种大致的划分，实践中，也不一定一个协调周期结束，下一个协调周期才开始，它们可能同时进行，也可能交叉进行。这种划分只是告诉我们，任何协调工作，都必须有一定的次序，有计划、有步骤、有目的地进行。

（一）发现不协调因素

所谓不协调因素，是指与领导目标不一致，妨碍领导目标顺利实现的因素。这些因素可能是认识上的、观念上的，也可能是组织的、物质的、技术的、手段的、人员的，等等。它们大致可以分为两大类：一类是可能因素，即可能构成妨碍领导目标实现的因素；一类是事实因素，即已经客观存在的妨碍领导目标实现的因素。由上可见，是不是不协调因素，只能用领导目标，即组织目标来衡量。领导目标是判定是否是协调因素的唯一标准，而不能用其他标准去判定。

发现不协调因素之后，还要对它进行分析研究。首先是真实度分析，即一定要确定不协调因素，不能是道听途说的，也不能似是而非。这就要求把不协调因素的产生原因、事实本身、相关因素等搞清楚。其次是性质分析，即搞清不协调因素的性质，是认识问题，还是组织问题；是对领导目标不理解，还是明知故犯，有意干扰领导目标的实现，等等。最后是后果分析，即对这种不协调因素发展的后果、危害程度进行分析和判断。通过对以上几个方面的不协调因素的分析，就可以为以后解决不协调因素，进行协调工作打下一个好的基础。

(二) 寻找解决办法

寻找解决办法的过程，实际就是决策过程。它包括确定协调目标、拟订协调方案和方案优选等几个步骤。对于一个范围跨度大的组织的协调方案，因为牵扯的因素众多，还需要有咨询、信息等部门参加，反复进行可行性论证，吸收各方面意见，以保证协调方案正确可行。在寻找和确定协调办法时，应注意以下几点：

1. 协调办法的可行性

协调办法、措施必须合理、合法，而且易于协调对象接受。为此，就要进行环境诊断和组织诊断，分析政治、经济、技术、法律等环境是否充分，是否允许。还要对组织的力量、人员素质进行分析，不仅要注意组织承受力，更要注意人们的心理承受力。还要预测实施这种方案的连锁反应和可能后果。在这种分析比较的基础上，才可能明确各种方案的优缺点，最后作出决策，优选方案。

2. 发挥群体智慧

领导协调方法、方案的制定和选择，必须依靠领导班子全体成员的集体智慧。不仅如此，还要充分发挥信息部门、咨询部门等各方面专家的作用，以求方法、方案的科学可行，尽量降低失误的可能性。

3. 期望值适度

所谓期望值适度，是指协调目标不能确定得太高，也不能太低，要同协调对象的思想觉悟和承受力相适应。所谓期望值适度，是指领导者一定要了解协调对象的状况，把可能性和现实性结合起来。不能企图一下子解决所有问题，要循序渐进；也不能前怕狼后怕虎，不敢解决问题。

4. 制订备用方案或应急方案

事物的发展是复杂的，在具体协调过程中，可能会出现一些意想不到的问题。作为领导者应尽量估计到各种可能出现的情况，作好应付各种可能的准备，制订备用方案或应急方案，做到有备无患，出了意外情况也能应付自如，不至于手忙脚乱，陷于被动。

(三）实施协调

实施协调是具体解决问题的阶段，也是协调的关键阶段。在此阶段应注意以下几个问题：

1. 尽量让不协调各方自己解决问题

因为只有不协调各方认识到协调的重要性，有了协调的愿望和要求，协调才能建立在坚实的基础之上。所以，作为领导者，在协调工作中必须加强同不协调各方的沟通，尤其是人与人之间的协调更应如此。领导者在制定协调目标与协调方案时，就应该让不协调各方参与，这样的目标和方案是建立在大家认可的基础上，较易实行，也易于调动各方的主动性和积极性。

2. 综合运用各种手段和方法

领导协调的手段和方法非常丰富，在手段上有规划手段、行政手段、经济手段、法律手段、思想教育手段等；在具体方式上有强制的方式方法、参与的即民主的方式方法和完全由不协调各方自我协调的方式方法。领导者在具体协调工作中，一定要根据协调对象的素质状况、不协调问题的性质和程度，以及协调对象的承受力等情况，选择恰当的手段和方式方法，灵活运用。尤其在协调复杂问题的时候，往往一种手段或方法不行，要几种手段和方式方法综合加以运用。

3. 加强反馈，尤其加强负反馈

在协调过程中，应紧密跟踪协调进展情况，加强信息反馈，以保证协调工作按协调目标进行。在反馈信息中，领导者尤其应当重视和加强负反馈。所谓负反馈，又称问题反馈，即对背离领导协调目标和意图的信息反馈。重视负反馈在现代领导工作中具有突出的重要意义。它不仅可以使领导者了解问题的症节所在，还可以使领导者进一步思考原定目标和决策的真理性和可行性，使领导者进一步完善原决策，从而保证领导者与协调对象之间的沟通和理解，更好地进行协调工作。领导协调的实质就在于使领导目标和各部门目标，乃至被领导者个人目标之间保持一致。加强信息反馈和负反馈，能使领导者进一步明确目标不一致的根源和分歧，从而更好地使各种目标协调起来，统一大家的努力方向，这对顺利实现领导目标是非常重要的。

4. 总结经验，探索协调规律

经过协调工作，达到新的协调，这既是一次协调工作的终结，又是新的协调工作的起点。因而，被协调者问题的解决，并不是领导协调工作的结束。此时，作为领导者主要应做两方面的工作：第一是总结经验教训，探索协调工作中规律性的知识，从而提高领导水平；第二，任何协调局面的出现都是相对的，应做好巩固成果的工作。尤其应当注意，人与人之间不协调的解决，往往留下一些痕迹和隔阂。作为领导者，应继续帮助不协调各方，使之不仅行动上一致，更要思想上、情感上沟通和理解，这样才能巩固协调成果，不至于一波刚平，一波又起。如不从根本上解决问题，领导者就会陷于矛盾、冲突丛生的忙乱之中。

二、事前协调

事前协调，又称超前协调，是领导协调过程的逻辑起点。任何领导工作都必须

"谋"在先，行在后。事前协调，即领导工作开始之前，对组织、人员如何协调运转，顺利实现领导目标的谋划。

（一）事前协调的内容

事前协调的主要内容可以分为职能协调、组织结构协调、人与事协调和规范协调等几个方面。

1. 职能协调

领导者的职能，是指领导者所应承担的任务体系。事前协调的重要内容之一，就是领导者在未正式开展工作之前，对自己的任务体系作通盘的考虑和安排，以便有秩序、有步骤、有计划地完成这些任务，防止和尽量避免任务体系上的冲突。事先职能协调包括横向任务体系协调、纵向任务体系协调和时序任务体系协调三个方面。

（1）横向任务体系协调。任何一级组织的平行职能都是多方面的，它们从横向上形成一个相互制约的任务体系。就一个企业来讲，它的职能除生产任务以外，还有精神文明建设、民主建设等职能。单就生产职能来说，还有信息情报、技术开发、原材料采购、具体生产等若干项。如果领导者事先对自己所领导的组织职能考虑不周，安排不当，就有可能在实际行使职能时，造成矛盾、冲突和摩擦，影响领导目标的实现。比如，有的生产单位领导者不重视精神文明建设，结果导致这个单位人员思想混乱，影响和腐蚀积极因素，最终影响生产任务的完成。因此，领导者必须对自己的横向任务体系作全盘考虑和安排。

（2）纵向任务体系协调，也就是纵向目标分解和任务分解。领导工作的事先谋划还包括在纵向上对职能进行分解，形成一系列任务体系。比如，政府横向职能中有精神文明建设职能和物质文明建设职能等，每一项职能还要具体分解。纵向任务体系分解合理，才能层层落实目标、责任，使上下之间相互配合和支持。

（3）时序任务体系协调。对各种组织的任务体系来说，有近期、中期和长期任务。近期是为中期服务的，中期又是为长期服务的。这就要求领导者在安排任务时，把当前和长远、战略和战术任务结合起来考虑。

总之，领导者的任务和职能是一个多侧面、多层次的复杂系统，领导者的层次越高，就越复杂。领导职能的事前协调，就是要将任务、职能在横向、纵向和时序几个方面统筹兼顾，从整体效能出发，作好全面规划和安排。

2. 组织结构协调

组织结构的事前协调，就是组织设计，它的结果是形成组织结构。组织设计的根据包括：一是组织职能。必须以组织的职能和职能体系为根本标准，来设计安排组织结构。二是环境。组织设计实际上是领导者根据外部环境的需要和内部技术、人员等要素状况，对组织结构所作的合理的、有意识的设想和安排。任何组织设计，都必须考虑同环境的适应即协调。因为只有适应环境的组织，才能存在和发展。

组织设计的内容包括：工作部门的横向划分以及直线指挥系统与职能参谋系统的相互关系等方面的合理组合；控制幅度以及集权或分权等人与人相互影响的机制；机构职位体系及职责、职权关系，等等。通过对这些结构要素及要素关系的合理运筹，使组织结构处于最佳配合状态，建立协调运转的组织结构系统。

3. 人事协调

人事的事前协调，是指领导者根据职位责任的要求，对组织所需人员的年龄结构、知识结构、能力结构以及其他素质搭配进行通盘考虑，做到素质与职位相符，使人与事达到合理结合，实现人事相宜，量才授职，以职择人。其中，最重要的是各类各级领导班子内部人员的素质结构一定要合理。

4. 规范协调

规范协调，是指领导活动之前，对岗位职、责、权、利以及其他领导行为规范的制定，用以规范人们的行为，使之各司其职，各尽其责，减少扯皮和摩擦现象。规范一定要配套，即形成规范体系，不仅要规定应该做什么和怎样做，还应规定如果这样做或不这样做应得到的鼓励和惩罚。也就是说，还应有保证规范实施的规范和措施。否则，制定的规范在实行中发挥不了多大作用，这一点已被无数实践所证明。

领导事前协调的内容极其广泛，上述四项内容只是对事前协调逻辑层次的简单概括。不管哪一级的领导者都应重视事前协调工作，事前协调搞得好坏，与整个领导工作的顺利进行关系极大。

（二）事前协调的作用

事前协调是对领导工作如何协调运转的超前思考和运筹，对领导工作具有极其重要的作用。

1. 事前协调是顺利实现领导职能的必要条件

任何领导工作从大的方面都可以分为谋划和实施两大部分。谋划是领导者主动性、能动性和自觉性的综合体现，是实施领导的必要准备和前提。古语云："凡事预则立，不预则废。"在领导工作开始之前，如果没有周密的思考和周详的计划安排，就会使领导工作穷于应付，混乱不堪，必然招致失败。诚然，事前协调的设想和计划要由现实生活的实际进程加以校正，但这并不能否定它的重要性。这就要求我们以更科学的态度，尽量提高事前协调的准确性和可靠性。

2. 事前协调是组织协调运转的重要手段

组织的协调运转是组织效能整体优化的客观要求。组织协调运转需要的条件很多，包括组织同环境要适应；组织内部各部门、各层级要配置合理；人员职、责、权、利要搭配合理等。总之，要考虑到组织的各子系统和各构成要素的比例和关系。如果没有事前的周密考虑和安排，组织的协调运转是难以想象的。有了事前协调的设想和计划，就会使领导者指挥有所依据，各部门、各种人员的活动有所遵循，动之有方，行之有矩。这样，组织各方才能有协调一致的动作，也才能使组织发挥出更大的整体效能。

3. 事前协调是人员选择的重要依据

通过事前协调，搞清职位责任和所需人员的素质条件以及协调人员的素质结构，能够为有针对性地采用各种方法挑选人员提供依据和标准。这样，组织在招聘人员时可以按照事先制定的人数和素质标准，再加上采用先进的选人用人方法，就能有效地避免各种冲突和摩擦的发生。

4. 事前协调有利于领导控制

因为事前协调的所有设想和设计、计划，都是为了实现组织目标，所以，事前协调的最核心作用就在于把所有的注意力集中于组织目标上。在实施当中，也就有了明确的标准作为控制的尺度。如果没有事前的设想、计划，没有明确的任务系统和目标系统，就无法测定控制活动，无法引导人们的行为指向，各种偏离领导目标的行为就难以得到及时的纠正。同时，有了事前协调的设想和计划，在控制活动中还有利于及时校正原设想和计划，使之更加充实和圆满；也有利于发现创造性人才，培养人们的整体观念、未来观念，使组织人员健康成长。

（三）事前协调的方法

事前协调的方法极其丰富，按其对事前协调的作用性质，可以分为指导性方法、基础性方法和技术性方法三大类。

1. 事前协调的指导性方法——系统分析方法

所谓系统分析方法，就是按照事物自身的系统性，把研究对象放在系统的形成中加以考察。这种方法要求从系统的观点出发，着重从研究对象的整体与局部之间、研究对象与外部环境之间的相互联系、相互制约中，综合地、精确地考察研究对象，使研究对象的目标实现达到整体性、综合性和最佳化。由于系统分析方法具有广泛的适用性，已被各种组织，尤其是企业作为一种指导性方法。在一些大的组织、大的工程中，运用系统分析方法已经取得了可喜的成效。

系统分析方法的步骤主要是：

第一步，问题阐释。组织在其发展中会遇到各种各样的问题，领导者的事前协调，就需要从组织的内外环境中，根据国家的宏观计划、要求、规定和方针、政策，及时发现影响组织目标和组织协调发展的各种问题，尤其是已经存在的各种整体性问题，并且根据各种资料分析比较，预测组织近期和远期可能遇到的问题。只有找到了影响组织发展的各种问题，才能使组织在问题解决以后得到发展。领导者应对所发现的问题给予阐释或准确定义，限定问题范围，找出问题存在的背景材料和有关假说，留待分析。

第二步，目标选择。目标是预期解决问题后达到的结果。在目标选择中，不仅要明确总体目标，而且要对目标进行横向与纵向的分解。正因为组织目标是多项的、多层次的，所以才需要协调。在目标选择中，不仅要分清目标，给以明确的解释，而且要对目标的主次、轻重缓急按一定的标准加以排列。同时，还应确定衡量目标效果的尺度。

第三步，寻找实现目标的方案。即进行调查研究，在此基础上提出各种可供选择的备用方案。

第四步，建立模型。模型是对现实的一种超前的抽象描述，常见的有网络计划模型、排队模型、语言模型、经济类比模型等。

第五步，进行计算。即运用线性规划、统计决策、计算机探索等手段对模型加以计算，根据计算预测各种方案的结果，并对计算和预测的结果加以诠释。

第六步，评价比较。即通过对各种方案的优劣得失进行全面衡量，评价优劣。

第七步，判断说明。即在全面衡量比较的基础上，确定实现组织目标的最佳协调方案，并对实施这一方案的措施、步骤等加以说明。

第八步，模拟实验。

第九步，制订实施方案。经过模拟实验，如果结果令人满意，就可以对这一方案加以肯定，并提出实施建议，由决策部门决策；如果结果不令人满意，就要按系统分析的步骤进行新的分析，直到找出令人满意的方案为止。

系统分析方法对于一个多子系统、多因素的大组织、大工程的事前协调规划，是一种已被实践证明的科学可行的指导性方法。对于一个子系统和因素不十分复杂的组织来说，虽然不一定搞得这么复杂和程序化，但它的基本精神仍然是要掌握的。

2. 事前协调的基础性方法——调查与预测

调查与预测是事前协调的基础和前提。设想是否正确，计划是否可行，在很大程度上取决于调查与预测的准确性、及时性和可靠性。只有通过调查与预测，才能发现问题，作出正确的协调计划和规划。所以，领导协调都必须加强调查与预测工作，它是事前协调的最基本的依据和方法。

预测的方法可以分为三大类：

（1）直观法：主要靠人的经验和综合分析能力来推测未来，如主管人员评判意见法、专家意见法、专业人员分析法等，这种方法古已有之，如果尊重客观事实，仍然很适用。

（2）外推法：这种方法是利用过去和现实的资料来预测未来状况，如简单平均法、移动平均法、加权平均法、指数平滑法等。这种预测方法更加适用于中期和短期预测，对长期预测来说，可靠性不高。因为这种方法还不能揭示事物本质的内在联系。

（3）因果法：因果法强调找出事物变化的原因，找出原因与结果的联系方式，并以此来预测未来，如回归分析法、数量经济法等。这种方法要求从事物之间的相互制约关系来推断未来，所以比外推法更可靠，也更复杂一些。

3. 事前协调的技术性方法——计划方法

事前协调的设想最终要形成协调计划，或者说，事前协调最重要的是协调组织的计划体系。组织各部门自然有各部门的计划，各个层级也有各个层级的计划，由于各部门、各层级的工作任务存在差异，所站角度不同，各种计划之间难免发生冲突等不协调状况。作为组织的领导者，就应对这个计划体系进行协调，最终形成组织的协调计划。协调计划是组织计划管理的重要环节。计划协调工作关系到组织的全局。所以，领导者义不容辞地负有协调计划的重任，制订协调计划是事前协调的核心内容。

领导者完成协调计划的重任，除了提高对协调计划重要性的认识，掌握协调计划的内容以外，还应根据组织内外环境、条件以及任务性质，选择适当的协调计划方法。协调计划的具体方法主要有：

（1）领导抉择法，是指由领导者全权负责组织的各项计划。这一方法的特点是以领导者为核心，领导者的抉择高于一切，制订计划的各个部门和层级都必须服从领导者所确定的协调方案或计划。这种方法的好处是把协调计划的权力全部上交给领导者，各部门各层级不发生相互修改计划的联系，因而避免了扯皮推诿现象。当组织外部环境突然发生变化,需要迅速调整各项计划时,这种方法很适用。但是,这一方法的缺点是不能集思广益,协调计划制订得好或坏完全取决于领导者个人的智慧、才能。因而,领导者的素质关系到协调的成果。同时,还容易造成独断专行、一言堂等弊端,不利于发挥各方积极性。

(2) 联席会议法,通过有关职能部门召开联席会议的方法来决定协调计划。它加强了部门之间的横向交流,因而有助于克服片面性,集思广益,使协调计划更加周密细致。但这种方法往往需要多次磋商,反复平衡,因而费时间,有时会贻误战机。采用这种方法,需要领导者有高超的驾驭会议的艺术、能力和平衡协调能力。

(3) 领导者与智囊团抉择法。这种方法是较前两种方法都更为有利的方法。需要协调的各方不直接见面,避免了扯皮现象;同时,智囊团又对领导者的能力作了补充,保证了协调计划的质量。这种方法现在已被普遍采用。

(4) 计划部门抉择法。这是目前我国许多组织所采用的一种方法,由计划部门负责对各部门的计划进行协调,提出协调计划,最后由领导决定。这种方法减轻了领导者协调计划的任务,使之集中精力考虑组织的长远发展;同时也避免了各部门之间的争吵和扯皮现象。采用这种方法的关键在于提高计划部门人员的素质和办事效率。

三、事中协调与事后协调

事中协调是在领导工作进行之中的协调,事后协调则是某项领导工作完成之后的总结提高,目的是提高领导者的协调素质和协调能力。

(一) 事中协调的必要性

1. 保证领导目标的顺利实现

事中协调的根本目的和必要性,在于保证领导目标的正确性和顺利实现。事前协调是领导活动开始之前的构思和计划,不可能尽善尽美。在领导活动开始之后,各种各样意想不到的新情况和新问题会不断出现。领导者及时察觉这些新情况、新问题,不断进行协调,一方面可以及时发现原计划中的不足,加以补充和更正,会使领导目标更加科学、合理,使原计划更加完满;另一方面,可以及时排除对领导目标实现的干扰因素,使整个组织的努力都集中在实现领导目标上。如不注意纠正和引导实践中的偏差,会使原计划落空,使领导目标成为空想。所以,领导者必须在领导工作进程中,继续加强协调工作,以保证领导目标的正确性、科学性和顺利实现。

2. 及时排除不协调因素,保证组织协调运转

在领导活动开始以后,各种各样的不协调因素也会随之出现。首先,各个部门和每个个人都是按照自己对领导目标的理解去进行活动,有的理解正确,有的可能出现偏差,而且正确与偏差的程度、性质也会不一样。这样,由于对领导目标理解的不同,就会导致行为指向上的差别,甚至冲突。其次,各个部门和各个个人,都是根据本部门和个人的任务、责任去要求自己,往往不大注意组织整体的协调运转,这样,就很需要领导者从组织整体上进行协调。再次,各个部门和每个个人的工作质量、速度会由于各方面的素质差异和责任心等因素,出现差别,甚至会有很大不同,如不及时调

整，就会出现速度上、进度上的不协调，整个工作将无法顺利进行。最后，组织是由人员组成的，由于人们看问题的角度、思想觉悟、个人需求等不同，自然会产生各种分歧和矛盾。

总之，领导活动开始之后，各种各样不协调的因素和情况也会出现，如不及时协调，这些不协调因素就会腐蚀协调因素，甚至会使得整个组织混乱不堪。所以，为了保证组织协调运转，就应及时排除各种不协调因素，这项工作是大量的、多侧面、多角度的。各级领导者必须从组织的整体利益出发，加强事中协调工作。

3. 减少内耗，发挥组织人员的潜能

在领导活动进程中及时排除不协调因素，直接目的在于减少内耗。摩擦、冲突等不协调因素，必然使很多功能（包括人的精力、人力、物力、财力、时间等）耗损，及时协调，就会使这种耗损限制在最低限度，从而使整个组织增效和增益。事中协调是减少内耗、增加组织效益的重要途径。

人的能力有表现能力和潜在能力之分。心理学研究成果表明，人的表现能力只占人的整体能力的30%左右，也就是说，人的潜能大得很。调动人的积极性，最根本的就在于调动人的潜能。搞好事中协调，就会使组织协调运转，人际关系融洽和谐。在这样的协调环境下，人们一方面可以极大地减少防范不协调因素的精力；另一方面可以没有后顾之忧地发挥自己的聪明才智，最大限度地发挥自己的潜能。如果组织不协调不能及时解决，内部摩擦、冲突就会加剧，人们在这样的环境下生活和工作，不仅潜能得不到发挥，而且还得分出一部分精力去对付不协调因素，会严重地妨碍人的潜能发挥，妨碍和限制人的成长。

（二）事中协调的内容

事中协调的内容极其广泛，凡是在领导活动中遇到的妨碍领导目标实现的因素，都是事中协调的对象。由于各种组织所处环境的差异，任务的不同，在事中协调中所要解决的问题当然也会不同。凡是妨碍领导目标实现的因素都是事中协调的内容，并不是说这些协调内容都必须由组织的最高领导者去解决。事实上，事中协调的大部分内容是由各部门、各层次的直接领导解决的，最高领导者不可能，也不必包揽解决一切问题。作为组织的最高领导者，应把精力放在关乎全局、关系到组织长远发展的关键问题的协调上。这些问题主要包括以下内容：

1. 领导活动各环节之间的协调

"领导活动各环节"这个概念的含义弹性很大，从不同的角度来看，领导活动可以概括为若干不同环节。这里所说的领导各环节之间的协调主要指以下内容：

一是指组织各部门、各层级之间关系的协调。组织各部门和各层级分别承担着各自的分目标，这些分目标是组织总目标，即领导目标的有机组成部分。在领导活动开始之后，各部门和各层级一方面由于理解的不同，可能在不同程度上偏离组织的领导目标；另一方面，由于各种条件的限制，有的部门的分目标可能完成得很好，进展顺利，有的则可能很困难，甚至完不成。这样，在各部门、各层级之间就会出现差异、矛盾，在各部门和各层级的交互行为中就可能出现冲突。作为组织的领导者，就要在领导活动进程中，注意协调各部门、各层级之间的关系，实质上就是协调横向分目标和纵向分目标之间的关系，以保证领导目标的顺利实现。

二是指各职能系统之间关系的协调。一个现代化、科学化的组织，应该是由决策系统、咨询系统、信息系统、执行系统和监督系统五个子系统所构成的有机整体。只有这五个子系统健全，职能分工明确，既相互补充又相互制约，才能使组织大系统协调运转。从管理学的角度来讲，只有这五个子系统相互补充和制约，才能使组织成为一个既对环境开放、反应灵敏，又在内部管理上构成相对封闭环路的现代化组织。我国现在的各种组织中，多数表现出咨询、信息系统不健全，监督系统不能有效地对同级决策系统进行监督，执行系统又过于庞大冗杂，层次和环节过多等问题。如果这五大系统不能相对独立地发挥各自的职能，就很难保证组织决策的正确性和科学性，出了问题也很难及时得到纠正。领导者事中协调，很重要的一个问题就在于协调好这五个子系统的关系，使它们各司其职，各尽其责，有职有权。这样，就能及时纠正偏离领导目标的倾向，保证整个组织的协调运转。

三是指局部和全局、当前和长远关系的协调。这也是领导事中协调的重要内容。领导者应及时察觉在局部看来可行，而在全局看来不可行的行为，并加以引导，使局部与全局结合起来。如果在领导活动中放任自流，那就会各自为政，损害整体利益和全局利益，最终损害领导目标的实现。同时，领导者还应把注意力放在当前与长远关系的协调上。美国通用电器公司的董事长威尔逊说："我整天没做几件事，但有一件做不完的工作，那就是规划未来。"如果只注意当前，不注意长远，就是没有战略头脑的领导者。领导者事中协调的重要内容之一，就在于协调好当前与长远的关系，把二者有机地结合起来。这样，才能有效地防止短期行为，既搞好当前工作，又为领导工作的长远发展打下坚实的基础。

2. 各方面发展速度的协调

各级各类组织内部都有一个各方面发展速度的协调问题。整个国家有整个国家经济、政治、文化、人民生活、教育等各方面协调发展的问题，就各方面来讲，它的内部又有另一层次的各方面发展速度协调问题。一个城市相对国家来说是一个小社会，如果工业发展很快，而能源等跟不上，就会造成不协调，因此工业发展速度一定要同其他各方面发展速度协调起来。具体到企业也是如此，如果领导者不注意领导工作各方面发展速度的协调，就会使整个组织陷入混乱，最终会延缓整体发展速度，而且会造成人力、物力、财力的巨大浪费。

3. 在机构运转中及时打通"瓶颈"

"瓶颈"即问题，组织机构运转中的瓶颈，就是妨碍组织协调运转的问题和因素。妨碍组织机构协调运转的因素和问题可能来自外部，也可能来自内部；可能来自下级，也可能来自领导；可能是人员素质问题，也可能是分工、规章制度或组织结构不合理等问题。作为领导者应及时发现瓶颈，更应及时打通瓶颈，使组织处于最佳的运转状态。

4. 人际协调

领导者事中协调的内容很大一部分是人际关系协调，包括领导班子内部协调、同上级领导者的上行协调、同平行组织以及其他外部组织人员的横向协调和同下级的下行协调。人际关系协调是领导者的一项重要工作，目的在于创造一个目标一致、安定团结的组织环境，最大限度地调动人们的积极性和创造性。人际关系协调的实质，是协调人们的职、责、权、利的关系，把个人目标统一到组织的目标上。

从上述几个方面可见，事中协调内容广泛，但是，不管哪个方面，它的基础都是组织目标，组织目标是协调的标准、基础和目的，离开了组织目标的协调，于整个组织无益，甚至会把协调引到歧路上去。所以，各级各类领导者在协调工作中必须紧紧把握住组织目标。

（三）事中协调的方法和应注意的问题

事中协调的具体方法十分丰富，有协调目标、计划实施的反馈、控制方法，有协调人际关系的思想教育方法、激励方法、纪律方法；有协调组织机构的编制方法、改革方法等。在协调手段的运用上，有行政手段、经济手段、组织手段、规范手段、教育手段、法律手段等。此外，还有一些行之有效的协调艺术。在具体运用这些方法、手段、艺术进行协调工作时，应注意下面几个问题：

1．根据不同的对象，选择不同的方法和手段

由于协调的对象不同，不协调的性质、程度、产生的原因不同，应采取不同的协调方法。在协调工作中，一定要首先弄清不协调的真实情况及其原因，一切从具体的时间、地点、条件出发。切不可到处套用同一种方法，更不可先入为主，以领导者个人的感情好恶为标准去进行协调。如果没有弄清不协调的各种情况，不顾及协调对象的特点和实际承受力，就着手去解决问题，不但问题解决不了，反而会把事情搞得更糟，甚至会压抑员工的积极性。

2．适当超脱，发挥职能部门的作用

领导者面对的不协调状况十分复杂，不可能事事由领导者出面进行协调，那样做不但会使领导者陷入矛盾、冲突的应付之中，而且由于领导者个人能力和精力所限，也不可能事事了解得那么清楚，处理得那么得体，会耽误很多事情的及时解决。在协调中应贯彻该谁管的事，由谁去协调的原则，这样能发挥各部门、各层级的积极性，也使领导者超脱一些，抽出精力考虑组织的发展等重大问题。在协调工作中，同样应该贯彻在一般情况下不越级指挥的管理原则。只有当下级领导者卷入矛盾和冲突之中，不方便出面协调时，上级领导者才可以出面越级进行协调，否则，就会混淆领导管理的层次，妨碍下级积极性的发挥，也会助长下层领导者的不负责任。混淆管理层次是科学管理的大忌之一，在协调工作中必须注意这个问题的发生。

领导者在进行协调时，应注意不要简单地充当裁判的角色，而应设法调动协调对象各方的积极性，使他们自己解决问题。只有当协调对象各方有了强烈的协调愿望和自觉性时，这种协调工作才能比较彻底地解决问题。当然，领导者这样做并不是否定领导者自身的协调责任，实际上，这样做比领导者直接出面更复杂，需要做更细致的思想工作和组织工作。

3．以目标为核心，灵活控制

领导者的根本责任就是制定目标和实现目标。在事中协调中，也必须以目标为核心，灵活加以控制，及时纠正各种偏离目标的不协调情况，把整个组织以及所有人员

的努力集中到实现组织目标这个方向上。为此，必须加强反馈机制，疏通信息渠道，使信息反馈准确及时。领导者只有在及时准确地把握信息脉搏的基础上，才能实行灵活及时的控制，将不协调因素解决在发端之时，以保证组织目标的顺利实现。

4. 综合运用各种方法、手段

各种方法、手段是相辅相成的，在协调工作中必须加以综合利用。各种方法和手段都有它的特殊作用，但也都有一定的局限性，绝不能迷恋于某一种方法和手段，更不能用一种方法和手段去取代其他方法和手段。在现实生活中，有些领导者不大会综合运用各种方法。比如，一段时间，个别领导者只运用重奖重罚的经济手段，而忽视了人文关怀方法和手段；有的则又不敢和不大会运用方法和手段去协调和解决问题，致使一些问题长期得不到解决，严重地干扰组织的协调运转。因此，领导者综合运用各种协调方法和手段，存在重新学习的问题。要了解和研究各种方法和手段的适用对象、有关政策规定以及使用程度，还要了解各种方法和手段的相互关系，在实践中不断摸索和总结经验教训，提高自己综合运用各种协调方法和手段的能力。

（四）事后协调

任何一项领导协调工作，都有酝酿、准备、进行和结束这几个阶段。一项领导协调工作的结束，并不是整个领导协调工作的结束，但是，作为一项协调工作，毕竟完成了一个运转周期。所谓事后协调，就是指一项领导协调工作周期完成之后的总结提高工作。这项工作是非常必要的，因为随着领导工作的进程，旧有的不协调问题解决了，新的不协调问题还会出现。为了提高领导协调的质量和效率，必须不断总结提高，以期提高以后的协调工作效果。

事后协调的主要内容有三项：

1. 总结经验教训，摸索协调规律

领导者协调能力的提高，来源于对协调规律的掌握。用自身的体验，自己参与协调工作的经验教训来进行自我教育，是提高协调能力的最好方法。所以，领导者对自己每次的协调工作都要认真总结一番，尤其对失败的经验更要认真总结，查找原因，找出症结所在，这样就会使自己变得更加聪明。

2. 巩固协调成果，培训人员

每次协调工作结束后，并不能完事大吉。经验证明，许多企业不协调现象的重复出现，甚至愈演愈烈，都与没有巩固协调成果有关。所以，一次协调工作结束后，不仅领导者自身要总结提高，还要帮助协调对象各方总结提高，使之不断树立整体观念，去掉各种不健康的思想和因素。这样，才有可能从根本上克服不协调因素，巩固协调成果。同时，通过帮助协调对象总结经验教训，使之认识不协调的原因与危害，也是实际的、生动的自我训练和提高。领导者也应通过协调工作培训员工，提高员工的素质。

3. 完善规章制度

在协调工作中常常会发现，许多不协调现象产生的原因在于分工不合理、规章制度不健全，职、责、权、利搭配不当。通过事后协调，应不断完善各种规章制度，分工不合理的应及时调整，这样就会大大减少扯皮和冲突现象，为以后组织机构的协调运转打下一个坚实的基础。

领导协调过程的事前、事中和事后的划分是相对的，它们之间不仅相互渗透，而且相互交叉。可能几项协调工作同时进行，也可能相互衔接，在现实生活中情况极其复杂。就每一项协调工作来说，无论领导者自觉与否，总要经过了解情况、确定协调目标和计划、进行协调以及协调结束这样几个阶段。我们学习和研究领导协调过程，其根本目的，就在于探索协调过程的规律，提高领导者的协调自觉性，有计划、有秩序地开展协调工作。

第五节 冲突管理

一、冲突的概念

冲突（conflict）是个人或单个组织认为其需求受到阻碍或将要受到阻碍时，导致的一种公开的行为。因为每个人都有不同的感受、想法和目标，这样冲突就发生了。从组织的角度讲，冲突被看作打破组织的"常规"的事情。

组织中的冲突经常被看作是不正常的和不希望发生的，是无论如何都要避免的。冲突会导致系统僵化，事实被歪曲，耗费冲突当事人的精力。因此，许多组织基于下面的假设来处理冲突：

（1）冲突是不可避免的。

（2）冲突是组织中不同个性问题碰撞的结果。

（3）冲突使当事人产生不恰当的反应。

（4）冲突造成组织分化。

然而，存在冲突是非常正常的。管理者必须知道何时避免冲突，何时产生冲突。今天的管理者必须接受冲突的存在，意识到阻止所有的冲突是一种错误。现在，普遍的看法是，冲突本身是可以接受的，而且它是可以有建设性或破坏性影响的一种现象。

比如，在两个人为职务晋升产生的争斗中，胜利的一方可能认为冲突是非常值得的，而失败的一方则可能得出相反的结论。然而，同样要考虑的是冲突对组织的影响，如果素质更高的人被选择和晋升之后冲突结束了，对组织来说，这种冲突的影响是好的；如果在竞争中，当事人在各自职责范围内产生了更好的改进，这种冲突的影响也应该是积极的。与此同时，冲突也许会有破坏性的影响。组织的工作也许会在冲突中遭受损失。例如，失败的一方也许会辞职或离开。另外，冲突也可能会慢慢地抑制组织的工作。极端的情况下，一方或双方当事人的健康都有可能受到损害。

冲突的破坏性影响常常是很明显的，而冲突的建设性影响也许不易被察觉。管理者必须能够看到冲突的这些建设性影响，权衡冲突的成本。冲突的一些潜在的积极影响包括以下方面：

（1）冲突激励人们。即使并非冲突导致的所有行为都是建设性的，它至少能够唤醒人们，促使人们改进。

（2）冲突是一种沟通的形式，冲突的解决也许开启了人们之间崭新和持久的沟通渠道。

（3）冲突能为紧张情绪提供发泄途径，使心灵得到净化。在净化的空气中，当事人可以集中精力投入各自的职责中。

（4）冲突实际上是一种教育经历。当事人也许会进一步意识到或更加理解其对手的作用以及他们必须处理的问题。

二、冲突的发展阶段

一个领导者必须意识到冲突的动态性质。冲突通常并不是突然出现的，要历经一系列的发展阶段。这些发展阶段如下：

（1）潜伏的冲突阶段：冲突的基本条件存在但还没有被察觉。例如，种族差异也许会阻碍员工之间基本的沟通渠道。

（2）被察觉的冲突阶段：一方或双方当事人察觉到冲突产生的原因。例如，一个雇员开始抱怨他的领导并不喜欢他。

（3）感觉到的冲突阶段：紧张气氛开始在当事人之间出现，虽然真正的争斗尚未开始。当雇员开始互相发火时，冲突的形式就开始出现了。

（4）明显的冲突阶段：争斗开始，当事人的行为使得其他不相关的人明显地感觉到冲突的存在。争论或伤感情的话不再私下里讲了，混乱局面开始公开出现。

（5）冲突之后：通过解决或镇压，冲突已经结束，导致产生新的状况：要么是更有效的合作，要么是比上次更严重的新的冲突，导致解雇、惩罚或将来的困难。有时，解决的方法可以是积极的，这将有助于解决问题。

冲突并不总是经过所有这些阶段，而且冲突各方也许不会同时出现在同一阶段。例如，一方当事人处在明显的冲突阶段，而另一方则处于被察觉的冲突阶段。

三、冲突的类型

（一）个人冲突

个人冲突（intrapersonal conflict）是指个人内心的冲突。它也许是最难分析的冲突。当动机和目标之间发生障碍时就会产生个人冲突。当个人的某种动机在目标达成前受到阻碍时，人就会感到非常沮丧和愤怒。障碍可以是明显的（如规则和程序等），也可以是不明显的（精神障碍）。当存在障碍时，为了平息自己的沮丧和愤怒，人们出于防御的机理会作出反应。

人们对沮丧和愤怒的反应各不相同，可能通过后退的行为（如更高的缺席率）、激进的行为（如暗中破坏和其他破坏性行为）、酗酒、滥用毒品和许多其他的微妙反应如腐败或心理疾病表现出来。

个人冲突可以由目标的冲突引起。当个人目标兼有积极和消极的方面时或当多个目标存在时，目标的冲突就产生了。目标冲突有三种基本形式：

（1）积极目标的冲突：当一个人必须在两个或更多积极目标间选择时，这种情况就发生了。比如，一个人面临两份具有同样吸引力的工作，假定B公司的人力资源部经理有意接近A公司的一个经理，为其在B公司提供一份管理工作。A公司的经理虽然喜欢目前的工作，但同时认为新的工作也不错，他就将面对积极目标的冲突。这种情况下就产生了个人冲突。

（2）目标的积极和消极方面的冲突。当一个人面对一个既有积极方面又有消极方面的目标时，这种冲突就产生了。比如，一个员工可能会被提供一份升职的工作，但这份工作要求他到另一个地方去，这个员工真的想被提升，但又不想搬迁，此时，员工个人内心的冲突就产生了。

（3）只有消极方面的目标的冲突。当一个人面对两个或更多消极目标时，这种冲突就产生了。比如，一个人虽然不喜欢他目前的工作，但更不愿意辞职而另找工作。目标的冲突迫使人们作出抉择，抉择又使人们内心产生冲突感。这种不和谐是管理者必须要观察到的危险迹象，因为它会导致员工精力分散，组织生产率下降。

目标冲突的一个延伸就是认知冲突（cognitive conflict）和情感冲突（affective conflict）。在认知冲突中，观念和想法在既定的环境中被认为无法相容；在情感冲突中，感觉或感情无法相容，结果通常是迁怒于别人。

只有当管理者能够识别什么时候和为什么个人冲突发生时，他才能有效地解决这种冲突。因此，管理者必须学会识别员工以及管理者自身的个人冲突。

（二）人际冲突

人际冲突（interpersonal conflict），是指两个或更多人之间的冲突，也许是许多原因导致的。性格差异经常导致人际冲突。一些人经常以错误的方式和别人发生摩擦。性格外向的和性格内向的，脾气暴躁的和内敛的，乐观的和悲观的，易冲动的和做事深思熟虑的，都有可能产生冲突。

由于个人背景或宗教原因产生的偏见也可能导致人际冲突。明显的例子就是种族和宗教冲突，但也有其他的、更微妙的偏见存在。比如，大学毕业生对只有高中教育水平的人，已婚的人对离过婚的人，老员工对新来的员工，等等，都有可能存在偏见。

人际冲突的另一个原因是，相对于其他人的职位，个人逐渐不满意自己的职位。例如，一个员工非常满意他与领导及其他同事的关系，这时，如果一个原本和他同等地位的人被提升到经理的位置，与这个同事相比，这个员工可能很难接受他目前的职位。

关于冲突作用的经典讨论中，罗伯特·L.卡恩（Robert L. Kahn）发现，每个组织成员都扮演着许多角色。许多时候，由于工作负担太重（尤其对管理者），这些角色之间就会发生冲突。在尝试着处理角色冲突的过程中，员工也许会远离同事，不再支持组织，承受更多的紧张，降低生产率，并最终消沉下去。

（三）群体冲突（结构性冲突）

组织结构也许是群体冲突（intergroup conflict）或结构性冲突（structural conflict）产生的原因。这种冲突相对来讲，与组织结构中扮演一定角色的个人无关。例如，销售和生产部门之间的结构性冲突就相当普遍。以客户为导向的销售部门会认为，为了当前和以后的销售，在生产中有一些例外不仅是可以的，而且是应该的，但生产部门却认为这种例外是不合理的，并不符合组织的最大利益。因此，一种结构性冲突就发生了。如果每个部门的管理者恰好都在经受自己的人际冲突，那么冲突的状况会更严重。接下来讨论各种类型的结构性冲突。

1. 目标细分与奖励

一个组织的每个职能单位都有各自的职能目标。这些不同的职能目标会引起冲突，而这些冲突的出现似乎是由于个性摩擦引起的。常见的存货问题就说明了这种两难境地：销售部门为了在最短时间内满足所有客户的要求，更愿意保持较高的成品存货水平，财务部门为了降低存货成本，则愿意保持较低的存货水平，最终的结果经常是两部门之间产生冲突。

设置合理的奖励体系是减少这种冲突的重要方法。一种强调各部门各自绩效的奖励体系会滋生冲突，然而，对冲突各部门之间合作尝试的奖励又能减少冲突。

导致冲突的不合理的奖励体系仍然很普遍。一般有下列四个因素抑制了有效的奖励体系作用的发挥：一是坚持客观标准（如实际上许多目标同时起作用时，奖励标准却只与其中一个目标挂钩）。二是过分强调看得见的行为（很难观察到的行为如团队建设就很少被给予奖励）。三是伪善（例如，有一套宣称鼓励某种行为，实际上鼓励的却是相反的行为的奖励体系）。四是强调道德和公平而不是效率（在许多情况下，并不是这样也可以，那样也行）。

2. 部门的相互依赖

有时，一个组织的两个部门或单位要相互依赖才能完成它们各自的任务，这样就使结构性冲突的产生成为可能。例如，销售部门的销售量要根据生产部门的产量来定；同时，生产部门的产量有赖于销售部门的销售量。在许多组织中，这种相互依赖的情况都是存在的。

3. 不平等的部门依赖

许多时候，部门依赖关系是不平等的，这样就滋生了冲突。比如，在许多组织中，参谋部门更多地依赖于生产部门，参谋部门一般必须懂得生产线上的问题，与生产部门合作，给它们出主意，但生产部门未必领情，处理这种冲突的一个策略就是尝试让依赖性更强的单位能够影响独立部门的工作。这样一来，一旦独立部门意识到依赖性单位可能会阻碍自己的工作进程，他们就会与依赖性单位合作。

4. 职能部门与环境

职能部门显然要完成各种任务，应付各种情况。调查显示，职能部门服务的环境相差越大，出现冲突的可能性就越大。保罗·劳伦斯和杰伊·洛尔施用四个基本变量来描述这种差异：（1）结构——所用管理风格的基本类型；（2）环境导向——单位对外部环境的导向性；（3）时间跨度导向——单位的计划期限；（4）人际导向——人际关系的公开化和宽容度。

5. 角色不满

对角色的不满也会产生结构性冲突。一个组织单位的专家如果没有得到认可，很少有机会得到提升，就可能和其他单位发生冲突。采购代理常常能说明这种形式的冲突。当组织内一个小组与其他小组相比，感觉地位较低时，角色不满和冲突也会发生。

例如，在学术机构里，行政主管——会被认为地位很低——经常制定绩效标准，并作出影响其他群体成员的行政决定，这时就会产生冲突。

6. 角色含糊

对一项具体工作模棱两可的描述也会导致结构性冲突。对一项任务的成功或失败不知道该赞扬或指责两个单位中的哪一个时，冲突就有可能发生。比如，当两个组织单位都依赖于共同的但很短缺的资源时，就存在发生冲突的可能性；当两个部门为预算而竞争时，这种情况经常发生，每个单位都自然地认为自己的项目更重要，应该得到更多的资金。

7. 沟通障碍

语义的不同也会引起冲突。例如，采购代理和工程师描述相似的东西时，往往使用不同的语言，这就导致了冲突。当一个影响有效沟通的自然障碍或组织障碍存在时，与沟通有关的冲突就会发生。例如，公司总部和分支机构之间经常遇到这种问题。

8. 组织冲突

组织冲突（organizational conflict）是员工和组织本身的冲突，使得员工或员工群体反对组织。政策的改变对员工有消极影响，比如福利的削减是组织冲突的一个原因；公司重组、公司规模缩小、裁员、压缩开支等是引起组织冲突的另外一些原因。

9. 政治冲突

个人的、人际的、群体的，以及组织的冲突通常并不是有意策划的，它们只是现存环境发展的结果。但是政治冲突（有时也称策略冲突（strategic conflict））的起因是有意的，经常是在精心安排的争斗中进行的。这种冲突通常由于部分个人或群体自身的利益而引起，发起者有很清楚的目的，即在奖励体系中战胜对手，可能的回报也许是奖金或佣金、任务的选择、提升或是权力的扩大，无论哪一种，通常当事的一方会得到它（或是它的最大部分）。比如，当总裁临近退休时，一个组织的副总裁也许会发现他们置身于一场政治冲突中。一个有野心的副总裁，会尝试增加自己踏上总裁宝座的机会，和其他一个或更多副总裁发生政治冲突。

政治冲突并不总是意味着参与者是不诚实的或是不道德的，实际上，奖励是要靠努力去争取的。但是，这种冲突会蜕化为不公平的游戏，因为参与者无法抵御不惜任何代价也要胜利的诱惑。

四、冲突管理

正如前面所描述的，冲突是一个组织的内在部分。虽然一些冲突对组织是有利的，但是那些没有解决的冲突或解决得不好的冲突将会对组织产生消极的影响，如离职、不团结、士气低落、低水平实现目标等。成功地解决员工间的冲突，通常有赖于员工的直接管理者。管理者的目标并不是要强制解决冲突，而是要作为一个帮助当事人达成可以接受的解决办法的顾问或咨询人员。理解冲突的类型——个人的、人际的、群体的、组织的或政治的——和冲突的各个阶段，将会对管理者有所帮助。

管理者要经常面对个人的、人际的和群体的冲突，因此，本节进一步深入讨论这几种形式的冲突。

如前所述，要分析个人冲突非常困难。管理者不必到处去查找个人冲突，但是，当一个员工请求讨论个人问题时，管理者就应当去查找个人冲突的迹象了。当管理者发现员工处于个人冲突的境况时，他应当建议员工去找有处理这种问题经验的、受过专门训练的咨询人员。

五种常用的方法可以用来解决个人的、人际的、群体的冲突：

（一）妥协

当双方都给出某些对方想要的东西时，妥协就达成了。在处理人际冲突时，当妥协对双方都有利时就是有效的。当要解决的问题并不是很重要时，就可以使用这种方法。如果时间很紧迫，或要为复杂的问题找到临时的解决方法，也可以用妥协的方法。遗憾的是，妥协通常并未从根本上解决冲突，反而为将来的冲突埋下了祸根。

（二）缓和冲突

当管理者处理问题时就像冲突不存在一样，这就是缓和冲突。用这种方法的管理者经常假装"我们都身处一个幸福的大家庭"。这种方法很少能长期解决问题，一般会导致更多的冲突。

（三）退出

退出就是使一个或更多的当事人退出，如解雇、转移或请员工离开工作岗位。退出的另一种方式是禁止一方或多方当事人讨论冲突。退出很少能发现冲突深层次的原因，也为将来的冲突留下了隐患。

（四）强制解决

强制解决就是管理者或第三方介入，强制冲突各方解决问题。例如，一个管理者发现两个员工之间的冲突，也许会介入，说："事情本该如此，就让它结束吧。"和前面的方法一样，这种方法也为将来的冲突埋下祸根。

（五）面对面解决

当双方当事人真正面对困扰他们的问题时，直接面对面的解决就发生了。使用这种方法，每一方都说出他们真正的感受，也听取对方在说些什么。

虽然以上各种方法在特定的情况下都可奏效，但面对面的解决一般被认为是解决冲突最有效的方法，而第三方介入的效力最差。对管理者来讲，一般的原则是根据人和事的具体特点，确保人际冲突的每种情况都得到处理。

很多群体冲突都是起因于组织结构固有的各组织单位之间的相互依赖关系。有些潜在的冲突可以通过分拆冲突单位，以减少它们对共同资源的依赖而得到消除，如使每个单位各自控制自己的资源；引入缓冲存货或者实行客观透明的资源分配规则；给相互依赖的部门各自配备人员设施，使其拆分。然而，对于组织来说，这种方法成本太高。减少部门间相互依赖的一种更可行的方法，就是启用各个相互依赖部门之间的"联络"职位，目的是使相互依赖的有可能发生冲突的各部门之间的沟通和合作更加顺畅。

另一种方法就是设计工作流程，以便组织系统更有逻辑地运行，各单位能在职责和职权更加对等的环境中完成工作。另外，矩阵组织是建设性地解决冲突的一种工具，如前所述，它也是解决冲突的最有效的方法。

本章小结

- 管理工作是由人来做的，而作为管理职能之一的协调，更是由人来执行，协调工作就是正确处理人与人、人与组织以及组织与组织之间的关系。所以说，协调者必须是人，矛盾的存在需要人来解决。由于人是一切管理活动的主体，是构成组织的"基本单元"，所以，协调的对象归根结底是人员，有时可能是一个事件、一个单位或一个部门，但是这些都应该是由人出面进行交涉、协调。
- 领导协调的一般过程大致可分为互相衔接的四个阶段，即发现不协调因素→寻找解决办法→进行协调→达到协调。一个协调过程的结束，即是下一个协调过程的开始，使整个领导工作呈现由不协调→协调→新的不协调→新的协调……这样连续不断的循环往复过程。
- 协调有六大原则，分别为目标原则、统筹原则、求同原则、公正原则、自觉性原则与动态原则。
- 冲突是个人或单个组织认为其需求受到阻碍或将要受到阻碍时，导致的一种公开的行为。因为每个人都有不同的感受、想法和目标，这样冲突就发生了。从组织的角度讲，冲突被看作打破组织的"常规"的事情。

关键术语

协调（coordination）　　　　　事前协调（pre-event coordination）
目标原则（objective principle）　事中协调（coordination in the event）
公正原则（justice principle）　　事后协调（post coordination）
动态原则（dynamic principles）　冲突（conflict）

复习题

1. 协调的原则有哪些？
2. 简述事前协调的方法。
3. 你认为协调过程中最重要的是事前协调、事中协调还是事后协调？简述理由。
4. 冲突的类型包含哪些？
5. 可以通过哪些途径化解冲突？

自我评估　▶ 授权型领导评估

授权时，管理者要注意挑选那些接受过培训、掌握技能、有天赋和动机的人。

为了测试你的管理授权能力，不妨做做下面的练习。

1. 在工作中，你喜欢扮演的角色是：
（1）管理与指导员工工作

（2）监督员工工作
（3）事必躬亲，然后抱怨员工无能

2. 受到员工指责时，你通常的反应是：
（1）分析员工为什么指责我，自己在哪些地方有错
（2）保持沉默，或尽量为自己的行为进行辩解
（3）也对他进行批评，并找机会报复

3. 你是否认为，"最好听听员工的意见，但最终作判断和决定要自己拿主意"。
（1）非常同意
（2）有些同意
（3）很不同意

4. 你是否觉得尽量全面了解员工的情况对管理很重要？
（1）是
（2）很难说
（3）不必

5. 在作指示的时候，你喜欢征求员工的意见吗？
（1）非常喜欢
（2）有时会
（3）几乎不会

6. 你面对与员工的直接冲突有何感觉？
（1）自己未能避免这种情况，说明管理经验不足
（2）我这一阵子不走运
（3）员工公开向我挑衅，我的权威受到严重威胁

7. 你认为管理者最重要的能力是：
（1）决策和协调能力
（2）专业技术和社会背景
（3）吃苦耐劳和以身作则

8. 对于员工对你的依赖，你会：
（1）感到忧虑，并努力改变这种状况
（2）并不介意，但希望员工能有一定的独立性
（3）感到高兴，喜欢被员工依赖

9. 你是否有威胁员工的倾向？
（1）没有
（2）偶尔有
（3）经常

10. 你觉得员工的理解和支持对你的工作很重要吗？
（1）是
（2）很难说
（3）不是

测试说明：

1. 每个问题选择（1），得2分；选择（2），得1分；选择（3），得0分。
2. 总分在0—12分之间，说明你的管理授权能力较差，必须加强这方面的学习。总分在13—16分之间，说明你的管理授权能力一般，仍需继续学习和锻炼，不断提高自己。总分在17分以上，说明你的管理授权能力很强。
3. 这个评价并不是对你的管理授权能力的一个准确衡量，而是一种定性的评估。你的得分只表明你目前的水平，而不表明你潜在的能力。只要不断学习，积极实践，你完全可以提高自己在这方面的能力。

案 例

如何管理特立独行却聪明绝顶的员工？

我的公司里有一名员工，相当聪明，成绩卓著，但他损坏了公司餐厅区的咖啡机、烤箱等多种电器，以至于我们在考虑，是否要为他损坏的这些东西作一个独立预算。显然，对于他来说，烤面包比在工作中遇到的数学题更具挑战性。事实上，有超高天分的人通常都是这样：在专业领域，他们称得上天才，成绩斐然；但在日常生活中，他们却形同白痴，糊涂之极。

公司的成功离不开个人的创造力，也离不开集体的凝聚力，既取决于团队成员的密切协作，也取决于CEO个人的远见卓识。一方面，与团队其他成员格格不入的独行侠员工可能不利于公司文化，但另一方面，严丝合缝的公司凝聚力也会阻碍明星员工（尤其是企业家类型的员工）的创造力。

我经常说，企业家身上的基因有别于常人，他们看待问题的视角别具一格，因此他们处理问题的方式也是常人不能想象。《经济学人》（*Economist*）中有一篇文章写道：很多发明家都有阿斯伯格综合征（Asperger syndrome）、阅读障碍症或注意缺失紊乱症等精神特质。这些症状的负面特征包括：不能专注于某些事情，却高度专注于其他事情，社交困难，思维混乱，行事拖拉。

显然，这些特质都是相当负面的，但这些特质的另外一方面——其积极的一面——也是显而易见的，事实上，媒体经常把像扎克伯格、乔布斯、盖茨这样的大企业家们描述成"行事怪异、有神秘感、甚至有些可爱"。当然，要管理好异常聪明却行事怪异的这类员工，还得一分为二，辩证对待，既不要把他们美化成与众不同的"明星人物"，也不要只盯住他们的缺点不放。

这些公司"内部企业家"身上表现出来的干劲、毅力、创意、纯粹、执着等特质既是公司的宝贵财富，又会带来管理上的挑战。因此，如何管理这些"内部企业家"，既让他们发挥个人的创造力，又让他们与同事密切协作？作为公司CEO，我经常面临这样的问题：怎样才能鼓励创新，同时又不让创新带来的副作用对整个公司造成负面影响。诚然，这个问题没有既定答案，但是有些做法还是必要的。

首先，找出公司的"内部企业家"。这类员工的一大特征就是不愿意接受传统观点，而找出这类员工的一个方法就是，看看哪些人经常问："为什么要这样做呢？"

其次，要认识到这些"内部企业家"的缺点可能也是他们的优点，所以一定注意不要扼杀了他们身上的特点。公司里曾经有一名员工，控制欲很强，在一般人看来，这是一个大问题，但我却发现，他其实是企业家类型的员工，把自己负责的项目看成是自己的小公司，需要完全"拥有"该项目；而自从我改变了态度之后，他的工作效率明显提高，公司也因此受益匪浅。

当然，具体应该给公司的"内部企业家"多大程度的自主空间和特殊待遇，还取决于很多因素，不能仅仅根据你自己的判断行事。其中最重要的因素是，这类员工对团队的影响。我可以容忍怪异的工作方式，但不能容忍破坏团队凝聚力或者打击团队士气的员工。

再次，要想方设法组织团队成员培养创新意识。给予最具创造力的员工充分的创新自由，再与愿意一致行动的员工一起推进项目。公司员工之间的对话是必要的，但一旦作出决定，全体员工都得齐头并进。

最后，如果你的公司中真有这样的员工，还得在公司餐厅区多配备几个烤箱。

资料来源：Jeffrey Stibel，How to Manage Your Smatest，Strangest Employee，http：//m.hbrchina.org，2018年3月6日访问。

[问题]

1. 通过以上案例，你认为领导者"俘获人心"的要素是什么？
2. 你认为在企业中化解团队冲突的最有效方式是什么？
3. 以上案例体现了协调的哪几条原则？

第十三章 激励

> 自始至终把人放在第一位,尊重员工是成功的关键。
> ——托马斯·沃森

任何组织都是由人集合而成,组织的一切运营活动都是通过人来进行的,因此,激励组织成员,提高其工作积极性就显得尤为重要。

人是组织中最重要,也是最活跃的因素,组织中各项预定管理目标的实现毫无疑问都必须依赖人来完成:计划的目标要依赖人制定,组织的决策要依赖人实施,企业的机器要依赖人操作,技术的进步要依赖人创造,信息的增值要依赖人实现,系统内外的冲突要依赖人化解,等等。从一定程度上可以说,管理归根结底是对人的管理,组织成员积极性的高低直接影响着组织的绩效,人的积极性是决定组织绩效的核心要素,要提高员工的积极性就离不开激励。激励是管理学中一个非常重要的研究内容,通过激励可以使员工最充分地发挥其技能,变消极为积极,充分开发人力资源的潜能,从而保持工作的有效性和高效率。有关研究成果表明,按时计酬的员工仅能发挥其能力的20—30%,而受到充分激励的员工,其能力可发挥到80—90%。这就是说,同样一个人在受到充分激励后所发挥的作用相当于激励前的3—4倍。在管理学理论体系中,激励研究主要涉及三个方面的内容,即人的哲学、激励理论与激励实务。

第一节 激励的概念

激励在《辞海》中的解释是"激动鼓励使振作",也就是通过精神的或物质的手段对个体的行为产生影响,一般用来高效地达到某些目的。从词义上看,激励是激发和鼓励人们朝着所期望的目标采取行动的过程。激励(motivate)本是心理学概念,就是利用某种外部因素调动人的积极性与创造性,使人有一股内在的动力,朝着所期望的目标前进的心理过程。在管理工作中可以将其定义为调动人的积极性的过程,或者更完整地讲,是一个为了特定的目的而对人们的内在需要或动机施加影响,从而强化、引导或改变人们行为的反复过程。通过激励,能够激活人的潜能,产生更高的绩效。对个体而言,激励是一种驱动力或诱发力。对管理者而言,激励是一个可以引导和控制的过程。管理者原始的期望值也是整个激励过程的目标。激励是人的行为的钥匙,又是行为的按钮,起动哪一个按钮,人就会产生什么样的行为。激励要回答下面几个问题:(1)被激励的对象是什么?(2)人的行为是由什么因素激发并赋予其活力的?(3)是什么因素把人们被激活的行为引导到一定的方向上去的?(4)这些行为如何能得到保持与延续?总之,激励指有知觉的决策制定过程,在该过程中会产生、激发、指导和维持针对该目标的行为。激励包括对特定结果的偏好、努力程度(心不在焉的或充满激情的)和持久性(尤其是在面对阻碍的时候)。我们必须考虑这些因素,以解释动机和行为。我们可以从一个不相同但彼此相关的角度来理解激励:(1)目标:行为发生的主要驱动力是什么?是财富、地位和权力激发了针对这些目标的行为。从这个角度来看,激励就是想要达到的目标,可以由激励的内容理论予以说明。(2)决策:为什么我们会选择特定的目标?为什么你要努力学习从而达到出类拔萃,而你的朋友交往广泛但成绩平平?从这个角度来看,激励是有知觉的决策制定过程,影响个体的目标选择,可以由激励的过程理论予以说明。(3)影响:如何才能激发你更加勤奋地工作?经理们总是希望员工能反应灵敏,及时帮助顾客。从这个角度来看,激励就是社会影响力,可以由工作丰富化理论予以说明。①

第二节 激励过程

激励不是一个即时性行为,而是一个持续的、反复的过程。由于组织和个体的内部、外部因素是变化的,因而一项具体任务的完成往往需要一个连续的、反复的激励过程。激励的实质就是通过一定的手段对人的需求或动机施加影响,从而达到引导、改变、强化人的某种行为的目的,换言之,激励过程是一个引导、改变和强化人的行为的过程。因此,研究激励必须首先了解人的行为过程,如图13-1所示:

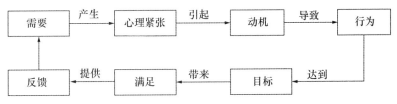

图13-1 人的行为过程:需要、动机、行为之间的关系

从心理学的角度分析,人的行为是由动机所支配的,动机(motivation)是由需要引起的,动机引起行为、维持行为并指引行动去满足某种需要。人的行为过程的起点是需要。需要是人们得到某种事物或达到某种目标的渴求、欲望,是指客观的刺激作用于人的大脑所引起的个体缺乏某种东西的状态。这里所说的客观刺激包括身体内部的刺激,如饥饿,也包括身体外部的刺激,如食物的香味、电视广告等。个体缺乏的可能是个人体内维持生理作用的物质因素(如水、食物等),也可能是社会环境中的心理因素(如爱情、友谊、社会赞许等)。个人缺乏这些东西时,身心便失去平衡,而出

---

① 参见〔英〕戴维·布坎南:《组织行为学》,李丽等译,经济管理出版社2005年版,第242页。

现紧张不安的状态，感到不舒服，就会寻求满足需要的办法。人的需要既包括基本的生理需要，也包括各种社会需要。除最基本的生理需要外，人的需要往往不是独立的、内生的，而是受环境影响的。例如，女士们看到杂志封面上的漂亮人物，可能会引起购买化妆品的欲望；当人的需要未得到满足时，心理上往往会感到不安和紧张（典型的如抽烟、吸毒、上网），这种心理的紧张状态会引致一种内在的驱动力，使人倾向于采取某种行为来满足需要，这种驱动力就是动机。驱动力是指内在的、生物的行为决定的因素，一旦这些因素被剥夺，个体就会作出相应的行为。动机指通过社会获得的需求，它由满足这些需求的愿望所激发。人的动机是个体和环境相互作用的结果，是指因时、因地、因情及其个人内部的身心状况不同而表现出不同的反应。当然，在一定范围内或外部条件下，这种驱动力不足以使人采取现实的行为。但是，当这种驱动力或动机达到一定程度时，人们就会采取一系列寻找（搜索）、选择、接近和达到目标的现实行为。如果人的行为达到了目标，就会产生生理或心理上的满足。这个过程是重复性的。

从以上过程看，激励过程必须注意如下三个方面：

一、需要的选择

人的需要是复杂的，而且往往是相互矛盾的，这种矛盾不仅发生在不同类型的需要之间，如工作与休闲，而且发生在同类需要之间，如旅游目的地的选择。激励所强化的需要是那些有利于实现组织目标的人的需要。因此，需要的强化是有选择性的，如销售员关于事业与家庭生活的困境。人们在多种需要之间的选择通常并非以一种需要排斥另一种需要，而是多种需要之间的调和与相互妥协。实施有效的激励必须深刻理解和高度重视这一点，这意味着激励具有艺术性。

二、动机的引导

强化的需要不一定能产生预期的行为，因为有多种行为可以满足这种需要。这时，管理者需要通过说服教育以及相应的激励措施来杜绝其不良动机，从而引导其产生有利于组织目标的行为。人的行为在正常的情况下都是有动机的，动机的产生必然是因为有某种未被满足的需要。但反过来，并不是有需要就会产生引发行为的动机。一个人可能同时存在多种需要，在不同时期需要也会不同，人的行为随人的需要的变化而变化，当人的需要还处于萌芽状态时，它以模糊的形式反映在人的意识中，这时的需要是一种意向；当需要不断增强，人比较明确地知道是什么使其不安，并意识到可以通过什么手段来满足需要时，意向转化为欲望；当人的心理进入欲望阶段后，在一定的外界条件刺激下就可能形成为满足此种需要而行动的动机。因此，只有当人的欲望达到一定的强度时，动机才会形成。只有最强烈的动机，人们称之为优势动机，才可以引发行动。

三、行为的反馈

鼓励人们采取某种行动就应该为他们的行动提供条件,以帮助他们实现目标。在激励过程中,行动结果提供的反馈反过来影响人的需要,即当人的需要得到很好的满足时,这种需要就会得到强化,其行为的动机就会更为强烈,或产生进一步的需要;相反,如果这种需要未能很好地被满足,就会影响下一次的激励效果。人的行为是由动机来驱使的,而动机则受到人的需要的支配。人有了需要才有可能产生动机,而且只有强烈的动机或主导性的动机才可能引发现实的、具体的行为。因此,管理者的任务就是分析和洞察员工的需要和动机,在管理中采取适当的激励措施,对员工的某种需要及满足该种需要的动机产生积极的影响,从而强化、引导或改变员工的某种行为,并使其个体行为与组织目标相一致。从本质上讲,激励所产生的行为是主动的、自觉的行为,而非被动的、强迫的行为。成功的激励必须能够激发人们达到一种高昂的、饱满的、积极的精神状态,在这种精神状态下能够产生一种精神力量,从而加强、激发和推动人的积极性。如果激励不能改变人们的内心状态,得到的只是人们机械、单调且被动的行为时,激励就是失败的。

第三节 激 励 理 论

激励理论分为以下几种:

一、内容型激励理论

(一)马斯洛的需要层次论

需要层次论(the hierarchy of needs theory)是由美国心理学家亚伯拉罕·马斯洛(Abraham Maslow)在1943年出版的《人类动机理论》一书中提出的。

需要层次论主要试图回答这样的问题:决定人的行为尚未得到满足的需要有哪些?早在20世纪30年代著名的霍桑实验中,梅奥等研究人员就以工厂为研究对象,希望找出提高工人劳动生产率的手段,研究在泰勒从前倡议的经济利益刺激之外,是否还有其他激励内容。结果发现,工人的劳动积极性的提高在很大程度上取决于他们所处的环境,既有车间,又有工厂外的社会环境。为此,梅奥认为,工人在劳动过程中被激励的前提,是作为"社会人"的人格状态而存在的人,而不仅仅是简单的"经济动物"。马斯洛在这种意义上深化了包括霍桑实验在内的其他关于激励对象的行为科学研究,通过对需要的分类,找出对人进行激励的途径,即激励可以看成是对具体的社会系统中未满足的需要进行刺激的行为过程。

马斯洛的需要层次论有两个基本论点:一个基本论点是人是有需要的动物,其需要取决于它已经得到了什么,还缺少什么,只有尚未满足的需要能够影响行为。换言之,已经得到满足的需要不再起激励作用。另一个基本论点是人的需要都有层次,某一层需要得到满足后，另一层需要才出现。在这两个论点的基础上，马斯洛认为，在特定的时刻，人的一切需要如果都未能得到满足，那么满足最主要的需要就比满足其他需要更迫切。只有前面的需要得到充分的满足后，后面的需要才显示出其激励作用。

马斯洛认为，每个人都有五个层次的需要：生理的需要、安全的需要、社交或感情的需要、尊重的需要、自我实现的需要。

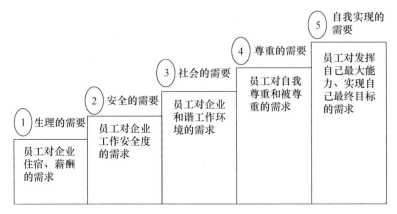

图 13-2　马斯洛需要层次理论

生理的需要是任何动物都有的需要，只是对于不同的动物，这种需要的表现形式不同。对人类来说，这是生存的最基本的需要，如衣、食、住、行、性、阳光、休息等。

安全的需要是保护自己免受身体和情感伤害的需要，如安全、舒适、宁静、没有来自环境的恐惧和威胁、遮蔽、秩序，是对可预测性和对有组织的世界的需要。

社交的需要包括友谊、爱情、归属及接纳方面的需要，如对依靠、归属、感情、爱和人际关系的需要，主要产生于人的社会性。马斯洛认为，人是一种社会动物，人们的生活和工作都不是孤立地进行的，这已由 20 世纪 30 年代的行为科学研究所证明。人们希望在一种被接受或属于某一群体的情况下工作。

尊重的需要分为自我尊重和他人尊重。自我尊重因素包括对于优点、自信、成就、独立、自主和成就感的自我评价，即对稳定的、高水平的自我评价的需要；自我尊重是指在自己取得成功时有一种自豪感，它是驱使人们奋发向上的推动力。他人尊重因素包括对来自他人的尊重、声誉、地位、认可、关注和欣赏的需要，或者说受人尊重，即指当自己做出贡献时能得到他人的承认。个人的能力和来自他人的尊重是这种需要的基础。

自我实现的需要是对开发我们的全部潜能的需要，包括对成长与发展、发挥自身潜能、实现理想的需要。这是一种追求个人能力极限的内驱力。

马斯洛认为，需要的等级结构具有以下特征：

（1）除非需要层级中较低层次的需要得到了或多或少的满足，否则，较高层次的需要就不会发挥作用，当你溺水（生理需要面临被剥夺）的时候，你并不会担心鲨鱼的袭击（安全受到威胁）。

（2）已经被满足的需要不再起激励作用。如果你吃饱喝足又很安全，就很难以提供食物和衣物的方式来刺激和指导你的行为。

（3）需要得不到满足会影响精神健康。缺乏自我尊重和来自他人的尊重就无法维持某种人际关系，不能发展个人的能力，这些都会导致挫折感、焦虑和意志消沉。

（4）在我们的内心存在着使需要等级不断向高层次发展的需要，一旦较低层次的需要得到或多或少的满足，我们便会朝着更高层次需要的满足而努力。

（5）自我实现的需要会产生更强烈的激励效果。马斯洛认为，自我实现者会体会"高峰体验"。当你拥有一次这种体验后，你会想要更多这样的体验。可见，自我实现的需要的实现方式不同于其他需要。

马斯洛还将这五种需要划分为高低两级。生理的需要和安全的需要称为低级需要，而社会需要、尊重需要与自我实现的需要称为高级需要。高级需要是从内部使人得到满足，低级需要则主要是从外部使人得到满足。如果我们的生理需要和安全需要得不到满足，那么我们就无法生存。如果我们对爱和尊重的需要得不到满足，我们就会感觉卑微和无助，而这些需要一旦满足，我们就会信心十足。马斯洛认为，自我实现和"超越"是人类的终极目标。马斯洛的理论得到了实践中管理者的普遍认可，这主要归功于该理论简单明了、易于理解。对马斯洛理论的批评主要集中在两个方面：首先，认为这个理论模糊不清，如这样的分类方法是否科学等；其次，存在一个突出的问题，马斯洛的这种需要层次结构更多地反映美国中产阶级白人的价值观。因此，只有在认识不同文化背景下的需要类型及其特征的基础上，企业的领导者才能根据不同员工的不同需要进行相应的有效激励。马斯洛的需要层次论为企业激励员工提供了一个参照样本，提供了一个比较科学的理论框架，成为激励理论的基础，它指出了每一种需要的具体内容，将自我实现作为人的需要的最高层次对我国管理者同样具有积极的意义。

（二）XY 理论

管理总是部分地建立在管理者个人所做的一些基本假设之上，管理者有关人的性质和人的行为的假设对于决定管理人的工作方式来讲是极为重要的，各种管理人员以人的性质的假设为依据，可用不同的方式来组织、控制和激励人们。其中最有影响的是道格拉斯·麦格雷戈的"XY 理论"。"X 理论"与"Y 理论"是关于人性与管理控制的两种截然不同的假设。道格拉斯·麦格雷戈是美国著名行为科学家，在 1957 年 11 月美国《管理评论》杂志上发表了《企业的人性方面》一文，提出了有名的"XY 理论"，该文 1960 年以著作的形式出版。

麦格雷戈把传统的管理中人的本性假设观点叫做 X 理论，以下是麦格雷戈在 X 理论中的假设：

（1）一般来说，人本质上是好逸恶劳的，而且只要他们能够做到，就设法避免工作；

（2）由于人的这种厌恶工作的特性，所以对绝大多数的人必须用强迫、控制、指挥并用惩罚相威胁等手段，使他们作出适当的努力去实现组织目标；

（3）一般的人情愿受人指挥，希望避免担负责任，相对地缺乏进取心，把安全看得比什么都重要。

以下是麦克雷格在 Y 理论中的假设：

（1）工作中消耗体力和脑力如同游戏和休息一样自然；

（2）外力的控制和处罚的威胁都不是促使人们为组织目标作出努力的唯一手段，人们在实现所承诺的目标过程中，将会实施自我指导和自我控制；

（3）作出承诺的程度是和与他们的成绩相联系的报酬大小成正比的；

（4）在适当的条件下，一般的人不仅学会接受任务，而且也学会主动寻求任务；

（5）在解决各种组织问题时，大多数人具有相对高的想象力和创造力；

（6）在现代工业生活条件下，一般人只是部分地发挥出他们的智能潜力。

很显然，这两组假设是截然不同的，X 理论是悲观、静态和僵化的；相反，Y 理论是乐观、动态和灵活的，强调自我指导，并把个人需要与组织要求结合在一起。

表 13-1　X 理论与 Y 理论的比较

员工态度的假设	X 理论	Y 理论
机构目标	漠不关心	如果能带来奖赏，将为之工作
责任	尽可能逃避/愿意有人指导	能得到奖励就承担责任
工作	不喜欢任何形式的工作，尽可能逃避	如果工作能带来回报，工作自然是必要的
报酬	钱和安全/钱多就多干	需要满足的形式是多种多样的
与员工打交道的合适手段	强迫、压力和惩罚的威胁，分工详细的任务和严格的控制，金钱和物质奖励	建立一个能使员工认识到承认、挑战、满意和成就的气氛

根据 X 理论的假设，管理者的职责和相应的管理方式是：

（1）管理者关心的是如何提高劳动生产率、完成任务，他的主要职能是计划、组织、经营、指引、监督。

（2）管理者主要是应用职权，发号施令，使对方服从，让人适应工作和组织的要求，而不考虑在情感和道义上如何给人以尊重。

（3）强调严密的组织以及制定具体的规范和工作制度，如工时定额、技术规程等。

（4）应以金钱报酬来收买员工的效力和服从。

由此可见，此种管理方式是胡萝卜加大棒的方法，一方面靠金钱的收买与刺激，一方面靠严密的控制、监督和惩罚迫使员工为实现组织目标而努力。麦格雷戈发现，当时企业中对人的管理工作以及传统的组织结构、管理政策、实践和规划都是以 X 理论为依据的。

麦格雷戈认为，由于上述以及其他许多原因，需要一个关于人员管理工作的新理论，把它建立在对人的特性和人的行为动机的更为恰当的认识基础上，于是他提出了 Y 理论：

（1）管理职能的重点。在 Y 理论的假设下，管理者的重要任务是创造一个使人得以发挥才能的工作环境，发挥出员工的潜力，并使员工在为实现组织的目标贡献力量时，也能达到自己的目标。此时的管理者已不是指挥者、调节者或监督者，而是起辅助者的作用,从而给员工以支持和帮助。

(2) 激励方式。根据 Y 理论,对人的激励主要是给予来自工作本身的内在激励,让他担当具有挑战性的工作,担负更多的责任,促使其做出成绩,满足其自我实现的需要。

(3) 在管理制度上给予工人更多的自主权,实行自我控制,让工人参与管理和决策并共享权力。

尽管麦格雷戈认为 Y 理论对有效管理是最有效的,一些人还是对他提出了质疑,他们认为和 X 理论一样,Y 理论可能在一些环境下也是不适当的。1970 年,约翰·莫尔斯(John J. Morse)和杰伊·洛希(Jay W. Lorsch)在对四家公司的管理实践进行比较研究后首先提出了这一观点。其中,两家常规公司,一家成功而另一家失败;另外两家高创造性的公司,也是一家成功而一家失败。他们推断在常规公司中成功运作的公司遵循 X 理论,在高创造性公司中成功运作的公司遵循 Y 理论。于是,他们提出了超 Y 理论。

(三) 克雷顿·保罗·奥尔德弗的 ERG 理论

1972 年,克雷顿·保罗·奥尔德弗在马斯洛提出的需要层次理论的基础上,进行了更接近实际经验的研究,提出了一种新的激励需要理论。奥尔德弗认为,人存在三种基本的需要,即生存(existence)需要、相互关系(relatedness)需要和成长发展(growth)需要,简称为 ERG 理论。存在需要,指关系到人的机体存在或生存的基本物质性要求,包括衣食住行及组织提供的相应手段等;关系需要,指保持和发展人际关系的需要;成长需要,指个人固有的、内在的自我发展和自我完善的需要。

表 13-2 ERG 理论与马斯洛的需要层次论的比较

生存的需要	生理和安全的需要
相互关系的需要	归属和尊重的需要
成长发展的需要	自我实现和自我尊重的需要

资料来源:〔英〕戴维·布坎南:《组织行为学》,李丽等译,经济管理出版社 2005 年版,第 245 页。

第一种生存的需要与人们基本的物质生存需要有关,它包括马斯洛提出的生理和安全需要。第二种需要是相互关系的需要,即指人们对于保持重要的人际关系的需要。这种社会和地位的需要的满足是在与其他需要相互作用中达成的,它与马斯洛提出的社会需要和自尊需要分类中的外在的他人尊重部分是相对应的。最后,奥尔德弗把成长发展的需要独立出来,它表示个人谋求发展的内在愿望,包括马斯洛提出的自尊需要分类中的内在部分和自我实现层次中所包含的特征。

马斯洛提出的需要层次是一种刚性的阶梯式上升结构,认为较低层次的需要必须在较高层次的需要满足之前得到充分的满足,当一个人的某一层次需要尚未得到满足时,他可能会停留在这一需要层次上,直到获得满足为止,二者具有不可逆性,即马斯洛的"递进假说"。而相反的是,奥尔德弗提出了"退化假说",该假说认为,如果我们在满足较低级的需要时受到挫折,那么作为替代,他的某一较低层次的需要可能会有所增加，我们就会倒退到较低级的需要层次。ERG 理论不强调需要的层次顺序或各类需要层次是刚性结构，认为并不存在严格的阶梯式由低到高追求需要满足的倾向，即人们并不是只有当低层次需要得到充分满足后才去追求更高层次的需要，对不同层次需要的要求可能同时并存。例如，一个人甚至在生存和关系需要没有得到满足的情况下也可以为成长而工作，这三类需要可以同时存在，而且可以同时起作用。与需要层次理论不同的是，ERG 理论认为多种需要可以同时作为激励因素而起作用。尽管两个理论存在这样的差距，但是它们对管理实践的启发是相似的。

（四）赫茨伯格的双因素理论

双因素理论也叫"保健—激励理论"（motivation—hygiene theory），是美国心理学家弗雷德里克·赫茨伯格（Frederick Herzberg）在 1959 年出版的《工作的激励因素》中提出的。20 世纪 50 年代末期，赫茨伯格和他的助手在美国匹兹堡地区对 200 名工程师、会计师进行了调查访问。访问主要围绕两个问题：在工作中，哪些事项是让他们感到满意的，并估计这种积极情绪持续多长时间；哪些事项是让他们感到不满意的，并估计这种消极情绪持续多长时间。赫茨伯格以对这些问题的回答为材料，着手去研究哪些事情使人们在工作中感到快乐和满足，哪些事情导致人们不愉快和不满足。结果他发现，使员工感到满意的都是属于工作本身或工作内容方面的；使员工感到不满意的，都是属于工作环境或工作关系方面的。

造成员工不满意的因素，主要是公司政策和行政管理、监督、与上级关系、工作条件、与下级关系、个人生活、地位、安全等方面处理不当。这些因素改善了，只能消除员工的不满，但不能使员工变得满意，也不能激励员工提高工作积极性，提升绩效。这些因素称为"保健因素"（hygiene factors），即只能防治疾病，不能医治疾病。

使员工感到非常满意的因素主要是工作富有成就感、工作成绩得到社会认可、工作本身具有挑战性、能发挥自己的聪明才智、工作所赋予的发展机会和责任等。这些因素的改善，或者说，这些因素的满足，往往能激发员工的责任感、荣誉感和自信心，增进员工的满意感，有助于充分、有效、持久地调动他们的工作积极性。这些因素称为"激励因素"（motivation factors）。双因素理论如图 13-3 所示。

虽然双因素理论遇到诸多质疑，但还是对管理有重要启示：首先，在工作设计方面，促成了工作丰富化和扩大化的实践；其次，促使人们对工作本身所带来的内在激励进行研究。这两种理论之间存在许多差别，但是，就需要的类型来看，两者之间还是存在着很多共同之处的。双因素理论和需要层次理论都属于激励内容理论，都是从人的行为内在需要的角度来考察激励的，保健因素与低级需要基本一致，而激励因素则和高级需要基本一致。这方面的比较如图 13-4 所示。

双因素理论的管理启示如下：采取某种激励机制的措施以后并不一定就能带来满意。满足各种需要所引起的激励深度和效果是不一样的。要调动人的积极性，不仅要注意物质利益和工作条件等外部因素，更重要的是运用一些内在因素。

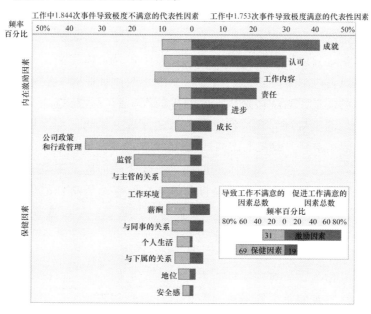

图 13-3　双因素理论

资料来源：〔美〕弗雷德里克·赫茨伯格：《再谈如何激励员工》，载《哈佛商业评论》2003 年第 3 期。

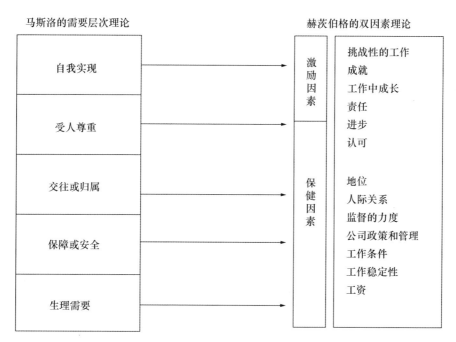

图 13-4　马斯洛的需要层次理论和赫茨伯格的双因素理论的比较

二、过程型激励理论

激励内容理论既没有识别个体选择,也没有考虑社会影响。马斯洛的需要层次理论是一般化的理论,它适用于每一个人,也就无法解释个体和文化间的差异。与激励内容理论不同的是,过程型激励理论认为,个体在选择目标及实现目标的方式时是有知觉地制定决策的。过程激励理论从人的动机的产生到行为反应这一过程出发,研究有哪些因素对人的动机与行为发生作用,主要是分析个体如何作出目标选择。我们真的一来到这个世界就有了"动机",并且它包含了我们注定要去追寻的目标?答案并非如此,因为个体在受到激励时会有不同的结果。文化会促成不同激励模式的产生。我们既可以选择动机,也可以选择实现动机的方式。该理论从动态的角度来研究激励问题,其主要任务是了解对行为起决定作用的某些关键因素,掌握这些因素之间的关系,以达到预测或控制人的行为的目的。作为管理人员,不仅要判断人的动机,还需要知道动机是如何转化成组织所希望的行为,即掌握基本的激励过程。激励过程理论试图说明员工面对激励措施,如何选择行为方式去满足他们的需要,以及确定其行为方式的选择是否成功。这种侧重研究激励过程的理论有期望理论、公平理论和波特—劳勒激励模型。

(一)期望理论

这一理论是由美国心理学家弗罗姆(Victor H. Vroom)1964 年在《工作与激励》一书中提出。期望理论认为,激励是评价、选择的过程,人们采取某项行动的动力或激励取决于其对行动结果的价值评价和预期实现目标可能性的估计。期望理论是指人们若相信目标的价值,并认定所做的一切都有助于实现这一目标时,他们就会受到激励而努力工作,完成目标。期望理论认为,一个人从事某项工作的动机强度是由其对完成该项工作的可能性、获取相应的外在报酬的可能性(期望值)的估计和对这种报酬的需求程度(效价)来决定的。只有当人们预期到某一行为能给个人带来有吸引力的结果时,个体才会采取特定的行动。人在预期其行动将会有助于达到某个目标时才会被激励。期望理论说明,激励实质上是选择过程,促使人们去做某些事的心理将依赖于效价和期望值两个因素。其基本内容主要是期望公式和期望模式。

1. 期望公式

人总是渴求满足一定的需要并设法达到一定的目标。这个目标在尚未实现时,表现为一种期望,这时目标反过来对个人的动机又是一种激发的力量,而这种激发力量的大小取决于目标价值(效价)和期望概率(期望值)的乘积。用公式表示就是:

$$激励力(M)=效价(V)\times 期望值(E)$$

其中,M 为受激励的程度,激发人内部潜力的强度,即动机的强度,它表明一个人愿意为达到目标而努力的程度。

V 为效价,表示对目标价值的主观评价,这是一个心理学概念,是指达到目标对于满足他个人需要的价值。同一奖酬对不同的人有不同的价值,同一目标,由于个人所处的环境不同,需求不同,对某一目标的偏好程度不同,其需要的目标价值也就不同。同一个目标对每一个人可能有三种效价：正、零、负。效价越高，激励力量就越大。

E为期望值，指某人对实现某一目标的可能性的主观估计，人们根据过去的经验判断自己达到某种目标的可能性，即能够达到目标的概率。

这个公式说明：目标价值的大小直接反映人的需要动机的强弱，期望概率反映人实现需要和动机的信心强弱。假如一个人把某种目标的价值看得很大，估计能实现的概率也很高，那么这个目标激发动机的力量越强烈。

怎样使激发动机的力量达到最佳，弗罗姆提出了人的期望模式：

个人努力──→个人成绩（绩效）──→组织奖励（报酬）──→个人需要

在这个期望模式中的四个因素需要兼顾三个方面的关系：

（1）努力和绩效的关系。这两者的关系取决于个体对目标的期望值。期望值又取决于目标是否适合个人的认识、态度、信仰等个性倾向，以及个人的社会地位和别人对他的期望等社会因素。即由目标本身和个人的主客观条件决定。

（2）绩效与奖励的关系。人们总是期望在达到预期成绩后，能够得到适当的奖励，如奖金、晋升、提级、表扬等。组织的目标，如果没有相应的有效的物质和精神奖励来强化，时间一长，积极性就会消失。

（3）奖励和个人需要的关系。奖励什么要根据各人的不同需要，要考虑效价；要采取多种形式的奖励，满足各种需要，最大限度挖掘人的潜力，最有效地提高工作效率。

期望理论对管理者的启示是，管理人员的责任是帮助员工满足需要，同时实现组织目标。

（1）努力与绩效的关系：目标不要太高或太低。

（2）绩效与奖酬的关系：多劳多得，说话算数。

（3）奖酬与满足个人需要的关系：多种奖励方式。

研究激励过程中，一条途径是研究人们需要的缺乏，运用马斯洛的需要层次理论，找出人们所感觉到的某种缺乏的需要，并以满足这些需要为动力，来激励他们从事组织所要求的动机和行为；另一条途径是从个人追求目标的观点来研究个人对目标的期望，这就是期望理论。依照这一条途径，则所谓的激励，乃是推动个人向其期望目标前进的一种动力。期望理论侧重于"外在目标"；需要层次理论着眼于"内在缺乏"。本质上，这两种途径是互相关联和一致的，都认为激励的过程在于实现外在目标的同时又满足内在需要。不过，期望理论的核心是研究需要和目标之间的规律。期望理论认为，一个人获得最佳动机的条件是：他认为他的努力极可能导致很好的表现，很好的表现极可能导致一定的成果，这个成果对他有积极的吸引力。这就是说，一个人已受他心目中的期望激励。可以推断出：这个人的内心已经建立了有关现在的行为与将来的成绩和报偿之间的某种联系。因此，要获得所希望的行为，就必须在他表现出这种行为时，及时地给予肯定、奖励和表扬，使之再度出现。同样，想消除某一行为，就必须在表现出这种行为时给予负强化，如批评惩处。

（二）公平理论

公平理论是美国心理学家亚当斯（J. Stacey Adams）在1965年首先提出来的。公平理论就是建立在公平对待的知觉之上。对公平合理的判断有赖于我们与他人的比较，也称社会比较理论。公平理论认为，不公平的知觉会导致紧张，从而激励个体改变这种不公平状态，感知到的不公平越强烈，就越紧张，而激励作用就越大。只有在我们认为不合理、不公平的条件下，我们才会受到激励。这个理论把对行为的解释建立在相互比较的知觉之上，亚当斯认为，我们对"过高回报"和"过低回报"会有不同的反应，我们倾向于认为稍微的"过高回报"是一种"好运气"，而不会作出任何反应，但是稍微的"过低回报"就不那么容易忍受了。公平理论认为，人们主观地将其付出所得到的报酬同别人所得到的报酬相比较来评价其报酬的公平性。

我们所追求的是因我们的付出而得到公平、合理的回报。当你所获得的回报多于或少于你的估计时，不公平知觉就会产生。因此，他要进行种种比较来确定自己所获得的报酬是否合理，比较的结果将直接影响今后的工作积极性。如何衡量不公平？在企业环境中，当一个人做出成绩并取得报酬以后，他不仅关心自己所得报酬绝对值的大小，而且关心自己所得报酬的相对值，所谓相对值，是指个人所付出的劳动及所得到的报酬与他人的进行横向比较所得到的结果，也指个人目前付出的劳动与自己过去的进行纵向比较所得到的结果。由于关注的是报酬的分配是否公平以及自己是否受到公平对待，主要是指人们对分配结果的公平感受，所以亦被称为结果公平。

亚当斯提出，当下列公式成立时，公平的结论就成立了：

$$Q_p/I_p = Q_o/I_o$$

式中：Q_p 代表一个人对他所获得的报酬的感觉；I_p 代表一个人对他所作投入的感觉；Q_o 代表这个人对某比较对象所获得的报酬的感觉；I_o 代表这个人对比较对象所作投入的感觉。

当等式成立，人便觉得公平，否则，就会觉得心理失衡，产生不公平感。如果左端小于右端，则会产生比别人吃亏或今不如昔的不满情绪；如果左端大于右端，则会因为投入少、得到多而产生负疚感。报酬或回报可以包括一系列有形的和无形的东西，包括薪水、地位象征、福利、提升机会、满意度和工作保障。投入或输入则包括你认为你所投入的东西，包括时间、经验、技能、教育、努力、忠诚和承担义务。这个理论并没有讨论这些不同因素间的相互权重和因果关系，因为这些方面取决于个体的知觉。

人的知觉对于人的动机影响很大，人能否受到激励，取决于两方面因素：一是人们得到了什么，二是人们所得的与别人所得的相比是否公平。如果得失比例和他人的相比大致相等，人们会认为这是公平的，其心理就会平静，心情舒畅，努力工作；比别人高，则会感到兴奋，也会产生最有效的激励，但有时过高会导致心虚和不安全感激增，个人可能会满足一段时间，之后由于满足于侥幸的心理，工作又恢复原样；低于别人，人就会有不安全感，产生不平衡的心理，内心不满，甚至满腹怨气，不努力工作，消极怠工，极易导致对组织或管理者的不满。

你会怎样消除不公平感？亚当斯提出消除不公平感的七种策略，如表13-3所示：

表 13-3　消除不公平感的七种策略①

策略	例子
1. 改变自己的回报	我要说服经理给我加薪水
2. 调整自己的输入	我不会像比较对象（小王）那么努力工作
3. 改变参照对象的现状	我要说服经理削减比较对象（小王）的工资
4. 改变参照对象的输入	我要把所有困难的活交给比较对象（小王）
5. 其他人进行比较	小李（第三者）的薪水和我一样多
6. 解释不公平	比较对象（小王）在这里工作的时间比我长
7. 离开	我要重新找份工作

公平理论的管理启示如下：

（1）组织公平感的形成是管理者追求的目标，对员工之间良好关系的建立、组织的发展有重要意义。

（2）公平感是一种主观感受、主观判断的结果，在一定程度上是由个人的主观认识、价值观念所决定。公平理论提出的基本观点是客观存在的，但公平本身却是一个相当复杂的问题，这主要是因为它与个人的主观判断有关，与个人所持的公平标准有关，与绩效的评定有关，与评定人有关。要想保证组织公平感的形成，就要在组织内部倡导公平、公开、公正的管理氛围，在激励过程中应注意对被激励者公平心理的疏导，引导其树立正确的公平观。

（三）波特—劳勒综合激励模型

美国行为科学家利曼·波特和爱德华·劳勒将弗鲁姆的期望理论发展为一个更加全面的工作激励理论，即波特—劳勒综合激励模型，可用图 13-5 表示。

（1）努力，指个人对工作付出的程度。个人努力程度取决于个人对报酬的评价与个人对可能获得报酬的期望概率。

（2）完成这项工作的能力是个人拥有的知识和技能；对所要求的工作的认识是对目标、所需进行的活动和有关任务的理解程度。

（3）绩效，指工作表现和取得的实际成果。一项工作中的实际绩效（任务的实施或目标的实现）主要取决于付出的努力，但它也在很大程度上受个人完成这项工作的能力和他对所做工作的认识的影响。

（4）报酬来自于工作成果和绩效，包括内在报酬和外在报酬。前者指工作本身产生的报酬，即尊重、自我实现、成就感等需要的满足；后者指工作之外的，如薪酬、工作条件、职业的保障等方面需要的满足。

（5）公平报酬的比较：一个人要把自己所得到的报酬同自己认为应该得到的报酬相比较。内在报酬与外在报酬同个人对报酬的公平感结合在一起，影响个人需要的满足。其中，公平感又受个人对工作成果自我评价的影响。个人最终的满意程度取决于

---

① 参见〔英〕戴维·布坎南：《组织行为学》，李丽等译，经济管理出版社 2005 年版，第 251 页。

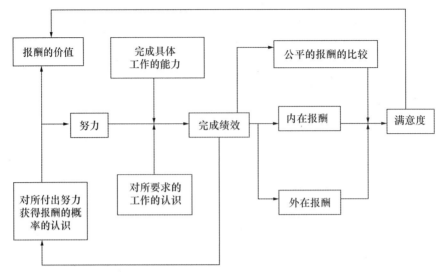

图 13-5 波特—劳勒综合激励模型

资料来源：〔美〕H. 孔茨·H. 韦里克：《管理学》，郝国华等译，经济科学出版社 2004 年版，第 290 页。

对所得到的奖酬以及个人对公平程度的认识，而这个满意程度又会影响下一轮工作中对效价的认识。如果他认为自己得到的报酬低于"所理解的公平报酬"，那么，即使事实上他得到的报酬并不少，他也会感到不满足，甚至失落，从而影响他以后的努力。

（6）满意度是个人的一种内在的认知状态，表明个人在实现预期的目标和报酬后所得到的满意感觉。当个人从实现目标和报酬中得到满足时，就会使其对此项目标所得报酬的评价提高，进而又会提高此项目标对个人的激励力度，使其更加努力实现此项目标。

波特—劳勒综合激励模型在 20 世纪 60 至 70 年代是非常有影响的激励理论，在今天看来仍有相当的现实意义。它告诉我们，不要以为设置了激励目标，采取了激励手段，就一定能获得所需的行动和努力。

三、激励的强化理论

激励的强化理论即行为矫正激励型理论也称为行为改造型激励理论，主要从行为的结果出发来研究行为是否受到激励，认为人的行为可以受到矫正，即受到激励的行为倾向于反复出现。这类理论主要有强化理论、归因理论和挫折理论三种。

（一）强化理论

强化理论是由美国著名心理学家斯金纳（B. P. Skinner）提出来的，又称为修正理论或行为强化理论，也称为操作性条件反射论，是以学习的强化原则为基础理解和修正人的行为的一种学说，主要研究人的行为同外部因素之间的关系。

1. 强化的概念

强化最早是由俄国生理学家巴甫洛夫在研究条件反射时提出的。在条件反射形成以后，为了防止条件反射消退，必须不时伴随以无条件刺激物（事物），这就是强化。

但是在巴甫洛夫古典条件反射学说中，强化仅仅是巩固条件反射的一种。

美国心理学家斯金纳对强化的概念作了系统的论述。斯金纳是操作性条件反射理论的创始人，他在长期用动物做实验的过程中创造了一种特殊的实验装置——"斯金纳箱"。箱内装有一个按压杠杆，把小白鼠放在箱内自由走动，偶然碰到杠杆，就会有一粒食物沿沟槽滚入箱内。由于按压杠杆可以得到食物，所以小白鼠很快学会了按压杠杆取食物的操作。这就是说，形成了操作性条件反射。而这种操作性条件反射形成的关键条件则是得到食物的强化。

斯金纳对强化的解释与巴甫洛夫有些不同，巴甫洛夫只是把强化看成使条件反射避免消退和得以巩固的措施，而斯金纳则把强化看成增强某种反应、某种行为概率的手段，是保持行为和塑造行为必不可少的关键因素。

在斯金纳之后，不少学者对人的行为强化问题进行了大量的研究，强化的概念也进一步得到发展。实际上，所谓强化，是指随着人的行为之后发生的某种结果会使以后这种行为发生的可能性增加。这就是说，那些能产生积极或令人满意结果的行为，以后会经常得到重复，即得到强化。反之，那些产生消极或令人不快结果的行为，以后重新产生的可能性则很小，即没有得到强化。从这种意义上说，强化也是人的行为激励的重要手段。

强化过程即操作性条件反射，包含三种因素：一是刺激，指的是所给定的工作环境；二是反应，即工作中表现出来的行为和绩效；三是后果，即奖惩等强化物。

2. 强化的类型

利用强化的手段改造行为，一般有四种方式，其区别如下表所示：

表 13-4 四种不同的强化类型

	令人愉快或所希望的事件	令人不快或不希望的事件
事件的出现	正强化 （行为变得更加可能发生）	惩罚 （行为变得更不可能发生）
事件的取消	消退 （行为变得更不可能发生）	负强化 （行为变得更加可能发生）

（1）正强化，是指通过出现积极的、令人愉快的结果而使某种行为得到增强或增加。如用认可、赞赏、提升、增资等对某一行为进行奖励和肯定，使其重现和加强。应用正强化有三个要点：一是所选的强化物要恰当，对于被强化对象要有足够的奖酬威力；二是强化要有明确的目的性和针对性，必须按所希望的行为的出现来施予；三是反应与强化的顺序，必须能激发今后所希望的行为再度出现。

（2）负强化，是指通过终止或取消令人不快的结果而使某种行为得到增强或增加。如当某种不符合要求的行为有了改变时，减少或消除施于其身的某种不愉快的刺激（批评、惩罚等），从而使其改变后的行为再现或增加。负强化和正强化的目的一样，都是想维持和增加某一有利的行为。应用负强化应记住两个要点：一是负强化是一种事前的规避，事先必须确定有不利的刺激存在。它通过对什么样的行为会不符合组织目标的要求以及如果员工发生不符合要求的行为将给予何种惩罚的规定，使员工从力图避免得到不满意、不愉快的结果的考虑中对自己的行为形成一种约束。二是通过去除不利刺激来鼓励某一有利行为，但要待这一行为出现时再去除方能奏效。要让受强化者明确行为与后果的联结关系，这种联结关系的约束、规避作用会使组织成员的行为趋向于符合要求的比较规范的状态，所以，负强化是一种非正面的对所希望行为的强化。

（3）自然消退，是指当某种令人愉快的事件被取消之后，会使某种行为发生的可能性降低。自然消退有两种方式：一是对某种行为不予理睬，以表示对该行为的轻视或某种程度的否定，使其自然消退；二是对原来用正强化建立起来的、认为是好的行为，由于疏忽或情况改变，不再给予正强化，使其出现的可能性下降，最终完全消失。大量的研究表明，一种行为若长期得不到正强化，便会逐渐消失。可见，消退其实就是不予强化，不强化就会自然消退，具有广义的强化作用。如领导对员工的积极行为不予奖励，本身就是给这种行为泼冷水，是不表态的表态。

（4）惩罚指用批评、降薪、降职、罚款等带有强制性、威胁性的结果，来创造一种令人不愉快乃至痛苦的环境，或取消现有的令人满意的条件，以示对某一不符合要求的行为的否定，从而消除这种行为重复发生的可能性。惩罚中所包括的撤销奖酬这一措施，与消退中的撤销奖酬有所不同。消退中的撤销奖酬是针对某种过去认为是好的且用正强化建立起来的行为，惩罚中的撤销奖酬则是为了消除某种不好的行为，这种行为从来没有与这种奖酬发生过联系。如对有说脏话习惯的孩子，要使他改掉这种不良行为，可以采取三种办法：一是在他再说脏话时，不再夸他而是置之不理（消退）；二是给他训斥（用使他不快的后果惩罚他）；③ 不许他看电视（撤销奖酬）。最后一种后果本来与骂人这一行为没有联系，但事实上这也是一种惩罚。

应当指出，上述四种强化类型中，正强化是影响行为发生的最有力的工具，因为它能增强或增加有效的工作行为。惩罚和消退只能使员工知道不应做什么，但并没有告诉员工应该做什么。此外，负强化会使员工处于一种波动的、不快的环境之中，因此可能产生适得其反的结果。四种强化策略如图13-6所示。

但是，美国心理学家班杜拉（Albert Bandura）认为，人的行为除获得外在的强化以外，还可以获得自我强化和替代强化。自我强化是指个体通过自己支配的积极强化物（如良心、收获感、成就感、责任心等）和自己设置掌握的绩效评定标准，来自我激励、自我强化、自我鼓舞。替代强化是指个体通过观察社会、组织对他人的强化而使自己的行为受到强化，这是人特有的功能。人们常说的"杀一儆百""榜样引路""见贤思齐"，就是指替代强化的作用。管理者要使员工能够受到积极的替代强化，就必须做到考核客观、惩罚准确公正，真正形成一个奖优罚劣、扶正压邪、积极向上的良好气氛。

（二）归因理论

归因理论由美国心理学家海德（F. Heider）和韦纳（B. Weiner）等人提出。归因是指人们对他人或自己的行为进行分析，确认其性质或推论其原因的过程。归因，就其字面含义来说，是指"原因归属"，即将行为或事件的结果归属于某种原因。通俗地讲，归因就是寻找导致结果的原因。归因理论是探讨人们行为的原因与分析因果关

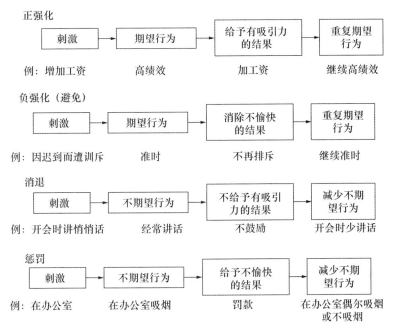

图 13-6 四种强化策略比较

系的各种理论和方法的总称。它试图根据不同的归因过程及其作用,阐明归因的各种原理。归因理论认为,人类有两类需要,即对周围世界进行理解和控制的需要。

归因理论认为,通过分析可得知人们行动的原因,并可预言人们如何行动。主要观点是:

(1) 人们总是试图去解释事件发生的原因,为成功或失败寻求能力、努力、态度、运气等方面的原因。人类行为的归因不单由饥、渴、性等驱力或需要所驱使,而且也由其认识(尤其是思维)所控制。

(2) 可以从导致成败的原因中确定几种可觉察的主要原因,分析原因的构成成分,并探讨它们与行为和情绪的关系。韦纳提出了归因的三个基本成分,即部位(内部与外部)、稳定性(稳定与不稳定)和控制性(可控制与不可控制)。据此,韦纳创立了归因的三个维度——部位、稳定性、控制性。这三个维度可构成不同原因成分的分类组合,由此可以发现归因与行为和情感相互作用的规律。韦纳发现,原因的稳定性影响人的期望,原因的部位和控制性影响人的情感等。

(3) 分析归因时,不仅要从行为上进行分析,而且要从认知、思维、情感和人际关系中进行分析。成败的原因主要包括能力、努力、任务难度和机遇四种因素,这为改变行为提供了理论依据,见下表:

表 13-5 归因理论

稳定性	内外源	内部	外部
稳定		能力	任务难度
不稳定		努力	运气

根据内外源,可将原因分成内部和外部两种因素,能力和努力是内部因素,任务难度和运气则是外部因素。如果一个人将成功归因于内部因素,则会产生自豪感,从而提高积极性;归因于外部因素,则会产生惊奇和感激心理。如果将失败归因于内部因素,则会产生内疚和羞愧心理;归因于外部因素,则会感到气愤和产生敌意。

根据稳定性,可将原因分为稳定和不稳定两种因素,能力和任务难度是稳定因素,努力和运气则是不稳定因素。在稳定维度上,如果一个人将成功归因于稳定因素,会产生自信,从而积极性提高;归因于不稳定因素,则会产生侥幸心理。将失败归因于稳定因素,将会产生绝望的感觉,降低工作积极性;将失败归因于不稳定因素,则会抱怨,但心理得到解脱。

根据可控性,又可将原因分为可控的和不可控的,努力是可控的,任务难度和运气则是不可控的,能力是长期可控而短期不可控的。在控制性维度上,如果将成功归因于可控因素,则会积极地争取成功;归因于不可控因素,则不会产生多大的动力。将失败归因于可控因素,则会继续努力;归因于不可控因素,则会产生绝望情绪。

第四节 激励实务

随着行为科学的发展,激励理论早已被广泛运用于社会生活的各个方面。在企业的生产经营活动中,也主要用于调动员工的工作积极性,从而推广到激发公众的购买欲望、引导消费行为方面。

一、激励原则

根据员工的需要进行激励时,不同的企业结合自身实际采用不同的方法,为了取得良好的激励效果,激励必须遵循以下几个原则:

(一)物质利益原则

马克思主义认为,人具有自然属性,是自然界的产物,又主宰自然界,人的需求是以物质需求为基础的。激励应给予激励对象合理的物质报酬。

(二)公平原则

公平原则要求组织在实施激励时,首先应做到组织内部公平,即个人的所得与付出相匹配,与组织内其他成员比较相协调;同时,组织还应尽可能从更广泛的领域和范围追求激励中的社会公平。

(三)差异化原则

激励中的公平性并非要求对所有的激励对象一视同仁,而是针对具体的人和事,按贡献大小、重要性强弱和其他因素的综合标准,共同决定实施何种激励方案,体现出因人、因事而异的多样性和灵活性。

(四)经济性原则

经济性原则是指实施有效的激励,要将激励的成本和有可能取得的激励效果结合起来，要有利于成本节约、组织效能和活动效率的提高。

二、激励形式

管理实践中常用的激励形式是：

（一）理想激励和目标激励

理想激励是通过教育和影响等方式，使员工树立远大的理想，并为实现理想而自觉努力和不断奋斗。

大多数人都有成功的需要，希望不断获得成功，成功的标志之一便是实现预定的目标。为激励对象确定一个合适的目标，并为其实现目标提供全面的支持，往往能达到很好的激励效果。除了个人目标具有很大的激励作用外，组织目标也会激励员工的斗志和工作热情。

（二）组织激励和榜样激励

组织激励是指运用组织责任和权利对员工进行激励。行为科学研究表明，大多数人都愿意承担责任，希望有自我控制的权利。因此，在实际工作中，可以创造条件开展民主管理，尽可能使员工参与决策。

组织的多项规章制度，一般都与一定的物质利益相联系，对员工的消极行为具有约束作用。但另一方面，规章制度为员工提供了行为规范和社会评价标准，与员工的自我肯定、社会舆论的认可相联系，具有综合的激励作用。

俗话说，"榜样的力量是无穷的"，大多数人不甘落后，但又不知从何做起，或者在困难面前举步不前。通过树立先进典型和领导者的宣传垂范，可以使广大员工找到一个参照并自我鞭策，增添克服困难取得成功的决心和信心。

（三）物质激励和荣誉激励

在管理中遵循物质利益原则，并不是只注重对员工物质需要的满足。有效的激励，应该是物质激励和精神激励相结合的"同步激励"（这是我国心理学家俞文钊先生提出的激励理论）。物质利益是最基本的激励。荣誉激励是给优秀员工以表扬、光荣称号以及象征荣誉的奖品、奖章等，这是对员工贡献的公开承认，可以满足人的自尊需要，从而达到激励目的。

（四）培训、信息和改善环境

培训的激励作用是多方面的，既可以满足员工求知的需求，进而可能胜任更具有挑战性的工作、承担更多的职责，又可以在一定程度上满足其社会需求和自尊的需要。

这里的信息指的是绩效信息，也是激励的一种方式。在组织活动过程中，及时告知员工已取得的个人组织绩效，可以使员工明确自己已获得的成就和尚存在的差距，这既是对员工的信赖，又可以激发其拼搏精神，为实现个人和组织目标而付出更大的努力。

三、激励实务

激励理论与研究结果为管理者提供了若干激励员工的方法。员工激励的内容与形式是依情况的变化而变化的。不同的工作性质、不同的员工素质、不同的企业状况,需要不同的激励方式。对激励理论与实践结合分析,将有利于推进企业的激励工作。

(一)认清个体需要差异

首先,激励员工,士为知己者死。这就是管理者、统治者关心、爱护员工,满足员工生存和发展特别是心理情感的需要,与之成知己和至交,从而使员工不遗余力地为自己出力和服务。

其次,认清个体差异。几乎所有的当代激励理论都认为每个员工都是一个独特的不同于他人的个体,他们的需要、态度、个性等都是不相同的。比如,期望理论对性格内向的人比对外向的人预测得更为准确。因为前者的生活在很大程度上由自己掌握,这与期望理论中的自我利益假设是一致的。

一个国家多数人的需要层次结构与这个国家的经济发展水平、科学技术水平、文化和民众受教育程度直接相关。在不发达国家,生理需要和安全需要居主导地位的人数比例较大,而高级需要居主导地位的人数比例较小;在发达国家则相反。在同一国家的不同时期,人们的需要层次会随着生产力水平的变化而变化。

表 13-6 需要层次与相关管理措施

需要层次	诱因(追求的目标)	管理制度与措施
生理需要	薪水、健康的工作环境	身体保健(医疗设备)、工作时间(休息)、福利设施设备(食堂、幼儿园、车队)
安全需要	职位的保障、意外的防止	雇佣保证、退休金制度、健康保险制度、意外保险制度
社会交往需要	友谊(良好的人际关系)、团体的接纳、与组织一致	协商谈话制度、利润分配制度、团体活动制度、互助金制度、娱乐制度、教育训练制度
尊重的需要	地位、名分、权力、责任、薪水的公平性	人事考核制度、晋升制度、表彰制度、奖金制度、选拔进修制度、委员会参与制度
自我实现的需要	能发展个人特长的组织环境,具有挑战性的工作	决策参与制度、提案制度、研究发展计划、劳资会议

资料来源:俞文钊:《管理心理学》,甘肃人民出版社1989年版,第254页。

管理者要真正调动员工的工作积极性,就必须掌握员工的动机与需要,包括了解激励对象的需要有哪些、每种需要的强烈程度,尤其是每种需要在其心目中的重要性,因此,管理者应定期对企业员工进行需要调查并认真分析这些需要。

(二)综合运用激励理论

在分析员工需要前,管理者必须掌握各种激励理论,并能将各种激励理论结合起来综合运用。管理者应针对员工激励过程中的不同,灵活选用最适当的、正确的激励理论进行分析。实际上,各种激励理论都是互补的,不同的理论可以运用于激励过程中的不同阶段;不同的理论也回答了不同的问题,例如,内容激励理论回答:"员工哪些需要应该在工作上被满足?"过程激励理论回答:"员工如何选择行为来实践他们的需要?"又如,强化理论解决的问题是:"管理者要做什么才能让员工的行为符合组织目标的方向要求?"管理者在激励员工的不同阶段可以运用各种激励理论:

（1）管理者可以运用内容理论、需求层次理论、ERG 理论、"双因素"理论等认真分析员工的需要性质；

（2）管理者应以过程激励理论、公平理论与期望理论等为指导，引导员工的动机，使其选出正确的行为满足其需要；

（3）管理者应利用强化激励理论，通过控制员工的行为结果使员工沿着预定方向来表现行为；

（4）管理者应反馈员工需求达到的程度以及还有多长时间会再出现不满足的情形，或者创造出一个未被满足的需求。

（三）人与职务相匹配

大量研究证据表明，将个体与职务进行合理匹配能够起到激励员工的作用。比如，高成就需要者应该从事小企业的独立经营工作，或在规模较大的企业中从事相对独立的部门运作。但是，如果是在大型官僚组织中从事管理工作，候选人必须是高权力需要和低归属需要的个体。同理，不要让高成就需要者从事与其需要不一致的工作，当他面对中等挑战水平的目标，并且具有自主性和可以获得信息反馈时，能够做得更好。但是应该注意，不是每一名员工都会因工作的自主性、变化性和责任感而受到激励。这类工作只对高成就需要者具有很强的吸引力和激励作用。

物质利益主要用于满足较低层次的需要，而对工作的热爱，从工作本身得到乐趣与成就感，才是人们充分发挥自身潜力和创造性，追求自我价值实现永不枯竭的动力。一个人长期从事自己毫无兴趣的工作是极大的痛苦，即使有丰厚的回报，也难以干得出色，这就是管理者在安排工作任务时要尽可能照顾员工个性特点与能力专长，使工作内容尽量与个人兴趣爱好相结合的主要原因。有了热爱，又具备了相应的能力，在如鱼得水的环境中，个人能够超越功利不断追求卓越也就在情理之中了。一个热情开朗的女孩在宾馆大堂里笑容满面地迎来送往与一个沉思默想的科学家在实验室里记录观察数据能产生同样的情绪体验。

（四）运用目标

"上下同欲者胜"，这是目标激励法，即管理者、统治者引导上下心往一处想，劲往一处使。目标是员工产生动力的源泉，管理者要善于为每一个员工设置适当的目标。管理者应确保员工拥有具有一定难度的具体目标，并对他们工作完成的程度进行反馈。目标越能体现企业组织、个人的共同利益，就越能激励员工，实现目标的可能性越大。那么，应如何将员工个人目标与企业目标结合起来呢？一是把企业目标转化为员工个人目标，明确企业目标的实现将给员工带来的好处，使员工自觉地从关心自身利益变为关心企业的利益，从而提高影响个人激励水平的效价；二是善于把企业、个人目标展现在员工眼前，不断增强员工实现目标的自信心，提高员工实现目标的期望值；三是制定具有一定挑战性的目标，对员工起到激励的作用。

对于高成就需要者来说，外部目标的重要性则比较小，他们靠内部动机激励，但高成就需要者在任何组织中显然都是少数。关于目标是由管理者单独设定还是由员工参与设定取决于目标的可接受性和组织文化的特点。如果预期目标会受到抵制，那么通过参与方式将会增加目标的可接受性程度。如果参与方式与组织文化相抵触，则应由管理者单独设立目标。因为当两者相抵触时，员工很可能会把参与方式看作被组织所操纵，因而会拒绝这种方式。

确保个体认为目标是可达到的，无论目标是否会真正达到。如果员工认为目标无法达到，则他们的努力程度就会降低。因而，管理者必须保证员工充满自信心，让他们感到只要他们更加努力，就可以实现绩效目标。对于管理者而言，这意味着员工必须胜任工作，而且认为绩效评估系统是可靠而又有效的。

（五）个别化的奖励

由于每位员工的需要不同，因此对个人有效的强化措施可能并不适合其他人。管理者应该根据员工的差异对他们进行个别化的奖励，管理者能够支配的奖励措施包括加薪、晋升、授权、参与目标设定和决策的机会。

（六）奖励与绩效挂钩

管理者必须使奖励与绩效相统一，只有奖励因素而不是绩效才能对其他因素起到强化作用。主要的奖励如加薪、晋升应授予那些达到特定目标的员工。管理者应该想办法增加奖励的透明度，如消除发薪的保密性，代之以公开员工的工资、资金及加薪数额，这些措施将使奖励更加透明，更能激励员工。

（七）检查公平性系统

"赏不可不平，罚不可不均。"这是指管理者、统治者要赏罚严明，善于通过奖赏和惩罚这两种正、负强化激励手段，来达到鼓励先进、鞭策后进、提高绩效的目的。员工应当感到自己的付出与所得是对等的。具体而言，员工的经验、能力、努力等明显的付出项目应当在员工的收入、职责和其他所得方面体现出不同。但是，在公平性问题上，存在众多的付出与所得的项目，而且员工对其重要性的认识也存在差异，因而这一问题十分复杂。比如，一项对白领、蓝领员工的对比研究确定出将近20项付出与所得项目。研究发现，蓝领认为最重要的付出因素是智力和个人对完成任务的投入，但这两个要素对于白领员工的重要性程度却很低。在所得方面，也同样存在着差异，只不过不太显著。比如，蓝领员工将晋升放在很高的位置，但白领员工却将它的重要性排在第三位。这些差别意味着对某人具有公平感不一定对其他人也有公平感，所以理想的奖励系统应当能够分别评估每一项工作的投入，并相应地给予合适的奖励。

然而，物质利益的满足有极大的弹性，让每个人都满意是不可能的，比较现实可行的是依据各人的实际工作绩效公平合理地分配物质利益。怎样才能保证公平合理呢？首先，应该使每位组织成员都有通过公平竞争选择工作岗位的机会；其次，每个岗位的工作任务与职责都有明确规定的考核标准，既便于本人执行，也便于上级主管和他人检查评估；最后，在全体成员充分讨论的基础上，制定出公正的工资、奖金、薪酬分配规则，使个人所得到的工资奖金能够体现其对实现组织目标所做的贡献。同时，运用正式渠道公布统一的、具有可比性的评价标准及分配结果并保证兑现。这样做，尽管员工之间的绝对收入会拉开一定差距，但不会造成伤害，只会使收入多的员工更加努力，而收入较少的员工有了榜样后会奋起直追。

（八）不要忽视金钱因素

当我们专心考虑目标设定、创造工作的趣味性、提供参与机会等因素时，很容易忘记金钱是大多数人从事工作的主要原因。对于大多数人来说，工作首先是一份职业，是满足其本人及家庭生存需要的经济来源，通过工作取得一定的利益回报（金钱或实物）是最基本的工作动力。一个组织内的工资奖金制度是影响员工工作态度的基本因素：第一，金钱对个人来说，必须是重要的；第二，金钱必须被看作是对绩效的直接奖励；第三，为绩效付出的努力所得到的边际收益，必须被员工认为是有意义的；第四，管理者必须有权力给高绩效者更多的金钱。改革开放以来，我国在许多国有企业试行的竞争上岗、定岗定位、基本工资加效益工资等办法都取得了较好的效果，而有些外资企业采用平时工资水平一般、年终由总经理分发红包的暗箱操作方法并不为员工所认同的事实说明规则公正、结果公开是公平合理的必要条件。

（九）学习培训

所有的激励都是通过满足人的内在需要实现的，而人的自身素质、价值观念对其内在需要的偏好具有极大的影响。自身素质高的人，更看重高层次需要的满足，粗茶淡饭、衣食不愁之后，主要追求事业的成功，能以高标准的人生境界自我激励。而素质低的人，总是在低层次需要的满足上与人攀比，吃、穿、享乐是其生活中永恒的主题。学习培训正是从提高人的素质、提升人的精神追求方面激发人的进取精神，激励其努力工作的行为。有计划地帮助员工参加学习是最好的教育形式，组织内形成了尊重科学、尊重知识的气氛，有助于激发人们对于新知识、新技术的求知欲，有助于培养创新精神，而丰富的知识和持续的学习又促进了精神素质的进一步提高，强化了员工的参与意识与责任感。培训主要是从提高员工的业务技能，促使其有更多取得成功的机会方面发挥激励作用。一个人有过获得成功的体验会激发其追求更高成就和更多成功的强烈欲望，从而能更自觉地学习掌握新知识、新技能。一个不断进步的组织不仅激励了现有员工的自豪感，也有利于吸引更多的志同道合之士和优秀人才加盟，推动组织整体素质的提高和可持续发展。

（十）制定激励制度

有学者研究，组织成员的个人才能在上级主管的职权命令及个人生存需要驱动下只能发挥出 60%，其余 40% 是需要激励引发的，管理者要激发员工内在的工作热情，鼓励其不断向更高的目标攀登，在组织内创造出积极进取的氛围，制定系统的激励制度。一般可从七个方面着手进行：（1）绩效工资制度；（2）分红制度；（3）员工持股计划制度；（4）总奖金制度；（5）知识工资（pay-for-knowledge）制度；（6）灵活的工作日程制度；（7）学习培训制度。

本 章 小 结

- 激励是一个为了特定的目的而对人们的内在需要或动机施加影响，从而强化、引导或改变人们行为的反复过程。通过激励，能够激活人的潜能，产生更高的绩效。
- 激励理论包含内容型激励理论、过程型激励理论以及激励强化理论。
- 马斯洛需求层次理论认为，每个人都有五个层次的需要：生理的需要、安全的需要、社交或感情的需要、尊重的需要、自我实现的需要。

- 归因理论是探讨人们行为的原因与分析因果关系的各种理论和方法的总称。它试图根据不同的归因过程及其作用，阐明归因的各种原理。
- 根据员工的需要进行激励时，不同的企业结合自身实际采用不同的方法。激励必须遵循以下几个原则：物质利益原则、公平原则、差异化原则与经济性原则。
- 激励的形式包含理想激励和目标激励，组织激励和榜样激励，物质激励和荣誉激励，培训、信息和改善环境。

关键术语

激励（motivate） 期望理论（expectancy theory）
马斯洛需求层次理论（maslow's hierarchy of needs） 强化理论（reinforcement theory）
  公平理论（equity theory）
XY 理论（X theory—Y theory） 归因理论（attribution theory）

复习题

1. 激励的过程包含哪三个环节？
2. 简要阐述马斯洛的需要层次理论和赫茨伯格的激励理论的区别。
3. 激励的形式有哪些？
4. 请简要解释归因理论。
5. 激励负强化的内涵是什么？

自我评估　▶ 激励能力测试

激励能力是领导者和管理者的重要能力之一。

现在有一份测试题，大家可以自己测试一下，看看自己属于什么水平。

下面的 20 题都有四个答案：

A. 完全同意

B. 有点同意

C. 有点不同意

D. 完全不同意

请选择最能表达你的看法的一项。

1. 员工工作做得非常好，其工资就应该增加
2. 好的职务说明很有价值，它使员工知道该做什么
3. 要员工记住，他们是否继续工作下去，要看公司能否进行有效的竞争
4. 管理人员应该关心员工的工作条件
5. 管理人员应该在员工之间尽力制造友好的气氛
6. 对工作绩效高于标准的员工，应该进行表扬
7. 在管理上对人漠不关心，会伤害人的感情

8. 要让员工感到，他们的技能和力量都在工作中发挥出来
9. 公司员工的福利和员工子女的安排是员工安心工作的重要因素
10. 几乎每一种工作都可以使它具有激发性和挑战性
11. 许多员工都想在工作中干得非常出色
12. 公司在业余时间安排社会活动，这表明了对员工的关怀
13. 一个人在工作中感到自豪，就是一种重要的报酬
14. 员工希望在工作中成为佼佼者
15. 非正式群体中的良好气氛是非常重要的
16. 个人奖励会改变员工的工作绩效
17. 员工要有机会和高层管理人员接触
18. 员工一般喜欢自己安排工作和自己作决定，不需要太多的监督
19. 员工的工作要有保障
20. 员工要有良好的设备开展工作

记分标准：
A. 完全同意（3分）　　B. 有点同意（2分）　　C. 有点不同意（1分）　　D. 完全不同意（0分）

分析结果：
41—60 分：你十分了解激励对于管理的重要性，而且运用得很好。
21—40 分：你知道激励对于管理的重要性，但还是做得不够。
0—20 分：你不知道如何激励员工，这是十分危险的。

案 例

华为为什么让员工持股？

任正非认为高科技行业需要大家一起进行利益分享，华为的员工持股就是使知识资本化，员工分享企业的利益。正是因为员工持股，才使他们团结了这么多的人。那么，华为的员工如何持股？新员工可以持股吗？如果工作 10 年以上，对公司贡献比较大的员工才有股份，那么华为员工的持股或分红的模式是怎样的？

一、华为为什么实行员工持股制度？

华为实行员工持股制度，一方面，会使华为的模范员工结成公司与员工的利益与命运共同体；另一方面，将不断使最有责任心与最有才能的人进入公司的中坚层。

二、华为的员工持股制度有何特点？

华为的员工持股制度历经数次调整。2001 年后，华为进行了相应的员工持股改革，对新员工不再派发长期不变的每股 1 元的股票，而老员工的股票也逐渐转化为期股，即所谓的"虚拟受限股"（下称"虚拟股"）。虚拟股由华为工会负责发放，每年华为会根据员工的工作水平和对公司的贡献决定其获得的股份数。员工按照公司当年净资产价格购买虚拟股。拥有虚拟股的员工主要的收益变化是，除了可以获得一定比例的分红，还可以获得虚拟股对应的公司净资产增值部分。

2008年，华为再次调整了虚拟股制度，实行饱和配股制，即规定员工的配股上限，每个级别达到上限后，就不再参与新的配股。这一规定也让手中持股数量巨大的华为老员工配股受到了限制，给新员工的持股留下了空间。经过调整后的虚拟股制度一直沿用至今。

三、华为如何让员工持股？

华为的员工持股制度下，实际上员工所持有的是一种虚拟股，员工并非真实意义上的股东。

任正非说："谁拥有华为？我不知道怎么说，我反正只有百分之一点几的股份。"从法律上说，华为公司的股东有两个：一个是华为公司工会，代表员工持股98.93%；另一个是任正非，持股1.07%。这些持有股份的员工不同于公司法意义上的股东，因为从2001年起，他们持有的公司股份就改为虚拟受限股。简单来说，员工并不是公司直接的股东，但享有分红权和股份增值权。大规模员工持股是华为一种成功的公司治理模式。事实上，除了激励员工，这也是华为的内部融资行为。

四、华为的员工持股制度的作用：渡过难关的秘密

任正非本人多次指出，华为能够从一个2万元起步、没有任何创新能力的小企业成长为一家拥有15万名员工、全世界150多个办事处、年销售收入达395亿美元的大公司，员工持股计划发挥了巨大的作用。

华为曾经有四次"紧要关头"：创业期、网络经济泡沫时期、非典时期、全球性金融危机时期。员工持股计划成为华为渡过难关的秘密所在。

作为贡献者的员工得到了什么？比如，2010年，股票购买价格为5.42元，每股分红2.98元，收益率超过50%。2011年，分红为每股1.46元，对比前一年大幅下滑，但收益仍然可观。2008年至2011年，华为的股东权益回报率分别为21%、42%、40%和17%。因为华为是根据净资产作价配股，所以华为员工虚拟股的年回报率与上述股东权益回报率应当基本一致，这个回报率不可谓不高。同时，员工还可以享受公司净资产增加而带来的股份增值。2012年，华为公司回购员工虚拟股的价格已经涨到5.42元/股。

抛开收益、技术、人才等硬指标的考量，员工持股计划也是维持任式领导风格的重要因素，为华为内部阐释和强调奋斗精神提供了逻辑上可以自我说服的基础。

五、华为的员工持股制度是公司与员工的双赢

员工持股计划把所有人都聚集到一个平台上。华为推行大面积员工持股制度，吸引、团结、黏合了大批人才，包括国际化员工。用任正非的话说，正是这种制度，形成并沉淀了公司"利益分享，以奋斗者为中心的文化"。

资料来源：《深度解析华为职工持股模式》，https://wenku.baidu.com/view/2f95b62d77c66137ee06eff9aef8941ea76e4bd9.html，2018年4月23日访问。

[问题]

1. 华为的员工持股制度体现了哪些激励理论？
2. 华为员工持股制度的优势是什么？有哪些潜在风险？
3. 现有的股权激励有虚拟股激励、期权激励、限制性股权激励等，请分析这些股权激励有何异同，适用条件有何区别。

第十四章
创新

> 创新就是创新,并不一定非得和传统对立。
>
> ——李嘉诚

第一节 创新的含义

创新,英文为"innovation",是指将原有的东西加以改变或引入新的东西。管理学、经济学上的创新有其特定的意义:创新是新产品的开发、新市场的开拓、新生产要素的发现、新生产经营管理方式的引进和新企业组织形式的实施。

创新是一种思想及在这种思想指导下的实践,是一种原则及在这种原则指导下的具体活动。美国经济学家约瑟夫·熊彼特在《经济发展理论》一书中首次提出了创新的概念。他认为,创新是对"生产要素的重新组合",具体来说,包括以下五个方面:(1)生产一种新产品,也就是消费者还不熟悉的产品,或是开发已有产品的一种新用途和新特性。(2)采用一种新的生产方法,也就是在有关的制造部门中未曾采用的方法。这种方法不一定非要建立在科学新发现的基础上,它可以是以新的商业方式来处理某种产品。(3)开辟一个新的市场,就是使产品进入以前不曾进入的市场,不管这个市场以前是否存在过。(4)获得一种原材料或半成品的新的供给来源,不管这种来源是已经存在的还是第一次创造出来的。(5)实现一种新的企业组织形式,如建立一种垄断地位,或打破一种垄断地位。

许多研究者也对创新进行了定义,有代表性的定义有以下几种:(1)创新是开发一种新事物的过程。这一过程从发现潜在的需要开始,经历新事物的技术可行性阶段的检验,到新事物的广泛应用为止。创新之所以被描述为一个创造性的过程,是因为它产生了某种新的事物。(2)创新是运用知识或相关信息创造和引进某种有用的新事物的过程。(3)创新是对一个组织或相关环境的新变化的接受。(4)创新是指新事物本身,具体说来就是指被相关使用部门认定的任何一种新的思想、新的实践或新的制造物。(5)创新是由新思想转化为具体行动的过程。

由此可见,创新概念涉及的范围很广,包含许多方面。比如,有的东西之所以被称作创新,是因为它提高了工作效率或巩固了企业的竞争地位;有的是因为它改善了人们的生活质量;有的是因为它对经济具有根本性的提高。但值得注意的是,创新并不一定是全新的东西，旧的东西以新的形式出现或以新的方式结合也是创新。本书认为，创新是生产要素的重新组合，其目的是获取潜在的利润。

第二节　创新的类型

知识经济时代的到来导致企业经营目标的重新定位，原因很简单：一是企业管理观念发生变革，要求企业经营目标重新定位；二是企业内部结构发生变化，促使企业必须重视非股东主体的利益；三是企业与社会的联系日益密切、深入，社会的网络化程度大大提高，而企业正成为这个网络中重要的联结点。可以说，企业经营的社会性越来越突出，要求企业高度重视自己的社会责任，全面修正自己的经营目标。众所周知，美国曾经最为推崇利润最大化，盈利能力曾经是评价美国企业的唯一标准，可即便是美国，今天其评价企业的标准也已经发生了巨大的变化，适应知识经济时代的多元目标、相互协调的企业经营目标观念被广为接受。例如，美国《财富》杂志最近评选最优秀企业时，采用了创新精神、总体管理质量、财务的合理性程度、巧妙地使用公司财产的效率、公司做全球业务的效率等九项指标。在这些带有导向性的指标中，企业对员工、对社会、对用户的责任等指标在整个指标体系中占了相当分量。所以，在新的经济背景下，我国企业要生存，目标就必须调整为通过满足社会需要来获得利润。

可以从四个不同的角度对创新进行分类：

一、根据制度状态来划分

组织创新可以分为程序化创新和非程序化创新两类。

（一）程序化创新

这种创新一般事先有计划，创新活动遵循既定的路径和程序进行。比如，手机应用程序，往往会先推出 1.0 版本，随后有计划地推出具有新增功能的 2.0 版本。这种创新类型在手机游戏 App 开发上表现得尤为明显。

（二）非程序化创新

这种创新往往由于环境或组织内部的突发事件引起，没有事先的计划。非程序化创新具有不可预见性，它甚至是偶然发生的。

二、根据创新的最初重点来划分

美国经济学家 Knightl 据此将创新分为产品创新、生产流程创新、组织结构创新和文化创新四大类。组织流程再造与后三类创新有密切的联系，当然也会影响产品的创新。

（一）产品创新

产品创新包括品种和结构的创新。品种创新要求企业根据市场需求的变化、消费者偏好的转移，及时调整企业的生产方向和生产结构，不断开发出用户欢迎的产品；结构创新在于不改变原有品种的基本性能，对现有产品结构进行改进，使其生产成本更低，性能更完善，使用更安全，更具市场竞争力。产品创新是企业技术创新的核心内容。它既受制于技术创新的其他方面，又影响其他技术创新效果的发挥；新的产品、产品的新结构，往往要求企业利用新机器设备和新工艺方法，而新设备、新工艺的运用又为产品的创新提供了更优越的物质条件。

（二）生产流程创新

企业通过研究和运用新的生产技术、操作程序、方式方法和规则体系等，提高企业的生产技术水平、产品质量和生产效率。企业可以围绕减少废品和损失，在设计、工艺技术等方面，进行材料与设备的协调配套创新。现代企业的生产往往需要用到由多种学科、多种技术综合成的工艺技术，尤其是技术密集型创新产品，需要集机、电、光、化学、微电子、计算机、控制及检测等技术工艺于一身，特别需要使用 CIMS（计算机集成制造系统）技术，以实现对产品寿命周期信息流、物质流与决策流的有效控制与协调，适应竞争市场对生产和管理过程提出的高质量、灵活响应和低成本的要求。

（三）组织结构创新

在工业化时代，市场环境相对稳定，企业为了实现规模经济效益、降低成本，纷纷以正规化、集权化为目标，但随着企业规模的不断发展，组织复杂化程度越来越高。信息社会的到来，更使得环境不稳定因素越来越多，竞争越来越激烈。管理者一旦意识到传统的组织结构不适应现代环境的多变性，便会实施创新。一个有效组织应当是能随着环境的变化而不断调整自己的结构，使之适应新环境的组织。根据这一认识，现代企业组织正不断朝着灵活性、有机性方向发展。

（四）文化创新

现代管理发展到文化管理阶段，可以说已达到顶峰。企业文化通过员工价值观与企业价值观的高度统一，以及企业独特的管理制度体系和行为规范的建立，使得管理效率有了较大幅度的提高。创新不仅是现代企业文化的一个重要支柱，而且还是社会文化的一个重要部分。如果文化创新已成为企业文化的根本特征，那么，创新价值观就得到了企业全体员工的认同，行为规范就会得以建立和完善，企业创新动力机制就会高效运转。

三、根据创新的结果和效应来划分

根据创新的结果和效应，创新活动分为颠覆式创新和渐进式创新。两者的区别在于创新的彻底性。一般认为，将创新的结果与现行的、正在使用的方法和手段相比，差异程度越大，则其彻底性程度越高。

（一）颠覆式创新

哈佛大学商学院教授克莱顿·克里斯坦森（Clayton M. Christensen）于 1997 年提出了"颠覆性技术"（disruptive technologies）一词。颠覆式创新带来的是市场上现有产品更为便宜、更为方便的替代品，它直接锁定低端消费者或者产生全然一新的消费群体，使现有市场彻底洗牌。

（二）渐进式创新

大公司的领导者一般坚持走持续创新的道路，现有公司资源配置流程的设计总是以可持续创新、实现利润最大化为导向，这一设计思想最为关注的是现有顾客以及被证明了的市场面。

四、根据创新产生的组织和活动方式来划分

根据创新产生的组织和活动方式，创新活动可分为个体创新与群体创新。顾名思义，个体创新是基于单个的员工而发生的，而群体创新的参与者较多。

第三节 创新的特征

一、创新的不确定性

创新的不确定性来自三个方面：

（一）市场的不确定性

这主要指不易预测市场未来需求的变化，外界因素如经济环境、消费者的偏好都会对市场变化产生影响。当出现根本性创新时，由于市场方向无从确定，也就无法确定需求。如计算机刚出现时，有人估计全美国只有几十台的需求，这显然同实际情况相差万里。市场的不确定性还可能是不知道如何将潜在的需要融入创新产品中去，以及未来产品如何变化以反映用户的需要。当存在创新竞争者时，市场的不确定性还指创新企业能否在市场竞争中战胜对手。

（二）技术的不确定性

这主要指如何用技术来体现、表达市场中消费者需要的特征；能否设计并制造出可以满足市场需要的产品和工艺。有不少产品构思，按其设计的产品要么无法制造，要么制造成本太高，这种构思和产品因此就没有商业价值。另外，新技术与现行技术系统之间的不一致也是一个重要的不确定性来源。

（三）战略的不确定性

这主要是针对重大技术创新和重大投资项目而言。它是指一种技术创新的出现给已有投资与技能过时带来的不确定性，即难以判断它对创新竞争基础和性质的影响程度，以及面临新技术潜在的重大变化时企业如何进行组织适应与投资决策。当重大技术创新出现时，严重的战略性决策失误会导致产业竞争领先地位的交替。例如，美国钢铁业面临氧气顶吹转炉等重大工艺创新的机会时，没有放弃原来的大量投资，没有引入新的工艺技术，而日本则利用这一机会建成世界上效率最高的钢铁厂。

二、创新的保护性和破坏性

不同创新对企业产生影响的范围、程度和性质是不同的。两个极端的情况是：保

护性的和破坏性的。具有保护性的创新，会提高企业现有技术能力的价值和可应用性。创新的破坏性则表现为使企业现有的技能和资产遭到毁坏，新的产品或工艺技术会使企业现有的资源、技能和知识只能低劣地满足市场的需要，或者根本无法满足要求，从而降低现有能力的价值；在极端情况下，会使其完全过时。

三、创新的必然性和偶然性

创新的必然性是由管理的不可复制性产生的。管理的不可复制性本身就必然要求管理创新，从泰罗制管理到丰田生产方式，再到现代流行的 CIMS、虚拟系统、电子商务、网络营销等，可以说任何一种管理的模式、方法都是随着时代的发展和许多科学技术的进步而产生的管理创新。多数情况下，创新是在大量的实验、调研、严谨思考的背景下产生的。然而，另一种创新方式对今天的管理人员来说也是丝毫不能忽视的，那就是偶然。就像牛顿从苹果落地中发现万有引力定律一样，一些偶然的事件可以引发创新。

四、创新的被排斥性

创新活动常常受到来自各方面的排斥、压力和抵制。习惯于原有生活方式和思维方式的人们往往不欢迎任何改动和变革。形象地说，创新恐惧症已成为现代组织——企业、学校、政府的一种通病。在一种特定的社会环境中，对于那些公司最高管理层的人们来说，存在无数条理由使他们希望这个环境能够延续下去。因为在这种情况下，没有麻烦，没有威胁，也没有紧迫感，一切都显得平平稳稳。这意味着任何一项新产品的创新就其本质而言，都是一场推进创新的力量和排斥、抵制创新的力量之间的争夺战。而管理者所面临的挑战就是如何在这些力量中间保持平衡。另一方面，我们应该对华而不实的或仅仅是象征意义的新产品的创新，以及与新产品战略目标不相一致的新产品持抵制态度，这种抵制不应受到阻挠。

五、创新的复杂性

有人说，创新过程就像一根链条，认为只要增加上游的基础研究的投入就可以直接增加下游的新技术、新产品的产出。但在实际经济活动中，创新有许多起因和知识来源，可以在研究、开发、市场化和扩散等任何阶段发生。创新是诸多因素之间相互渗透且共同作用的结果；创新不是一个独立的事件，而是由许多小事组成的一个螺旋式上升的轨迹，是一个复杂的系统过程。

六、创新的时效性

企业创新一般总是从产品创新开始。新的市场需求总是表现为产品需求，因而，在创新初期，企业的创新活动主要是产品创新。一旦新产品被市场接受，企业就应把注意力集中在过程创新上，其目的是降低生产成本、改进品质、提高生产效率。当产品创新和过程创新进行到一定程度时，企业的创新注意力会逐渐转移到市场营销创新上，目的是提高产品的市场占有率。在这些创新的不同阶段，还会伴随着必要的组织创新。当新产品投放市场一定时间后又会被更新的产品所代替，这种替代也使得创新具有时效性。新产品被更新的产品所替代可能有两方面的原因：一是消费者的偏好发生了变化；二是生产产品的技术得到了更新。正是因为创新具有时效性，所以在进行创新决策时，要考虑三个问题：消费者对创新产品需求的持续时间、该产品被其他产品替代的可能性以及创新所处的时期。

七、创新的动态性

事物是发展变化的，不仅组织的外部环境和内部环境在不断发生变化，而且组织的创新能力也在不断积累、不断提高，决定创新能力的创新要素也都要进行动态调整。从企业间的竞争来看，随着企业创新的扩散，企业竞争优势将会消失，这就要不断推动新的一轮又一轮的创新，以便不断确立企业的竞争优势。因此，创新绝不是静止的，而是动态的。不同时期，组织的创新内容、方式、水平是不同的。从企业发展的总趋势看，前一时期低水平的创新，总要被后一时期高水平的创新所替代。创新活动的不断开发和创新水平的不断提高，正是推动企业发展的动力。

第四节　创新的作用

一、创新可以提高企业的竞争实力

创新可以将企业的劣势转化为优势，将不利因素转化为有利因素。例如，洗衣机的载物洗涤容量一般为 5 公斤，而且还呈增大趋势，但海尔公司却凭着灵敏的市场触角，巧妙地在产品的细微之处大胆创新，与消费潮流背道而驰，逆转思维，推出 2 公斤装的"小小神童"洗衣机。海尔的"只有淡季的思想，没有淡季的产品"的创新理念，使海尔随时保持创新思维，建立了一整套技术创新制度和相应的科研管理模式，最终赢得了市场。

二、创新为企业的长期持续发展提供动力

企业要持续发展，必须进行创新，不进行创新的企业，其发展就会缺乏推动力。早在 1994 年，著名的经济学家克鲁格曼就提出了"虚拟的亚洲经济"的观点。他认为，亚洲（除日本外）经济的增长主要是依靠资金和劳动力的大量投入，而不是科技进步，因此这一地区的经济高速增长是不可能持续很久的。这一预言不幸被言中。1997 年爆发的东南亚金融危机波及整个亚洲，导致这些国家经济增速放缓，甚至出现负增长。

与此相反，美国自里根时代以来便重视和强调创新的作用，从而出现了目前自二战以来最长时间的持续的经济增长，特别是 1997 年的亚洲金融危机导致大多数国家经

济倒退,而美国经济却始终稳定有力。这正好说明了光靠资金和劳动力的大量投入来推动经济增长是不可持续的,必须把重点转移到知识创新上来。

三、自主创新是企业的根本

一个企业要取得先进的知识有两个途径:一是引进;二是创新。引进知识当然不失为一种快捷的方法,这种方法曾经是一些发展中国家和企业实现赶超的根本途径,但这样永远也无法真正赶超先进国家和先进企业,而且对于某些技术,对方为了获得竞争中的绝对优势会采取保密措施。因此,企业要真正强大起来,只有进行自主创新。例如,日本企业在 20 世纪 80 年代通过引进技术并消化吸收确实得到迅速的发展,但在知识呈几何级数增长的今天,已在竞争中败给了强调自主创新的美国企业。

第五节 创 新 管 理

一、创新管理的概念

20 世纪 50 年代,彼德·德鲁克将创新概念引入管理领域。他认为,创新通过有目的的、专注的变革努力,提升了企业的经济潜力或社会潜力。创新是一项有系统性、目的性的工程,它是每位高管的职责,始于有意识地寻找机会。要找到这些机会并加以利用,需要人们严格有序地工作。[①]

复旦大学学者芮明杰认为,管理创新的概念应源于管理的概念。管理的定义可大可小,大可到组织内资源有效整合,以达到目标和责任这一过程本身,小可至围绕目标和责任使资源有效整合的一切细小工作和活动。也正因为如此,组织中的管理可分成三个层次:一是决策层的管理;二是执行层的管理;三是操作层的管理。无论哪个层次的管理,都是为达成组织目标对资源进行有效配置,只是具体管理活动的内容有所不同。管理创新是指创造一种新的更有效的资源整合方式,这种方式既可以是新的有效资源整合以达到企业目标和责任的全过程管理,也可以是新的具体资源整合及目标制定等方面的细节管理。这个概念至少可以包括下列五种情况:(1)提出一种新的经营思路并加以有效实施。新的经营思路如果是可行的,便是管理方面的一种创新。但这种新经营思路并非只针对一个企业而言是新的,而应对所有的企业来说都是新的。(2)创设一个新的组织机构并使之有效运转。组织机构是企业管理活动及其他活动有序化的支撑。一个新的组织机构的诞生是一种创新,但如果不能有效运转则成为空想,不是真正的创新。(3)提出一种新的管理方式或方法。这种新的管理方式、方法或能提高生产效率,或使人际关系协调,或能更好地激励员工等。这些都将有助于企业资源的有效整合,以达到企业既定的目标。(4)设计一种新的管理模式。所谓管理模式,是指企业综合性的管理范式,即企业总体资源的有效配置和实施范式。这个范式如果对

---

① 参见〔美〕彼德·德鲁克:《创新与企业家精神》,蔡文燕译,机械工业出版社 2009 年版。

所有企业的综合管理而言是新的，则自然是一种创新。（5）进行一项制度的创新。管理制度是企业资源整合的行为规范，既是企业行为的规范，也是员工行为的规范，制度的变革会给企业行为带来变化，进而有助于资源的有效整合，使企业更上一层楼。因此，制度创新也是管理创新之一。[①]

创新管理本质上是一种管理创新实践的结果，并不是凭空想象的东西。企业要在当今多变的环境中求生存，必须在创新管理中求发展，而企业创新管理的核心，不仅仅是产品、技术、市场，更多的是快速反应与行动的能力。对企业来说，创新管理不是传统意义上的新产品、新技术、新市场开发的能力，更多的是立足于对过去实践的改造能力，打破原来固有的思维定式，产生管理创新的活力，快速反应、快速学习、快速寻找使企业管理出现放大机制的管理倍数。在我们看来，创新管理可用公式表示如下：过去的实践＋学习积累＝倍数管理；未来的倍数管理创新，是 1＋1 大于 2 的过程。企业家将发明创造的成果商业化和产业化，并且取得成功的管理过程就是本书所说的创新管理。创新管理是与经济效益的提高紧密联系的。

二、创新管理的类型

（一）全面创新管理和局部创新管理

全面创新管理是指整个企业以创新为中心的管理，包括技术创新、产品创新、文化创新、管理创新等各项创新。企业全面创新管理的五角模型如图 14-1 所示。这些创新既紧密相连，又相互影响，从而构成一个具有一定功能效应的多层次的关系复杂的企业创新系统。

局部创新管理是指企业以生产经营为中心，针对某个方面的创新活动进行管理。它把创新活动分开，企业就其中的一个或者几个部分进行创新管理，例如，单就产品创新、技术创新、文化创新、管理创新，或者产品创新与技术创新、文化创新与管理创新等进行管理。它们之间是分开的，而非对整个创新活动进行管理。

（二）间断创新管理和持续创新管理

间断创新管理是指企业在某一时期或某一阶段进行创新，并对创新活动进行管理。这种管理比较满足于现状，没有更高的追求，会使企业发展缓慢，甚至会发生倒退。

持续创新管理是指企业在其发展过程中，不断地进行创新及创新管理，以提高企业的竞争力，促进企业走在同行业的最前沿。

只有全面的、持续的创新管理，才是真正意义上的创新管理。也就是说，只有将全面的创新管理与持续的创新管理有机地结合起来，才能实现企业的创新管理。

三、创新管理的要点

成功的创新不仅仅是一个好主意。波士顿资讯集团的一项研究发现，缺乏创意并不是实现有收益的创新的障碍。更多的时候，创意不能产生经济回报是因为没有建立

[①] 参见芮明杰：《现代企业管理创新》，山西经济出版社 1998 年版，第 41 页。

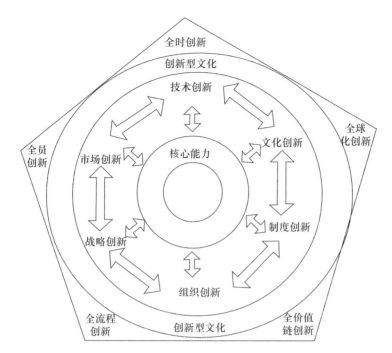

图 14-1 企业全面创新管理的五角模型框架

资料来源：许庆瑞：《全面创新管理——理论与实践》，科学出版社 2006 年版。

起创新组织。以下是创新管理的要点：

（一）鼓励创新的组织文化

默克、3M、惠普和乐柏美等公司在其悠久的历史中开发了许多成功的新技术和新产品。它们和其他持续创新者之间的区别是具有鼓励创新的组织文化。

3M关于创新的神话可以追溯到发明家弗朗西斯·G.俄克（Francis G. Okie）身上。20世纪20年代初，俄克梦想用砂纸代替刀片剃须，以减少割伤并免用锋利的工具。这个想法失败了，然而3M公司非但没有惩罚俄克的失败，反而鼓励他去考虑别的想法，其中包括3M第一个轰动一时的成功产品：防水砂纸。允许失败的文化，对培养创造性思维和创新所需要的冒险精神至关重要。

尽管看起来可能有点奇怪，但庆祝失败对于创新非常重要。失败是学习、成长和成功的基础。在创新型企业中，许多人在尝试各种新的想法。大部分想法失败了，但少数脱颖而出的超级想法能使公司成为创新明星。麦迪逊·芒特（Madison Mount）负责IDEO公司客户食品和饮料的设计工作，他说："如果不冒险，我就觉得不舒服，因为我没有在学习。"管理者的这种态度能够促进整个队伍的创造性思维。

为了鼓励创新，3M公司设立了一些简单的原则：设定创新目标；致力于研究和开发；鼓励内部企业家精神；帮助，而不是阻碍；关注客户；容忍失败。这些原则正被其他公司所模仿，但3M公司具有自成立以来就遵循这些原则并使之根深蒂固地融入企业文化的优势。

（二）官僚主义是创新的敌人

官僚主义的主要目的是保持秩序和增进效率，而不是推动创新。开发全新的技术需要更加动态和灵活（有机）的、不束缚思想和行动的创新文化。为了平衡创新和其他商业目标，公司通常要建立特别的临时项目单位，与组织的其他部分区分开来，并允许其在不同的规则下运作。这些单位用过许多名字，包括"地下工作""温室"和"保留地"等。

为了培养重视创新的企业文化，Intuit 公司建立了一个名为"创意实验室"的项目。它采用谷歌很有名的一项政策，允许员工花 10% 的工作时间自由活动，以产生和发展新创意。员工可以选择自己感兴趣的创意或把时间用在学习新技术上。Intuit 公司还赞助了"创意果酱"项目——为想出创意的员工另辟时间，让他组建团队研发创意。创意果酱项目为期一天，每三个月举行一次。员工可以访问"头脑风暴"软件工作组，这个软件工作组可以帮助他们分享创意、招募团队成员等。评审组织和导师将确保创意实际可行并成功。Intuit 公司为获胜的创意提供现金奖励，但真正激励 Intuit 公司员工投身于诸如 QuickBooks Online 移动版本之类创意的，是"创意实验室"和"创意果酱"项目带来的兴奋感。

（三）发展驱动创新的项目

管理技术和创新的一个有力工具是开发项目（development project）。开发项目是集中组织力量通过技术进步创造新产品和新工艺。其最典型的特征是，一个特定的跨职能团队共同为一个整体概念或想法而工作。像大多数跨职能团队一样，它的成功取决于团队成员一起努力去追求共同的愿景。开发项目有多个方面的好处，不仅可以创造新产品和新工艺，而且可能为未来的发展培养有用的技能和知识。因此，开发一个项目的能力经常转化为竞争优势的源泉。当福特汽车公司制定了一个开发项目来设计空调压缩机，以超过它的日本竞争对手时，高管们发现，他们已经为适用于未来项目的新工艺奠定了基础。他们在集成设计与制造方面的新能力，帮助福特降低了在其他产品开发中的成本，缩短了交货期。因此，组织学习在衡量项目成功方面同样重要。为了发挥最大的作用，开发项目应该建立在核心竞争力基础上，对完成什么和为什么要这么做有指导性愿景，要有负责任的团队，同时灌输持续改进的哲学，协调所有单位的努力。

（四）工作设计和人力资源助力创新

采用新技术可能要求工作设计作出改变。通常，人们会重新定义任务以适应技术要求，但这就可能无法达到总生产率最大化，因为它忽略了人的因素，社会关系和任务中与人相关的方面可能受到影响，从而降低整体生产力。

工作再设计的社会技术系统方法专门解决这个问题，这种方法在某种程度上协助优化了工作的社会和技术效率。随着 1949 年开始对新引入的采煤技术的研究，工作设计的社会技术系统方法集中于小型自我管理的工作群体。后来发现，这样的工作安排只在官僚作风有限的环境中才能有效运转。打击官僚主义的趋势、精简和扁平化的组织、工作团队和员工授权，都是工作设计的社会技术哲学的合理扩张。同时，信息时代的技术——其中各个组织层次的人们都能获得大量信息，使得这些更精简、更少官僚主义的组织成为可能。

管理者面临如何应用一项新技术的选择。技术可以用来限制员工的任务和职责，以及使劳动力"技能化",从而把员工变成技术的仆人。管理者还可以选择和训练工人掌握技术,从而取得更大的成就并提高他们的生活质量。当技术得到有效管理时,可以授权给员工,因为它提高了组织的竞争力。

管理者在决定如何设计工作和管理员工时,需要考虑人力资源系统如何与引进的新技术相补充。例如,先进的制造技术通常需要高水平的技能、不间断的学习以及在团队中工作的必要能力。组织可以通过薪酬系统,如团队激励和技能工资,吸引和奖励具备必要能力的人,以促进先进技术的成功应用。如果一家公司的薪酬制度未将新技术考虑在内,那它可能不会奖励促使变革发挥作用的那些行为。更糟的是,现有薪酬制度甚至可能会强化适得其反的行为。

总的来说,这些思想为管理与技术和创新有关的战略问题和组织问题提供了指导。为了适应动态的市场,组织可能需要重塑自己。管理变革和组织学习是成为世界一流组织的核心要素。

(五)颠覆性创新

运用现有技术评估外部技术趋势,也许不足以保证在创新潮流中保持领先。每隔一段时间,即使是在相对稳定的行业,都会出现能够极大改变竞争格局的技术变革。颠覆性创新(disruptive innovation)是一个过程,指将包括产品、服务、商业模式等最初植根于市场底部的简单应用转变到"市场上层",最终取代竞争对手。以颠覆性创新改变整个行业的一些例子有:类似苹果公司的 iTunes 这样的 MP3 文件技术和电子音乐平台极大地改变了音乐产业;平板电脑和其他手持互联网设备取代了许多台式电脑;智能手机取代了许多单机音乐播放器和照相机;在线和邮购视频租赁取代了之前像百视达(Blockbuster)公司这样的传统实体企业;像美国西南航空公司这样的低成本航空公司一直优于许多传统枢纽航空公司,等等。

四、创新管理的职能

(一)创新管理职能的分类

创新管理的职能包括决策、计划、组织、领导、控制等。

1. 创新管理决策职能

创新管理决策指为了达到创新管理预定的目标,在若干可供选择的行动方案中,选择一个合适方案的过程。创新管理决策就是创新决策。在决策者看来,生产经营的过程就是创新的过程以及对创新进行有效管理的过程。

2. 创新管理计划职能

创新管理计划是对创新管理作出预测,以制订行动方案。创新管理计划是为创新管理服务的,用于规定组织要实现创新管理的目的和实施方案。

3. 创新管理组织职能

创新管理组织指完成创新管理计划所需的组织结构、规章制度、人财物的配备等。创新管理组织是把创新管理计划落到实处,在生产经营过程中实行创新管理。

4. 创新管理领导职能

创新管理领导是指挥、带领、引导和鼓励部下为实现创新管理的目标而努力的过程。创新管理领导是为了更好地对创新进行管理，从而更好地进行创新。

5. 创新管理控制职能

创新管理控制是促使组织的活动按照创新管理计划规定的要求展开的过程。创新管理控制是为了创新管理计划有效地进行而采取的检查与核对措施，以实现创新管理的目的。

（二）创新管理职能的特点

创新管理职能的特点是形式上没有变化，但内容性质发生了变化，作用也发生了变化。创新管理职能包括决策、计划、组织、领导、控制等，但创新管理职能不像经营管理职能那样只是为了生产经营，而是强调创新的作用，并对创新进行有效的管理。所以，创新管理的各职能都是围绕创新进行的，都是为了对创新进行持续有效的管理。

五、创新管理的原则与任务

（一）创新管理的原则

1. 创新与维持相协调的原则

创新活动与维持活动既相区别，又相互联系、相辅相成。维持是创新的基础，创新是维持的发展；维持是为了实现创新的成果，创新为维持提供更高的起点；维持使组织保持稳定性，创新使组织具有适应性。维持和创新都是组织生存和发展所不可或缺的。然而，创新与维持有时也相互矛盾、相互冲突。正确处理二者的关系，寻求创新与维持的动态平衡和最优组合，是管理者的职责，也是创新应遵循的原则。例如，研究开发新产品，要受原有产品技术水平、人员素质、管理水平以及资金积累的制约。当新产品处在研究开发甚至开始生产和投入市场阶段，原有产品的生产也同时在进行时，需要正确处理新产品开发和原有产品生产之间的关系，从而满足创新与维持相协调的原则的要求。在企业中，创新与维持的平衡和组合是复杂的，也是多方面的，如创新目标、规模、顺序的选择要适当，新技术的引入和改进创新要紧密结合，创新组织与其他组织之间要相互配合等。

2. 开拓与稳健相结合的原则

开拓是创新的本质要求。所谓开拓，就是要不断地向新的领域、新的高度进发。没有开拓进取，就没有创新。然而，企业中不思进取、安于现状的现象普遍存在，创新活动也经常受到来自各方面甚至是高层管理人员的非议、排斥、压力和抵制，不少人担心创新会付出很大的代价，改变熟悉的工作方式，失去既得的利益等。这些现象的存在会成为企业创新的最大障碍。因此，企业管理者应以极大的热情鼓励、支持和组织创新活动，要创造促进创新的组织氛围，重塑企业文化，激发员工奋发向上、开拓进取。

与此同时，企业的创新总是在现实基础上的创新，任何成功的创新都是科学的，不容半点虚假。开拓精神必须同求实态度相结合。求实稳健并非安于现状、墨守成规，而是面向社会、面向市场，从实际出发，量力而行，这是创新成功和稳步发展的重要保证。脱离实际的变革，不可避免地会出现盲目性、随意性和反复性。大量事实表明，创新者不是专注于冒险而是专注于机会，通过将感性认识上升为理性认识，在系统分析创新机会来源的基础上，找准机会并加以利用。一旦创新展开，就必须脚踏实地采取各种措施，经过持续的努力，确保创新的成功。

3. 统一性和灵活性相结合的原则

有组织的创新，必须有统一明确的目标、相互协调的行动、优势集中的兵力。没有统一明确的目标，创新活动将失去方向，导致盲目乱干；没有相互协调的行动，创新人员就不能团结合作，容易形成各自为政、相互封锁的局面；没有优势兵力的集中，创新力量分散，则不仅会延缓时间，痛失良机，甚至会导致失败。但是，创新本身又具有偶然性或机遇性，并不都在可以预料的计划之内。另外，多数创新者往往是"骑在丰富想象力上获得冒险成功的人"，他们酷爱做自己幻想的事。因此，创新的组织应具有灵活性，要放松对员工的控制，使计划具有弹性，如允许创新者自己确定题目，允许使用部分工作时间去探索新的设想，为他们提供一定的创新尝试所需要的资金、物质条件和试验场所，允许创新者自己选择合作伙伴等。这样既有利于充分调动创新者的积极性，又有利于及时捕捉创新机会。

4. 奖励创新、允许失败的原则

创新的创造性、风险性、效益性，决定了企业应对创新者的劳动及其成果进行公正评价和合理奖励。对所有的创新建议，企业都要实施正向的激励政策，对创新成果确有重大价值并得以采用的，要在物质上给予重奖，在职称、职务上予以破格晋升，使奖励与创新的风险和贡献相一致。同时，创新者的创新动机有一种对个人成就感的追求和自我实现的满足，对创新的精神奖励不仅是必要的，甚至是更为重要的。因此，不仅要对创新成果进行精神的、物质的奖励，而且要在创新的全过程中给予创新者更多的理解、尊重和支持，给予创新者放手施展抱负和才能的条件和权利。

创新是不断探索、经常受挫又努力改进提高的过程，一帆风顺是极为罕见的事情。因此，允许失败就是对创新者积极性、创造性的保护和支持。对于失败，创新者不应悲观失望、半途而废，管理者不应冷眼相看、横加指责。创新的组织管理者对待失败要宽容，要热情主动地帮助创新者总结经验，吸取教训，鼓励创新者坚持不懈，继续进行大胆的探索和试验，直到取得成功。

（二）创新管理的任务

1. 转型为创新型企业

企业的创新活动需要一定的组织和规划，相比企业的其他管理而言要困难得多。这是因为创新活动的规律不是外显的，其规律会随着创新主体所处环境的不同而不同，且不同形式的创新虽然具有一定的内在联系，但区别较大，也不能以相同的方式组织。例如，技术创新与产品创新二者同处于一个研发链中，但技术创新和产品创新所需的信息环境有所不同。创新管理的任务就是要在深入研究创新规律性的同时，建立起一个强大的信息系统以筹划和组织企业的创新活动。创新管理的根本目标就是使企业转变为创新型企业。所谓创新型企业，就是指具有持续的创新机制，能够持续地进行各方面的创新活动,并取得显著创新效果的现代型企业。它的本质是持续进行创新。企业要想成为真正意义上的创新型企业,作为企业的管理者首先要解决的问题就是如何去组织创新和促进创新。

2. 研究创新活动发展的规律

创新在本质上是杂乱无章的,创新活动就其发生而言没有一定的形式和固定的发展套路可以效仿和照搬,在实践中也很难把握住创新的脉搏,但这并不是说创新活动毫无研究的价值。它的杂乱无章是相对旧制度、旧秩序而言的,就创新的总体而言,必然依循一定的步骤、程序和规律。

3. 寻找创新机会

借助于现代通信技术、计算机技术,融合经济学、运筹学、系统论等众多学科而建立起来的连接企业内外部创新信息源的信息系统,监控着企业内外部众多的创新机会,并从中分离出适合本企业的创新方案,这样就积极地把握住了创新的机会,同时信息系统处理信息数据的高效率也使创新活动如虎添翼。

4. 促进企业创新活动,提升创新绩效

企业内部各部门存在自发创新,这种自发创新首先产生于与外部环境直接接触的部门,进而带动其他部门也相应进行创新活动。这样的一系列创新活动有可能结合得非常好,但大多数情况下是不尽如人意的。企业中的这种自发创新活动是极为宝贵的资源,如果能进行科学的管理,并积极地加以利用,企业的创新活动将会收到较好的效果。

六、创新管理的步骤

(一)发现不足

现有技术的不足导致利益相关者的不满。企业利益相关者的不满主要表现在以下六个方面:(1)消费者对企业产品及服务的不满;(2)企业普通员工对企业薪酬制度、绩效考评制度及用人制度的不满;(3)企业所在社区对企业行为的不满,如环境污染等;(4)企业内部各部门之间的不满;(5)投资者对企业业绩的不满;(6)企业面临危机、挑战及运行上的问题时,许多利益相关者对现状的不满。以上不满中,前两种是最主要的。以上六种不满一般来说都是容易发现的,但企业高层管理者有可能漠视它们的存在,尤其是对消费者和企业普通员工的不满。当企业在市场处于强势地位时,这种情况更容易发生。这在很大程度上限制了创新管理的开展。

(二)分析权益关系

法约尔曾言,企业中总是有一部分人想把自身利益凌驾于他人之上,这是人类持久的斗争。这表明企业内权益管理关系的调整是困难的,甚至是痛苦的,管理创新因此也是艰难的,甚至是痛苦的。可以这样认为,企业管理创新之难不在于技术,而在于权益关系的调整。管理创新者在选择先消除或减轻何种不满,以及相应地引入何种管理制度及技术时应充分考虑企业内部的权益关系。

(三)寻找技术对策

为消除上述不满,企业需要进行管理创新及技术创新。由于管理创新是技术创新的先导，因此，也可以认为消除上述不满的根本措施是管理创新。管理创新在技术上一般有三种选择：一是改革企业管理制度，如改革薪酬制度、用人制度等；二是引入成熟的管理技术，如流程再造、平衡记分卡等；三是企业自行进行创新，提出新的管理模式及管理技术。企业管理创新一般无需另辟蹊径，主要是根据自身情况引入成熟的管理制度以及技术。当然，这并不表示管理创新从技术上来看是容易的。它需要对企业具体情况有深入的了解，需要对引进的管理制度及技术进行调整以适应企业的具体情况，并与之很好地结合起来。

（1）必须存在技术上的需求。没有这种需求的驱动，技术创新就没有必要发生。

（2）对这种需求的满足必须在理论上是可行的，能从基础科学中得到所需要的知识。

（3）我们必须能将科学知识转化成工程和经济实践。如果要做的事在理论上是可行的，但在经济上不现实，就不能期望该技术出现。

（4）资金、熟练工人、时间、空间以及开发技术所需的其他资源必须可获得。

（5）识别和聚集所有必要的要素时，必须有企业家精神。

（四）实施及评价

管理创新方案在实施过程中一般来说会遇到阻碍。在创新的成效没有充分显现出来之前，各个利益相关者的得失都不是很清晰，那些有可能失去较多的人就会找各种借口反对。此时，企业高层领导的支持至关重要。另外，外部力量的肯定与支持也很重要。为确保创新能够顺利地推行，可以先选择影响范围较小且容易取得成果的项目进行创新，以尽早取得成效，赢得企业内部的肯定与支持。对管理创新的评价应坚持利益相关者评价的原则，只有相关的不满得以消除或减轻，才能确认创新成功。评价应注意时滞问题，在创新的成效还没有充分显示出来之前就进行评价是不恰当的。比如，管理制度创新的效果一般要 2—3 年才能显示出来，在此之前，完整地评价它是困难的。

七、创新管理实践

（一）企业创新路线图

企业创新路线图是企业开展技术创新活动的战略规划及实施方案，即在综合分析企业创新内部和外部环境的基础上，系统制定企业创新发展的愿景、使命、价值观、目标、技术、产品市场，以及组织在企业不同发展阶段的基本任务、主要任务与实施方案。

根据切克兰德的观点，宇宙是进化的结果，它所包含的人工、自然和超越层面可以通过自然系统、人工物理系统、人类活动系统、人工抽象系统和超越系统以及它们之间的组合加以描述。自然系统是进化形成的、不可还原的整体，我们可以通过一系列方法和途径加以考察、描述和理解。人工物理、人类活动和人工抽象系统是人类行为有意设计的结果，我们可以不断创造、调整并加以运用。企业创新路线图是一个有意设计的人工系统，具有很强的目的性或意向性，旨在分析企业各种创新要素的变化趋势以及它们之间的内在联系，从而明晰企业未来创新的发展方向和关键路径，进而提升企业的自主创新能力。而人工物理系统在企业中更多地表现为人工支撑系统。因此，企业创新，可以通过人工抽象、人类活动和人工支撑系统加以描述，亦可从创意世界、技术世界和商业世界加以概括，还可从核创新、流创新和源创新角度加以理解。用公式表达即：

创新世界＝创意世界＋技术世界＋商业世界

创新系统＝抽象系统＋活动系统＋支撑系统

创新层次＝核创新＋流创新＋源创新

创新路线＝思想路线＋技术路线＋产品路线＋市场路线＋组织路线

思想路线和组织路线，是为了引领和支撑企业创新发展而精心设计或制造的抽象系统和支撑系统；技术路线、产品路线和市场路线，是企业表达自我创新行为的活动系统。思想路线本质上是一系列思想、创意、概念、知识的构造集合，组织路线本质上是一系列功能、机制的构造集合，技术路线、产品路线和市场路线本质上是一系列关联活动的构造集合。

思想路线与组织路线也是科学与文化创新的来源，体现为企业核创新；技术路线和产品路线是改善企业现有价值链的活动，体现为企业的流创新；市场路线是企业创新的商业化过程，体现为企业的源创新。

（二）企业创新的思想路线

1. 概念

思想路线是企业基于内外部环境分析而凝练的关于未来创新发展的理念系统、工作任务与总体战略。思想路线的价值在于它通过一系列工具和方法的运用，分析和阐述了企业创新发展的预期愿景和总体部署，进而分解出企业技术、产品、市场和组织层面的具体创新活动。

一个企业如果缺少思想和观念的指导，就相当于断翅的雄鹰，只能追逐地面上的猎物，而不能雄霸天空。"高瞻远瞩的公司能够奋勇前进，根本因素在于指引、激励公司上下的核心观念，亦即核心价值观和超越利润的归属感。"如果企业不想如昙花一现，那么从一开始就要注重思想路线的建设。

2. 构成要素

企业创新思想路线构成要素如下图所示：

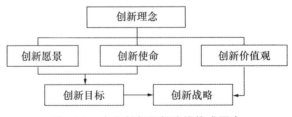

图 14-2　企业创新思想路线构成要素

（1）创新愿景。创新愿景是企业创新的愿望和远景，即对企业长期的创新愿望、未来的创新状况以及创新发展蓝图的设计，是企业"我要成为什么"的体现。优秀的企业往往会通过一种正式或非正式的方式表达其创新愿景。

（2）创新使命。创新使命是指企业基于创新愿景，在生产经营活动层面对自身角色和责任的定位。创新使命规范了企业创新的具体行为，是员工开展各项创新活动的最高行动指南。优秀的企业往往也会通过各种形式表达其创新使命。

（3）创新价值观。企业的创新发展，往往涉及大量的决策和行动。创新价值观就是企业创新行动和决策选择的标准。优秀的企业善于通过企业创新价值观来引导、规范员工的创新行为，进而推动企业创新愿景、使命的实现。

（4）创新目标。按照目标的层次，创新主要分为创新的总体目标和创新的职能目标。企业创新的总体目标是对创新愿景和创新使命的进一步阐述和界定，是对企业创新预期达到的成果的具体描述。企业创新的职能目标是指相关职能部门的创新目标，是用于指导各职能部门创新的目标。根据创新路线图对创新要素的界定，这里主要指企业在技术产品、市场和组织创新层面的近期、中期、远期的具体创新目标。

（5）创新战略。创新战略可以在企业和业务两个层面体现，具体表现为企业总体创新战略和企业创新竞争战略。从企业的经营和市场地位来看，企业总体创新战略可以分为以下四种：① 领先者战略，是企业赶在所有竞争者之前，率先采用核心技术并将新产品投入市场，以获取较大市场份额和利润的一种战略。② 追随者战略，是企业通过模仿领先者的产品技术，在产品处于成长期的初期时将新产品投入市场的一种战略。③ 仿制战略，是通过产品仿制，以较低的成本开拓市场的一种战略。仿制战略是国内企业采用较多的战略，如国内的运动服装企业、汽车制造企业、手机制造企业、PC 制造企业等。企业创新竞争战略是企业总体创新战略的组成部分，主要有四种类型：全面成本领先战略、全面差异化战略、集中成本领先战略、集中差异化战略。

（三）企业创新的技术路线

1. 概念

所谓技术，是指人类解决社会和自然实际问题的一种手段，是人类利用、控制与改造自然、社会、思维的方式方法的集合。在当今社会，技术是企业核心竞争力的关键所在，特别是对创新型企业而言。技术是企业的安身立命之本，如何以技术研发为依托，开发出新的产品，创造出新的市场，是企业所要考虑的重要课题。

越来越多的企业已经开始通过培育技术队伍、加大研发投入、搭建技术中心等措施来增强自身的技术竞争力。然而，有些企业在实施技术创新过程中，面对困难和挑战，感觉非常迷茫，如同一群人迷失在一片大森林中，不知道该怎么走出困境，该怎么利用"森林"中的诸多资源等。同样，企业在技术创新中，该如何通过市场、行业中既有的信息，分析和识别出有核心价值的技术？如何整合现有的技术资源，设计出一个有效的技术创新方案？各项技术应该在什么时候开始研发？如何最大限度把控研发风险？等等。而技术路线的制定，将致力于回答这些问题。

技术路线是企业基于技术预测、技术识别与筛选而制定的关于未来核心技术、关键技术、一般技术和通用技术的研发方案。作为企业技术创新领域全局性、系统性的谋划，技术路线囊括了企业实现技术创新的各种要素及各要素关系的动态演化。通过技术路线的制定，企业可能引发新的甚至改变行业格局的产品创意灵感。因此，企业不仅能通过制定并成功实施技术路线来提升技术竞争力,还能通过技术和产品研发来开发出前所未有的市场需求,引领整个行业的技术大变革。

2. 构成要素

从构成要素来看,技术路线包括核心技术、关键技术、一般技术和通用技术四大要素,如图14-3所示。这四种要素在企业的技术创新中具体体现为四个层次,呈现出"金字塔"式结构。企业在技术创新过程中,需要明确每项技术所属的层次,因为这将直接涉及企业技术识别、技术创新方案设计,以及技术路线绘制等后续工作。

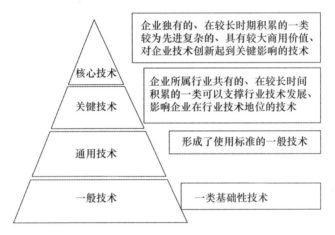

图14-3 企业技术的"金字塔"结构

资料来源:周辉:《产品研发管理》,电子工业出版社2012年版。

核心技术是指企业独有的、在较长时期积累的一类较为先进复杂的、具有较大商用价值、对企业技术创新产生关键影响的技术。区别于其他三类技术,核心技术是企业实现技术创新的关键。核心技术投入较大,影响范围广,一旦形成并成功投入使用,将大大促进企业技术创新能力的提高,并为企业带来巨大的经济效益,其作用远远大于关键技术、一般技术和通用技术。

关键技术是指企业所属行业共有的、在较长时间积累的一类可以支撑行业技术发展、影响企业在行业技术中地位的技术。作为行业技术发展的"共性技术",关键技术介于基础性技术(一般技术和通用技术)与核心技术之间,担任着"承上启下"的角色,同时也是区分不同行业领域的技术标志。根据一个企业所掌握的关键技术,我们可以判断出企业所处的行业领域,还能推测出其技术创新的发展方向及发育成熟程度。因此,牢固掌握相应领域的关键技术,有利于企业在行业中立足,也有利于为企业核心技术的研发提供一个相对稳定的环境。

通用技术和一般技术是指企业在日常经营、技术运作过程中普遍应用、对大部分组织成员具有广泛影响的基础性技术。其中,通用技术是指在某一个或几个专业领域的企业中普遍被采用的、形成使用标准的一般技术。一般技术是指在各个专业领域的企业中普遍存在的、与企业从事的主营业务关系不紧密的一类基础性技术。一般技术和通用技术的竞争力并不强,但都是企业技术发展的基础。

案例

替代曲线法

替代曲线法主要用于预测技术的突破性变革。一般来说，技术替代是一个逐渐完成的过程，因此会出现新旧技术共存交替的阶段（如图 14-4 所示）。

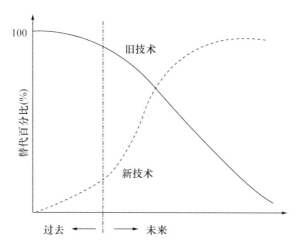

图 14-4　替代技术曲线模型

资料来源：陈劲、王方瑞：《技术创新管理方法》，清华大学出版社 2006 年版。

替代曲线模型由费希尔和普赖于 1971 年提出，虽然这一模型有很多变形版本，但是使用最为广泛的仍是原始模型。该模型假设：(1) 如果一项新技术替代旧技术的过程已经开始，那么替代将一直进行到全部完成；(2) 替代速度正比于旧技术尚未替代的部分。使用该模型进行预测的前提是对象技术必须满足上述两个模型假设。替代曲线模型的数学公式表示如下：

$$f = \frac{1}{2}[1 + \tan a(t - t_0)] \text{ 或 } \frac{f}{1-f} = \exp 2a(t - t_0)$$

式中：f——被替代的百分数；

a——$1/2 \times$ 最初几年每年替代增长的百分数；

t_0——f 的值等于 $1/2$ 的时刻。

a 和 t_0 的值可以从已有的数据资料中计算获得。

（四）企业创新的产品路线

1. 概念

开发出市场认可的产品、获得商业上的成功是企业创新的终极目标。如何开发和生产具有竞争优势的适销产品是企业持续发展的关键所在，也是产品路线设计的最终目的。产品路线的价值就在于它可以通过一系列流程和方法引导企业更好地进行各种产品的规划与开发。产品路线是指企业基于技术研发和市场机会所制定的关于产品创新的开发方案。它基于企业战略发展诉求，结合技术与市场发展趋势，反映企业核心产品的动态演进,并对未来产品的更新换代进行定位和部署。

2. 构成要素

产品路线是企业思想路线、市场路线、技术路线和组织路线价值体现的物质载体,是企业创新路线图的重要组成部分。从构成成分来看,产品路线包括技术、产品平台、产品线、最终产品四个部分。

技术、产品平台、产品线与最终产品之间的关系如图14-5所示。这种关系也反映了产品路线与技术路线、市场路线之间的内在关联。一般来说,企业产品平台与产品线在一段时期内是稳定不变的。因此,产品路线的设计更多的是针对最终产品。在这种集成开发模式下,产品路线与市场路线、技术路线相匹配,即促使产品需求与客户需求、技术能力相对应。

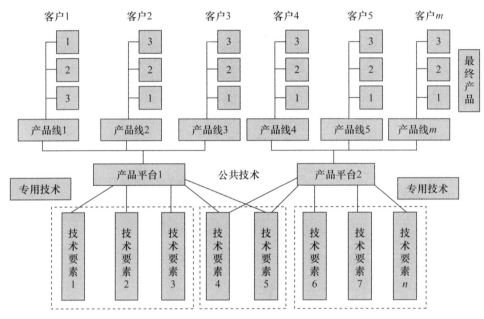

图 14-5 技术、产品平台、产品线、最终产品之间的关系

资料来源:周辉:《产品研发管理》,电子工业出版社 2012 年版。

(五)企业创新的市场路线

1. 概念

广义上的市场是指为了买卖某些商品而与其他厂商和个人相联系的一群厂商和个人,如代理商或者消费者,这些能购买产品的人都是市场。狭义的市场是指买卖双方进行商品交换的场所,如农贸市场等。随着社会交往的网络虚拟化,市场不一定是真实的场所和地点,当今许多买卖都是通过网络来实现的。市场由具有特定需求且有购买力的顾客构成。顾客的需求对实际工作的指导和作用是多方面的,它决定了企业市场进行营销活动、促销活动与推销活动的方式。

市场具有多样性,可以依据不同标准进行分类。按照市场上的竞争状况,市场可以分为完全竞争市场、完全垄断市场、垄断竞争市场和寡头垄断市场;按照交易对象的最终用途,市场可以分为生产资料市场、生活资料市场;按照交易对象是否具有物质实体，市场可以分为有形产品市场和无形产品市场。

顾客是市场经济条件下最重要的一类群体。国际标准化组织（ISO）将顾客定义为接受产品的组织或个人。顾客可以分为外部顾客和内部顾客。外部顾客包括最终消费者、使用者、受益者或采购方；内部顾客包括股东、经营者、员工。

市场路线是企业基于顾客需求、市场潜力和产品开发而制定的关于市场创新的行动方案。企业在制定市场路线时必须意识到所有的市场创新更多的是一种交易模式的创新，即以何种方式将产品与服务提供给消费者。因此，企业所有的市场活动都是以现有产品或服务为基础的。市场路线是创新路线图的重要引擎，驱动企业预测市场、赢得市场，甚至成为市场的领导者的重要工具。

2. 构成要素

从构成成分来看，市场路线主要包括目标市场、市场潜力、市场策略和商业模式四大要素。目标市场的确定是明确企业服务对象的过程，是企业市场活动的前提；市场潜力是企业对新产品市场容量的一个判断，是企业制定市场策略的关键；市场策略主要探讨企业推广产品的营销策略；商业模式创新讨论的是如何通过改变行业的游戏规则来竞争，从而将市场潜力变为企业的"市场份额"。

（1）目标市场，即企业期望并有能力占领和开拓，能为企业带来最佳营销机会与最大经济效益的具有大体相近需求，企业决定以相应商品和服务去满足其需求、为其服务的消费者群体。不是所有的市场对企业都有吸引力，任何企业都没有足够的能力去满足整个市场的需求。只有扬长避短，找到有利于发挥本企业现有的人、财、物优势的目标市场，才能在市场中获取竞争优势。

（2）市场潜力，是在特定时期和条件下，某一市场对某一产品购买量最为乐观的估计，即在给定的条件下企业能合理取得的最大销量（市场容量）。具体来说，它是一种可能的最大化产品销售额，往往是在产品得到充分分销、推销并吸引所有可能顾客的情况下进行估计的。市场潜力不仅反映了产品的未来市场发展规模，在一定程度上也反映了企业所在行业的发展趋势以及企业经营项目的生命力。对于市场潜力的分析和把握是企业创新的基础。

（3）市场策略。策略是根据形势发展而制定的行动方针和斗争方法。市场策略就是为满足顾客需求并实现企业市场目标，在产品、渠道、促销、定价、人员、有形展示等方面所制定的策略。市场策略要注意顾客需求的满足和商品价值与附加值的实现。

（4）商业模式，是企业实现价值创造和价值获取的商业逻辑。具体来说，商业模式是企业从为客户创造价值的角度出发，准确判断利润区所在，并通过整合企业内部和外部资源进行战略定位，以满足客户需求并获取最高利润而建立起来的商业系统结构。商业模式创新的目的在于将潜在的市场容量转化为企业现实的市场份额。随着信息时代的到来，传统的销售渠道已不足以应对激烈的市场竞争，商业模式创新逐渐成为企业创新活动的重要组成部分。

（六）企业创新的组织路线

1. 概念

组织是指企业诸多要素按照一定的方式相互联系起来的用于支撑企业运作的系统。

组织路线是企业基于创新目标与工作任务而设计的关于创新组织、创新管理制度以及创新资源配置的行动方案。

组织路线是对企业未来组织变革方向的总体判断,反映了企业创新过程中组织创新各要素的动态变化过程。事实上,组织路线是企业进行的一项有计划、有组织的系统变革过程。它不仅包括企业组织结构的变革和发展,还包括企业管理制度和资源分配方式的变革。企业实施组织变革的过程,就是根据内外部发展条件的变化对创新组织、管理制度和资源配置程序进行创造性设计与调整的过程。

2. 构成要素

企业创新组织路线如下图所示:

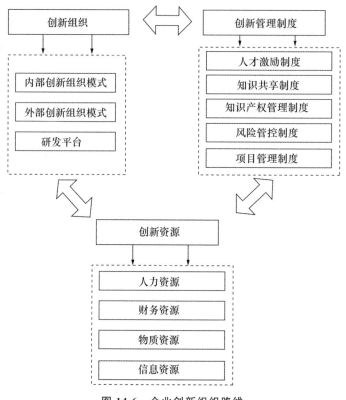

图 14-6　企业创新组织路线

(1) 创新组织。它是指企业为实现组织创新目标,在职务范围、责任、权力、平台方面所设计的结构体系。创新组织主要有三种表现形式:内部创新组织模式、外部创新组织模式和专业研发平台。有效的创新组织,能够通过对企业创新部门和员工的统筹安排,以及对创新部门、创新岗位之间职责和相互协作关系的合理界定,使企业创新活动得到组织的最大支持,并获得良好的创新效益。随着企业内外部创新环境的动态变化,创新组织将进行及时调整,以适应外部环境变化以及保障企业各项创新活动得以正常运行。

(2) 创新管理制度。创新是一个包含概念设计、技术研发、产品开发以及市场推广的多阶段动态过程,涉及人才、资金、物资、技术、信息等一系列管理问题。因此,企业需要建立一套科学、合理、有效的创新管理制度，以有效集聚创新人才，降低信息沟通成本，合理控制创新风险，促使企业创新活动得以持续开展。企业创新管理制度主要是指企业在创新项目运作过程中所运用的管理思想、管理原则和运行机理。具体而言，创新管理制度包括人才激励制度、知识共享制度、知识产权管理制度、风险管控制度、项目管理制度等。

（3）创新资源。它是企业在创新过程中所需要的物质和非物质资源的统称。其中，非物质资源包括创新过程所涉及的人力资源、财务资源和信息资源。创新资源是企业进行创新必备的基本条件，也是创新组织设计的基础。其特征体现为三个方面：一是价值性，即企业能够通过对资源的有效利用形成竞争优势；二是稀缺性，即关键性的创新资源并非所有企业都具备，且能带来巨大价值；三是不可模仿和不可替代性，即有价值和稀有的资源为企业所带来的竞争优势将持续到竞争对手成功模仿或取代这种资源。因而，企业需要掌握人力资源、财务资源和信息资源等关键资源，并对其进行合理且有效的配置，以实现创新效益最大化。

本章小结

- 创新是对"生产要素的重新组合"，具体来说，包括以下五个方面：(1) 生产一种新产品，也就是消费者还不熟悉的产品，或是已有产品的一种新用途和新特性。(2) 采用一种新的生产方法，也就是在有关的制造部门中未曾采用的方法。这种方法不一定非要建立在科学新发现的基础上，它可以是以新的商业方式来处理某种产品。(3) 开辟一个新的市场，就是使产品进入以前不曾进入的市场，不管这个市场以前是否存在过。(4) 获得一种原材料或半成品的新的供给来源，不管这种来源是已经存在的还是第一次创造出来的。(5) 实现一种新的企业组织形式，如建立或打破一种垄断地位。

- 根据制度状态，创新可分为程序化创新与非程序化创新；根据创新的最初重点，创新可分为产品创新、生产流程创新、组织结构创新和文化创新；根据创新的结果和效应，创新可分为颠覆式创新和渐进式创新；根据创新产生的组织和活动方式，创新可分为个体创新与群体创新。

- 管理创新是指创造一种新的更有效的资源整合方式，这种方式既可以是新的有效整合资源以达到企业目标和责任的全过程管理，也可以是新的具体资源整合及目标制定等方面的细节管理。

- 创新管理的职能包括决策、计划、组织、领导、控制等，但创新管理职能不像经营管理职能那样只是为了生产经营，而是强调创新的作用，并对创新进行有效的管理。所以，创新管理的各职能都是围绕创新进行的，都是为了对创新进行持续有效的管理。

□ 关键术语

创新（innovation）　　　　　　　　　　管理创新（management innovation）
渐进式创新（progressive innovation）　　创新型企业（innovative enterprises）
颠覆式创新（subversive innovation）　　 创新机会（innovation opportunities）

复习题

1. 根据创新的结果和效应，创新可以分为哪两类？
2. 对于企业来说，创新的主要作用是什么？
3. 创新的不确定性体现在哪些方面？
4. 你认为创新管理的要点是什么？请简要论述。
5. 你觉得创新过程中最重要的环节是什么？请简要论述。

自我评估 ▶ 管理者创新能力测试

为了测试管理者的创新能力，请回答下列问题：

1. 你认为"管理创新是创造市场的基本动力"吗？
（1）是　　　　　　　（2）难说　　　　　　　（3）不是

2. 你经常会认真考虑如何开发研制新产品吗？
（1）是的　　　　　　（2）有时会　　　　　　（3）从不

3. 你是否经常根据自身的愿景和实力检验变革的可行性？
（1）是　　　　　　　（2）有时是　　　　　　（3）不是

4. 你是否喜欢针对每项创新决定都制订具体详细的实施计划？
（1）是　　　　　　　（2）很难说　　　　　　（3）不是

5. 你认为"结交其他行业中具有创造力的思想者"对本企业的发展非常重要吗？
（1）是　　　　　　　（2）很难说　　　　　　（3）不是

6. 你对本企业的任何创新活动都充满信心吗？
（1）是　　　　　　　（2）难说　　　　　　　（3）不是

7. 你会把努力不懈地追求创新当作每年工作计划中重要的一条吗？
（1）总是　　　　　　（2）有时是　　　　　　（3）不是

8. 你会经常考虑对员工进行创新技能方面的培训吗？
（1）会　　　　　　　（2）很难说　　　　　　（3）不会

9. 你是否觉得员工的意见和建议对改进企业的产品非常重要？
（1）是　　　　　　　（2）很难说　　　　　　（3）不是

10. 你愿意拿出部分资金奖励那些积极尝试为公司研制新产品的员工吗？
（1）愿意　　　　　　（2）难说　　　　　　　（3）不愿意

> **测试说明：**
> 1. 每个问题选择（1），得2分；选择（2），得1分；选择（3），得0分。
> 2. 总分在0—12分，说明你的创新能力较差，必须加强这方面的学习。总分在13—16分，说明你的创新能力一般，仍需继续学习和锻炼，不断提高自己。总分在17分以上，说明你的创新能力很强。
> 3. 这个评价并不是对你的创新能力的一个准确衡量，不是一种定性的评估。你的得分只表明你目前的水平，并不表明你潜在的能力。只要不断学习、积极实践，你完全可以改善自己在这方面的能力。

案 例
商业巨头的创新魔方

一、全方位创新

谷歌：追求创新，永不停止。

谷歌是全世界最具创新性的公司，虽然依靠搜索算法起家，但谷歌依然不断推出极具差异性的创新产品。

谷歌的创新可以分为三类：第一类，与搜索/广告核心业务相关的内部创新，如G-mail、Chrome浏览器和谷歌地图，都属于这一类创新项目和产品。第二类，通过收购将小公司的创新技术和产品整合为谷歌的竞争力，如YouTube和手机安卓系统。第三类，解决社会性挑战和世界问题的内部创新。此类创新现阶段与公司的核心业务无关，如谷歌眼镜、无人驾驶汽车和"热气球网络计划"。

如今，技术、公司的高度透明性和新兴市场的竞争，使得公司的技术、产品、服务、生产流程和商业模式的生命周期缩短到原来的一半。

技术以指数级速率发展是首要因素。1990年，如果你想读一本书，必须去实体书店购买。2000年，你可以在网上订购，3到5天之后就会送到家门口。今天，你可以买电子书，会被立刻发送到你的电脑或智能手机上。事实上，"书"这一概念的实质已经发生了改变。书不再是一个静态的物品，过去，即使一本书会被修订、重印，那也是几年之后的事。但今天，书是一个动态的产品，你可以成为"众包"的一分子参与创作，甚至你可以作为主人公被写进书里。技术的迅速发展已经影响了各行业、各领域，比如开采页岩油和页岩气的水力压裂技术、电动汽车、无人驾驶汽车、基因工程、3D打印技术和可穿戴设备等，我们无法再对侵入日常生活的新技术视而不见。

公司的高度透明性是第二个因素。在互联网时代，从客户、竞争对手、供应商、股东、公司员工、合作伙伴到当地社区、政府、社会活动者，所有的利益相关方几乎都可以实时了解公司的状况。如果公司被越来越多的利益相关方放在显微镜下观察和解读，竞争对手会不知晓你的竞争优势吗？所以，一个直接的结果就是，竞争优势的门槛越来越低。这也是在全世界范围内CEO任期都越来越短的原因。根据调查，如今美国《财富》杂志评出的500强公司的CEO任期一般不超过5年，因为用不了太长的时间，某CEO的战略和战术就被其他人模仿或超越。互联网时代，公司高度透明性的趋势会越来越明显，藏匿秘籍只是掩耳盗铃的做法，唯一的救赎之路就是加快创新的步伐。

第三股力量来自新兴市场的竞争者。他们有着与西方企业既往经验和认知迥异的特质，比如在组织架构成本极低的情况下培养庞大的研发队伍；而且他们颇具野心，擅长以极快的速度迅速壮大和扩张。尽管断言他们会问鼎全球顶级公司还为时尚早，但我们或许能亲眼见证新王者的出现。来自新兴市场的力量正势如破竹地带来联级跃迁效应（cascading effect）。

被以上"三座大山"压迫的全球化公司不得不向谷歌学习，把公司打造成创新的永动机，把创新变成全年无休、全体动员、全方位的组织行为。创新已不仅局限于研发实验室，而是一种生活常态，连办公室的保洁员和门口的保安都要充满激情地参与到创新中。这绝非玩笑，公司90%的尘土都是由员工的鞋底带入，只要在办公楼门口铺上地毯或安装吸尘式踏板，就可以事半功倍。如果创新是每个人的职责——不仅包括创新实验室的成员，还包括门卫、接待生和销售代表在内的每位员工，再细小的问题都可以获得新的解决方案。

二、分布式创新

微软：分布式创新研发语音技术。

在20世纪90年代末，微软启动了语音技术项目，由位于美国华盛顿州雷德蒙德市（Redmond）的微软总部和北京微软亚洲研发中心共同分担主要功能的研发任务。选择北京的主要原因是其依托于清华和北大的人才库。

如今，微软已经处于语音技术的领先地位。收购了诺基亚的移动端业务之后，微软已经具备与苹果IOS系统以及谷歌安卓系统竞争的能力，语音技术的领先优势在其中起到举足轻重的作用。

很多跨国公司的海外研发部门，已不仅仅为了适应本地市场而设立。微软的北京研发中心不仅针对中国市场的需求，也针对全球市场，在语音技术、用户界面设计和手机操作系统等方面处于主导地位。同样，几家大型制药公司也发现，如果要在新药研发上保持领先地位，必须在中国、印度或两国同时研发新药品，进行临床研究。

这其中有一个简单的事实——中国和印度每年培养大批的科学家、工程师，他们能力极强且薪资要求不高。如固特异轮胎公司（The Goodyear Tire & Rubber Company）中国区的一位高管说："美国每年平均有3位研究轮胎技术的博士生毕业，但中国有50位。"他们研究如何改善轮胎的特性，比如用什么样的材料做橡胶基座。再比如，通用电气公司（GE）班加罗尔一位就职于韦尔奇技术中心（John F. Welch Technology Centre）的高管说："在美国很难找到计算流体动力学方面的专家，但在印度则比比皆是。"

如今，跨国公司已不仅跨地域协调产品生产，而且跨地域协调技术研发和建立平台，而分布式创新在其中起到巨大的作用。微软的做法颇具借鉴价值，从20世纪90年代末开始即调用总部和北京的优势研发语音技术。

三、俭约创新

GE：俭约创新与便携式心电图机。

GE一直以来都在心电图机市场占据领先位置，但当GE把为西方市场设计的标准心电图机 MAC 5500 引入印度市场时，发现这一产品只能满足少数大城市里大型医院的需求，但却无法满足农村的医疗需要。于是，GE 的工程师决定从最底层的需求入手有针对性地设计一款满足印度乡村医疗需要的设备——MAC 400 心电图机。

无论是从商业或社会哪一角度衡量，MAC 400 都是非常成功的俭约创新产品。之后，GE 惊讶地发现便携式心电图机在印度之外的市场也大受欢迎，如今升级版本的 MAC 800 广泛地用于欧美市场。

俭约创新，是指在产品、服务、生产流程和商业模式等方面创新时，力争实现投入的原材料最少、环境影响最小、以极低成本运作。迅速崛起的新兴市场，尤其是中国、印度，迫切需要俭约创新的模式。

汽车尾气排放和建筑物碳排放是温室效应的两大元凶。中国 1999 年生产的机动车数量不足美国的 14%，2012 年这一数字已高达 82%；从 2007 年到 2012 年，中国新增城市建筑面积比所有发达国家的增量总和还高。

如果线性地看待国家的发展路径，现在印度的发展情况大概相当于十几年前的中国。两国的共同特点是，经济发展的重心都逐渐从城市辐射到农村，城镇化趋势日益显著，城市人口数量显著上升，过去 10 年的物价水平迅速攀升。综合以上因素，中印已经成为碳排放量最大的两个国家。

中印两国还远未达到发达国家的经济水平，所以这样的发展趋势也不太可能戛然而止。但我们将见证它们从粗放型发展——以能源有效利用率低、原材料浪费、环境污染为代价换取的经济发展——向集约型发展的历史性转型。那些主动转向俭约创新的公司更容易获得政府支持，并迅速占领国际市场。

这让我们意识到，在未来的 20 年，增长速度最快的市场需求一定来自新兴市场的中低收入人群，要赢得这一市场就要降低产品和服务的成本。

四、协作创新

苹果：协作创新，重新定义"手机"。

严格来讲，并不是苹果开创了"智能手机"的品类。在 2007 年第一款 iPhone 发布之前，诺基亚、黑莓和奔迈（Palm）等公司已开始出售智能手机，但所谓的"智能"只是能接发邮件。第一款 iPhone 的市场好评和接受度主要有赖于其设计和用户界面的特殊性——用触摸屏替代了数字键，使得 iPhone 成为一款漂亮、优雅的硬件艺术品。

苹果的第一款用于 2G 网络的 iPhone 3 起到了夺人眼球的效果，而针对 3G 网络的 iPhone 4 在 2008 年采用了完全不一样的开发模式，独立开发者可以通过苹果商店面向用户出售 App。这样，iPhone 与以前的智能手机就有了本质的差别，不再依靠公司内部的研发而是建立了一个研发生态系统。如今，苹果商店上架的 App 已逾百万款，这显然是无法单靠苹果公司的研发团队就能够完成的规模。当然，后来谷歌和微软都复制了苹果的协作创新模式，依靠独立开发者为安卓和 Windows 手机开发 App。

苹果同样依赖协作创新模式来设计硬件。iPhone 5 的基带处理器和触摸屏处理器由高通提供，App 处理器由三星提供，触摸屏来自全世界最大的面板玻璃制造商康宁公司……几乎所有的组件都由世界顶级的技术合作商提供，它们共同组成苹果的生态系统。

价值链的细化和大规模的外包,意味着公司不得不同时关注两个维度的发展:全球化和所在领域的"小圈子"。换言之,现在的公司都处在一个巨大的网络中。

外包的兴起,是 IT 技术的迅猛发展和公司间激烈竞争的结果。互联网时代,公司的透明度越来越高,竞争的壁垒则越来越低,面对激烈的竞争、快速变化的业态,外包使得公司无需依靠组织内的研发自给,就能获得更快、更好、更廉价的必要组成部分。而 IT 技术能够确保准确地衡量、有效地调配公司与公司之间复杂的商业活动,比如产品交付、商品交易等。

外包和企业间的协作将价值链分割得更细,在每个价值点上都有参与者。因为价值链上的参与者越来越多,公司一定会找到符合终端产品性能、质量、业绩和价格标准的合作伙伴,公司的决策和商业运行自然也会更加依靠价值链上的多方合作者。但协作创新既是科学也是艺术,否则公司就会发现自己是在行业跨度非常大的不同商业系统中与各个公司博弈。

除价值链细化这一因素外,产品、服务和加工流程对多种技术的整合需求,对公司以外知识产权的获取需求等因素也在推动协同创新的发展。平面电脑就是典型的整合多种技术的产品,融合了计算机、办公、娱乐、通信等设备的功能;在不久的将来,智能隐形眼镜就能让我们看得更加清楚,也把这个世界看得更加明白(谷歌和三星的智能隐形眼镜正在研发中)。当完全不相干的技术融入一种产品、服务中时,没有任何一家公司可以掌握全部核心技术,无论这家公司的体量有多大。在可以预见的未来,更多与核心技术相关的创新都将在公司之外完成,或者公司间联袂完成。

公司寻求协作创新的第三个因素是获取公司以外知识产权的需求,比如对高精尖行业的专利产品、品牌的需求。内森·梅尔沃德(Nathan Myhrvold)和爱德华·郑(Edward Jung)在 1999 年共同创立了高智发明(Intellectual Ventures)公司,专门从事知识产权尤其是专利的开发和交易。2007 年的数据显示,该公司共持有 3 万多项发明专利,专利所有人包括梅尔沃德本人和比尔·盖茨。该公司通过资助大学和研究机构创造专利,并将无人问津的发明和专利转化成商业价值,向大公司授权并收取费用,年收入高达数十亿美元,可见这个巨大的市场前景。

全方位创新、分布式创新、俭约创新和协作创新并不是孤立的方法,它们共同组成创新的一组思考范式。因为全球化语境下公司所面临的宏观情况相同,而且创新是绝大多数公司赖以持续发展的动力和寻求突破的根基,所以这四种创新模式对绝大多数大型公司都有借鉴价值。

资料来源:〔美〕阿尼尔·古普塔、王海燕:《巨头们的创新黑匣子》,www.hbrchina.org/2014-04-08/1981_6.html,2016 年 12 月 2 日访问。

[问题]
1. 你认为从员工个人角度来说,应如何融入企业的创新范式并发挥自身的创新作用?
2. 请简述自身对全方位创新、分布式创新、俭约创新和协作创新之间关系的理解。
3. 通过以上案例,你认为在制造业和服务业企业中,创新的侧重点有何不同?

第十五章 学习

> 满足每个人在学校和工作中不断学习的需要的唯一之路是学会学习。
> ——联合国教科文组织国际教育发展委员会

当今是知识经济时代，是"学习化的社会"。随着知识更新速度越来越快，知识更新周期大大缩短，各种新知识、新情况、新事物层出不穷。据研究，18世纪以前，知识更新速度为90年左右翻一番；20世纪90年代以来，知识更新加速到3—5年翻一番。近50年来，人类社会创造的知识比过去3000年的总和还要多。因此，有人说，在农耕时代，一个人读几年书，就可以用一辈子；在工业经济时代，一个人读十几年书，才够用一辈子；到了21世纪这个知识经济时代，一个人必须学习一辈子，才能跟上时代前进的脚步。换句话说，社会的进步、企业的发展必将对人们的学习能力尤其是自主学习能力提出更高的要求。

因此，我们说，员工的自主学习是提高个人能力的重要途径。员工要让自己的能力跟得上时代的脚步，必须不断学习，从而不断更新知识内容、优化知识结构。

管理学中有一类员工称为"学习型员工"，指能够持续地进行自主学习的员工。自主学习指学习者为了成功而高效地达到学习目标，能够自觉地对自己的学习活动进行积极的计划、监控、检查、评估、反馈、调整的学习过程，也是学习者激励自己恰当使用学习策略的过程。

据此，员工学习主要有两层含义：一是员工愿意学，二是员工善于学。所谓"愿意学"，是指员工有持续学习的动力，即员工不仅有内在的学习动机和浓厚的学习兴趣，而且当其遭遇挫折时，能够自觉地调动自身的学习积极性，调整情绪，增加意志努力，以饱满的热情重新投入学习中去；所谓"善于学习"，指员工能够恰当地确立学习目标，合理选择并运用适合自己特点的学习策略，提高学习绩效的过程。

第一节 学习层面

在学习型组织中，组织学习的主体包括个人、团队和组织；根据学习的主体，组织学习可分为个人学习（individual learning）、团队学习（team learning）与组织学习（organizational learning）三个层次。

一、个人学习

人是团队和组织的基本单位。彼得·圣吉认为:"企业的学习只能通过个人去学,个人的学习不能保证企业的学习,但是没有个人学习,企业的学习也无从谈起。"[①] 阿古利斯和肖恩(Argyris & Schon)一致认为:个人学习是组织学习的必要,但非充分条件。个人学习对于企业的持续转型十分重要,因为个人学习拓展了组织的能力,为未来打下了基础。

因此,每个人的学习承诺和能力都十分重要。个人学习机会包括:自主学习、同事间相互学习、电脑辅助学习、日常工作经验积累、特殊项目任务以及个人领悟。

二、团队学习

无论是管理跨部门项目,生产线上协作,还是重建业务流程,团队在组织中都变得越来越重要。为了确保团队拥有必要的知识和技能,学习型组织应该教授他们管理质量的流程、解决问题的方法以及团队协作的技巧。

随着企业必须处理越来越复杂的问题,员工们意识到他们必须学会团队协作。工作团队应该能够作为一个整体进行思考、创造并进行高效学习。不论是为了短期的具体目的还是为了解决长期的组织问题,只要一群人组成一个团队,他们便可以而且也应该开始团队学习。

区分团队学习和团队培训这两个概念至关重要。团队学习不仅仅是获得团队协作的技能,更加强调自主学习、创造力和思想的自由交流。一个成功的团队学习制度能够促使团队成员与其他团队分享失败的教训或是成功的经验,确保组织知识的稳步增长。

团队通过分析复杂问题、采取创新行动和共同解决问题来创造知识。团队能更好地从过去的经历中总结经验,采用新方法进行试验,以及在团队或者组织内快速高效地传递知识。团队在学习时,便成为企业的一个"小宇宙"。团队的思想可落实为行动,同时新培养的技能能够传授给其他个人和部门。团队的成就可以为在整个企业内部开展相互学习奠定基调,建立标准。

学习型组织寻求创建全方位的团队,包括持续改善团队、跨部门团队、质量管理团队以及学习团队。这些团队要花时间进行反思,在实践中开展学习。团队充当了承载基本企业变革和更新的媒介。企业不仅应鼓励团队敢于解决问题,还应鼓励他们通过集体学习深入理解业务。团队,尤其是行动学习团队,是学习型组织的微缩模型。

团队学习的重点是团队成员达成一致、共同发展团队能力,从而产生预期的学习和结果。大部分团队是不学习的,这些团队的基本特征是团队成员想法不一,时常有挫折感。在这种团队中,即使单个成员工作十分勤奋,他的努力也难以转变成团队的努力。对比之下,一个团结的、有共同奋斗目标的团队会协同成员的能量,降低精力损耗。事实上,正如圣吉所说:"团队成员有了共鸣和协同,他们就会是高度集中的激

[①] 〔美〕彼得·圣吉等:《第五项修炼·实践篇》,张兴等译,东方出版社 2006 年版。

光，而不是分散的灯光。"①

在团队学习中，人们必须要对复杂问题作深入的思考。通过创新和协作，团队会深入挖掘每个人的想法。出色的团队能建立运作上的信任，每一个成员都能时刻考虑他人，确保行动与他人互补。这也是杰出的运动队和交响乐队一起工作和学习的方式。

团队学习需要具备以下三个要素：

（1）通过集体智慧解决复杂问题。

（2）创新和协同。

（3）有能力鼓励和刺激团队向其他团队学习。

如果团队的贡献会得到奖励，团队学习的开展将变得更快速且全面。在团队层面的学习需要通过实践和反思进行。高水准的团队学习促进了高水平的集体思考和交流，同时也提高了团队作为独立个体以创新和建设性的方式开展工作的能力。

三、组织学习

组织学习与个人学习及团队学习的不同，体现在两个基本方面：

第一，它是通过在组织所有成员间分享观点、知识和心智模式实现的。

第二，它是在组织过去的知识和经验的基础上进行的，组织过去的知识和经验就是组织记忆，它记录着组织的政策、战略、商业模式等。

虽然个人学习、团队学习和组织学习是相互关联的，但是组织学习被认为是个人学习和团队学习的总和。个人学习和团队学习使得组织学习得以进行，而组织学习则从社会、政治和结构等方面广泛地影响着个人学习和团队学习的过程，它使得知识、观念和想法得以在个人和团队间分享。

要具体了解个人学习、团队学习和组织学习的不同，可以去交响乐团或者运动队观察一下。一次成功的表演或者获胜的比赛，无法归功于一个人的努力——你不能说那是因为号手特别出色或者防守特别精彩，也无法归功于所有个体努力的总和，因为它实在是所有成员在一起工作共同创造出来的。

第二节　个体学习能力

在学习化社会，学习能力是个人生存与发展的基础；在知识经济时代，个人学习能力是组织学习能力得以存在和提升的前提条件。

根据教育学理论，个人学习能力的构成要素包括记忆能力、思维能力、观察能力和想象能力。

观察是对某种事物有目的、有计划的觉知。观察能力强的人，能够迅速抓住观察对象的特征和本质，获得第一手有价值的资料，为认识客观事物发展变化的规律提供

---

① 〔美〕彼得·圣吉等：《第五项修炼·实践篇》，张兴等译，东方出版社2006年版。

科学依据。

记忆能力强的人对学过的知识经久不忘，他们虽然在学习上所用时间相对较少，但学习效率高、效果好，可以做到事半功倍；而记忆能力弱的人则需要增加学习时间才能收到学习效果。

思维能力强的人善于思考，善于发现问题、提出问题，能作出假设，并努力去解决问题，实践假设；他们对问题的判断迅速准确，当情况发生变化、解决问题遇到障碍时，能及时灵活地改变方向。而思维能力弱的人，常常表现得呆板、固执，不能根据具体情况而改变自己的方法，难以独立解决问题。思维能力，特别是创造性思维能力，是学习能力的核心。

想象同其他心理过程联系密切，记忆总伴随着想象，抽象思维也要借助于想象，发明创造与想象更是息息相关，想象是一种特殊形式的思维，本质上就是形象思维。

除上述基本能力外，在学习化社会中，个人学习能力的构成要素还应该包括自学能力和信息能力。自学能力使人能够终身不断地学习；信息能力使人能够在信息激增的情况下快速、准确地查找、获取学习所需的资料。

学习化社会要求人们"活到老，学到老"。首先，任何一种社会生活都是无限丰富的，而学校内的学习却是极其有限的；其次，社会生活是不断变化的，人类知识增长速度也越来越快，一个人要想适应处于不断变化之中的社会生活和工作，就必须不断地学习，不断地更新自己的知识。

一个人在离开学校之后的学习活动能否有效地进行，直接受到自学能力的制约。早在20世纪80年代，美国未来学家阿尔温·托夫勒就曾预言，文盲不是那些不识字的人，而是没有学会如何学习的人。自学能力是终身学习的前提与基础，对于学习的成功极为重要。自学能力是学习化社会中每个成员必须具备的一种学习能力，是人们终身吸收知识的关键条件，是适应社会发展、获得事业成功的基础。

自学能力是自觉、主动地总结自己学习活动的方式、方法及规律，有效地组织、利用影响自己学习活动的各种内外部因素，通过学习和实践，独立地选择、获取、吸收、加工知识与信息，加强分析探索问题的能力，其最大特点是必须通过独立的活动，将外界的知识变成自己的"东西"。自学能力是一种更高层次的综合学习能力，它一般包括良好的自我意识和自我评价能力，对自己认识过程本身的认识能力，以及对学习方法和学习策略的调节能力等。

自学首先要有明确的学习目标、强烈的学习动机、勤奋的学习态度、严谨的治学作风、优秀的学习品质和顽强的学习毅力。自学是一种自觉行为，一般不受客观条件的限制，主要靠主观的努力，只有持之以恒，才能终身不息，学有成效。

信息能力是人们获取信息、加工处理信息、吸收并利用信息资源的能力。在知识爆炸的时代，一个人如果不具备一定的信息能力，就会成为"信息盲"，就不能有效地进行信息交流，这样不但在学习、工作、生活上受到很大的影响，而且在日益激烈的社会竞争中必将处于极为不利的境地，甚至被排除在主流社会之外。对于信息技术和手段掌握的程度，影响着人们的信息意识、信息交流能力，以及人们学习知识的效率与效果，因此，信息能力影响着人们对于社会活动和社会经济的参与性和成功率，信息能力强弱的不同使人之间的信息贫富差距加大、社会地位两极分化加剧。

信息能力包括三个主要方面：（1）信息获取能力，即主体根据自己特定的目的和需求，从外界信息载体中提取自己所需要的有用信息的能力，表现为感知、理解、评价蕴含在有关载体内的信息，尤其是记录在文献中的信息，能较熟练地运用各种检索工具和手段检索信息的能力。（2）信息整理能力，即主体将获得的信息，按照特定的目的要求，进行分类排序、考查鉴别、筛选剔除、改编重组等加工处理，使其有序化，特别是运用先进的数据库技术，使信息的整理达到比较高级有序的程度，以提高信息使用价值的能力。具体包括信息整理能力、信息鉴别能力、信息筛选能力和信息重组能力等。（3）信息利用能力，即在对信息摄取、鉴别、筛选后，将自身原有的信息与选定的信息结合，经过分析、综合加工而产生或转换成新信息，从而实现信息的升华，如产生新观点，证明被怀疑的旧观点，产生新的思想，支持被否定的已有思想，丰富已有知识，形成论著、科技成果等。这一能力具体包括高层次的信息分析能力、信息综合能力、信息推导能力、信息决策能力等，具有创造性学习能力的意味。

第三节　合作学习能力

合作是人与人之间相互作用的基本形式之一，是人类社会赖以生存和发展的重要动力，与竞争一样，合作是人类生活中不可或缺的重要组成部分。从社会发展的角度看，人类的大部分活动都是合作性的，协作配合、相互交流、有效地调节和分工是大多数现实生活情境的特征。

在现代社会，是否具有协作精神，能否与他人合作，已经成为决定一个人能否成功的重要因素。当今社会分工越来越细，部门越来越多，几乎任何一项建设性的工作都需要许多人的通力合作，因此，个体之间的合作精神与较强的交往能力日渐重要，靠一个人单枪匹马已经越来越不可能，靠单个人的聪明才智更是难以成就大业。随着社会的进一步发展，合作的地位和作用将会显得越来越重要。合作将是未来世界的主流。许多社会学家认为，"合作的交往较之竞争的交往在当今及未来世界里更为重要"[1]，在群体中建立和谐的人际关系是事业取得成功的重要保证。

合作学习（cooperative Learning）是以小组为主体进行的一种学习活动，是一种伙伴之间的合作互助活动，其目的是提高全体成员的学习能力与学习效果。彼德·圣吉在论述团队学习时指出："我们知道团队确实能够合作学习，在运动、艺术、科学界中，有不少惊人的实例显示团队通过学习可以拥有整体配合的行动能力。当团队真正在学习的时候，全体成员都积极行动起来，促进知识在团队内部快捷流畅地传播，不仅团队整体的绩效大幅度提高，其成员成长的速度也比其他的学习方式为快。"[2]

合作学习的理论基础之一是集体动力理论。该理论认为，具有不同的智力水平、

---

[1] 牛继舜：《论组织学习研究的若干问题》，载《现代管理科学》2004年第1期。
[2] 〔美〕彼得·圣吉等：《第五项修炼·实践篇》，张兴等译，东方出版社2006年版。

知识结构、思维方式、认知风格的成员可以互补,在合作性的交往团体中,成员可以相互启发、相互补充,实现思维、智慧上的碰撞,从而产生新的思想。从集体动力的角度看,合作学习理论的核心可以用很简单的话来表述:"当所有的人聚在一起为了一个共同目标工作时,依靠的是相互团结的力量。相互依赖为个人提供了动力,使他们:互勉,愿意做促使团体成功的事;互助,力求团体成功;互爱,因为人人都喜欢别人帮助自己达到目的,而合作最能增加组员之间的接触。"

合作学习是组织成员互相学习与共享隐性知识的重要途径与方法。瑞士著名心理学家皮亚杰(Piaget)认为,社会经验知识——语言、价值、规则、道德和符号系统——只能在与他人的相互作用中才能习得。他所说的社会经验知识,就是知识管理理论所说的隐性知识。提出著名的"测不准定理"的著名物理学家海森堡(Werner Karl Heisenberg)也曾指出:"合作学习具有令人吃惊的潜能,组织可以做到比个人更有洞察力、更为聪明,使组织的智商远大于个人的智商。"

合作学习对于隐性知识的学习、共享具有极为重要的意义,合作学习能力决定着组织将知识群化的能力。合作学习也是知识融合、外化与内化的重要手段,在合作学习过程中,组织成员能够更好地体会、认识、描述自己头脑中难以表述的隐性知识,实现知识的外化;相对于其他成员来说,学习伙伴隐性知识的外化,又为其学习他人的隐性知识提供了机会与条件,有助于其知识的内化。组织通过这种隐性知识的输入与输出,实现知识的群化。合作学习对知识群化的另一种形式的贡献是,组织成员在互教互学、共享知识的过程中,会提高对于思维不一致性的敏感度,并从中发现挖掘隐性知识的机会,从而促进知识的群化,使组织整体思维变得愈来愈默契。

合作学习是一种互动式学习,不仅对于组织内部的知识转化具有重要作用,对于个人学习也具有促进作用。早在两千多年前,我国古典教育名著《学记》中就有"独学而无友,则孤陋而寡闻"的论述,强调学习者在学习过程中合作的重要性。认知心理学研究表明,如果要使信息保持在记忆中,并与记忆中已有的信息相联系,学习者必须对材料进行某种形式的认知重组或精制(cognitive elaboration),而这一过程最有效的方式之一就是向他人解释材料。长期以来,教育学关于互教活动的研究发现,在学业成绩方面,教者与被教者呈现教学相长的互相促进结果,因为在合作学习过程中,被帮助者通过学习伙伴的解释和帮助,加速了学习过程,而提供帮助者在提供帮助时需要思考、讲解,这也进一步巩固了他们已掌握的知识,使他们自己也获得收益。

合作学习对于创造性学习也具有重要意义。知识只能在知识生产者之间,通过社会性的协作过程中的沟通交流和运作,以及分享彼此的知识和相互构筑思想产生。很多研究人员认为,共同解决问题有助于形成更高的创新能力,因为每个人提出具有新意的备选方案或试验方法的能力,受到其特定思维方式和专业知识的限制,只有将可以互相学习、帮助的人员组织在一起,在合作学习过程中,通过讨论学习内容、探讨解决问题的方法、解决认识冲突、阐明不充分的推理最终达到对知识的理解,才有可能产生有重大意义的创新。现实生活中也存在这样一种现象,人际关系较好的单位,创新成果较多;反之,员工之间明争暗斗,相互倾轧,内耗严重,会大大地削弱员工的工作锐气,使创造能力降低。合作学习能力使在创造性学习过程中和对解决方案的联合探索中所释放出的创造力跨越部门边界向整个组织扩散，从而将个人与团队的学习能力转化为组织的学习能力。

合作学习还为组织成员的交往创造了机会与条件，为个人学习活动提供了内容与渠道，为个人学习能力的提升创造了良好的组织环境。在合作学习过程中，组织成员既是工作伙伴，又是彼此的老师和学生。在学习、交流过程中，他们增加了沟通，增进了理解，学会以他人的眼光看待问题，尊重不同的价值观念，掌握从多种角度思考、解决问题的方法，设身处地为他人着想，学习与别人协作共事，处理人际关系中的矛盾，了解如何与他人交流，善待同事、爱护人、团结人等，从而解决学会、会学、好学、乐学等问题。因此，合作学习对于培养合作意识、利他行为、与他人相处和交往的基本技能、增加组织的凝聚力具有重要作用，而这些思想、行为与技能又会促进知识的学习与共享，促进组织学习能力的提升。合作学习还帮助组织成员学习如何充分利用一切可以利用的智力资源。在学习过程中，组织成员可以掌握组织中谁会做什么、谁最精通什么、谁对这个问题最清楚等know—who类隐性知识，当需要解决一个问题时，无需从第一步做起，而可以在学习、工作伙伴的知识积累基础上学习，从而使个人的学习能力得以更快地提升。此外，组织成员可以在学习知识的过程中互相激励、互相带动，这有利于强化个人动力。

第四节　学习的技能

企业要在整个组织范围内开展学习，最大化学习效果并取得业务成果，必须应用一些学习技能，包括系统思考、心智模式、自我超越、自主学习和深度会谈。

一、系统思考

我们从小就被教育要把这个世界或者任何一个问题拆解开来看。乍看之下，这样做把复杂的问题或任务变得容易处理了，然而，这样做隐含着一个巨大的代价，我们丢失了整体概念和整体感觉，也渐渐看不到行为与结果的关联。等到再想纵观全局，我们只能努力拼凑脑海里的碎片，将它们依次排列好，再组织起来。然而，这样做是徒劳的，就像试图把打碎的镜子拼回原样。

系统思考是一个概念性的框架，它帮助我们更清楚地看到全局，从而能更有效地改变全局。圣吉说：这是"一门看整体的学问，它提供的框架更关注事物之间的相互关联，而非线性因果关系，它试图发现底层结构，而非表面现象，它描述的是事件背后的模式，而非单一事件"[①]。

系统的大多数参与者都因为距离系统的症结太远，而看不清如何透过深层次的改变来改善系统的状态。然而，通过系统思考，人们会发现，一些小小的集中的行动，

---

① 〔美〕彼得·圣吉等：《第五项修炼·实践篇》，张兴等译，东方出版社2006年版。

如果在正确的地方实施，有时就能产生显著且持久的改善。实际上，解决棘手的问题，往往就是要找出采取哪种行动，能做到花最小的精力，产生最大的变化。

系统思考，尤其是系统动力学，是引导组织学习的强大工具。系统动力学认为，组织就像交错相连的网络，网络上的一个节点发生变化，不管是计划中的还是计划外的，都会影响其他节点，产生出人意料的、往往是负面的结果。

二、心智模式

心智模式是我们对一件事、一个情况、一个活动或一个概念的看法或视角。这是一个根深蒂固的假设，它影响着我们对世界的理解和我们的行为方式。例如，我们每个人对学校、父母、政府都有自己的心智模式，它来源于我们的经历、过去的认知和家庭教育。

对于在不同情况下，什么可以做，什么不可以做，人们的心智模式相互之间差异很大，而且这种差异根深蒂固，很难改变。圣吉强调，要提升心智模式，首先要向内看，看见自己内心深处对事件的看法，然后再仔细审视自己的看法。这样做就需要开展深度会谈，在深度会谈过程中，"平衡使用询问和辩护的技巧，既有效展现自己的想法，也开放接受他人的影响"[①]。

三、自我超越

自我超越是指在熟练水平上不断提升到新的高度，就像大师级的工匠，用毕生的精力学习，不断提高和完善自己的技艺。通过自我超越，我们对自己的愿景、精力和耐力，有越来越清晰和透彻的领悟。圣吉把个人超越看作学习型组织的基石，因为一个企业对学习的承诺和其学习能力，不会超过每个企业成员的学习承诺和能力的总和。[②]

组织对个人超越的承诺，体现为在组织的各个层面都开展持续的学习，包括随时随地为组织内所有成员的学习提供支持。传统的培训和发展活动远远不够，还需要朝着让任何人都不会停止学习的目标作出进一步努力。

很少有组织会鼓励所有员工自我超越。导致的结果是，组织的人力资源无人开发，员工的积极性、责任感和起初的职业热情渐渐消散。而这种能量和精神，正是个人和组织要实现自我超越所必需的。

四、自主学习

学习型组织的所有成员都应该意识到并承担成为学习者的责任，同时激励和支持身边的人学习。我们的目的不是仅仅尽力做好目前的工作，还要通过不断学习提升工作的有效性。

---

① 〔美〕彼得·圣吉等：《第五项修炼·实践篇》，张兴等译，东方出版社 2006 年版。
② 同上。

在学习型组织里,再资深的主管们也做不到对员工必须掌握的知识无所不知。我们必须学会自主学习,包括了解自己的学习风格和偏好,以优化学习机会。

五、深度会谈

深度会谈是一种高强度、高水平、高质量的沟通,会谈双方对敏感的主题开展自由的、有创意的探讨,暂时放下自己的想法,倾听他人的想法。在组织学习中应用深度会谈,能帮助我们识别促进学习或是破坏学习的互动模式。

在工作场所中开展深度会谈,将有助于创造学习机会和产生学习行为。会谈促进集体思考和沟通,提升组织发挥集体智慧的能力,帮助我们看到整体而非局部,促使我们认识到自己的心智模式是如何影响我们所感知的事实的。

成功的深度会谈能让我们辨识出推理上的跳跃和从事实到观点的抽离;说出没有说出的话;平衡询问和辩护;认识到口头理论(我们口头上主张的理论)和行动理论(我们的实际行动所遵循的理论)之间的差别。

第五节 知 识 管 理

一、知识管理的内涵

知识管理是指为增强组织的绩效而创造、获取、使用知识的过程。

国内对于知识管理概念的界定主要有以下两种观点:

(1) 邱均平教授将知识管理分为狭义和广义两种。所谓狭义的知识管理,主要是对知识本身的管理,包括对知识的创造、获取、加工、存储、传播和应用的管理;广义的知识管理不仅包括对知识进行管理,而且还包括对与知识有关的各种资源和无形资产的管理,涉及知识组织、知识设施、知识资产、知识活动、知识人员的全方位和全过程的管理。

(2) 左美云教授将知识管理分为三个学派:技术学派、行为学派和综合学派。

技术学派认为,知识管理就是对信息的管理。这个领域的研究者和专家们一般都有着计算机科学和信息科学的教育背景,对他们来讲,知识等于对象,并可以在信息系统当中被标识和处理。

行为学派认为,知识管理就是对人的管理。这个领域的研究者和专家们一般都有着哲学、心理学、社会学或商业管理的教育背景。对他们来说,知识等于过程,是一个对不断改变着的技能的一系列复杂的、动态的安排。

综合学派认为,知识管理不仅要对信息和人进行管理,还要将信息和人连接起来进行管理。知识管理要将信息处理能力和人的创新能力相结合,以增强组织对环境的适应能力。组成该学派的专家既对信息技术有很好的理解和把握,又有着丰富的经济学和管理学知识。综合学派能用系统、全面的观点实施知识管理,所以能很快被企业界接受。

二、SECI 模型

日本著名管理学教授野中郁次郎（Ikujiro Nonaka）和竹内弘高（Hirotaka Takeuchi）认为，知识创造流程的模型必须要对知识创造的动态特征有深入了解，同时要对流程本身进行有效管理。基于这两点，他们提出了 SECI 模型。SECI 模型包括三个组成部分：

(1) SECI，即知识的四种创造历程：社会化（socialization）、外化（externalization）、组合化（combination）、内在化（internalization）；

社会化是通过分享经验把模糊的知识汇聚到一起的过程，是一个从隐性知识到隐性知识的过程。通过共享经历、交流经验、讨论想法和见解等社会化手段，隐性知识得以被交流。社会化的典型例子就是学徒制。外化指将隐性知识清晰地表达成显性知识的过程，是知识创新的关键，即通过隐喻、类比和模型等方式，将隐性知识用明晰的概念和语言表达出来。组合化指将分散的显性知识组合成清晰的显性知识系统，它通过各种媒体（文件、会议、电话会谈或电子交流）进行交换和组合。内在化是指显性知识内化为个人隐性知识的过程。通过内在化，已经创造的显性知识在组织内部被员工吸收、消化并升华为自己的隐性知识，使得个人和组织的知识在质和量上得到螺旋提升。然后进入下一轮的社会化、外在化、组合化和内在化过程，引发知识创造的新一轮螺旋上升。知识的创新是从个人层面开始，经过四种转化模式在个人、组织、组织间等层面得以转化和明晰的，所以是一种动态的螺旋上升的过程。

(2) Ba（日文为"场所"的意思，即整合资讯为知识的场所，包括特定的时间和地点）。

(3) 知识资产（knowledge assets）。

这三个部分处在有机地、动态的相互作用之中。组织的知识资产在 Ba 之间被组织成员分享，与此同时，组织成员的个人隐性知识也在 Ba 之间通过 SECI 被传递和放大。

与此同时，野中郁次郎提出了知识分享、创造和使用的背景环境"Ba"。"Ba"是知识创新的平台，是物质空间（办公室）、虚拟空间（电子邮件）和精神空间（共享的理念），或者是三者的任何组合。"巴"有四种类型，每一种"巴"支持一种类型的知识转化，即发起性巴（支持社会化）、对话性巴（支持外在化）、系统性巴（支持组合化）和演练性巴（支持内在化），并为知识螺旋上升过程的具体阶段提供平台，如图 15-1 所示：

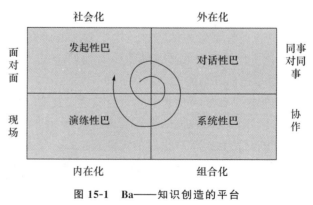

图 15-1 Ba——知识创造的平台

三、个人知识管理

(一)个人知识管理的概念

随着信息技术和知识经济的发展,人类社会跨入知识经济时代,人们越来越重视知识的学习、积累和更新,终身学习的理念更是深入人心,因此个人知识的管理越来越受到人们的重视。美国的 Paul A. Dorsey 教授最早提出了个人知识管理概念,他认为个人知识管理应该是一套既在逻辑概念层面又在实际操作层面解决问题的技巧和方法。个人知识管理是知识管理的一个分支,它是个人在日常生活和工作中搜集、分类、存储、检索和共享知识的一个过程。多尔塞(Dorsey)认为,个人知识管理可以被看作一系列解决问题的技能,这些技能是 21 世纪成功地完成知识性工作所必须具备的。国内学者孔德超认为,个人知识管理包括三层含义:第一,对个人已经获得的知识进行管理;第二,通过各种途径学习新知识,吸取和借鉴别人的经验、优点和长处,弥补自身思维和知识缺陷,不断建构自己的知识特色;第三,利用自己所掌握的知识以及长期以来形成的观点和思想再加上别人的思想精华,去伪存真,实现隐性知识的显性化,激发创新出新的知识。总结上述几种定义不难发现,个人知识管理主要包括三个层次:强调知识的获取和积累是进步的基础;强调知识的交流与共享是实现知识最大化的有效途径;强调知识的利用和创新。

(二)个人知识管理的特征

个人在日常生活和工作中会产生各种各样的知识,所以个人知识管理的范围也相当广泛,大致可以分为对显性知识的管理和对隐性知识的管理。显性知识管理主要包括对于平时工作中产生的文档、文献、数据、网页信息、笔记等的管理;隐性知识管理主要包括对于灵感、念头、经验、诀窍等的管理。此外还包括在日常生活中积累的"3W1H"(what,why,who,how)知识,即事实知识、原理知识、人际知识、专业技能知识的管理。可见,个人知识管理的范围广泛而繁杂,个人知识的有序化、条理化管理对于提升工作效率、节省科研人员的时间具有重要意义。

(三)个人知识管理工具

个人知识管理工具的划分标准各式各样,如按照功能可划分为功能单一的个人知识管理工具和综合性的个人知识管理工具;按照知识流程可划分为知识的获取分类、知识的存储管理、知识检索、知识的分析与挖掘、知识创新和知识共享等工具(见图15-2);按照知识的特点可划分为显性知识管理工具和隐性知识管理工具。另外,还可按照学科划分个人知识管理工具。以上分类标准虽有可取之处,但是不能突出不同知识类型的个人知识管理工具的特点。笔者认为,可以按照知识的转化流程进行知识脉络的梳理,按照不同的知识类型,如文献、数据、专利、笔记、日常信息、隐性思维信息和社交信息等,将个人知识管理工具划分为文献管理工具、专利深度分析工具、思维导图、云端笔记和网络资料管理工具、社会性网络工具等(见图15-3)。

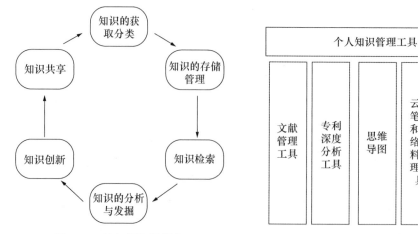

图 15-2　按知识流程划分　　　　图 15-3　按知识类型划分

随着计算机技术和网络技术的普及，各种知识管理硬件和软件应运而生。硬件有手机、笔记本、计算机、PDA 等个人数字工具；软件有在线的、离线的，如 Google 等搜索引擎，微软 Office、MS Outlook、Lotus Notes、ICO、MSN 等常用软件，以及概念地图、心智地图、网络日志和维基百科等辅助工具。文档资源知识可选用 Mybase 软件，个人知识获取时选用搜索引擎，对个人知识进行加工时选用概念地图，进行知识交流与共享时可用 Blog 或个人主页等。科研人员可以根据科研中遇到的不同的知识类型有针对性地选择所需要的个人知识管理工具，例如，在引文管理和参考文献管理方面可以选择 EndNote 和 Mendeley 等文献管理工具；在专利分析中，根据数据特点和数据分析目标选择所需的专利深度分析工具；对于日常生活中的灵感和思维的管理，选用思维导图进行协助记录和管理；对个人记事、日常笔记和网络信息，采用当今比较流行的云端笔记和网页捕捉工具；随着 Web 2.0 和 E-learning 的开发，可以使用社会性网络工具进行定制、在线交流、协作和共享。

以下简要介绍各种知识管理工具：

1. 文献管理工具

科研过程中令科研人员感到头疼的是在科研和论文写作过程中对参考文献的高效管理和准确标注以及在投放期刊时格式的处理等问题，如果网络数据库支持文献管理工具的相应格式，则无疑提高了对于题录信息的处理速度。目前，市场上有很多文献管理软件，国外的有 EndNote、Reference Manager、ProCite、RefWorks 和 BIblioscape 等；国内的有 NoteExpress、PowerRef 等，这些软件已经具备较完善的参考文献管理的基本功能，如题录信息的导入、导出、增加、删除、修改等，不同的软件又具备各自的特色功能。

2. 专利深度分析工具

专利是最有效的技术信息载体。专利文献仅占期刊文献总量的 10% 左右，却囊括了全球 40% 左右的新产品信息。对专利数据的分析早已成为一种重要的评估方法，被广泛应用于科学技术、经济发展、商业运作等多方面。国外的专利分析工具主要有：

Thomson Innovation、Thomson Data Analyzer、Derwent Analytics、Delphion、Aureka、MS Excel、VantagePoint、Goldfire Innovator、BizInt Smart Charts for Patents、SciFinder、STN Express with Discover、STN AnaVist、Wisdom and Analysis Module、Citation Module、M-CAM Doors、Vivisimo、OmnViz、RefViz 和 Invention Machine Knowledgist 等。国内的专利分析工具和平台主要有：保定大为专利信息创新平台、知识产权出版社提供的专利信息服务平台、北京彼速提供的知识产权应用软件、中国台湾地区连颖科技的 PatentGuider 2.0 试用版和恒和顿的 HIT_恒库等。这类工具所运用的专利分析的一般方法大致包括：数据整理和概念分组、列表或直方图、比较矩阵（co-occurrency matrices）、有结构数据聚类、无结构数据聚类、文档聚类地图、引文分析和主语/行为/宾语（subject/action/object，SAO）等。从专利分析工具实现的角度来看，大致可分为基本统计分析、引证分析和聚类分析。基本统计分析即对专利信息的外部特征进行统计，并从技术和经济的角度对统计数据及其变化进行解释，以取得信息动态发展趋势方面的情报。引证分析和聚类分析是对专利信息的深度分析和挖掘，科研人员在进行专利分析前，有必要先对专利数据进行一定的处理，以保证分析结果的准确性。

对于科研人员，如果只需简单的统计分析，可以选择简单易用的 MS Excel 和 BizInt Smart Charts for Patents。如果需要完整的专利数据，可以选择支持多种数据源的 Delphion 和 BizInt Smart Charts for Patents。如果只对 Derwent 数据库进行分析，Derwent Analytics 当然是最佳选择。如果针对 STN 数据或者化学专利进行分析，则 SciFinder、STN Express with Discover、STN AnaVist 都是不错的选择。如果希望从不同的视角分析专利信息，可以尝试使用 ReVfiz 和 Invention Machine Knowledgist。如果要将专利分析运用于商业竞争、知识创新，则需要使用 Aureka、STN AnaVist、Citation Module 和 M-CAM Doors。

3. 思维导图

在个人知识管理中，科研人员肯定会遇到"灵光乍现""突然一念"等情况，而这样的时刻转瞬即逝，只有将这些隐性知识有效地管理起来，才能更大程度地激发科研人员的创造力，提高其工作效率。隐性知识管理工具的一大特色就是让思考看得见，而思考最大的敌人是复杂，最大的障碍是混乱，运用隐性知识管理工具可以使所思所想流程化、图形化、图谱化、清晰化。市场上有很多概念地图和思维导图的工具和软件，如 Inspiration、MindManager、Brain、Camp、Segment Research Group、CoCo Systems、Activity Map 等。此类工具具有的功能和大脑思维的结构完全一致，即思维像不断生长的树根，由一个中心概念向四周扩散，那些向四周扩散的思维又会引出更多的分叉直到无穷，在这一过程中，内隐的知识通过图的形式转化为外显的知识，从而更容易传递、分享与交流。在思维导图中，以 MindManager 工具为代表，该工具能够快速捕捉思想、轻松组织信息、创建内容丰富的可视化图形，提交功能强大的报告，同 Office 无缝集成和图片共享，MindManager Presentation 模式将做好的图形显示给他人，快速将数据在 Microsoft Word、PPT、Excel、Outlook、Project 和 Visio 中导入或导出，或以动态 Adobe PDF 或 Adobe Flash 格式将制作的导图与各界分享，并可以轻易地将 Flash 导图发布于网站与博客。

4. 云端笔记和网页资料管理工具

云端笔记管理工具是专注于简单高效的个人记事工具，具有云端同步功能，可实现网页、手机客户端之间的信息同步，用户可随时随地进行查阅和编辑。比较有代表性的工具有 Dropbox、Box.net、Google Docs、Cloud Drive（亚马逊）、iCloud（苹果）、MediaFire、Evernote、麦库记事、华为云存储、有道云、QQ 网盘等。在日常生活和工作中，除了具有个人记事功能之外，这类工具还有对网络信息进行筛选和随意保存的功能。网络信息可谓瞬息万变，不及时保存和管理的话，以后若有所需要，即使花费好几倍的精力也不一定能找到。科研人员在浏览网页时，应及时将所看到的有用信息保存和管理起来，并加上一些简单的批注将当时的一些心得和感受记录下来，这对于知识的再利用、组织和创新具有重要意义。

除了云端笔记工具外，还有一些专门的网页资料管理工具，如 Surfulater、网博士（Websaver）、Magicflu（魔方网表）等。此类工具一般具有以下特点：能导入各种类型的文件，即可一次性地导入文件夹中的所有文件，也可导入单篇文献；在信息组织方面，既可建立数据库，也可建立文件夹来组织导入的信息；可对导入文件自动建立索引；对导入的数据库记录具有编辑功能；具有网页抓取功能；具有逻辑检索功能；对检索结果中的文本，能反像显示检索词，可按相关度、字顺、时间等排序；有较好的隐私保护功能，可设置口令；在软件辅助性能方面，具有内码转换功能、自动备份功能，自带必备插件，维护管理简便。总之，此类工具可以建立知识点的逻辑关系，搜集全面的科研信息，理清科研脉络和思路，随时记录科研灵感，提高科研人员的科研效率，帮助科研人员有更多的产出。

5. 社会性网络工具

Web 2.0 服务在 E-learning 和个人知识管理工具之间搭建了一个桥梁。例如，博采、博客、BBS、社会性书签、微博等为用户提供了从个人收藏、单个分类到最新资讯、热门话题的多种发布和获取网络内容的服务平台。这些平台使网络信息的收集、聚合、分类变得更为方便、简单，网民之间可以更为便利地分享、讨论、协作。可以说，Web 2.0 服务推动了个人知识管理与网络社会化的进程。社会性软件工具不仅易学易用，而且几乎都使用相同的网络协议与技术，如 HTML、XML、RSS 等。人们已经习惯使用一些常用的社会性应用软件，如用 Flickr 发表照片，用 YouTube 发布影音资料在 SNS 网站和平台上交友，使用微博和 IM 等工具实现即时通信。此类工具的兴起改变了人们对于日常信息和人脉信息的管理，可使人与人之间通过虚拟世界进行连接，并及时分享、讨论和协作。美国南加州大学的希伯特和洛佩斯估计，全球计算机储存容量每 18 个月就提高一倍，而科研人员更需要高效的知识管理手段与工具，科研人员的竞争力就是以最快的速度获取有价值的信息。

第六节 个体学习方法

一、学习曲线

通过学习，一个人在执行任务时会变得更有效率或更有效。假设 Y 轴代表技能，X 轴代表重复的次数，学习的进展通常遵循 S 形曲线，一开始进展缓慢，然后一名学习者可能会经历一场学习的爆发，从而使曲线迅速上升，如图 15-4 所示：

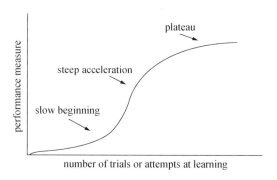

图 15-4 学习曲线

当人们学习一项非常复杂的任务时，S 形学习曲线最为明显。当一个人熟悉一项技能的基本组成部分时，曲线的初始部分会慢慢上升。当有足够的入门经验或简单的组成部分，开始"把它们放在一起"时，就会出现陡峭的上升阶段。在技能"到达天花板"或在高水平上稳定下来之前，快速的进步会随之而来。

以上学习曲线展现了员工完成既定的任务变得更有效率的一个过程。最开始进程是缓慢的，然后飞速上升，遇到一定的瓶颈之后就逐渐趋于缓和并无限趋近于一个峰值。研究人员解释，这个峰值是由组织的创新决定的，从一般均衡理论来说，外在的创新状态在一定情况下是接近于一个值的。

二、学习技巧——时机学习法

不只是孩子有学习节律，成人也有。学习节律是在短时间的睡眠后，更快、更深入地理解新信息的能力。美国哈佛大学的研究人员指出，一小时的午睡对于提高一天的学习水平和晚上的睡眠有帮助，并且这种好处可以持续 24 小时。

相信每个人读到这里都很想扑倒在沙发上，在这个非常时刻马上睡个午觉，醒来后精神饱满。但是后勤戒律却不允许你这么做。通常，小憩片刻可以提高机敏性、创造力、学习能力，以及在工作场所所需要的每一种技能。

5 万年以来，我们的祖先一直遵循身体内部的时钟来组织生产活动。他们的一切行为——进食、捕猎、采集、社交、起床、休息、繁衍与复原，无一不由完美的生物时间（bio-time）来调节。当然，不是说史前洪荒时期或者中世纪的生活有多么精彩，不过作为一个物种，我们始终日出而作、日落而息，于户外大量活动，在漆黑的夜晚安眠。然而，人类今日最大的讽刺恐怕莫过于此。我们创造了文明社会，在科技上取得了令人难以置信的进步，但一切成就恰恰让原本精确进化的内部时钟转而成为我们的敌人。

生理时钟进化史上最具破坏性的事件发生在 1879 年 10 月 21 日。就在那一天，托马斯·爱迪生在新泽西州门罗公园的实验室里为全世界带来了高寿命的白炽灯泡。他有一句名言："我们会让电变得十分便宜，到时候只有富人才会点蜡烛。"在之后不到 10 年的时间里，由于各种原因，夜晚变得可有可无。我们不再日出而作、日落而息。曾经，我们从清晨工作到黄昏，在暮光中用完晚餐；可现在工作时间变得越来越长，晚餐也拖得越来越晚。我们大多数时间待在室内，接触人造光源，在户外真正沐浴阳光的时间变得寥寥无几。

爱迪生在 1889 年接受《科学美国人》杂志的访问时说："我每天的睡眠时间很少超过 4 小时，而且我可以一年四季天天如此。"1914 年庆祝白炽灯问世 35 周年时，爱迪生再次把睡眠比作一个"坏习惯"，他认为美国人每天的睡眠时间应该减少，甚至预测未来会出现真正的"不眠夜"。"一个人在睡眠上能省几分，他的能力就能再增强几分"，他断言道，"其实我们真没什么理由需要睡觉，人类的未来将会睡得越来越少。"

对生理时钟产生破坏性影响的第二大事件则是交通工具的进步。汽车和飞机使人类能够在短时间内长途旅行。人体需要一天来适应一个时区的时差，骑马或乘坐马车也差不多需要一天时间才能跑那么远。从 20 世纪中叶开始，仿佛一眨眼间，我们突然能够在几小时内穿越好几个时区，生理时钟反而被甩在了后面。

互联网科技造就了今日的生活，一天 24 小时，每周 7 天，我们时时刻刻都在使用智能手机，而工作、生活、饮食、娱乐也不再区分时间。

人类花了 5 万年进化出完美的生理时钟，现代人仅用了 125 年便将其摧毁殆尽。在这个新千年里，可以说科技进步全面赶超了人类的生理进化，其结果便是我们的"生理时钟"彻底失调。

因此，掌握自身适宜的学习时机十分重要。图 15-5 代表了人类身体内正在进行的四种昼夜节律。

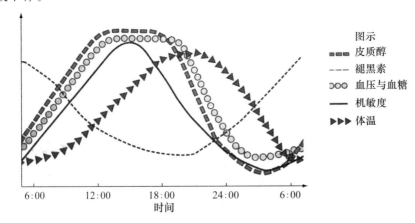

图 15-5　体内正在进行的四种昼夜节律

合适的时机是成功的基础，它能够释放一个更迅速、更聪明、更优秀、更强壮的你。

找到最佳时机能够让你发挥最大潜能。你无须改变做事的内容与方式，只需微调做事的时机，就可以变得更健康、更快乐、更富有成效。

本章小结

- 在学习型组织中，组织学习的主体包括个人、团队和组织；根据学习的主体，组织学习可分为个人学习、团队学习与组织学习三个层次。
- 个人学习能力的构成要素包括记忆能力、思维能力、观察能力和想象能力。
- 合作学习是以小组为主体进行的一种学习活动，是一种伙伴之间的合作互助活动，其目的是提高全体成员的学习能力与学习效果。合作学习的理论基础之一是集体动力理论。该理论认为，具有不同的智力水平、知识结构、思维方式、认知风格的成员可以互补，在合作性的交往团体中，成员可以相互启发、相互补充，实现思维、智慧上的碰撞，从而产生新的思想。
- 学习技能有：系统思考、心智模式、自我超越、自主学习和深度会谈。
- 知识管理的三要素是知识资产、Ba 与 SECI。组织的知识资产在 Ba 之间被组织成员分享，与此同时，组织成员的个人隐性知识也在 Ba 之间通过 SECI 被传递和放大。SECI 也就是知识的四种创造历程：社会化、外化、组合化、内在化。
- 个人知识管理应该是一套既在逻辑概念层面又在实际操作层面解决问题的技巧和方法。个人知识管理是知识管理的一个分支，它是个人在日常生活和工作中搜集、分类、存储、检索和共享知识的一个过程。

□ 关键术语

学习（learning）　　　　　　　心智模式（mental models）
记忆能力（memory ability）　　　自我超越（self transcendence）
思维能力（thinking ability）　　　自主学习（autonomous learning）
观察能力（observation ability）　 深度会谈（deep talks）
想象能力（imagination）　　　　知识管理（knowledge management）
学习型组织（learning organization）SECI 模型（SECI model）
系统思考（systematic thinking）

复习题

1. 企业中的学习分为哪几个层面？
2. 在教育学理论中，个体学习能力包含哪些内容？
3. 合作学习的理论基础是什么？请简述该理论的内容。
4. 学习的技能包含哪些内容？

5. 请简述学习曲线的内容。

6. 请简述SECI模型的内容以及知识转化的过程。

7. 个人知识管理工具有哪些？

自我评估 ▶ 学习能力感测试

给出下列题目适合你的答案（"是"或"否"）

1. 我学习很吃力。

2. 老师常说我很笨，我也这样认为。

3. 从小爸爸妈妈就说我很聪明，所以虽然我的学习成绩并不突出，但我并不认为自己学习能力差。

4. 我上课总是跟不上。

5. 在考试中遇到难题时我总是感到无能为力。

6. 对我来讲学习并不困难。

7. 我的考试成绩不好，并不是因为我学习能力差，而是因为我考前没有用功复习。

8. 同学们认为我的学习能力不够好，可我并不这样认为，我比他们的成绩差，只不过是基础比他们差，只要我努力，就会赶上他们。

9. 上次我的考试成绩很好，这并不说明我的学习能力强，而是因为侥幸。

10. 我的学习能力比一般同学好，所以平常我并不怎么用功也跟得上他们。

11. 在遇到难题时，我总是充满信心，所以，多数难题最终都能解出来。

12. 我总觉得作业对我来说很难。

13. 我平常学习毫不费力，总感到轻松自如。

14. 在学习上我没有自信心，所以总提不起精神。

15. 尽管每次考试我的成绩都很理想，但我自认为并不是我的学习能力比别人强，而是我平时比别人更努力。

16. 我的考试成绩从来都不好，所以我根本没有过考出好成绩的那种快乐。

17. 老师提问时，我从来不举手，即使是简单的问题我也不主动回答，因为我担心自己答不好。

18. 我从来不买课外读物，因为我觉得教科书都学不好，没有精力和时间去读课外读物。

19. 在考试时，我一般不去仔细分析较难的题，而是把它跳过去。

20. 虽然我学习非常努力，但成绩始终不理想，所以我深信，学习成绩好坏与努力程度没有直接关系。

评分规则：

第 3、6、7、11、13 题答案选"是"记 0 分，选"否"记 2 分；其他各题答案选"是"记 2 分，选"否"记 0 分。将各题得分相加，算出总分。

26 分以上：表明你的学习能力感较差，你应该向心理专家咨询或请求老师帮助，否则对你的学习非常不利，甚至还会影响你的心理健康。

14—25 分：表明你的学习能力感为中等水平。

13 分以下：表明你的学习能力感较好，如果在此基础上能够克服骄傲和懈怠的心理，你会取得非常好的成绩。

建议：

1. 合理设定目标，学会自我强化。订立合理的目标，关键是切忌急功近利。设定目标过高，实现的可能性就小，不利于学习感的增强。

2. 对失败要合理归因，维护自己的学习能力感。要学会全面分析，通盘考虑，不能把失败的原因全部归咎于自己的学习能力，要考虑到环境、自己的基础知识、自己当时的身体状况和情绪状态、问题的困难程度等影响学习成绩的因素，不能无理由地为自己开脱，也不能过度抱怨自己，应该学会合理归因，维护自己的学习能力感。

3. 磨炼意志，善用学习策略。意志和学习策略是造就学习能力感的两个重要方面，学习的坚持性和学习的策略对学习的影响非常显著，学习绝非顺水行舟，而是充满艰难险阻的。学习需要有足够的毅力，再加上智者的聪慧，这样才能使自己的学习成绩不断提高，学习能力感日渐增高。

案 例

微软——鼓励员工学习

微软，被称为"致力于 PC 软件开发的世界上最富有的公司"，它的市场价值为 2000 亿美元，位列全球第二。它可以说是伟大的公司之一。Windows 操作系统、Office 系列软件是大部分人的选择。而在这一切创造的背后，是什么呢？

微软创新就是靠人创新。微软公司正式员工人数是三万左右，一半的人在做软件开发，大概一万人在为其产品进行营销计划，剩余的几千人则是分配于各管理部门和法律部门。员工是微软最有价值的财富，硕大的微软真正关注的是如何才能让他的员工发挥出自己最大限度的才能，而不是雇用更多的员工。

这就要提到微软的人才培养之道。

微软对于员工是精挑细选的，一开始定下的目标就是要选择最适合微软的、最具有潜能的员工。因此，微软有着严格的招聘制度。为了招聘人才，微软公司每年大约亲自走访美国 50 所大学，招聘人员时既去名牌大学招聘，也留心地方院校和国外院校。他们对刚毕业的学生情有独钟，认为刚走出校门的学子朝气蓬勃，敢想敢做，和微软的创新思维不谋而合，有利于微软的软件开发和新产品的研发，也能为微软的发展创新提出新的见解，贯彻完善微软的发展理念和软件开发态度。

不仅如此，微软还特地以"挖墙脚"的方式成立了"招聘人才快速反应小组"，以这种方式去发现和吸引优秀的人才。这个小组的人负责收集世界各地那些潜力十足而又无用武之地的人员的信息，联系他们，拉拢他们来微软发展。

微软的招聘过程也很复杂，通常都由高级员工亲自面试候选人。年轻人进入公司前，要先在校园内接受反复考核，大约耗时一天，接受至少来自四个部门员工的面试。下一轮面试前，前一位主试人会将应试者的详细情况和建议通过电子邮件传给下一位主试人。最后有希望的候选人还要再回微软公司总部进行面试。复杂的招聘程序帮助微软吸纳了来自全国的技术、市场、管理方面的许多优秀人员。前期确实耗时耗力，但寻找到和微软匹配的人才，反而为后期节约了成本，如避免了解聘、人力不足，或者不适合需要去市场寻找现成人员等。

微软拥有独特的员工培训体系，通过"职业模式＋能力/技能差距＋业务需要"的模式来决定培训的内容、时间、对象。70%的员工发展通过直接工作经验和在职培训获得；20%通过导师的辅导完成；10%通过其他培训形式获得。微软提倡随时随地学习，遵从"明确需要学习的知识技能，到执行学习计划，再到构想达到下一个目标需要的新的知识技能"模式，如此循环，逐步实现学习目标。此外，经理会和每个员工讨论他们的职业发展规划，为员工制订涵盖软硬技能的培训计划，为员工提供职业发展道路。员工希望个人职业怎么发展，公司就会提供最大的帮助和机会。

此外，微软还有导师制。员工可以自由申请或者由公司指定一位经验丰富的员工做搭档，他将帮助其制定个人职业规划，并在其所专注的那些领域帮助员工成长。

员工经过学习能够掌握足够的技能，无论在技术，还是管理、沟通等软实力方面。但这只是基础，微软培养员工的宗旨是要努力激发员工最大的潜能。因此，微软还在员工培养方面还采取了这样几个措施，可以用三个关键词总结：

（1）自由——微软给予员工一个自由换岗的平台。当达到应有的要求时，员工可以申请跨岗位，这个跨岗位甚至可以跨国界，去自己想去的岗位。在技能学习之后，如果员工发现不适合新岗位，依然可以回到原来的岗位。微软并不怕内部的岗位调动，而是更愿意看到员工找到适合自己的职位，充分发挥自己的才华。

（2）压力——微软会让员工保持合理的压力，让优秀的员工更加卓越，平凡的员工也能因竞争而不平庸。例如，每半年的总结和新目标的制定，都是每位员工必须经历、必须认真对待的。经理会和员工讨论如何达到目标，员工也会向公司反馈需要什么资源与帮助。

（3）学习——微软也鼓励员工间保持密切联系，加强互动式学习，这样能实现资源共享，激发员工的潜能。

微软的工作并不轻松，但大部分员工都不想离开微软，因为在微软，只要你想学，任何技术都可以；只要你想做，什么产品你都可以接触到。微软其实是无私的，会将任何信息与员工分享，帮助员工获得最大程度的发展。"释放信息"的背后，微软创造了一种独特的员工培养之道，也是员工潜能开发之道。

资料来源：陈洪安等：《微权力》，北京大学出版社2016年版，第126页。

[问题]

1. 请从上述案例总结：学习可以给个体、组织分别带来哪些优势？
2. 如微软这样的企业在运用学习时也会把它看作一种激励，请简单论述员工学习职能与领导激励职能之间的联系。
3. 你认为学习与培训机会对于员工来说是一种福利吗？

第十六章 监督

> 信任固然好,监控更重要。
>
> ——列宁

面对瞬息万变的、激烈的市场竞争,保持企业的灵活性、创新性和适应性十分重要,在这一过程中不仅需要高层管理者的战略眼光和决断,组织中员工的建言也发挥着重要作用。普通员工更加接近市场,了解顾客需求,他们的建言能够激发企业高层战略决策的思考,这种自下而上的反馈能够起到很好的监督作用。

第一节 监督的概念

监督是一种对领导监视、裁决和检查等的能力,即通过自身拥有的话语表达权来对企业管理进行监督。以横向结构为依托,大众可以更多地参与社会事务与民主管理,传统自上而下的话语权机制被打破,而民众话语的增多会带来权力的增生;普通民众主动参与社会事务的讨论和决策,以及监督社会机构的运转和改制。可以说,员工监督职能的渊源是一种自发的上行沟通。

案例

《杜拉拉升职记》中成功的"上行沟通"

拉拉(中层经理)指使海伦(员工)取得上海办行政报告(玫瑰(上级领导)曾负责的区域)的格式,经研究确认大致适合广州办使用后,她就直接采用上海办的格式取代了广州办原先的报告格式。这一举措果然讨得玫瑰的欢心,因为拉拉使用了她惯用的格式,使得她在查阅数据的时候,方便了很多,也让她获得被追随的满足感。对拉拉来说,玫瑰自然不会挑剔一套她本人推崇的格式,因此拉拉也就规避了因报告格式不合玫瑰的心意而挨骂的风险。

从以上片段中可以看出,主人公"拉拉"为了实现有效的上行沟通,的确用了很多心思。其中最重要的一点,就是懂得采取"同理心"的沟通方式进行换位思考。

这给我们带来如下启示：要更好地与上级领导进行沟通，须积极提供些善意的信息，供上级领导作决定时参考。

案例

惠普公司的"敞开式办公室"与"直呼其名"的沟通政策

在管理实践中，信息沟通的成败主要取决于上级与下级之间全面有效的合作。但在很多情况下，这种合作往往会因下级的恐惧心理而形成障碍。一方面，如果上级过分威严，给人造成难以接近的印象，或者缺乏必要的同情心，不愿体恤下级，就容易造成下级人员的恐惧心理，影响信息沟通的正常进行。另一方面，由于下级自身的心理畏惧，向上沟通时可能会"知而不言，言而不尽"，影响信息沟通，形成办公室政治。

为了保证沟通，避免办公室政治，惠普公司的办公室布局采用美国少见的敞开式大房间，惠普公司的每个人，包括最高主管，都是在没有隔墙、没有门户的大办公室里工作。尽管这种随时可以见到的做法也有其缺点，但是惠普公司发现这种做法的好处远远超过其不利之处。

同时，为了打消企业内部因为等级差异而产生的沟通障碍，惠普公司要求对内不称头衔，即使对董事长也直呼其名，这样有利于沟通，创造无拘束和合作的气氛。

这给我们带来如下启示：惠普公司"敞开式的办公室"与"直呼其名"的沟通政策鼓励并保证了沟通交流不仅是自上而下的，而且是自下而上的。

第二节 员工监督的表现

一、向上管理

（一）向上管理的概念

企业作为当今中国市场上不可或缺的角色，有着自己必须承担的责任，一个企业只有拥有自己强有力并且高效运作的内部组织才能走得更好、走得更远。在企业的内部组织结构不断发展的今天，管理的问题也呈螺旋式上升态势发展。在内部组织的管理问题方面有一种名为"向上管理"的思想，即当员工需要获得工作的自由资源时，就需要对领导者进行管理，实际上就是员工与领导者之间进行更完美的沟通，找到一个更好的平衡点，使企业获得更好的发展，达到企业相应的发展目标。

向上管理独具特色，相比传统的管理模式，自上而下的辐射变成自下而上的推动，在一定程度上是具有一定的变革作用的。向上管理弥补了传统管理理论的缺陷。在工业革命率先开展的国家，工业发展的同时，相应的工业管理思想也在不断发展，放眼现在的管理学说，大多也是那些国家的经济学家等的呕心沥血之作，几乎都是传统的管理模式。向上管理有效地补充了这方面的不足，自工业发展至今，大多是领导者独揽大权，在一定的区域范围内下放权力，下级干部或是工作人员拥有自己在工作上的自主权，但是辐射领导者的工作是完全不可能的，至少到2007年之前还没有一种体制能很好地将管理员工和管理领导者有机地结合起来。在管理学领域，泰罗的科学管理理论把管理学说从经验引入理论领域，是一次伟大的进步。在当时的社会背景下，这一学说的确有着无可比拟的优势，但事物是运动、变化、发展着的，从纵向发展的角度来看，如今它有着自己的缺陷。科学管理理论旨在提高生产效率、改善劳资双方关系，而一般管理理论揭示的是管理的基本原则，这些学说都没有涉及领导者，这于当前的企业发展态势而言，是有些不合时宜的。向上管理的思想应运而生，是对管理者的管理断层的弥补。

对于被管理者而言，向上管理的理论和实践有利于其了解职场的生态环境，加深对自身、领导者的了解，解读工作全景，提高与领导者配合的默契程度，以确保工作方向正确，事半功倍，共创更佳的业绩；同时也能创建更愉悦的工作环境，培养领导者尊重自己的习惯，而不是无理顶撞领导者或者一味顺从，可以说打开了与领导者相处的全新思维。

对于领导者而言，向上管理的理论和实践则更有利于其合理授权，提升员工工作积极性，同时一定程度上克服人性弱点的过分膨胀。X理论认为，人具有自私、贪婪、懒惰、无情、嫉妒心、不负责任等弱点，在成为领导者的时候，这些弱点都会一定程度地放大。而Y理论则提出，人的本性不是厌恶工作，如果给予适当的机会，人们喜欢工作，并渴望发挥其才能；多数人愿意对工作负责，寻求发挥能力的机会；能力的限制和惩罚不是使人去为组织目标而努力的唯一办法；激励在需要的各个层次上都起作用；想象力和创造力是人类广泛具有的。向上管理是一种有效的激励措施，可以很大程度地调动人们的工作积极性，克服管理者在管理中过分膨胀的人性弱点。

著名管理学家杰克·韦尔奇的助手罗塞娜·博得斯基在《向上，向上，做副手的学问》书中率先提出了"向上管理"的理念，并从实践角度阐释了向上管理的重要性和原则。她认为，"和领导者建立有效、有利的搭档关系"是自己成功的秘诀。博得斯基指出，每个人在某一方面都是经理。她在该书中直接讨论了如何读懂老板的心思，预测未来，为意外作准备，做到不可能做到的事情。

(二) 向上管理的原则

1. 互通性原则：要全面解读自我和解读领导者

在向上管理中，了解自己是大前提，因为领导者只是关系的一半，但自己则是关系的另一半，且这一半是自己可以直接控制的部分。发展高效的工作关系，必须了解自己的需要、长处和短板，以及工作风格。人很难改变自己的个性，更无法改变领导者的个性，但可以知道哪些方面会阻碍或促进与领导者的合作关系。在这个意识的指引下，就可以让上下级的关系更加融洽。

了解领导者的重要性更是不言而喻，要做到有效的向上沟通，需要对领导者的工作目标、工作重点、工作压力源、时间安排和沟通风格有全面的了解。很多员工做了这方面的工作，但还远远不够，比如很多人觉得自己了解领导者的沟通方式，但领导者倾向于什么样的沟通频率、喜欢什么样的沟通方式、喜欢在什么时间沟通，这些同样需要了解。只有多维度、多角度地理解领导，对领导者充分解读，才能够调整自己适应不同领导者的风格，使双方的目标和期望达成一致，建立和谐的上下级关系，实现优势互补。另外，对领导者的充分解读也有益于建立换位思考的思维，如果能够站在领导者的角度思考问题，将有助于自身形成工作上的大局观。不能忽视的一点是，领导者之所以能够成为领导者，一定有其过人之处，对领导者加深了解有助于学习领导者的长处，理解领导者的立场，为自己未来成为领导者打下坚实的基础。

2. 辅佐原则：辅助领导者作决策

在很多人的认知中，企业不仅仅是一个名词，它还代表着一个规模、一种类型，这是企业附带的性质，也是不可或缺的一部分。我们首先要了解企业的规模，一般情况下，企业可分为大型企业、中型企业和小型企业，在大型企业和中型企业中，领导者只是一个大体发展方向的掌控者，对企业战略的制定起着至关重要的作用。而企业战略规划一般是一个大方向的长时段的计划，制订时需要很多资料的辅助，这时候就需要相应的员工机构及时作出响应，这样才能更好地发挥机构间的协调作用。每次领导者集体开会的时候，员工需要就上次开会讨论的相应事项的决策内容予以告知，并告知讨论的目标是什么。同时在领导需要作决策的时候，尽量运用简明扼要的数据和点明中心的图表以及视频资料来帮助其快速高效地作出最正确的决定。在领导者作出了相应的决策之后，需要把其决定尽快整理出来，确保没有遗漏，尽量做到决策明晰高效化，这样才能保障管理者有效的决策能够得到更好的以及更大程度的实施。

在很多情况下，我们需要把握好一个度，员工的目的是辅助领导者作决策，而非代替领导者作决策，领导者为主，员工为辅，一定要明白这个次序。一旦力度把握不好，就有可能造成领导者的不满，认为这个员工无法很好地认清自己所处职位的职责，让领导者有一种被威胁的感觉。

3. 高效原则：善于管理领导者的时间

在关键的时候，对领导者来说，可谓"时间就是金钱"，这时领导者工作的高质量就必须要以高效率来降低高风险带来的威胁，这就需要员工合理有效地安排领导者的时间。在向上管理的前提下，员工与领导者已经达成双向的信任关系，这个关系是从员工这一方开始做起的，在这样的信任关系中，员工主动承担起管理领导者时间的责任，更好地打理领导者的时间，为领导者更高效地进行工作奠定了基础。

在企业十分繁忙的时候，员工必须要真正地做到一个副手该做的事情。中国企业里的很多领导者不是能力不及别人，而是在一定的时间利用率上逊色了，所以要做到同等优秀，就必须让领导者的时间安排得更加合理，在领导者的日程安排上下大功夫，这样领导者才能更好地利用宝贵的时间。

4. 周密原则：同时为领导者呈现问题和解决方案

对员工而言，在很多时候会比领导者先遇到很多问题，这些问题几乎不涉及企业的大方向，仅仅只是一些基础问题，但也不能忽视。"千里之堤，溃于蚁穴"，在面对这些问题的时候，长时间作大体方向决策的领导者可能在一些问题的处理上不是那么的尽善尽美，这时候就需要员工在呈现问题的时候，给予领导者一定的参考意见，这样不仅可以大大降低问题解决时出现偏差的可能性，同时也可以在一定程度上让领导者了解到员工的想法，看到员工的能力，这样更能增进领导者与员工之间的信任关系。

5. 目标导向原则：向领导者承诺可以达到目标

企业在发展的过程中会出现很多需要解决的问题，这时领导者需要将这些问题下发到各个员工部门。在向上管理这个有机的双方信任的团队中，员工一定要认清自己的角色，这样才能更好地推动信任的发展。在领导者下达任务的时候一定要准确地向领导者表明自己可以达到的效果，作出一定的承诺，不要因为没有能力完成对领导者的承诺而耽误目标的实现，要想办法完成这项任务。如果承诺了而又无法完成，就会使领导者对自己的信任降低。另外，这种目标一定是和领导者共同的、双赢的目标，不仅要知道领导者的期望，还要把自己的期望告诉领导者。

向领导者承诺可以达到目标，可以为自己适度地施加一点压力，有压力才会有动力，才能想方设法地完成这项任务。当然，在向领导者作出承诺的时候也需要甄别一下自己在努力之后是否能够完成这项任务，不能因为想要得到领导者的青睐而接受自己不可能完成的任务。

6. 诚信原则：保持诚实，建立信任

对于向上管理的思想，最大也是最重要的前提就是领导者和员工之间具有良性的双方相互信任的关系。一旦这个大前提出现任何一点的瑕疵，都会使向上管理的思想在领导者和员工之间分崩离析，同时对领导者和员工造成不可逆的伤害：对于员工，可能导致其声名狼藉，从此仕途一片黯淡；对于领导者，很可能导致其在以后的工作中出现戒备的心理，不再愿意相信员工，对于向上管理思想的抵触心理较强。为了避免这样的恶果出现，作为员工一定要做到诚实，不隐瞒，不刻意回避风险和矛盾，这样才能更好地保护双方的信任；同时，也只有诚实才能造就人与人之间的信任。

7. 尊重原则：对领导者要注重小节

在向上管理的有机信任体系中，我们需要维护这份来之不易的信任，不能以为有了信任就可以无视双方之间的差异，恃宠而骄是错误的。在与领导者相处时，还是要注重细节，不要不拘小节，这样才会让领导者认为你在任何时候都表里如一，对自己以后的事业也有一定的好处。许多人在言语和行为上对领导者很尊敬，但一个眼神和手势就暴露出了自己内心的真实想法。

在中国五千年传统文化的熏陶之下，人们对"礼"的要求是十分高的，在领导者面前虽无需毕恭毕敬，但是还是要有规有矩，这样才符合人们对礼文化的要求，所以向上管理在实行的时候还需要结合当地的实际情况来进行考量。

(三) 向上管理的技巧

1. 忠告有方：提供信息让领导者自行改变

对于一名职业经理人来说，向上管理不仅是一种管理策略，更是一种工作思维，企业的运营，不仅仅在于市场策略，更在于领导者与员工之间互相信任及良好的沟通。领导者也是普通人，也会犯错误，他们的时间、认知与认识都不是无限的，他们有自己的压力和担忧。当领导者作出错误决策时,员工设法令领导者悬崖勒马是企业成功的关键,但这需要相当的智慧。特别是遇到独断专行的领导者时,员工最有效的方法就是提供翔实的信息让领导者自行改变,成为给领导者忠告的那个人。

2. 平级管理:争取到更多同级同事的支持

除了自我管理、向下管理、向上管理,水平管理也是管理的一个重要维度,而且水平管理的水平很大程度上影响了向上管理的结果。向上管理的一个很重要的方面是给予领导者建设性意见,如果能争取到更多同级同事的支持,就可以形成合力,更好地推动和说服领导者。通常与同级同事做好沟通协调的人也更容易赢得领导者的认可。

3. 授权试探:向领导者试探自己的权限

在企业中,经常会有新的任命或是调职,这时候会出现一些问题,虽说在企业中有相应的员工职责,但是在领导者领导期间,或许会有不同程度的改变是无法体现到纸质的文书中的,这就需要我们很好地理解领导者的用意,使自己的职权明晰,了解领导者对自己的授权,以及应该如何使用,此时不应妄下断言,而需要向领导者作出探询,以免引起不必要的麻烦。

4. "术"有专攻:让领导者掌握更多信息

为什么领导者可以成为领导者,员工只能是员工呢?不一定是领导者比你懂得多,而是领导者懂得用方法教会你他在想什么。领导者会用一定的方法来促使你朝着他设定的目标一起努力,这种方法可能是高额的工资、企业的股份或者其他更加有诱惑力的东西。

在向上管理的思想下,员工和领导者形成良性的双向信任关系,二者是平等的,而非主从关系。不要以为领导者知道的跟你一样多,员工需要找到一定的方法来了解领导者的能力并试着教会他用另一种方式来学习。他之所以是一个领导者,很大程度是因为他看问题的角度比较广,对组织部门间的互动关系掌握比较准。在教领导者学会在这个平等关系中的新学习方法时,我们有两种选择:第一种,使用一堆领导不懂的技术性资料,迫使他同意。这种方法虽然可以让领导者学习技术上的知识,但是也可能造成沟通障碍,导致双方信任不足,会有一定的副作用。第二种,利用易懂的语言、文章、事例、表格与摘要的方式,帮助领导者掌握问题。面对面地讲授和学习,可以产生人际的放松和信任,使双方的关系更加自然,从而有利于作出更好的决策。

二、员工建言行为

员工建言行为(employee voice behavior)是指员工主动提出一些建议、意见或想法以改善其所在团队、部门或组织的现状。[①] 这些自下而上的信息是管理者决策的重要智力资源、组织学习和创新的推动力,以及组织绩效提升的可靠保障。

van Dyne 等将建言行为定义为基于合作的目的,表达与工作相关的意见、信息和

[①] See Lepine, J. A. & van Dyne, L. Voice and Cooperative Behavior as Contrasting Forms of Contextual Performance: Evidence of Differential Relationships with Big Five Personality Characteristics and Cognitive Ability. *Journal of Applied Psychology*, 2001, 86 (2), pp. 326—336.

观点。现在通用的建言模型是 liang 和 Farth 提出的促进性建言和抑制性建言二维模型。促进性建言指员工表达创新性的意见以促进企业的发展,而抑制性建言指员工表达预防性的意见以解决可能会阻碍企业发展的问题。

促进性建言的主要表现为:(1)就团队中可能出现的问题,我会提出自己的建议。(2)我会主动提出帮助团队达成目标的合理化建议。(3)我会积极提出使团队获益的新方案。(4)为改善团队流程,我会积极提出自己的建议。(5)我会提出改善团队运作的建设性意见。

抑制性建言的主要表现为:(1)我敢于就团队中影响工作效率的现象发表意见,不怕使人难堪。(2)我会及时劝阻团队内其他员工影响工作效率的不良行为。(3)我会积极向团队领导反映工作中出现的不协调状况和问题。(4)当团队内的工作出现问题时,我敢于指出,不怕得罪人。(5)就可能造成团队损失的严重问题,我会实话实说,即使其他人有不同意见。

建言行为是一种主动性的角色外行为,不仅包含员工在工作不满意时所表达的抑制性意见,更多地表现为在正常情况下对组织表达建设性的改进意见。同时,员工的建言行为不应仅仅是下级对上级表达意见和建议,还应是平级之间即同事与同事之间,以及上级对下级表达意见和建议。

三、工作场所主动行为

随着 20 世纪末积极心理学的发展,特别是 Luthans 等学者提出积极组织行为的研究框架以来,组织行为学的研究视角开始转向个体的积极特质及心理能力。理论研究视角的改变激发了对员工潜在积极心理状态及主动性的研究。

根据《牛津英语词典》,主动行为被定义为:"采用自主的行动创建情境,或者通过预测来控制情境,而非仅在事件来临时去应对。"2001 年,Frese 提出,主动行为具有自发性(self-starting)、前瞻性(proactive)和持久性(persistence)三个特征,并且能够激发员工的独立决策、主动学习、自我激励和变革动力。

Frese 认为,在个体层面寻求反馈行为与信息搜索行为将对个体绩效产生积极影响,而高主动性个体会积极规划自己未来的职业生涯并加以实施;主动行为能够提高员工自身和组织的匹配程度,提高员工自身的组织适应能力,促使其达成职业目标。主动行为的结果也体现在团队与组织层面,如团队具有主动性将有助于改善客服人员的服务水平并提高团队生产率、满意度及团队承诺;组织层面,员工的主动行为可以提升组织业绩和顾客满意度。

第三节 促进员工执行监督职能的方式

一、培养员工的建言行为

员工的建言行为对于组织来说,是一种积极的、有正面导向作用的行为,既能帮助组织获得经营管理的建议,又是推动组织变革、组织创新的重要来源。因此,如何有效地激发员工的建言行为将成为人力资源管理工作的一个重要课题。

(一)理念的宣传贯彻是鼓励员工建言行为的前提

培养组织相互信任和开放性的文化,创建良好的人际关系和开放的沟通环境,增强企业内部同事之间、上下级之间的开放和信任程度,是一个组织鼓励员工建言行为的核心理念。组织可以通过培养员工对组织、对上级和对同事的信任,来维系员工和组织间的感情,保护员工的内在积极性,降低同事间和上下级间的潜在人际冲突;通过开展文娱、游戏、拓展训练等活动提倡和宣传贯彻企业相互信任和开放的组织文化,通过文化的内化作用使员工感受到企业是自己的大家庭,自己是组织的主人,使其愿意为企业或组织献计献策,竭尽全力。

(二)领导者的重视是鼓励员工建言行为的关键

领导者应该改变自己的观念和态度,多一点宽容和理解,虚心接受员工的建议,甚至把听取抱怨当作自己的一项职责,换位思考,不要当即批驳员工的怨言,应该让他们一说为快;领导者要正直诚实,正确对待员工意见,对于未采纳的意见,要对员工作出合理的解释,积极维护员工利益;领导者应采取必要的手段保护那些提供和反映敏感信息(如上级的能力、工作失误、营私舞弊等问题)的人。

(三)员工的配合是增加建言行为的基础

日本松下电器公司有一句名言:"出产品之前先出人才",拥有强大人力资源的松下公司值得任何企业学习,其创始人松下幸之助更是强调:"一个天才的企业家总是不失时机地把对职员的培养和训练摆上重要的议事日程。"海尔首席执行官张瑞敏也说:"人,是企业之本""相马不如赛马,赛马不如养马"。这些都充分说明了培训对于现代企业发展的重要作用。通过培训,员工的人力资本可以实现增值,为企业的持续发展提供足够的动力。通过加强培训,一是增强员工的自身素质和能力,让员工感受到企业对他们的重视;二是让员工更加关心、热爱、忠于自己的组织,在企业管理中积极献言献策;三是培养员工的归属感和职业热爱感,通过增强员工的企业满意度来提升其企业自豪感。同时,还可以通过奖励员工提出的积极建议,激励员工多提意见,提高员工参与的积极性;通过建立合理的职业生涯制度,将员工的个人理想、奋斗目标与企业的整体利益结合起来。

二、建立反馈机制

鼓励员工建言是培养员工监督力的第一步,当员工愿意建言之后,组织更应该为员工建立反馈机制,帮助员工发声。

什么是反馈机制?就是不仅仅要让员工说话,而且要让他们说的话能够被倾听、被采纳。有一个成语叫做"广开言路"。在西汉时期,贾山写《至言》向汉文帝进谏,阐述广开言路的道理,他认为如广开言路,善于养士,则国家就会强大,好比"雷霆之所击,无不摧折者;万钧之所压,无不糜灭者"。对企业而言,同样如此。但是,在古代,许多臣子无法进谏,一是进谏的途径很单一;二是若发言不当,反而招致杀身之祸；三是能否被采纳，主要还是凭皇帝的认知。总之，就是没有地方可以建言，没有机制保护建言，建言了也不一定有用，而这正是反馈机制所要做到的，是企业需要吸取古人的教训而改进的。

应该如何做？举个简单的例子来说明。谷歌公司扁平的组织结构为建立员工反馈机制打下了良好的基础，其最普通的员工距离总裁级别的管理者不超过三级，其扁平化的层级不是重点，重要的是这让大多数员工具备零距离接触高层、反馈意见的机会。在扁平的组织结构基础上，谷歌在公司内部设置了许多帮助员工反馈的机制。谷歌人事部高级副总裁 Laszlo Bock 在美国加州大学伯克利分校参加经济学人创新论坛时，曾经介绍过以下谷歌员工反馈的渠道：

(1) Google Cafes。这个项目鼓励员工在团队内部或团队之间展开互动，在工作和休闲中实现对话。(2) 直接向任何公司领导人发送邮件。(3) Google Moderator。这是一款由谷歌工程师设计的创新管理工具，它的想法很简单：每当要展开技术讨论或召开公司会议时，任何人都可以发问，然后由其他人投票选择自己喜欢的问题。通过这款工具，员工们就可以了解现有的想法、问题、建议，并进行投票，然后了解投票总数，从而根据主题、事件或会议征求新的创意。由于允许员工将每周 20% 的工作时间用于自己感兴趣的项目，谷歌挖掘出很多有才华的员工。(4) 在谷歌自家社交网络 Google+ 中展开对话。(5) TGIF。这是谷歌每周一次的全体大会，员工可以直接向最高领导人发问，可以涉及任何公司问题。(6) Google Universal Ticketing Systems (GUTS)。该项目可以提供一个让员工提交任何问题的渠道，然后对问题的状态进行评估。(7) FixIts。这是一个历时 24 小时的项目，谷歌员工可以放下一切工作，集中所有的精力解决某个特定问题。(8) 内部创新评估。这是一系列正式会议，由各个部门的管理人员将其所在部门的创意提交给最高管理者。(9) 各种各样的调查。公司会定期向员工调查其对领导者的意见，借此选出最好的领导者并作为来年的模范，而最糟糕的领导者将受到培训和指导，据称这种措施可以促使 75% 表现较差的领导者在一个季度内好转。(10) 公司还有一种名为"Googlegeist"的调查，它可以收集数以百计的问题反馈，然后在公司内征求意见，解决首要的问题。

通过这些举措，谷歌不仅为普通员工营造出相对开放、自由的氛围，实际上也为员工搭建起反馈的桥梁，赋予普通员工更多的权力，从而在一个相对庞大的机构中实现畅通的沟通，也使得谷歌自身在沉沉浮浮的科技浪潮中始终保持活力。

其实，反馈机制的核心就在于，要给予员工反馈，让员工明白自己提出的内容被听取了，自己是受到企业重视的。这样带来的往往不仅仅是话语权的释放，还有员工对企业的信任，有助于员工力的成长。

总而言之，机制、制度是激发员工发挥话语权，继而发挥监督力的一种保障。那么，应如何构建呢？这并没有一个标准答案，确切地说，管理上本身并没有一个所谓标准的、正确的答案。公司可以进行组织沟通制度的重新构建，也可以进行沟通渠道的丰富、创新，但必须保证这些渠道是有效、畅通的，保证员工没有受到阻拦。例如，我们很难想象到索尼公司的高级主管没有自己的办公室，甚至连分厂厂长也没有办公室，这是索尼公司建立的一种希望大家消除等级隔阂、融为一体、互相尊重和接纳的机制。另外，应保证让员工看到自己的"成效"，即需要反馈给员工一些卓有成效的内容、措施等。总之，组织应该根据外部环境的改变和内部结构的调整构建科学合理的沟通和意见收集采纳系统。

我们不仅要鼓励员工的建言行为，还要为员工建立反馈机制。从本质上来说，为员工建立反馈机制，就是为了保障员工上行沟通的顺畅，从而通过各种渠道、机制的建设，为员工的监督牵线搭桥。

企业内部信息沟通中，有效的上传下达、良好的沟通网络以及完善的信息沟通体系无疑是员工监督的有力保障。反之，如果企业内部各组织结构各自为营，信息沟通不畅，员工无处发声；更有管理者仅仅将员工视为纯粹的执行者，对员工的意见和建议缺乏重视，缺乏与员工的沟通交流，那么最终导致的结果就是员工建言受挫，长此以往，员工建言将会消失，组织中就只有沉默的员工，或许他们仍具有较强的执行能力，并在完成既定任务方面表现出色，但他们却在个体监督方面存在严重不足。

因此，我们不仅要提高对员工建言的重视程度，更应该通过完善的机制与渠道的建设将员工的监督权落到实处。

▶ 本 章 小 结

- 员工监督是一种对领导监视、裁决和检查等的能力，即通过自身拥有的话语表达权来对企业管理进行监督。以横向结构为依托，大众可以更多地参与社会事务与民主管理，传统的自上而下的话语权机制被打破，而民众话语的增多会带来权力的增生；普通民众主动参与社会事务的讨论和决策，以及监督社会机构的运转和改制。
- 向上管理的思想，即当员工需要获得工作的自由资源时，就需要对领导者进行管理，实际上是员工与领导者进行更完美的沟通，从而找到一个更好的平衡点，使企业获得更好的发展，达到相应的发展目标。
- 员工监督的表现主要有向上管理、建言行为、工作场所主动行为。
- 促进员工执行监督职能的方式有：鼓励员工建言、建立反馈机制。

☐ 关键术语

监督（supervise）　　　　　　　主动行为（proactive behavior）
建言行为（employee voice behavior）　上行沟通（communicate upwards）
向上管理（upwards management）　反馈机制（feedback mechanism）

▶ 复 习 题

1. 员工监督职能的内涵是什么？
2. 员工监督的主要行为表现有哪些？
3. 向上管理的原则有哪些？

4. 建言行为包含哪两个维度？具体表现有哪些？
5. 请简要论述如何保障员工监督职能的执行。

自我评估 ▶ 你的主动性有多强？

请选择最符合你的实际情况的选项，并打上"√"（1=非常不同意，2=不同意，3=不确定，4=同意，5=非常同意）。

1	如果我看到别人处在困难中，我会尽我所能地提供帮助	1	2	3	4	5
2	我擅长将问题转化为机会	1	2	3	4	5
3	我一直在寻找更好的行事方式	1	2	3	4	5
4	遇到问题时，我会直面它	1	2	3	4	5
5	我喜欢挑战现状	1	2	3	4	5
6	如果我相信一个观点，那么没有什么障碍能够阻止我实现它	1	2	3	4	5
7	如果我相信某件事，不管成败的可能性如何，我都会去做	1	2	3	4	5
8	没有比看到我的想法变成现实更令人兴奋的事了	1	2	3	4	5
9	我总是在寻找新的方法使自己的生活更好	1	2	3	4	5
10	我享受面对和克服想法上的障碍所带来的乐趣	1	2	3	4	5
11	我总希望我在群体中是特别的	1	2	3	4	5
12	就算别人反对，我也会坚持自己的想法	1	2	3	4	5
13	我能比其他人更早发现一个好的机会	1	2	3	4	5
14	我总是倾向于让别人来开始一个新的项目	1	2	3	4	5
15	我擅长识别机会	1	2	3	4	5
16	无论在哪里，我都是推动建设性变革的强大力量	1	2	3	4	5
17	看到自己不喜欢的事物，我会去改变它	1	2	3	4	5

计分与解释：
65 分以上：主动性很强。
56—64 分：主动性较强。
43—55 分：主动性一般。
35—42 分：主动性较弱。
34 分以下：主动性极弱。
建议：当今企业管理中越来越需要横向沟通，员工主动地向上沟通是十分必要的，因此主动性较弱的人应该从小事着手，培养自身的主动性。

案例

通用电气的沟通——解放员工"话语权"

话语权、监督权显然和沟通分不开,而说到管理沟通,杰克·韦尔奇是必须要提到的一个人物。和通用电气相关的人物中,杰克·韦尔奇是我们最熟悉的一员了,他为解放员工的话语权做出了极大的贡献。

不少管理者认为应该避免用一些感情色彩强烈的词语,然而,杰克·韦尔奇显然不是这一观点的支持者,他经常使用一些使他的感情强烈外露的词语,"痛恨"就是他嘴边出现频率颇高的一个词。当韦尔奇说这个词语的时候,其宾语大多是"官僚体制"。为何?因为官僚体制阻碍了员工有效地发挥其话语权和监督权,它就像是封上了员工的嘴的胶带,使想传达的东西根本无法传达到上层。韦尔奇经常嚷嚷:"当你穿着6件毛衣出门的时候,你还能感觉到气温吗?""任何等级都是坏的等级。""官僚体制就是我们的那6件毛衣!"因为极其痛恨这种官僚体制,热血的杰克·韦尔奇还差点离开通用电气。多亏他没离开,不然不知道是不是还有后来的企业全球商业偶像。

想当年,杰克·韦尔奇刚担任通用电气的CEO时,通用电气有40万员工,其中有5万是经理,5万中更有500名资深经理人、130名副董事长或更高的职位,从生产的工厂到CEO,管理的层级达12个之多。经理们整天忙着例行报告,把韦尔奇烦得够呛。后来,韦尔奇当上了一把手,开始大刀阔斧地改造通用电气的组织结构。1981—1992年,该公司被裁撤的部门多达350个,甚至连副总裁也难以幸免,由130名缩减至仅仅13名。最终通用电气变成今天的三四个管理层级。正如杰克·韦尔奇自己说的:"管得少就是管得好。"这样的体制让员工离建言献策更近了一步。

这还不是重点,重点是,杰克·韦尔奇在通用电气建立了"无边界"的沟通理念,脱离了官僚体制的束缚。这种沟通理念解放了员工的话语权,让每一位员工都可以畅所欲言。在这其中,群策群力(work out)是一种特别有效的沟通办法。韦尔奇曾说,没有它,通用电气可能达不到今天的地位,它是通用电气DNA中的一部分。始于20世纪80年代初的群策群力,是由韦尔奇亲自发起并持续开展至今的全员创新活动。其实施方式是这样的:公司鼓励员工提出创造性想法,并通过名为"群策群力"的会议组织与问题密切相关的跨部门的员工和经理参与,授权员工进行组织开发和实施。这样一来,员工就掌控了话语权。

通用电气的群策群力在初始阶段主要以"解决问题"为目的,即公司员工在"解决问题"顾问的参与下无所顾忌地讨论他们所面临的共同问题,而相关部门主管则在会议最后一天到场,对所提出的问题与大家一起研究解决方案,并在会后着力推进方案实施。

随着相关全员创新活动的开展并获得成功,1990年,通用电气设立了"最佳实践"活动,开始学习其他企业的领先经验和内部组织的最佳实践,然后在集团内推广,推动知识经验的全员共享。目前,通用电气群策群力的全员创新活动把"解决问题"和

"最佳实践"两种活动结合起来并上升到管理理论，通过内部咨询顾问的推动，使企业各部门不同员工之间的知识信息能够及时充分交流共享，达到创造性解决企业各种技术难题和管理难题的目的。

至今，通用电气已经举行过成百上千次群策群力的会议，而且涉及范围非常广，包括全球数十万员工、业务范围从喷气发动机到电灯泡和信用卡的公司。群策群力帮助通用电气精简机构、向员工授权，并彻底改变了许多旧的交易方式，也使得全员创新成为通用电气公司DNA的一部分。依托群策群力的全员创新实践，通用电气新产品推出达到25%的年增长率。

如果要总结为何"群策群力"能够给通用带来今天的成就和地位，恐怕是因为它解决了无论是管理理论还是管理实践中都最重要但也最难解决的沟通问题。沟通是指为了达到一定的目的，将信息、思想和情感在个人或群体间进行传递与交流的过程，这个过程既是信息的传递过程，也是对所传递内容的理解过程。沟通看似简单，实际上却非常重要，我们可以通过两个数字直观地感受沟通在企业中的重要性，这就是两个70%：一个70%是指企业的管理者实际上70%的时间都用在沟通上；另一个70%是指工作中70%的问题是由沟通障碍引起的。

而通过"群策群力"，通用电气的员工可以实实在在地掌握话语权，表达对管理、决策的看法，并提出建议，这其实从另一个角度来说，也是一种管理权和监督权的获得。因为，从本质上说，通用的"群策群力"就是鼓励员工参与决策，增强员工的主人公意识，让员工从被动接受管理走向前台。员工某种程度上同样被赋予对企业运行的管理与监督方面的权限。

不管是管理学理论还是管理实践理论，都承认沟通是非常重要的。无论翻阅哪一本管理类著作，都会告诉你，沟通管理是企业管理的核心内容和实质，无论是上下级之间还是同级之间。当员工之间可以进行有效的沟通，员工可以将有用的话语传递给领导时，就能够在组织中营造平等自由、无拘无束的环境，可以有效凝聚组织的智慧，进而带来高度有效的解决企业问题的方法。尽管沟通如此重要，很多企业仍然缺乏对沟通的足够重视，企业内部部门之间因沟通问题出现的扯皮已司空见惯。

资料来源：陈洪安等：《微权力》，北京大学出版社2016年版，第103—106页。

[问题]

1. 结合以上案例，你认为在企业中该如何建立一个畅通的沟通渠道？
2. 你认为"群策群力"的正效应体现在哪里？
3. 结合学过的管理学知识，你认为还有哪些方式可以促进员工积极地使用监督职能？

第五篇

DI WU PIAN

幸福管理篇

幸福作为个体的最终追求，存在于个体生活的方方面面，也是管理的终极之善，是组成组织个体的目标集合。管理的终极目标是组织利益相关者的幸福最大化集合，而管理的过程就是充分发挥和利用个体的智慧与优势来协调组织的资源，最终达成这一目标。当每一个组织内部的个体变得幸福时，管理的目标得以实现。

第十七章
幸福

> 幸福来自成就感,来自富有创造力的工作。
>
> ——富兰克林·D. 罗斯福

第一节 幸 福

随着社会的进步和科技的发展,财富水平的提高导致财富刺激的边际效用逐步递减,致使人们开始致力于对幸福的追求,幸福水平因此受到了人们的高度重视。2012年中秋、国庆双节前期,中央电视台推出了《走基层百姓心声》的特别调查节目"幸福是什么";随后几年,央视有关"幸福"的调查也接连不断,"国民幸福指数"等词汇不时出现在新闻中。随着国家以幸福指数来评价经济发展的要求,组织对幸福的管理也迫在眉睫。所有这些都要求组织从幸福的视角审视管理的终极之善,幸福管理将是现在以及未来的管理目标与方向所在。

一、幸福的定义

对于幸福的理解,众说纷纭。苏格拉底认为,幸福是由智慧和知识决定的。柏拉图认为,幸福只不过是"善"的理念。伊壁鸠鲁则认为,幸福是一种快乐的体验,幸福生活是我们天生的最高的善,幸福生活构成生命意义的终极基础和目标。德谟克利特认为,幸福不是财富,而是正直和谨慎。洛克认为,幸福就是快乐,极度的幸福就是我们所能享受的最大快乐。弗洛伊德认为,幸福来自于本能,尤其是性本能的满足。还有学者认为,幸福不仅是获得快乐,而且包含通过充分发挥自身潜能而达到完美的体验。功利主义认为,人的本性是追求幸福,人的行为是趋利避害,绝大多数人的幸福就是道德准则和立法根据。

对幸福感的英文表达有:happiness、well-being、subjective well-being、psychological well-being 等。在现代心理学研究中,使用的是合成词 well-being,反映出西方人对人类存在的思考取向,有幸福、健康、福利之义。《韦氏英语辞典》(1997 年版)对 well-being 的解释是:一种良好的或满意的生存条件;一种健康(health)、幸福(happiness)、兴旺(prosperity)的状态。《新英汉词典》中的释义为健康、幸福、福利。哲学家倾向用 flourishing、well-being 和 eudaimonia 来表示幸福，包含"lead the good life"的意蕴，即幸福就是过美好的生活。

在《汉语大词典》中，"幸福"的含义是：(1) 谓祈望得福气；(2) 使人心情舒畅的境遇和生活；(3) 指生活、境遇等称心如意。虽然"幸福感""幸福指数"是近年来才出现的新名词，但我国"福文化"有很长的历史源流，中华福文化是中华民族文化的重要组成部分，所谓"福"，在过去是指福气、福运，而现在人对福的理解是"幸福"。"福"是一切美好事物和谐的集合，同时又是一种现实的存在。另外一个概念"乐"也与现代的幸福含义颇为接近，其内涵很丰富，乐是个体在心理上一种愉悦、舒适、满足的心理体验，是主体意识（主要是情感意识）自我完成、自我实现中的自我享受而又超越自我的精神境界。

"幸福"是满足感的集合。满足感是动态的，在单一、有限的目标条件下，人们很容易满足，也容易具有幸福感；随着人类能力的增强，更具诱惑力的目标大量出现，人们越来越不满足简单的成果，多目标的成果提高了人们的满足期望值。"不幸福"是不满足的集合。人的健康、人生哲学、信仰、社会环境、视野、收入水平等，其中有一项产生"木桶效应"，就可能使得幸福被"一票否决"。特别是在社会分配不公、社会公德意识下降的前提下，多数人的幸福感必然大幅降低。"幸福"与"不幸福"两个集合此消彼长，如在中国，有着"祸兮福所倚，福兮祸所伏"的说法。可见，对于"幸福"这个相对的概念，需要辩证思考。

佛陀出家是为了追求更有意义的生活，最终获得启迪，达到内心的宁静，获得了一种幸福感。亚里士多德相信，美好生活的关键是完善的幸福（eudaimonia）（与高尚的生活相关联的人的丰盛），或者说基于对有意义的、发展性目标的毕生追求（也就是"做值得做的事情"）所带来的幸福。

幸福的理论可以分为以下三种类型：(1) 需要/目标满足理论。该理论由心理治疗流派的某些领导者提出。例如，精神分析和人本主义理论家（如弗洛伊德和马斯洛等）认为，紧张的减少或需要的满足会带来幸福。简而言之，该理论认为，我们感到幸福是因为我们达到了目标。这种被"满足的幸福"使幸福成为我们人生追求的目标。(2) 过程/活动理论。该理论认为，投入特定的生命活动会产生幸福。例如，米哈里·契克森米哈（Mihaly Csikszentmihalyi），20 世纪最早提出幸福的过程/活动观点的理论家之一，认为在日常生活中体验到流畅感（flow）（投入自己感兴趣的活动中，这些活动与任务相关的技能匹配或对技能提出挑战）的人通常非常幸福。契克森米哈的研究表明，投入活动中会产生幸福。其他过程/活动理论家（如 Emmons、Snyder 等）强调追求目标的过程会产生活力和幸福。这种追求幸福的观点反映了美国创始者的那种"生命、自由和追求幸福"的承诺。(3) 遗传/人格倾向。该理论强调幸福，倾向于把幸福看作稳定的，而幸福的需要/目标满足论和过程/活动论则认为，幸福是随着生活状况而改变的。卢卡斯和藤田的研究发现，"大五"人格（开放性、责任心、外倾性、宜人性、神经质）中的两个因素即外倾性和神经质与幸福高度相关，从而证实了幸福和人格的关系。幸福的生物或遗传决定论的研究表明，有 40% 的积极情绪和 55% 的消极情绪是遗传而来的。显然，还剩下大约 50% 的幸福变异不是生物成分所能解释的。

因此，总体而言，要对幸福感有更完全的理解，必须考察遗传因素以及需要/目标满足理论和活动/过程理论所提出的那些变量。

由上述内容可以看出，学术界放弃了通过描述幸福的具体内容、界定幸福的外部标准来给幸福下定义；心理学家则从人们的主观感受来定义幸福。虽然人们对于幸福的具体定义各不相同，但是人们对于自己是否幸福、有多么幸福都能轻易地作出较为准确的评价。因此，本书认为，幸福（happiness）是一种个体主观界定的积极情绪状态；是一种主观的、相对稳定的、全面的对生活的评价和体验。

二、主观幸福感：幸福的同义词

基于实用主义传统和享乐心理学的宗旨（强调对快乐和生活满意度的研究），主观幸福感是对自己当前状况的主观评价。具体来说，幸福感涉及我们的快乐体验以及我们对生活给予的奖赏的感恩。

从前文对幸福的定义可以看出，幸福强调主观，强调个体，是一种基于气焰的评价和感知。或许每个人对幸福的认知都各不相同，但每个人都会根据自己的感受来评价自己的幸福程度。这也正是心理学家提出主观幸福感的由来。主观幸福感（subjective well-being）是个体对自身生活产生的评价具体化。它包括生活满意度，以及相对存在愉悦情绪或缺乏负面情绪。[①] 在心理学文献中，主观幸福感这个术语常常被作为幸福的同义词。

采用主观幸福感作为幸福的替代词有两个重要原因：首先，主观幸福感的含义可为众人所接受和理解。一个幸福的人，无论他来自什么国家，有着什么样的文化背景，我们都可以较为准确地理解为其所表达的主观心理感受。主观幸福感为不同文化、不同种族、持有不同幸福观的人探讨幸福提供了一个共有平台。其次，使用主观幸福感这一概念能让研究者对幸福进行客观的测量，以便于采用实证方法来研究幸福与其他各变量之间的关系。然而，人们的主观感受可靠吗？心理学中的行为学派曾彻底摒弃人们的主观感受，认为只有可以观测到的行为才能成为科学研究的对象。事实上，主观幸福感是完全可以进行客观测量的，有一系列的证据证明主观幸福感存在客观的生理基础。约翰·霍普金斯大学（John Hopkins University）的罗伯特·罗宾森（Robert G. Robinson）发现，如果一个人大脑左前部中风，则可能变得压抑，而如果一个人大脑右前部中风，那么很可能变得软弱。研究人员还用脑电图描记器和核磁共振扫描仪对大脑各个部分的活动情况进行了探测，结果发现当人们体验正向情感的时候，各部分均较活跃。神经心理学的研究也发现，人们体验的情绪与大脑的唤起水平（arousal level）有关，只有无论是唤起水平过高还是过低都会发生变动的时候，人们才会体验正向的情绪。这些研究成果都说明主观幸福感的产生是具有客观生理基础的。生活满

[①] See Diener E. Subjective Well-being: The Science of Happiness and a Proposal for a National Index [J]. *American Psychologist*, 2000, 55 (1), pp. 34—43.

意度（Life Satisfiction）是人们基于自己的判断标准对生活质量作出的评价。[①]

研究者基本认同主观幸福感包含三维结构：

（一）情感维度

主观幸福感首先是由人们的情感构成的。对于情感进行分类的一个重要方法就是将情感分为正向情感和负向情感。如果你正在体验正向情感（如喜悦、得意、满足、骄傲、快乐、狂喜等），那么你很可能正身处有利的环境，或者一切进展顺利。如果你正体验负向情感（如悲伤、焦虑、愤怒、沮丧等），那么你很可能正身处不利的环境，或者遇到了困难。因此，许多学者认为，人们对于环境的情感评价应该成为形成主观幸福感的基础。这样看来，正向情感和负向情感似乎是同一维度的两个方向，但也有学者认为应该将正向情感和负向情感视为两个独立的维度。理由是，虽然在某一时刻正向情感和负向情感不能同时产生，但并不是从不体验负向情感的人就是最幸福的。因为无论是正向情感还是负向情感，它们在人类漫长的进化过程中都具有独特的作用。正向情感往往表征环境有利，预示存在双赢的合作机会。因此，正向情感可以促使人们探索新的领域，鼓励人们锻炼新的技能，或与他人交往以寻找新的合作机会。简言之，正向情感可以拓展人们的智力、生理和社交资源，进而帮助人们更好地应对未来的挑战，或抓住眼前的发展机遇。而负向情感则是人们对于外界威胁的第一道防线，它会调动身体各种机能作好应战准备——恐惧意味着危险即将来临，悲伤意味着损失在所难免，愤怒意味着外敌就要入侵，等等。在自然选择的过程中，负向情感所预示的威胁往往是零和博弈。

另一种对情感进行分类的方法是将情感分为瞬时情感和整体情感。之所以要如此进行分类，是因为在某些情况下，分别用瞬时情感和整体情感对某一段时间内的主观体验进行测量会得出不同的结果。

（二）认知维度

情感是人们对于生活幸福与否的实时主观评价，但这并不是唯一的评价方式。人们同样可以通过高级的认知过程，如通过将现状与目标相比较，来判断生活状况的好坏，进而形成自己对于生活幸福与否的整体评价，即生活满意度。由于这样的判断涉及复杂的高级认知过程，由此得来的评价被视为主观幸福感的认知维度。

由于人类认知能力的局限性，不可能对生活诸多方面的各种信息作出全面的评价，人们在判断生活是否令人满意的时候就需要借助许多捷径，特别是那些在作判断时非常显著的信息往往对生活满意度的形成起到重要作用。比如，那些个人十分看重的方面的现状对生活满意度的形成就具有重要的影响，其他方面的信息则相对不那么重要。此外，虽然大脑进行高级认知活动的过程与产生情感的过程不同，但情感本身也是认知过程的一个重要信息来源，会对人们有关生活状态的判断产生重要的影响。有时甚至一些与判断对象并不相关的因素所导致的情感也会对幸福评价产生作用。比如，有研究发现，在人们对生活满意与否进行判断的时候，天气好坏所造成的情感波动会对

[①] See Ed Diener, Eunkook Suh. Measuring Quality of Life: Economic, Social, and Subjective Indicators [J]. *Social Indicators Research*, 1997, 40 (1—2), pp. 189—216.

人们的判断产生显著影响。然而，天气的随机变化理应与人们的整体幸福无关。这项研究的结果表明主观幸福感的情感维度和认知维度并不是完全独立的，而是部分相关的。但是情感在生活满意度形成的过程中到底占多大的权重却存在文化差异，身处个人主义文化中的人更依赖于自己的情感，而身处集体主义文化中的人则更依赖于生活中重要之人对其生活的评价。

在对自己作出是否幸福的判断的时候，人们并不是简单地从生活的一些重要方面抽取信息来判断自己是否幸福，而是将这些信息与一些重要的标准进行比较，比如生活是否有意义、事业是否成功、是否自我实现、与他人相比境遇如何等。这些认知过程同样会对个人情感产生影响。虽然有些情感的产生是自发的，不需要高级的认知过程，比如恐惧，但是认知评价会影响人们对于外部环境或事件的情感评价。比如，一个人若将自己的成功归因于个人的天分和努力，那么可能会比将成功归因于幸运而感到更加高兴。如果这一成功是其更加宏伟计划的重要一步，那么他的高兴程度将进一步提高。但是，如果其所处文化鼓励将成功归因于集体而非个人，并且认为个人因为成功而沾沾自喜是骄傲自大的表现，那么个人可能就不会因为成功而感到非常高兴。这也再次说明，虽然情感维度和认知维度是主观幸福感的两个相对独立的方面，但是两者之间存在错综复杂的交互关系，因此两者是部分相关的。

（三）过程维度

心流，根据契克森米哈的说法，就是个体完全地沉浸于体验本身，而体验本身就是最好的奖赏和动机。在心流状态中，我们的感觉和体验合二为一，即"行为和觉察融为一体"。

我们都有过沉迷于阅读或写作的经历，有时连别人叫我们都听不见，或者当我们在专心烹饪、和朋友谈心、在公园打球时，经常几个小时就在不知不觉中过去了。这些就是心流体验。

在心流状态中，我们享受着巅峰体验，同时也作出了巅峰表现：既感受到了快乐，又展现出最好的状态。运动员把这种情形称为"在状态"。无论我们在心流的境界里做什么，踢球也好，雕刻也好，写诗也好，学习也好，我们对于正在进行的事情采取的是一种全神贯注的态度，没有任何人或事可以打扰我们或是使我们分心。在这种最佳状态下，我们能够更有效地学习、成长、进步并且向未来的目标迈进。在这种状态下，没有比活动本身更重要的东西，个体也就没有更多的精力和时间来判断自己当时是否幸福。只有当流体验结束，回想起来的时候才觉得自己是多么的幸福。

需要指出的是，流体验对于主观幸福感的情感维度和认知维度的贡献只是其副产品，它本身就是一种积极的意识状态，是主观幸福感的重要组成部分。

第二节 幸福感测量

一、幸福的测量方法

如前所述，幸福是一种主观的、个体的评价与体验，但是借助主观幸福感可以客观地测量幸福。针对主观幸福感的测量方法主要包括：自陈报告法、知情者/观察者报告法、生理测量法以及任务测量法。

（一）自陈报告法

目前使用较广泛的自陈量表主要包括：一是 Campell 编制的幸福感指数量表（index of well-being，index of general affect，WBIS）；二是 Bradburn 编制的情感平衡量表（affect balance scale，ABS）；三是美国国立卫生统计中心编制的总体主观幸福感量表（general well-being schedule，GWB）；四是 Kozma 和 Stones 融合了情感平衡量表、生活满意感指数（Z）和费城老年病中心量表，编制了纽芬兰纪念大学幸福度量表（Memorial University of Newfoundland scale of happiness，MUNSH）。

案例

生活满意度量表

指导语：请使用从 1 到 7 这几个数字来表示你在多大程度上同意或不同意下面的陈述。

1	2	3	4	5	6	7
非常不同意	不同意	有点不同意	中立	有点儿同意	同意	非常同意

1. _____ 我的生活大致符合我的理想。
2. _____ 我的生活状况非常好。
3. _____ 我满意自己的生活。
4. _____ 到目前为止，在生活中我都能够得到我希望拥有的重要东西。
5. _____ 如果我能够重新活过，我不想改变任何东西。

注：把所有题目的分数相加计算总分，得分越高表示个体的生活满意度越高。

资料来源：熊承清、许远理：《生活满意度量表中文版在民众中使用的信度和效度》，载《中国健康心理学杂志》2009 年第 8 期。

（二）知情者/观察者报告法

由于人们有时会故意隐瞒自己的真实情感，比如拒绝披露自己的负向情感，因此可以请被试者熟悉的人或者受过特殊训练的观察者来报告被试者的主观幸福感，如可以请被试者的家人、朋友、同事等提供有关被试者在生活和工作中与快乐相关行为的信息，或者可以请能够辨别具体情感信号的专家进行观察，如采用面部动作编码系统对面部的肌肉动作进行辨别，以确定被试者的情感。

（三）生理测量法

研究者还可以根据被试者的心律、心动加速率、血压、体温、呼吸频率、皮肤电导系数来判断被试者的情绪。目前，该类生理测量法只能进行定性分析，无法进行更加准确的定量分析。

（四）任务测量法

由于快乐的人往往比不快乐的人能够更好地完成某些任务，因此可以通过被试者完成这些任务的情况来判断其快乐与否。比如，可以让被试者在很短的时间内回忆尽可能多的快乐体验，并根据其回想起快乐体验的多少对其情感状态作出判断。也可以让被试者写出或辨识与正向情感相关的词语，并根据写出或辨识积极词语的速度和数量来进行判断。

二、综合幸福问卷

《综合幸福问卷》（multiple happiness questionnaire，MHQ）是在整合"主观幸福感"（SWB）与"心理幸福感"（PWB）理论框架与测评指标的基础上，建构的多方位、多测度、多功能的本土化的"幸福感"测评工具。该问卷包括一个指数（幸福指数）、两个模块（"心理幸福感"和"主观幸福感"）、九个维度（生活满意、正性情感、负性情感、生命活力、健康关注、自我价值、友好关系、利他行为、人格成长）。MHQ已经在大学生、军人、中学生、研究生、老年人等领域得到应用，也曾被学者用于评价员工的幸福感。

第三节 幸福管理

一、幸福管理的由来

(一) 管理思想的人性假设根本

人的行为并不是完全理性的，而是由人性所支配的，因此对人性的研究是对管理价值进行认识和分析的最基本的前提条件。人性假设是管理的理论基础，是从工作的目的出发，研究人们在工作中最重视的因素，据此提出相应的人性假设和管理模式。其中，最有影响的人性假设有经济人、社会人、自我实现人和复杂人四种假设，每种人性假设都对调动员工的工作积极性和提高生产效率起到了重要的作用。纵观一系列人性假设，"经济人"认为工作的目的只是获得物质报酬，追求经济利益；"社会人"希望拥有和谐的社会关系，追求归属感、尊重感；"自我实现人"希望充分开发自我潜能，追求成就感。"复杂人"有各种各样的需求，追求因人而异。人性假设理论反映了管理学家对人的不同认识，每种人性假设都与所处环境及时代有关，都正确地反映了人性某些方面的特征，对调动员工的工作积极性和提高生产效率起到了重要作用。

然而，由于条件限制，这些人性假设各自存在一定的历史局限性，都没有反映出人性的根本，即人生活、工作的最本质的追求和终极目标。追根究底，每种人性假设的实质都是幸福人假设，背后都反映出当时所处时代影响人们幸福感的主要因素。而其局限性就在于都只说明了人们的某种或某些具体追求，这些追求仅仅是手段而不是目的，充其量仅是达到幸福的手段与过程，为幸福提供了一些外部的条件。然而，幸福的手段、过程和条件皆不是幸福本身，都没有反映出人性的根本，即人生活、工作的最本质的追求和终极目标其实都是"幸福"。人生活、工作的根本目标和终极意义是追求幸福最大化。因此，从这个角度说，管理的终极人性假设是"幸福人"假设。

（二）幸福经济学：从客观效用到主观幸福

经济学将效用近似等价于个人幸福，将GDP近似等价于总体幸福，这是最简单的衡量方法，这种方法实质上是将人们幸福的来源单一地归因于货币收入和物质财富。美国经济学教授理查德·伊斯特林在其1974年发表的题为《经济增长可以在多大程度上增进人们的幸福》一文中提出了一个著名的悖论，即收入和幸福之间不存在明显的正向关系，单纯依靠货币并不能购买到幸福。在伊斯特林看来，收入确实是带来幸福的重要因素，但不是唯一因素。在人们的基本需要得到满足以后，收入的重要性就开始下降，而其他一些因素的重要性则开始显现，其中最重要的就是期望值的升高。有很多高收入者认为自己并不幸福，也有不少生活在贫困线以下的人认为自己很幸福，原因就在于他们有不同的期望。因此，即使提高所有人的收入，也不能使所有人都感到更加幸福，原因就在于人们之间的攀比会降低他们的幸福感。

卡尼曼把心理学和经济学结合起来，采用生活重现法计算国民幸福。该方法先对人们每天从事的各种活动进行分类，并根据大量代表性人群对这些活动的主观评价判断他们的幸福水平，再统计人们在这些活动上所花的时间，据此核算国民幸福总值。这种方法后来成为国民幸福核算账户（national well-being account）的基础。国民幸福核算账户未来有可能取代国民收入核算账户而成为衡量社会发展水平的重要指标。可以看到，这种核算方法已经加入主观判断，并不是简单的经济学上的纯客观数字。

幸福是人们付出劳动的目的，也是人们消费与享受的结果。诺贝尔经济学奖得主萨缪尔森教授提出了幸福方程式：个人幸福＝物质财货/消费欲望。其中，物质财货是客观数据，而消费欲望则是实打实的主观决策。因此，经济学上的"幸福方程式"阐述了幸福的以下几个特点：第一，由于生长环境和生活经历不同，每个人的欲望大小是不一样的；而不同的人在消费同一种物品或享受完全相同的服务时所得到的满足程度（效用）也是完全不相同的。由于效用和欲望都是人们的主观感觉，所以，幸福是因人而异的，是主观的。例如，对于城市中的人来说，坐火车、汽车是很平常的事，而对处于交通不便的边远山区的人来说，能坐上汽车、火车还是一种奢望。第二，在方程式中，当欲望相对固定时，作为分子的效用值与幸福值成正比，即效用值越大，幸福值越大，反之亦然。这里需要强调的是效用值，而不是效用数量的绝对增加。相反，当效用值相对固定时，作为分母的欲望与幸福值成反比，即欲望越大，幸福值越小，反之亦然。第三，从方程式中可以看出，如果没有了欲望或效用，也就没有幸福可谈。[①]

按我国著名经济学家梁小民先生的解释："欲望是一种缺乏的感觉与求得满足的愿望。也就是说，欲望是不足之感与求足之愿的统一，两者缺一都不能称为欲望。欲望的特点是其无限性，一种欲望满足之后又会产生其他的欲望，永远没有满足的时候。"而效用则是人们消费某种物品或享受某种服务所得到的满足程度。

古典经济学认为，财富的增长一定能够带来人们快乐的增长，所以，只要研究财富的原因并以经济增长为中心，社会的幸福与快乐就自然不成问题。因而，财富的多

---

① 参见许海军：《幸福的经济学含义》，载《社会科学论坛》2002年第10期。

寡被视作间接度量福利水平高低的一个主要指标。人本经济学认为，经济学是人的生命成本最小化、幸福满足最大化的学说，幸福是人类唯一有理性的终极目的，而人本经济学就是解决有限生命成本约束条件下的幸福满足最大化的问题。

（三）积极心理学

管理学是一门综合性的交叉学科，管理理论的发展应该从积极心理学的思想中汲取营养。积极心理学倡导人们培养积极的心态，以积极的心态面对现实与各种心理现象，客观、乐观地认识和处理现实与心理之间的关系，激发自身实际或潜在的能量。当心理上的积极因素占据上风，即积极心理成为一种主导性心理状态时，人们便会对生活形成积极的情感和认知评价，从而获得幸福感。

积极心理学是美国心理学界正在兴起的一个新的研究领域，最早可追溯至20世纪30年代关于天才和婚姻幸福感、生活意义等内容的研究。积极心理学的研究对象是平均水平的普通人，它要求心理学家用一种更加开放的、欣赏性的眼光看待人类的潜能、动机和能力等。这与传统的心理学研究有很大的不同。在以往的心理学中，我们所熟悉的词汇是病态、幻觉、焦虑、狂躁，以及对于死亡的恐惧等。而在积极心理学中，健康、幸福、勇气、自信、灵性、爱等词语则成为关注的焦点。

积极心理学的研究主要包括三个范畴：(1) 积极的主观体验（幸福、愉悦、感激、成就等），主要讨论个体的幸福感和哪些因素相关。比如，年龄、性别和受教育程度对幸福的贡献较低，而自尊、乐观、感激之情、朋友的多少却与幸福感高度相关。愉悦感有原始的愉悦和高级的愉悦，受到很多因素影响，如全身心投入的酣畅感可带来长久的愉悦；而感恩则更令人愉悦，从而体会到一种持久的积极体验；成就则是对自我价值实现的回馈。(2) 积极的个人特质（个性力量、天赋、兴趣、价值），包括个性力量的识别和界定。根据美国行动价值协会（VIA）提出的良好性格的分类，美德可分为智慧和知识、勇气、人道主义、正义性、节制、超越优势六种类别，帮助人们确认自己的个性力量所在，识别并发挥自己的优势，实现个体的人生价值，贡献于社会。(3) 积极的机构（家庭、学校、商业机构、社区和社会）。探讨积极的人际关系，包括亲子关系、两性关系、爱的能力等与友谊、爱情、婚姻相关的关系，探讨如何提升这些亲密关系，从而实现人生的幸福。此外，研究范畴还包括积极的学校教育、积极的商业机构和工作环境、积极的社区建设乃至积极的社会创建等。

管理学界对工作幸福感和幸福管理的探讨，正是在这一背景下产生的。从前文的论述中，我们可以得出这样一个结论：人们可以通过改变自己的认识和观念，开发提升积极的情感，获得更多的主观幸福感，也就是说，幸福感是可以管理的。需求层次理论也表明，当个人的自我实现需要占主导地位时，其自我潜能可充分地发挥，由此产生的幸福感就是人精神上最大的幸福感。从这一角度来看，幸福感可以通过培养积极心态、管理需求来间接管理，即幸福是可以管理的。由此，积极心理学必然在幸福管理中占据极其重要的地位。

（四）定义幸福管理

财富是否增加不能作为管理水平高低的唯一判别标准，管理的中心任务也不仅仅是得到更多的财富，幸福指数逐步成为衡量社会和谐和民众幸福感程度的重要指标。

这也意味着整个社会开始把提升幸福水平作为社会发展的整体目标，幸福是人类唯一有理性的终极目的。从企业组织层面来讲，企业组织存在的使命是最大化组织利益相关者的幸福。

幸福管理是基于创造幸福价值的管理，要在企业管理中建构企业的幸福力。幸福管理是以人为本的管理，首先要对人性形成正确的理解。以人为本并不是简单地对人力资源的管理和利用，人力资源只强调了员工作为实现企业利益的手段，但是员工作为人，是需要全面发展的人，员工的健康心理和幸福生活应当成为企业的目的。因此，幸福管理更应该把员工的生活作为重心进行管理，要把员工当作现实生活中的人，只有员工生活幸福了才能够为企业积极工作。

幸福管理是以心本管理为基础的，可以说是一项"塑心"工程，注重心理感受就是要以员工的幸福感为核心。工作幸福感是个体在工作过程中的一种积极的心理体验，是比较稳定的自我主观感受，同时也表现为一种积极的价值观，它从深层次体现个体通过工作实现自我价值的追求。幸福管理提倡员工价值的实现能够和企业价值相统一，从而实现企业的和谐、幸福。幸福管理的结果一定是员工幸福和企业幸福的整合。

从管理意义上说，幸福就是在管理互动中充分发挥和利用每个人的智慧和优势获得自身的发展，并不断地追求生存优越和快乐以满足自己不断提升的物质和精神需求，使之促进组织利益相关者幸福最大化的至善境地。因此，幸福管理就是充分发挥和利用每个人的智慧和优势来协调组织的资源以增进组织利益相关者幸福最大化的机制运行过程。幸福管理作为管理发展的新阶段，既是一种价值观，也是一种方法论，其精髓在于激励人、自我实现人、文化人、幸福人的理念，其实质是改变人们的生活，使人获得幸福与快乐。[①]

二、幸福管理的内容

德鲁克在《人事管理是否已告彻底失败》一文中谈到，人事管理常常把眼光只放在人际关系理论上，而人际关系理论则把焦点全部放在群体心理和个人心理上，但真正有效的是科学管理。科学管理可以把焦点放在工作上，有组织地研究工作，从而系统地改善员工绩效。德鲁克说，如果没有科学管理，我们在管理员工和工作时，绝对不可能超越善意、劝诫和"加油"的层次。

弗兰克（Victor E. Frank）在《人寻求意义》一书中提出了发人深省的同名命题。弗兰克作为奥地利籍犹太人，在二战期间被关进纳粹集中营，由于他的专业是精神病学，他在狱中最初的努力是帮助难友们树立未来的目标和期望。但他发现，在圣诞节到新年的一周里，死亡率明显高于平常，甚至高于断食、瘟疫等最艰难的时期，原因就在于他们渴望在这段时间能得到解救和与家人团聚，一旦希望破灭，他们就会被绝望所笼罩，从而严重损害身体的抵抗力，许多人就是这样离开人世的。弗兰克彻底领悟到，最重要的是要使人们认识到：我们对生活的期望是什么并不重要，重要的是生

---

① 参见蒲德祥：《管理思想发展的新阶段——从科学管理到幸福管理》，载《华东经济管理》2009年第9期。

活对我们的期望是什么。也就是说，人们活着是为了寻求意义而不仅是追求需要的满足，这个意义就是认识到生活对我们的期望并为之奋斗。由此我们不难得出，尽管个人化的薪酬与福利是人本管理的重要举措，但更为关键的是要让员工在每天的工作过程中认识到工作的意义。由此，企业文化建设的主要任务之一，应当是启发员工寻求意义，认识生活和工作对他们的期望，强化员工的责任感。

塞利格曼（Martin E. P. Seligman）在《真实的幸福》一书中提出，人们身上有一些不随时间和外部变化而改变的心理特征，这些特征会导致一定的行为。如果一种心理特征能够持续引发且可以给人们带来快乐的行为，那么这种心理特征就叫做积极性格。塞利格曼通过统计分析，将积极性格细分为24种心理强项，如好奇心、喜爱学习、判断力、领导力等；他同时提出，虽然每一种强项都是可以通过后天努力而掌握的，但是每一个人都有若干特别适合自己的强项，这些强项就是个人的标志性强项（signature strength）。积极心理学家认为，如果你能对这些标志性强项进行不断的培养，并且在生活中不断实践它们，就能获得持久的幸福。由这项心理学研究，我们可以获得的管理启示在于，多数工作在其完成过程中都有机会使若干心理强项得以发挥，企业需要找到恰好具备这些标志性强项的员工，使他们在完成工作的过程中自然地有机会不断实践这些心理强项，进而提高自己的幸福水平。

员工作为企业价值创造的主体，其幸福是企业幸福管理的重要组成部分，本书将从工作生活质量、工作家庭平衡两方面进行论述，并提出企业幸福干预策略。

（一）工作生活质量（quality of work life，QWL）

1. 工作生活质量的本土化定义

在经济全球化的今天，中国同样经历了社会进步对人们思想意识的洗涤。越来越多的人希望在劳动中满足个人利益，增强对环境的控制力和发展人际关系。现今的领导者对直接控制其下属的工作方式不再感兴趣，员工们也对过于专制的管理模式日益反感。领导与员工都渴望在工作中感受到一种高水平的需求满足感、自我改进与高品质的工作生活质量。

不同的个人，在不同的时间、环境、条件下，各有不同的目标组合。一般来说，在物质匮乏的条件下，人们可能更多地关注生活质量而降低对工作质量的要求，即对物质的追求大于对精神层面的追求；而在物质相对丰富的条件下，人们的注意力就会更多地放在工作质量上。所以，可以用工作生活质量这个概念来综合地反映不同个人所追求的目标组合，以及组织满足个人目标的程度。

与之相对应，组织目标也是多种多样的，其中生产工作效率与社会经济效益是最重要的目标。生产工作效率反映生产的有效商品或提供的有效服务与投入的人力、物力、财力的关系。提高生产工作效率意味着从一定的投入中获得更多的产出。社会经济效益则是企业、组织存在的根本，是对其社会贡献大小的衡量，也是对其目标实现程度的度量。提高社会经济效益就是增强企业、组织的生命力。而提高生产工作效率与社会经济效益最有潜力的方式是对人力资源更为有效的使用。有效的人力资源开发与管理在当前的基本任务就是在提高工作生活质量和生产工作效率的基础上，满足企业、组织发展与变革对人才的需求。所以，工作生活质量作为一个组织是否吸引人才的综合评测指标，成为 21 世纪人力资源开发与管理的主要内容。

组织与个人是一对既矛盾又统一的关系。一个运行良好的组织，其个人利益与组织利益必须是一致的，否则都会受到损害。工作质量可以是组织的所有工作条件的总和，生活质量可以是一个个体生活的全面评价，而工作生活质量应是介于这两者之间的一个范畴，但又能同时反映组织与个人这两个要素的利益统一。所以，工作生活质量必须具备两个特点：既要关心一个员工的健康、幸福，又要关心组织的效率与效益。推动工作生活质量的改善就是使员工个体与组织团体整合成一体，这可以说是人类进步的必然一步。

至此，我们已经明白了工作生活质量的基本内涵：由相互作用、相互影响的组织环境与个体的性格、心理、生理体验综合形成的员工的总体感受。人们希望确保满足其个人需求，且向往着更多的由环境与组织给予的满足感。一个人所处的组织环境越好，他所体验的积极的生活经验越多；一个人体验的积极经验越多，他的个性、创造力就越能发挥，也越能更好地适应环境。

总体来说，工作生活质量就是一种需要被满足的感觉，对组织来说是通过提供高水平的 QWL 使员工满足，对员工来说是通过积极劳动、参与决策而享受高水平的 QWL。员工的需要是一系列的，QWL 的具体指标也是一系列的。组织对这一系列指标满足得越好，员工的工作生活质量就越高。

综上，工作生活质量就是一个组织通过满足员工的物质与精神需要，促使员工更多地发挥创造力，增强责任感与主人翁精神，获取更高境界的满意感，从而实现组织目标高效的完成。它与工作质量、生活质量的关系如图 17-1 所示：

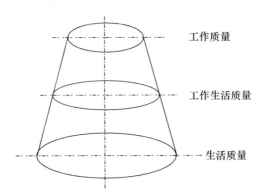

图 17-1　QWL 与工作质量、生活质量的关系

2. 提升员工工作生活质量

员工伴随企业一起成长，也因企业的成长而受益。这种受益，并不仅仅是薪金，更多的是工作本身带给他们的愉悦感、满足感、成就感和幸福感，这些感受的程度构成员工的"工作生活质量"。人类的一切活动说到底都是为了提升人类的生活质量，无论是工具还是科技，最终都是为了让人类生活得更好。企业作为人类社会的一个小单元，同样也是为了提升人类的生活质量。

有些企业的产品和服务之所以会有人愿意购买，是因为购买者期待这些产品和服务能够改变他们的生活,当然有些确实改变了他们的生活。

在中国,员工工作时间相对较长,按一周168小时算,减去睡眠时间约56小时,每周真正可用的时间仅112小时,其中工作时间至少在40小时以上,占至少1/3。这1/3时间的工作生活质量如何,直接影响了员工的人生质量。在现在以人为本的时代,企业当然应该关心员工的工作生活质量,管理者们当然应该以提高员工的工作生活质量为己任。

当然,提高员工的工作生活质量不但不会造成企业成本增加,反而会因为提高了全体员工的工作生活质量,使企业自身的利益得到更充分的保证,企业的长期发展成为可能。

对于提升全体员工工作生活质量,我们可以从下面六点着手:

(1) 让员工做他们喜欢的工作。如果员工做着自己不喜欢的工作,他们是不可能有多少愉悦感、满足感、成就感、幸福感的,所以,提高工作生活质量首先要让员工做他们喜欢的工作。当人们从事自己所喜欢的工作的时候,工作的过程就是享受的过程,他们会在尽情地、不知不觉地享受工作的同时,把工作做得很好。

(2) 发挥员工优势。让员工做他们擅长的、能发挥他们长处的工作,这样员工就能发挥自己的优势,更容易在工作中获得被认可、被需要的感觉,潜能也就能更好地激发出来,当然就能够把工作做得更好。员工们的工作都做好了,企业的竞争力就会强大。这就要求每一个管理者都应该了解下属的长处,并且在工作中尽量发挥他们的长处,做到人尽其才,物尽其用。

(3) 帮助员工融入团队。员工关系融洽,员工们同他的上司相处愉快,在这样的氛围下工作,工作效率提高是自然的事。同时,在这样的机构里工作,员工的稳定性会更高,人才流失的情况也就会更少。

(4) 培训和晋升。企业有系统的培训计划,使员工有接受培训的机会;员工工作中遇到问题会有人及时指导;企业帮助员工建立自己的职业生涯规划,为员工提供相应的职业通路,这些方面尤其重要。可以说,培训带给企业的不仅仅是员工技能的提升,同时,也会促进员工的合作,而清晰的职业通路则让员工永远保有活力和斗志。这样,培训和晋升就构建了一个良好的闭环,让员工和部门以及整个组织的能力都得以提升,受惠的将是整个企业。

(5) 企业文化塑造。良好的企业文化,会让员工热爱自己的公司,认同公司的价值观;让员工对公司有信心,相信公司的目标能够实现;让员工感到公平——机会公平、评价公平、收入公平等。

(6) 有竞争力的薪水。让员工有较高的薪水,不会被生活困扰,对企业来说至关重要。因为一个整天为柴米油盐的价格操心的员工,怎么可能全身心地投入工作呢?

企业如果做好上述内容,就能在提高员工的工作生活质量的同时,充分调动员工的工作热情,大幅提升员工的工作能力。当员工有良好的工作生活质量时,更容易彼此合作,发挥出更高的水平、创造出更高的价值。

(二) 工作—家庭平衡(work & life balance,WLB)

1. 工作—家庭平衡的定义

工作和家庭是人生的两大支撑点,而家庭是生活的基点、精神归宿的核心、幸福与快乐的原点、工作的根本动力。正如美国前劳工部部长 Herman 指出的："21 世纪制度决策者与研究者所面临的 3 个中心问题是全球化对策、提高劳动者技能和工作—家庭平衡"。美国国会于 1993 年通过了《家庭与医疗休假法》，规范企业的家庭照顾责任。该法的适用范围成了 2008 美国总统的竞选议题，民主党候选人希拉里·克林顿等都极力鼓吹扩大该法律的适用范围。日本伦理研究所的前川朋广从纯粹伦理角度研究企业经营与家庭生活的关系，认为放弃家庭成员本分和责任的经营者，不是公司的合格领导；当企业经营状况不佳或企业倒闭时，表面的原因是经营战略或经营能力的缺陷，但是，根本原因却存在于经营者本人的家庭关系中。

工作—家庭平衡被定义为个体对工作和家庭的满意、工作和家庭职能良好、角色冲突最小化的心理状态。[①] 平衡是指个体平等地参与工作、家庭角色活动，获得同样的满足。工作—家庭冲突被界定为个体在工作和家庭之间进行时间分配、空间划分、行为模式塑造、角色预期和情绪溢出与补偿时产生的不同角色间的相互竞争关系，分为工作干扰家庭的工作—家庭冲突和家庭干扰工作的家庭—工作冲突。它是指工作领域和家庭领域的角色压力之间在某些方面互不相容，亦即参与工作（家庭）角色的活动因为参与家庭（工作）角色活动而变得更困难。制度是博弈实际进行方式的共享信念，也是博弈规则，分为正式规则如经济制度，以及非正式规则如规范和习俗。平衡制度首先应该是政府、企业和员工所持有的共享信念，具有自我实现和自我维系系统，可以自动地指导作为参与人的政府、企业和个人关注工作与家庭间的和谐、平衡关系，并促使他们采取实际行动来帮助员工平等地参与工作—家庭活动，获得同样的心理满足感与幸福感。它是工作—家庭平衡需要的制度设计的基础。旨在减缓工作—家庭冲突的平衡制度设计也应包括正式规则和非正式规则。正式规则或制度设计的核心理念是合理均衡地在工作、家庭间分配时间，制定弹性工作制，给员工照顾家庭留有时间余地是首要的正式制度安排。

2. 工作—家庭平衡的管理实践

企业以家庭伦理责任作为管理哲学的核心，调整战略，培养家庭责任支持性组织文化：（1）首先要将企业家庭伦理理论当成一种新的管理哲学来指导企业的工作—家庭平衡的管理实践。由于其假设前提有别于其他管理理论与管理哲学，因此，实行工作—家庭平衡制度需要对组织的管理哲学作系统的改造，要重新界定企业的愿景，把企业的家庭伦理责任纳入企业发展战略框架中。与此相应，企业必须培养新的企业文化，为员工照顾家庭的需要提供支持性组织环境。管理者要从员工的家庭人伦关系入手，优化组织内部员工间的社会关系，最终培养组织的和谐人际关系和员工的幸福家庭人伦关系。只有这样，企业才会收获员工的优异组织绩效。（2）企业要改变对时间的假设和预期，规范管理层行为，实行弹性工作制与工作分享。高层领导不以工作时间长短来评价员工的组织承诺水平和组织忠诚度，灵活安排员工的上下班时间，为他们照顾家庭的需要提供时间保障。企业要真正实施弹性工作制度，而不能利用网络等电传工作手段无限制地占用员工陪同家人的时间。管理层必须持之以恒地支持员工平

[①] 参见刘永强、赵曙明、王永贵：《工作—家庭平衡的企业制度安排》，载《中国工业经济》2008 年第 2 期。

衡工作、家庭需要,灵活安排工作任务,对员工的家庭需要作出积极的反应,并形成制度,不因人、因时而异。同时,用工作分享理念重新设计工作,为员工照顾家庭提供便利。采用工作分享能促进员工的全面发展、降低工作压力、缓减工作—家庭冲突、促进工作与生活的平衡。(3)具体实践企业家庭伦理哲学,为有特殊困难的员工提供适当的家庭照顾福利。尽管实证研究表明企业提供家庭照顾福利是无效的企业制度安排,但在国家制度缺位、员工又遭受严重的家庭困难时,企业经营管理者应该从家庭伦理责任出发,适时、充分地帮助困难员工,因为人伦之道潜藏着经营者的组织领导能力和企业发展力量。(4)调整组织结构、改革绩效考评制度。企业要在人力资源部设立工作—家庭关系管理员岗位,具体安排、审视企业工作—家庭平衡制度的执行情况,并负责监督;在绩效考核的过程中,要严格控制把享用正式平衡制度福利当成拒绝加薪和晋升的借口。

培育工作—家庭平衡制度的合法性和效率机制,实现其在组织间的趋同与扩散。制度学派指出,制度必须具备合法性机制和效率机制。合法性机制是指社会制度成为广为接受的社会事实时,就具有强大的约束力量,规范着人们的行为。只有工作—家庭平衡制度具有合法性机制,才能诱使或迫使其他组织采纳该制度并使其成为规范企业行为的无形力量,帮助组织提高社会地位、得到承认,促进组织间的资源交往。反之,就会被视为不理性的,导致组织得不到合作,出现合法性危机,引起社会公愤,对今后的发展造成极大困难。效率机制是指工作—家庭平衡制度必须能有效地分配资源去满足其合法性。如果合法性压力和效率是矛盾的,企业就会采纳工作—家庭平衡制度但并不实施,使之变成象征性的东西;组织内部可能采用非正式规范来约束员工平衡工作—家庭关系的行为。所以,必须培育这两种机制,利用组织间的相互依赖使得企业在有关实施工作—家庭平衡制度的问题上实现趋同。

员工应培养应得权利感,选择工作—家庭平衡作为处理工作、家庭关系的指导思想。应得权利感是指有关权利、应得权利或者合法预期的一整套信仰和情感,它以可感知的公平与公正为基础。当国家外生给定的对企业行为制度的限制缺位时,就需要一种在重复博弈均衡中内生的、自我执行的规则,因而个人选择是组织制度产生的基础。所以,作为制度博弈参与人的员工,选择重视家庭责任,也是有效的平衡制度安排的基础。如果工作与家庭的需要产生冲突,员工认为照顾家庭是自己应享有的权益,可以塑造平衡的工作—家庭伦理关系为指导思想,理直气壮地与企业谈判,进行有效的安排,从而经过长期的重复博弈,可能产生正式的工作—家庭平衡制度安排,因为经济行为人可以通过有效的谈判创造出有效的制度。谈判的前提是员工认识到这样做是他们应得的权利。所以,要增强他们的家庭照顾权利的应得权利感。研究表明,就满足员工家庭需要的工作方式而言,如果员工在主观上认为他们的应得权利很有限,那么,他们对企业和国家政策的预期就很低,对任何可获得的支持都心怀过分的感激,因此,也就不情愿要求作进一步的变革。如果他们强烈地认为获得支持是他们应得的权利,那么,就会产生要求变革的行为。应得权利感是由社会比较过程决定的,并升华到理论高度。它构建于社会的、规范的与可行的比较基础之上。由此,员工也要关注其他国家的民族社会政策,进行比较,作为增强自己应得权利感的有效方法和路径。

(三) 企业幸福干预策略

有效的人力资源管理实践应该能够通过诱导或控制员工的态度与行为，最终实现组织绩效。在建立了以幸福为中心的企业价值观，了解了工作幸福感的培养路径的基础上，企业应该通过一定的干预行为引导员工获得工作幸福感，即企业幸福干预策略，以提高员工工作绩效，进而提高企业整体绩效，实现组织目标。

1. 多元化员工激励

为了最大限度地激励人才，企业应设计因势利导的多元化激励方案，尽可能多地给员工提供支持型的环境和工作条件，让员工各取所需，体现企业对员工的关怀和认同。例如，一些知名企业创新性地制订了问题解决团队、灵活工作设置、员工广泛参与、激励性薪酬政策、目标导向的绩效管理等针对员工不同需要的多元化激励计划。通过营造积极的工作环境，可以提高员工的工作积极性，更重要的是提升员工的幸福感。

2. 改善员工的心理契约

心理契约（psychological contract）是 20 世纪 60 年代由阿吉里斯（Chris Argyris）提出（1960）、莱文森（Levinson）加以界定的一个概念，最早用来描述员工和企业双方不成文的、内隐的契约或相互期望，后来把它界定为员工和企业双方对相互责任的信念，具体体现为双方对相互责任义务的主观约定，包括组织对员工的责任即组织责任和员工对组织的责任即员工责任两个方面。组织责任和员工责任均由现实责任和发展责任两个因素构成。组织责任的第一个维度即现实责任是指，组织为员工担负的维持员工当前正常工作生活所必需的面向现在的责任义务；组织责任的第二个维度即发展责任是指，组织为员工担负的维持员工长期工作生活所必需的面向未来的责任义务。员工责任的第一个维度即现实责任是指，员工为组织担负的维持组织当前正常活动所必需的面向现在的责任义务；员工责任的第二个维度即发展责任是指，员工为组织担负的维持组织长期发展所必需的面向未来的责任义务。可以说，心理契约的核心理念强调的是相互的价值承诺和价值兑现。

研究发现，作为联系员工和企业的心理纽带，心理契约往往反映在员工的工作行为上，其实现程度对员工的态度、行为和绩效有着决定性的影响，对企业公信度、工作满意度具有显著正向影响；对离职倾向具有显著负向影响。心理契约违背与负面情绪反应显著正相关，负面情绪反应与员工的工作行为之间也具有显著的相关性。

有效的人力资源管理实践必须建立在员工与企业要求和愿望相一致以及权益义务相匹配的基础上。改善员工心理契约，培育以心理契约为基础的和谐的员工关系，建议从以下几方面考虑：在招聘、培训、薪酬、激励、职业生涯管理、绩效和组织变革各个具体环节加强沟通，重视员工和企业之间的相互期望，加强相互间的责任意识、履行责任意识及自我约束和自我控制；通过交流，明确双方的现实责任和发展责任，减少双方的不确定性、误解及冲突，在诚实、公平和守信的基础上保证双方的权益；根据企业发展需要对员工进行教育、培训和引导，以长期共同发展的信念为诱导，提高员工对组织的责任意识，对于员工的贡献及时给予奖赏，满足员工的期望平衡，实现员工价值与企业价值在更高水平上的和谐和统一，实现企业的和谐管理与发展。

3. 助力员工获取心流体验

心流，即"一个人完全沉浸在某种活动当中，无视其他事物存在的状态"，心流体验即个体完全投入某种活动的整体感觉。当个体处于心流体验状态时，他完全被所做的事深深吸引，心情非常愉快并且感觉时间过得很快。这时，工作、学习等活动的过程本身成为一件快乐的事情，所以会有效地提高学习、工作、研究等活动的质量和效率。产生心流体验的基本条件概括为：活动应具有挑战性且需要一定的技能与之相适应；活动要具有一定的结构性特征，即"活动应该具有确定的目标、明确的规则和相应的评价标准，也就是说，活动要具有可操作性和可评判性"；活动应具有内在动机驱动特征，即在人的内在动机驱使下进行的一种活动。人是由于喜爱活动本身而非为了得到奖赏或者避免惩罚而参与活动，因为活动本身就是一种奖赏和动机，这种由内在动机驱使并在其导向作用下的活动能够引发心流体验。

工作幸福感的要义和宗旨与心流体验的内涵相契合，即使员工获得心流体验是工作幸福感的一种心理诉求。心流体验对幸福管理实践的启示是：首先，对工作本身的喜爱是引发心流体验的关键心理因素，具有持续而强有力的推动作用，这就需要管理过程中注意合理分工安排，把合适的人安排到合适的岗位上，积极引导员工树立正确的工作观念，工作不仅是谋生的手段，更是实现个人价值的途径；其次，企业应当制定清晰的战略目标，并将企业的战略目标分解落实到负责具体工作的员工身上，目标设置时需要兼顾挑战性和可行性，从而培养员工的胜任力和积极情感，满足自主发展需要；最后，注意对员工绩效进行定期评估并及时反馈。通过以上措施，可促进外在动机向内在动机转化并及时强化内在动机自发导向功能，引发心流体验，从而使员工的工作幸福感提升，工作绩效显著提高。

4. 开发员工的心理资本

心理资本是超越人力资本和社会资本的一种核心心理要素。在个人层面上，心理资本指的是个体的积极心理发展状态，是促进个人成长和绩效的心理资源；在组织层面上，心理资本通过改善员工绩效最终实现组织的投资回报和竞争优势。心理资本具有独特性，能有效地测量和管理，通过培育员工的心理资本，激发员工的主动性和创造性，可以有效地引导员工运用其才能、优势和心理能力。研究证明，心理资本的提升对知识员工的工作绩效存在极其显著的影响，它与主观幸福感存在相关关系、因果关系，同时，心理资本作为调节变量与中介变量，会影响主观幸福感。因此，提升员工工作幸福感，开发员工的心理资本是重要一环。借鉴我国员工心理资本维度：冷静、希望、乐观、自信，以及本土心理资本量表，采取适合我国情境的本土化具体开发措施，如明晰愿景、增强自我效能、培育乐观品质、优化坚韧素质、提升情绪智力等，将心理资本开发纳入人力资源管理流程，帮助员工在心理活动中形成一种自我转化的机制，培养积极人格，使其情感体验和认知自发地朝着正向的方向发展，从工作中体验到幸福感。

案例

戴维·迈尔斯对幸福生活的建议

1. 认识到持久的幸福并非来自成功。人们会适应环境的改变,甚至包括财富或残疾。因此,财富就像健康:绝对没有,会很悲惨,但是有了它(或者其他我们渴望的任何东西),并不一定能保证会幸福。

2. 控制好时间。幸福的人感到能掌控自己的生活,常常是因为他们能掌控自己的时间。控制时间有助于目标的设定和把目标分解成每天的小目标。虽然我们常常高估自己在一天能做多少事(这让我们很挫败),但我们一般会低估自己在一年内能完成多少事情,因为每天都能够取得一点进步。

3. 快乐行动。我们有时能通过行动让自己进入某种心境。例如,做出微笑的表情,你会感觉更好;当你愁容满面时,世界就会变得灰暗。所以,记得让脸上有笑容。说话时感觉到你是自尊的、乐观的、外向与友好的,这些行为能引发相应的情绪。

4. 从事能够发挥你的技能的工作和休闲活动。幸福的人经常处于一种"流畅感"的状态,投身于既让他们感到有挑战性又不会让他们感到挫败的任务中。最昂贵的休闲形式(比如坐在游艇上)通常比园艺、社交或手工所带来的流畅感体验更低。

5. 参加真正的"运动",有氧运动。大量的研究表明,有氧锻炼不但能促进健康和带来活力,也能消除轻微的抑郁和焦虑。好精神寓于好体魄。"沙发里的土豆"们,行动起来吧。

6. 充足的睡眠。幸福的人过着活跃而精力充沛的生活,但是他们还是留出时间来补充睡眠和独处。许多人深受睡眠缺乏的困扰,这会导致创意乏力、注意力下降、心情低落。

7. 重视亲密关系。与那些非常在乎你的人保持亲密的友谊能帮助你度过困境。信任有益于身心。一定要精心呵护你的亲密关系,不要认为他们对你好是理所应当的,在他们面前也要像你对他人那般。肯定他们,与他们一起玩耍,一起分享。要恢复你们之间的感情,就要下定决心以爱的方式去行事。

8. 不要只关注自我,帮助那些需要帮助的人。幸福会增加助人行为(那些感觉良好的人会多做好事,做好事也会让个体感觉良好。

9. 心存感激。那些每天对生活中的积极方面(健康、朋友、家庭、自由、教育、理智、自然环境等)表达感激的人会体验到更高的幸福感。

10. 培养精神自我。对许多人来说,信仰提供了一种社区支持,一种不再只关注自我的理由,一种目标感和希望感。研究发现,积极参加宗教活动的人更幸福,并能更好地应对危机。

资料来源:David G. Myers. *The Pursuit of Happiness*. American:William Morrow & Co,1993.

本 章 小 结

- 幸福是一种个体主观界定的积极情绪状态，是一种主观的、相对稳定的、全面的对生活的评价和体验。
- 主观幸福感是个体对自身生活产生的评价具体化。它包括生活满意度，以及相对存在愉悦情绪或缺乏负面情绪。
- 生活满意度是人们基于自己的判断标准对生活质量作出的评价。
- 幸福三维度包括情感维度、认知维度、过程维度。
- 幸福是一种主观的、个体的评价与体验，但是借助主观幸福感可以客观地测量幸福。针对主观幸福感的测量方法主要包括自陈报告法、知情者/观察者报告法、生理测量法以及任务测量法。
- 经济人、社会人、自我实现人和复杂人等人性假设都没有本质地反映出人性的根本，他们从某种程度上反映人们达到最终目标的手段与过程，但是人生活与工作最本质的追求是幸福与幸福最大化。因此，管理的终极人性假设是幸福人假设。
- 人本经济学认为，经济学是人的生命成本最小化、幸福满足最大化的学说，幸福是人类唯一有理性的终极目的，而人本经济学就是解决有限生命成本约束条件下的幸福满足最大化的问题。
- 幸福管理就是充分发挥和利用每个人的智慧和优势来协调组织的资源以增进组织利益相关者幸福最大化的机制运行过程。
- 工作生活质量就是一个组织通过满足员工的物质与精神需要，促使员工更多地发挥创造力，增强责任感与主人翁精神，获取更高境界的满意感，从而实现组织目标的高效完成。
- 工作—家庭平衡被定义为个体对工作和家庭满意、工作和家庭职能良好、角色冲突最小化的心理状态。
- 企业幸福干预策略包括：（1）多元化员工激励；（2）改善员工心理契约；（3）助力员工获取心流体验；（4）开发员工心理资本。

关键术语

幸福（happiness）
需要/目标满足理论（demand/goal satisfaction theory）
过程/活动理论（process/activity theory）
遗传/人格倾向（genetic and personality predisposition）
主观幸福感（subjective well-being）
生活满意度（life satisfaction）
幸福的维度（dimension of happiness）

自陈报告法（self-reporting method）
知情者/观察者报告法（insider/observer reporting method）
生理测量法（physiological measurement method）
任务测量法（task measurement method）
幸福管理（happiness management）
工作—生活质量（quality of work Life）
工作家庭平衡（work & life balance）

复习题

1. 幸福的定义。谈谈你对幸福的理解。
2. 为什么用主观幸福感替代"幸福"一词？
3. 论述主观幸福感的维度与主观幸福感的测量方法。
4. 论述幸福管理的三个理论基础与幸福管理的定义。
5. 什么是工作生活质量？如何进行工作生活质量管理？
6. 如何定义工作—家庭平衡？在工作—家庭平衡中，有哪些要点？
7. 请简要叙述几项企业幸福干预策略。

自我评估 ▶ 你，幸福么？

《综合幸福问卷》题本

请用下面的评价尺度描述您的情况。(A1—A38)

1（明显不符合）→2（不符合）→3（有些不符合）→4（介于中间）→5（有些符合）→6（符合）→7（明显符合）

A1 我的生活大多数方面与我的理想吻合

A2 我的生活状况良好

A3 我对我的生活满意

A4 到目前为止，我得到了我在生活中想要的重要的东西

A5 回首往事，能够感受到生活的意义和人生的圆满

A6 了解并接受自己

A7 能够根据自己的意愿选择行为方式，而不受外界影响

A8 不断超越自我，取得更大、更多的成就

A9 理解自己所做事情的价值与意义

A10 我可以自由地决定我的生活

A11 我能够自由地表达我的思想与感情

A12 在我的生活中，经常有人约束我的行为（反向计分）

A13 在我的生活中，我能感觉到我的存在。

A14 在我的生活中，并没有太多的机会让我自己作决定（反向计分）

A15 我觉得我是一个有价值的人，至少与别人一样

A16 我觉得我具有许多优良的品质

A17 我与大多数人一样，能够把事情做好

A18 我对自己持肯定态度

A19 总的来说，我对自己比较满意

A20 我充满活力与激情

A21 我常常感觉到我的精力旺盛，好像要爆发出来

A22 我的精力非常充沛，精神状况很好

A23 我期望着投入每一天新的生活

A24 我的感觉很灵敏，情绪很活跃

A25 我浑身上下充满着力量

A26 我拥有可以依靠的朋友

A27 我拥有可以信赖的朋友

A28 我拥有亲密、持久的朋友

A29 在人们需要的时候，不计报酬地提供帮助

A30 为社会美好而努力奋斗

A31 为世界变得更加美好而工作

A32 帮助人们改善他们的生活状况

A33 在别人需要的时候帮助他们

A34 保持身体健康

A35 拥有健康与活力

A36 保持良好的健康水平

A37 没有疾病

A38 保持健康的生活方式

请使用下面的评价尺度，评估您最近一个星期的情绪情况。（B1—B12）

1（没有时间）→2→3→4（一半时间）→5→6→7（所有时间）

B1 愤怒
B2 高兴
B3 耻辱
B4 爱
B5 忧虑
B6 愉快
B7 嫉妒
B9 感激
B8 内疚
B10 快乐
B11 悲哀
B12 自豪

C：使用下列标准，评价在整个生活中你的幸福/痛苦体验

1（非常痛苦）→2（很痛苦）→3（痛苦）→4（有些痛苦）→5（居于中间）→6（有些幸福）→7（幸福）→8（很幸福）→9（非常幸福）

《综合幸福问卷》维度与计分

维度	题号	项目数
生活满意	A1—A5	5
正性情感	B2、B4、B6、B9、B10、B12	6
负性情感	B1、B3、B5、B7、B8、B11	6
生命活力	A20—A25	6
健康关注	A34—A38	5
利他行为	A29—A33	5
自我价值	A15—A19	5
友好关系	A26—A28	3
人格成长	A6—A14	9

《综合幸福问卷》各维度解释：

《综合幸福问卷》（MHQ）9个维度的含义及解释如下（高分者，上2个标准差；低分者，下2个标准差）：

1. 生活满意（life satisfaction，LS）：包括5个项目。高分者特征：个人各方面的需求和愿望得到满足，个人对自己的生活状况满意。低分者特征：个人对自己生活状况不满意，生活中的愿望与需求没有得到满足。

2. 正性情感（positive affect，PA）：包括6个项目。高分者特征：较多时间体验到爱、高兴、愉快、自豪、乐观等积极情绪。低分者特征：较少时间体验到爱、高兴、愉快、自豪、乐观等积极情绪。

3. 负性情感（negative affect，NA）：包括6个项目。高分者特征：较多时间体验到抑郁、焦虑、妒忌、愤怒、内疚等消极情绪。低分者特征：较少时间体验到抑郁、焦虑、妒忌、愤怒、内疚等消极情绪。

4. 生命活力（subjective vitality，SV）：包括6个项目。高分者特征：感觉充满活力、能量，拥有生命热情，精力充沛。低分者特征：感觉缺乏活力、能量，没有生命热情，无精打采，缺乏活力。

5. 健康关注（health concern，HC）：包括5个项目。高分者特征：珍爱生命，关注健康，保持良好的生活与行为方式。低分者特征：对健康状况不关注，缺乏良好的生活习惯与生活方式。

6. 利他行为（altruism commitment，AC）：包括5个项目。高分者特征：愿意帮助他人，富有爱心，希望通过自己的努力使世界变得更加美好。低分者特征：不愿意帮助他人，缺乏爱心，事不关己，高高挂起，不愿意付出。

7. 自我价值（self-worth，SW）：包括5个项目。高分者特征：相信自己的能力、重要性，有成功感和价值感，具

有较高的自尊。低分者特征：不相信自己的能力、重要性，缺乏成功感和价值感，比较自卑。

8. 友好关系（positive relation，PR）：包括 3 个项目。高分者特征：具有温暖的、安全的、真诚的、持久的人际关系。低分者特征：缺乏温暖的、安全的、真诚的、持久的人际关系。

9. 人格成长（person growth，PG）：包括 9 个项目。高分者特征：自我接受，不断发展与学习，有自知之明，能够控制自己的行为。低分者特征：不能自我接受，不愿意发展与学习，缺乏自知之明，不能控制自己的行为。

案例

NBS 的"幸福优势"

国外一些公司设立了"首席幸福官"（chief happiness officer）的职位，以此来促进员工敬业度和工作效率的提高，这引起了很多人才管理者的注意。设立"幸福官"究竟有无必要？

当加里·贝克（Gary Baker）担任全美经济业务解决方案公司（Nationwide Brokerage Solutions，NBS）董事长时，他迅速着手改变组织文化，开展了"幸福优势"项目，踏上了 NBS 的幸福旅程。一年后，他的团队改变了很多，包括令人印象深刻的成长、盈利率，以及盖洛普敬业度调查分数的惊人提升。

一、组建幸福团队

为了让员工更加幸福，发挥出全部潜力，NBS 组建了一支高授权、多样化且极具包容性的团队以提供组织支持。

以"促进员工幸福"为宗旨组建的团队，对 NBS 来说是一项巨大的转变，这实际上是在改变组织结构。这个幸福团队对组织成员来说更是一种象征，使他们意识到幸福就像业务一样，对组织来说是非常重要的。

组织业务结构的转变要经历一个很长的过程，员工逐步意识到，他们的行为和想法才是真正重要的，同时也证明了重视幸福的精神已经在组织内部扎下了根。

二、开发幸福剧本

NBS 作了广泛的调查，找出哪些实践产生了良好的效用，同时让员工检查他们的日常工作，然后通过分析识别出那些最能提升幸福感的细节，进而更加积极地实施。

NBS 系统地执行了 2015 年的"幸福剧本"。在充分参照了 800 多份对于工作例行程序的意见书后，NBS 开发了很多"戏剧"。每一个戏剧都是由一个团队开发的，结合现有常规工作，嵌入"积极体验"，以使员工获得更积极的工作体验。

NBS 会定期运行并做视频回顾，以实现对每个戏剧的有效评估。这是一项耗时耗力的工作，但他们期望能从中学习到更多，以加强组织对员工的幸福承诺，并将幸福作为组织今后的业务重点。

三、那些对于"幸福官"的争议

席穆尔·梅尔瓦尼（Shimul Melwani）是北卡罗来纳大学克南—弗拉格勒商学院的组织行为学副教授。他认为，幸福感会使个人在很多重要的商业行为中降低对细节的关注。负责"幸福官"职责的更有代表性且更合适的职位应该是"文化运营官"，这一职位更切合公司的文化，且更易使其付诸行动。与此同时，另一职位"首席情感官"关注于教导员工如何识别和融入自己的情绪，使自己变得更为高效，相对而言也更为合适。

梅尔瓦尼还说：将情感引入工作场所可能会被视为控制员工情感的管理方式，"我希望看到一种有机的方法，综合利用积极和消极的情绪的力量，而不是只关注积极的情感"。

"首席幸福官"代表的是管理学对于幸福的重视，也是管理的一个重大改变。毫无疑问，幸福管理将是现在以及未来的管理目标与方向所在。

资料来源：〔美〕肖恩·阿克尔、孙思：《NBS的"幸福优势"》，载《培训》2015年第7期。

[问题]

1. 你认为，一个企业或组织是否有设立"首席幸福官"的必要？请根据你的认知与学习，回答并论述。

2. 组织业务结构的转变要经历一个很长的过程，请结合所学，提出你认为应该如何对这个过程进行控制？

3. 对于梅尔瓦尼的观点，你有什么看法？